D1726643

Herfried Münkler/Marcus Llanque (Hrsg.)

Konzeptionen der Gerechtigkeit

Kulturvergleich – Ideengeschichte – Moderne Debatte

Nomos Verlagsgesellschaft
Baden-Baden

Die Deutsche Bibliothek – CIP-Einheitsaufnahme

Konzeptionen der Gerechtigkeit : Kulturvergleich – Ideengeschichte – Moderne
Debatte / Herfried Münkler/Marcus Llanque (Hrsg.). – 1. Aufl. – Baden-Baden :
Nomos Verl.-Ges., 1999
 ISBN 3-7890-5895-5

1. Auflage 1999
© Nomos Verlagsgesellschaft, Baden-Baden 1999. Printed in Germany. Alle Rechte,
auch die des Nachdrucks von Auszügen, der photomechanischen Wiedergabe und der
Übersetzung, vorbehalten. Gedruckt auf alterungsbeständigem Papier.

Inhaltsverzeichnis

Gerechtigkeit in der modernen Debatte

Vorwort

Der vorliegende Band umfaßt die Vorträge, die auf der Tagung „Gerechtigkeit und Politik - Ideengeschichtliche Grundrisse" der Sektion *Politische Theorie und Ideengeschichte* in der Deutschen Vereinigung für Politische Wissenschaft 1995 in Berlin gehalten worden sind. Sie werden ergänzt um einige Vorträge der Tagung „Gerechtigkeit und Gemeinwohl - Grundbegriffe des politischen Ordnungsdenkens im interkulturellen Vergleich", die 1996 in Erlangen unter Federführung von Jürgen Gebhardt stattgefunden hat, sowie um einige Beiträge, die von den Herausgebern für die Edition des Bandes eigens eingeworben worden sind. Veranstalter und Herausgeber sind der Deutschen Forschungsgemeinschaft, der Volkswagenstiftung Hannover, der Fritz-Thyssen-Stiftung, dem British Council in Köln und der Siemens AG in Erlangen für die gewährte finanzielle Unterstützung bei der Durchführung der Tagungen zu Dank verpflichtet. Ohne diese Unterstützung hätte auch der vorliegende Band nicht entstehen können.

Die Herausgeber haben die sich aus den beiden Tagungen ergebende Chance zu nützen versucht, in diesem Band sowohl die Frage nach der Gerechtigkeit in der Geschichte des politischen Denkens als auch die aktuelle Debatte über die Bedeutung der Gerechtigkeit für Stabilität wie Selbstbeschreibung politischer Ordnungen zu behandeln. Unseres Wissens erfolgt dies erstmals. Wir sehen darin auch einen Versuch, die stellenweise sehr verengte aktuelle Debatte über Gerechtigkeit an jene Breite und Vielfalt zu erinnern, die sie in der Geschichte des politischen Denkens gehabt hat und die ihr auch jetzt wieder zupaß käme. Durch die erforderlich gewordene Einwerbung zusätzlicher Beiträge hat sich die Publikation des Bandes nicht unerheblich verzögert. Wir hoffen, daß sich die Inkaufnahme dieser Verzögerung mit Blick auf das Ergebnis gelohnt hat.

Mit dem vorliegenden Band wird die Abfolge der aus der Sektion *Politische Theorie und Ideengeschichte* hervorgegangenen Veröffentlichungen zur Geschichte des politischen Denkens im Hinblick auf zentrale Probleme und Fragen der Politiktheorie und Sozialphilosophie fortgesetzt. In diesem Zusammenhang möchten wir auf folgende Veröffentlichungen hinweisen: *Politische Institutionen im gesellschaftlichen Umbruch. Ideengeschichtliche Beiträge zur Theorie politischer Institutionen*, hrsg. von Gerhard Göhler, Kurt Lenk, Herfried Münkler, Manfred Walther, Opladen 1990; *Macht in der Demokratie. Denkanstöße zur Wiederbelebung einer klassischen Frage in der zeitgenössischen Politischen Theorie*, hrsg. von Michael Th. Greven, Baden-Baden 1991; *Bürgerschaft und Herrschaft. Zum Verhältnis von Macht und Demokratie im antiken und neuzeitlichen politischen Denken*, hrsg. von Jürgen Gebhardt und Herfried Münkler, Baden-Baden 1993; *Bürgerreligion und Bürgertugend. Debatten über die vorpolitischen Grundlagen politischer Ordnung*, hrsg. von Herfried Münkler, Baden-Baden 1996. Diese Veröffentlichungen sind ein Beleg für das intellektuell rege Innenleben der Theoriesektion, ohne das auch dieser Band nicht zustandegekommen wäre.

Herfried Münkler/Marcus Llanque   Berlin, Oktober 1998

Herfried Münkler/ Marcus Llanque

Die Frage nach der Gerechtigkeit in der Geschichte des politischen Denkens

Als 1971 mit John Rawls' „Theory of Justice" das Thema der Gerechtigkeit wieder in das Zentrum der Moralphilosophie und politischen Philosophie rückte, sprach man von einer Renaissance der Gerechtigkeit. Freilich war die Gerechtigkeit nicht dem Vergessen entrissen worden, sondern der Vermutung der Bedeutungslosigkeit für die Gesellschaftstheorie. Der Begriff der Gerechtigkeit avancierte zwar zu einer zentralen Kategorie in der Debatte über den Sozialstaat, aber erst nachdem er in der modernen Gesellschaftstheorie nur noch eine marginale Rolle gespielt hatte. Unter dem Primat der Gesellschaftstheorie und vor der Rehabilitierung der praktischen Philosophie schien die Gerechtigkeit nur als Ausdruck einer obsolet gewordenen Auffassung vormoderner Wirklichkeitswahrnehmung verstanden werden zu können. Hatte nicht die ökonomisch orientierte Gesellschaftstheorie gezeigt, daß Gerechtigkeit die Strukturen nicht bestimmte, sondern auf diese nur reagierte? Und war angesichts der strukturellen Gesetzmäßigkeiten gesellschaftlicher Entwicklung Gerechtigkeit nicht doch bloß nur ein noch semantischer Reflex sich wandelnder gesellschaftlicher Wirklichkeiten, aber bar jeder genuinen Aussagekraft, wie Niklas Luhmann unterstellte (Luhmann 1993, S. 214-238)? Seiner Auffassung nach sind nämlich nicht normative Orientierungen, sondern Kontingenzen aussagekräftig für die gesellschaftliche Wirklichkeit. Schließlich mußte man noch in Betracht ziehen, in welchem Maße Gerechtigkeitstheorien implizit auf komplementäre subjektive Gesinnungen zurückgreifen müssen, um handlungsmächtig zu werden, während doch die Leistung der modernen liberal-individualistischen Verkürzung aller praktischen Vernunft auf personale Nutzenpräferenzen gerade darin bestand, daß sie auf Gesinnungs- und Weltanschauungsfragen verzichten zu können meinte. Rawls' Aufnahme des Gerechtigkeitsthemas war unter diesen Umständen selbst bereits eine Verkürzung des Traditionsbestandes an Gerechtigkeitstheorien. Seine Vorstellungen von distributiver Gerechtigkeit, der Theorie kollektiver Güter, der Orientierung an den individuellen Präferenzen von Personen stellten Konzessionen an jene Theorien dar, die es sich zur Aufgabe gestellt hatten, Gerechtigkeit als eine gesellschaftspolitische wie gesellschaftstheoretische Kategorie geradezu überflüssig zu machen.

Die Ökonomisierung des Gerechtigkeitsbegriffs war eine Reaktion auf den Verdacht der Theorieunfähigkeit, der auf dem Gerechtigkeitsbegriff lag. Aber vielleicht ist das Theorieverständnis der gerechtigkeitsskeptischen Richtung gar nicht geeignet, ein angemessenes Instrument auszubilden, um ein soziales und politisches Verhalten zu beobachten, zu beschreiben und zu verstehen, das sich an normativen Kriterien orientiert und das sich einer Rekonstruktion durch eine rechenhafte Rationalität entziehen? Es gibt umfängliche Versuche, in rein empirischer und methodisch strenger Form faktische Gerechtigkeitsorientierungen im sozialen Alltag zu beobachten (Leo Montada 1995 und Bernd Wegener 1996). Für die Frage nach der politischen Verhaltensbestimmung durch Gerechtigkeitseinstellungen ertragreich ist vor allen Dingen die Ungerechtigkeitsforschung. Auch sie geht von den empirisch beobachtbaren Wertpräferenzen aus, fragt aber nach dem handlungsleitenden Sinn für Gerechtigkeit der Individuen, um die kaum wahrnehmbare, aber umso bedeutungsvollere Linie zu beschreiben, die die Duldung von politischen und sozialen Zumutungen scheidet von der Rebellion gegen als Ungerechtigkeit empfundene Verhaltensweisen und Zustände (Barrington Moore 1982). In diese Richtung zielt auch die Unterscheidung von Ungerechtigkeit und Unglück (Judith Shklar 1992): Wir müssen in der Lage sein, so ihre Forderung, Verantwortlichkeiten zuzurechnen, um anzuklagen und zu verändern, aber wir sind auch darauf angewiesen, manches, bestimmte Krankheiten etwa, als unserer Verfügung entzogen akzeptieren zu können, um es hinnehmen und ertragen zu können. Die Grenzlinien von Duldung und Rebellion und die Relationen von Ungerechtigkeit und Unglück sind nicht a priori festgelegt, sondern müssen aus dem jeweiligen gesellschaftlichen und historischen Kontext erschlossen werden, um den wirksamen Sinn für Gerechtigkeit erfassen zu können.

Sieht man also von dem rational begründbaren Sollen zunächst einmal ab, so lassen sich aus dem sozialen Verhalten von Individuen und Gruppen deren verhaltensbestimmende aber häufig impliziten Gerechtigkeitsvorstellungen rekonstruieren. Für deren Tradierung ist eine elaborierte Theoriediskussion gar nicht erforderlich. Politische und gesellschaftliche Praxis kann vielmehr auch auf mythische und narrative Weise fortgeschrieben und durch feine Variationen der Erzählungen verändert werden. In Anlehnung an Michael Walzer kann man daher sagen, daß der Zweifel an je vorherrschende Gerechtigkeitsvorstellungen nicht auf der Grundlage einer gesamtgesellschaftlichen oder universalistischen Theorie entstehen muß (Walzer 1991; 1993). Es bedarf zunächst nur einer geringfügigen Variation in den fortwährend reproduzierten Gerechtigkeitserzählungen.

Hier zeigt nun gerade der Überblick über die vielfältigsten ideengeschichtlich aufweisbaren oder gegenwärtig diskutierten Behandlungsweisen von Gerechtigkeit die besondere Leistungsfähigkeit dieses Konzeptes, wenn man bereit ist, sich nicht nur auf die Frage nach dem „Was" von Gerechtigkeit zu kaprizieren. Denn wenn man sich weniger auf verbindliche Lösungsansätze und ihre selbstreflexive Begründungsebene konzentriert als vielmehr auf die Thematisierungs- und Problematisierungsebene sozialer und politischer Sachverhalte, so erkennt man rasch, daß die Vorstellungen von Gerechtigkeit der Ort der Kommunikation und Selbstvergewisserung sind, an dem die Fülle und Vielfalt sozialer und politischer Konflikte als erstes thematisch werden kann. Gerechtigkeit beinhaltet daher zuvörderst nicht ein Wissen, das eine verbindliche Antwort auf normative Bedürfnisse zu geben vermag, sondern sie vermittelt vielmehr einen normativen Umgang mit sozialen und politischen Konflikten, löst sie aus ihrer Isolierung und hebt sie auf eine allgemeinere Betrachtungsebene, die sich zwar nicht substantiell über die in Frage stehenden individuellen, separaten und kulturalistischen Ansprüche erhebt, aber sie in einen normativen Zusammenhang bringt, in dem sie dann einer grundsätzlichen Diskussion zugänglich werden.

So bietet bereits die Antike zwei ganz unterschiedliche Argumentationsstrategien der Gerechtigkeitserörterung. Die griechische politische Philosophie hat inmitten ihres Politikverständnisses die Gerechtigkeit zu einer Leitfrage des politischen Selbstverhältnisses des Menschen in der politischen Gemeinschaft erhoben. Bei Platon sind Seelenfrieden und Bürgerfrieden zwei Konkretisierungen der Gerechtigkeitsidee (siehe Demandt in diesem Band), d.h. in einer charakteristischen Nichtunterscheidung individueller von im engeren Sinne politisch-institutionellen Problemen dient Gerechtigkeit als Begriff dazu, einen wohlgeordneten Zustand zu beschreiben, der beide Komponenten umfaßt. Mit größerer Distanz zur Sache hat Aristoteles gleichermaßen die Wohlgeordnetheit als Ziel verstanden, sie aber auf der Folie der Wohlproportioniertheit zu erfassen versucht, die in der bis in die Moderne hinein maßgeblichen Unterscheidung zwischen der sogenannten ausgleichenden und der zuteilenden Gerechtigkeit das Problem des Gütertausches in den Mittelpunkt stellte. Unter Gütern verstand Aristoteles freilich nicht im modernen Sinne ökonomische Güter allein, sondern alle in der politischen Gemeinschaft einem gerechten Tausch unterliegenden Werte, von der Ehre bis zu materiellen Gütern. Diese Spannbreite prädestinierte Aristoteles zum ständigen Gegenstand der Rezeption von der ökonomischen bis zur kommunitaristischen Theorie unserer Gegenwart.

Ein ganz anderes Problemverständnis entwickelte sich im römischen Ideenkreis. Hier wurde die Gerechtigkeit "juridifiziert", d.h. sie wurde zu einem Gegenstand verfahrensmäßigen Umgangs in der Anwendung rechtlicher Praxis gemacht, weswegen man auf ihre inhaltliche Erörterung als einer selbstreflexiven Theorie verzichten konnte. Referenz für diesen Vorgang ist daher nicht die Rezeption griechischen Gedankengutes durch Cicero, sondern die ‚Technik der Gerechtigkeit' im Corpus Iuris Civilis (siehe Giaro in diesem Band). In dieser epochemachenden Sammlung insbesondere gutachterlicher Meinungen von Gelehrten, die ihr Wissen weniger der theoretischen Beschäftigung mit Fragen der Gerechtigkeit als vielmehr ihrer Einübung in die Praxis der Rechtsprechung verdankten, wurde die Aufgabe der Lösung und Schlichtung sozialer Konflikte als Anforderungsprofil der Gerechtigkeit verstanden. Es wurden daher nicht abstrakte Allgemeinlösungen formuliert, sondern die zur Entscheidung stehenden Probleme nach ihrer jeweiligen Eigenart differenziert. Das Gegenstück zur Universalisierung bildet die Differenzierung. Die römische Antwortstrategie zielte nicht auf die Beantwortung der Frage, was Gerechtigkeit sei, sondern darauf, wie das Recht gerechter gestaltet werden kann. Davon unterschieden ist wiederum jener Pfad, der nicht von Athen oder Rom, sondern von Jerusalem seinen Ausgang nahm. Wenn die Gerechtigkeit als das Werk einer unverfügbaren göttlichen Ordnung begriffen wird, dann ergibt sich für die zwischenmenschlichen Auseinandersetzungen um die gerechten Verhaltensweisen eine gänzlich andere diskursive Ausgangslage. Wir können daher für den europäischen Gerechtigkeitsdiskurs drei Formen der Reflexion von Gerechtigkeit unterscheiden: die griechisch-philosophische, die römisch-juristische und die jüdisch(christlich)-theologische, in deren Gefolge sich unterschiedliche Problemhorizonte entwickelt haben.

In der frühen Neuzeit konnte die Gerechtigkeit als unhintergehbares Naturrecht zur überrechtlichen Inpflichtnahme der jeweiligen Machthaber dienen. Die Gattung der Fürstenspiegel und das in ihnen behandelte Gerechtigkeitsproblem sind hierfür eine aufschlußreiche Quelle (siehe Mühleisen in diesem Band). Solange das insbesondere christlich verstandene Naturrecht der unhinterfragbare normative Horizont des Selbstverständnisses politischer Gemeinschaften war, konnte es mehr als nur appellativen Charakter haben und sogar fürstliche Willkür durch Selbstverpflichtung zu bändigen versuchen. Doch hinter diesen Selbstbeschreibungen lagen zugleich Kämpfe um die Auslegungskompetenz der Gerechtigkeit in Einzelfällen. Der Fürstenspiegel konnte dem Nachweis des Primates bzw. der Unabhängigkeit geistlicher Herrschaft dienen oder aber gerade von dieser emanzipieren wollen, letzteres etwa im Falle Friedrichs des Großen. Bevor man also die praktische Geltung der in den Fürstenspiegeln aufgestellten Kataloge gerechten Verhaltens nachfragt, die gerade im Falle Friedrichs zweifelhaft war, muß man das strategische Interesse der theoretischen Erörterung selber in Augenschein nehmen. In der Sache jedoch war es mit Machiavellis ‚Principe‘ zu einem Bruch mit dieser Tradition der naturrechtlich verstandenen Gerechtigkeit gekommen, und zwar in dem Augenblick, als Machiavelli die Autonomie politischer Rationalität einklagte. Hier war schon die Konkurrenz zu anderen Auslegungsstrategien der Gerechtigkeit in Frage gestellt, und die Amoralität dieser Argumentation war nichts als die Emanzipation politischer Selbstgestaltung von moralischer Bevormundung. Wenn Gerechtigkeit zum verbindlichen Maßstab fürstlichen und herrschaftlichen Verhaltens erhoben wird, sehen wir also eine Politik mit den Mitteln des Diskurses und nicht mit den Mitteln ökonomischer oder militärischer Ressourcen am Werke, welcher sich derjenige bedient, der nicht über diese Ressourcen verfügt und das Gewicht seiner Argumente durch den Appell an die literarische Öffentlichkeit oder an das normative Selbstverständnis des Angesprochenen verstärken muß. Hier ersetzen normative Konzepte nicht Heeresverbände, aber diese Konzepte sind auch nicht einfach durch Heeresverbände ersetzbar.

Aber Gerechtigkeit muß nicht allein den Fürsten und Machthaber zum Adressaten haben, um seine Willkür nach Maßgabe normativer Erwartungen zu zügeln, sondern kann umgekehrt auch ein Mittel der Disziplinierung beherrschter Individuen sein. So können Religionen Verhaltenskataloge gottgefälligen Lebens entwickeln, die die Gerechtigkeit sozialen Verhaltens nach transzendenten Normen bemessen. Die entsprechende Gewährleistung der Einhaltung solcher Verhaltenskataloge ist ein Herrschaftsmittel von besonders intensiver Qualität. Was in der Reformation normativ als Entlastung des persönlichen Gewissens begann, wandelte sich mit den Landeskirchenordnungen, die die Gerechtigkeit des irdischen Lebens nach Maßgabe göttlicher Vorgabe sichern sollten, zu einem Instrument der Herrschaftssicherung durch die Doppelspitze weltlicher und geistlicher Autorität im Notepiskopat der Landesherrn (siehe Grünberger in diesem Band). Im Kontext der landesherrlichen Visitationspraxis diente die Umsetzung der großen Gerechtigkeit des Reiches Gottes auf Erden der sozialen Disziplinierung der geistlichen Untertanen durch die Reglementierung ihres Verhaltens im Detail. Die göttliche Gerechtigkeit sollte durch die Sicherstellung der "äußeren Gerechtigkeit" beschirmt werden. Die Durchsetzung der Kirchenzucht zwecks Verstetigung eines gottwohlgefälligen Verhaltens wird auf diese Weise zu einem hervorragenden Instrument obrigkeitlicher Herrschaft. Der Landesherr als Notbischof erhält einen doppelten Zugriff auf seine Untertanen, einmal durch den weltlichen Arm der Amtsleute, sodann aber auch durch den geistlichen Arm des Pfarrers und seine konsistoriale Disziplinierungsfunktion. Auch hier ist Gerechtigkeit das Mittel, soziales (sittliche Zucht) und politisches Verhalten (Gehorsam) nicht mit Hilfe einer Politik der Interessen und Ressourcen zu bestimmen, sondern sie mittels einer Politik der Normen und der Diskurse zu steuern. Nicht ohne Grund hob an dieser Stelle der frühneuzeitliche Gedanke des Widerstandes an, der sich von Magdeburg nach Frankreich verpflanzte und sich gegen die Zumutung solcher Verfügung über soziales Verhalten und ihrer Monopolisierung der Gerechtigkeitsmaßstäbe verwahrte.

Der Versuch, die Anbindung der Gerechtigkeit an substantielle und/oder religiös vermittelte Inhalte und die Rückkoppelung der Gerechtigkeit an ihre gesellschaftliche Wirklichkeit aufzuheben, war Gegenstand der ökonomischen Betrachtungsweise der Gesellschaft von der schottischen Aufklärung bis zu Marx. Die Behandlung der Gerechtigkeitsfrage in der schottischen Aufklärung und der entstehenden National-ökonomie, insbesondere bei Adam Smith, David Hume und Adam Ferguson, zeigt, daß ökonomische Fragen stets im Kontext umfassenderer sozialwissenschaftlicher Frage-stellungen begriffen wurden, nämlich als Darstellung der "kommerziellen Sozialbe-ziehungen" des Menschen in der modernen arbeitsteiligen Marktgesellschaft (siehe Ottow in diesem Band). Die Moral wird nicht mehr als Resultat einer naturrechtlichen oder transzendenten Einsicht verstanden, die ihre Forderungen an die Adresse gesellschaftlicher Realität richtet, sondern als Resultat gesellschaftlicher Prozesse. Daher verlangt gerade die Beantwortung moralphilosophischer Fragen die Beschäftigung mit jenen gesellschaftlichen Regelmäßigkeiten, die moralisches Verhalten (oder ihr Gegenteil) zum Ergebnis haben. Die Ablösung der soziopolitisch fundierten Abhängigkeitsverhältnisse durch den freien Güteraustausch wird als Befreiung interpretiert, die von vornherein eine ethische Dimension in die wirtschaftlichen Beziehungen einbringt. Eigentum, Tausch und Vertrag sind danach moralisch zu rechfertigende Institutionen. Von diesem Standpunkt aus können nationale Politik wie individuelles Verhalten von überschießenden Moralansprüchen entlastet werden, an deren Stelle ein kollektiver Lernprozeß treten soll. Damit hat die schottische Aufklärung gegenüber dem statischen, weil universell angelegten Naturrecht die zeitlich-zivilisatorische Entwicklungsdimension eingefügt und die Gerechtigkeitsfrage an gesellschaftliche Verhältnisse geknüpft.

Dieser optimistischen Sichtweise des Verhältnisses von Gesellschaft und Moral entspricht die liberale Idee des Übergangs von Herrschaft, der man nur das Postulat der Gerechtigkeit entgegenhalten konnte, zu einer zivilen Regierungsweise, die entsprechend der Schöpfung moralischer Werte aus der selbstbestimmten Gesellschaft heraus dieser nicht Werte als Herrschaftspraxis aufpfropfen, sondern die Entwicklung gesellschaftlicher Werte nur moderierend begleiten will. Doch stößt dieses Konzept bereits bei seinen Ahnherren auf einige unausweichliche Spannungsmomente (siehe Bohlender in diesem Band). Denn die sich selbst überlassene gesellschaftliche Wertschöpfung birgt die Gefahr der Fragmentierung und Hierarchisierung des sozialen Raumes, etwa durch die Schaffung großer sozialer Ungleichheiten. Führt man als Gegengewicht aber wieder abstrakte Gerechtigkeitsvorstellungen als Inhalt der Politik ein, so unterstellt man den zivilen Raum der Selbstbestimmung erneut der politischen Macht und ihren Werten. Zur Lösung dieser Frage bediente sich Adam Smith der Kategorie der Arbeit. Sie sollte ohne politischen Fremdeingriff das soziale Verhalten der sich selbst überlassenen Individuen aufeinander abstimmen helfen. Arbeit besitzt demnach bei Smith eine primär politische und nicht eine im engeren Sinne ökonomische Bedeutung. Damit gewinnt jedoch die Arbeit eine beherrschende Kraft für die Bewertung gerechter Verhältnisse, die zunächst im Problem der individuell verantworteten Armut im 19. Jahrhundert und sodann im 20. Jahrhundert im Problem der Arbeitslosigkeit kulminiert, die man nicht versteht, wenn man sie einseitig als ökonomischen Sachverhalt zu entpolitisieren sucht.

Die schottische Aufklärung verstand Gerechtigkeit als Resultat gesellschaftlicher Verhältnisse, die sie vor einem entwicklungszivilisatorischen Hintergrund verortete, dessen Zielhorizont sie aber nicht beschrieb. Hierin übertrumpfte Karl Marx die liberale Nationalökonomie, aber er verließ damit auch die Dimension der Gerechtigkeit als einer ihrer Zeit angemessene Empörungskategorie etwa der Arbeiterschaft (siehe Euchner in diesem Band) und verlor das Problem der gerechten bzw. angemessenen Regierung einer bestimmten gesellschaftlichen Formation, das die Schotten noch maßgeblich bestimmte, aus den Augen. Das Bedürfnis nach Gerechtigkeit fiel hinter den Primat der Gesellschaft zurück. Die gesellschaftliche Entwicklung mußte aus sich selbst heraus die Überwindung jener Zustände herbeiführen, die man zeitgenössisch je als ungerecht anprangerte. Daher konnte es nach Maßgabe gesellschaftsgeschichtlicher Entwicklungen als gerecht und angemessen erscheinen, daß der Empörer zunächst ,barfuß durch die Hölle gehen' mußte, bevor das Reich der Assoziation freier, gleicher und schöpferischer Produzenten erreicht werden konnte (siehe Euchner in diesem Band). Da mit Erreichen dieses Zielhorizontes die Gründe der Empörung gesellschaftshistorisch weggefallen sind, entfällt mit ihr auch die Notwendigkeit der Erörterung gerechter Zustände. So betrachtet, scheint Gerechtigkeit für Marx ein eher lästiger Begriff zu sein, dessen er sich gerne entledigte. Ob der Verzicht auf den Gerechtigkeitsbegriff aber überhaupt für eine prononciert normativ-kritische Theorie möglich ist und ob sich hier nicht die Nicht-Dekonstruierbarkeit der Gerechtigkeit erweist, ist die Frage (siehe Bluhm in diesem Band). Denn mit der Fernbestimmung der postkapitalistischen

Gesellschaft als einer freien, gleichen und solidarischen Gesellschaft verwendet Marx einen impliziten Gerechtigkeitsbegriff. Darin schleppt er sein rousseauistisches Erbteil samt seinen Problemen mit sich fort, das er in zunächst historisierender und dann systemtheoretischer Hinsicht endgültig zu überwinden suchte, ohne daß ihm die Eliminierung seines ursprünglich normativen Erkenntnisinteresses gelang. Verantwortlich für dieses Ringen um die Überwindung des Gerechtigkeitsbegriffes ist Marxens Wissenschaftsgläubigkeit. Seine den Überzeugungen des 19. Jahrhunderts geschuldete szientifische Unterschätzung scheinbar unwissenschaftlicher Fragen, wie derjenigen nach Moral und Gerechtigkeit, hatte zur Folge, daß er aus der Einsicht in die gesellschaftshistorisch bedingte relativistische Genese der Gerechtigkeitsvorstellungen zugleich glaubte ableiten zu können, auch die Erörterung ihres jeweiligen Geltungsanspruchs sei obsolet. Das war eine mit folgenschweren praktischen Konsequenzen verbundene theoretische Entscheidung von weltgeschichtlichem Rang, der sich mannigfache Umsetzungsversuche anschlossen, die zwischenzeitlich allesamt gescheitert sind.

Doch die Implosion bestimmter gesellschaftlichen Umsetzungsversuche des Marxismus hat dem Sieger, dem liberalen Rechtsstaat, zwar einen Gegner genommen, nicht aber sein inhärentes Gerechtigkeitsproblem gelöst. Zwar stellen sich die großen Alternativen des 20. Jahrhunderts zur westlichen Lösung nicht mehr, aber weder der Sieg über den Faschismus 1945 noch die Implosion des real existierenden Sozialismus 1989/90 haben die "Geschichte der Gerechtigkeit" beendet. Auch das europäische Experiment der Auflösung der klassischen "Erbkonflikte" unter den Nationalstaaten füllt noch nicht das Vakuum der gesellschaftshistorischen Zielvorstellung, die Kojève, der Philosoph der Gerechtigkeit in der Posthistoire (siehe Grunwald in diesem Band), schon kurz nach Ende des Zweiten Weltkrieges einklagte und der nach dem Ende der totalitären Verirrung an das Hegelsche Projekt gemahnte. Nicht erst 1989, sondern schon 1945 erschien der Sieg des Rechtsstaates keineswegs als Ende der Frage der Gerechtigkeit, sondern als Anbeginn ihrer Ausformulierung. Durchgesetzt hat sich aber nicht ein Hegelscher, sondern der liberale Rechtsstaat. Läßt dieser historische Vorgang aber zugleich Aufschluß über die praktische und theoretische Fortschrittlichkeit zu, auf die alle gesellschaftliche Entwicklung hinlaufen muß? Gerade eine Gesellschaftstheorie wie die von Jürgen Habermas kann als eine in universalistischer Hinsicht beabsichtigte Rechtfertigung des liberalen Rechtsstaates gelesen werden, der seine Gerechtigkeit in der universal begründbaren moralischen Grundlage aufgehen läßt und deswegen Gerechtigkeit aller praktischen und lebensweltlichen Kontexte entkleidet (siehe Krause/ Malowitz in diesem Band).

Der Kulturvergleich der Behandlung von Gerechtigkeitsfragen zeigt dagegen, daß Gerechtigkeit gerade im europäischen Kontext auf spezifischen kulturellen Voraussetzungen basiert, um überhaupt plausibel zu sein. Der Vergleich mit vorderasiatischen (siehe Weber-Schäfer in diesem Band) und fernöstlichen (siehe Shimada sowie Weber-Schäfer in diesem Band) Behandlungsweisen des Gerechtigkeitsproblems offenbart die europäische Perspektive im Profil: Gerechtigkeit im politischen Kontext setzt die Denkweise der Verfügbarkeit über gesellschaftliche Strukturen, ihre politische

Steuerbarkeit voraus, um ein sinnvoller Gegenstand der Erörterung zu sein. Mit der Reflexion auf die kulturellen Voraussetzungen des Gerechtigkeitskonzeptes stellt sich sodann aber die Frage nach der theoretischen Reichweite von Gerechtigkeitskonzepten und ihrer Beschränkung durch den Kulturrelativismus der Postmoderne. Eine europäische Gerechtigkeitskonzeption, die sich aber gleichwohl mit universaler Geltung präsentiert, kann dann leicht als subtiles Instrument eines Kulturimperialismus dechiffriert werden. Die Zurückweisung der Universalisierbarkeit des europäischen Gerechtigkeitskonzeptes sollte aber nicht das Denken in Maßstäben überhaupt preisgeben und damit die Reflexion über die richtige Struktur und Berechtigung von Maßstäben (siehe Reese-Schäfer in diesem Band).

Die Wiederentdeckung der kulturalistischen Voraussetzungen des Westens lassen daher eine theoretische Selbstgenügsamkeit der Gerechtigkeitserörterung nach universalistischer Maßgabe nicht zu. Der liberale Rechtsstaat sollte das Modell sein, um den grundsätzlichen Konflikt der normativen Bestandssicherung einer Gesellschaft und den persönlichen Maßstäben ihrer individuellen Mitglieder zu lösen. Aber allenthalben wird sichtbar, daß diese Lösung nicht ohne normative Selbstvergewisserung gelingen kann. Der Schutz des Individuums vor der Letztverfügung auf die Maßstäbe des sozialen Lebens führt nicht von alleine zu einer gegenseitigen Neutralisierung unterschiedlicher Gerechtigkeitsvorstellungen. Wo mehrere absolute, d.h. einander ausschließende Gerechtigkeitsvorstellungen die zentralisierten Ressourcen des Rechtsstaates zur Verwirklichung ihrer Lebensideale einsetzen wollen, stellt sich die Frage, auf wessen Seite sich der Rechtsstaat schlagen soll (siehe Llanque in diesem Band im Hinblick auf Kelsen). Gibt es eine ‚Gleichgültigkeit' von Gerechtigkeitsvorstellungen? Gleichgültigkeit kann zugleich die Anerkennung des Eigenwertes von unterschiedlichen normativen Vorstellungen sein, die als Toleranz allgemein geschätzt ist. Gleichgültigkeit kann aber auch als Passivität interpretiert werden, die bei unterschiedlichen Ausgangsbedingungen verschiedener normativer Lebensvorstellungen durch bloßes Unterlassen jene Vorstellungen prämiert, die sich besonders in den Vordergrund zu stellen verstehen. Andererseits neigt eine substantieller verstandene Erweiterung des liberalen Rechtsstaates dazu, implizit auf korrespondierende Gesinnungen und weltanschauliche Einstellungen abzustellen, auf die verzichten zu können die im engeren Sinne liberale Theorie der individuellen Nutzenpräferenz als ihre eigentümliche Leistung begreifen darf (siehe Hegmann in diesem Band). Wenn man daher nicht Gerechtigkeit als Lösung theoretisch ermitteln kann, so wirkt sie als Ungerechtigkeitsthema zumindest in umgekehrter Hinsicht, und zwar im Sinne eines Vehikels der Sichtbarmachung eines Bedarfes an Gerechtigkeit. Welche rasch artikulierbaren Ungerechtigkeitserfahrungen muß der Rechtsstaat zu einem Fall der Intervention machen, d.h. wo grenzen sich allein persönlich zurechenbares Schicksal von Solidargemeinschaftsbezügen ab? Wann sind persönliche Merkmale, wie das Geschlecht oder individuelle Erlebnisse, niemandem außer dieser Person allein zurechenbares Schicksal oder stattdessen notwendiger Regelungsgegenstand des Rechtsstaates (siehe Rössler in diesem Band im Hinblick auf Shklar)? Damit ist die lange Zeit anhaltende Verkürzung der Gerechtigkeit auf das

Problem der Distribution von Gütern und Chancen durchbrochen. Mit Hilfe der Gerechtigkeitsfrage lassen sich Probleme formulieren, die durch die Maschen anderer Theorieansätze hindurch fallen müssen. So kann man unter Anwendung und Erweiterung des Ressourcenbegriffs von Ronald Dworkin auch die unterschiedlichen Talente und Fertigkeiten von Personen im Kontext ihrer gesellschaftlichen Entfaltungsmöglichkeiten und beruflichen Chancen begreifen (siehe Ladwig in diesem Band). Darüberhinaus kann man aber auch fragen, von welcher Art bzw. von welcher Position aus Ungerechtigkeitserfahrungen angemessen artikuliert werden sollen. Wie muß der Kritiker aussehen, der anhand von Gerechtigkeitsmaßstäben seine Gesellschaft zur Intervention oder Duldung auffordern möchte? Bei dieser Frage kann man auf traditionelle moralische Institute zurückgreifen, wie das Mitleid und die damit verbundenen Sympathie- und Solidarverhältnisse. Oder man kann auf die gerechte Distanz, d.h. den Abstand des Kritikers zur kritisierten Gesellschaft, abheben, der dem Normensystem der Gesellschaft auch den Maßstab zu ihrer Kritik entnimmt (siehe Thumfart in diesem Band im Hinblick auf Rorty und Walzer). Schließlich ist es aber auch möglich, die moralphilosophische Engführung als Begründungstheorem der Gerechtigkeit zu verlassen und wieder zu der klassischen Perzeption zurückzukehren, nämlich Gerechtigkeit als Handlungsmotivation und damit Veränderungsressource gesellschaftlicher Strukturen zu begrüßen. Da Handlungsmotivationen aber von starken Wertungen im Sinne Charles Taylors im Hinblick auf implizite Persönlichkeitsvorstellungen abhängen, darf die Gerechtigkeit im Rechtsstaat sich gerade nicht in liberalen und prozeduralen Prinzipienerörterungen erschöpfen, sondern muß diese starken Wertungen selber in den Blick nehmen. Daher muß weitaus grundsätzlicher die „moralische Landkarte" ins Auge gefaßt werden, in welcher erst Gerechtigkeitsvorstellungen entstehen und als Postulate geäußert werden können (siehe Rosa in diesem Band).

Insgesamt verweisen die Autoren zur modernen Gerechtigkeitsdebatte daher auf die Abhängigkeit des liberalen Rechtsstaates von der Gerechtigkeit als jenem normativen Horizont, aus dem heraus die sozio-moralische Bestandssicherung des Rechtsstaates erfolgen muß, wobei freilich zu diesem Normenhorizont auch die liberale Freiheit als Sicherung gegen eine allzu selbstgewisse Verfügung über den Inhalt geltender Normen gehört. So spiegelt der systematische Spannungsbogen des Rechtsstaates nur den thematischen Spannungsbogen der Gerechtigkeit wider.

Welche Überlegungen können sich diesem Band zu Konzeptionen der Gerechtigkeit für die weitere Forschung der politischen Theorie und Ideengeschichte anschließen? Drei Themenbereiche sollen hier angeschnitten werden. Zum einen wäre zu prüfen, ob nicht jenseits der hegemonialen griechisch-philosophischen Gerechtigkeitsvorstellung, wie sie nach wie vor die moralphilosophische Diskussion beherrscht, wesentlich stärker die römisch-rechtsstaatliche Alternative als selbständige, kulturell bedingte Vorstellungsweise der Gerechtigkeit berücksichtigt werden muß. Zum anderen wäre alternativ zum griechischen und römischen Modell das biblische Modell stärker heranzuziehen, insofern es rezeptionsvermittelt einen bestimmten Einfluß auf die Gerechtigkeitswahrnehmung und ihre Erörterung ausgeübt hat, ohne den bestimmte Formen moralischer Kritik und Selbstvergewisserung der Gesellschaft schwerlich verstanden werden können. Schließlich wäre der Blick auf die Vielgestaltigkeit der Gerechtigkeitsvorstellungen um komplementäre Institute zu erweitern, nämlich um Gesetz und Gemeinwohl. Wenn Gerechtigkeit das normative Verhältnis aufeinander prallender normativer Erwartungen ordnet, dann steht sie in einem Wechselverhältnis zu materiellen Gerechtigkeitsvorstellungen, wie sie im Gesetz formuliert werden, wobei das Gesetzesdenken in der europäischen Tradition wiederum von biblischen, griechisch-naturrechtlichen und römisch-völkerrechtlichen Vorstellungsmustern geprägt ist. Neben dem Gesetz wäre aber auch das Gemeinwohl zu erörtern, welches, ähnlich wie die Gerechtigkeit, zunächst ein semantischer Sammelbegriff ist, in dem aber statt verschiedener Verhältnismaßstäbe verschiedene Güter und Werte in Hinblick auf ihre Fähigkeit koordiniert werden, zu gemeinsamen politischen und sozialen Verhalten zu animieren und dieses als gemeinwohlfördernd zu privilegieren. Politisches Handeln als ein auf Zukunft und damit auf Ungewißheit und Unbestimmtheit ausgerichtetes Verhalten wird immer dazu neigen, diese Ungewißheit durch normative Orientierungen zu stabilisieren. Die Sollenserörterung nimmt hierbei einen hervorgehobenen Platz ein, weshalb Gerechtigkeit, Gemeinwohl und Gesetz als klassische Kanäle verstanden werden können, in denen unterschiedliche Sollensvorstellungen miteinander in Austausch gebracht und so eine zumindest zeitweise verbindliche Entscheidung herbeigeführt wird. Auf diese Weise wird politisches Handeln ermöglicht.

Literatur

Niklas Luhmann 1993: Das Recht der Gesellschaft, Frankfurt/M.

Leo Montada 1996: Gerechtigkeitsansprüche und Ungerechtigkeitserleben in den neuen Bundesländern, Berichte aus dem Zentrum für Gerechtigkeitsforschung Potsdam, Heft 4

Barrington Moore 1982: Ungerechtigkeit – die sozialen Ursachen von Unterordnung und Widerstand, Frankfurt/M.

John Rawls 1971: A Theory of Justice, Cambridge/ Mass.

Judith N. Shklar 1992: Über Ungerechtigkeit – Erkundungen zu einem moralischen Gefühl, Berlin

Michael Walzer 1993: Kritik und Gemeinsinn - drei Wege der Gesellschaftskritik, Frankfurt/M.

Michael Walzer 1991: Zweifel und Einmischung – Gesellschaftskritik im 20. Jahrhundert, Frankfurt/M.

Bernd Wegener 1995: Gerechtigkeitstheorie und empirische Gerechtigkeitsforschung, in: Hans-Peter Müller/ ders., Hrsg., Soziale Ungleichheit und soziale Ungerechtigkeit, Opladen, S. 195-218

Gerechtigkeit im Kulturvergleich

Peter Weber-Schäfer

Die Gerechtigkeit des Herrn
Zur Gerechtigkeitsvorstellung der jüdischen Prophetie

„Gerechtigkeit", so eine der philosophischen Standardexplikationen, „setzt ein wie immer begründetes Wechselverhältnis von Partnern voraus. Nach deren Eigenart gestaltet sich die Rechtheit des Verhältnisses" (Hauser 1974: 330). Vom in der klassischen griechischen Philosophie entwickelten Begriff der *dikaiosyne* und der dem römischen Rechtsdenken entstammenden Konzeption der *iustitia* ausgehend hat sich in der westlichen Sozialtheorie ein Gerechtigkeitsverständnis entwickelt, das Gerechtigkeit als eine menschliche Tugend im Verhalten zum Nebenmenschen versteht; eine Tugend, die einem Wechselverhältnis von miteinander im Austausch stehenden, in einer spezifischen Hinsicht als gleich angesehenen, Partnern seine Ordnung verleiht. Trotz des außerordentlich häufigen Auftauchens von Termini wie „Recht", „Gerechtigkeit", „Rechtschaffenheit" im Textkanon des Alten Testaments, oder genauer gesagt seinen deutschsprachigen Übersetzungen, muß aber die Frage zunächst offen bleiben, ob eine diesem Begriff substantiell äquivalente Konzeption der Gerechtigkeit im Kontext des klassisch jüdischen Denkens entwickelt worden ist; ob nicht vielmehr das, was die Propheten des frühen Judentums unter „Gerechtigkeit" verstanden, im Kontext jüdischer Frömmigkeit auf etwas radikal anderes zielte als die uns vertrauten Gerechtigkeitsvorstellungen.

Das altjüdische Gerechtigkeitsverständnis ist primär nicht philosophisch oder juristisch ausgerichtet, sondern theologisch. Das Gerechte ist für die Propheten nicht in einem zwischenmenschlichen Verhältnis welcher Art auch immer begründet, sondern zunächst und überwiegend im Bund Gottes mit dem Volk Israel, in dem sich seine Existenz als Volk konstituiert. Der Gottesbund als das beherrschende Symbol jüdisch-politischen Selbstverständnisses aber kann nicht unter der Analogie eines Vertragsverhältnisses zwischen auch nur annähernd gleichberechtigten Partnern verstanden werden. Gerechtigkeit, wie die Propheten sie verstanden, ist kein von Menschen zu schaffendes und zu bestimmendes Verhältnis, sondern göttliche Setzung. Gott ist es, der hier Recht setzt, und die aus diesem Recht entspringende menschliche Gerechtigkeit besteht in der Erfüllung der Forderungen, die Gott an den Menschen stellt. So wird sie zur unabänderlichen, weil von Gott gewollten, Lebensordnung des Volkes. „*Sädäq* (Gerechtigkeit)", umschreibt K. Koch diesen Tatbestand, „ist nicht im Menschen, sondern der Mensch ist in *Sädäq*" (Koch 1953: 41).

Eine derartig theologisch ausgerichtete Gerechtigkeitskonzeption läßt offensichtlich nicht allzuviel Raum für ein im philosophischen Sinne ethisch, juristisch oder auch nur in praktischer Hinsicht forensisch ausgerichtetes Nachdenken über den Inhalt und die Form der Gerechtigkeit. Was aber hat es dann mit der im Textkorpus des Alten Testaments immer wieder beschworenen rettenden, heilschaffenden, den Menschen im Angesicht Gottes rechtfertigenden und erlösenden Gerechtigkeit auf sich? Von was, wenn nicht von einer Vorstellung von Gerechtigkeit, wie sie unter philosophischen Kategorien greifbar wird, ist hier die Rede?

Paradoxerweise kann eine erste Annäherung an eine Antwort durch die genauere Betrachtung eines Textes gewonnen werden, in dem, obwohl wir es hier erwarten würden, das Wort „Gerechtigkeit" nicht erscheint. Ich meine die in die Chronik des davidischen Königshauses eingebaute und geradezu sprichwörtlich gewordene Anekdote vom weisen Urteil, durch das der junge König Salomo kurz nach seiner Thronbesteigung seine Befähigung zum Herrscheramt beweisen muß (1 Kön 3,16-28). Die Anekdote greift ein folkloristisches Wandermotiv auf, das in mehr als einem Kulturkreis literarische Gestaltung gefunden hat. Um denkbaren Kontaminationen der Erinnerung durch das Bildungsgut des Literaturunterrichts vorbeugend entgegenzuwirken, sei hier ins Gedächtnis gerufen, daß trotz des nahezu gleichartigen Handlungsverlaufs im biblischen Bericht kein Kreidekreis vorkommt, aus dem streitende Mütter das umstrittene Kind zu reißen versuchen. Auch geht es weder um Klabunds von E. Ludowyk als „Brocken von Chinoiserie in süßsaurer Soße" (Ludowyk 1959: 253) apostrophierte Hymne auf die alle Gegensätze aussöhnende Macht der Poesie und der Liebe, wie sie sich in dem Merkvers ausdrückt: „Gerechtigkeit, sie sei dein höchstes Ziel, / denn also lehrt's des Kreidekreises Spiel" (Klabund 1929: 103), noch um die Klärung der Besitzverhältnisse an einer Augsburger Gerberei (Brecht 1967(a)). Und es muß auch kein weiser Laienrichter darüber entscheiden, ob Gerechtigkeit darin besteht, „daß da gehören soll, was da ist, denen, die für es gut sind, also / die Kinder den Mütterlichen, damit sie gedeihen, / die Wagen den guten Fahrern, damit gut gefahren wird, / und das Tal den Bewässerern, damit es Frucht bringt" (Brecht, 1967(b): 2105).

Der königliche Richter des Alten Testaments steht nicht vor einer Entscheidung darüber, was im konkreten Falle gerecht ist, sondern vor einem Problem der Faktenfindung. Er muß nicht darüber entscheiden, ob das Kind bei seiner leiblichen Mutter oder der hingebungsvollen Pflegemutter besser aufgehoben ist, sondern darüber, welche von zwei Frauen - der Text spricht ausdrücklich von zwei Huren, also Frauen ohne männlichen Schutz - die biologische Mutter ist. Die Übereinstimmung liegt in den mehr oder weniger identischen Mitteln der Wahrheitsfindung. Salomo schlägt vor, das Streitobjekt mit dem Schwert in zwei Teile zu teilen und so die Ansprüche beider Frauen gleichmäßig zu befriedigen. Daraufhin erwacht die Mutterliebe, und die wahre Mutter gibt sich dadurch zu erkennen, daß sie im Gegensatz zu ihrer Prozeßgegnerin nicht bereit ist, dem Vorschlag des Königs zuzustimmen. Der weise König erkennt die wahre Mutter und spricht ihr das Kind zu, und „das Urteil erschall vor dem ganzen Israel, das der König gefällt hatte, und sie fürchteten den König. Denn sie sahen, daß die Weisheit Gottes in ihm war, Gericht zu halten" (1 Kön 3,28).

Von Gerechtigkeit ist nicht die Rede, und sie spielt hier auch keine Rolle. Worum also, wenn nicht um Gerechtigkeit, geht es bei der „Weisheit, Gericht zu halten"? Die Antwort geht aus dem Kontext hervor, in den die Anekdote von den Texteditoren eingebaut wurde. Die Geschichte spielt kurz nach der Thronbesteigung Salomos. Der Anspruch des Vierzehnjährigen auf die Thronfolge bedarf der Legitimierung. Salomo ist weder der älteste Sohn seines Vaters David, noch stammt er von der Hauptfrau seines Vaters ab. David hat zugunsten des Sohnes seiner Lieblingsfrau den rechtmäßigen Thronerben, Salomos älteren Bruder Adonia, übergangen, und der Herrschaftsanspruch des neuen Königs ist umstritten. Seiner Legitimation dient die dem Bericht über sein weises Urteil unmittelbar vorangehende Erzählung vom Traum des Königs in Gibeon (1 Kön 3,5-15). In diesem Traum erscheint dem soeben gekrönten König Gott selbst und stellt ihm, auch dies ein beliebtes Märchenmotiv, einen Wunsch frei. Salomo weiß die richtige Wahl zu treffen und bittet um „ein gehorsam Herz, daß er dein Volk richten möge und verstehen, was Gut und Böse ist. Denn wer vermag dies dein mächtiges Volk zu richten?" (1 Kön 3,9). Diese fromme Bitte „gefiel dem Herrn gut". Gott weiß in seiner Antwort auf die Bitte lobend zu erwähnen, daß Salomo ihn weder um langes Leben, noch um Reichtum, noch um den Tod seiner Feinde gebeten hat, wie man dies hätte erwarten können, sondern um Weisheit und die Fähigkeit, Gott zu gehorchen. Denn dies sind die beiden Eigenschaften, die er als oberster Richter über Israel in erster Linie braucht. Als zusätzliche Belohnung werden dem jungen König gleich auch noch die Wünsche gewährt, die er nicht geäußert hat.

Die unmittelbar an diese Episode anschließende Geschichte vom salomonischen Urteil dient als paradigmatischer Beleg für jene Weisheit, mit der Gott den König gesegnet hat. Wovon in der Geschichte vom weisen Richter Salomo nicht die Rede ist, ist, wie schon gesagt, Gerechtigkeit. Im Gegenteil: Die ganze Erzählung soll beweisen, daß man, um ein gerechtes Urteil zu fällen, nicht über Einsicht ins Wesen der Gerechtigkeit zu verfügen braucht, sondern ausschließlich jene Weisheit, die sich im Gehorsam gegen die Gebote Gottes äußert. Wenn hier das Wort Gerechtigkeit nicht erwähnt wird, so finden wir sein hebräisches Äquivalent an zahlreichen Stellen, an denen auf den ersten Blick wenig einsichtig ist, wieso hier von Gerechtigkeit die Rede sein sollte.

In der Tat scheint der Wortstamm *SDQ*, dem in der Übersetzung Termini wie „Recht", „Gerechtigkeit", „Rechtschaffenheit" etc. entsprechen, eine Anzahl von Bedeutungen zu decken, die sich im Deutschen schwer unter einen einheitlichen Begriff bringen lassen. In seiner einfachsten konkreten Bedeutung bezeichnet das Wort im juridischen Sprachgebrauch den zu Unrecht Angeklagten, dessen Unschuld sich vor Gericht erwiesen hat, der „gerechtfertigt wurde." In der als Gebot an das Volk Israel formulierten Rechtsvorschrift: „Den Unschuldigen und Gerechten sollst du nicht erwürgen" (2 Mose 23,7) ist diese prozeßtechnische Bedeutung angesprochen: „Gerecht" ist derjenige, der im Recht ist, der zu Unrecht angeklagt worden ist und dessen Unschuld sich herausgestellt hat. In der althebräischen Rechtssprache kann eine Formel wie „Er ist gerecht" deshalb auch ganz einfach bedeuten, „Er ist vor Gericht gestellt und freigesprochen worden." In engem Zusammenhang mit dieser Bedeutung steht die Verwendung des Wortes im Sinne von „gerechtfertigt sein", „sein Recht bewiesen haben", dann aber auch „siegreich sein", „der Stärkere sein". Diese Form der Gerechtigkeit ist als Qualität nicht allein auf den Menschen beschränkt. Zugleich und in erster Linie ist sie ein preisendes Attribut Gottes. Wenn es im sogenannten „Moseslied" des Deuteronomiums (5

Mose 32,1-47) heißt: „Er ist ein Fels. Seine Werke sind unsträflich. Denn alles, was er tut, ist Gerechtigkeit. Treu ist Gott und kein Böses an ihm", (5 Mose 32,4), dann ist die Gerechtigkeit Gottes, die zugleich Quelle menschlicher Gerechtigkeit ist, nichts anders als seine Heilskraft, seine Stärke, seine Unüberwindlichkeit und seine Überlegenheit über die konkurrierenden Götter anderer Völker.

Das symbolische Ineinanderfallen von göttlicher Gerechtigkeit, Macht und Erlösungskraft tritt in der prophetischen Literatur im Kyros-Orakel des Deuterojesaja (Jes 44,24 - 45,25) zutage. Die Prophezeiung, die offenbar unmittelbar vor der Eroberung Babylons durch den persischen König Kyros im Jahre 538 und damit gegen Ende des babylonischen Exils zu datieren ist, zeichnet sich dadurch aus, daß die Worte Gottes, die er durch den Mund des Propheten spricht, sich hier nicht an das Volk Israel, sondern an den persischen König richten, also einen heidnischen Herrscher, der zum Werkzeug Gottes wird. In der Tat haben wir es hier mit der einzigen Bibelstelle zu tun, in der ein Nichtjude als „Gesalbter (meschiah) des Herrn" bezeichnet wird. „So spricht der Herr", wird das Orakel eingeleitet, „zu seinem Gesalbten Kyros, den ich bei seiner rechten Hand ergreife, daß ich die Heiden vor ihm unterwerfe und den Königen das Schwert abgürte, auf daß vor ihm die Türen geöffnet werden und die Tore nicht verschlossen bleiben" (Jes 45,1). Der Messiastitel, der dem persischen König verliehen wird, hat allerdings hier noch nicht die soteriologische Bedeutung, die er im späteren Judentum und in seiner griechischen Übersetzung christos im Christentum annehmen sollte. Als „Gesalbter des Herrn" wird derjenige bezeichnet, der im Namen Gottes und auf seinen Befehl hin handelt, gleichgültig ob als König, als Priester oder als Prophet. Der Gesalbte ist derjenige, auf den sich die siegreiche Gerechtigkeit Gottes überträgt, weil er in seinem Auftrag handelt und von sich sagen kann: „Im Herrn habe ich Gerechtigkeit und Stärke" (Jes 45,24). Die Gerechtigkeit des von Gott Beauftragten ist irdische Manifestation der Stärke eines Gottes, der von sich selbst sagen kann: „Und ist sonst kein Gott außer mir, ein gerechter Gott und Heiland, und außer mir ist keiner" (Jes 45,21). Die unlösbare Verbindung zwischen göttlicher Gerechtigkeit, irdischem Recht und dem Heil der von Gott bestimmten Erlösung aus der Gefangenschaft wird in den Worten deutlich, in denen Gott sich als Retter seines Volkes offenbart: „Träufelt ihr Himmel von oben, und die Wolken regnen die Gerechtigkeit. Die Erde tue sich auf und bringe Heil, und Gerechtigkeit wachse mit zu. Ich, der Herr, schaffe es"(Jes 45,8). Gott ist gerecht, weil er die Quelle jeder Gerechtigkeit ist, und das, was falsch ist, richtigstellen wird. Gerechtigkeit ist das Heil Gottes, seine erlösende Tätigkeit.

Der Begriff der Gerechtigkeit nimmt hier eine der menschlichen Sphäre nahezu völlig entrückte soteriologische Qualität an. „Die Erlösung ist sozusagen die Einkleidung, die Manifestation der Gerechtigkeit Jehovas" (Jones 1962: 522). Gott ist gerecht, weil er stark ist, seine Gerechtigkeit ist seine Unbesiegbarkeit, und diese Gerechtigkeit überträgt sich auf die, die bereit sind, auf ihn zu hören. Damit kann eine Gerechtigkeit, die sich in unbesiegbarer Stärke manifestiert, zum Attribut nicht nur Gottes, sondern auch seines auserwählten Volkes werden, wenn das Orakel mit der Weissagung endet: „Im Herrn habe ich Gerechtigkeit und Stärke ...Denn im Herrn wird gerecht aller Samen

Israel und sich sein rühmen" (Jes 45,24-25). Gerechtigkeit aber, die zunächst ein Attribut Gottes ist und dann von ihm auf diejenigen übergeht, die in seinem Auftrag handeln und seinen Willen erfüllen, ist eine Frage des Verhältnisses des Menschen zu Gott und nicht ein moralisches oder juristisches Regulativ zwischenmenschlicher Beziehungen, wie dies einem philosophischen Gerechtigkeitsbegriff angemessen wäre.

Dem menschlichen Bereich als einer eigenständigen Domäne der Gerechtigkeit kommt ein drittes Bedeutungsfeld des Wortstamms näher, mit dem wir es zu tun haben, wenn Gerechtigkeit als eine Tugend des Verhaltens beschrieben wird, deren wesentlicher Inhalt darin besteht, den Forderungen Gottes nachzukommen und sich dadurch als gerecht zu erweisen, sei es unter Gleichen als Mensch dem Mitmenschen gegenüber, sei es als Herrscher im Umgang mit den Untertanen. Denn Gerechtigkeit ist nicht nur ein göttliches Attribut, sie stellt auch die Tugend des Königs als Wahrer irdischer Gerechtigkeit dar. Unmittelbar aus der göttlichen Gerechtigkeit wird das Gebot irdischer Gerechtigkeit in einem Mahnspruch des Tritojesaja abgeleitet: „So spricht der Herr: Haltet das Recht und tut Gerechtigkeit, denn mein Heil ist nahe, daß es komme, und meine Gerechtigkeit, daß sie offenbart werde" (Jes 56,1). Die Gerechtigkeit des Königs ist hier nichts anderes als Befolgung „aller göttlichen Forderungen, einschließlich der Kultgebote" (Jones 1962: 529). Göttliche und menschliche Gerechtigkeit unterscheiden sich anscheinend nicht nur darin, daß die eine sich als sekundäre Emanation der anderen erweist, daß sie darin besteht, den Forderungen nachzukommen, die ein Gott, der der Rechtfertigung seines Willens nicht bedarf, an den Menschen stellt, sondern auch darin, daß die Gebote der menschlichen Gerechtigkeit als bekannt gelten, während die mit seiner Heilskraft verknüpfte Gerechtigkeit Gottes sich erst noch offenbaren muß, den Adressaten des Orakelspruchs allenfalls partiell bekannt ist und infolgedessen ihr Handeln nicht bestimmen kann.

Die Bedeutung des kultischen Aspekts, der diesem Gerechtigkeitsbegriff innewohnt, ergibt sich aus dem Bericht über die Ereignisse nach der Eroberung des Nordreichs Israel durch den assyrischen König Salmanassar V. im Jahre 721 (2 Kön 17,24-41). Der üblichen assyrischen Politik bei solchen Gelegenheiten folgend wurde der größte Teil der Bevölkerung der eroberten Gebiete nach Mesopotamien und Medien umgesiedelt, während zugleich Babylonier und Syrer in den neu eroberten Gebieten angesiedelt wurden. Die so entstandene neue Bevölkerung der Samaritaner übernahm zwar den Jahwe-Kult, führte aber zugleich die Verehrung ihrer angestammten nichtjüdischen Götter fort. Nach dem biblischen Bericht wurden nun die Neuansiedler, weil sie „den Herrn nicht fürchteten" durch eine Raubtierplage bestraft. Löwen stiegen von den Bergen ins besiedelte Tiefland herab und töteten die Frevler. Die Rettungsmaßnahme, die der König von Assur daraufhin einleitet, ist ebenso einfach wie überzeugend: Er schickt einen der verschleppten jüdischen Priester in die alte Heimat zurück, „daß er dort wohne und lehre sie die Weise des Gottes im Lande" (2 Kön 17,27). Langfristig gesehen scheint diese Lehrtätigkeit nicht von Erfolg gekrönt gewesen zu sein. Die Samaritaner waren noch siebenhundert Jahre nach diesen Ereignissen den Rechtslehrern der Tempelpriesterschaft wegen der synkretistischen Mischformen ihres Kults ein Dorn im Auge. Der Gehorsam jedenfalls, den die Furcht des Herrn lehrt, ist offenbar primär religiöser Natur, und die Kultvorschriften, deren Befolgung das Leben des Gerechten ausmacht, haben die Form religiöser Tabus, deren Nichtbeachtung die Strafe Gottes nach sich zieht.

Eine Bedeutung, die sich nahezu vollständig im Gehorsam dem göttlichen Willen gegenüber erschöpft, hat das Wort *Sädäq* oder „Gerechtigkeit" auch in einem der ältesten Texte der israelitischen Weisheitsliteratur, einer unter dem Namen Salomos überlieferten Spruchsammlung. Hier wird in knappen zweizeiligen Merkversen dem Verhalten der Gerechten dasjenige der Gottlosen ebenso gegenübergestellt, wie in anderen Sprüchen dasjenige des Weisen dem Tun der Toren: „Des Gerechten Zunge ist köstlich Silber, aber des Gottlosen Herz ist nichts" (Spr 10,20). „Was der Gottlose fürchtet, das wird ihm begegnen, und was die Gerechten begehren, wird ihnen gegeben. Wenn das Wetter daher fährt, ist der Gottlose nicht mehr, der Gerechte aber besteht ewiglich" (Spr 10,24-25). Gerechtigkeit ist auch hier ein Synonym für Gottesfurcht also für Gehorsam vor dem Willen Gottes. Von der älteren prophetischen Literatur unterscheidet sich die Spruchsammlung einmal dadurch, daß der geforderte Gehorsam nicht mehr durch das Gesetz Moses vermittelt wird, sondern durch die Worte der Weisen, zum anderen aber auch durch eine Form diesseitiger Heilserwartung, die darauf beruht, daß der Wille Gottes nicht verborgen ist, sondern von den Weisen erkannt werden kann. Damit liegt es in der Macht jedes einzelnen, diesen Willen zu befolgen, und dem Gehorsamen winkt die versprochene Belohnung. Das aber, was inhaltlich Gerechtigkeit ausmacht, bleibt vollständig an den Willen Gottes, nicht an irgendeine Form menschlicher ethischer Erkenntnis gebunden.

In einer weiteren Bedeutungsvariante kann sich Gerechtigkeit auch inhaltlich in einer aufzählbaren Reihe von Geboten konkretisieren, deren Befolgung im Einzelfall gerechtes Handeln garantiert. Eines der ältesten Beispiele für diese Verwendung des Wortes *Sädäq* dürfte die Sammlung der *mishpatim* oder „Rechtsordnungen" (2 Mose 21,1-23,19) darstellen, die als Einschub in den Bericht über den Auszug aus Ägypten unmittelbar nach der Erzählung von der Erscheinung Gottes am Sinai und der Verkündung des Dekalogs erhalten ist. Bei den *mishpatim* handelt es sich ursprünglich um Rechtsentscheidungen in Einzelfällen, die als Präzendenzien für spätere Entscheidungen galten. Formal geht es also nicht um exhaustiv abschließende Rechtsregelungen, sondern um kasuistisch formulierte Einzelbestimmungen. Als Gesamtkatalog aber können diese Rechtsordnungen einen Verhaltenskodex darstellen, an den der Gerechte sich halten muß, um als gerecht gelten zu können. Dazwischen findet sich eine Sammlung allgemeiner Bestimmungen über die Rechtspflege, die als an den gerechten Richter adressierte Ermahnungen formuliert sind (2 Mose 23,6-9): Er darf das Recht nicht beugen, sich nicht bestechen lassen, keine willkürlichen Urteile fällen und Fremde, also unter den Israeliten lebende Nichtjuden, nicht unterdrücken.

In extremem Maß durch Konkretisierung eingeschränkt ist der Begriff der Gerechtigkeit, wenn er wie in der Mahnrede des Propheten Hesekiel mit der Standardisierung geeichter Maße und Gewichte identifiziert wird. „Denn so spricht Gott der Herr: Ihr habt es lange genug gemacht, ihr Fürsten Israels. Laßt ab von Frevel und Gewalt und tut, was gerecht und gut ist … Ihr sollt rechte Gewichte und rechte Scheffel und rechtes Maß haben" (Hes 45,9-12). Bei Hesekiel wird zugleich Gerechtigkeit explizit als die Einhaltung göttlicher Gebote definiert, eine Definition, die keinen Raum mehr für die Interpretation des Gerechten durch menschliche Weisheit läßt. In der Ermahnung zur Umkehr (Hes 18), um die es hier geht, wird einerseits zu individueller Verantwortung aufgerufen, andererseits erschöpft sich eben diese Verantwortlichkeit in der strikten Befolgung vorgegebener Gebote. Entgegen einer offenbar verbreiteten Auffassung von göttlichem Lohn und Strafe werden nach Hesekiel die Sünden der Väter nicht an den Kindern gestraft, ebensowenig wie die Verdienste der Väter sich auf die Kinder übertragen, sondern jeder wird nach seinem eigenen Verdienst belohnt oder bestraft. Das bedeutet unter anderem auch, daß Israel die babylonische Gefangenschaft nicht den Sünden seiner Vorfahren zu verdanken hat, sondern seinen eigenen Verfehlungen. Deshalb kann es auch, und darum geht es dem Propheten, durch seine Rückkehr zur Gerechtigkeit zur eigenen Befreiung beitragen. Illustriert wird diese These durch die parallele Aufzählung der Taten des Gerechten (Hes 18,5-8) und des Ungerechten (Hes 18,14-17). Der Gerechte nimmt nicht am Götzendienst teil, hält sich fern von sexuellen Verfehlungen, bringt andere nicht durch Gewalt oder Betrug um ihr Eigentum, gibt den Armen Almosen, nimmt auf ausgeliehenes Geld keine Zinsen und beugt als Richter das Recht nicht. Kurz, er verhält sich so, wie man es von einem anständigen Menschen erwarten kann. Und derjenige, der sich an alle explizit formulierten Gebote und Verbote hält, „der nach meinen Rechten wandelt und meine Gebote hält, daß er ernstlich danach tue, das ist ein Gerechter, der soll das Leben haben, spricht Gott der Herr." (Hes 18,9). Gerechtigkeit ist also nicht eine den Einzelvorschriften vorangehende Tugend, aus der heraus Gesetze geschaffen und legitimiert werden können, sondern sie entsteht erst aus der Befolgung der Gesetze, die selbst keiner anderen Legitimation bedürfen als ihrer Quelle im Willen Gottes.

All die durchaus in sich differenzierten Bedeutungsschattierungen, die der prophetische Gerechtigkeitsbegriff annehmen kann, haben eines gemeinsam: Sie stehen unter der überwältigenden Dominanz der Symbolik des Gottesbundes, des Vertrages, den Israel mit seinem Gott geschlossen hat, und der aus ihm entspringenden Gottesherrschaft. Diese Dominanz einer außerirdischen, dem menschlichen Tun entzogenen Quelle der Wahrheit aber ist es, die die Entwicklung der Konzeption eines alle Vertragspartner in gleicher Weise verpflichtenden Wechselverhältnisses von Rechten und Pflichten, wie es dem philosophischen wie dem juristischen Gerechtigkeitsbegriff zugrunde liegt, durch ihre prägende Gewalt verhindert hat. Der Grundvertrag des prophetischen Glaubens ist kein Gesellschaftsvertrag, sondern ein Vertrag zwischen Gott und seinem Volk. Gott und Israel aber sind nun einmal keine gleichberechtigten oder auch nur vergleichbaren Partner, deren Beziehungen zueinander nach den Regeln der Gerechtigkeit gestaltet werden könnten. Die Gerechtigkeit der Propheten ist weder die politische Tugend, aus der der gerechte Ausgleich zwischen Freien und Gleichen entstehen kann, wie sie uns aus der praktischen Philosophie des Aristoteles vertraut ist, noch der „feste und dauernde Wille, jedem sein Recht zuzuteilen" als den Ulpian (fr 10) sie definiert hat. Als göttliche Gerechtigkeit ist sie die „heilschaffende, machtvolle Bundestreue Gottes", der in der menschlichen Gerechtigkeit die „gehorsame, fromme Unterordnung unter das Gottesgesetz" (Hauser 1974: 331) entspricht. Deshalb kann die Berufung auf die Gebote der Gerechtigkeit Gottes zwar der Legitimation irdischer Rechtsprechungsgewalt und Herrschaft dienen, sie bestimmt aber nicht ihren Inhalt. Dieser muß jeweils im Einzelfall unter Rekurs auf den im Gesetz offenbarten Willen Gottes gefunden werden. Erst in einem durch die Auseinandersetzung mit den Erkenntnissen philosophischen Denkens modifizierten und weiterentwickelten Christentum konnte die prophetische Forderung nach Unterwerfung unter den Willen eines Gottes, der der Hort der Gerechtigkeit ist, zu einer Konzeption der Gerechtigkeit ausgestaltet werden, die als ordnende Kraft innerweltlicher Beziehungen zwischen Menschen eine dem Menschen eigene Leistung darstellt.

Literatur

Black, Matthew, und Rowley, H. H., 1962, Peake's Commentary on the Bible, London
Brecht, Bert, 1967(a), Der Augsburger Kreidekreis, Gesammelte Werke 11, Frankfurt a.M.
Brecht, Bert, 1967(b), Der kaukasische Kreidekreis, Gesammelte Werke 5, Frankfurt a.M.
Friedrich, Werner P. (Hrsg.), 1959, Comparative Literature 1, Chapel Hill
Hauser, F., 1974, Artikel „Gerechtigkeit", in Ritter 1971ff., Band 3, 329-334
Jones, Douglas R., 1962, „Isaiah II and III" in: Black 1962, 516-536
Klabund, 1929, Der Kreidekreis, Wien
Koch, K., 1953, SDQ im AT. Eine traditionsgeschichtliche Untersuchung, Dissertation Heidelberg
Ludowyk, E. F. C., 1959: „The Chalk Circle. A Legend in Four Cultures", in: Friedrich 1959, 249-256
Ritter, Joachim (Hrsg.), 1971ff., Historisches Wörterbuch der Philosophie, Basel / Darmstadt

Shingo Shimada

"Gerechtigkeit" und "Gemeinwohl": die japanische Perspektive[1]

I.

'Gerechtigkeit' und 'Gemeinwohl' - die beiden Begriffe aus der Perspektive des inter-kulturellen Vergleichs zu erörtern, erscheint zunächst als ein äußerst schwieriges Unter-nehmen. Denn, ging das neuzeitliche aufklärerische Denken nicht davon aus, daß Ge-rechtigkeit und Gemeinwohl in einer modernen Gesellschaft durch universale Wertvor-stellungen und rationale Regeln quasi zwangsläufig aufrechterhalten würden? Und daß sich dieses Verständnis von Gerechtigkeit und Gemeinwohl früher oder später überall auf der Welt durchsetzen würde? Wenn man diesem lang tradierten aufklärerischen Dis-kurs recht geben würde, müßte man das Vorhaben, diese beiden Begriffe aus der Per-spektive des interkulturellen Vergleichs zu behandeln, als abwegig zurückweisen, da man am Ende des 20. Jahrhunderts davon ausgehen müßte, daß sich inzwischen diese universale Vorstellung durchgesetzt hat. Doch die Thematisierung dieser Konzepte un-ter dem Aspekt der Interkulturalität scheint eher auf das Gegenteil hinzuweisen: Der Zweifel an der Universalität der aufklärerischen Vorstellung von Gerechtigkeit und Gemeinwohl ist stärker denn je. Die sozialen Prozesse der jüngsten Vergangenheit, die unter dem Stichwort "Globalisierung" gebündelt werden, rütteln offenbar an den Grundüberzeugungen der Neuzeit (vgl. zur Globalisierung: Beck 1997). Vor diesem Hintergrund wird das allgemein wachsende Interesse an fremden Kulturen verständlich, da man Antworten auf die heutige aporetische Situation erwartet. Doch liegt wohl gera-de in dieser Erwartungshaltung die Gefahr aller kulturvergleichenden Forschung, daß man das, was man eigentlich sucht, bereits konzeptualisiert, *bevor* man sich mit der fremden Kultur auseinandersetzt.

Zunächst ist festzuhalten, daß die japanischen Ausdrücke, die auch in den heutigen deutsch-japanischen Wörterbüchern stehen, mittels chinesischer Schriftzeichen vollzo-gene Übersetzungen aus den westlichen Sprachen sind. Zudem haben die beiden japani-schen Ausdrücke eine recht unterschiedliche Gewichtung im öffentlichen Diskurs. Wäh-rend das Wort für 'Gerechtigkeit' - *seigi* - recht verbreitet ist, bleibt das Wort für 'Ge-meinwohl' - *kôeki* - erfahrungsfern und besagt eigentlich wenig. Hier spiegelt sich ein

1 Der vorliegende Beitrag ist eine mehr oder weniger assoziative Skizze zur Problematik der Begriffe 'Gerechtigkeit' und 'Gemeinwohl', die ich auf der Tagung "Gerechtigkeit und Gemeinwohl. Grundbe-griffe des politischen Ordnungsdenkens im interkulturellen Vergleich" der Sektion politische Theorie und Ideengeschichte der Deutschen Vereinigung für Politische Wissenschaft zur Diskussion stellte. Er stellt daher nicht den Anspruch, das Thema umfassend zu behandeln. Er ist vielmehr der Ausgangs-punkt für die Analyse dieser Problematik. Ich bedanke mich bei den Teilnehmern der Tagung für ihre wertvollen Anregungen. Mein Dank gilt vor allem Herrn Jürgen Gebhardt, Herrn Kurt Lenk und Herrn Werner Mangold.

über 100 Jahre andauernder Prozeß der Übersetzung und Verbreitung der Begriffe wider, der bezogen auf die beiden Begriffe unterschiedlich verlaufen ist.

In diesen Übersetzungsprozessen vereinigen sich unterschiedliche allgemeine theoretische Fragestellungen. Zunächst weist dieser Entlehnungsprozeß auf die Schwierigkeiten einer nicht-westlichen Kultur bei der Begegnung mit der westlichen Zivilisation hin. Für das Verständnis bestimmter Konzepte und Vorstellungen der westlichen Zivilisation benötigte man Wortneuschöpfungen, anhand derer man versuchte, die Bedeutung und Konzepte an die eigene Gesellschaft zu vermitteln.[2] Dies ist ein Indiz dafür, daß in der betreffenden Gesellschaft bis dahin keine entsprechenden Begriffe existierten. Es stellt sich daher die Frage, ob man aufgrund dieses Fehlens der Begrifflichkeit davon ausgehen kann, daß in der betreffenden Gesellschaft keine Vorstellung bespielsweise von Gerechtigkeit und Gemeinwohl relevant war? Sicherlich ist es möglich, diese Frage zu bejahen und zu behaupten, daß die beiden Konzepte erst durch die westliche Zivilisation in die betreffende Gesellschaft eingeführt und durch die Modernisierung verwirklicht worden wären. Doch mit dieser Antwort sehen wir uns wiederum konfrontiert mit dem Universalanspruch der beiden Begriffe, die der Fragestellung des interkulturellen Vergleichs zuwiderläuft. Zwar kann man auch heute noch an dieser Gegenüberstellung des Vorhandenseins bestimmter Konzepte im Westen und ihres Nicht-Vorhandenseins in den anderen Kulturen stehenbleiben, so wie es beispielsweise für die religionssoziologische Vorgehensweise Max Webers charakteristisch war.

Doch liegt hierin ein methodisches Problem: Denn die Suche nach einem äquivalenten Konzept setzt einen vergleichbaren diskursiven Prozeß wie in Europa voraus, aus dem die heutigen Begriffe von 'Gerechtigkeit' und 'Gemeinwohl' hervorgegangen sind. Die Suche bleibt allerdings vergeblich in einer Kultur, in der dieser Prozeß nicht stattfand. Doch daraus zu schließen, daß in dieser fremden Kultur keine Konzepte von 'Gerechtigkeit' und 'Gemeinwohl' existierten, wäre eine diskurszentrische Vorgehensweise, die andere Formen der Konzeptualisierung nicht akzeptiert. Im Gegensatz dazu gehe ich hier davon aus, daß man über die Vorstellungen von 'Gerechtigkeit' und 'Gemeinsinn' einer fremden Kultur sprechen kann, auch wenn dort keine Begriffe für diese Phänomene existierten.

Es ist jedoch zu bedenken, daß die Suche in anderen Kulturen nach den Phänomenen, die den Begriffen 'Gerechtigkeit' und 'Gemeinwohl' entsprechen, nicht frei ist von der eingangs erwähnten Präkonzeptualisierung. Denn der Ausgangspunkt der Suche ist stets die in den beiden Begriffen enthaltene westliche Perspektive. Und man unterliegt so lange dieser Perspektivität, wie man den Ausgangspunkt der Suche nach Entsprechungen nicht in Frage stellt.

Dieses Problem kann zwar hier nicht gelöst werden, doch soll an konkreten Beispielen aus dem japanischen Kontext die Problematik der 'Gerechtigkeit' und des 'Gemeinwohls' herausgearbeitet werden.

---

2 Die Problematik dieses Übersetzungsprozesses habe ich an anderer Stelle näher erörtert (Shimada 1994: 231ff; Shimada 1997a: 260ff).

Der eigentliche Schwerpunkt liegt hier auf dem Veränderungsprozeß in Japan gegen Ende des 19. Jahrhunderts. Dieser Wandel greift jedoch zurück auf historisch weiter zurückliegende Phänomene, die man als mehr oder weniger 'traditionell' bezeichnen könnte und die im folgenden kurz skizziert werden.

II.

Im 13. Jahrhundert existierten bestimmte Vorstellungen von 'Gerechtigkeit' und 'Gemeinwohl', die nicht diskursiv ausformuliert, sondern eher rituell und körperlich im kosmologischen Zusammenhang konzeptualisiert waren.

So ist in einem Verhaltens- und Ritualkodex für den Herrscher - in diesem Fall für den Tenno - aus dem Jahre 1221 die Regel zu finden, daß der Herrscher während der Sonnen- und Mondfinsternis sogar im Inneren des Hofgebäudes von Strohvorhängen umgeben werden muß.[3] Und es geht auch aus Berichten und Tagebüchern dieser Zeit hervor, daß diese Maßnahmen etwa seit dem 11. Jahrhundert für sehr wichtig erachtet wurden. Der Hintergrund ist, daß zu dieser Zeit die Gegenüberstellung von Reinheit und Unreinheit zu einem entscheidenden Kriterium von 'Gerechtigkeit' und 'Gemeinwohl' wurde.[4] Würde der Körper des Herrschers durch das 'magische' Licht der Sonnen- oder Mondfinsternis 'unrein', so wäre damit das 'Gemeinwohl' gefährdet, und auch das gerechte Handeln des Regierenden nicht mehr möglich. Nach dieser Vorstellung konnte das 'Gemeinwohl' nur durch die Bewahrung der körperlichen Reinheit des Herrschers aufrechterhalten werden. Dabei ist zu bemerken, daß im 12. Jahrhundert zunächst nur eine einzige Person mit diesen Maßnahmen vor Licht geschützt werden mußte, da die Unversehrtheit ihres Körpers als Grundlage der sozialen Ordnung angesehen wurde. Diese körperliche Form der Aufrechthaltung des 'Gemeinwohls' wurde aber von der Ebene des politischen Handelns getrennt. Denn der Herrscher, der mit seiner körperlichen Unversehrtheit die soziale Ordnung sicherte, handelte nicht politisch. Unter oder hinter diesem Herrscher stand stets eine andere Person, die politische Handlungen ausführte. Es ist davon auszugehen, daß in dieser Symbolik des Körpers die Begriffe der 'Gerechtigkeit' und des 'Gemeinwohls' kaum auseinandergehalten wurden. Die Reinheit des herrschaftlichen Körpers garantierte die kosmologische Ordnung, die sowohl die 'Gerechtigkeit' als auch das 'Gemeinwohl' einschloß.[5]

Ab dem 13. Jahrhundert erhalten diese Maßnahmen eine Doppelstruktur dadurch, daß nun auch der Körper des Shoguns vor Licht geschützt werden mußte. Ohne hier auf historische Einzelheiten eingehen zu wollen, bezeugt dies, daß auch der Körper des Sho-

---

3 Die historischen Beispiele in diesem Abschnitt verdanke ich größtenteils dem Aufsatz von Hideo Kuroda (1987).

4 Das Konzept der 'Unreinheit' -*kegare*- spielt in der japanischen Volkskunde und der Geschichtswissenschaft eine wichtige Rolle (vgl. Namihira 1985, Yokoi 1975).

5 Hier kann die These aufgestellt werden, daß ein rationaler Diskurs über 'Gerechtigkeit' und 'Gemeinwohl' nur dann auftritt, wenn die kosmische Ordnung als gefährdet angesehen wird. Dies scheint in Europa mehrfach der Fall gewesen zu sein.

gun als des obersten militärischen Herrschers mit derselben Semantik belegt wurde, wie der Körper des Tennos, des obersten rituellen Herrschers.[6] Diese Doppelstruktur blieb bis zur Meiji-Restauration 1868 erhalten. Insofern blieb es auch ambivalent, wer der eigentliche Repräsentant des Landes war.

Die Sonnen- und Mondfinsternis war die Naturerscheinung, die das 'Gemeinwohl' gefährden konnte, jedoch war die Gegenmaßnahme relativ einfach. Es gab aber auch Krisensituationen, die zusätzlichen Maßnahmen von Seiten der Bevölkerung verlangten, so z.B. wenn der Herrscher starb.

Im Rahmen der bereits genannten Denkweise der 'Reinheit' kontra 'Unreinheit', in der der Körper des Herrschers und die politische Ordnung gleichgesetzt wurden, stellte der Tod des Herrschers eine besonders große Gefährdung des 'Gemeinwohls' dar. Dafür wurde ein besonderer Ausdruck 'tenka shokue' verwendet, der etwa mit "Unreinwerden des unter dem Himmel liegenden (Raumes)" übersetzt werden kann. Mit dem Tod wird der Körper des Herrschers der Gefahr des Unreinwerdens ausgesetzt, wodurch die gesamte Gemeinschaft 'verseucht' werden könnte. Daher war der Tod des Herrschers neben Kriegen, Epidemien oder Naturkatastrophen eine der größten Gefährdungen des 'Gemeinwohls'. Gegen diese Gefährdung mußten unterschiedliche Maßnahmen ergriffen werden: Unmittelbar wichtig war die 'gerechte' Ausführung der rituellen Beisetzung, durch die der Tote vom unreinen Zustand des toten Körpers in den reinen Zustand des körperlosen Geistes und Gottes im Reich der Toten überführt wurde. Während dieses Zeitraumes wurde von der Bevölkerung verlangt, jede Art von religiösen Zeremonien, Festlichkeiten und den Verkauf von Fischen zu unterlassen (Kuroda 1987: 195). Zugleich wurde besonders auf ruhiges Verhalten in der Gemeinschaft geachtet, vermutlich damit der Tote nicht unnötig in den Zustand des Unreinen geweckt werden sollte.[7]

Es ist hier festzuhalten, daß sich die bisher dargestellten Beispiele zur Aufrechterhaltung der sozialen Ordnung in einem Punkt unterschieden: Während die Maßnahmen gegen die Sonnen- und Mondfinsternis nur auf der Ebene des Hofes Relevanz hatten, betraf der Tod des Herrschers unmittelbar das Leben der Bevölkerung. Allerdings bleibt unklar, welche räumliche Ausdehnung "unter dem Himmel" hatte. Dieser Ausdruck verdeutlicht, daß keine eindeutige, definitorische Territorialität der Herrschaft in Anspruch genommen wurde. Die Reichweite der Herrschaft war im Vergleich zum modernen Nationverständnis wesentlich geringer und auch diffus, so daß wir hier auf keinen Fall vom heutigen Verständnis von Japan ausgehen können. Es ist zu vermuten, daß "unter dem Himmel" im 12. und 13. Jahrhundert nicht viel mehr als die Hauptstadt Kyoto betraf.

Mit dem Tod des Herrschers als Gefährdung des 'Gemeinwohls' kann hier auch eine spezifische Bedeutung von Gerechtigkeit angesprochen werden. Dieses Gemeinwohlverständnis definiert Gerechtigkeit dadurch, daß die Handlungen dem Wohlergehen der Verstorbenen dienlich sind. D.h., die Gefährdung der sozialen Ordnung wurde u.a. darin

---

6 Somit tritt der zuvor aktiv handelnde militärische Herrscher in dem Moment, in dem er mit der Symbolik des höchsten Herrschers belegt wird, als unsichtbare Instanz in den Hintergrund.
7 Auch nach dem Tod des Shôwa-Tennos 1989 wurden alle Festlichkeiten und Zeremonien unterlassen.

gesehen, daß sich der Geist der Verstorbenen gegen die Welt der Lebenden richtete und Unheil brachte. Ein Kriterium für Gerechtigkeit lag somit in der Beziehung zu den Verstorbenen. Ein politischer Mord des Herrschers war nach dieser Denkweise deshalb nicht gerecht, weil sich der Geist des gewaltsam Getöteten auf das Gemeinwohl insgesamt negativ auswirken würde. Und diese Denkweise ist nicht nur auf die großpolitische Ebene bezogenen, sondern auch auf die Alltagshandlungen. Wer also das Wohlergehen der Verstorbenen nicht achtet oder vernachlässigt, gefährdet in welchem Kontext auch immer durch sein 'ungerechtes' Handeln das 'Gemeinwohl' (heute werden häufig die familiären Zusammenhänge so interpretiert).[8] Somit sind die Pflege und das Gedenken der Verstorbenen unmittelbar mit der Vorstellung von 'Gerechtigkeit' und 'Gemeinwohl' verbunden gedacht.

Diese 'traditionellen' Vorstellungen von 'Gerechtigkeit' und 'Gemeinschaft' in der japanischen Gesellschaft veränderten sich durch die Begegnung mit den westlichen Konzepten.

III.

In der zweiten Hälfte des 19. Jahrhunderts steckte die neue Gesellschaft Japans in einer tiefgehenden Krise. Die bis dahin gültigen Werte der Stände besaßen keine Relevanz mehr, und es mußte ein für alle Staatsbürger gültiges Vergesellschaftungsprinzip gefunden bzw. erfunden werden. Zur Bewältigung dieser Krisensituation war wohl die schon länger gegebene Tradition der Auseinandersetzung mit europäischen wissenschaftlichen Werken entscheidend, und dieser Wissensvorrat ermöglichte auch die Transformation der bis dahin bestehenden Ordnung in eine nationalstaatliche Gesellschaft. So waren seit ca. 1860 (also bereits vor der Meiji-Restauration) die westlichen gesellschaftstheoretischen Denkweisen bewußt rezipiert und ins Japanische übersetzt worden. Zunächst waren der Utilitarismus und der Positivismus als förderlich für die "Zivilisierung (*Bunmeikaika*)" des Landes eingeführt worden. Für die Übersetzung der Werke mußten sehr viele Begriffe erfunden oder aus den klassischen Texten wiederbelebt werden, und in diesem Zusammenhang wurden auch die beiden Begriffe 'Gerechtigkeit' und 'Gemeinwohl' übersetzt. Man kann hier durchaus von einer Umwälzung der japanischen Sprache insgesamt sprechen, mit dem Ziel, das "wissenschaftliche Denken" zu ermöglichen.

Das Problembewußtsein der geistigen Elite dieser Zeit ist deutlich, sie sah die Notwendigkeit der "Zivilisierung" der eigenen Gesellschaft durch die Einführung der westlichen liberalistisch-reformistischen Gesellschaftstheorien, was unter dem Stichwort "Aufklärung (*Keimôshugi*)" proklamiert wurde.

---

8 So werden beispielsweise ausbleibende geschäftliche Erfolge einer Firma u. U. damit erklärt, daß die Vorfahren des Firmeninhabers im Reich der Toten leiden. Dies ist ein recht weit verbreitetes Erklärungsmuster im Bereich der Alltagshandlungen.

Im Dienste der neuen Sozialordnung in Form einer Nation, die durch die Übernahme der westlichen Theorien geschaffen wurde, verwendete man auch 'traditionelle' Elemente. Zum einen wurde der Körper des Herrschers als Garantie des 'Gemeinwohls' aktiviert und mit der Einheit der Nation gleichgesetzt (*kokutai*),[9] zum anderen wurde das Verständnis von 'Gerechtigkeit' in der Beziehung zu den Verstorbenen durch den Staat aufgenommen und für staatstragende Ziele genutzt.[10]

Man muß sich vergegenwärtigen, vor welch schwieriger Situation die Strategen des neuen Staates standen. Zwar konnte die Konstitution des neuen Staates durch die Anlehnung an den europäischen Staatsbegriff geklärt werden; doch was die innere Struktur betraf, gab es keine Grundlagen. Denn bis dahin hatte ein anderes Verhältnis der Repräsentation von Macht bestanden, da die obersten Herrscher gleich ob Tenno oder Shogun, Existenzen gewesen waren, die von niemandem außer ihren nächsten Dienern gesehen werden durften. Das Verborgene also 'repräsentierte' die Macht. Diese Symbolik steht im krassen Gegensatz zum Begriff der Repräsentation im westlichen Sinne.[11]

Nun aber vor die Notwendigkeit gestellt, einen modernen Nationalstaat vorzuzeigen, mußte der Tenno sowohl nach außen als auch nach innen als 'Staatsoberhaupt' präsentiert werden. Er konnte nicht mehr im Zustand der 'Rückständigkeit' des verborgenen, unsichtbaren Daseins bleiben, um ihn im reinen Zustand zu halten, sondern er mußte einerseits vor den westlichen Repräsentanten als eine autonome Persönlichkeit auftreten, d.h. er mußte auch sich nach westlichen Regeln benehmen und sprechen lernen, andererseits sollte er für alle neuen Staatsbürger eindeutig sichtbar gemacht werden.

In dem neuen, zentralistisch organisierten Staat mußte also der Tenno auch zum Zentrum aller Blicke werden. Dieses mit Symbolen beladene Sichtbarwerden des Staatsoberhauptes, das auch eine semantische Transformation der Sichtbarkeit mit sich brachte, verläuft parallel zu dem Kleiderwechsel sowohl des Tennos selbst als auch aller Staatsdiener. 1871 wurde die europäische Kleidung eingeführt. Für den Tenno dienten hier wiederum die europäischen Monarchen der Zeit als Modell, so daß ab diesem Zeitpunkt der Tenno vornehmlich in Militäruniform als oberster Heerführer präsentiert wurde.[12]

---

9 *Kokutai* bedeutet wörtlich übersetzt *Land-Körper*

10 Man kann sicherlich eine Parallele zum Konzept des doppelten Körpers des Königs sehen, das Ernst H. Kantrowicz herausgearbeitet hat. Interessant im Fall Japans ist, daß dieses Konzept im ausgehenden 19. Jahrhundert für die Verbreitung des modernen Nationkonzeptes verwendet wurde. Für eine differenziertere Darstellung dieses Problems wäre eine kulturvergleichende politische Theologie notwendig.

11 Ich verdanke diese Überlegungen zur Frage der Repräsentation dem anregenden Buch von Kôji Tagi (1990).

12 Die Uniform bildete das ausgeprägte Symbol der neuen Macht und repräsentierte sie selbst in entferntesten Gegenden des Landes. Die Bevölkerung auf dem Lande war mit der europäischen Kleidung durch die Begegnung mit der Polizei und dem Militär konfrontiert. Der männliche Bevölkerungsteil machte seine ersten Erfahrungen mit der europäischen Kleidung durch die Wehrpflicht, durch die auch der Körper des einzelnen nach einem einheitlichen Maßstab nach der Tauglichkeit klassifiziert und identifiziert wurde.

Das nun sichtbar gewordene oder sichtbar gemachte Staatsoberhaupt unternahm zwischen 1873 und 1906 sechsmal ausgedehnte Reisen innerhalb des Landes und präsentierte sich der Bevölkerung. Diese Reisen sind ebenso als revolutionär zu bezeichnen wie das Sichtbarwerden; denn bis dahin waren die obersten Herrscher nicht nur verborgen, sondern auch unbeweglich gewesen. Während es in der Edo-Zeit die Daimyos waren, die regelmäßig mit großem Aufgebot zum Shogun nach Edo reisen mußten, ist es nun der Tenno selbst, der immer wieder das Land bereist und seine Existenz als Staatsoberhaupt zeigt. Im Laufe der Zeit zwischen 1873 und 1906 änderte sich jedoch das Verhältnis zwischen den Blickenden und dem Angeblickten. Während am Anfang das Gewicht darauf lag, daß der Körper des neuen Staatsoberhauptes gesehen wurde, nahmen die Reisen mit der Zeit immer stärker den Charakter der Besichtigung, wie weit die Modernisierung und die Zentralisierung des Landes fortgeschritten war. Dies ging mit der Befestigung der inneren Machtstruktur einher. Nach der Stabilisierung der Machtverhältnisse konnte der Tenno sich als ein aktiver Herrscher präsentieren, der die Modernisierung des Landes als *sein* Werk besichtigte. Auf dieser Seite verkörperte der Herrscher den aufgeklärten rationalen Herrscher. Es liegt hier die Metamorphose eines verborgenen, unantastbaren und passiven Wesens zu einem sichtbaren, aktiven und aufgeschlossenen Staatsoberhaupt vor. In diesem Moment erst wurde der Tenno als eine Existenz auch für alle Staatsbürger wahrnehmbar. Wichtig anzumerken bleibt jedoch, daß diese Metamorphose keine Säkularisierung und auch keine Rationalisierung bedeutete. Obwohl das Staatsoberhaupt zu gegebenen Anlässen als Person auftrat, verlor es nicht seine 'göttliche' Bedeutung, mit der es körperlich das 'Gemeinwohl' der Nation garantierte. Deutlich wird hier, auf welche Weise das moderne Nationkonzept an die Bevölkerung vermittelt wurde: durch das Einsetzen der traditionell-religiösen Elemente, die vor allem nicht diskursiv, sondern eher rituell und religiös genutzt wurden. In diesem Nationbildungsprozeß blieb der Diskurs über die 'Gerechtigkeit' und das 'Gemeinwohl' weitgehend am Rande der Gesellschaft. Denn in dieser mystisch-rituellen Überhöhung der nationalen Einheit wurde ein solcher Diskurs als unnötig erachtet, da der heilige Körper des Tennos das Wohlergehen der Nation garantierte.[13]

Der Akt der Präsentation durch die Reise jedoch konnte nur beschränkt vollführt werden. So wurde stellvertretend ab 1874 das Foto des Tennos an die Präfekturverwaltungen verteilt. Es fand hiermit eine Vernetzung statt, die von der zentralen Regierung als Verteiler ausging und einige Jahre später an allen Elementarschulen des Landes zum Abschluß gebracht wurde.

Wichtig dabei ist, daß jeder Empfang des Fotos mit einem bestimmten Ritual gefeiert wurde, genau so, als wäre der Tenno leibhaftig anwesend. Die Bedeutung der 'Heiligkeit' des Fotos wurde mit der Zeit immer stärker, die Fotografie verlor ihren dinghaften Charakter als Abbildung und gewann die Bedeutung eines Doubletts. Hier wird eine Behandlungsweise der Fotografie sichtbar, die man aus westlicher Perspektive als 'ma-

---

13 Es gab sicher politisch-kontroverse Auseinandersetzungen um die Stellung des Tennos in der neuen Nation. Jedoch gewann relativ schnell und eindeutig die ultranationalistische Position die Überhand, so daß kein fruchtbarer Diskurs mehr stattfand (vgl. Shimada 1997b: 179-224).

gisch' bezeichnen würde. Denn der Unterschied zwischen dem 'Original' und der 'Kopie' wurde verwischt, die Heiligkeit des Bezeichneten wurde auf das Zeichen übertragen. Dieser 'magische' Charakter der Tennofotografie wurde mit der zunehmenden Verbreitung des Fotos deutlicher, als alle Schulen des Landes schließlich das Foto empfingen.

Um diese Zeit geschah aber eine interessante Transformation des Sichtbargewordenen wieder zurück in die Verborgenheit. Denn das Foto wurde in jeder Schule in einem extra dafür errichteten Schrein als 'Heiligtum' aufgehoben. Das Foto blieb im unsichtbaren Inneren des Schreins verborgen, vor dem zu bestimmten Anlässen rituelle Handlungen mit allen Schulangehörigen vollzogen wurden, als sei der Tenno leibhaftig anwesend. Diese rituellen Handlungen wurden anläßlich der neu eingeführten Nationalfeiertage aufgeführt, und jeder Staatsbürger war verpflichtet, in irgendeiner Form daran teilzunehmen. Dies war insofern wichtig zur Bildung der nationalen Einheit, als hier zum ersten Mal in der japanischen Geschichte eine Gleichzeitigkeit von gleichen rituellen Handlungen vor dem gleichen Staatsoberhaupt/Foto für alle Staatsbürger geschaffen wurde. So wurde das Gemeinwohl im nationalstaatlichen Kontext körperlich erfahrbar. In seiner Unsichtbarkeit verband das Foto unzählige Menschen, die erst dadurch das Bewußtsein von Bürgern erhielten, und symbolisierte den imaginär-gemeinschaftlichen Zusammenhang einer Nation.

Etwa gleichzeitig mit der Verteilung des Fotos wurde 1890 das Erziehungsedikt verlesen, das bis 1945 alle Schulkinder auswendig lernen mußten, und das zur Grundlage der Erziehung gemacht wurde. Es lautete: "Unsere Untertanen sind in unverbrüchlicher Treue gegen Herrscher und in kindlicher Liebe zu den Eltern stets eines Sinnes gewesen und haben von Geschlecht zu Geschlecht diese schöne Gesinnung in ihrem Tun bekundet."(Terazono/Hamer 1988: 33) Diese Ideologie tritt in dem Schulbuch für Moralunterricht in den Elementarschulen aus demselben Jahr noch deutlicher hervor: "Ich (Mein Leib) stamme von meinen Eltern und meine Eltern stammen von unseren Vorfahren. Der Gott (*kami*) ist stets zu verehren, da er der Vorfahre der Eltern ist. In den Schreinen überall im Lande werden die Vorfahren des verehrten Tennos und unsere Vorfahren verehrt, daher sollen wir sie nicht vernachlässigen..." (zitiert nach Takeda 1976: 215; übersetzt von S.S.)

Mit solchen Formulierungen wurde die bekannte Vorstellung eingeführt, daß die Nation eine große Familie sei, deren Oberhaupt, also der Tenno, als Vater anzusehen sei. Damit wird das Haus, auf Japanisch *ie*, als der Traditionsträger der japanischen Kultur konstruiert, der seit diesem Zeitpunkt bis heute immer wieder als die Grundlage der japanischen 'Identität' dargestellt wird. Und es ist hier deutlich, auf welche Weise die Beziehung zu den Verstorbenen im Rahmen des Nationkonzeptes eingesetzt wird.

So stand nach diesem transformierten Verständnis der Körper des Herrschers für das 'Gemeinwohl'. Der Unterschied zum anfangs dargestellten Beispiel liegt zum einen darin, daß hier der Gegensatz zwischen 'Reinheit' und 'Unreinheit' keine dominante Rolle mehr spielte, zum zweiten daß der Körper des Herrschers für die Bevölkerung unmittelbar erfahrbar wurde, zum dritten daß hier diese Bedeutung des Körpers mit der modernen Technologie innerhalb des nationalen Territoriums verbreitet wurde. So konnte anhand der Körper- und Familienmetapher das moderne Nationkonzept so verbreitet werden, daß daraus eine sich selbst als sehr homogen verstehende Bevölkerungseinheit entstand. Das moderne Nationkonzept wurde durch die Verknüpfung mit den bereits vorhandenen religiösen Elementen für die Bevölkerung verständlich und erlebbar. Im Zug dieses Prozesses wurden 'Gerechtigkeit' und 'Gemeinwohl' auf als totalitär zu bezeichnende Weise dem nationalistischen Kontext angepaßt, wodurch ein rationaler Diskurs über die beiden Konzepte nicht stattfinden konnte. Das mystisch-organische Verständnis der Körper/Nation trug dazu bei, daß keine ernsthafte Auseinandersetzung um die Frage, wie 'Gerechtigkeit' und 'Gemeinwohl' im modernen Kontext möglich sei, stattfinden konnte.

IV.

Auf der Oberfläche des öffentlichen Diskurses wurde die bisher dargestellte mystische Konzeption der Nation als verantwortlich für das Desaster des Zweiten Weltkriegs dargestellt. So wurde der Staatsshintoismus als die ideologische Grundlage des japanischen Totalitarismus aufgelöst. Mit der U.S. amerikanischen Besatzungsmacht wurde das liberale Demokratieverständnis als universale Lösung des Problems eingeführt. Die Aufgabe der japanischen Intellektuellen wurde in der „Entzauberung" der traditionellen Bestände gesehen.[14] Die Demokratisierung des Landes wurde auf diese Weise mit Rationalisierung und Entzauberung gleichgesetzt und als eine dringende innenpolitische Aufgabe verstanden.

Es ist aber vielleicht aus dem bisher Dargestellten ersichtlich, daß das westliche demokratische Verständnis von 'Gerechtigkeit' und 'Gemeinwohl', wenn es auch im intellektuellen Diskurs immer wieder thematisiert wurde, für die Bevölkerung gewisse Schwierigkeiten mit sich brachte. Zudem wurde eine grundlegende Verneinung des bis dahin Gültigen dadurch vermieden, daß der Status des Herrschers im Grunde unangetastet blieb, auch wenn seine Charakteristik der "Göttlichkeit" offiziell verneint wurde.

Das demokratische Gerechtigkeitsverständnis wurde vor allem durch ein neues Schulsystem nach amerikanischem Vorbild für verwirklichbar gehalten. Das Gleichheitsprinzip wurde für wichtig gehalten und institutionell umgesetzt. So bedeutete die demokratische Gerechtigkeit in diesem Zusammenhang die Gleichheit der Bildungschancen für alle. In diesem Zusammenhang wurde die Schulausbildung strukturell standardisiert und homogenisiert. Dies führte vor allem zu einer Homogenisierung der Gleichaltrigen und damit zu einer strengen Form von Standardbiographie, nach der alle Gleichaltrigen gleichzeitig die Bildungsleiter erkletterten. Die Garantie der gleichen Bildungschancen wurde in dem Prüfungssystem gesehen, in dem Multiple-Choice-Tests

---

14 So verfaßte 1946 einer der führenden Intellektuellen der Nachkriegszeit, Hisao ôtsuka, einen programmatischen Aufsatz mit dem Titel "Majutsu kara no kaihô - kindaiteki ningen no sôzô (Befreiung von der Magie - Erschaffung des modernen Menschentyps)", der das Selbstverständnis der Intellektuellen klar zum Ausdruck bringt.

für Objektivität sorgen sollten. Insofern stellt das heutige japanische Schulsystem das dar, was man in Japan in der Nachkriegszeit unter demokratischer Gerechtigkeit verstand. Auffällig dabei ist, daß hier wiederum keine tiefgehende Auseinandersetzung mit dem Konzept 'Gerechtigkeit' stattfand, indem man eine Institution als Garantie der Gerechtigkeit übernahm.

Insgesamt betrachtet existieren in der heutigen japanischen Gesellschaft unterschiedliche Konzeptionen von Gerechtigkeit und Gemeinwohl. Es existiert ein sich selbst als universalistisch verstehender Diskurs der Sozialwissenschaften, ebenso ist auch ein politischer Diskurs um die Frage zu finden. Für diese beiden Diskurse stehen dann auch die beiden aus den westlichen Sprachen übersetzten Begriffe zur Verfügung. Parallel dazu sind Phänomene, wie die hier dargestellten ebenso präsent. Auffällig war dies wie kurz angedeutet, als der Shôwa-Tenno 1989 verstarb. Der Umgang mit seinem Körper verwies auf seine besondere Bedeutung für die Semantik der Nation. Und auch die rituellen Akte der Beerdigung und die darauffolgende Unterlassung jeglicher Art von Veranstaltungen von Seiten der Bevölkerung machten die Existenz der eher 'traditionell' zu bezeichnenden Denkweisen deutlich. Auch allgemein läßt sich feststellen, daß das auf die Verstorbenen bezogene Gerechtigkeitsverständnis keineswegs verlorenging. Dieses Verständnis bietet vor allem auf der Alltagsebene eine Handlungsorientierung. Nur sind diese des öfteren als 'traditionell' bezeichneten Vorstellungen keine einfachen Residuale aus der Vorzeit, sondern sie sind nur verstehbar, wenn man den Prozeß berücksichtigt, durch den sie im neuen Kontext aktiviert wurden. Erst in der Moderne wurden diese Vorstellungen zu einer eigenen *Tradition* gebündelt und gegenüber der westlichen Moderne als das 'Japanische' dargestellt.

Es gilt den Blick auf die Pluralität der Vorstellungen zu lenken; innerhalb Japans existieren sowohl der universalistische als auch der partikularistische 'Gerechtigkeits-' und 'Gemeinwohldiskurs', daneben aber auch Handlungsweisen und Rituale, die auf ein anderes Verständnis von 'Gerechtigkeit' und 'Gemeinwohls' verweisen.

Literatur

Beck, Ulrich (1997) Was ist Globalisierung. Irrtümer des Globalismus - Antworten auf Globalisierung. Frankfurt a.M.

Kantorowicz, Ernst H. (1990) Die zwei Körper des Königs. Eine Studie zur politischen Theologie des Mittelalters, München.

Kuroda, Hideo (1987) Komoru, tsutsumu, kakusu - chûsei no shintai kankaku to chitsujo (Sich Verbergen, Einwickeln, Unsichtbarmachen - Das Körpergefühl und die soziale Ordnung im Mittelalter), in: Asao, Naohiro u.a. (Hrsg.) Nihon ho shakaishi dai 8 kan: seikatsu kankaku to shakai (Die Sozialgeschichte Japans Bd. 8: Lebensgefühl und Gesellschaft), Tokyo: Iwanami.

Namihira, Emiko (1985) Kegare (Unreinheit), Tokyo: Tokyodô

Shimada, Shingo (1994) Grenzgänge - Fremdgänge. Japan und Europa im Kulturvergleich, Frankfurt/New York.

Ders. (1997a) Zur Asymmetrie in der Übersetzung von Kulturen: das Beispiel des Minakata-Schlegel-Übersetzungsdisputs 1897, in: Bachmann-Medick (Hrsg.) Übersetzung als Repräsentation fremder Kulturen, Berlin.

Ders. (1997b) In/Zwischen. Der Diskurs der Moderne und die Erfindung Japans aus dem Geist des Orientalismus, unveröffentl. Habilitationsschrift, Erlangen.

Tagi, Kôji (1990) Tenno no shôzô (Das Portrait des Tennos), Tokyo: Iwanami.

Takeda, Chôshf (1976) Nihonjin no 'ie' to shûkyô (Das Haus und die Religion der Japaner), Tokyo.

Terazono, Yoshiki/Hamer, Heyo E. (Hrsg. 1988) Brennpunkte in Kirche und Theologie Japans: Beiträge und Dokumente, Neunkirchen-Vluyn.

Yokoi, Kiyoshi (1975) Chûsei minshû no seikatsu bunka (Die Alltagskultur des Mittelalters), Tokyo: Tokyo daigaku shuppankai.

Peter Weber-Schäfer

Gerechtigkeitsvorstellungen im konfuzianischen Denken

Wollte man sich streng an die definitorischen Festlegungen dessen halten, was in der politischen Philosophie des Westens im Lauf der Jahrhunderte als inhaltliches Konzept des Gerechten und der Gerechtigkeit erarbeitet worden ist, so könnte das Resultat einer Analyse von Annäherungen an einen derartigen Gerechtigkeitsbegriff im sogenannten „konfuzianischen Denken" leicht zu dem werden, was im akademischen Sprachgebrauch der englischsprachigen *scientific community* gern als ein *snakes-in-Irelanddiscourse* bezeichnet wird. Die einzig wissenschaftlich mögliche Aussage über irische Schlangen besteht ja bekanntlich in dem Satz: *There are no snakes in Ireland.* Bei Anlegung strenger Maßstäbe müßte so auch die Grundaussage über konfuzianische Gerechtigkeitsvorstellungen in einer Formulierung bestehen, die in etwa lauten könnte: „In seiner Betonung von Werten wie Harmonie, Anpassung und Ausrichtung an einer prästabilisierten Ordnung besaß der klassische Konfuzianismus weder Anlaß noch Möglichkeit zur Ausbildung eines differenzierten Begriffs von Gerechtigkeit." Wie jede pauschale Behauptung bedarf natürlich auch dieser allzu lapidare Satz der Modifikation. Gehen wir allein von jener der europäischen Gattung des Fürstenspiegels zugrunde liegenden Forderung aus, die vom guten Herrscher eine *constans et perpetua voluntas ius suum unicuique attribuendi* (Ulpian, fr. 10) verlangt, so kann Gerechtigkeit als Herrschertugend gewiß auch in den konfuzianischen Texten zur Staats- und Herrschaftslehre lokalisiert werden. In diesem, ihrem allgemeinsten denkbaren Sinne gehört die Forderung nach Gerechtigkeit wohl zum Mindestkanon jedes noch so rudimentären Systems der politischen Ethik. Gewiß muß sich auch der „weise Herrscher" des konfuzianischen Ordnungsideals, ob die Forderung nun explizit formuliert wird oder als so selbstverständlich gilt, daß sie gar nicht erst ausgesprochen werden muß, am Maßstab dieses allgemeinsten Gerechtigkeitskonzepts messen lassen. Allerdings ist eine Gerechtigkeitsdefinition wie die hier zitierte des römischen Rechts nicht notwendigerweise als Resultat eines philosophischen Gerechtigkeitsdiskurses zu sehen; sie kann ebenso gut die implizite Voraussetzung sein, die ihn überhaupt erst ermöglicht. Um die Universalität der Vorstellung von Gerechtigkeitswillen als Teil der Herrschertugend kann es im folgenden nicht gehen; sie ist in gewissem Sinne evident. Wo es aber um die inhaltliche Bestimmung von Gerechtigkeit geht, bleibt, wenn wir vom differenzierten Begriffsapparat der westlichen Tradition ausgehen, dem „Gerechtigkeit ... ein wie immer begründetes Wechselverhältnis von Partnern voraus(setzt)" (Hauser 1974: 330), wenn wir also von Gerechtigkeit als einer rational begründbaren, sozial verankerten Tugend sprechen, die einem Wechselverhältnis von mit einander im Austausch stehenden und als zumindest potentiell gleich betrachteten Partnern seine Ordnung verleiht, die Frage weiterhin offen, ob im konfuzianischen Denken Vorstellungen entwickelt worden sind, die diesem Begriff inhaltlich und funktionell äquivalent sind.

Aber was ist eigentlich „konfuzianisches Denken"? Wovon sprechen wir, wenn wir Ausdrücke wie „Konfuzianismus", „konfuzianische Tradition" oder „konfuzianische Herrschaftsordnung" verwenden. Hier handelt es sich um Formulierungen, von denen zunächst einmal festzustellen ist, daß Sinologen, Japanologen oder Koreanisten üblicherweise erheblich vorsichtiger mit ihnen umgehen als ihre Kollegen, deren Arbeitsgebiet etwas weiter von Ostasien entfernt liegt. Einmal ist die Frage umstritten, ob es so etwas wie eine als geschlossenes System greifbare Lehre des Konfuzianismus überhaupt gibt, ob sich unter dieser bequemen Sammelbezeichnung nicht inhaltlich wie methodisch höchst divergente Denkansätze verbergen. Zum anderen muß aber auch zwischen den einzelnen Epochen eines „konfuzianischen" Denkens unterschieden werden, das im Laufe seiner zweieinhalb Jahrtausende umfassenden Geschichte erheblichen Wandlungen ausgesetzt war. Hier haben wir es zunächst einmal mit den moralphilosophischen und politischen Gedanken zu tun, die von Konfuzius und seinen Schülern in der Epoche der politischen Wirren zwischen dem sechsten vorchristlichen Jahrhundert und der Errichtung des chinesischen Einheitsreichs gegen Ende des dritten Jahrhunderts entwickelt wurden. Vielen unter diesen Denkern war vermutlich nicht bekannt, daß sie „Konfuzianer" waren, denn ihre gemeinsame Zuordnung zu einer der „sechs Schulen" der Epoche der „Streitenden Reiche" - gelegentlich ist auch von neun Schulen die Rede - erfolgte erst in der späteren Historiographie, ohne daß man sich im Einzelfall immer darüber einig gewesen wäre, wer nun als Konfuzianer zu gelten habe und wer nicht. Ganz andere Fragestellungen, ganz andere Antworten entwickelte die orthodoxe Ziviltheologie des dritten Jahrhunderts, die O. Franke als eine „chinesische Staatsreligion" identifiziert hat (Franke 1920; vgl. Weber-Schäfer 1968). Dieser „Staatskonfuzianismus" stellt eine bewußt eklektische Zusammenstellung, Reinterpretation und Systematisierung frühkonfuzianischen Gedankenguts aber auch der Herrschaftslehren anderer, nichtkonfuzianischer Schulen dar, die der ideologischen Legitimation des neuen Einheitsreichs durch die Schaffung einer allgemein verbindlichen Ziviltheologie dienen sollte. In seinen Grundzügen war dieser Systematisierungsprozeß gegen Ende des zweiten nachchristlichen Jahrhunderts abgeschlossen, auch wenn die endgültige Etablierung eines verbindlichen Textkanons und damit die Entscheidung darüber, wer denn nun als „Konfuzianer" zu gelten habe und wer nicht, bis ins neunte Jahrhundert andauern sollte. Wieder etwas vollständig Neues, in seinen Fragestellungen und Erkenntnisinteressen kaum mit früheren „Konfuzianismen", Vergleichbares stellte dann der sogenannte Neokonfuzianismus des 11. Jahrhunderts dar, der sich, von den philosophischen Systemen des Buddhismus angeregt, von der praktischen Staats- und Soziallehre des ursprünglichen Konfuzianismus abwandte und sich um die Entwicklung eines Systems der Ontologie und Erkenntnislehre auf konfuzianischer Grundlage bemühte. Schließlich tritt dann, um die Verwirrung komplett zu machen, in neuester Zeit als bewußt eklektische Weiterbildung konfuzianischen Gedankenguts die, nicht mit den Neokonfuzianern zu verwechselnde, „Neue Schule des Konfuzius" (*Xin Kongzi jia*) auf den Plan, für die Namen wie Qian Mu, Li Jinquan, Tu Wei-ming, Tang Junyi und seine Schüler Thomas Metzger, Theodore de Bary und Julia Ching stehen; eine Gruppe von

Denkern, die sich von sonstigen Differenzen abgesehen, gemeinsam um eine neue Begründung konfuzianischer Moral- und Soziallehre bemüht. Hier schient das einigende Band im wesentlichen in der Überzeugung zu bestehen, „daß ... Chinas Moderne als eine Fortsetzung eines alten, in der Tradition wurzelnden Weges zu verstehen sei" (Kubin 1990: 82), einer Überzeugung, die bis zur nahezu missionarischen Prognose einer „dritten Epoche" des Konfuzianismus gehen kann, dessen moralische und intellektuelle Ressourcen zur Heilung der Krise des dekadenten Westens mobilisiert werden müssen (vgl. Tu 1986).

Im Gegensatz zu älteren Theorien der Modernisierung, die sich im Anschluß an Max Weber weitgehend mit der Frage auseinanderzusetzen suchten, warum der Übergang zur Moderne in den konfuzianischen Kulturen Ostasiens nicht ohne äußeren Anstoß stattgefunden hat, wird hier der, allerdings als noch nicht endgültig nachgewiesen bezeichnete, Anspruch erhoben, „die konfuzianische Ethik liege der Entwicklung eines Funktionsäquivalents der 'protestantischen Ethik' in Ostasien zugrunde" (Tu 1990: 44), gefunden werden müsse allerdings noch eine Antwort auf die Webersche Frage, „warum die Chinesen normenstiftendes politisches Handeln nicht als das Handeln einer Gruppe außerhalb des politischen Zentrums konzeptualisierten" (Metzger 1983: 266), oder einfacher gesagt, warum heterodoxe Bewegungen in der chinesischen Geschichte keinen Einfluß gewinnen konnten, wenn sie nicht von den politisch Herrschenden übernommen wurden.

Stein des Anstoßes für alle Vertreter des „neuen Konfuzianismus" ist und bleibt jenseits aller sonstigen Divergenzen die berühmte Formulierung der Weberschen Religionssoziologie: „Der konfuzianische Rationalismus bedeutete rationale Anpassung an die Welt. Der puritanische Rationalismus: rationale *Beherrschung* der Welt" (Weber 1920: 476). Im Sinne einer kritischen Überprüfung und mit der Intention der definitiven Zurückweisung dieser Einschätzung des Konfuzianismus fordert etwa Tu Wei-ming die „Untersuchung der Werte, die die Ostasiaten zu ihren hervorragenden Leistungen in den Bereichen Kapitalbildung, Industrieführung, Handel, Technologieinnovation usw. motivieren". Als derartige Werte zählt er dann „das Konzept des Selbst als Zentrum aller Beziehungen, ein Gefühl für Vertrauensgemeinschaften ähnlich der Familie, die Bedeutung eingefahrener Rituale im Alltagsleben, den Primat der Erziehung bei der Charakterbildung, die Bedeutung exemplarischer Führerpersönlichkeiten in der Politik, die Abneigung gegen Zivilprozesse sowie die Betonung des Konsenses und der Selbstkultivierung", auf und kommt zu dem kühnen Schluß: „Das Wertsystem, das diesen Punkten offensichtlich noch am ehesten entspricht, ist allgemein unter dem Namen 'konfuzianische Ethik' bekannt" (Tu, 1990: 43 s.). Ein Experte für chinesische Philosophie wie Heiner Roetz hat die Grundpositionen der neu-konfuzianischen Debatte unter Rückgriff auf die wichtigsten Arbeiten Tu Wei-mings folgendermaßen geschildert: „Während Weber die Grundlagen und Strukturen der Modernisierung als Werk des 'okzidentalen Rationalismus' gerade im Kontrast zu China herausarbeiten wollte, drängt sich manchem Beobachter heute die Frage auf, ob die konfuzianische Ethik nicht ein funktionales Äquivalent zur von Weber favorisierten protestantischen liefere, und ob sie dieser, da sie für viele der westlichen Fehlentwicklungen ein Korrektiv bereithalte, für die Zukunft nicht sogar überlegen sei. Dies würde zugleich bedeuten, daß China nicht länger am Maßstab gängiger Modernisierungstheorien zu messen, sondern umgekehrt das Konzept der Modernisierung aufgrund der chinesischen Erfahrung umzuformulieren wäre" (Roetz 1992: 14). Als derartige Korrektivwerte gegen die Dekadenz des „faustisch individualistischen" Westens werden von den Anhängern der „Neuen Schule des Konfuzius" angeblich tief in der konfuzianischen Tradition verwurzelte Überzeugungen ins Feld geführt wie die, daß „die Regierung ... für das Wohlergehen der Bevölkerung die volle Verantwortung zu übernehmen (habe)", daß „das politische System einer Gesellschaft keineswegs nur ein Vertragsrahmen für die Aufrechterhaltung von Recht und Ordnung sei", daß „eine allgegenwärtige Führung verpflichtet sei, im klassischen konfuzianischen Sinne das Volk zu nähren, zu bereichern" (Tu 1990: 48) oder daß die „goldene Regel des Konfuzianismus, die da lautet 'Tue anderen nichts an, von dem du nicht willst, daß sie es dir antun' im Grunde ein 'Pflichtbewußtsein (*duty-consciousness)*' bedeute und nicht zu den „Forderungen des 'Rechtebewußtseins *(rights-consciousness)*' führe, daß der andere das erwidert, was mein Pflichtbewußtsein mir zu tun befohlen hat" (Tu 1979: 27; cf. T'ang 1967: 193).

Anscheinend geht es hier um Tugenden des Gemeinschaftsbewußtseins, die Bereitschaft zur Übernahme von Pflichten ohne Erwartung von Gegenleistungen und ein wohlwollend autoritäres Herrschaftssystem, das zwar einer allmählichen Demokratisierung des öffentlichen Lebens nicht unbedingt abgeneigt ist, aber doch in vielem an die Vorstellungen des europäischen 18. Jahrhunderts von einem „aufgeklärten Despotismus" erinnert.

Welche Basis allerdings die von der „Neuen Schule des Konfuzius" als Wertsystem eines eigenständigen ostasiatischen Weges der Modernisierung propagierten Konzepte tatsächlich in den Traditionen des klassischen Konfuzianismus haben, bleibt angesichts des ausgeprägten Eklektizismus, mit dem hier üblicherweise die Quellen der Tradition behandelt werden, oft unklar. Da der frühe Konfuzianismus selbst, zumindest vor seiner Transformation in eine offizielle Staatsphilosophie, kein in sich geschlossenes Dogmensystem darstellte, können die klassischen Texte, die in sich alles andere als widerspruchsfrei sind, nahezu beliebig als Steinbruch verwendet werden, aus dem sich Quellen der Autorität für recht verschiedene Überzeugungen und Argumente brechen lassen. „Die Philosophen des Neu-Konfuzianismus", schreibt einer seiner westlichen Proponenten, „haben ganz bewußt aus den historischen Quellen diejenigen Gedanken ausgewählt, die in ihren Augen 'von Wert' (*jiazhi*) sind; die übrigen wurden beiseite gelassen. Ihr Ansatz ist keineswegs voll empirisch, denn sie beschreiben die Geisteshaltung der Klassiker umfassend und induktiv und analysieren sie dann, indem sie die bei der Analyse verwendeten Kriterien explizit definieren und diskutieren" (Metzger 1990: 315).

Bedauerliche Folge dieses, eine gewisse Beliebigkeit im Umgang mit den Quellen propagierenden, Verfahrens der Auswahl von Begriffen, die „von Wert" sind, ist die Tatsache, daß im Gegensatz zu denjenigen Kernbegriffen des Konfuzianismus, die als

Belege für die Forderung nach Gemeinschaftssinn, Konsensstreben und wohlwollend väterlicher Herrschaftsausübung nutzbar gemacht werden können, andere, meines Erachtens ebenso zentrale Begriffe kaum diskutiert wurden. Während aus dem traditionellen Katalog der „fünf Kardinaltugenden" oder „moralischen Konstanten" (wu chang) die Begriffe der „Mitmenschlichkeit" (ren), der „Riten" oder „Sittlichkeit" (li), der „Weisheit" oder „Erkenntnis" (ji) und in einem gewissen Ausmaß auch der „Aufrichtigkeit" oder „Vertrauenswürdigkeit" (xin) zu ausführlichen Interpretationen Anlaß gegeben haben, ist mir keine ebenso extensive Diskussion des konfuzianischen Zentralbegriffs der „Gerechtigkeit" oder „Rechtlichkeit" (yi) bekannt. Wenn etwa ein Neu-Konfuzianer wie Lau Kwok Keung in seiner Studie über die Bedeutung der traditionellen konfuzianischen Tugenden für die Modernisierung Chinas, den Versuch macht, Grundtugenden wie Loyalität, Vertrauen, Brüderlichkeit, kindliche Ehrfurcht usw. als Ausdrucksformen der menschlichen Natur den sozialen Objekten zuzuordnen, auf die sie seines Erachtens im konfuzianischen Wertesystem zielen, so fehlt erstaunlicherweise ungeachtet der Tatsache, daß 'Gerechtigkeit' (yi) im klassischen Konfuzianismus als eine der grundlegenden menschlichen Tugenden galt, jede Erwähnung des Begriffs (vgl. Lau 1990: 245).

Wir werden uns also mit dem Material des klassischen Konfuzianismus selbst befassen müssen, auf das sich die „Neue Schule des Konfuzius" als Ursprungs- und Legitimationselement beruft, wenn sie den Versuch unternimmt, ein indigenes und philosophisch gleichwertiges ostasiatisches Äquivalent zur abendländischen Sozialethik in der eigenen Tradition zu finden. Nun enthält die seit der Systematisierung des Konfuzianismus im ersten nachchristlichen Jahrhundert kanonisch gewordene Liste der sogenannten „fünf Kardinaltugenden" (wu chang, wohl besser übersetzt als „fünf moralische Konstanten") in der Tat einen Begriff (chinesisch: yi), der in westlichen Übersetzungen meist mit „Gerechtigkeit", „Rechtlichkeit", „justice" oder „righteousness", bei manchen Autoren allerdings auch mit Vokabeln wie „Pflicht" oder „Schicklichkeit" wiedergegeben wird. Schon diese Vielfältigkeit der Übersetzungsmöglichkeiten läßt Zweifel an der eindeutigen Zuordnung des Begriffs zu uns vertrauten Vorstellungen von Gerechtigkeit aufkommen, so daß wir auf den Versuch angewiesen sind, nach Formulierungen der klassischen konfuzianischen Literatur zu suchen, in denen yi oder Gerechtigkeit zumindest ansatzweise definiert wird.

Der Tugendkatalog selbst, in dem der Begriff der Rechtlichkeit oder des yi figuriert umfaßt die fünf moralischen Forderungen des ren, meist übersetzt mit „Humanität", „Menschlichkeit" oder „Mitmenschlichkeit", des li oder der „Riten", die in deutschsprachigen Übersetzungen auch als „Etikette", Sitte" oder, eher irreführend als „Sittlichkeit" auftauchen, der „Weisheit" oder des „Wissens" (ji), der „Vertrauenswürdigkeit" oder „Zuverlässigkeit", xin, für die sich auch Begriffe wie „Glaubwürdigkeit" oder „Aufrichtigkeit" finden, und eben des yi, desjenigen Begriffs, der dem westlich-philosophischen Konzept der Gerechtigkeit am nächsten kommt. Wie wenig eindeutig diese Zuordnung ist, kann allerdings schon daran abgelesen werden, daß wir bei verschiedenen Sinologen dafür auch so weit auseinandergehende Übersetzungsvorschläge wie „Rechtlichkeit", „Rechtschaffenheit", „Pflicht" oder sogar „Schicklichkeit" finden (vgl. Schleichert 1980: 23). Die zentrale Verhaltenstugend in diesem Katalog ist dabei immer diejenige der „Menschlichkeit" oder „Mitmenschlichkeit" *(ren)*, die allerdings inhaltlich in der konfuzianischen Literatur der Frühzeit nirgends näher bestimmt wird, von der sich allenfalls sagen läßt, daß sie die Quelle sozial korrekten Verhaltens ist, die sich in den Einzeltugenden des rituell korrekten Verhaltens, des Wissens um menschliche Grundbeziehungen, der Vertrauenswürdigkeit und eben der Rechtlichkeit oder Gerechtigkeit äußert. „Die Rechtlichkeit *(yi)*", schreibt Hans Stumpfeld „ordnet ... den angemessenen Einsatz der Menschlichkeit, die Sittlichkeit *(li*, Riten) ordnet die Gesellschaft, weist denn Individuen ihre Rolle zu" (Stumpfeld 1990: 39).

Im ältesten erhaltenen Text der konfuzianischen Schule, den sogenannten *Analekten (Lunyu)*, einer Sammlung von Konfuzius zugeschriebenen Aussprüchen, finden wir Formulierungen wie: „Wo Vertrauenswürdigkeit und Gerechtigkeit beieinander sind, kann man sich auf die Worte verlassen. Wo Achtung und Riten beieinander sind, bleiben Schmach und Schande fern" *(Lunyu* 1.13); „Für den Edlen gibt es in seinem Verhalten zur Welt weder Vorliebe noch Abneigung. Das ist so, weil er der Gerechtigkeit folgt." *(Lunyu* 4.10); oder: „Ahnengeistern zu opfern, die nicht die eigenen sind, ist Schmeichelei. Das Gerechte Sehen und nicht danach Handeln ist Feigheit." *(Lunyu* 2.24). Eine ausführlichere Inhaltsbestimmung finden wir im „Buch der Sitte" *(Liji)* einer konfuzianischen Kompilation aus dem ersten oder zweiten nachchristlichen Jahrhundert: „Was bedeutet für den Menschen das Gerechte? Daß der Vater wohlwollend und der Sohn pietätvoll ist; daß der ältere Bruder gut zu den jüngeren ist und die jüngeren dem ältesten Respekt erweisen; daß der Ehemann gerecht und die Ehefrau gehorsam ist; daß die Älteren gütig und die Jüngeren gehorsam sind; daß der Fürst menschlich *(ren)* ist und die Untertanen loyal sind: Diese zehn Dinge nennt man das, was für den Menschen gerecht ist." *(Liji* 9; zitiert nach Roetz 1992: 184). Eine extrem einfache Bestimmung finden wir bei Menzius, einem Konfuzianer des vierten Jahrhunderts v.Chr.: „Etwas nehmen, das einem nicht gehört, ist Ungerechtigkeit" *(Mengzi* 7A33). An anderer Stelle im gleichen Text allerdings kann als Inhalt der Gerechtigkeit auch angegeben werden: „Die Älteren zu ehren ist Gerechtigkeit" *(Mengzi* 7A15); und als „allgemeine Gerechtigkeit für die Welt" wird auch die Herrschaft der Intellektuellen über die Bauern und Handwerker bezeichnet (so, unter Berufung auf *Mengzi* 3A4, Roetz 1992: 183). Die Standes- und Situationsgebundenheit des konfuzianischen Gerechtigkeitsbegriffs faßt ein anderer Text, der aus der Mitte des dritten Jahrhunderts v.Chr. stammen, dürfte in die Worte: „Als der Himmel das Volk schuf, ordnete er an, daß es Unterschiede *(fen)* geben solle. Daß es unter den Menschen Unterschiede gibt, ist Gerechtigkeit. Das ist es, was sie von den wilden Tieren unterscheidet und worauf die Beziehungen zwischen Fürst und Untertan, Oben und Unten aufgebaut sind." *(Lüshi chunqiu* 16.1; zitiert nach Roetz 1992: 185).

Während bei Menzius der Begriff des Gerechten als Ziel des Handelns für den weisen Herrscher dem Streben nach Nutzen entgegengesetzt wird, und es als allgemeine

Herrschaftsmaxime ersetzen soll, kann sein ca. 50 Jahre jüngerer Rivale Xunzi das für die Allgemeinheit Nützliche, den „gemeinsamen Nutzen" (*tong li*), als primäre Herrschaftsaufgabe mit dem Konzept der Gerechtigkeit identisch setzen. „Tang und Wu (die weisen Dynastiegründer der Vorzeit) folgten ihrem Weg und setzten ihre Gerechtigkeit in die Tat um. Sie förderten den gemeinsamen Nutzen der Welt und beseitigten ihren gemeinsamen Schaden. Deshalb wandte sich alle Welt ihnen zu" (*Xunzi* 11: 147). Gerechtigkeit ist hier weniger eine ethisch-moralische als eine pragmatisch-instrumentelle Verhaltenstugend des Herrschers, der sie im Interesse des Gemeinwohls zu wahren hat. Hierarchisch differenziert, nicht am Gleichheits- sondern am Standesprinzip ausgerichtet, bleibt auch der pragmatisch orientierte Gerechtigkeitsbegriff des, wenn es an anderer Stelle heißt: „Eine Ordnung für die Aufgaben der Jahreszeiten festzulegen, über die Welt der Dinge zu verfügen und der ganzen Welt nützlich zu sein hat nichts anderes zur Grundlage als Unterscheidung (*fen*) und Gerechtigkeit (*yi*)." (Xunzi 9: 105). Unterscheidung" (*fen*) bezeichnet hier ebenso die Einhaltung der ständischen Ordnung wie die Zuteilung des jeweils Zukommenden an Menschen, die nicht von Natur gleich, sondern in ihrer sozialen Stellung ungleich sind. In seiner Studie zur „chinesischen Ethik der Achsenzeit" spricht Heiner Roetz hier in Anlehnung an das von John Rawls formulierte Differenzprinzip der Gerechtigkeit (Rawls 1972: 60 ff.) von einer „Grundintention", die sich in dem Satz beschreiben lasse: „Gerechtigkeit besteht in Ungleichheiten, die jedermann Nutzen bringen. Ungerechtigkeit besteht demnach einfach in Ungleichheiten, die nicht jedermann Nutzen bringen." (Roetz 1992: 189) Zur unbefragten Annahme einer natürlichen Ungleichheit der Menschen, die dem konfuzianischen Gerechtigkeitsbegriff zugrunde liegt, schreibt er im gleichen Zusammenhang: „Betrachtet man aber die Verwendung des Begriffes *yi*, so ist festzustellen, daß ... das von der gesellschaftlichen Ungleichheit vorgegebene Trennende, die faktischen sozialen Schranken, in der Vorstellung vom Gerechten häufig mitschwingen" (Roetz 1992: 183). Daß die konfuzianische Ethik das Problem der Gleichheit als inhaltliches Kriterium, nach dem sich der Inhalt des Gerechten bestimmen läßt, nicht thematisiert, sondern von einer faktisch gegebenen Ungleichheit ausgeht, die weder der Kritik noch der Apologie bedarf, führt Rolf Trauzettel zu dem Schluß: „Von den ‚Fünf Grundtugenden' ... basieren Menschlichkeit, Wissen und Glaubwürdigkeit auf dem Prinzip der Gegenseitigkeit, Rechtlichkeit und Sitte dagegen erweisen sich bei genauerem Zusehen als Handlungs- und Verhaltensgebote, die zur Befolgung der Regeln auffordern, die die hierarchische Sozialstruktur gliedern" (Trauzettel 1990a: 63). *Yi* oder Gerechtigkeit ist in erster Linie eine Tugend der Herrschenden, die spezifische Form, in der sich die Menschlichkeit (*ren*) des Fürsten als des Wahrers einer prästabilisierten Ordnung manifestiert. Über die Struktur des komplizierten Gefüges von *li* (Riten), *ren* (Humanität, Mitmenschlichkeit) und *yi* (Rechtlichkeit) schreibt Ralf Moritz: „*Yi* zu praktizieren heißt, sich *li*-gemäß und auch *ren*-gemäß zu verhalten. *Yi* ist das Maß, in welchem sich die moralische Qualität des Handelns ausdrückt, die Anwendung von *ren* und *li* in einer konkreten Situation. Wenn die Herrschenden *yi* praktizieren, gewinnen sie die Fügsamkeit des Volkes" (Moritz 1990: 62).

Dem chinesischen Begriff des *yi* als einer spezifischen Tugend der guten Herrschaft oder generell des Handelns innerhalb eines Sozialgefüges, das sich durch eine prästabilisierte hierarchische Ordnung auszeichnet, ist nicht der volle Begriffsumfang des westlich philosophischen Konzepts der Gerechtigkeit mit all seinen internen Spannungen und der aus ihnen erwachsenden Dynamik zu eigen. In erster Linie handelt es sich um eine Art von korrigierender Gerechtigkeit, deren Aufgabe die Wiederherstellung einer verletzten Ordnung einschließlich ihrer vorgegebenen, als natürlich empfundenen sozialen Ungleichheiten ist. Gerechtes Tun besteht darin, Abweichungen von einem vorgegebenen Muster, die als Störung der gesellschaftlichen Ordnung empfunden werden, zu korrigieren. Dieses Muster selbst aber kann inhaltlich nicht aus dem Konzept der Gerechtigkeit erschlossen werden, sondern ist ihm vorgängig und entstammt anderen Quellen. Gerecht sein im Sinne der konfuzianischen Tugend des *yi* heißt nicht mehr und nicht weniger als zwischen Richtig und Falsch unterscheiden können und sich auf Grund dieses Wissens entscheiden, das Richtige zu tun. Was aber in einer gegebenen Situation richtig, was falsch, was moralisch geboten, was verboten ist, das muß man wissen, *bevor* man gerecht handeln kann, man kann es nicht erkennen, *weil* man gerecht ist. Denn das Muster, das der Gerechte zu erkennen hat, dem er sich anpaßt und das er als Herrscher wiederherzustellen trachtet, wenn es gestört erscheint, ist durch die Autorität sozialer Tradition festgelegt. Die inhaltliche Bestimmung der Gerechtigkeit entspringt einer innerhalb des geistigen Horizonts, in dem der konfuzianische Diskurs stattfindet, unbefragt als wahr akzeptierten Konvention. Gerechtigkeitskonzeptionen dienen hier nicht dazu, das Muster richtiger Ordnung zu bestimmen, sondern allein dazu, seine vorgegebenen Inhalte in gesellschaftliche Realität umzusetzen. Eben jener Durchbruch, den Heiner Roetz in Anlehnung an die Begrifflichkeit von Lawrence Kohlberg, Jürgen Habermas und Karl-Otto Apel (vgl. Kohlberg 1971, Kohlberg 1974, Habermas 1976, Apel 1980) als den entscheidenden Schritt zu einer postkonventionellen Ethik in der Periode zu identifizieren sucht, die er, den von Karls Jaspers geprägten Begriff (Jaspers 1950: 19 ff.) aufnehmend als „chinesische Achsenzeit" bezeichnet, scheint mir im Textmaterial des konfuzianischen Gerechtigkeitsdiskurses allenfalls ansatzweise feststellbar zu sein. Einschränkend schreibt Roetz selbst zu diesem Punkt: „Die untersuchten Vorstellungen vom *Gerechten* wiederum haben eine große Schwankungsbreite. Konventionell ist die Fassung des Gerechten als das Standesgerechte, als die Erfüllung von Pflichten und der Genuß von Leistungen, die durch den sozialen Status definiert sind. Im postkonventionellen Raum ansiedeln lassen sich andere Auffassungen des Gerechten, die nicht der Rolle, sondern der Einrichtung des Ganzen der Gesellschaft verpflichtet sind" (Roetz 1992: 194). Als postkonventionell im Sinne Kohlbergs ist dabei eine Sozialethik definiert, in der „das Rechte ... nicht wie auf der konventionellen Ebene schon durch die faktischen Verhältnisse vorgegeben (ist)", sondern entweder „ein Ergebnis der nach geregelten Verfahren zustandekommenden und wieder änderbaren Übereinkunft zwischen freien Menschen" oder auf einer höheren Stufe der Entwicklung, das ist, „was auf einer autonomen Entscheidung des Gewissens

... beruht und ethischen Prinzipien entspricht, die durch Abstraktheit, Konsistenz und universale Gültigkeit gekennzeichnet sind" (Roetz 1992: 51).

Der Durchbruch zu dem, was hier als postkonventionelle Ethik bezeichnet wird, konnte aber meines Erachtens im Diskursrahmen des klassischen Konfuzianismus nicht vollzogen werden, weil ein solcher Durchbruch die Existenz eines autonomen Subjekts voraussetzt, das eigenverantwortlich über Inhalt und Gültigkeit ethischer Normen zu entscheiden vermag. Für die chinesische Tradition aber hat, wie etwa Donald Munro schreibt, „das Konzept eines autonomen Menschen nur wenig Bedeutung, und das, obwohl den Konfuzianern durchaus klar war, daß es dem einzelnen freigestellt ist, zwischen richtigem und falschem Verhalten zu wählen, nachdem ihm die objektiven Regeln für das richtige Verhalten einmal klar geworden sind" (Munro 1977: 180). Den gleichen Tatbestand beschreibt Rolf Trauzettel, wenn er von der „Subjektlosigkeit" einer chinesischen Philosophie spricht, die auf der methodischen Ebene „Erkennen und Wahrnehmen nicht trennt" und auf der erkenntnistheoretischen Ebene keinen Subjektbegriff hervorgebracht und deshalb auch „die Welt nicht ... nach dem Schema Subjekt-Objekt-Trennung" zweigeteilt hat (Trauzettel 1990b: 87). Wo es aber kein individuelles, sondern allenfalls ein kollektives Subjekt des Politischen gibt, das sich einzig aus seiner Einbettung in einen faktischen Sozialzusammenhang heraus definieren läßt, der als gegeben und auf Grund seiner Gegebenheit als normativ angesehen wird, findet die aus begründetem Wissen um das Richtige entspringende Entscheidung für das ethisch Gebotene kein verantwortliches Individuum, das zu ihrem Träger werden könnte.

Das aber bedeutet, daß jenes Maß an Differenzierung und innerer Spannung nicht auftritt, das der Entwicklung des Gerechtigkeitsbegriffs in der westlichen Philosophie ihre Dynamik verliehen hat. Die aristotelische Unterscheidung zwischen einer arithmetischen oder kommutativen und einer geometrischen oder distributiven Gerechtigkeit wirft die Frage nach dem, was Gerechtigkeit im eigentlichen Sinne ist, auf und weist zugleich auf die Unmöglichkeit einer generellen, unter allen Bedingungen gültigen Antwort hin, die sich jeweils mit zwingender Notwendigkeit bis auf den Einzelfall hinab erstrecken könnte. Wenn die arithmetische Gerechtigkeit des „Gerechten im Verkehr" die Personen „als gleiche behandelt und nur fragt, ob der eine Unrecht tat, der andere Unrecht litt, der eine schädigte, der andere geschädigt wurde" (Aristoteles: Nikomachische Ethik 1132 a 5), so wendet die geometrische Gerechtigkeit, die „das Gerechte im Zuteilen" beschreibt den Begriff der Gleichheit nicht direkt, sondern analog an, wenn sie zwischen Gleichen und Ungleichen unterscheidet. „So scheint ... die Gleichheit gerecht zu sein, und sie ist es auch, aber nicht unter allen, sondern nur unter Ebenbürtigen. Und ebenso scheint die Ungleichheit gerecht zu sein, und sie ist es auch, aber nur unter den Unebenbürtigen" (Aristoteles: Politik 1280 a 10). Wer aber ist wem unter welchen Bedingungen und in welcher Hinsicht ebenbürtig? Wann ist Gleichbehandlung, wann Ungleichbehandlung gerecht? Das sind die Fragen, über die nur noch die dem konkreten Einzelfall zugewandte Tugend der *phronesis*, der praktischen Klugheit, nicht die auf das Allgemeine und immer Gültige gerichtete Wissenschaft, die *episteme*, zu entscheiden vermag. Gerechtigkeit in diesem Sinne ist eine Tugend, die sich zwar nur im konkreten Einzelfall verwirklicht aber dennoch nur als Allgemeines denkbar ist, als ein Allgemeines allerdings, dem sich der konkrete Einzelfall nie voll und eindeutig zuordnen läßt. Die Spannung, die so zwischen zwei ohne einander unvollständigen aber mit einander nie voll zu vereinbarenden Aspekten ein und desselben Konzepts der Gerechtigkeit entsteht, verleiht dem Begriff seine zur ständigen Weiterentwicklung und Ausdifferenzierung drängende Dynamik, die es unmöglich macht, das Faktische mit dem Richtigen, das Gegebene mit dem Gerechten gleichzusetzen. Eben diese dem Begriff inhärente und deshalb nicht auflösbare Spannung aber scheint mir die konfuzianische Konzeption der Gerechtigkeit nicht aufzuweisen, auf die die „Neue Schule des Konfuzius" zurückgreifen müßte, um ihrem eigenen Anspruch gerecht zu werden, eine eigenständige, der westlichen Entwicklung äquivalente und von ihr unabhängige Basis für eine umfassende Sozialphilosophie in der konfuzianischen Tradition Ostasiens zu entdecken.

Literatur

Apel, Karl-Otto (1980), Geschichtliche Phasen der Herausforderung der praktischen Vernunft, Weinheim

Eber, Irene (1986) Hrsg., Confucianism. The Dynamics of Tradition, New York

Franke, Otto (1920), Studien zur Geschichte des konfuzianischen Dogmas und der chinesischen Staatsreligion, Hamburg

Habermas, Jürgen (1976), Zur Rekonstruktion des historischen Materialismus, Frankfurt a.M.

Hauser, R. (1974), „Gerechtigkeit", in: Ritter 1974

Jaspers, Karl (1950), Vom Ursprung und Ziel der Geschichte, München

Kohlberg, Lawrence (1971), „From Is to Ought", in Mischel 1971

Kohlberg, Lawrence (1974), Zur kognitiven Entwicklung des Kindes, Frankfurt a.M.

Krieger, Silke u. Trauzettel, Rolf (1990) Hrsg., Konfuzianismus und die Modernisierung Chinas, Mainz

Kubin, Wolfgang (1990), „Der unstete Affe. Zum Problem des Selbst im Konfuzianismus", in: Krieger u. Trauzettel 1990

Lau Kwok Keung (1990), „Eine Interpretation der konfuzianischen Tugenden und ihrer Bedeutung für die Modernisierung Chinas", in: Krieger u. Trauzettel 1990

Lunyu: Liu Baonan, *Lunyu zhengyi*, in: *Zhuzi jicheng, 1,* Shanghai 1954

Mengzi: Jiao Xun, *Mengzi zhengyi*, in: *Zhuzi jicheng, 1*

Metzger, Thomas (1983), „Max Webers Analyse der konfuzianischen Ethik. Eine Kritik", in: Schluchter 1983

Metzger, Thomas (1990), „Das konfuzianische Denken und das Streben nach moralischer Autonomie im China der Neuzeit", in: Krieger u. Trauzettel 1990

Mischel Theodore (1971) Hrsg., Cognitive Development and Epistemology, New York

Moore, Charles A. (1967) Hrsg., The Chinese Mind, Honolulu

Moritz, Ralf (1990), Die Philosophie im alten China, Berlin

Munro, Donald (1977), The Concept of Man in Contemporary China, Ann Arbor

Rawls, John (1972), A Theory of Justice, Oxford

Ritter, Joachim (1974) Hrsg., Historisches Wörterbuch der Philosophie, Bd. 3, Basel

Roetz, Heiner (1992), Die chinesische Ethik der Achsenzeit, Frankfurt a.M.

Schleichert, Hubert (1980), Klassische chinesische Philosophie. Frankfurt a.M.

Schluchter, Wolfgang (1983) Hrsg., Max Webers Studie über Konfuzianismus und Taoismus. Interpretation und Kritik, Frankfurt a.M.

Stumpfeld, Hans (1990), „Konfuzius und der Konfuzianismus - was sie waren, was sie wurden,   und was sie heute sollen und können", in: Krieger u. Trauzettel 1990

T'ang Chün-i (Tang Junyi) (1967), „The Development of Ideas of Spiritual Value in Chinese Philosophy", in: Moore 1976

Trauzettel, Rolf (1990a), „Zum Problem der Universalisierbarkeit des Konfuzianismus", in: Krieger u. Trauzettel, 1990

Trauzettel, Rolf (1990b), „Denken die Chinesen anders? Komparatistische Thesen zur chinesischen Philosophiegeschichte", in: Saeculum 41 (1990)

Tu Wei-ming (1979), Humanity and Self-Cultivation. Essays in Confucian Thought, Berkeley

Tu Wei-ming (1986), „Toward a Third Epoch of Confucian Humanism. A Background of Understanding", in: Eber 1986

Tu Wei-ming (1990), „Der industrielle Aufstieg Ostasiens aus konfuzianischer Sicht", in: Krieger u. Trauzettel 1990

Weber, Max (1920), Die Wirtschaftsethik der Weltreligionen: Konfuzianismus und Taoismus, [Max Weber Gesamtausgabe, I/19] München 1989

Weber-Schäfer, Peter (1968), Oikumene und Imperium. Studien zur Ziviltheologie des chinesischen Kaiserreichs, München

Xunzi: Wang Xianqian, *Xunzi jijie,* in: *Zhuzi jicheng, 2,* Shanghai 1954

Gerechtigkeit in der Ideengeschichte

Alexander Demandt

Die Idee der Gerechtigkeit bei Platon und Aristoteles[*]

Um 700 v.Chr. lebte in Böotien ein Bauer, der hatte sich mit seiner Frau überworfen und stritt zugleich mit seinem Bruder erfolglos um das väterliche Erbe. Der Bruder hatte die Richter bestochen. Derartiges war gewöhnlich. Ungewöhnlich war, daß unser Bauer die Gunst der Musen genoß. Er hieß Hesiod und schrieb ein Gedicht über die Landwirtschaft, über das Glück im Leben mit der Natur und über das Unglück im Leben mit den Menschen. Um eine Antwort auf die Frage zu finden, wo die Gerechtigkeit geblieben sei, dichtete Hesiod den Mythos vom Goldenen Zeitalter. *Chryseon men prôtista genos meropôn anthrôpôn / athanatoi poiêsan Olympia dômat' echontes...* - In ferner Vergangenheit lebte das von den Olympiern geschaffene Goldene Geschlecht, Kronos regierte ebenso fromme wie glückliche Menschen. Ihnen folgte das silberne Geschlecht, das die Götter nicht mehr ehren mochte. Dann kam das erzene, eherne Geschlecht, noch ärger, und zuletzt das schlimmste, das eiserne - die Zeit des Dichters. Mühen plagen die Menschen, Faustrecht regiert, der Gerechte muß leiden. Scham und Gerechtigkeit, als Frauen gedacht, entflohen von den Menschen zum Himmel hinauf.

Hesiod beschreibt seine Lage mit der Fabel vom Habicht und der Nachtigall. Als sie in den Fängen des Raubvogels klagte, er werde sie fressen, wenn und wann es ihm beliebe, gab er zur Antwort: Sinnlos ist es, mit Stärkeren zu streiten – das bringt Schaden und Schande zugleich (Op. 203 ff.).

Hesiod bezeugt mit diesem Gedicht zweierlei: den Glauben an ein höheres Recht und die Erfahrung von irdischem Unrecht. Die Vorstellung, daß es eine unverfügbare Gerechtigkeit sowohl für das Naturgeschehen als auch für die Menschengesellschaft gebe, begegnet uns im Gedanken einer kosmischen Gerechtigkeit im 6. Jh. bei Anaximander von Milet (VS 12 B 1) und Heraklit von Ephesos (VS 22 B 94). Darauf beruht die Vorstellung von „Naturgesetzen". Als oberstes Gesetz der Gesellschaft bestimmte Hesiod das von Zeus als dem König und Richter gesetzte Recht. Es schützt den Bürger und den Fremden. Dike, die Göttin der Gerechtigkeit, und Themis, die Göttin der Satzung, thronen zu seinen Seiten, seine Tochter ist Eunomia, die gute Ordnung.

Die theologisch und mythologisch geprägten Vorstellungen über Gesellschaft und Natur wurden von der ionischen Aufklärung der Vorsokratiker in Zweifel gezogen. Der Gedanke einer gegebenen Einheit von Mensch und Welt wich der Einsicht in die Gemachtheit und Machbarkeit von philosophischen wie politischen Konzeptionen. Diese Auflösung überlieferter Denk- und Verhaltensmuster endete im Skeptizismus der Sophisten. „Der Mensch ist das Maß aller Dinge", erklärte im 5. Jh. Protagoras; und dies de-

---

[*] Der nachfolgende Text beruht weitgehend auf meinem Buch *Der Idealstaat. Die politischen Theorien der Antike*, 1993. Dort finden sich die hier nicht angegebenen Stellennachweise. Er wurde als Vortrag gehalten am 15. Oktober 1995 auf einer von Herfried MÜNKLER in der Berliner Akademie der Wissenschaften geleiteten Tagung mit dem Thema »Gerechtigkeit und Politik«.

monstrierte der Historiker Herodot (III 38) an der Verschiedenheit der Sitten und Satzungen: Darius, der Perserkönig, fragte einmal die Griechen an seinem Hof, um welchen Preis sie ihre verstorbenen Eltern verzehren würden. Die Griechen waren darüber ebenso entsetzt, wie die Inder, bei denen das Sitte war, als der Großkönig sie fragte, für wieviel Geld sie ihre Toten, dem griechischen Brauch entsprechend, verbrennen würden. Herodot folgert mit dem Dichter Pindar aus Theben: jedes Volk und jede Zeit hält die eigenen Sitten für die besten und gehorcht dem Nomos als einem König. An dieser Stelle müssen wir *nomos* mit "Gewohnheit" übersetzen. Herodot meint, gerecht erscheine den Menschen das, woran sie sich gewöhnt haben.

Die Erkenntnis von der Relativität des Rechts hatte politische Konsequenzen. Wenn der Melierdialog des Thukydides (V 84 ff.) wirklich vertretene Meinungen wiederspiegelt, dann hängen die innergriechischen Machtkämpfe des 5. Jahrhunderts mit der Relativierung der Gerechtigkeitsidee zusammen. Der Abschluß der Perserkriege hatte den Griechen ja keineswegs den inneren Frieden gebracht. Die Städte bekämpften sich untereinander, sofern sie nicht selbst von Bürgerkriegen zerrissen waren. Jeder Machtwechsel war mit Gewaltakten, mit Totschlag, Enteignung und Verbannung verbunden. Argos, Korinth, Megara und Athen selbst taumelten von Revolution zu Revolution. Das klassisch genannte Jahrhundert könnte auch das blutige heißen.

Die Auflösung der alten, religiös verankerten Normen und die rücksichtslose Machtpolitik in der Zeit des dreißigjährigen Peloponnesischen Krieges bilden den Hintergrund für den lehrenden Sokrates und den lernenden Platon.

1. Platon

Die Idee der Gerechtigkeit ist auf zweifache Weise mit dem Namen Platons verbunden. Zum ersten ist die Idee als solche, die Idee der Idee sozusagen, ein Schlüsselbegriff in der Philosophie Platons. Seine Ideenlehre hat die unterschiedlichsten Auslegungen erfahren; gemeinsam ist ihnen, daß Platon als Idee dasjenige bezeichnet, was die verschiedenen, mit demselben Wort bezeichneten Erscheinungen verbindet: die Grundform, das Urbild, das Wesen einer Sache. Fragen wir nach der Idee der Gerechtigkeit im Sinne Platons, so interessieren uns nicht die einzelnen, nach Völkern und Zeiten abgewandelten, mehr oder weniger verwirklichten, als gerecht bezeichneten Regelungen, sondern der im Begriff der Gerechtigkeit, da wo er auftaucht, immer und überall enthaltene Grundgedanke.

Zum anderen trägt Platons Hauptwerk, die „Politeia", den Untertitel „Über das Gerechte" *(peri dikaion)*. Auch wenn es sich dabei um eine jüngere Zutat handeln sollte, trifft sie das Thema. Kein anderer antiker Denker hat sich so gründlich und vielseitig damit auseinandergesetzt. Platon hat darüber hinaus in mehreren anderen Dialogen über Gerechtigkeit geschrieben. Spätere haben versucht, die zentralen Termini der Lehre Platons, darunter auch den der Gerechtigkeit, zu definieren. Daraus entstand die unter Platons Namen überlieferte Sammlung von Definitionen „Horoi". *Horos* heißt Grenze,

Abgrenzung, entsprechend dem lateinischen *finis* oder *definitio*. Die „Horoi" bilden den Abschluß des überlieferten Corpus Platonicum (Stephanus III 411 ff.).

Die Definition der Gerechtigkeit in den „Horoi" (411 d) lautet: „Gerechtigkeit (*dikaiosynê*) ist die Übereinstimmung (*homonoia*) der Seele mit sich selbst und ein wohlgeordnetes Verhältnis (*eutaxia*) der Seelenteile untereinander und zueinander; eine Haltung (*hexis*), die jedem das Seine nach Verdienst und Würde (*kat' axian*) zuweist; eine Haltung, die dazu befähigt, das für den Einzelnen Richtige unter den Erscheinungen zu erfassen; sie ist der Gehorsam gegenüber dem Gesetz (*nomos*); die Anerkennung der Gleichheit (*isotês*) unter den Bürgern und der Dienst an der Gemeinschaft."

An zwei anderen Stellen dient der Begriff der Gerechtigkeit seinerseits dazu, einen anderen zu definieren, nämlich die Staatskunst und das Gesetz (*nomos*). Wir lesen: „Die Staatskunst (*politikê* sc. *technê*) ist theoretisch die Wissenschaft (*epistêmê*) vom Schönen und Zuträglichen, praktisch die Kunst (*epistêmê poiêtikê*), die Gerechtigkeit im Staat zu verwirklichen" (413 b). „Dikaion", heißt es (414 e), „ist jene gesetzliche Ordnung (*nomou tagma*), die Gerechtigkeit schafft." Der Begriff *nomos* (Gesetz) wird seinerseits folgendermaßen definiert: „Nomos ist die Regel bzw. der Befehl (*apophasis kyria*), wie Streitfälle zu lösen sind" (413 d). „Eunomia, die gute gesetzliche Ordnung, ist jener Zustand, wo vortrefflich Gesetze Gehorsam finden" (413 e).

In den genannten Worterklärungen vermengt Platon Bereiche, die wir auseinanderhalten würden. *Dikaiosyne* wird als psychologisch-ethischer Zustand der einzelnen Menschen gefaßt, als eine Einstellung, eine Gesinnung, eine Fähigkeit, die spontanen Seelenregungen vernünftig zu beherrschen und in Einklang miteinander zu bringen. *Dikaiosyne* ist mithin, anders als deutsch *Gerechtigkeit*, lateinisch *iustitia* oder ägyptisch *ma'at*, nicht die Eigenschaft eines Urteils oder eines Systems, sondern die eines Menschen; subjektiv, nicht objektiv. Wer sie besitzt, ist imstande und willens, sich selbst zu beherrschen und anderen zu nützen, Recht (*to dikaion*) zu üben.

Innerhalb der vier Kardinaltugenden steht die Gerechtigkeit über den drei anderen, über der Einsicht (*sophia*), der Selbstbeherrschung (*sôphrosynê*) und der Tapferkeit (*andreia*), weil sie deren Verhältnis zueinander kontrolliert und sich nicht darauf beschränkt, den Einzelnen tüchtig zu machen, sondern die Aufgabe erfüllt, das Zusammenleben zu organisieren. Die Gerechtigkeit ist die politische Tugend schlechthin. Ohne sie ist Eudaimonie, das wahre Glück, nicht zu erreichen (Staat 354 A). Über ihr steht nur noch die Idee des Guten (*agathon*), die eigentlich selbst keine Tugend ist, sondern die Universalnorm, an der alles zu messen ist, auch die Tugenden. Das Gute ist das Prinzip der Rangordnung, wo immer es darum geht, das Bessere herauszufinden und anzustreben. Darin liegt der Sinn der Freiheit. Alle Tugenden sind Erscheinungsformen des Guten, die Gerechtigkeit ist deren höchste. Sie hält, wie Platon im »Gorgias« (508 A) ausführt, Himmel und Erde, Götter und Menschen zusammen. Eine Erscheinungsform der Gerechtigkeit ist sodann das gerechte Gesetz, der Nomos.

Platon betont immer wieder, daß wir unserem Denken und Fühlen nicht ausgeliefert sind, sondern es unserer Vernunft, unserem Willen unterwerfen können und sollen. Die regulierende Instanz ist das „Leitvermögen" (*hêgemonikon*). Der hier für die Seele verwendete Begriff (*hêgeomai*) stammt aus der Politik. Der einzelne Mensch ist demnach ein kleiner Staat, er hat dieselben Probleme der Selbstorganisation, wie der Staat sie im Großen lösen muß. Platon überträgt nicht allein psychologische Konstellationen auf die Regelungen des Gemeinwesens, sondern nimmt umgekehrt diese als Muster zum Verständnis der Einzelseele. Dies ist das Motiv in seiner »Politeia«. Der ideale Staat wird deswegen als vergrößertes Abbild der idealen Seele verstanden, weil die Psyche ihrerseits eine verkleinerte Wiederholung der Polis darstellt. Seelenfrieden und Bürgerfrieden sind zwei Konkretisierungen der Gerechtigkeitsidee.

Die möglichen Zustände sowohl im Gemüt des Einzelnen als auch in der Gemeinde der Bürgerschaft werden nach ethischen Gesichtspunkten gewertet, die nicht von ästhetischen Kategorien zu trennen sind. Ein gefestigter Charakter, eine geordnete Stadt ist schön. Die enge Verbindung der Ethik mit der Ästhetik führt uns in die Versuchung, den Begriff *kalos* mit „gut" zu übersetzen, er heißt aber „schön". Ein guter Staat zeigt *charis*, „Anmut", so heißt es in Platons „Nomoi", und diese „Anmut" fehlt in dem sonst so vielgerühmten spartanischen Staat.

Am deutlichsten wird die ästhetische Qualität der Gerechtigkeit in Platons Metaphern aus der Musik. Harmonie und Symphonie kennzeichnen seiner Ansicht nach die Seele des umfassend gebildeten Menschen, der über Besonnenheit verfügt. Ohne diesen musikalisch vorbildlichen Einklang der Seelenkräfte sei kein Anteil an der Weisheit zu erlangen, und wer diese nicht besitze, der sei auch nicht zur Politik bestimmt (Gesetze 689 D). In Bildern des musikalischen Zusammenklangs beschreibt Platon das Verhältnis zwischen den politischen Maßnahmen und den städtischen Gesetzen und verdeutlicht es an Gegenbeispielen: Der Grund für den Niedergang von Argos und Messene liege in der *diaphônia* und der *amousia* ihrer Herrscher.

Die griechischen Philosophen seit Pythagoras haben die Musik in die Nähe der Mathematik gestellt. Daher verwundert es nicht, wenn die Gerechtigkeit, so wie mit musikalischen Gleichnissen, auch mit mathematischen, geometrischen und physikalischen Vergleichen veranschaulicht wird. Platon benutzt diese Bildsphäre, um zwei für seinen Gerechtigkeitsbegriff wichtige Formen der Gleichheit zu unterscheiden. Er stellt die arithmetische der geometrischen Gleichheit gegenüber. Die arithmetische Gleichheit zählt nur die Bürger und mißt nicht deren Leistung, sie betrachtet schematisch alle als gleich. Die arithmetische Gerechtigkeit gibt jedem dasselbe. Die geometrische Gleichheit hingegen zählt nicht nur, sondern mißt auch und trifft demgemäß Unterscheidungen zwischen den Bürgern. Die geometrischen Gerechtigkeit gibt nicht jedem dasselbe, sondern jedem das Seine, das, was ihm zusteht (Gesetze 757 B). Diese bis heute wohl populärste Definition der Gerechtigkeit, sie bestehe darin, jedem das Seine (*suum cuique*) zu geben, wird bei Platon so oft angeführt, daß sie vermutlich zu seiner Zeit schon verbreitet war. Sie wendet sich gegen die Forderung der radikalen Demokraten nach Auslosung der Ämter und Aufteilung des Eigentums gemäß dem Prinzip „jedem das Gleiche", gegen die Forderung nach *isomoiria*, gleichem Grundbesitz, gegen Schuldenerlaß und Bodenreform.

Die moderne Lösung dieses Problems, jedem dieselbe Chance, aber nicht dasselbe Resultat einzuräumen und zwischen ökonomischer Freiheit, die Ungleichheit bewirkt, und politischer Gleichheit zu unterscheiden, lag dem griechischen Denken fern, weil man den aus ökonomischem Erfolg und bürgerlichem Ansehen entspringenden politischen Einfluß auch institutionell meinte sichern zu sollen. Der Respekt, den ein tüchtiger Bürger als Privatmann verdient, sollte in der Verfassung verankert werden – wie in der preußischen von 1850. Dabei dachte man indes weniger an das aktive als an das passive Wahlrecht. Ebensowenig antik ist demgemäß der Gedanke einer „sozialen Gerechtigkeit", die den Armen ein Mindesteinkommen zubilligt.

Platons Idee des Gerechten beschränkt sich nicht darauf, daß jeder erhält, was ihm zusteht, sondern umfaßt auch die Forderung, daß jeder tut, was ihm zukommt. Indem er dies in seinem Staatsentwurf entwickelt, zeigt sich, daß dieser mehr ist als ein bloßes Modell für die Seelenkräfte. Platon war ebenso wie sein Schüler Aristoteles und die Griechen überhaupt überzeugt davon, daß der Mensch ein von Natur aus staatenbildendes Lebewesen sei. So wie der Einzelne könne auch der Staat gesund und krank sein, könne entstehen und zerfallen.

Platon fürchtete, daß Athen zu seiner Zeit politisch labil sei und daß die inneren Wirren seit der Niederlage im Peloponnesischen Kriege weitergingen. Er glaubte, daß nur eine grundlegende Umgestaltung der Verfassung aus den Turbulenzen herausführe, als deren größtes Opfer ihm die Hinrichtung seines vergötterten Lehrers Sokrates erschien. Sokrates, der arm gelebt und sich einzig darum bemüht hatte, seine Mitbürger zu besseren Menschen zu machen, der die Gesetze und das Urteil selbst dann respektiert hatte, als ihm die Flucht aus dem Gefängnis offen stand – diesen Sokrates hatte das Volksgericht in einem formal korrekten Verfahren zum Schierlingsbecher verurteilt. Ein solches System konnte in Platons Augen kein Rechtsstaat sein. Darum bemühte er sich um die Vorstellung, wie ein Staat aussähe, der die Idee der Gerechtigkeit verwirklicht. Platon doktert nicht an den bestehenden Verfassungen herum, wie Aristoteles dies später tat, sondern baut von Grund auf neu, entwirft auf dem Reißbrett, auf der *tabula rasa.*

Nachdem Platon in seinen früheren Dialogen einzelne Tugenden und Werte kritisch behandelt hatte: im »Euthyphron« die Frömmigkeit, im »Laches« die Tapferkeit, im »Charmides« die Einsicht, im »Phaidros« das Schöne usw., widmet er sich in seinem Hauptwerk, der »Politeia«, der Gerechtigkeit. Zunächst zum Rahmen: Zu Ehren einer Göttin wird im Piräus ein Fest gefeiert, an dem Sokrates teilnimmt. Er begegnet einem alten Freund, und sie beginnen ein Gespräch über das Alter. Mit dem Tode vor Augen, meint der Freund, werden uns die Mythen von der Unterwelt plötzlich lebendig. Früher haben wir sie belächelt, jetzt aber fragen wir uns, wie wir dem Totenrichter gegenübertreten können, ob wir nicht doch Unrecht getan und dies zu büßen haben. Damit ist Platon beim Thema: Was ist eigentlich Recht und Unrecht?

Die Freunde des Sokrates geben verschiedene Antworten: „Immer die Wahrheit sagen und Geliehenes zurückerstatten; Schulden bezahlen. Den Freunden nützen, den Feinden schaden." Sokrates bestreitet, daß es gerecht sei, den Feinden zu schaden. Der

Gerechte schade überhaupt niemandem, nicht einmal dem Ungerechten, höchstens, indem er diesen zur Gerechtigkeit bekehre.

In diesem Augenblick ergreift der Sophist Thrasymachos das Wort und erklärt, gerecht sei doch nichts anderes, als was dem Starken nütze. Jeder Staat erkläre das für gerecht, was ihn erhält und fördert, und das sei in der Tyrannis, in der Demokratie und der Aristokratie jeweils etwas ganz anderes. Gerechtigkeit sei nichts als eine schöne Maske für das wahre Gesicht, aus dem der Egoismus spreche. Man predige Gerechtigkeit allein, um sie zu mißbrauchen: die einen eleganter, die anderen plumper. Es gebe in der Natur wie im Menschenleben nur ein einziges Recht, das Recht des Stärkeren. Sokrates erhebt gewichtige Einwände, aber der Sophist läßt sich nicht überzeugen. Er geht, und Sokrates bleibt mit seinen Schülern am Hafen, um den Idealstaat zu entwickeln.

Sokrates, d.h. Platon, geht davon aus, daß die Menschen in Gruppen leben und unterschiedlich begabt sind. Er beschreibt die Entstehung der Polis als einer arbeitsteiligen Versorgungsgemeinschaft. Sie bringt es zu Wohlstand, doch der weckt die Begehrlichkeit, und das schafft Konflikte, sowohl unter den Bürgern als auch zwischen diesen und den Nachbarn. Darum muß eine Rechtsordnung und ein Verteidigungszustand aufgebaut werden. Nachdem sich zuvor bereits die Berufe ausdifferenziert haben, braucht man nun Wächter, die für Recht und Sicherheit da sind.

Den Vorschlag, dies von den Bauern, Handwerkern und Händlern selbst besorgen zu lassen, lehnt Sokrates ab. Er will auch die Wächter (*phylakes*) als eigenen Stand einsetzen, weil er glaubt, daß zum Herrschen und Kämpfen ebenso eine besondere Eignung gehöre wie zum Erlernen jedes anderen Berufes. Optimale Leistung erfordert eine sorgfältige Auslese der Begabten und deren gründliche Ausbildung.

Mit dieser Meinung verwirft er die Lehre des Sophisten Protagoras. Dieser hatte erklärt, daß nicht jeder Bürger das Zeug zum Arzt, zum Zimmermann oder zum Flötenspieler hätte. Aber an der Gerechtigkeit müsse jeder Anteil haben, wenn man ihn unter Menschen dulden solle. Demgemäß wäre es keine Schande, eine beliebige Ungeschicklichkeit im Berufsleben zuzugeben, doch wäre es Wahnsinn, wenn jemand behauptete, ihm fehle die Begabung zur Gerechtigkeit. Jeder bringe die Anlage dazu mit, die aber bedürfe der Ausbildung durch den Rhetor (Platon, Prot. 322-323). Platon bestreitet dies nicht, meint aber, zum idealen Regenten gehöre mehr.

Platons Wächter bilden eine fachliche Elite, keine Erbaristokratie. Sie rekrutieren sich aus dem Gesamtvolk durch Beobachtung des Spielverhaltens der Kinder. Zum Erstaunen der Zeitgenossen, aber im Einvernehmen mit bestimmten Sophisten macht Platon keinen Unterschied zwischen Männern und Frauen. Auch bei den Schäferhunden seien den Hirten Rüden wie Hündinnen gleichermaßen willkommen.

Das Problem der Krieger-Regenten ist, daß diese ihre Herrschaft mißbrauchen könnten, um in der Art eines Tyrannenkollektivs auf dem Rücken der arbeitenden Bevölkerung sich ein lustiges Leben zu machen. Dem will Sokrates dadurch entgegenwirken, daß die Einkünfte der Wächter jeweils auf ein Jahr von der Gemeinde festgelegt werden. Anders als die Bundesrepublik Deutschland ist Platons Politeia keine Selbstbedienungsdemokratie. Diätenskandale sind ausgeschlossen. Zum Herrschen ist nur geeignet, wer es als Pflicht und Ehre empfindet und erkennt, daß im Verzicht auf ein Privatleben zugunsten der Gemeinschaft die wahre Eudaimonie liegt. Die Häuser der Wächter sind nicht verschließbar. Ihnen ist der Geldbesitz, das Privateigentum überhaupt, das Ehe- und Familienleben untersagt. So wird eine Dynastiebildung verhindert.

In Platons Idealstaat gibt es nichts, was den inneren Frieden gefährden könnte: keinen Kampf um Ämter und Programme, keinen Zwist zwischen Armen und Reichen, keine Umstürze, keine Verbannungen, ja eigentlich auch keine Politik, wenn wir darunter den Gruppenegoismus von Interessenverbänden verstehen. Die Wächter leben zusammen und erörtern die Tagesfragen beim Mahle. Aus ihnen rekrutieren sich die Beamten, die 50 Jahre alt sein und alle Prüfungen bestanden haben müssen (540 ab); sie regieren abwechselnd und befassen sich nur damit, Geometrie zu studieren, das Gute zu erkennen und Gerechtigkeit zu üben.

Um diesen Staat vor Zersetzung zu schützen, die sich aus der Pleonexie, dem Mehrhabenwollen ergibt, reglementiert Platon die Erziehung und das Kulturleben in einem von den Kirchenvätern hoch gepriesenen, aber für uns unerträglichen Ausmaß. Auslandsreisen sind untersagt. Strenge Überwachung soll das Eindringen staatsgefährdender Gedanken und Gefühle verhindern. Dennoch weiß Platon, daß nichts auf Erden ewig ist und auch sein Idealstaat zerfallen muß, wenn das Erbgut sich durch Mißheirat (*kakogamie*) verschlechtert - und dies sei auf Dauer nicht zu verhindern.

2. Aristoteles

Platons Ausführungen über die Gerechtigkeit hat Aristoteles aufgegriffen und weiterentwickelt. Die ästhetische Qualität der Gerechtigkeit übernimmt er in der musikalischen Metaphorik. Aristoteles verdeutlicht am Prinzip der Harmonie, wie die Vielfalt im Staate dennoch eine Einheit bilden könne. Wie der Chorleiter, der Dirigent keinen Sänger duldet, der sich nicht einfügt, selbst wenn er lauter und besser singt als die anderen, so müsse sich der einzelne Bürger in das Staatswesen einpassen.

Aristoteles entfernt sich von seinem Lehrer, indem er nicht deduktiv-systematisch, sondern induktiv-empirisch vorgeht. Alle erreichbaren Staatsverfassungen werden gesammelt und gesichtet, auf ihre Vorzüge und Nachteile geprüft, und daraus entsteht ein Faktorensystem, das uns in der »Politik« folgenden Schriften, der »Nikomachischen Ethik« und der »Rhetorik«, vorliegt. Der Dialog des Aristoteles über die Gerechtigkeit, den Cicero in seiner Schrift »De re publica« (III 10) verwendet hat, ist wie alle anderen aristotelischen Dialoge verloren.

Die Grundgedanken finden wir im fünften Buch der »Nikomachischen Ethik« (EN). Hier wird die Gerechtigkeit als eine Mitte, als Vermittlerin bezeichnet, die den Zentralbegriff der aristotelischen Philosophie überhaupt, eben die Mitte, verwirklichen soll. Die Gerechtigkeit erscheint – wie bei Platon – als die vornehmste Tugend, weil sie das Zusammenleben der Menschen regelt. Weisheit, Mäßigung, Tapferkeit, Besonnenheit und die übrigen Tugenden kommen dem Einzelnen, der sie besitzt, zugute; die Gerechtigkeit aber dient der Gemeinschaft. Sie ist keine persönliche, sondern eine politische Tugend. Das Verhältnis zwischen Gerechtigkeit und Glück bei Platon kehrt Aristoteles um: Nicht der allein ist glücklich, der gerecht ist, sondern der allein übt wahre Gerechtigkeit, der es mit Freuden tut (EN 1099 a 18). Ganz poetisch heißt es: „Weder der Abendstern noch der Morgenstern sind derart wunderbar."

Aristoteles unterscheidet nach ihren Wirkungen zwei Formen der Gerechtigkeit: die zuteilende Gerechtigkeit und die ausgleichende Gerechtigkeit. Die zuteilende, distributive Gerechtigkeit regelt die häufig umstrittene Vergabe und Teilhabe an verfügbaren Gütern im weitesten Sinne. Streit entsteht, wenn Gleiche Ungleiches erhalten oder Ungleiche Gleiches. Es gilt als ungerecht, wenn dieselbe Arbeit unterschiedlich entlohnt wird oder derselbe Lohn für unterschiedliche Leistung bezahlt wird. Eine zeitlose Illustration ist das Gleichnis Jesu von den Arbeitern im Weinberg, die, allerdings nach Absprache, den gleichen Lohn erhalten, obschon die einen länger, die anderen kürzer gearbeitet haben (Ev. Matth. 20). Die Gerechtigkeit verlangt, daß hier individuell zugemessen werde, daher greift Aristoteles auf Platons Begriff von der geometrischen Gerechtigkeit zurück.

Die verfügbaren Güter sind einerseits politische, vorwiegend Ehren, andererseits ökonomische, vornehmlich Waren. So wie Platon ist Aristoteles ein Gegner der radikalen Demokratie, die bei der Vergabe von Ehren und Ämtern nicht auf die Würde des Kandidaten Rücksicht nimmt, sondern entweder dem blinden Losverfahren oder der momentanen Volksgunst folgt. Während Platon in seiner »Politeia« die Regenten durch Erziehung und Prüfungen auswählen läßt, sind in der »Politik« des Aristoteles – in der „guten Demokratie" – die regierungsfähigen Bürger die Angehörigen der wohlhabenden Mittelschicht, gemäß der Vorstellung, daß nur der den Staat gut verwalte, der auch im Hauswesen tüchtig sei. Ihrem Urteil vertraut Aristoteles; in der Politik entscheide die Mehrheit gewöhnlich richtig. Darin war Platon anderer Ansicht.

Das geometrische, maßnehmende Verfahren ist, so Aristoteles, ebenso in der Wirtschaft, beim Gütertausch anzuwenden. Preis und Ware, Lohn und Leistung müssen in einem angemessenen Verhältnis zueinander stehen. Sobald der Austausch der Leistungen nicht alle Beteiligten zufriedenstellt, ist das Zusammenleben der Gemeinschaft gefährdet.

Die ökonomische Gerechtigkeit wird durch das Geld hergestellt. Es liefert den für alle Waren und Leistungen erforderlichen gemeinsamen Maßstab und ist im doppelten Sinne ein Mittler. Einerseits vermittelt das Geld den Tauschprozeß im Sinne unseres Wortes „Medium", das wir für alle möglichen Vermittlungsweisen verwenden. Andererseits ermöglicht es eine Preisbestimmung. Der gerechte Preis wird beim Feilschen erzielt; er liegt in der Mitte zwischen dem, was der Verkaufende fordert (obwohl er lieber noch mehr bekäme) und dem, was der Käufer bietet (obwohl er lieber noch weniger bezahlen würde). Wenn Produzent und Konsument den Kauf vollzogen haben und jeder das Seine erhalten hat, herrscht Gerechtigkeit: Schaden und Gewinn gleichen sich für beide vorteilhaft aus.

Die Idee vom *iustum pretium*, die auch bei Platon schon vorliegt (Gesetze 917 B; 921 A-C), hat in der Scholastik, zumal bei Albertus Magnus und Thomas von Aquino ein große Rolle gespielt; Luther beruft sich auf sie in seiner Polemik gegen die unersättliche Gewinnsucht frühkapitalistischer Pfeffersäcke, und Marx benutzt sie als Maßstab für das, was er Ausbeutung nennt. Die Grenze zwischen gerechtfertigter und ungerechtfertigter Bereicherung läßt sich indessen allein vor dem Hintergrund eines überlieferten und anerkannten Lohn-Preis-Gefüges ziehen, das nur historisch-individuell, nicht philosophisch-generell zu bestimmen ist.

Die zuteilende Gerechtigkeit regelt die Vergabe von verfügbaren Gütern, die ausgleichende Gerechtigkeit die Wiederherstellung einer gestörten Verteilung von vergebenen Gütern. Diese zweite, auch als „koërzitiv" bezeichnete Gerechtigkeit liegt dem Rechtsverfahren zugrunde. Aristoteles läßt hier das Prinzip der arithmetischen Gleichheit gelten, „denn es macht nichts aus, ob ein anständiger Mensch einen schlechten beraubt oder umgekehrt, und ob ein Anständiger Ehebruch begeht oder ein Schlechter. Das Gesetz betrachtet nur den angerichteten Schaden und behandelt die Personen als gleiche" (EN 1132 a 1). Wie das Geld der Mittler ist zwischen Verkäufer und Kaufendem, so ist das Recht der Mittler zwischen Kläger und Beklagtem. Aristoteles bezeichnet die Gerechtigkeit im Geschäftsleben als Mitte zwischen Gewinn und Schaden, im Strafprozeß als Mitte zwischen Unrechttun und Unrechtleiden. Wiederum geht es um das Prinzip „Jedem das Seine".

Die enge Verbindung zwischen politischer, juristischer und ökonomischer Gerechtigkeit bei Aristoteles läßt vermuten, daß er für sie das Sinnbild der Waage verwende. Das täuscht jedoch. Homer (Ilias VIII 69 ff.; XIX 223) kennt die Schicksalswaage, die eine Schlachtentscheidung anzeigt, ohne daß der Sieger damit ins Recht gesetzt würde. Gerechtigkeit symbolisiert sich in der Waage der altägyptischen Totenbücher, wo die Seele gewogen wird, und im Menetekel des Danielbuches. Nach spätantiker Tradition hat auch Pythagoras die Waage als Sinnbild der Gerechtigkeit verstanden. Aristoteles verwendet sie für die Stabilität, für das Gleichgewicht im Staat zwischen Arm und Reich.

Die ausgleichende Gerechtigkeit stellt eine gestörte Gleichheit wieder her. Das Prinzip „Auge um Auge, Zahn um Zahn", wie es im Alten Testament heißt (2. Mose 21,24; 3. Mose 24,20), lehnt Aristoteles allerdings ab. Bei den Griechen betrachteten die Pythagoreer die Wiedervergeltung als das Gerechte; dem Richter in der Unterwelt, Rhadamanthys, wurde der Spruch zugeschrieben: „Wenn jemand leidet, was er getan hat, so ist gerades Recht geschehen" (EN 132 b 20). Vielmehr müsse auch hier der Richter die Umstände in Betracht ziehen, die zu sühnende Tat muß freiwillig und absichtlich verübt worden sein.

Das Prinzip „Jedem das Seine!" funktioniert nur, wenn feststeht, wem wieviel Macht und Ehre gebührt, wem wieviel Geld und Gut zukommt. Dies aber regeln die Gesetze. Gerechtigkeit als Tugend erfordert daher Gehorsam gegenüber den Gesetzen. Sie bestimmen z.B., wie ein Amtsträger zu wählen, wie ein Olympiasieger zu ehren, wie das väterliche Erbe zwischen den Geschwistern aufzuteilen ist. Aristoteles teilt die hohe

Achtung, die bei den griechischen Denkern allgemein den Gesetzen, und zwar den jeweils bestehenden, verfassungsmäßig zustandegekommenen Gesetzen gezollt wird. Seit der ionischen Aufklärung ist es eine politische Grundforderung, daß nicht einzelne Menschen regieren sollen, sondern das Gesetz. „Kämpfen muß das Volk für sein Gesetz wie für seine Stadtmauer", heißt es bei Heraklit (VS 22 B 44), denn der Gesetzesbrecher ist gefährlich wie der äußere Feind. „Das Gesetz ist die Seele der Stadt", sagt Platon (Gnom. Vat. 427). Aristoteles meldet stolz, daß die Griechen keinen Menschen regieren lassen, sondern den Nomos, weil der Mensch im eigenen Interesse handelt und im Besitz der Macht zum Tyrannen wird (EN 1134 a 35). Das war die herrschende Ansicht der Zeit vor Alexander.

Wenn die Gerechtigkeit die Anerkennung der Gesetze verlangt, dann müssen diese selbst gerecht sein. Daß es ungerechte Gesetze geben konnte, wußte man, seitdem man Tyrannen erlebt hatte, die sich über die Rechte der Bürger hinwegsetzten. Daher haben die Griechen schon früh unterschieden zwischen einem höheren, göttlichen Recht, das zwar ungeschrieben, aber jedem Gutwilligen einsichtig ist, bei allen Völkern, zu allen Zeiten; und einem gewöhnlichen menschlichen Recht, das gesetzt ist und sich nach Völkern und Zeiten wandelt. Der *locus classicus*, den auch Aristoteles zitiert, stammt von Sophokles. Es ist die Antwort der Antigone an den König Kreon, der ihr verbietet, den als Staatsfeind gefallenen Bruder zu begraben: „Denn nicht bloß heut und gestern, nein von ewig her / Ist dies Gesetz in Kraft und niemand weiß, seit wann" (456 ff.). Aristoteles glaubt, daß es ein in der Natur des Menschen begründetes, allgemeines Recht gebe (Rhet. I 13,2; 15,6), und hat dafür in der »Antigone« ein überzeugendes Beispiel gewählt. Meines Wissens gibt es tatsächlich kein Volk, das seine Toten einfach verfaulen läßt, nicht einmal Jäger, Sammler und Nomaden – selbst da nicht, wo keine staatliche Gemeinschaft oder vertragliche Übereinkunft vorliegt.

Aristoteles benötigt das höhere Recht, das er auch als Billigkeit (*epieikes*) bezeichnet, für drei Zwecke: Zum ersten als Ergänzung des bestehenden Rechts, das ja nie alle Fälle regelt, so daß die nicht vorgesehenen Streitpunkte nach Billigkeit beigelegt werden müssen. Zum andern bewertet diese Billigkeit die Handhabe des geltenden Rechtes, weil man die herrschenden Gesetze auch mißbrauchen kann, indem man sie in pedantischer, schikanöser Weise anwendet. Die Diskrepanz zwischen formaler und materieller Gerechtigkeit hatte der Sokrates-Prozeß gezeigt. Zum dritten dient die Billigkeit zur Korrektur der bestehenden Gesetze, die zwar Anerkennung heischen, solange sie gelten, aber verbessert werden können und müssen, sobald gerechtere Regelungen gefunden sind (EN 137 a 10-1138 a 1). Insofern ist die übergesetzliche Gerechtigkeit erforderlich, damit die bestehende Rechtsordnung ihre Aufgabe erfüllen kann.

3. Summa

Die Gerechtigkeit ist keine Erfindung der Griechen. Sie bildet die Grundlage für jede politische Kultur und ist daher bei allen Völkern in irgendeiner Form vorhanden. Dies wußten die Griechen selbst schon lange vor Platon und Aristoteles. Die Leistung der Griechen liegt darin, die Gerechtigkeit als Problem erkannt zu haben, und zwar nicht nur als Problem der Praxis, sondern auch als Problem der Theorie.

Das Theorieproblem der Gerechtigkeit liegt darin, daß mit demselben Begriff verschiedene Vorstellungen verbunden werden, so daß die Frage entsteht, was sie gemeinsam haben, inwieweit sie miteinander verträglich sind und welche von ihnen zutreffen. Die Substanz des Begriffs nannte Platon die Idee, die sich in der Wirklichkeit immer nur in abgeleiteter, abbildender Weise zeigt und dabei das Wesen der Gerechtigkeit bald besser, bald weniger gut trifft und bisweilen ganz verfehlt. Um eine möglichst genaue Wiedergabe zu erzielen, entwarf Platon seinen Idealstaat, seine »Politeia«.

Aristoteles packte das Problem sodann von einer anderen Seite, indem er in seiner »Politik« den Gehalt an Gerechtigkeit in den empirischen Staatswesen untersuchte. Dies führte ihn zu einer Differenzierung einerseits nach Verwendungsgebieten und andererseits nach Verwendungsweisen. Den Begriff der Gerechtigkeit fand Aristoteles angewandt im Recht, in der Staatsordnung und im Geschäftsleben; juristische, politische und ökonomische Gerechtigkeit müssen zusammenarbeiten, wo eine Gemeinschaft florieren soll. Die Form der Anwendung ist entweder distributiv, austeilend, oder aber korrektiv, ausgleichend, je nachdem ob Güter verteilt oder Schäden behoben werden sollen.

So wie Platon und Hesiod nimmt Aristoteles über den bestehenden Rechtsordnungen eine höhere Ebene von unverfügbaren Normen an. Die Idee des Guten ist mehr als das eigene Beste – das Gemeinwohl ist die Appellationsinstanz, an der sich das Verhalten letztlich orientieren muß. Unter den römischen Rechtsdenkern haben Cicero und Ulpian die Idee eines *bonum commune*, eines allgemeinmenschlichen Natur- oder Vernunftrechts vertreten. Jeder Mensch, der sich selbst prüfe, sehe ein, daß es so etwas wie Billigkeit gibt, unabhängig von allem positiven Recht.

Der Widerspruch der Sophisten gegen ein solches Postulat ist durch die Jahrhunderte nicht verstummt. Fraglos hat auch die Gerechtigkeit eine Geschichte, und Geschichte heißt Veränderung. Veränderung bemerken wir aber nur an gleichbleibenden Gegenständen, deren Zustand wechselt, anderenfalls könnten wir nicht angeben, was sich verändert. Insofern unterstellen wir notwendigerweise bei der Verwendung des Begriffs „Gerechtigkeit" einen durch die Zeiten gleichbleibenden Gedanken. Er besagt nicht mehr, als daß jeder Mensch Anspruch auf Rücksicht hat, daß es im Umgang mit unseresgleichen Grenzen der Zumutbarkeit gibt. Wo diese liegen und wie ihre Einhaltung erreicht wird, das ist immer nur *ad hoc* zu bestimmen.

Den griechischen Philosophen verdanken wir Einsichten in das Wesen der Gerechtigkeit, den römischen Juristen sodann Muster für ein völkerübergreifendes Weltrecht. Griechen wie Römer haben das Recht aus der archaischen religiösen Bindung gelöst und damit in humanistisch-kosmopolitischer Weise allen Vernunftwesen zugänglich gemacht: die Griechen theoretisch, die Römer praktisch. Die antiken Denker haben nicht immer die richtigen Antworten gegeben, aber nicht selten haben sie wichtige Fragen gestellt. Die Schwierigkeit, sie zu lösen, gilt nicht zuletzt auch für die Suche nach der höchsten Tugend, nach der Gerechtigkeit, wie unser Bauernsänger Hesiod wußte: Vor die Tugend haben die unsterblichen Götter den Schweiß gesetzt – *tês d'aretês hidrôta theoi proparoithen ethêkan athanatoi* (Op. 289).

Tomasz Giaro

Privatrecht als Technik der Gerechtigkeit

1. Technisierung der Grundaporie

Die Trennung von Recht und Gerechtigkeit wird von einigen der Scholastik, von anderen der Moderne zugeschrieben (Fikentscher 357, 367ff.; Luhmann 1987, 222f., 226); viele glauben jedoch nach wie vor an die "rechtsdefinierende" Gerechtigkeit (statt aller Höffe 128, 165ff., 191f.). Ob sie nun zur Rechtsdefinition gehört oder nicht, man bewertet tatsächlich Rechtsordnungen aufgrund dieses Maßstabs: Sie seien institutionalisierte Lösungen des Gerechtigkeitsproblems als juristischer "Grundaporie" (Viehweg 96, 100f.). Mit der Maßstabsfunktion der Gerechtigkeit hängt deren Komplexität zusammen. Als Bilanzwert der Jurisprudenz (Burdese 113: "la somma delle istanze ...".) wird sie nach der Devise `Nur gerechtes Recht ist gutes Recht' von allen Rechtsordnungen beansprucht. Als objektives Kriterium für die Güte eines Rechts kommt damit nur dessen geschichtlicher Erfolg in Frage. Unter diesem Blickwinkel sticht das von Europa rezipierte römische Privatrecht hervor. Sein Erfolg beruht auf der fachjuristischen Thematisierung und damit der `Juridifizierung' des Gerechtigkeitsproblems.

Die juristische Aporie des hier und jetzt Gerechten ist durch die Eigenschaft der Rechtsnorm als standardisierter Verhaltenserwartung (Luhmann 1987, 43) vorprogrammiert. Das Gesetz kollidiert mit situationsbezogenen und wechselhaften Gerechtigkeitsvorstellungen. Angesichts dessen struktureller Leistungsschwäche kann die Lösung des Gerechtigkeitsproblems nicht in bloßer Intensivierung der Legislation bestehen. Nötig ist vielmehr eine Vermittlung zwischen abstraktem Tatbestand und konkretem Sachverhalt, zwischen Recht und `Leben' in Form des korrigierbaren, flexiblen, fallbezogenen Juristenrechts. Das Paradoxon, daß die Römer als Volk des Rechts kein Volk des Gesetzes gewesen seien (dazu Giaro 1994a, 66, 83), schlägt fehl, denn dieses Volk des Rechts war ein Volk des Juristenrechts. Weil die religiöse, moralische, philosophische und politische Reflexion über Gerechtigkeit keinesfalls juristische Mechanismen der Gerechtigkeitssuche ersetzt, vermag nur das seine Grundaporie `juridifizierende' Recht sie vom externen Maßstab einer gutgemeinten, aber meist eitlen naturrechtlichen Kritik zur Feder der Rechtsentwicklung zu machen.

Von allen Kulturen der Antike gelang dies nur der römischen. Die Griechen erzeugten eine von Europa um bloße Fußnoten erweiterte Philosophie, die Juden eine Weltreligion (zu den Griechen Popper 122, zu den Juden Küng 159), doch nur die Römer ein Recht, das zum Grundstein neuzeitlicher Rechtsentwicklung wurde. Dabei ist die griechische Philosophie zum Gutteil Rechtsphilosophie und die jüdische Religion Gesetzesoffenbarung. Doch identifizierten die Juden ihr religiöses Recht mit der Gerechtigkeit zu direkt (Nörr 1974, 28; Fikentscher 277ff.; Jackson 51f.). Das bedingungslos zu befolgende Gesetz Gottes wird von talmudischer Kasuistik, die bei allem Einfallsreichtum der dynamisierenden Auslegung nach dem Geist mißtraut, textbezogen gedeutet (Cohen 34ff., 47ff., 60ff.; Cohn 125ff.; Kupiszewski 815f.; Domhardt 90). Das exklusive Recht des auserwählten Volkes bleibt fremden Erfahrungen verschlossen und weder rezeptionsfähig noch an Verbreitung interessiert (Jonsen / Toulmin 57f.; Kupiszewski 811f.). Hingegen empfanden die Griechen, seitdem die sophistische Aufklärung das Band von *physis* und *nomos* zerriß, die Kluft zwischen Recht und Gerechtigkeit als unvermeidlich (Fikentscher 247ff.; Triantaphyllopoulos 11f., 14ff.). Platons Staat und Gesetze hängen im luftleeren Raum der Utopie; Aristoteles' natürliche Gerechtigkeit setzt den Universalkonsens der Menschheit voraus; die kosmische Ordnung der Stoa identifiziert Natur und Moral: Mit derart hochgegriffenen Abstraktionen blieb auch dieses Rechtsdenken gesetzesorientiert und schuf keine juristischen Selbstkorrekturmechanismen.

Nur die Römer haben im Gegensatz zu den Juden ihre Gerechtigkeitsvorstellung säkularisiert und im Gegensatz zu den Griechen 'delegalisiert'. Sie lehnen sowohl die Identifizierung als auch den Konflikt von Recht und Gerechtigkeit ab: Vielmehr begreifen sie das erstere falscher Etymologie *ius a iustitia* (Ulpian D.1,1,1pr.) zufolge als Niederschlag der letzteren (Lübtow 469; Burdese 105f.; Pieri 53, 59; Gallo 46f.) und definieren das Recht - so der von Ulpian zitierte Celsus - als *ars boni et aequi*, Technik der Gerechtigkeit (Nörr 1973, 558, 569f.; Giaro 1991a, 55). Unter Technik verstand man damals wie heute ein lehr- und lernbares Know-how, doch unter Gerechtigkeit keine Eigenschaft von Sozialsystemen, sondern platonisch-stoischer *dikaiosyne* entsprechend die neben Weisheit, Tapferkeit und Selbstbeherrschung wichtigste Tugend (Senn 39f.; Dieter 35; Pohlenz 126). Mit deren Pflege betraut Ulpian (D.1,1,1,1) die Juristen als Gerechtigkeitspriester (*sacerdotes iustitiae*): Ihr Wissen vom Gerechten und Ungerechten (*iusti atque iniusti scientia*) wird damit zu einer autonomen Fachdisziplin Jurisprudenz (Ulpian D.1,1,10,1), die Gerechtigkeit nicht primär als religiöse, philosophische, moralische oder politische, sondern als rechtsdogmatische Kategorie anvisiert. Bei aller methodologischer und ideologischer Anregung durch den Hellenismus ist diese Technisierung der Gerechtigkeit eine original römische Grundlage der europäischen Rechtskultur (Triantaphyllopoulos 35; Wieacker 1986, 370).

2. Autonomisierung des Juristenberufs

Wie ist das römische Recht zu einem Juristenrecht als Technik der Gerechtigkeit geworden? Roms Verfassung war nicht geschrieben, sondern 'gewachsen'. Das nur in Ermangelung der Sitte eingreifende Gesetz (Wieacker 1988, 411ff., 414, 420) trat, als die Volksversammlungen in der späten Republik immer untätiger wurden, hinter andere Rechtsquellen wie Jurisdiktionsedikte, Senatsbeschlüsse und Kaisererlasse zurück. Diese alluviale Entwicklung des Privatrechts bewirkt dessen strukturelle Verschachtelung. Jede neue Rechtsschicht ergänzt und korrigiert die älteren: Gesetz das Gewohnheitsrecht, Edikt als "lebendige Stimme des Zivilrechts" (Marcian D.1,1,8) das Gewohnheitswie das Gesetzesrecht, Kaiserrecht alle früheren Rechtsquellen. Insgesamt ist aber der

Anteil des gesetzten Rechts an der Privatrechtsordnung gering und die sie "eigentlich" erschöpfende Juristeninterpretation (Pomponius D.1,2,2,12) eine Notwendigkeit. Anders als mancher spätrömische und neuzeitliche Kodifikator träumt noch niemand davon, sie zu verbieten (zu den Interpretationsverboten Gallo 52, 71f.). Interpretation bedeutet 'Vermittlung' (Fuhrmann 81, 84, 100). Dogmatisch vermittelt sie zwischen Norm und Applikation, politisch zwischen Volk und Amtsträger, kulturell zwischen Hellenismus und Rom, historisch zwischen Vergangenheit und Zukunft. All dies ist eine fachspezifische Leistung des weder in Gesetzgebung noch in Rechtsprechung involvierten Juristenstandes (Pieri 54; Giaro 1994b, 277).

Seine Autonomisierung begann bereits mit der Priesterjurisprudenz (Wieacker 1986, 352ff.; 1988, 310ff.), in deren Rahmen die Privatrechtspflege einem besonderem Kollegium der *pontifices* zukam. Die mit Rechtsunterweisung verbundene öffentliche Respondiertätigkeit des *pontifex maximus* Tiberius Coruncanius (254 v.Chr.) inaugurierte die Laisierung der Jurisprudenz. Sie blieb zunächst 'Honoratiorenjurisprudenz', deren Rechtsquellencharakter mangels einer verfassungsmäßigen Kompetenz auf ihrer sozialen, moralischen und intellektuellen Autorität beruhte. Der Rechtsunterricht erfolgte nach der Devise 'So macht man das' direkt in der Respondierpraxis. Das Responsum war ein Jurisdiktionsträgern, Laienrichtern oder Prozeßparteien erteilter Ratschlag (Wieacker 1988, 554ff.) und damit eher Normprojekt als Norm, die sich erst aus dem Juristendiskurs herausschälte. Der kontroverse Charakter des Juristenrechts (Giaro 1992, 513ff., 516f.; 1994a, 74ff.) begünstigte die 'Rationalisierung' von Gerechtigkeitsvorstellungen: Im Diskurs setzt sich als herrschende Meinung die rationalste Lösung durch.

Als die altrömische Bürgergemeinde am Ende der Republik zerfiel, unterlag die Honoratiorenjurisprudenz der Spezialisierung und Professionalisierung. Mit dem Tod des Quintus Mucius Scaevola Pontifex stirbt 82 v.Chr. auch die Tradition pontifikaler Rechtspflege (Schulz 47f.; Wieacker 1988, 549): In die Gewänder des Gerechtigkeitspriesters schlüpft der Privatrechtsexperte. Er verliert aber die Totalkompetenz des für "alle Pflichten und Geschäfte" zuständigen 'Weisen', den man noch im 2. Jahrhundert v.Chr. auch bei der Verheiratung der Tochter, beim Grundstückskauf und bei der Ackerbestellung konsultierte (Cic.off.3,133; dazu Giaro 1994a, 92f.). Dafür wird die soziale Basis der Jurisprudenz breiter. Bereits als Augustus durch sein *ius respondendi* das Responsum 'etatisierte', entstanden die früher angesichts der Honoratiorengleichheit undenkbaren Rechtsschulen der Sabinianer und Prokulianer. Nachdem Hadrian das *consilium principis* zum ständigen Beratungsorgan der Rechtspflege mit besoldeten Mitgliedern reorganisiert hatte, waren die Tage des Juristenrechts mit seiner zeitaufwendigen Normenproduktion durch Diskurs gezählt. Im Namen der Rechtssicherheit wich das Responsum seinem funktionellen Pendant, dem Kaiserreskript (Giaro 1994a, 94; Dulckeit / Schwarz / Waldstein 242). Doch hält noch der bürokratisierte spätklassische Jurist an der pontifikalen Tradition der *iuris prudentia* - dies zeigt deren ulpianische Definition (D.1,1,10,1) - als Kenntnis aller göttlichen und menschlichen Dinge fest.

Das römische Juristenrecht war damals in seinem kasuistischen Inhalt wie in systematischem Umriß vollendet. In beiderlei Hinsicht entstand es durch schrittweise interpretative Selbstkorrektur des Rechtsystems. Als deren Instrument verwendete die Jurisprudenz statt des Allgemeinbegriffs 'Gerechtigkeit' die bodenständigere, von Ulpian (D.1,1,1pr.) als Konkretisierung der *iustitia* (so bereits Cicero, rep.3,16; leg.1,48; off.1,64; part.or.130; top.90) verstandene *aequitas* (Schulz 90f.; Burdese 108f.; Wieakker 1988, 509f.; Gallo 56f.; Cerami 220f.). Diese ist im Gegensatz zur aristotelischen *epieikeia* keine prinzipienlose 'Billigkeit' im Sinne des äußeren Rechtskorrektivs, sondern eher ein dem Recht immanentes Prinzip (Pringsheim 159ff., 224ff.; Waldstein 1971, 556ff.; Ducos 315ff.; Cerami 226) und damit ein im Juristenrecht als Gerechtigkeitsdiskurs immer zulässiges Argument (Nörr 1974, 112ff., 119f.). Cicero (top.23) zufolge verlangt sie danach, Gleiches gleich zu behandeln (*paribus in causis paria iura*). Gleichbehandlung ist eine Frage des entscheidungsrelevanten Gesichtspunkts. Daß ein unsorgfältiger Vormund ein guter Ehemann war, bedeutet im Vormundschaftsprozeß ebenso wenig wie im Mitgiftrückgabeprozeß die Tatsache, daß ein unsorgfältiger Ehemann ein guter Vormund war. Weil dabei auch alle entscheidungsrelevanten Unterschiede zu berücksichtigen sind, entfaltet sich das Rechtssystem in entgegengesetzte Richtungen: Universalisierung und Differenzierung von Rechtsnormen (Giaro 1994[b], 276).

3. Universalisierung des Rechtssystems

Die Universalisierung von Privatrechtsnormen im Sinne der Regelbildung und Eliminierung unerheblicher Fallumstände durch Analogie ist hinlänglich bekannt (Giaro 1990, 188ff.; 1991[b], 373ff.). Sie ist aber nur ein technisch-juristischer Teilaspekt der Universalisierung des Rechtssystems infolge der inneren Gleichheitskämpfe und des Strebens von Fremden nach Einbürgerung. Der altrömische Stadtstaat (*civitas*) beruhte weder auf territorialer Gewalt noch auf ethnischer Einheit, sondern dem Personalitätsprinzip zufolge auf der Rechtsgemeinschaft der Bürger (Kupiszewski 809f.; Giaro 1991[a], 39ff.). Rom hielt daran länger als Griechenland fest, denn die *civitas* war offener als die *polis*: Sie verfuhr großzügiger mit Einbürgerung und Verleihung des *ius commercii*, kleidete ihre Expansion in Form der Bündnisse und kannte außer Römern und Peregrinen die Mittelkategorie der Latiner, die durch Übersiedlung nach Rom das Bürgerrecht erlangten. Nach innen konstituierte sich die durch den Geburtsadel beherrschte Frührepublik als eine Doppelorganisation mit plebejischer Sondergemeinde, die über eigene Ämter (*tribuni*, *aediles*) und Versammlungen (*concilia plebis*) verfügte (Wieacker 1988, 235f.; Giaro 1991[a], 44). Ein Kompromiß zwischen Patriziat und Plebs war bereits das Zwölftafelgesetz von 450 v.Chr.; die *leges Liciniae Sextiae* von 367 v.Chr. eröffneten den Plebejern den Zugang zum Konsulat; den Ständekampf beendete 287 v.Chr. die Gleichstellung der *plebiscita* mit den Volksgesetzen durch die *lex Hortensia* (Wieacker 1988, 294ff., 343ff.).

Der zweite Punische Krieg, der am Ende des 3. Jahrhunderts v.Chr. Rom die Hegemonie über den Mittelmeerraum gewährte, verwandelte die agrarische Gesellschaft in eine `frühkapitalistische' (Dulckeit / Schwarz / Waldstein 110ff., 117ff., 125ff.): Den Ständekampf ersetzte die Konkurrenz zwischen dem aus Patrizier- und Plebejergeschlechtern zusammengesetzten Amtsadel (*nobilitas*) und dem `Geldadel' (*ordo equester*). Territorialexpansion und Bürgerschaftsvermehrung unterhöhlten die gemeindestaatliche Verfassung, die 27 v.Chr. nach einem hundertjährigen, im Namen des Bodenegalitarismus entfachten und mit Militärdiktaturen beendeten Bürgerkrieg in das Prinzipat mutierte (Wieacker 1988, 385ff.). Das *Imperium Romanum*, der größte Staatsorganismus der Weltgeschichte, war eine Synthese stadtstaatlich-republikanischer und territorial-monarchischer Strukturen (Giaro 1991ᵃ, 39, 49, 55). Obwohl der Territorialstaat bereits mit der Aufnahme der italischen *socii* ins Bürgerrecht infolge des Bundesgenossenkriegs (*leges Iulia et Plautia Papiria* von 90-89 v.Chr.) unvermeidlich wurde, behielt man die Munizipien, besonders die östlichen *poleis*, als lokale `Unterstaaten' bei, ehe sie seit Trajan zu Verwaltungseinheiten degenerierten (Dulckeit / Schwarz / Waldstein 134f., 217ff.).

Die parallel zur Konsolidierung Roms als eines multinationalen Reichs fortschreitende und mit der `Einbürgerung' aller Imperiumsbewohner 212 n.Chr. durch Caracalla gekrönte Universalisierung des Privatrechts bedeutete auch dessen Umgestaltung. Weil angesichts ursprünglicher Verflechtung von Recht, Religion und Sitte das Kernstück des Privatrechts *ius civile* Eigenrecht der Bürger blieb (Kaser 1984, 4f., 74ff.; 1993, 4f., 20ff., 40ff.), mußte in der Spätrepublik das *ius gentium* des 242 v.Chr. berufenen Fremdenprätors die auf dem römischen Weltmarkt üblichen Handels- und Verkehrsbräuche sanktionieren: Der Verzicht auf nationale Formalismen brachte das großartig einfache Modell der Konsensualkontrakte hervor (Kaser 1984, 17ff., 25ff.; Wieacker 1988, 440ff.; Giaro 1991ᵃ, 48). Auch der Formularprozeß mit seinen biegsamen Klageformeln war wohl, als Abhilfe gegen den Ausschluß der Fremden vom Legisaktionenverfahren, eine Noterfindung des Fremdenprätors (Kaser 1984, 31f.; Wieacker 1988, 449; Kaser / Hackl 153ff., 156f.). Seit der Mitte des 2. Jahrhunderts v.Chr. wurde der Formularprozeß auch für Bürger erlaubt, seit 17 v.Chr. allein zulässig. Der bereits 367 v.Chr. als Jurisdiktionsorgan des *ius civile* berufene Stadtprätor wurde zum Produzenten einer neuen Rechtsschicht *ius honorarium* erst in den letzten Jahrzehnten der Republik (Kaser 1984, 66f.; Wieacker 1988, 470), nachdem er die Impulse des supranationalen *ius gentium* assimiliert hatte.

Bei dieser Doppelung des römischen Privatrechts, die sich im Sachenrecht als Trennung von zivilem und prätorischem Eigentum, im Schuldrecht von *obligationes civiles* und *honorariae*, im Erbrecht von *hereditas* und *bonorum possessio* niederschlug, spielte oft der an das *ius civile* nicht gebundene Fremdenprätor die Pilotfunktion (Wieacker 1983, 248ff.; 1988, 349f., 446, 474; Kaser 1984, 111). Die Juristen - Gerechtigkeitspriester, doch keine Rechtshistoriker - registrieren diese Entwicklung vom archaischen Gemeinderecht zum severischen Imperialrecht mit einer geschichtlich verkehrten Rangordnung des alle Lebewesen umfassenden *ius naturale*, des Rechts natürlicher Menschenvernunft *ius gentium* und des Bürgerrechts *ius civile*: Obwohl römisches Recht erst infolge der Aufnahme fremder Rechtsgedanken zum Universalrecht des Mittelmeerraumes emporstieg, sei das `Naturrecht' älter als das `Völkerrecht' (Ulpian D.1,1,4 *iure naturali ... sed postea ... iure gentium ...*) und das `Völkerrecht' als das `Zivilrecht' (Gaius D.41,1,1pr. *iure civili ... et quia antiquius ius gentium ...*; dazu Giaro 1987, 49; auch Kaser 1993, 49, 68, 78, 97). Doch von dieser historischen Mißdeutung abgesehen: Während die exklusiven Polisrechte zu kurz und der stoische Kosmopolitismus zu weit griffen, wurde das römische Recht dank seiner Assimilationskraft zum Weltrecht der Antike.

4. Differenzierung der Rechtsnormen

Das Gebot, Gleiches gleich zu behandeln, schließt die Gleichbehandlung des Ungleichen aus. Die Griechen haben zwar erkannt, daß die mechanische Rechtsgleichheit in ein Unrecht mündet, doch schuf einen rechtlichen Selbstkorrekturmechanismus erst die römische *aequitas*: keine Gleichschaltung, sondern Gleichgewicht im Sinne der Angemessenheit. Das Gegenstück zur Universalisierung bildet also die Differenzierung von Privatrechtsnormen. Auch hier denkt man gewöhnlich an deren technisch-juristische Einschränkung durch Umkehrschluß und teleologische Reduktion (Giaro 1990, 197ff.). Die *aequitas* als Chancengleichheit verlangt aber vor allem nach dem Nachteilsausgleich: Ein Minderjähriger ist nicht wie ein Volljähriger, eine Handlung in Notlage nicht wie eine freiwillige zu behandeln. Die sophistischen Querelen darüber, ob das Recht im Interesse Schwächerer auf Kosten Stärkerer oder aus umgekehrten Grund entstand (Wolf 103ff., 134ff.; Ducos 203ff.), quittieren die römischen Gerechtigkeitspriester mit Achselzucken, denn sie wissen, daß der Schutz des Schwächeren zu den Uraufgaben des Rechts gehört.

Mit besonderem Hinweis auf Witwen und Weisen prahlen damit bereits die altorientalischen Gesetze von Urnammu bis Hammurabi (Rieß 10, 14, 49, 64, 68; Waldstein 1978, 218). Das Fehlen derartiger Prologe in Griechenland und in der römischen Republik, deren Reihe von Schutzgesetzen bereits die Zwölftafeln eröffnen (Polacek 171f., 178f.; Wieacker 1988, 414ff.), erklärt sich mit dem demokratischen Gesetzgebungskonzept, das den sozial schwachen Schichten den Kampf um eine bessere Rechtsstellung durch Legislation ermöglicht (Jhering 235ff.; Behrends 14ff.; Rieß 215ff.). Paternalistische Schutztendenzen orientalischen Ursprungs treten in Rom erst in der Kaiserzeit, schüchtern unter dem Prinzipat und stärker unter dem Dominat, hervor (Santalucia 10ff., 13; Wacke 578ff., 603ff.). Die sozial stets vitale Vorstellung vom Gesetz als Remedium gegen die Willkür des Mächtigen - von den `außerjuristischen' Schriftstellern wie den Geschichtsschreibern Livius (2,3) und Tacitus (ann.1,2) dokumentiert - kommt bei den klassischen Juristen, die sich eher als Techniker denn als Ideologen begreifen, nur indirekt, vor allem in Anspielungen auf `Rechtssicherheit' zu Wort.

Deshalb erschien das römische Recht dem isolierend auf die Digesten fixierten Auge seiner bürgerlichen Apologeten als Recht der Gleichheit (Wilhelm 274ff., 287; Villers 462ff., 479ff.). Deren Selbststeuerung durch den Markt gewiß konstruierten sie ein 'historisch' legitimiertes reines Privatrecht, das alle Sozialaufgaben dem öffentlichen Recht abtritt. Ulpians Unterscheidung beider Rechtsgebiete (D.1,1,1,2) nach dem Kriterium des vorwiegenden Interesses (*utilitas*; dazu Kaser 1986, 6ff., 11ff., 98ff.; Wieacker 1988, 492ff.) wurde damit zur Trennung von Staat und atomisierter Gesellschaft: Hat öffentliches Recht das Ganze, Privatrecht den Einzelmenschen als Zweck, könne "der Reiche den Armen untergehen lassen" (Savigny 371; dazu Grimm 100f.; Nörr 1991, 21f.); um dessen Unterstützung kümmere sich der Staat. Dieses Modell der Privatautonomie wurde noch von der Spätpandektistik gegen die germanistische 'Sozialjurisprudenz' verfochten (Giaro 1995[a], 106ff., 115ff., 139f.; zu den Spätwirkungen Ogorek 32ff.). Das römische Recht war jedoch ein Recht weder der Gleichheit noch der Ungleichheit, sondern ein nach Gleichheit strebendes Recht, das Ungleichheit im Rechtsverkehr nach der Devise *magis consulendum est his, quibus maius periculum intenditur* (Ulpian D.37,10,1,5) von Fall zu Fall behob. Auch dieser fallbezogene Ausgleich entweder situations- (Zwang, Arglist, Irrtum, Abwesenheit) oder personengebundener (Frau, Mündel, Minderjähriger, Freigelassener) Nachteile wurde durch Zusammenarbeit der Jurisprudenz mit Prätor, Senat und Kaiser geschaffen.

Als Beispiel mögen die Arglistklage und -einrede dienen: Während die Philosophen die Kluft zwischen Gerechtigkeit und Eigennutz entweder als unvermeidlich betrauern (Karneades) oder durch Identifizierung beider kitten (Stoa; dazu Giaro 1992, 536f.), restituiert der spätrepublikanische Prätor und Fachjurist Aquilius Gallus das durch 'Schlauheit' der einen und 'Einfalt' der anderen Partei gestörte Gleichgewicht (Ulpian D.4,3,1pr. *subvenit, ne vel illis malitia sua sit lucrosa vel istis simplicitas damnosa*). Die nachfolgende Jurisprudenz kann diesen Nachteilsausgleich verfeinern (Wieacker 1988, 601, 644f.). Ein ähnliches Bild ergibt der personengebundene Nachteilsausgleich: Während die Philosophen über den natur- (Aristoteles) oder bloß positivrechtlichen (Stoa) Charakter der Sklaverei spekulierten, wurden der Sklaven- und Freigelassenenschutz, vor allem aber die Freilassungen durch prätorische, senatorische, kaiserliche Rechtssetzung und nicht zuletzt durch die Jurisprudenz mit 'milderer Interpretation' nach dem *favor libertatis* begünstigt (zur Philosophie Pohlenz 135ff., zum Recht Kaser 1993, 75ff.). Damit rückte das positive Recht dem Naturrecht, insoweit *ius civile* und *ius naturale* dieser modernen Dichotomie entsprechen (Vorbehalte bei Gallo 63f.; Giaro 1992, 537), näher: kein Beweis der Entbehrlichkeit der Rechtsphilosophie, doch sehr wohl ein solcher der Notwendigkeit der Fachjurisprudenz.

5. Methode der kleinen Schritte

Die meisten Staaten verlassen die Weltbühne samt ihrem Recht. Das römische Privatrecht überlebte, und zwar im Gegensatz zum *common law* auch außerhalb des *Imperium Romanum* und dessen Nachfolgers, des Heiligen Römischen Reichs (zu den Rezeptionsmodalitäten Giaro 1995[b], 1ff.). Sein Erfolgsgeheimnis besteht nicht in einer Theorie oder Definition der Gerechtigkeit (Nörr 1974, 121): Sowohl Cicero (inv.2,160) als auch Ulpian (D.1,1,10pr.) wiederholen nur die seit Platon bekannte Vorstellung der Gerechtigkeit als Tugend und das seit Aristoteles zur Standardformel gewordene `Jedem das Seine' (*suum cuique;* dazu Lübtow 514f.; Hauser 330f.; Waldstein 1971, 560; 1978, 214ff.; Gallo 58ff.). Was das römische Recht auszeichnet, ist sein Produktionsmodus als jurisprudentielle Technik der Gerechtigkeit. Die "Grenzen der römischen Jurisprudenz" als traditionsgebundener Dogmatik des Privatrechts liegen auf der Hand (Schulz 84ff.; Nörr 1974, 144ff.; Wieacker 1988, 553f.; Giaro 1990, 211ff.). Doch während die Philosophen entweder Utopien einer gerechten Gesetzesordnung entwarfen oder die Zwietracht von Gerechtigkeit und Recht beklagten, wobei ihr Gerechtigkeitsfanatismus leicht in den Rechtsnihilismus - ein Exemplum ist die Rechtskritik der christlichen Apologeten Tertullian, Laktanz und Augustin (Burdese 117f.; Nörr 1974, 30f., 58, 72f., 87ff., 153) - mündet, leisteten die Juristen ihre Kleinarbeit der Rechtskorrektur. Sie fragten nicht `Was ist Gerechtigkeit?', sondern `Wie gestalte ich das Recht gerechter?'. Diese technische Know-how-Perspektive ermöglichte die einmalige Ausdifferenzierung der Rechtsdogmatik, die mit den Unterscheidungen von Eigentum, Besitz und beschränkten Sachenrechten, von persönlichen und dinglichen Klagen, von Verpflichtung und Verfügung, von Testament, Legat und Fideikommiß glänzt.

Eine komplexe juristische Begrifflichkeit ist notwendige Bedingung der Gerechtigkeitsrealisierung in einer komplexen Gesellschaft. Doch ohne Ausrichtung auf Gerechtigkeit wäre das römische Begriffsgebäude schon für dessen byzantinischen Kodifikator Justinian kein *templum iustitiae* (C.1,17,1,5; C.1,17,2,20) gewesen, sondern ein Grabmal toter Rechtsgelehrsamkeit. Weil in ihrer Gerechtigkeitssuche die römische Jurisprudenz weder durch Gesetzes- noch durch Präjudizienbindung gehindert war, vermied das klassische Juristenrecht Einseitigkeiten sowohl des kodifizierten Gesetzesrechts als auch des kasuistischen Richterrechts. Als `weder zuviel noch zuwenig' liegt das Gerechte in der Mitte. Diese Erkenntnis des Aristoteles (Schreiner 360ff.; Röhl 40ff.) hat erst die römische Jurisprudenz, "Niederschlag des gesunden Menschenverstandes in Dingen des Rechts" (Jhering 319; dazu mit weiteren Zitaten Giaro 1994[b], 298f.), in die Praxis umgesetzt. Weil aber das Responsum als bloßer Normvorschlag keine Rechtssicherheit gewährleistet, die erst der Konsens der Juristengemeinschaft schafft, funktioniert das Juristenrecht nur in homogenen, traditionalistischen, alternativlosen Gesellschaften (Giaro 1994[a], 92). Ulpians Beteuerungen zur Priesterschaft der Gerechtigkeit sind als "Ausdruck einer Expertokratie, welche ihre jetzt vom Kaisertum hergeleitete Macht mit höheren Weihen versehen möchte" (Simon 31; ähnlich Cerami 224f.; anders Lübtow 564; vgl. auch Nörr 1973, 571f.), der Schwanengesang des Juristenrechts.

Die alternativenreiche und eben deshalb die Rechtssicherheit anbetende Moderne duldet keine diskursive Rechtsproduktion. Deren Leitstern Gerechtigkeit geriet samt ihrer Zwillingsschwester Naturrechtsideologie in Verruf: Vor hundert Jahren kritisierte man den Rückgriff der BGB-Motive auf das 'moderne Rechtsgefühl' mit dem Hinweis auf die von der damaligen "Kulturkrisis" hervorgerufenen "Gegensätze in den Anschauungen über das Gerechte und Ungerechte" (Petrazycki 599; dazu Giaro 1995[a], 138f.). Seitdem befiel die Ideologisierungskrise das mittlerweile 'sozialisierte' Privatrecht (dazu Giaro 1995b, 12) noch stärker. Weil ohne Zweckkonsens keine Technik möglich ist, überlebt die römische Tradition der *ars boni et aequi* nur in der Nische zwischen Gesetz und Urteil (Giaro 1994[b], 288), die sich nicht durch Gerechtigkeit, sondern 'durch Verfahren' legitimieren (Luhmann 1987, 263f.). In diesem Sinne ist der Traum von Gerechtigkeit ausgeträumt. Doch soll ihre inzwischen aus allen Ecken tobende Entlarvung als "Illusion" oder "Kontingenzformel" (Kelsen 1960, 50f.; 1985, 335ff.; Luhmann 1993, 214ff.) nicht vergessen lassen, daß das Illusorische an absoluter Gerechtigkeit dieser als Regulativ der Jurisprudenz ebensowenig Abbruch tut wie das Illusorische an absoluter Wahrheit dieser als Regulativ der Wissenschaft.

Ähnlich wie der römische Staat ist das römische Privatrecht ein kollektives Stückwerk von Menschengenerationen (Giaro 1987, 33f.). Denkt man heute über dessen 'Aktualisierung' nach, muß man bedenken, daß dessen Erbe zwar auch in mustergültiger Normierung des Miteigentums an der Grenzmauer, des Afterpfandes und des Trödelvertrags, doch vor allem darin besteht, daß die römische Jurisprudenz lange vor Rawls die Gerechtigkeit als faire Chancengleichheit begriff und sie lange vor Popper durch Sozialtechnik des *piecemeal engineering* zu verwirklichen wußte. Die römische *prudentia iuris* ist aber nicht nur eine Antizipation der gegenwärtigen 'technologischen Jurisprudenz'. Ein moralischer Aspekt kommt hinzu: Ulpian (D.1,1,10pr.) bezeichnet die juristische Gerechtigkeitstugend als "dauerhaft und beständig" (*constans et perpetua*). Sie eilt keinen Utopien nach, sondern vervollkommnet das Recht in beharrlicher Flickarbeit. Auf diese Weise gelingt es ihr, die Gerechtigkeit "immer mehr aus der Sphäre subjectiver Eingebung in das Recht selbst hinein zu verlegen" (Jhering 35).

Literatur

ANRW = Aufstieg und Niedergang der römischen Welt

O.Behrends, Römische Privatrechtsordnung und Grundrechtstheorie, in: G.Dilcher / N.Horn (Hg.), Sozialwissenschaften im Studium des Rechts IV (München 1978) 13-24

BIDR = Bullettino dell'Istituto di Diritto Romano

A.Burdese, Sul concetto di giustizia nel diritto romano, Annali di Storia del Diritto 14-17 (1970-73) 103-119

P.Cerami, 'Ordo legum' e 'iustitia' in Claudio Trifonino, in: A.Ciani / G.Diurni (Hg.), 'Lex et iustitia' nell''utrumque ius' (Roma 1989) 199-226

B.Cohen, Jewish and Roman Law. A Comparative Study, New York 1966

H.H.Cohn, The Methodology of Jewish Law, in: B.S.Jackson (Hg.), Modern Research in Jewish Law (Leiden 1980) 123-135

H.Dieter, Der `iustitia'-Begriff Ciceros, Eirene 7 (1968) 33-48

Y.Domhardt, Erzählung und Gesetz. Deskriptive und präskriptive Hermeneutik mit Blick auf den Me'am Lo'ez des Rabbi Jakob Kuli, Bonn 1991

M.Ducos, Les Romains et la loi. Recherches sur les rapports de la philosophie grecque et de la tradition romaine à la fin de la République, Paris 1984

G.Dulckeit / F.Schwarz / W.Waldstein, Römische Rechtsgeschichte[9], München 1995

W.Fikentscher, Methoden des Rechts in vergleichender Darstellung I. Frühe und religiöse Rechte - Romanischer Rechtskreis, Tübingen 1975

M.Fuhrmann, `Interpretatio'. Notizen zur Wortgeschichte, Sympotica F.Wieacker (Göttingen 1970) 80-110

F.Gallo, Diritto e giustizia nel titolo primo del Digesto, in: A.Ciani / G.Diurni (Hg.), `Lex et iustitia' nell'`utrumque ius' (Roma 1989) 39-82

T.Giaro, Dogmatische Wahrheit und Zeitlosigkeit im römischen Recht, BIDR 90 (1987) 1-104

T.Giaro, `De ponte' oder `de monte'? Banalitäten in der römischen Jurisprudenz, Labeo 36 (1990) 177-217

T.Giaro, Fremde in der Rechtsgeschichte Roms, in: M.Th.Fögen (Hg.), Fremde der Gesellschaft (Frankfurt a.M. 1991[a]) 39-57

T.Giaro, Das romanistische Induktionsproblem, RJ 10 (1991[b]) 369-395

T.Giaro, Von der Genealogie der Begriffe zur Genealogie der Juristen, RJ 11 (1992) 508-554

T.Giaro, Geltung und Fortgeltung des römischen Juristenrechts, ZSS 111 (1994[a]) 66-94

T.Giaro, Argumentation dogmatique et argumentation scientifique, RJ 13 (1994[b]) 271-304

T.Giaro, La `Civilpolitik' di Petrazycki, Index 23 (1995[a]) 97-157

T.Giaro, Römisches Recht, Romanistik und Rechtsraum Europa, Ius commune 22 (1995[b]) 1-16

D.Grimm, Recht und Staat der bürgerlichen Gesellschaft, Frankfurt a.M. 1987

R.Hauser, Gerechtigkeit, in: J.Ritter (Hg.), Historisches Wörterbuch der Philosophie III (1974) 329-334

O.Höffe, Politische Gerechtigkeit. Grundlegung einer kritischen Philosophie von Recht und Staat, Frankfurt a.M. 1989

B.S.Jackson, The Concept of Religious Law in Judaism, ANRW II.19 (1979) 33-52

R.v.Jhering, Geist des römischen Rechts auf den verschiedenen Stufen seiner Entwicklung II[4], Leipzig 1880-1883

A.R.Jonsen / S.Toulmin, The Abuse of Casuistry. A History of Moral Reasoning, Berkeley u.a. 1988

M.Kaser, `Ius honorarium' und `ius civile', ZSS 101 (1984) 1-114

M.Kaser, `Ius publicum' und `ius privatum', ZSS 103 (1986) 1-101

M.Kaser, `Ius gentium', Köln u.a. 1993

M.Kaser / K.Hackl, Das römische Zivilprozeßrecht[2], München 1996

H.Kelsen, Reine Rechtslehre. Mit einem Anhang: Das Problem der Gerechtigkeit[2], Wien 1960

H.Kelsen, Die Illusion der Gerechtigkeit. Eine kritische Untersuchung der Sozialphilosophie Platons, Wien 1985

H.Küng, Christ sein[10], München - Zürich 1980

H.Kupiszewski, Das Neue Testament und Rechtsgeschichte, Homenaje J.Iglesias (Madrid 1988) 809-821

N.Luhmann, Rechtssoziologie[3], Opladen 1987

N.Luhmann, Das Recht der Gesellschaft, Frankfurt a.M. 1993

U.v.Lübtow, `De iustitia et iure', ZSS 66 (1948) 458-565

D.Nörr, `Iurisperitus sacerdos', Fs. P.J.Zepos I (Athen u.a. 1973) 555-572

D.Nörr, Rechtskritik in der römischen Antike, München 1974

K.W.Nörr, Eher Hegel als Kant. Zum Privatrechtsverständnis im 19. Jahrhundert, Paderborn u.a. 1991

R.Ogorek, Rechtsgeschichte in der Bundesrepublik 1945-1990, in: D.Simon (Hg.), Rechtswissenschaft in der Bonner Republik (Frankfurt a.M. 1994) 12-99

L.v.Petrazycki, Die Lehre vom Einkommen. Vom Standpunkt des gemeinen Civilrechts II, Berlin 1895

G.Pieri, `Ius' et `iurisprudentia', Archives de Philosophie du Droit 30 (1985) 53-60

M.Pohlenz, Die Stoa. Geschichte einer geistigen Bewegung[6], Göttingen 1984

V.Polacek, Zum Gerechtigkeitsgedanken im römischen Recht, ZSS 77 (1960) 160-181

K.R.Popper, Objective Knowledge. An Evolutionary Approach, Oxford 1983

F.Pringsheim, Gesammelte Abhandlungen I, Heidelberg 1961

G.Rieß, Prolog und Epilog in Gesetzen des Altertums, München 1983

RJ = Rechtshistorisches Journal

K.F.Röhl, Die Gerechtigkeitstheorie des Aristoteles aus der Sicht sozialpsychologischer Gerechtigkeitsforschung, Baden-Baden 1992

B.Santalucia, I `Libri opinionum' di Ulpiano II, Milano 1971

F.C.v.Savigny, System des heutigen römischen Rechts I, Berlin 1840

H.Schreiner, Die `mesotes'-Lehre des Aristoteles und die Argumentationstheorien der Juristen, in: O.Gigon / M.W.Fischer (Hg.), Antike Rechts- und Sozialphilosophie (Frankfurt a.M. u.a. 1988) 353-368

F.Schulz, Geschichte der römischen Rechtswissenschaft, Weimar 1962

F.Senn, De la justice et du droit, Paris 1927

D.Simon, Die Ohnmacht des Rechts, Jahrbuch der Max-Planck-Gesellschaft (1988) 23-38

J.Triantaphyllopoulos, Das Rechtsdenken der Griechen, München 1985

Th.Viehweg, Topik und Jurisprudenz. Ein Beitrag zur rechtswissenschaftlichen Grundlagenforschung[5], München 1974

R.Villers, Le droit romain, droit d'inégalité, Revue des Etudes Latines 47 (1969) 462-481

A.Wacke, Die `potentiores' in den Rechtsquellen. Einfluß und Abwehr gesellschaftlicher Übermacht in der Rechtspflege der Römer, ANRW II.13 (1980) 562-607

W.Waldstein, Justice in Roman Law, Fs. A.Verdroß (München - Salzburg 1971) 549-563

W.Waldstein, Zu Ulpians Definition der Gerechtigkeit, Fs. W.Flume I (Köln 1978) 213-232

F.Wieacker, Ausgewählte Schriften II. Theorie des Rechts und der Rechtsgewinnung, Frankfurt a.M. 1983

F.Wieacker, Altrömische Priesterjurisprudenz, Fg. M.Kaser (Wien u.a. 1986) 347-370

F.Wieacker, Römische Rechtsgeschichte I. Einleitung, Quellenkunde, Frühzeit und Republik, München 1988

W.Wilhelm, Zur Theorie des abstrakten Privatrechts. Die Lehre Jherings, in: W.W. (Hg.), Studien zur europäischen Rechtsgeschichte (Frankfurt a.M. 1972) 265-287

E.Wolf, Griechisches Rechtsdenken II. Rechtsphilosophie und Rechtsdichtung im Zeitalter der Sophistik, Frankfurt a.M. 1952

ZSS = Zeitschrift der Savigny-Stiftung. Romanistische Abteilung

Hans-Otto Mühleisen

Gerechtigkeitsvorstellungen in "Fürstenspiegeln" der Frühen Neuzeit

In einem Fürstenspiegel wurde Ende des 16. Jahrhunderts Gerechtigkeit "ein Königin aller Thugendt" (Reinhardus Lorichius, Paedagogia Principum, Frankfurt 1595) genannt. In anderen Fürstenspiegeln dieser Epoche wird ihr das Attribut "königliche Tugend" zugeordnet. Dies unterstreicht einerseits ihre besondere Stellung innerhalb der klassischen Kardinaltugenden sowie der verbreiteten Tugendkataloge und weist sie andererseits als eine der für Könige und Fürsten wichtigsten Tugenden aus. Leibniz hielt Ende des 17. Jahrhunderts die Gerechtigkeit für das dem Staat die Ordnung gebende Moment - und gegenwärtig mehren sich die Hinweise, daß auch der demokratische Staat in dem Maße an Legitimation verliert, wie er diesem Erfordernis nicht genügt. Die Meinungen freilich, worin die Wichtigkeit besteht und begründet liegt, gingen und gehen auseinander. Sie hängen ab von den Zeitumständen, von den Anliegen des Autors, den erwünschten Adressaten und vom Typus der Schrift, innerhalb deren sie vertreten wurden. Gerechtigkeit ist insofern nicht nur ein Standardthema politischer Philosophie, sondern durch ihre Anpassungsfähigkeit wird sie auch zu einer sensiblen Sonde dafür, was nach der politischen Philosophie jeweils in seiner Zeit der Kritik besonders bedurfte.

Ausgangsthese der folgenden Überlegungen ist, daß die vergleichende Analyse von Deutung und Bedeutung auf einer Zeitachse sich verändernder Begriffe von Gerechtigkeit als Schlüssel zum Verständnis von Entwicklung politischer Philosophie genutzt werden kann. Gegenstand der Untersuchung ist der Wandel des Gerechtigkeitsbegriffs innerhalb eines über einen abgegrenzten Zeitraum festgelegten Literaturtypus'.[1] Der im folgenden behandelte Typus "Fürstenspiegel der Frühen Neuzeit" ist für einen solchen Forschungsansatz quasi prädestiniert, da er einerseits als pädagogische Literatur dem Thema Gerechtigkeit als Erziehungsziel besondere Aufmerksamkeit widmet und andererseits als praxisorientiertes Schrifttum in spezifischer Weise auf die jeweiligen Zeitumstände reflektiert und reagiert. Die Näherung an das Verständnis von Gerechtigkeit in der Frühen Neuzeit, mit der hier nach gängiger Terminologie der Zeitraum - ereignisgeschichtlich - zwischen Reformation und Französischer Revolution oder - ideengeschichtlich - vom Humanismus zur Aufklärung gemeint ist, kann zunächst über die bevorzugten Quellen dieser Zeit erfolgen. Zunächst verwenden die Autoren fast wie einen Kanon die aristotelische Definition von Gerechtigkeit, gebrauchen häufig auch deren Begriff bei den Römern *("constans atque perpetua voluntas, jus suum cuique tribuen-*

---

1 Zu einem methodisch ähnlichen Vorgehen am Begriff der "Schmeicheley" vgl.: Hans-Otto Mühleisen, Die "Schmeicheley" als Topos der älteren politischen Theorie, in: Wolfgang Jäger, Hans-Otto Mühleisen, Hans-Joachim Veen (Hg.), Republik und Dritte Welt, FS für Dieter Oberndörfer, Paderborn 1994, S. 259-277.

di"), in Besonderheit wird Cicero genannt, und führen in dieser Zeit auch noch ganz selbstverständlich biblische Gerechtigkeitsmaßstäbe ins Feld. Im Vordergrund standen dabei Aussagen des NT, oft wurde aber auch die Weisheit der Könige des AT als Grundlage von Gerechtigkeit genannt.

Unterschiede und Entwicklungen innerhalb dieses Literaturtypus' zeigen sich in der je gewichtenden Verbindung der verschiedenen Belegstellen. Für die einen ging es mehr darum, eine noch auf Gottesgnadentum beruhende politische Macht durch die Forderung nach Beachtung christlicher Grundsätze, insbesondere eben der Gerechtigkeit, zu stabilisieren: An die Fürsten war die Mahnung gerichtet, daß nur gerechte Herrschaft von Bestand sein könne, an die Untertanen, daß sie - zumindest - gerechter Herrschaft Gehorsam schuldeten. Für andere, die politische Herrschaft als rationales Konstrukt ansahen, veränderten sich Gehalt und Funktion der Gerechtigkeit. Aber auch innerhalb dieses Denkens blieben die aus dem Christentum gewonnenen ethischen Maßstäbe ein Thema, nicht nur funktional unter dem Gesichtspunkt der Herrschaftsstabilisierung - die Perversionen, daß selbst vorgetäuschte Religion als Mittel zum Gehorsam, gar Unterdrückung der Untertanen verwendet werden sollte, sind bekannt -, sondern auch aus der Überzeugung, daß sie einen Grundkonsens von Werten abgeben würden, der ebenso in einer rational grundgelegten Staatlichkeit als unverzichtbar angesehen wurde.

Die hier wie in einer Vorskizze angedeuteten Argumentationszusammenhänge der Gerechtigkeit lassen aber weder zwischen diesen beiden Autorengruppen noch innerhalb derselben klare Trennlinien zu: Wo wird der christlich begründete ethische Maßstab zur taktisch gemeinten Garnitur? Wo bleibt er theologisch und/oder naturrechtlich eigenständiges Fundament, das dem rationalen Kalkül und auch der politisch legitimen Entscheidung nicht verfügbar ist? In dem hier behandelten Zeitraum überschneiden sich Positionen und Argumente, wobei - natürlich - als Tendenz festgestellt werden kann, daß, vom Mittelalter herkommend, das der Politik keine autonome Rationalität zubilligte (so Herfried Münkler, Machiavelli, Frankfurt 1985, in: 3. Teil, Kap. III: Die Verdrängung der transzendent begründeten Moral aus dem Felde der Politik), die rationale statt der transzendenten Begründung und Bedeutung der Gerechtigkeit zunahm. Dies kann jedoch nicht mit einer einfachen Entwicklung von herrschaftsunterstützend, herrschaftsüberkritisierend bis -überwindend gleichgesetzt werden, da einerseits auch eine transzendent gemeinte Gerechtigkeit die Praxis absolutistischer Herrschaft massiv kritisieren und deren Legitimation in Abrede zu stellen vermochte, während andererseits ein rationales Gerechtigkeitsverständnis eben auch zu dessen Stütze funktionalisiert werden konnte.

Gleichsam eine Synopse des Gerechtigkeitsbegriffs am Ende des hier behandelten Zeitabschnitts Frühe Neuzeit gibt eine lexikalische Vorstellung von Gerechtigkeit wenige Jahre vor der Französischen Revolution (Artikel "Gerechtigkeit" in: Deutsche Encyklopädie, Bd. XI, Frankfurt 1786, S. 815 - 827.). Die 14 Artikel dieser Encyklopädie, die sich mit "gerecht" bzw. "Gerechtigkeit" befassen, repräsentieren eine differenzierte Vorstellung von Gerechtigkeit am Ende des Alten Reiches, die auch schon den Blick auf den - hier nicht mehr zu behandelnden - Liberalismus des 19. Jahrhunderts öffnet. Die

Erklärungen beginnen mit einer Unterscheidung von innerer und äußerer Gerechtigkeit, je nachdem, ob nur die Handlungen oder auch "die Gedanken und Neigungen der Seele" den Gesetzen gemäß sind. Nach einer ausführlichen Interpretation der Gerechtigkeit im Glauben der Juden, für die deren nur unvollkommene Erreichbarkeit, aber auch Berechenbarkeit wesentlich ist, und nach einer Definition des "gerechten Besitzes" findet man eine konsequente Verteidigung des Rechtspositivismus' als Voraussetzung von Rechtssicherheit und damit Gerechtigkeit in den zwischenmenschlichen Beziehungen: Selbst wenn es Tugend, Religion und Gewissen widerspricht, von einem in Not geratenen Schuldner das geliehene Geld einzutreiben, handelte ein Gläubiger, wenn er es dennoch tut, "gerecht nach dem äußeren Zwangsrecht". "Zweck des Rechtsgelehrten" ist allein diese äußerliche Gerechtigkeit, während er die die innerliche Gerechtigkeit bestimmenden Gedanken den Moralisten und Theologen überläßt. Man wird das Verhältnis von formal gleicher und individuell bezogener Anwendung geltenden Rechts in Abhängigkeit von der Entwicklung des Rechtszustandes werten müssen: Solange im feudalen Staat Rechtswillkür herrscht, ist die Sicherheit der gleichen Anwendung ein im Hinblick auf mehr Gerechtigkeit anzustrebendes Gut. Ist dieser Schritt getan, führt die Rechtsprechung unter Berücksichtigung individueller und sozialer Umstände zu einer weiteren Stufe der Gerechtigkeit, ohne daß die erste damit aufgegeben würde.

Um einen anderen Typus von Gerechtigkeit handelt es sich "in den Maßregeln der obersten Gewalt", die sich allgemein in der Staatskunst, konkret in der "Policeywissenschaft" wiederfinden. Hier findet sich wie unter einem Brennglas die Vorstellung von politischer Gerechtigkeit, wie sie im Lauf der Frühen Neuzeit ausgebildet und insbesondere in der praxisorientierten Literaturgattung Fürstenspiegel variantenreich ausformuliert worden war: "Die Staatskunst hat dafür zu sorgen, daß die Gesetze dem Zustande des gesamten Staats, den verschiedenen Ordnungen der Unterthanen, und den besonderen Endzwecken, die sich eine weise Regierung zu Bewirkung der gemeinschaftlichen Wohlfahrt vorgesetzt hat, angemessen seyen." Für die politische Gerechtigkeit gilt, daß die äußerliche Befolgung der Gesetze dadurch ihren inneren Sinn erhält, daß sich diese am Gemeinwohl wie an der empirischen Befindlichkeit der Bürger und eben nicht mehr an fürstlichen Interessen zu orientieren haben. Damit wird hier schon deutlich, daß gerade auch das Gerechtigkeitsverständnis zu den Vehikeln gehörte, die zur Infragestellung, letztlich zur Überwindung des Absolutismus beitragen sollten.

An die juristische und politische Gerechtigkeit schließt sich eine umfängliche Darstellung von deren moralischer Bedeutung an. Diese geht zwar vom Evangelium aus, unterscheidet dann aber ganz im Sinne der Aufklärung zwischen Gerechtigkeit als natürlicher und als evangelischer Pflicht. Während die natürliche Pflicht der Sicherheit von Staat und Individuum dient und notfalls auch mit Strafen durchgesetzt werden kann, achtet die christliche Gerechtigkeit nicht auf den weltlichen Nutzen, sondern sorgt sich aus Liebe zu Gott um Arme, Unterdrückte und Verfolgte. Daraus aber rührt dann wiederum ihr Nutzen für "das Wohl, die Ruhe und Sicherheit der Staaten", so daß eine Obrigkeit nicht besser für die Republik sorgen kann, "als durch Beförderung wahrer christlicher Religion".

Von ganz anderem Zuschnitt sind die sich daran anschließenden Stichworte zur Gerechtigkeit Christi, des Glaubens und zur Gerechtigkeit Gottes. Darunter verbirgt sich eine subtile Erörterung der strafenden Gerechtigkeit Gottes, aus dessen Weltherrschaft, wie aus den Eigenschaften der Weisheit und des Wissens sich einerseits eine strenge, aber auch gerechtere Strafpraxis herleitet, als dies Menschen möglich ist, weil er den innersten Grund widergesetzlichen Handelns besser versteht. Andererseits aber finden sich hier noch Vorstellungen göttlichen Strafens, die zwar nicht mehr einfach Unglück mit Sündenstrafe gleichsetzen, aber doch noch für "eine Mittelstraße" plädieren und Übel wie Erdbeben, Pest oder Brand "nicht für blos und ganz zufällig ansehen" wollen. Ohne dem hier religionsgeschichtlich näher nachgehen zu können, repräsentiert diese Erörterung der Gerechtigkeit Gottes insofern etwas von der Spannung, in die eine um Aufklärung bemühte Theologie geraten war: Auf der einen Seite fordert sie - nach dem Vorbild Gottes - eine dem Individuum gerecht werdende und die Folgen abwägende Strafjustiz, während sie auf der anderen Seite noch ein Bild der Ewigkeit entwirft, in dem "das Aggregat von dem Guten oder Bösen bey einem Menschen" zum Maß göttlichen Strafens wird.

Dieses eigentümlich widersprüchliche Bild von Gerechtigkeit, das diese Encyklopädie wie in einer Summe der verschiedenen Gerechtigkeitsvorstellungen am Ende der Frühen Neuzeit vermittelt, ist freilich nicht zufällig, sondern spiegelt recht gut die teilweise disparaten Verwendungen des Begriffs. "Das Menschenbild des Humanismus und der Renaissance ist zerrissen." Die Geistesgeschichte der Frühen Neuzeit gibt auf die Frage nach dem Menschen im Konfinium von Gesellschaft und Staat und auf die Frage nach dem Menschen als sittlich handelndem Subjekt keine eindeutige Antwort. (Vgl. Geschichte der Philosophie, Bd. 3, Stuttgart 1984, S. 338/339.) Wenn dies so ist, muß auch die Gerechtigkeit je nach Menschenbild, Zweck der Schrift und aus noch anderen Bedingungen verschiedene Farben annehmen.

Der folgende Gang durch die Fürstenspiegel beschränkt sich auf Werke, die diese Gattung in einem engeren, d.h. etwa durch folgende Merkmale gekennzeichneten Sinn repräsentieren: Orientierung an einem vorbildhaften Lebenslauf, Verbindung von Normenkatalog und konkretem, meist staatspolitischem Verhalten, wenigstens im Hintergrund die Vorstellung eines idealen Staates und eine darauf abzielende pädagogische Absicht. Neben diesen tendenziell vorhandenen Gemeinsamkeiten stehen freilich zahlreiche Bedingungen, die den einzelnen Fürstenspiegel bestimmen: allgemeine Zeitumstände, Situation des Autors, Adressat und Absicht der Schrift, Zensur und Konfession. (Vgl. Einleitung zu Hans-Otto Mühleisen, Theo Stammen <Hg.>, Politische Tugendlehre und Regierungskunst, Studien zum Fürstenspiegel der Frühen Neuzeit, Tübingen 1990.) Der Gang beginnt mit zwei Klassikern, die am Beginn der Neuzeit nicht nur für ein weites Spektrum des Denkens stehen, sondern deren Wirkung über den behandelten Zeitraum hinweg anhält, Machiavelli und Erasmus.

Machiavelli stellt sich mit seinem Denken gegen die in der Antike konzipierte und im Mittelalter christlich rezipierte und modifizierte politische Philosophie als Lehre vom guten Leben und einem daran ausgerichteten und darauf abzielenden Staat. Für ihn stehen Fragen von Machterwerb und Machterhalt so im Zentrum, daß Moral technisch und Religion taktisch gebraucht werden kann. Die reale, eben nicht nur gute Natur des Menschen läßt für ihn die klassische Funktion der Tugend obsolet werden. Stattdessen werden u.a. Zufall, Tüchtigkeit und menschliche Schwächen, wie die Anfälligkeit für Schmeichelei, zu Faktoren, die zu berücksichtigen, Voraussetzung einer erfolgreichen machtpolitischen Konfliktlösung ist. Der pauschale Vorwurf des Immoralismus, der über Jahrhunderte Grundtenor des Antimachiavellismus war, gilt heute freilich als überholt. Oberste Norm ist für Machiavelli die Selbsterhaltung des Staates. An ihr haben sich zweckrational gute wie schlechte Verhaltensweisen zu orientieren. Ihre ethische Qualität wird durch ihre funktionale überlagert, wobei eben dieser Typus von Konflikt zwischen Politik und Moral keine Erfindung Machiavellis war, sondern dieser ihn nur besonders konsequent im Sinne der Staatsraison entschied. (Münkler, Machiavelli, S. 283/284.)

Das dem Principe zugrundeliegende Bild des undankbaren, wankelmütigen, heuchlerischen, ängstlichen und auf Gewinn gierigen Menschen ist bekannt. (Machiavelli, Principe, Kap. XVII.) Für das Thema Gerechtigkeit noch wichtiger ist die von Machiavelli schon für die Antike belegte Vorstellung, daß der Mensch eben auch halb Tier sei, so daß der Fürst neben den Waffen des Rechts auch die dem Tier entsprechende Gewalt anwenden müsse. Die Idee, daß diese Doppelnatur des Menschen "die hauptsächlichen Grundlagen für alle Staaten, ... gute Gesetze und ein gutes Heer" bedinge, prägt die verschiedenen Äußerungen zum guten, d.h. auch gerechten Verhalten des Fürsten. Es wäre für den Staat verderblich, würde sich der Fürst an einem Phantasiebild ausrichten: "Denn zwischen dem Leben, wie es ist und wie es sein sollte, ist ein so gewaltiger Unterschied, daß, wer das, was man tut, aufgibt für das, was man tun sollte, eher seinen Untergang als seine Erhaltung bewirkt; ein Mensch, der immer nur Gutes tun wollte, muß zugrunde gehen unter so vielen, die nicht gut sind." (Machiavelli, Principe, Kap. XV.) Dieses Denken, das auch eine Kritik am Sinn zeitgenössischer Utopien ist, rechtfertigt eine ganze Reihe von Verhaltensweisen, die dem gängigen Verständis von Gerechtigkeit wie Unbarmherzigkeit, Knausrigkeit, Wortbruch oder abschreckende Grausamkeit entgegenstehen. Dennoch dient es in seiner inneren Logik eben dieser, da ohne die Berücksichtigung der animalischen Seite des Menschen der Staat und somit auch die von ihm ausgehende Gerechtigkeit keinen Bestand hat.

Die von Machiavelli in die politische Philosophie eingeführte Dialektik der Gerechtigkeit, daß Grausamkeiten gut oder schlecht angewendet werden, "wenn anders man das Schlechte gut nennen darf", führt dazu, daß man nur so lange bei ihnen verharrt, wie es zum Wohle der Untertanen notwendig ist. (Machiavelli, Principe, Kap- VIII.) Dazu kommen taktische Brücken, um die Diskrepanz zwischen moralischer und realpolitischer Option annehmbarer zu machen: "Auch hat es einem Fürsten noch nie an rechtmäßigen Gründen gefehlt, um seinen Wortbruch zu beschönigen." Die Moralisten hat die Konsequenz daraus, daß es nicht nötig sei, "daß ein Fürst alle aufgezählten Tugenden besitzt, wohl aber daß er sie zu besitzen scheint", am meisten geärgert. Unter den vier von Machiavelli genannten Tugenden, Milde, Treue, Redlichkeit und Gottesfurcht wird zwar die Gerechtigkeit nicht namentlich genannt, sie ist jedoch im Sinne ihres Bedeutungsspektrums in allen vieren wiederzufinden. Ausdrücklich wird sie im Zusammenhang des Verhaltens nach einem Sieg, also für den Bereich der Internationalen Politik genannt: "Auch ein Sieg ist nie so unbestritten, daß der Sieger nicht gewisse Rücksichten zu nehmen hätte, zumal auf die Gerechtigkeit." (Machiavelli, Principe, Kap. XXI.) Das heißt, das sie auch hier zweckrational ins Spiel gebracht wird, um die Früchte des Sieges nicht wieder zu verlieren, gleich wie sie die Verdienste tüchtiger Männer ehrt, um deren Gunst zu erhalten.

Konfrontiert man den Principe mit zwei Fürstenspiegeln ganz unterschiedlicher Autoren des 18. Jahrhunderts, so zeigt sich, daß die - aus der Sicht Machiavellis - politikfremde Moral, gegen die sich seine Schrift wendet, bis zum Ende des hier beobachteten Zeitraums wirkmächtig blieb, indem sie immer noch Grundlage der Kritik an ihm und damit seiner Gerechtigkeitsvorstellungen war. Dabei mag man darüber streiten, ob der Unterschied zwischen ihm und den Moralisten ein gradueller oder ein grundsätzlicher sei. Jedenfalls dient auch der zunächst vorzustellende Fürstenspiegel, obwohl in der moralischen Verurteilung als Antimachiavell konzipiert, mit der hier aus göttlichem Naturrecht begründeten Gerechtigkeit letztlich ebenfalls vorrangig dem Erhalt einer politischen Herrschaft. Der Unterschied ist, daß hier noch zwischen richtiger und falscher Staatsraison *(vera et falsa ratio status)* differenziert wird, von denen letztere den Erhalt des Reiches verabsolutiere und dadurch den Einsatz politischer Mittel rein von deren Nutzwert her bestimme, während sich die wahre *ratio status* nicht am irdischen Glück, sondern am Maßstab des ewigen Heils orientiere und so bei der Auswahl der Mittel dem *utile* das *honestum* als Kriterium hinzufügt.[2]

1740 war in Freiburg, die *"Idea Exacta de Bono Principe"* von Coelestin Herrmann erschienen (vgl. Mühleisen, Praktische Politkwissenschaft im Vorderösterreichischen Breisgau), einem gelehrten, auch philosophisch geschulten Juristen und seit zwei Jahren Abt des Schwarzwälder Klosters St. Trudpert, der mit dieser umfangreichen Summe theologischen, politisch-philosophischen und juristischen Wissens in der Form eines Fürstenspiegels in den den Klöstern feindlichen Zeiten die Existenz seiner eigenen politisch-geistlichen Herrschaft zu verteidigen suchte. Abt Coelestin verteidigte einen eigentümlichen Typus von geistlich-politischer Herrschaft des Alten Reiches, die nun gleichzeitig von Wien, vom Konstanzer Bischof, von den weltlichen Landesfürsten sowie von den Untertanen in Frage gestellt wurde und zudem zu den Lieblingsfeinden der Aufklärer gehörte.

---

2 Wenn Michael Stolleis (in: Staatsdenker im 17. und 18. Jahrhundert, Frankfurt/M. 1977, S. 12/13) feststellt, daß "der Streit um die Staatsraison mit der Konsolidierung der Staatsgewalt allmählich als abgeschlossen gelten konnte", ist es vielleicht kein Zufall, daß Coelestin Herrmann diese Diskussion gerade dann wieder aufgreift, als seine Herrschaft zunehmend in Frage gestellt wurde.

Der erste Teil des Werkes handelt unter dem Titel *"De prima cura religionis in bono principe"* zum einen davon, daß der Fürst selbst religiös sein müsse, zum anderen beschreibt er, daß und mit welchen Folgen die erste Sorge des guten Fürsten der (wahren) Religion gelten müsse. Fundament aller geistlichen und politischen Herrschaft ist ihr göttlicher Ursprung. Damit wird nicht nur die Regentschaft des einzelnen (Kaiser, Abt, etc.), sondern gleichsam die gesamte bestehende politische Struktur legitimiert und abgesegnet. Wenn (gute) Macht auf Erden immer von Gott ausgehende Macht ist, bedeutet dies für Coelestin, daß Voraussetzung für den Bestand des Staates die wahre Religion und davon abgeleitet (unter Berufung auf Plato, Aristoteles und Cicero) gute und gerechte Gesetze sind - Tyrannen haben vor göttlichem und geschichtlichem Urteil keinen Bestand.

Der zweite Teil der *"Idea",* der von der Sorge für die Herrschaft *(cura regni)* und den Eigenschaften *(qualitatibus)* des guten Fürsten handelt, beginnt wiederum mit der Frage, welcher Staatsraison zu folgen sei. Neben dem gängigen Fürstenspiegeltopos, daß beim guten Fürsten um des Vorbildes willen politisches Regieren und persönliches Leben übereinstimmen müßten, bestärkt Coelestin nochmals die Eigenwertigkeit und Eigenständigkeit der Kirche, über deren Diener die weltlichen Fürsten nicht zu urteilen hätten - auch dies eine Abwehr der damals den Klöstern drohenden Beschränkung der Jurisdiktion.

In den Kapiteln XVI f., die sich ausdrücklich mit der Gerechtigkeit befassen, stellt er eine in sich geschlossene politische Theorie vor, in der das Verhältnis zwischen Fürst und Untertan durch Schutz und Verteidigung von der einen sowie Gehorsam von der anderen Seite definiert wird. Dieses Verhältnis wird durch "gute Gesetze" garantiert und führt so zum Staatsziel des Gemeinwohls. Das Heil des Staates hängt ab von der Gerechtigkeit, diese aber ist nichts anderes als *virtus unicuique suum tribuens.* Zunächst ist dies die Gerechtigkeit Gottes, dann aber auch die des Fürsten: Nur wenn Unrecht bestraft und gutes Verhalten belohnt wird, gibt es die Ruhe und den Frieden unter den Menschen, die das Heil des Staates ausmachen. Der christliche Fürst darf demnach nicht den *"Pseudo-Politicis"* folgen, die die Könige *"ab omnibus legibus solutus"* sehen, sondern die Gottesfurcht bringt ihn eben dazu, die göttliche Gerechtigkeit zum Maßstab seiner Herrschaft und daher auch zur Grundlage des gesetzten Rechts zu machen. Bei der Forderung nach *justitia communitativa* und *distributiva* zeigt Coelestin besten juristischen Standard: Zu einer gerechten Rechtsanwendung entsprechend den Sachen und ohne Ansehung der Person gehört die Kenntnis der Gesetze, die Freiheit von Emotionen und Habgier, Wahrheitsliebe und praktische Erfahrung.

Gerechtigkeit zeigt sich besonders bei der Steuer, die nicht willkürlich in Eigentumsrechte eingreifen darf, sondern selbst in Kriegszeiten nur auf entsprechender Rechtsgrundlage und proportional angemessen erhoben werden darf. Gerade an diesem Gegenstand zeigt sich die Fähigkeit des Abtes, theoretische Kompetenz den Notwendigkeiten entsprechend in praktische Folgerungen zu übersetzen. Da er selbst durch kaiserliche Steuern bedrückt wurde und seine Untertanen mit Steuern belegen mußte, zeigt sich hier, wie das differenzierte Verständnis von Gerechtigkeit der praktischen Anwendung zugute kam. Insofern ist dies eine eindrucksvolle Illustration, wie auch antimachiavellistische Autoren, die die absolute Geltung der Gerechtigkeit hier aus göttlichem Recht, andere aus rationalem Naturrecht herleiten, dennoch diese ganz pragmatisch verwenden. Annähernd machiavellistisch geht er denn auch bei der Frage nach den im Krieg erlaubten Mitteln vor. Zwar seien auch im Krieg nicht alle möglichen Grausamkeiten erlaubt - insbesondere wendet er sich gegen den Einsatz von Gift - , aber, daß man um des Erfolges im gerechten Krieg willen täuschen dürfe, hält er durchaus für angebracht: Der Wert Wahrheit wird dem Zweck Staatserhalt nachgeordnet.

Coelestin verwendet seinen Fürstenspiegel zur Belehrung all derjenigen, die das Kloster aus verschiedenen Richtungen bedrohen. Schon seine theoretische Auseinandersetzung mit Machiavelli, kristallisiert am Begriff der Staatsraison, nutzt er als Folie, auf der er die aus seiner Sicht dekadente Politik des 18. Jahrhunderts aufzeichnet. Auch andere in der *"Idea"* aufgegriffene Fragestellungen, etwa über die Fallibilität des Menschen, unterschiedliche Interpretationen von Gerechtigkeit oder das Steuerrecht, führen jeweils konsequent zu Argumenten, die die eigene Herrschaft stärken und/oder äußeren Ansprüchen auf diese Grenzen setzen. Dabei beeindruckt, wie geschickt Coelestin mit den traditionellen philosophisch-theologischen Wissensbeständen die modernen, zunächst für ihn feindlichen Ideen der Freiheit, der Vernunft oder der Gesetzesbindung aufgreift und genau zur Kritik derjenigen verwendet, die seine eigene Herrschaft in Frage stellen. Er selbst hält (als Zitat, aber ohne Beleg) für die beste Beschreibung, daß das Naturrecht selbst ewiges Gesetz sei, nicht weil es formal von Gott als dem höchsten Gesetzgeber komme, sondern weil es vom Schöpfer der Natur dem vernünftigen Wesen eingeboren sei, das dann nach den Regeln der Vernunft zu entscheiden habe, was richtig und was falsch, was ehrenvoll oder unehrenhaft sei. Mit dieser Definition des Naturrechts erreicht Coelestin gleichzeitig zwei Ziele: Zum einen bleibt dem Naturrecht, anders als wenn es sich "nur" um eine Lehre der Natur handelte, seine absolute Verbindlichkeit dadurch erhalten, daß es Teil der menschlichen Geschöpflichkeit ist, andererseits aber ist es eben dadurch auch in die Verfügung der menschlichen Vernunft gestellt, die somit zur notwendigen Voraussetzung für Wirksamkeit und Geltung des Naturrechts im Staate wird. Somit kann er im Sinne seiner politischen Anliegen mit einem Naturrecht argumentieren, zu dem die menschliche Vernunft so zentral gehört, daß es für die Auseinandersetzung mit den Aufklärern taugt, diese aber auch, soweit sie noch in Bindung an christliche Konfessionen stehen, in Pflicht nimmt. Hieraus resultiert ein spezifisches Verständnis von Gerechtigkeit im Sinne eines christlichen Naturrechts, das Coelestin zugute kommt, wenn er in einem Teil des Werkes der Regel der *"Pacta sunt servanda",* der Einhaltung anderer Verträge oder der Verbindlichkeit von Testamenten den Rang von Naturrecht zuspricht und so eine der wichtigsten Grundlagen der klösterlichen Existenz dem Bereich der *"lex aeterna"* zuordnet, d. h der aktuellen politischen Verfügbarkeit entzieht. Mit dieser Interpretation von Gerechtigkeit, die eine spezifische Dimension der Rechtssicherheit einschließt, erreicht er somit gleichzeitig religiös verbindlich und rational nachvollziehbar die Legitimation eigener und die Limitierung fremder Herrschaft.

Ein zweites, sehr viel bekannteres Beispiel eines antimachiavellistischen Fürstenspiegels ist die ebenfalls 1740, gerade noch in der Kronprinzenzeit erschienene Schrift Friedrichs des Großen.[3] Friedrich präsentiert sich als gelehrter, rational und ethisch orientierter Aufklärer, der den *Principe* als Gegenbild seines Denkens wie seiner Perzeption von Regierung nutzt, um - ähnlich Coelestin - seinen Stand, dessen "Amt einzig und allein Arbeit zum Wohle der Menschen ist" gegen die "abscheulichsten Anklagen" der Verleumder zu verteidigen. Daß seine Amtsführung dann bald nicht mit seiner Theorie übereinstimmte, ist hier nicht das Thema. Friedrich greift Machiavelli zentral wegen dessen fehlender Moral an, macht den defizitären Charakter der Schrift aber schon an sachlichen Widersprüchen fest, so daß das Fehlen der Moral, das ja nur teilweise rational zu erklären ist, über die inhaltlichen Schwächen vermittelt werden soll: Die Niedertracht der Gesinnung erreicht mit der darstellerischen Schwäche ihren Höhepunkt. Wurde oben festgestellt, daß der Begriff der Gerechtigkeit bei Machiavelli eher marginal, die Sache eher funktional verwendet wird, so ist die Gerechtigkeit bei Friedrich sicher nicht nur eines der häufigsten Worte, sondern wird in Verbindung mit Redlichkeit oder Güte mehrmals als wichtigste Eigenschaft des guten Fürsten genannt.

Die Unterschiede, aber auch die Übereinstimmungen zwischen Machiavelli und Friedrich sind schon im Menschenbild der beiden Autoren angelegt. Entgegen der oben für Machiavelli skizzierten Annahmen, die vor allem die schlechten Seiten des Menschen in Rechnung stellen, geht zwar auch Friedrich von möglichem guten und schlechten Verhalten aus, zieht aber, anders als Machiavelli, nicht die Konsequenz, daß man sich gegen schlechtes Verhalten durch eben solches absichern solle und dieses daher auch gerechtfertigt sei. Er hält vielmehr an der Option fest, daß der moralisch gute Fürst die beste Garantie für das Wohl der Untertanen darstelle. Bemerkenswert ist dennoch seine fast entschuldigende Erklärung für die Zeitbedingtheit von Machiavellis Menschenbild, das noch dem Ruhm der Eroberer und dem Zauber der äußeren Erscheinung anhing, während man jetzt Gerechtigkeit, Milde und allen Tugenden den Vorzug gebe. Die von Machiavelli gesehene Gier nach Ruhm und Raub "ist nur das Merkmal ganz niedrig gearteter Seelen": "Nein, nicht immer nur auf den eigenen Vorteil soll der Mensch bedacht sein; täten alle so, wo bliebe dann noch die Gesellschaft?". (Friedrich d. Große, Antimachiavell, 1740, Kap. III.) Gerechtigkeit zeigt sich hier beim fürstlichen Aufklärer am Ende der Frühen Neuzeit demnach in zwei Dimensionen, dem moralischen Sollen und der gesellschaftlichen Wirklichkeit, für deren Stabilität sie einen notwendigen Baustein darstellt. Daß Friedrich schon eine Ahnung hatte, daß der real andere Zustand der Höfe, den er freilich drastisch nur bei den geistlichen Fürstentümern benennt, für die er denn auch Machiavelli ein "gesundes Urteil" attestiert, letztlich dazu beitragen sollte, deren Existenz zu gefährden, mag ein Grund für diese Verbindung von moralischem Appell und empirischer Feststellung gewesen sein.

---

3 Zur Editionsgeschichte kurz: Mühleisen, Der Antimachiavell Friedrichs d.Gr., in: Hoffmann, Riescher, Stammen, Große Werke der politischen Theorie, Stuttgart 1997, S. 151-159.

Die unterschiedlichen Ebenen der Attacken Friedrichs gegen Machiavelli sind eine aufschlußreiche Quelle, um ein Bedeutungsspektrum der Gerechtigkeit in der Frühen Neuzeit zu indizieren: Auf der philosophisch-naturrechtlichen Ebene stellt Friedrich die Gleichheit des Menschen gegen die fürstliche Überhöhung, auf der anthropologischen das auch mögliche gute Verhalten gegen die alleinige Berücksichtigung von Egoismus und Machtgier, auf der staatsphilosophischen die auf Sittlichkeit gegründete, dem Wohl des Gesamten und des einzelnen dienende Funktion des Staates gegen die auf Machterhalt zielende Staatsraison und schließlich, mit Blick auf den Herrschertypus, den "ersten Diener des Staates" gegen die Selbstsucht des Despoten. Aus der Sichtweise Friedrichs ergibt sich für den Fürsten eine Pflicht zur Gerechtigkeit, die korrespondiert mit der seine Sicherheit garantierenden Anhänglichkeit der Untertanen. Ganz im Sinne der Aufklärung sieht er in der Entwicklung der geistigen Fähigkeiten das wichtigste Rüstzeug, damit der Fürst seiner Bestimmung, des Rechtes zu walten und den Staat zu schützen, im Sinne der geforderten Gerechtigkeit entsprechen kann. Sie zu kennen und in die politische Praxis umzusetzen, ist für den Fürsten die wichtigste Voraussetzung zum Erhalt des Staates und seiner Herrschaft. D.h., daß bei aller Unterschiedlichkeit zu Machiavelli auch für Friedrich die Gerechtigkeit rational erklärt und staatsfunktional verwendet wird. Während für beide die traditionelle, aus der Religion stammende Begründung der Gerechtigkeit obsolet geworden ist, trennen sich die Wege bei der Frage nach dem Grund, weshalb überhaupt Gerechtigkeit notwendig sei. Für Friedrich liegt er in der Einsicht des Menschen, daß zuletzt seinem Besten dient, "was dem Gemeinwohl frommt". Für Machiavelli ist es letztlich eines der Mittel zum Erhalt der Macht.

Aufschlußreich für das Spektrum der Bedeutung und Verwendung des Gerechtigkeitsbegriffs ist auch der Vergleich dieser zwei, zur selben Zeit publizierenden Antimachiavellisten Friedrich und Coelestin: Beide gehören, wenn auch durch ihre politische Situation verschieden konditioniert, einem Aufklärungsdenken an, innerhalb dessen, bei aller Rationalität der politischen Philosophie, der Gerechtigkeit als Staat konstituierende und und nicht taktisch verfügbare Norm noch zentrale Bedeutung zukommt. Bei der Bedeutung der Religion - und korrespondierend damit der Toleranz - für die Begründung der Gerechtigkeit liegen ihre Positionen freilich schon weiter auseinander. Welten trennen sie schließlich bei den politischen Konsequenzen ihres jeweiligen Gerechtigkeitsverständnisses: Während Friedrich seinen in Gegnerschaft zu Machiavelli herausgestellten Gerechtigkeitsbegriff zur Verteidigung der Fürsten und gegen die geistlichen Herrschaften nutzt, verwendet Coelestin seine antimachiavellistische Gerechtigkeit genau zu deren Verteidigung und demgemäß zur Kritik an den Fürsten, die aus falscher Staatsraison heraus die geistlichen Herrschaften bedrohen.

Mit der Möglichkeit der Ausbildung zum tugendhaften Fürsten kehren wir zurück zum Zeitgenossen Machiavellis, Erasmus von Rotterdam, dessen *"Institutio Principis Christiani"* zwar ebenfalls eine zeittypische, in Anliegen, Argumentation und politischem Kontext jedoch vom - drei Jahre früher erschienenen - *Principe* sehr verschiedene Gerechtigkeitsvorstellung entwickelt. Daß Erasmus Machiavelli für einen Totengräber Europas und der Christenheit und - zusammen mit Morus - dessen Machtprinzip für unmenschlich und glücksfeindlich hielt, ist bekannt. (Vgl. Anton J. Gail, Einführung zu Erasmus, Fürstenerziehung, Paderborn 1968, S. 9/10.)

Unter diesen drei Autoren wird Erasmus gern als der konservativste apostrophiert, dessen pädagogischer Zuversicht fast etwas Naives zukomme. Ohne Zweifel ist das Denken Erasmus' noch am stärksten dem mittelalterlichen Denken verbunden, wenngleich viele seiner Vorstellungen vom Menschen und dem ihm gemäßen Staat ebenso wie seine Ideen zur Gerechtigkeit bruchlos zur Aufklärung hinführen. Dies sagt, ähnlich wie für die Kontroverse Luther - Erasmus (vgl. Otto Hermann Pesch (Hg.), Humanismus und Reformation - Martin Luther und Erasmus von Rotterdam in den Konflikten ihrer Zeit, München/Zürich 1985), freilich noch nichts über die größere gesellschaftliche Wirksamkeit der jeweiligen Ideen aus. Der Fürst ist nicht mehr gekennzeichnet durch Gottesgnadentum und ererbtes Privileg, sondern ist ein Mensch wie die anderen, der sich freilich in seiner Funktion als verantwortlicher Staatsmann durch exemplarisches Verhalten auszeichnen sollte. Bei der Wahl des Fürsten muß daher das Volk wie danach der gewählte Herrscher selbst einzig die "Staatswohlfahrt" im Auge haben, die ihrerseits durch die staatsmännischen Talente, unter denen der Gerechtigkeit herausragende Bedeutung zukommt, gewährleistet wird. Bei erblicher Herrschaft muß dieses Wahlkriterium durch entsprechende Erziehung substituiert werden. Die anthropologischen Prämissen der Bildungsfähigkeit, Willensfreiheit und daraus resultierender Zielstrebigkeit des Menschen, werden zu Bedingungen für eine autonome und gerechte Gestaltung des Staates.

Der christliche Fürst ist zu seinem Anspruch, daß seine Untertanen die Gesetze kennen und halten, nur dadurch berechtigt, daß er selbst die Gesetze des obersten Herrschers Christus kennt und beobachtet, d.h. selbst zur Gerechtigkeit verpflichtet ist. Als Christ kann der Fürst "Gott durch kein anderes Verdienst gnädiger stimmen als durch fürsorgliche Haltung gegen das Volk in der Regierung". Ihm ist das Kreuz aufgegeben, das in der Erasmianischen Sicht gleichbedeutend ist mit Gerechtigkeit: "Wenn Du das befolgst, was recht ist; wenn Du keinem Gewalt antust; wenn Du kein Amt verkaufst und Dich nicht bestechen läßt, auch wenn dabei Dein Fiskus Schaden hat. Nimm keine Rücksicht und achte vor allem darauf, daß Du den Preis der Gerechtigkeit erringst." Und weiter: "Es könnte aber auch die Situation entstehen, daß Du Deine Herrschaft nur um den Preis der Rechtsverletzungen ... erhalten kannst: dann danke lieber ab ... Sei lieber ein gerechter Mensch als ein ungerechter Herrscher." (Erasmus, Institutio, Kap. I., Grundsätze für die Wahl eines Fürsten.) Konzis formuliert er seine Vorstellung von Funktion und Zusammenhängen der Gerechtigkeit zu Beginn des Kapitels (VI) über Gesetzgebung und Verbesserung der Gesetze: "Sein (des Staates) Zustand ist dann der günstigste, wenn alle dem Fürsten gehorchen, der Fürst selbst den Gesetzen gehorcht, die Gesetze aber dem Leitbild der Gerechtigkeit und Ehrenhaftigkeit entsprechen und auf nichts anderes hin entworfen sind als auf den Fortschritt des Gemeinwesens." Der Fürst selbst ist "eine Art lebendiges Gesetz".

Zwar findet man bei Erasmus keine im Anschluß an die Antike ausgearbeitete Gerechtigkeitssystematik, aber aus dem Duktus gerade dieses Kapitels zur Gesetzgebung und Verbesserung der Gesetze wird sein souveräner, aber auch eigenständiger und weiterführender Umgang mit diesem Wissen sichtbar. Ein Beispiel hierfür sind die von ihm genannten Bedingungen der Rechtsprechung: Die Schwere des Verbrechens ist nicht nach dem Maß der individuellen Empörung, sondern nach dem hieraus für den Staat resultierenden Schaden zu beurteilen. Die Gesetze sollen allgemein sein und weder einen Stand, noch eine Berufs- oder Sozialschicht bevorzugen oder benachteiligen. In Verbindung mit dem Kriterium "Staatsschädlichkeit" wird daraus, daß die Bestechlichkeit eines Beamten schärfer als die Unzuverlässigkeit eines Mannes aus dem Volk und das verbrecherische Verhalten eines Patriziers schärfer als das eines Mannes ohne Rang geahndet werden solle. Nimmt man noch hinzu, daß die Gesetze die Schwächeren unterstützen sollen, "was nämlich ihnen an Schutz durch die Vermögenslage fehlt, das sollte die Menschlichkeit der Gesetzgebung ausgleichen", so ist dies nicht nur eine originelle Verquickung zweier Gerechtigkeitsverständnisse, sondern enthält auch eine Kritik der politisch-sozialen Verhältnisse, die derjenigen des Thomas Morus nahe steht. Die Warnung vor zu vielen Gesetzen und vor verantwortungsloser Anwendung selbst guter Gesetze gehören wiederum zum Standardrepertoire frühneuzeitlichen Gerechtigkeitsverständnisses.

Mit seiner Warnung, den Abschreckungseffekt selbst grausamster Strafen nicht zu überschätzen, weil es "nichts noch so Abschreckendes gibt, was nicht durch Gewöhnung vertraut wird" zeigt er wiederum, sicher bewußt, seine antimachiavellistische Position. Diese prägt letztlich auch sein Staatsverständnis, daß die "staatliche Gemeinschaft Voraussetzung für den Fürsten und nicht umgekehrt" ist: Die Zustimmung der Gehorchenden gibt ihm seinen Rang, so daß der christliche Fürst "endlich milde genug ist, um auf jede Ahndung von Ungerechtigkeiten zu verzichten, wenn ihn nicht das Wohl der Gemeinschaft dazu zwingt". Konsequent ist daher die Forderung, daß ein guter Fürst "gegen niemanden schärfer vorgehen (soll) als gegen unredliche Sachwalter der Gesetze; denn der Fürst ist der erste aller Gesetzeswächter".

In der Zusammenschau dieses Fürstenspiegels zeigt sich, daß die Gerechtigkeit zu den zentralen Topoi im Denken des Erasmus' gehört: Sie vermittelt unter der Gestalt der göttlichen Gerechtigkeit den verbindlichen Maßstab des Rechtsdenkens und des staatlichen Lebens. Sie bindet Fürst und Untertanen, konstituiert Rechts- und Sozialordnung, setzt Maßstäbe für Rechtssprechung und, was hier nicht weiter behandelt wird, für Fragen von Krieg und Frieden. In ihr fokussiert sich seine Kritik sowohl an der bestehenden politischen Ordnung wie an einer machtzentrierten politischen Theorie in der Art Machiavellis. Zwar entwirft Erasmus nicht wie sein Freund Morus eine utopische Staatsvorstellung; seine bisweilen satirisch verbrämte Zuversicht ist jedoch unverkennbar, daß wenn Fürsten und Volk, um das es ihm letztlich geht, ihre Einstellung und ihr Verhalten im Sinne der Unterweisung, der *Institutio*, ändern würden, eine bessere politisch-soziale Welt möglich wäre.

Das Spektrum von Gerechtigkeitsvorstellungen der Frühen Neuzeit, das bislang, ausgehend von einer lexikalischen, resümierenden Synopse, vornehmlich anhand Machiavellis und seines zeitgenössischen Gegners Erasmus sowie zweier darauf reflektierender, antimachiavellister, aufgeklärter Autoren des 18. Jahrhunderts vorgestellt wurde, soll durch einige zeitlich dazwischen liegende Werke ergänzt werden. Ganz in die erasmianische Tradition der Erziehbarkeit zur Tugend gehört der Fürstenspiegel *"Paedagogia Principum"* (Reinhardus Lorichius, Paedagogia Principum, Das ist ein sehr notwendiges Tractätlein ..., Frankfurt, 2/1545.) des 1500 in Hadamar geborenen, später als Professor in Marburg und Schulleiter in Wetzlar tätigen Reinhard Lorichius. 1537 erstmals ediert und bis Anfang des 17. Jahrhunderts mehrfach übersetzt und neu aufgelegt, repräsentiert er in der Verbindung von humanistischem Wissen, pädagogischer Intention und Regierungslehre einen klassischen Fürstenspiegel.

In seinem Kapitel (LVI) "über die Gerechtigkeit großer Herren" nennt er die Ungerechtigkeit als den Grund, der Ordnungen und Regimente vergehen und verfallen läßt. Sie besteht darin, daß zwischen "Schälkern und Frommen" kein Unterschied gemacht wird, daß Gerechte und Ungerechte gleich viel gelten. Dadurch entfällt der Anreiz, sich entsprechend dem gemeinen Nutzen zu verhalten. Die Sonderstellung der Gerechtigkeit wird dadurch unterstrichen, daß man, auch wenn Eltern oder der beste Freund es verlangen, nicht ungerecht handeln darf. Als besonders lobenswertes Beispiel wird ein König angeführt, der seine Städte zum Ungehorsam gegen ihn selbst ermuntert hatte, wenn seine Anordnung gegen Gesetze und Gerechtigkeit verstießen. An drastischste Strafen wird erinnert, die Könige gegen eidbrüchige, ungerechte Richter verhängt haben. Wenn schon die heidnischen Philosophen die Gerechtigkeit die Königin der Tugenden nannten, wird diese durch die Hlg. Schrift für die christlichen Fürsten erst recht zur Verpflichtung. Abgesehen von der - vielleicht konfessionell bedingten - indirekten Aufforderung zum Widerstand und der Vorstellung von einer in der Realität abgestuften Gerechtigkeit (wo gar keine, da ist Tyrannei, wo mittelmäßige, wird eben mittelmäßig geraten), handelt es sich bei Lorichius um eine populäre Übersetzung des Erasmus, die eine diesem sehr ähnliche Gerechtigkeitsvorstellung in anschauliche, etwas stärker mit Drohungen arbeitende Pädagogik übersetzt.

Für das frühe 17. Jahrhundert sei nach dem protestantischen Pfarrer Lorichius der Fürstenspiegel eines katholischen Kirchenmannes vorgestellt, der allerdings auch für den evangelischen Lesegebrauch in etwas modifizierter Form übersetzt wurde. Jean de Chokier, 1572 in Lüttich geboren, studierte bei Justus Lipsius in Löwen, der ihn wohl theologisch in liberaler Richtung beeinflußte, promovierte in Orleans und schloß während eines sich anschließenden zweijährigen Romaufenthalts seinen Fürstenspiegel (Jean de Chokier de Surlet/Andreas Heidemann <Übers.>, Thesaurus Politicus oder Schatzkammer Politischer Aphorismorum, Nürnberg 1624 <lat. Erstausgabe 1610>) ab: Ein Lehrbuch der politischen Theorie und Praxis, das einerseits eine Sammlung politischer Ideen vornehmlich der Antike, andererseits auch, wiederum in sechs Büchern, ein Kommentar zu Lipsius "Politik" ist. Chokier setzt an den Anfang jedes Kapitels dessen thesenartige Zusammenfassung, die bei den zwei für unser Thema besonders wichtigen Kapiteln lauten: "Es soll aber ein Fürst im Justicienwerck gerade hindurch gehen/ und überal eine billichmäßige Gleichheit halten/sintemal nach Aristotelis meynung/ allererst derjenige vor gerecht zu achten/ der seinen Wandel nach den Gesetzen anstellt/ und immer den geradesten Weg geht" (II.Buch, Cap.III) und "Hieneben ist auch von nöthen/ daß ein Fürst die Raht- oder Justicien-Stube in der Person besuche/ und entweder sich gar von keinen partheylichen affecten einnehmen lasse/ oder sich doch derselben wider zu entschlagen und abzuthun wisse." (II.Buch, Cap.IV)

Die Gerechtigkeit spielt in dieser Staatstheorie insofern eine zentrale Rolle, als sie die Voraussetzung ebenso für das Zusammenleben der verschiedenen Stände wie für den Erhalt der Herrschaft ist. Der Fürst ist in ihrem Sinn an die Gesetze *(rex legibus non solutus)* gebunden, die ihrerseits dem gemeinen Nutzen dienen. Gesetzgebung und Rechtsprechung nach Rechtsgleichheit wie nach distributiver Gerechtigkeit gehören zu den vornehmsten, aber auch staatserhaltenden Aufgaben des Fürsten. Grundlage der politischen Ordnung ist der rechte, erstrebenswerte Naturzustand, innerhalb dessen sich der tugendhafte Herrscher an den göttlichen Geboten orientieren soll. Gefahr droht seiner Gerechtigkeit durch ungerechte Räte und Richter oder auch durch Geiz, der zusammen mit der Schmeichelei, wie in anderen Fürstenspiegeln ausgeführt, als Hauptfeinde der Gerechtigkeit genannt werden. Der Fürstenspiegel zeigt somit einen für den Humanismus gängigen Standard an philosophischem Wissen und moralischem Bewußtsein über Begründung, Verbindlichkeit und Nutzen der Gerechigkeit für Herrscher und Staat. Die Abwehr machiavellistischer Ideen ist deutlich. Gegenüber anderen Beispielen zeichnet er sich aus durch eine subtile Erörterung von ausgleichender und austeilender Gerechtigkeit, die jedoch nicht wie bei Erasmus im Sinne der Berücksichtigung der sozialen Verhältnisse entschieden wird.

Etwa zeitgleich mit Chokier erschien der Fürstenspiegel *Aulico Politica* des fürstlich braunschweigischen Berghauptmanns der Erzgebirge und geheimen Rates Georg Engelhard Löhneys. (Gerhard Engelhard Löhneys, Aulico Politica. Darin gehandelt wird 1. Von Erziehung und Information Junger Herren ..., Remlingen 1624.) Löhneys, 1552 in Senckendorff bei Kemnath geboren, noch katholisch getauft, nach wenigen Jahren mit seinen Eltern evangelisch geworden, erhielt nach frühen Kriegserfahrungen eine Ausbildung am markgräflichen Hof zu Onoltzbach, war danach ab 1575 Stallmeister im Dienste des Kurfürsten August von Sachsen und seit 1583 im Dienste des Erbprinzen Heinrich Julius von Braunschweig-Wolfenbüttel. Seine Tätigkeit schlägt sich in mehreren Schriften über Reitkunst und Bergwerksachen nieder, die er tlw. in eigener Druckerei herstellen läßt. Die *Aulico Politica,* die auch als Vorläufer von Seckendorffs "Teutschem Fürstenstaat" gesehen wird, erschien in seinem Todesjahr 1622 und wurde danach bis ins 18. Jahrhundert mehrfach aufgelegt. Wie in anderen seiner Schriften spiegeln sich auch in der *Aulico* konkrete Erfahrungen an mehreren deutschen Höfen wider.

Vor dem Hintergrund der platonisch-aristotelischen Wissenschaft stellt Löhneys fest, daß die Gerechtigkeit fordere, daß die Obrigkeit niemand verletze oder beschwere, daß bei Strafen deutlich werde, daß man "nicht der Person, sondern dem Laster feindt sey", daß kein "parteyisches Urtheil" gesprochen werde, insbesondere soll nicht das Recht der Armen gebeugt und der Fremdling nicht unterdrückt werden. Voraussetzung, daß Gerechtigkeit als Garant gegen Verwüstung und Tyrannei dienen könne, ist, da sie nicht nur Maßstab des Fürsten, sondern auch seiner Räte und Richter sei: "denn man die Personen nicht mit Emptern/ sondern die Empter mit Personen bestellen und versehen soll." Die *Juris Prudentia* lehrt "das Jedem das Seine zuteilen", was im Alltag der Gerichte heißt, daß man die Leute selbst hören, "den andern theil auch hören" soll - Gott selbst habe Adam und Eva angehört, ehe er sie condemniert habe. Gerechtigkeit entsteht durch Rechtssicherheit, die ihrerseits die Anwendung geltenden Rechts auch gegen denjenigen erfordert, der selbst Recht spricht. Man wird den Löhneysschen Fürstenspiegel vor dem Hintergrund der beruflichen und sozialen Funktion des Autors zu den Schriften zählen können, die die Herrschaft der Fürsten zwar (noch) unterstützen, dies aber nicht im Sinne einer absoluten Herrschaft. Vielmehr wird gerade der Topos der Gerechtigkeit zum Vehikel, um die Grenzen dieser Herrschaftsform aufzuzeigen: Von Gott ins Amt berufen, unterliegt der Fürst dem göttlichen Gesetz, das ihn nicht nur zu religiösem Lebenswandel aufruft, sondern ihn verpflichtet, in seinem Handeln die verschiedenen Ebenen und Formen der Gerechtigkeit zu berücksichtigen, d.h. in praktische Politik umzusetzen. Wenn Löhneys Seneca zitiert, daß "durch administration der gerechtigkeit die Regenten zu Götter werden", heißt dies umgekehrt, daß sie durch Ungerechtigkeit die Legitimation zur Regierung verlieren.

Bei einem Blick auf die zweite Hälfte des 18. Jahrhunderts zeigt sich nicht nur, wie ideologisch anpassungsfähig der Literaturtypus Fürstenspiegel ist, sondern auch wie der Topos Gerechtigkeit nunmehr zu einem Argument wird, das über seine - modern gesprochen - systemkritische Verwendung auf Systemveränderung abzielt, und, soweit politische Theorie diese Funktion wahrnimmt, sicher auch dazu beigetragen hat. In einer anonymen Schrift, *Farao für die Könige*, (2 Bd., Leipzig 1776) wird, weil es keine beste Regierungsform geben und jede in ihrer Art zur Tyrannei entarten kann, festgestellt: "Die Gründung der guten Volksbeschaffenheit besteht in der Gebung der Geseze und ihrer Erhaltung. Das erste ist das Werk des Volkes, das zweite dessen, dem das Volk seinen Willen zu vollziehen Vollmacht gegeben hat." Die "Verweser der Geseze" sind die Offizianten des Volkes und sollten nie seine Beherrscher sein. Die Freiheit und allgemeine Wohlfahrt, das heißt auch Gerechtigkeit kann nunmehr nur noch in einer Regierungsform ausfindig gemacht werden, "unter welcher jedes Mitglied Person und Vermögen vor der Macht des gesamten Staatskörpers beschüzt, und jedes Willen in Ansehung dessen, was nicht die gesellschaftlichen Pflichten beleidigt, zu ihrer Erhaltung mit dem allgemeinen Willen und Besten vereinigt, eben so frey bleibt als vorher. Diese Freyheit das erste Geschenk und Gesez der Natur..." Allein also die Republik scheint am Ende des 18. Jahrhunderst noch in der Lage, einen Standard von Gerechtigkeit zu gewährleisten, der dem Wissen und Bewußtsein von Autonomie und Freiheit, von Rationalität und Menschenrechten entspricht.

Fast schon auf satirische Weise wird dies auch in einem Fürstenspiegel Friedrich Carl von Mosers, *"Über Regenten, Regierung und Ministers"*, (Mit dem Untertitel "Schutt zur Wege-Besserung des kommenden Jahrhunderts, Frankfurt 1784.) sichtbar, der den "Schwindel-Geist der Höfe" beschreibt. Doch dann "begegnet man im verborgenen Hayn dem stillen Weisen, ... dem Freund der Wahrheit und seines Vaterlands, dem gerechten Mann, der nicht vergöttert und lästert; ... man erwärmt sich an seiner Wahrheits- Volks- und Menschenliebe, ... und staunt über die Verborgenheit seiner Existenz": Übersetzt gesagt, die Gerechtigkeit hat am Hof keine Chance mehr.

Leben und Werk F.C. v. Mosers sind ein besonders eindrucksvolles Beispiel, daß sich für die Ideen- und Lebenswelt der Aufklärung einfache Entgegensetzungen von Vernunft und Religion, von Fürstenstaat und Menschenrechten verbieten. Eines freilich zeigt auch das Werk dieses pietistisch geprägten, eher konservativen Staatsgelehrten ganz deutlich: Die Jahrzehnte vor der Französischen Revolution waren trotz den noch stabil scheinenden Herrschaftsstrukturen auch im Reich eine Zeit der ideologischen Gärung, mit der bis in den engsten Beraterkreis der Fürsten hinein Ideen Resonanz und Verbreitung fanden, die in letzter Konsequenz zum Ende der alten Ordnung führen mußten.

F.C. v. Moser, 1723 als ältester Sohn des Rechtsgelehrten und Politikberaters Johann Jakob Moser in Stuttgart geboren, führte ihn als Kind die berufliche Tätigkeit seines Vaters über Wien, Stuttgart, Tübingen, Frankfurt/O. in die Herrnhuter Brüdergemeine von Ebersdorf (Voigtland). Er erhielt Unterricht im pietistisch orientierten, als Schule berühmten Kloster Bergen (bei Magdeburg). Nach juristischen (und tlw. anatomischen) Studien (seit 1739 oder 1740) in Jena kam er gleichsam in Begleitung seines Vaters zunächst als Secretär in verschiedene Staatsdienste und machte 1749 beim Landgraf von Hessen-Homburg einen Karrieresprung zum Hofrat. Nachdem er zusammen mit seinem Vater zum erstenmal den Dienst quittiert hatte, beginnt er seine schriftstellerische Tätigkeit, die sich sowohl gegen "die herrschende Freigeisterei" wie gegen die Verlogenheit an den Höfen richtet: Geduldet werde die "lautere und nackende Wahrheit nur noch bey Dichtern und Mahlern". Als 1759 sein Vater wg. Widerstands gegen den württembergischen Hof zu mehrjähriger Festungshaft verurteilt wird, erscheint von ihm "Der Herr und der Diener", eine Schrift, die sich zutiefst gegen fürstliche Willkür auflehnt und dennoch diese Ordnung nicht abschaffen will.

Nach dem endgültigen Ende seiner Laufbahn als "Staatsdiener" blieb ihm die schriftstellerische Tätigkeit, mit der er - weitgehend resigniert - auf die Erfahrungen an den verschiedenen Höfen seiner politischen Laufbahn reflektiert: "Über Regenten, Räthe und Regierung" ist eine neue, grimmige Version seines Fürstenspiegels. Bei aller Klage gegen die Fürsten wg. "mißkannter Treue" oder "verspotteter Grundsätze", entwickelt er nun auch selbstkritische Ideen, die an die Grundfesten des absolutistischen Systems rühren, indem "die Herren", auf den Boden der Normalität gestellt, letztlich systemverändernder Kritik ausgesetzt sind: "Ich hätte mir in meinen verschiedenen Diensten, zumahlen der früheren Jahre manche Last und Mühe , manche Noth und Kummer ersparen ... können, wenn ich mir nicht ein zu großes Ideal von den Rechten und Pflichten eines regierenden Herrn gemacht, ... wenn ich im Fürsten zugleich den Menschen mit allen seinen Schwachheiten, Temperaments-Fehlern und Versuchlichkeiten mehr in Rechnung genommen, wenn ich die Fürsten mehr untereinander verglichen, und den Maasstab nicht nur immer nach den besten genommen hätte, denn selbst die besten, keinen ausgenommen, sind und bleiben nur Menschen, und man lernt ihre Mängel nur um so genauer kennen, je näher man ihnen kommt." (Friedrich Carl v. Moser, Neues patriotisches Archiv für Deutschland II, 1794, S. 341.) Die Konsequenz ist für ihn klar: "Jene ganze Epoke ist zu End, so zu End, daß man dagegen als hie und da über ein und andere Tühre das: *Festina lente,* zu setzen baldige Ursach finden dürfte." Der Zustand der Höfe, an dem immer noch "besoldete Hofredner" das Sagen haben, ist mit dem Denken und so seine - richtige - Prognose bald auch mit der Wirklichkeit des gesellschaftlich-politischen Lebens nicht mehr vereinbar.

Es ist faszinierend zu sehen, wie sich im hier behandelten Zeitraum aus der Entwicklung der Bedeutung und der Verwendung des Gerechtigkeitsbegriffs, von der Funktionalität zur Stabilisierung von fürstlicher Herrschaft über die Kritik am Fürsten fast zwangsläufig die Forderung nach Einführung der Republik ergibt. In den drei hier in den Blick genommenen Jahrhunderten begleitet der Wandel des Gerechtigkeitsverständnisses nicht nur in symptomatischer Weise die Entwicklung des politisch-philosophischen Denkens, sondern hat darüberhinaus selbst Anteil an den politischen Veränderungen. War am Beginn dieses Zeitraums das Verhalten der Privatleute durch Gesetze als den Kristallisationspunkten von Gerechtigkeit geregelt, während die Fürsten als Gesetzgeber nach verbreiteter Meinung über ihnen standen, so ging die Entwicklung über die Forderung, daß auch die Fürsten an die dem Gemeinwohl verpflicheten Gesetze gebunden seien, am Ausgang des 18. Jahrhunderts hin zur Option, daß die Regenten die Verwalter der vom Volk im Sinne des Gemeinwohls und zum Schutz des einzelnen gegebenen Gesetze sein sollten. Schufen am Anfang dieser Zeit die Fürsten Gerechtigkeit durch Sorge für die Religion, so bleibt diese zwar mit unterschiedlichen Akzenten ethischer Maßstab bis in die Aufklärung hinein. Gerechtigkeit soll jedoch, dieses Denken zunehmend überlagernd, immer mehr durch rationale Verfahren, die letztlich auf Naturrecht zurückgehen, erreicht werden.

Der der Frühen Neuzeit eigene Denkprozeß der Säkularisierung hat die Gerechtigkeit als Grundlage staatlichen Handelns nicht beseitigt, nicht einmal abgeschwächt, sondern hat sie zuächst lediglich von ihrem religiösen Hintergrund abgelöst und sie gleichsam auf die neuen Beine von Vernunft und Naturrecht gestellt. Im geschichtlichen Prozeß dieser Zeit wurde die Forderung nach Gerechtigkeit zu einem der wichtigsten Vehikel des politischen Wandels, indem die durch sie begründeten, letztlich menschenrechtlichen Ansprüche unter den Formen absoluter Herrschaft immer weniger zu erfüllen waren. Die Forderung blieb wie ein Stachel im Fleisch und verlor auch nicht an Schärfe, wenn die Mächtigen ihr in Ansätzen nachgaben. Im Gegenteil, der durch sie mitangeschobene Wandel ließ weitere Bereiche der Ungerechtigkeit der alten Herrschaft sichtbar werden und machte sie so zu einer dauernden Antriebskraft.

So ist es nur konsequent, daß Gerechtigkeit mit der Ausbildung des modernen Staates zu dessen entscheidender Legitimationsgrundlage wurde, ohne daß sie dadurch ihre Funktion als Maßstab der Kritik staatlichen Verhaltens verloren hätte. Leibniz formulierte Ende des 17. Jahrhunderts: "La justice establit l'ordre politique". War Gerechtigkeit am Beginn der Frühen Neuzeit Ausdruck des Schutzes des Menschen vor staatlicher (fürstlicher) Willkür, so bedeutet sie am Ende dieses Zeitraums, d.h. am Beginn des modernen Staates, daß das Individuum vom Staat Schutz für seine Rechte erwarten kann. Am Wandel des Verständnisses von Gerechtigkeit läßt sich insofern in besonders eindrucksvoller Weise die philosophische und praktische Entwicklung zum modernen Staat verfolgen. War Gerechtigkeit zunächst noch religiös determinierte moralische Vorgabe, wird sie im Übergang zum modernen Staat Grundlage eines vernunftgemäßen staatsstabilisierenden Verhaltens. Der für diese Untersuchung ausgewählte Literaturtypus Fürstenspiegel als einer politisch orientierten Moral- und Erziehungslehre eignet sich für den Nachvollzug dieser Entwicklung während dieses Zeitraums in besonderer Weise, da er theoretische Reflektion und praktische Anliegen mit der Humanismus und Aufklärung gemeinsamen Annahme verbindet, daß Gerechtigkeit, unter welcher Herrschafts- und Regierungsform auch immer, am ehesten auf dem Weg der Erziehung zu erreichen sei. Vielleicht gehört gerade dieser Literaturtypus zu den Medien, die humanistisches Gedankengut in die Aufklärung transportierten.

Literatur

Berges, Wilhelm, Die Fürstenspiegel des hohen und späten Mittelalters, Stuttgart 1938 (Nachdruck 1952).

Chokier de Surlet, Jean de/ Andreas Heidemann (Übers.), Thesaurus Politicus oder Schatzkammer politischer Aphorismorum, Nürnberg 1624 (lat. Erstausgabe 1610).

Deutsche Encyklopädie oder Allgemeines Real-Wörterbuch aller Künste und Wissenschaften, Bd. XI, Frankfurt 1786, Art. "Gerechtigkeit", S. 815-827.

Erasmus von Rotterdam, Institutio Principis Christiani, 1516.

Friedrich d. Große, Antimachiavell, 1740.

Gail, Anton J., Einführung zu Erasmus, Fürstenerziehung, Paderborn 1968.

Hadot, Pierre, Fürstenspiegel, in: Reallexikon für Antike und Christentum (RAC), 1972, Spalte 555-632.

Hinrichs, Ernst, Fürstenlehre und politisches Handeln im Frankreich Heinrichs IV., Untersuchungen über die politischen Denk- und Handlungsformen im Späthumanismus, Göttingen 1969.

Löhneys, Gerhard Engelhard, Aulico Politica, Remlingen 1624.

Lorichius, Reinhardus, Paedagogia Principum, Das ist ein sehr notwendiges Tractätlein, Frankfurt 1545.

Machiavelli, Niccolo, Il Prinzipe, 1532.

Moser, Friedrich Carl v., Neues patriotisches Archiv für Deutschland II, 1794.

Mühleisen, Hans-Otto, Praktische Politikwissenschaft im vorderösterreichischen Breisgau: Ein Schwarzwälder Antimachiavell des 18. Jahrhunderts, in: Mols, Manfred u.a. (Hg.), Normative und institutionelle Ordnungsprobleme des modernen Staates, FS für Manfred Hättich, Paderborn 1990, S. 162-184.

Ders., Weisheit - Tugend - Macht. Die Spannung von traditioneller Herrschaftsordnung und humanistischer Neubegründung der Politik im Spanien des 17. Jahrhunderts, nachgezeichnet am Beispiel von Andres Mendos Fürstenspiegel "Principe Perfecto", in: Mühleisen, Hans-Otto/Stammen, Theo (Hg.), Politische Tugendlehre und Regierungskunst, Studien zum Fürstenspiegel der Frühen Neuzeit, Tübingen 1990, S. 141-196.

Ders.,/Stammen, Theo (Hg.) Politische Tugendlehre und Regierungskunst, Studien zum Fürstenspiegel der Frühen Neuzeit, Tübingen 1990.

Ders., Die "Schmeicheley" als Topos der älteren politischen Theorie, in: Jäger, Wolfgang/Mühleisen, Hans-Otto/Veen, Hans-Joachim (Hg.), Republik und Dritte Welt, FS für Dieter Oberndörfer, Paderborn 1994, S. 259-277.

Ders., Der Antimachiavell Friedrich d. Gr., in: Hofmann, Wilhelm/Riescher, Gisela/Stammen, Theo (Hg.), Hauptwerke der politischen Theorie, Stuttgart 1997, S. 156-159.

Müller, Rainer A., Die deutschen Fürstenspiegel des 17. Jahrhunderts. Regierungslehren und politische Pädagogik, in: HZ, 1985, S. 571-597.

Münch, Wilhelm, Die Theorie der Fürstenerziehung im Wandel der Jahrhunderte, in: Mitteilungen der Gesellschaft für deutsche Erziehungs- und Schulgeschichte, 1908, Heft 4, S. 249-264.

Ders., Gedanken über Fürstenerziehung aus alter und neuer Zeit, München 1909 (zum 17. Jahrhundert, S. 94-145).

Münkler, Herfried, Machiavelli, Frankfurt 1985.

Pesch, Otto Hermann (Hg.), Humanismus und Reformation - Martin Luther und Erasmus von Rotterdam in den Konflikten ihrer Zeit, München/Zürich 1985.

Singer, Bruno, Die Fürstenspiegel in Deutschland im Zeitalter des Humanismus und der Reformation, München 1981.

Skalweit, Stefan, Das Herrscherbild des 17. Jahrhunderts, in: HZ, 1957, S. 65-80.

Stolleis, Michael, Staatsdenker im 17. und 18. Jahrhundert, Frankfurt/M. 1977.

Többicke, Peter, Höfische Erziehung - Grundsätze und Struktur einer pädagogischen Doktrin des Umgangsverhaltens nach den fürstlichen Erziehungsinstruktionen des 16. bis zum 18. Jahrhundert, Diss. phil. Darmstadt 1983.

Hans Grünberger

Kirchenordnung zwischen göttlicher und äußerlicher Gerechtigkeit*

Die protestantischen Kirchenordnungen der Reformationszeit sind bislang nicht Gegenstand einer politisch-ideengeschichtlichen Untersuchung geworden, und meine Überlegungen hierzu sollen eher auf ein Desiderat aufmerksam machen als daß sie dieses einlösen könnten. So lassen sich die frühen protestantischen Kirchenordnungen in Anlehnung an kirchenrechtliche Problemstellungen daraufhin befragen, ob sie Gesetz kraft obrigkeitlichen Befehls, oder aber Ausdruck eines obrigkeitlichen Liebesdienstes sein können, den die Obrigkeit aufgrund der Bitten und Forderungen seitens der Kirche erfüllt.[1] In der Regel nämlich sind Kirchenordnungen durch die *weltliche* Obrigkeit für Territorium oder Stadt erlassene und promulgierte Ordnungen des Aufbaus und Lebens für die der Reformation zugewandten Kirchenwesen. Mit den Kirchenordnungen und dem Instrument der Visitation sollen Verhaltenserwartungen mit dem Ziel einer Sittenordnung als Institution verstetigt werden, die im Zugriff auf den Lebensstil *aller* die Verstetigung gottwohlgefälligen Verhaltens zu erreichen sucht.[2] Denn allein schon mit Blick auf die *Adressaten* protestantischer Kirchenordnungen ergeben sich erhebliche Differenzen zu den Fürstenspiegeln des Spätmittelalters und der Frühen Neuzeit: Fürstenspiegel, die sich an den Lenker des Gemeinwesens als einzigen Adressaten wenden, haben bereits im mittelalterlichen Europa Verbreitung gefunden. Im Verlaufe der Zeit wird der zunächst fürstliche Adressatenkreis erweitert um die Regierenden, die gleichermaßen Gegenstand und Leser derjenigen Tugenddiskurse werden, deren *propagandum* die im engeren Sinne politischen Tugenden sind und die sich durch die Nähe zur Macht auszeichnen. Dieser überwiegend in Frankreich und Italien zu beobachtenden Entwicklung steht im Römischen Reich Deutscher Nation ein eigener Typus von Diskurs gegenüber, den die deutschen Humanisten stilisiert haben und der durch die Reformatoren radikalisiert wird: Es handelt sich um die Darstellung gemeinschaftsbezogener Sitten in Form eines *Sittenspiegels*. Er unterscheidet sich vom Tugenddiskurs, der die politische Eignung und das Engagement der Bürger für das Gemeinwesen herausstellt, dadurch, daß er den Katalog wünschenswerter Verhaltensweisen über die

* Dem Text liegt ein anläßlich der Wissenschaftlichen Tagung: *„Gerechtigkeit und Politik Ideengeschichtliche Grundrisse"* der Sektion Politische Theorie und Ideengeschichte in der DVPW vom 13.-15. Oktober 1995 in Berlin gehaltenes Referat zugrunde. Die Überlegungen selbst sind im Rahmen eines von der DFG geförderten Forschungsprojekts unter dem Titel „Vom Tugenddiskurs zum Sittenspiegel" (Lehrstuhl Theorie der Politik, Prof. Dr. Herfried Münkler, Institut für Sozialwissenschaften der Philosophischen Fakultät III der Humboldt-Universität zu Berlin) entwickelt worden. Für Anregungen und Kritik danke ich Karsten Fischer, Marcus Llanque und insbesondere Karsten Malowitz.
1 So neuerdings die immerhin anregende Problemstellung bei *Sichelschmidt* 1995, die ihre Fragestellung jedoch streng immanent und das heißt, kirchenrechtlich verhandelt. Vgl. hingegen grundlegend *Berman/Witte* 1989.
2 Erklärungsmuster der Institutionalisierung des protestantischen Sittendiskurses habe ich andernorts dargelegt, vgl. *Grünberger* 1997; dort auch weitere Nachweise.

im engeren Sinn politischen Tugenden hinaus erweitert. Insofern ist der von deutschen Humanisten und Reformatoren gepflegte *Sittendiskurs* von dem auf Fragen der politischen Ordnung zentrierten *Tugenddiskurs* und von dem nur an die im Umkreis der Macht Stehenden gerichteten *Fürstenspiegel* zu unterscheiden, wenngleich es eine Fülle von Berührungspunkten gibt und sich die in der Definition scharfen Grenzen am konkreten Material wieder verwischen. Zu beobachten ist, daß der Rahmen überschritten wird, den der (politische) Tugenddiskurs und mit ihm die Fürstenspiegel vorgegeben hatten. Nicht von Herrschern und ihrer Aufgabe als Vorbildern (*speculum*) für die Beherrschten (die Tugenden des Herrschers sollen repräsentativ sein für sein *regnum*) ist hier die Rede, sondern von der Lebensweise eines 'Gesamtverbandes', der sich als Kirche (*ecclesia*), respektive als Gemeinde definiert und deren Lebensweise es zu ordnen gilt. Es steht somit zu erwarten, daß in der Entwicklung des Sittendiskurses eine Verschiebung der verhandelten Gegenstände zu beobachten ist, die sich mit der Veränderung der Adressaten der Diskurse deckt: Nicht mehr 'nur' von Fürsten und/oder einer politisch aktiven Gruppe von Staatslenkern ist die Rede und nicht mehr nur diese werden angesprochen. Verhandelt werden in zunehmendem Maße die Sitten als Attribute imaginierter Gemeinschaften ohne Ansehen von Stand und Rang. Diese Sitten als Verhaltensordnungen *aller* werden beleuchtet, in Vergleich gesetzt, als reformbedürftig erachtet.

So hat beispielsweise der Humanist und protestantische Jurist Johannes Sleidanus in seinen beiden - nicht gehaltenen aber als Flugschriften weit verbreiteten - großen Reden vor Kaiser und Reich (1540; respektive 1544) das Papsttum zu Rom scharf gegenüber der Sittenstrenge und der gesatzten kirchlich/politischen Ordnung der evangelisch gewordenen '*deutschen Nation*' abgegrenzt : Diese allein, so Sleidanus in seiner *oratio* von 1544, gebe den rechten Regentenspiegel für die zeitgenössischen Fürsten und vorab den Kaiser: „*Neben andern tugenden, so in vilen vorigen Keysern und Kuenigen gerhuemet werden, findet man offt, das sie den guten kuensten und der lere auch geneygt waren, und vorab, das sie sich allerley historien zu erkennen, bemuehet haben, ir regiment und herrschung, dester vorsichtiger und besser auß zu fuehren. So nun solcher fleiß und ernst, auch bey den Heyden gewesen ist, wie vil mer sollen sich alle Christliche Potentaten, yetziger zeit befleissen, gegenwertige sach, an welcher alle unsere wolfart gelegen ist auß der Schrifft gründtlich zu erkennen.*" (Sleidanus 1544: XLIX) Ist also aus der Schrift ein Sittenspiegel für *alle* Regenten zu entnehmen, so lehrt die Schrift durch den Propheten Daniel, wie es um den Niedergang des Papstes und des Papsttums als einem Hof der Laster bestellt ist: „*Ists doch nur eytel fleisch und blut, geytz und hoffart, alles was er dencket und thut.*" und „...*sihet doch E(wre) M(ajestat) mehr dann augenscheinlich, das sie mit dem Bapsttumb keynen nuetzlichen bestendigen rath noch anschlag annemen kan. Es wil ja kein glueck dabei sein.*" (Sleidanus 1544: LI)

Und Sleidanus ist es auch, der in seiner 1556 veröffentlichten Geschichte der religiösen und politischen Verhältnisse zu den Zeiten Karls V (*commentatorium de statu religionis & reipublicae Carolo Quinto Caesare libri vigintisex*) die Ausbildung der evangelischen Kirche und ihrer Institute korrespondierend zur Politik der Landesherrn darstellt und bereits die Ansätze zu dem landesherrlichen Kirchenregiment sieht, die in Deutschland mit der Konkordienformel von 1580 letztendlich 'etabliert' erscheinen.

Die Stützfunktion der äußerlichen Gerechtigkeit in den lutherischen Kirchenordnungen zur Sicherung der reformatio morum

Folgt man nun der als lutherischer Bekenntnisschrift grundlegenden *Confessio Augustana*, sind Kirchenordnungen von Menschen gemacht und dienen Frieden und guter Ordnung in der Kirche und der Gemeinde:

„Doch geschieht Unterricht dabei, daß man die Gewissen nicht damit beschweren soll, als sei solch Ding notig zur Seligkeit. Darüber wird gelehrt daß alle Satzungen und Traditionen von Menschen dazu gemacht, daß man dadurch Gott versuhne und Gnad verdiene, dem Evangelio und der Lehre vom Glauben an Christum entgegen seind" (Confessio Augustana c XV: Von Kirchenordnungen =BSLK: 69-70).

Dagegen werden der Vollzug und die Durchsetzung von Visitation und Kirchenordnung als sogenannte 'Liebesdienste' der christlichen Obrigkeit überantwortet. Die Obrigkeit als Hüterin *äußerlicher Gerechtigkeit* stellt die rechtlichen und ordnungsstiftenden Mittel bereit, ohne die die Kirche nicht wirken kann, die ihrerseits sowohl die Lehre, vermittelt durch die Predigt (*ministerium verbi*), als auch die Verwaltung der Sakramente nach Maßgabe der Verkündigung des Evangeliums und - darin beschlossen - einer göttlichen Gerechtigkeit allein und aufgrund des Glaubens zu ihrem Inhalt hat. Besieht man sich dementsprechend die Kirchenordnungen und ihre Instrumente, so gewinnt der Aspekt der äußerlichen Gerechtigkeit den Vorrang gegenüber der göttlichen Gerechtigkeit, die durch jene beschirmt werden soll.

Die äußerliche Gerechtigkeit hat der göttlichen Gerechtigkeit auf Erden insoweit zum Durchbruch zu verhelfen, als sie Kirchenzucht in eine allgemein verbindlich zu machende Sittenzucht zu transformieren sucht und somit einen Prozeß der Sozialdisziplinierung ingang setzt, der sich dadurch mehr und mehr in die Sphäre des weltlichen Regiments verlagert. Medien der Vermittlung beider Systeme der Gerechtigkeiten aber sind Kirchenordnungen und Visitationen.

Zunächst seien einige durchgängige Merkmale der (überwiegend lutherischen) Kirchenordnungen annotiert:

Für das 'Luthertum' *ohne und nach* Luther, wie es sich schließlich mit der Besiegelung der selbst als Bekenntnisschrift verpflichtend gewordenen *Formula Concordiae* (Konkordienformel) 1580 darstellt, ist ein vorrangiges Organisationsmerkmal die überwiegend landesherrlich verfaßte Kirche mit den Instrumenten der Visitation, des Konsistoriums und der Superattendentur als Kontrollorganen mit dem Landesherrn als *'summus episcopus'*. Die Kirchenordnungen vermitteln für die Epoche, die der vereinheitlichenden *Orthodoxie* der Glaubensinhalte und *Orthopraxie* des Kults vorausgeht, einen Einblick in den Variantenreichtum reformatorischer Ordnungsvorstellungen für Städte und Territorialfürstentümer und konzentrieren sich auf die Darstellung der Kontrollorgane der Kirchengemeinde und ihres Lebens. Nicht selten bilden sie Teilstücke einer umfassenden Landes- und *Polizey*ordnung und unterscheiden in ihren Gegenständen gemäß den Vorgaben von Orthodoxie und Orthopraxie nach Glaubensdingen und Liturgie: *credenda et agenda*. Unter die *credenda* werden die Glaubensinhalte, die kirchliche Lehre und ihre Verkündigung im engeren Sinne subsumiert. Die *agenda* hingegen umfassen vor allem die Fragen der Armenfürsorge im Rahmen des *gemeinen Kastens*, sodann der Schulordnung und Bestallung der Gemeinde- und Kirchenämter. Zentral für die *agenda* als Handlungsanweisungen wird jedoch die allgemeine Sittenzucht mit ihrer Gerichtsbarkeit: dem Ehegericht und dem Konsistorium die über die Kirchenzuchtsvergehen betreffs der *credenda*, betreffs der *agenda* über die Verfehlungen der Sittenzucht, urteilt und entscheidet.

Maßgebend für die Kirchenordnungen ist *erstens* die bereits von Luther und Melanchthon programmatisch im *Unterricht der Visitatorn* festgehaltene paulinische Ordnungsvorgabe aus 1. Korinther 14: 40: *„Wie Sankt Paulus spricht ynn der ersten zun Corinthern am vierzehnden. Es soll alles ordentlich ynn der kirchen geschehen"* (MLStA Bd.3: 440, Z 13-15). Während es Paulus im Zusammenhang um eine Ordnung des *'Zungenredens'* und Predigens in der Gemeinde geht, wonach nicht alle zugleich reden sollen, erfährt diese Textstelle in den Kirchenordnungen eine Ausweitung auf *Zucht und Ordnung* in der Gemeinde überhaupt und wird die biblische Referenz zur Rechtfertigung der Kirchenordnung schlechthin - und damit für die theologische Zulässigkeit der Verrechtlichung des Gemeindelebens. Die Topoi der *euschemosyne (Zucht)* und *taxis (Ordnung)* des paulinischen Originaltextes werden denn auch im Fortlauf der Ausweitung der Kirchenordnungen und ihrer Stellung im landesherrlichen Regiment zunehmend extensiv interpretiert (Vgl. z.B. *Sehling* (Hrsg) VIII/1: KO Kurhessen (Marburg) 1566 :180sqq.). Billig und recht sind die Ordnungen, insofern sie dem Frieden in der Gemeinde und der Erleichterung des Gewissens zu dienen vermögen, so Melanchthon in seinen *loci praecipui* (MStA II/2: 781 Z 25-31) zur Rechtfertigung kirchlicher Ordnung, die um eine *publica tranquillitas* in Anlehnung an 1. Korinther 14 bemüht zu sein habe. Diese Wahrung der Ordnung in geistlichen und weltlichen Dingen wird in den frühen Kirchenordnungen mitunter mit dem Zorn Gottes und damit endzeitlich begründet: Nicht nur *der* Türke, respektive die siegreichen Heiden, drohen als Rute und Rache Gottes und seiner Gerechtigkeit, sondern selbst die kaiserlich-katholische Politik und die Drohung mit einem sogenannten Religionskrieg dient als Erklärung dafür, daß die Zustände des kirchlichen und öffentlichen Lebens zugleich den gerechten Zorn Gottes provozieren. Das endzeitliche Motiv der Drohung mit dem Gericht Gottes weicht jedoch zunehmend dem Entwurf der obrigkeitlichen Stellvertretung Gottes durch den Landesherrn, der selbst Gestalt und Funktion der Rute Gottes annimmt und immer auf die mögliche, jedoch gleichsam vertagte Endzeit vorbereitet zu sein hat.

Zweitens deckt der Geltungsbereich der Ordnung sich mit den Grenzen des politischen Territoriums. Und die Geltung wird mittels des weltlichen Arms zumindest forciert, werden doch die Kirchenordnungen nicht nur unter diesem Namen, sondern auch als obrigkeitlich verfügte Religionsmandate, Instruktionen und nicht zuletzt auch als Schulordnungen promulgiert. Als Adressaten gelten hier nicht nur die Amtsleute und Pfarrer, denen die jeweiligen Kirchenordnungen ein Verfahrens- und Kontrollinstrument sein sollten, sondern zumal bei den städtischen Ordnungen der *christliche Leser* überhaupt. Damit aber wird die Grenze, die bezüglich der Sitten- und Tugendlehre durch die Fürsten- oder Regentenspiegel gezogen würde, gesprengt und ein erster Ansatz zu einer für *alle* gültigen Satzung unternommen.

Drittens gilt für das Handeln der Kontrollorgane der Inhalt der Sittendiskurse, die ihrerseits zunehmend feste Formen annehmen und ihre Wirkung durch Indoktrination der Untertanen, respektive der Gemeindeglieder erreichen sollen. Indoktrination aber reicht wohl nicht hin, und die Frage stellt sich alsbald, ob Visitation und Sittenzucht ersetzen müssen, was Indoktrination zu leisten nicht imstande ist (Vgl. *Manfred Schulze* 1991: 5). Mit Heinz Schilling läßt sich die Entwicklung sowohl des Geltungsbereichs der Ordnung als auch der Straffung und Konzentration der Lebensführung als Konfessionalisierung kennzeichnen: Die Konfessionalisierung mit ihren Folgen neuzeitlicher Sozialdisziplinierung „erweist sich unter diesem Aspekt als ein förderndes Element innerhalb des Umwandlungsprozesses der mittelalterlichen Landeshoheit in frühmoderne Staatlichkeit samt der damit einhergehenden Herausbildung einer Untertanengesellschaft" (*Schilling* 1981: 36; analog 1988: 6).

Wie aber kommt es dazu, daß der weltlichen Obrigkeit und der durch sie umzusetzenden *iustitia civilis* die Aufgabe zukommt, die Sphäre der *ecclesia visibilis* nicht nur zu ordnen und zu regeln, sondern auch zu kontrollieren, wenn doch die Kirchenordnungen selbst *keine* Gesetzesqualität haben sollen, wie Luther und Melanchthon in ihrer Vorrede zum *Unterricht der Visitatorn* (1528) programmatisch notieren, nicht zuletzt, um sich vom Gesetzescharakter des römischen Kirchenrechts abzugrenzen: *„ Und wie wol wir solchs nicht als strenge gebot konnen lassen ausgehen, auff das wir nicht newe Bepstliche Decretales auffwerfen, sondern als eine historien odder geschicht, dazu als ein zeugnis und bekenntnis unseres glaubens"* (MLStA 3:413 -414). Während - zumindest formal - die der lutherischen Neuordnung faktisch vorausgehende Zürcher Reformation auf stadtgemeindlicher Basis der Disputation sich bedient und ein durch gemeinsame Beratung ermitteltes *bonum commune* anvisiert, wird eben dieses Gemeinwohl in den streng monarchisch verfaßten Territorialfürstentümern landesherrlich definiert und das Interesse des Fürsten mit dem Gemeinwohl seiner Untertanen in Einklang zu bringen versucht. Der Fürst als eine von Gott in Verantwortung gegenüber Gesetz und Evangelium gesetzte *Oberkeit* hat seinen Untertanen Schutz und Trutz zu gewähren. Hierzu zählt auch und in besonderem Maße die Durchsetzung einer Kirchen- und Sittenzucht, wie Luther dies in seiner als Fürstenspiegel für Kurfürst Johann von Sachsen (1533/34) zu lesenden Auslegung des 101. Psalms zur Pflicht der Obrigkeit am Beispiele Davids deutlich gemacht hat:

„Aber der liebe David ist hoch begabt und solch ein theurer, sonderlicher Held, das er nicht allein unschuldig ist aller lügen und mord, die irgent geschehen weren oder moechten in seinem Reich, Sondern setzt sich auch wider solche lügner und moerder, wil sie nicht leiden, wehret mit aller macht, das sie weichen müssen. Ah, welch einen grossen hauffen falscher lerer abgoettischer ketzer hat er müssen vertreiben oder ihe also das maul stopffen, das sie nicht haben durffen mucken, noch sich regen. Dagegen

hat er allen fromen, trewen, rechten lerern nicht allein erleubt raum, freiheit, fried, schutz, schirm und unterhaltung gegeben, sondern allenthalben her fur gesucht gefoddert, berufen und befolhen das wort gotte rein und lauter zu predigen (...) da er selbs allen Gottesdienst so fleissig stifftet ordend und bestellet, selber Psalmen macht, darin er inen furbildet, wie sie leren und Gott loben sollen" (Luther, WA 51: 234: Z 12-25). Entsprechend diesen Leistungen und Pflichten seitens des Fürsten haben die Untertanen der Obrigkeit Gehorsam und Ehrerbietung zu leisten. Dabei unterscheiden die Kirchenordnungen die Aufgaben der Obrigkeit bezüglich ihres Wächteramtes, der *custodia utriusque tabulae* des Dekalogs, wie Philipp Melanchthon, der 'Systematiker', sie in seinen *loci praecipui*[3] gebündelt hat.

Die *erste Tafel* umfaßt die ersten drei Gebote des Dekalogs. Sie gilt der *cura religionis* im eigentlichen Sinne und bezieht sich auf Gott und seine Verehrung und den Umgang der christlichen Gemeinde mit ihm. Gegenstand der *cura religionis* ist die Sicherung der Verkündigung des Evangeliums und der Verwaltung der Sakramente. In dieser Tafel ist zugleich die Verkündigung der göttlichen Gerechtigkeit enthalten, die durch Werkgerechtigkeit nicht erreichbar ist und sich somit nur den Christen, der *sanctorum communio* eröffnet. Somit obliegt es der Obrigkeit in ihrer Eigenschaft als *membrum praecipuum ecclesiae*, das heißt als dem vornehmsten und vornehmlichen Glied der christlichen Gemeinde, gleichsam die Rahmenbedingungen von Kirche und Gemeinde zu sichern, ohne selbst in Glaubensdinge und damit in die Sphäre des Inhalts göttlicher Gerechtigkeit einzugreifen. Also kann man von zwei Hauptpflichten der Obrigkeit ausgehen: einerseits obliegt ihr die positive Religionspflege und andererseits die Abhilfe der Mißstände im öffentlichen Religionswesen im Lande.[4] Zum Medium für die Aufhebung der Mißstände wird hierbei die *Visitation*.

Die *zweite Tafel* des Gesetzes hingegen gilt dem Verkehr, dem Umgang der Menschen untereinander. Die Gebote und Verbote der zweiten Tafel des Gesetzes haben die Qualität universalgeltenden Naturrechts und sind für alle Menschen, ob Christ oder Nichtchrist, verbindlich. Sie regeln die Ordnung äußerlicher Gerechtigkeit. Und so sind es vor allem die Teile der immer auch politisch verstandenen Kirchenordnungen, die der *zweiten Tafel* des Gesetzes (sc. Gottes) gewidmet sind, welche entlang den Geboten IV - X des Dekalogs die soziale Ordnung der christlichen Gemeinde definieren und die Vorgaben für die Obrigkeit hinsichtlich einer *salus publica* formulieren. Dabei kann in nahezu allen Kirchenordnungen beobachtet werden, daß die extensiven Erörterungen des ersten Gebotes der Zweiten Tafel, die *societas politica* im engeren Sinne definieren, zumal dann, wenn sie einen Katechismus integriert haben, um die Vereinheitlichung der christlichen Lehre und Sittenzucht festzuschreiben. Dieses vierte Gebot, welches Liebe und Gehorsam den Eltern gegenüber vorschreibt, wird auf das politische Leben schlechthin übertragen: *"Non enim dicit prima Lex (sc. secundae tabulae): quaere solitudinem, tuas voluptates, facito tibi otium, sed inquit: Honora patrem et matrem, sancit*

---

3 MStA II/1: loci praecipui (1559) *expositio decalogi*, hier: 314-315 und 331-332.
4 Hier folge ich *Johannes Heckel*: Die cura religionis des evangelischen Fürsten; in: Heckel 1973: 308ff.

imperia et obedientiam" *(*MStA II/1: 333: Z 30-34). Diese Einklagung von Liebe gegenüber der Obrigkeit erklärt sich daraus, daß die Kirchenordnungen lutherischer Observanz in Anlehnung an Luthers Interpretation des vierten Gebots in seinem *Großen Katechismus* vom Entwurf der Obrigkeit als einem *Vaterstand* ausgehen.[5]
Bezogen auf die Scheidung einer äußerlichen Gerechtigkeit von der christlichen Gerechtigkeit gilt hier, daß die Obrigkeit in Wahrnehmung ihres Amtes die *iustitia civilis* zu üben hat, die sich von der Gerechtigkeit Gottes unterscheidet: Ist doch gemäß Römer 1:17, wie Luther in seinem *sermo de duplici iustitia* (1519) entwickelt, die Gerechtigkeit Gottes *(iustitia dei sive aliena)* nur durch das Evangelium geoffenbart und lebt der Gerechte aus dem Glauben.[6] Insoweit als sie dem Menschen fremd ist, da sie im Sinne einer Werkgerechtigkeit also der *iustitia propria,* nicht erreichbar ist, gilt sie denn als eine *iustitia aliena.* Die zweite Gerechtigkeit in diesem *sermon* hingegen, eben die *iustitia propria,* ist als Frucht der ersten zu sehen und vollzieht sich in den christlichen Tugenden und der Einhaltung des Dekalogs im Glauben an die Rechtfertigung allein durch den Glauben. Sehe ich recht, so wird damit, Gerechtigkeit als eine *personale* Tugend interpretiert. Dennoch bleibt die Frage, inwieweit es recht und möglich sei, die Bösen zu strafen, die Gerechten zu verteidigen und den Gesetzesbrechern Einhalt zu gebieten. Hierfür tritt die Unterscheidung der *homines publici versus homines privati* inkraft: Den Amtleuten *(homines publici)* obliegt die Notwendigkeit, die weltliche Gerechtigkeit mit der die Lehre der göttlichen Gerechtigkeit verteidigt werden kann und soll, durchzusetzen und damit auch, zu strafen und zu richten.[7]
Die für die Systematik der Kirchenordnungen entscheidenden Gerechtigkeitsvorstellungen finden sich jedoch schärfer (und auf deutsch) formuliert in Luthers Traktat *Ob Kriegsleute auch in seligem Stande sein können*, in dem er seine Unterscheidung zwischen einer göttlichen und einer *eusserlichen*, das heißt weltlichen Gerechtigkeit trifft:
„Auffs ander bedinge ich hie, das ich auff dismal nicht rede von der gerechtickeit die fur Gott frume person macht/Denn daselbige thut alleine der glaube an Jhesum Christum, on all unser werck und verdienst aus lauter Gottes gnaden geschenckt und gegeben (...).Sondern ich rede hie von der eusserlichen gerechtickeit, die ynn den ampten und werken stehet und gehet."[8] Während nun die christliche Gerechtigkeit nur durch das Wort und ohne das Schwert verkündet werden kann, und sie als solche nicht dem weltlichen Regiment zugänglich, auch nicht erreichbar ist, obliegt eben dem weltlichen Regiment die Wahrung der äußerlichen Gerechtigkeit, der *iustitia civilis: „Das ander ist*

---

5 Vgl. Großer Katechismus in:BSLK: 586-605 (596-599). Analog: MLStA 3: Von weltlicher Oberkeit Dritter Teyll = 62-63 Z 10-15.

6 „Ideo appellat eam Apostolus iustitiam dei ad Romanos: i. Iustitia dei revelatur in Evangelio sicut scriptum est Iustus ex fide vivit." (MLStA 1: 222 Z 12-14).

7 MLStA 1 (sermo de duplici iustitia 1519): 226 Z 39-227 Z 1-5: „Sunt enim homines vel publici vel privati, ad eos qui sunt publici, idest in officio dei constituti, et in praesidentia, nihil pertinent ea, quae dicta sunt, ad ipsos enim ex officio et necessitate pertinet punire et iudicare malos, vindicare et defendere oppressos, quia non ipsi sed deus hoc facit, cuius sunt in hoc ipso servi." (folgt Rekurs auf Römer cap. xiii).

8 MLStA 3 (Ob Kriegsleute auch in seligem Stande sein können) 362 Z 9-15.

ein weltlich regiment durchs schwerd, auff das die ienigen, so durchs wort nicht wolen frum und gerecht werden zum ewigen leben, dennoch durch solch weltlich regiment gedrungen werden, frum und gerecht zu sein fuer der welt. (...) Und wie wol er der selbigen gerechtigkeit nicht wil lonen mit dem ewigen leben, so wil er sie dennoch haben, auff das friede unter den menschen erhalten werden, und belonet sie mit zeytlichem gute".[9] Gemäß Luthers Definition der beiden Gerechtigkeiten, die seiner Regimentenlehre korrespondiert, ist Gott selbst aller beider Gerechtigkeiten Stifter. Und hierin erscheint die äußerliche Gerechtigkeit, wenngleich selbst unvollkommen und fehlerhaft (*iustitia vitiosa*), als Instrument, die Chance der Verkündigung der christlichen Gerechtigkeit aus dem Evangelium zu eröffnen.

Derart verfahren auch die Kirchenordnungen, indem sie für den geistlichen Bereich, im Bereich der Verkündigung als Sanktion lediglich die Vermahnung und den zeitlich beschränkten Bann anerkennen. Indem aber Visitation und Kirchenordnung nur durch die weltliche Obrigkeit inkraft gesetzt werden können, und der Obrigkeit in zunehmenden Maße das Amt des Notepiskopats zuwächst, welches schließlich zu einem Amt auf Dauer gestaltet wird, können weltliche Sanktionen über die Verfehlungen innerhalb der Kirchenzucht als einer allgemeinen Sittenzucht verhängt werden.[10]

Die Entstehung des als einem zentralen Institut aufgefaßten landesherrlichen Kirchenregiments im Sinne des später bedeutsam werdenden Summepiskopats und seiner Kontrollorgane ist in der politischen Theologie Luthers selbst noch nicht angelegt. Luthers Interesse an einer sofortigen und umfassenden Neuordnung der Gemeinden ist gering gewesen. Bestimmt wird sein eigenes Interesse zunächst allein von der ausschließlichen Verkündigung des Wortes als Aufgabe eines allgemeinen Priestertums und seine Zentrierung im *ministerium verbi*. Entsprechend dem Vorrang des Dienstes am Wort haben Institutionen und Zeremonien in Institutionen für ihn einen geringen Stellenwert, so daß er gar von der Möglichkeit einer Pluralität von Ordnungen ausgehen kann. Leitfaden der Äußerungen Luthers in der Frühzeit der Reformation (bis ca. 1522) ist sein theologischer Anspruch, dem politische Erwägungen untergeordnet werden.

Das ändert sich erst unter dem Eindruck der Bauernkriege und den als *Schwärmern* bezeichneten Wiedertäufern, die es für Luther und vor allem Melanchthon zwingend erscheinen lassen, nicht mehr der Kraft des Wortes allein zu vertrauen, sondern Ansätze zu einer Ordnung zu unternehmen, die den Weg von einer *ecclesia invisibilis* zur *eccle-*

---

9 MLStA 3: 368: Z 3-18. Es sei an dieser Stelle als *caveat* darauf hingewiesen, daß die Entfaltung der Idee der Gerechtigkeit in der Theologie Luthers mit den von mir gegebenen Hinweisen keinesfalls erschöpft ist, wie allein schon die großen Kommentare zu den Paulusbriefen (Römer, Galater und 1. Korinther) erhellen.

10 Der Typus der Kirchenordnungen und der zunehmenden Organisierung der Kirchenzucht, wofür die Visitation am Anfang dieses Prozesses steht, bedürfen einer Untersuchung, die sich den Sittendiskurs zur Vorlage nimmt, wie er sich aus dem humanistischen Tugenddiskurs zum Entwurf der *reformatio morum* entwickelt hat. Dieser reformatorische Sittendiskurs, der die gesamte Gemeinschaft erreichen und verändern will, muß sich aber auf Einrichtungen stützen, um überhaupt wirksam werden zu können. Ihnen korrespondieren Visitations- und Kirchenzuchtordnungen, die Aufschluß geben über die Durchsetzung des vorerst nur durch das Wort gelehrten 'Sittencodex', der selbst zunehmend die Form des verbindlichen Katechismus annimmt.

sia visibilis, also einer sichtbaren Ordnung vorzeichnen. Der langwierige Diskurs zwischen Luther, Melanchthon und Bugenhagen mit dem Landesherrn zeitigt die Forderung nach dem *Notepiskopat,* das der Fürst zum Schutze der Gemeinde auszuüben habe und die *Instruction* für eine Visitationsordnung, die Kurfürst Johann erläßt, um die von Melanchthon ausgearbeitete Visitationsordnung, den *Unterricht für die visitatorn,* für sein Territorium verbindlich zu machen (1527/1528).

Denn um die Visitationsordnung durchzusetzen, bedarf es, zumal nach der Auffassung Melanchthons, der obrigkeitlichen Gewalt. Mittels ihres 'formularen' Instruments der *Instruction,* respektive der *Abfertigung* hat sie die von Theologen konzipierten Ordnungen inkraft zu setzen. Die Obrigkeit bestallt mittels der *Instruction* die zur Visitation im Sinne der *vocatio* berufenen Theologen. Die Obrigkeit übt durch die zum Vollzug der Visitation berufenen Theologen die Funktion eines *Notepiskopats* aus. Das Institut des Notepiskopats zeichnet sich in der Vorstellung Luthers und Melanchthons vor allem durch zwei Kriterien aus: Es führt den Begriff des *episcopus* im gleichsam streng philologischen Sinne eines epi-skopein: Es ist ein Wächteramt im Sinne eines Hirtenamtes und steht in seiner Wachsamkeit in schroffem Gegensatz zum pfründenorientiert gewordenen Bischofsamt der Papstkirche, das zudem geistliches und weltliches Schwert vermengt. Dann aber gilt: Es ist ein Amt, das an die Stelle der nun fehlenden bischöflichen Jurisdiktion tritt und eine Funktion von nur zeitweiliger Dauer übernimmt, insofern es durch die - hervorragend erforschten - Umstände erzwungen ist, als da sind: Unwirksamkeit der Predigt, Schwärmertum und aufrührerische Rotten, mangelndes 'Personal' in den Gemeinden und Unzuverlässigkeit der Prediger des Evangeliums. Das Notepiskopat ist mithin ein Amt, das sich einem *status necessitatis* verdankt. Denn ohne Hilfe des Landesherrn ist die Reformation nicht zu bewerkstelligen, aber dem Landesherrn wird in der politischen Theologie Luthers *nicht* das Kirchenregiment zugesprochen. Zugleich auch muß die landesherrlich verfügte Visitation lutherischer Observanz unterschieden werden vom mittelalterlichen Instrument der Visitation, die - eingebunden in die Hierarchie der römischen Kirche - rechtsverbindliche Anordnungen zum Resultat hat und zudem zu einem Strafverfahren im Sinne eines Inquisitionsverfahrens sich gewandelt hatte (*Honecker* 1972: 340-341). Die Distanz zu einem permanenten, hierarchisch verankerten, Episkopat ist in der Frühzeit der lutherischen Reformation nicht nur der Abgrenzung gegenüber der Kirche Roms geschuldet, sondern die Übertragung des Notepiskopats auf den weltlichen Fürsten wirft weitreichende Probleme hinsichtlich der Trennung von geistlichem und weltlichem Amt auf, die der sogenannten 'Zwei-Reiche-Lehre' Luthers zugrunde liegen. Wenn man mit Gerhard Ebeling und Heiko A. Oberman festhält (*Ebeling* 1964: 219-238; *Oberman* 1979[2]: passim), daß die Unterscheidung von geistlichem und weltlichem Schwert angesichts Gottes respektive angesichts der Menschen (*coram Deo versus coram hominibus*) als Rollenanforderungskonflikt in der *einen* Person des Christen zu interpretieren ist, dann ergibt sich, daß Luther und Melanchthon ihre Forderung an den Kurfürsten, eine Visitationsordnung kraft weltlichen Amtes, aber in der Eigenschaft als *membrum praecipuum ecclesiae* (vornehmliches Glied der Gemeinde) zu erlassen, als sogenannten 'Liebesdienst' auffaßten. Der Kurfürst als vornehmliches

Glied der Gemeinde hat hier stützend einzugreifen und wirkt nur darin als 'Notbischof'. Dieses Konstrukt des fürstlich-christlichen Liebesdienstes drückt eindeutig eine Distanz gegenüber dauerhaften obrigkeitlichen Eingriffen in die entstehenden Gemeinde- und Kirchenordnungen aus. Es läßt sich jedoch beobachten, daß diese Distanz im Laufe der Zeit bis 1580 abnimmt. Mit Oberman läßt sich die Forschungshypothese aufstellen, daß aus dem Notepiskopat ein Summepiskopat und aus dem Landesvater der Souverän über die weltliche wie auch geistliche Gewalt wird. Dem kommt entgegen, daß die Landesfürsten in der lutherischen Konzeption des *membrum praecipuum ecclesiae* als auch der *custodia utriusque tabulae*, also des Wächteramts über die beiden Tafeln des Gesetzes (Dekalog) ihre Stichworte finden, Ordnung und Frieden aufrechtzuerhalten und in erstrebter Autonomie von Kaiser und Rom auch über die kirchlichen Belange in ihrem Territorium zu bestimmen. In Verbindung mit dem schließlich 'auf Dauer gestellten', von Luther ursprünglich nur als befristet erbetenen 'Notepiskopat' nimmt der Landesfürst infolge der durch die Kirchenordnung fundierten Visitationspraxis die Gestalt und Funktion des *summus episcopus* an, der nicht nur in weltlichen, sondern auch in geistlichen Belangen Gehorsam für sich beanspruchen kann, wodurch jede Form von Widerstand zur Auflehnung gegen die Ordnung Gottes wird (*Münkler* 1993: 617). Denn eine Reform der Kirche im Sinne einer autonomen, von Rom weitgehend unabhängigen Landeskirche ist seit den Konflikten über die *gravamina Germaniae nationis*, mithin seit Anfang des 15. Jahrhunderts politisches Ansinnen der Fürsten, das durch die theologisch bestimmte Reformation entscheidend potenziert wird (*Manfred Schulze* 1991: 13-45), so daß bezüglich der politischen Voraussetzungen der sich entwickelnden evangelischen Kirchenverfassung gelten kann, daß sie auf (tendenziell) nationalstaatlicher, territorialer und/oder stadtstaatlicher Grundlage erwachsen ist, und ihre Voraussetzungen im Landeskirchentum des Spätmittelalters hat. Medien der Entwicklung werden die Kirchenordnungen und das aus ihr abgeleitete Durchsetzungsinstrument der Visitation, die im Falle der 'Fürstenreformation' zur landesherrlichen Verfügung gerinnen und insofern zu politisch angeleiteten Institutionen werden, als sie mit dem Aufkommen einer strafferen Obrigkeit verbunden sind. Entgegen den ursprünglichen Absichten Luthers, der nicht den 'anonymen Staat', sondern die Person des christlichen Fürsten im Blick hat, wenn er über die Konstruktion des Notepiskopats die weltliche Autorität in Anspruch zu nehmen trachtet, wird das Notepiskopat sehr rasch zum festen Bestandteil landesfürstlicher Herrschaftsausübung. Hans-Walter Krumwiede stellt anhand der kursächsischen und braunschweigischen Kirchenordnungen drei dominierende Tendenzen in der Ausgestaltung der durch Visitationen bestimmten Kirchenordnungen fest:

Erstens wandelt sich die Gewichtung der Argumentationen: Das theologisch bestimmte Argument, welches auf Distanz zum politischen Zugriff der Obrigkeit Wert legt, weicht zugunsten der Rechtfertigung eines 'unbekümmerten landesherrlichen Kirchenregiments'. Theologische Argumente und Erwägungen treten gegenüber dem politischen Primat der Obrigkeit zurück. Das Summepiskopat, in dem der Landesherr persönlich den Vorsitz in der neu geschaffenen zentralen Institution des *Konsistoriums* als kirchenpolitischem Kontrollorgan einnimmt, gewinnt die Oberhand.

Zweitens weist der Weg der Visitationsordnungen als Kontrollordnungen auf die *kirchenbildende* Kraft der Visitation als Institution hin. Krumwiede nimmt in der Visitation gleichsam eine 'institutionelle Keimzelle' der späteren evangelischen *Kirche* an. Die Visitation als Institut findet ihrerseits ihre Grundlegung in der Komplementarität von Religionssystem und obrigkeitlich verfaßtem politischen System darin, daß sie sowohl durch die politische Instruktion einer *Anweisung* respektive *Abfertigung* als Bestallung wie auch durch die *theologische* Unterweisung (*'Unterricht für die Visitatorn'*) ihre auf Dauer gestellte Funktion erhält. Die Visitationen, wie immer es um ihren Erfolg im Detail aussehen mag, befördern durch ihren kontrollierenden Aufsichtscharakter die Professionalisierung der Pfarrer, der Künder des Wortes, und lassen das ursprüngliche theologische Argument des allgemeinen Priestertums organisatorisch verschwinden: Kirche und Konfession bilden sich aus und die sich etablierenden Konfessionskirchen bedienen sich schließlich mit 'eiserner Konsequenz' der Visitationen, um die Gemeinden von „personal und geistig-theologisch formierten und von 'haeretischen' oder auch nur vorkonfessionell 'unzuverlässigen' Elementen" zu reinigen (*Schilling* 1988: 30 -31). Wie die *Instruction* Johann Wilhelms von Sachsen vom 31. Oktober 1569 eindringlich zeigt, sieht sich der Landesherr letztendlich als Stellvertreter des *lieben Gottes*, den er um eine rechte Ordnung in seinem Lande bittet, die es mittels der Visitation durchzusetzen gilt. Denn neben einem allgemeinen Sittenverfall in seinen Landen beobachtet der Landesherr das Eindringen von Schwärmern und Sekten, und, bedingt durch das Interim von 1548 und seinen Folgen, die Korruption der wahren Lehre. Diesen Einflüssen gilt es Einhalt zu gebieten und sie sollen mittels der landesherrlich verfügten Visitation *abgewandt und ausgefegt* werden mit dem Ziel von Friede, Ruhe Einigkeit und *guter disciplin,* wofür der Landesherr den *lieben Gott* um Gnade und Gelingen bittet. An die Stelle des Evangeliums, das ehedem das 'Gesetz' aufzuheben hatte, tritt nunmehr die Sicherung der evangelischen Kirche durch das Gesetz (*Sehling* (Hrsg) Bd. I:242-a-b).

Drittens aber werden Visitationsordnungen durch ihre Vielfalt und Verbreitung in ihrer Schriftlichkeit (Visitationsprotokolle) zu einem Reproduktionsfaktor sich verstetigender Kirchlichkeit. Kirchenrechtlich betrachtet gehen die Visitationen den Kirchenordnungen als gesatzter Ordnung voraus. Kraft des Instituts der *Instruction* oder *Abfertigung* werden Theologen seitens des Landesherrn zur Visitation ermächtigt, die einer Autorität bedarf, um sie zu veranlassen. Damit bilden die Visitationen die Grundlage des landesherrlichen Kirchenwesens, sind es doch die Ergebnisse der jeweiligen Überprüfungsverfahren, die dann in die spätere Rechtsetzung einer Kirchenordnung eingehen. Kirche als Organisation schält sich somit durch das Medium der Kirchenordnungen heraus und der ursprüngliche Glauben gerinnt zur evangelischen Kirchlichkeit als Konfession. Und diese Kirchlichkeit wird durch die der Kirchenordnung vorausgehende und schließlich selbst verrechtlichte Visitation insofern befördert, als sie sowohl durch Maßnahmen der Vermahnung und des Rapports der Zustände in den jeweiligen Gemeinden an die Obrigkeit als auch - und anfangs insbesondere - durch Prüfungen der Pfarrer in Fragen des Glaubens und der Verkündigung gekennzeichnet sind. Hierin gewinnen die Abschnitte über die Sittenordnungen breiten Raum, und ab 1529 beginnt man, sich des kleinen Katechismus Luthers, der als ein zur Form geronnener Diskurs verstanden werden kann, als Leitfaden zu bedienen. Denn Zweifel an der ausschließlichen Wirksamkeit des Wortes treten unter den Anhängern Luthers oftmals schon vor Luthers eigener Bedenkenbildung auf (*Brecht* 1992: 401 - 402), und die relative kirchenordnungspolitische Gelassenheit Luthers wird von den zahlreichen Verfassern von Kirchenordnungen nicht geteilt. Die Kirchenordnungen als Literaturgattung thematisieren nicht nur die Inhalte der Visitationen, sondern erörtern zunehmend stärker das Verhältnis der Gemeinden zur Obrigkeit. [11]

So kommt es mit Ausbildung zahlreicher Gemeinden vor allem nach Luthers Tod und nach dem Interim zur verstärkt landesherrlich induzierten Einrichtung von kirchlichen 'Zentralorganen', vornehmlich der Superattendenturen und der Konsistorien. Obliegt den Superattendenten die laufende Überprüfung und Supervision der ihnen unterstellten Pfarrer, deren Amt das Profil einer Profession gewinnt, so kommt den Konsistorien, deren Vorsitz bevorzugt der Landesherr selbst einnimmt, neben Berufungsfragen vor allem die Überwachung der allgemeinen Sittlichkeit zu. Nicht nur überwachen die

---

11 Insoweit ist der klassische Text einer frühen Visitationsordnung: der *Unterricht für die Visitatorn* von Luther und Melanchthon 1527/28 aufschlußreich, da er als Ergebnis früherer Visitationsversuche gelesen werden kann. So zeichnen sich bereits frühere, daraufhin noch nicht untersuchte Ordnungsentwürfe des Eberlin von Günzburg, sowie des Johannes Brenz für Schwäbisch Hall (1525), dann aber auch später für Herzog Ulrich von Württemberg (nach 1535) durch starke Appelle an ein ordnungspolitisches Eingreifen des weltlichen Arms in die Gemeinden bei Fragen der Sittenzucht aus (*Brecht* 1967; 1969, *Schlaich* 1984: 365 - 366). Eberlin von Günzburg entwickelt in seinem *X. bundtgnoß* Statuten zur Regelung des geistlich/kirchlichen Lebens, denen er im *XI. bundtgnoß* „ein newe ordnung weltlich stands." folgen läßt, der als allgemeiner, die weltliche Ordnung betreffender Sittenspiegel zu lesen ist. Nach Abfassung seiner alles in allem fünfzehn Bundesgenossen (1520/21) schiebt Eberlin noch Kirchen- und Lebensreformentwürfe für Ulm und Rheinfelden (jeweils 1523) nach, die vor allem Lasterkataloge darstellen. Und so sind denn auch bereits die zahlreichen an die weltliche Obrigkeit gerichteten appellativen Einschübe Eberlins von einem Mißtrauen in die alleinige Wirkung des Wortes Gottes gekennzeichnet. Eberlin fordert in seiner Auseinandersetzung mit den durch die Kirche Roms evozierten Mißbräuchen des Mönchtums nicht selten den Zugriff eines starken 'weltlichen Arms', um den Lastern Einhalt zu gebieten. Gleichfalls sind die Kirchenordnungen des Lutheraners Brenz auf ihre sittendiskursiven Elemente (Eheordnung, von der Trunksucht, positive Tugendlehre) zu untersuchen. Nicht nur ist das Herzogtum Württemberg seit der Restitution Herzog Ulrichs 1534 und der anschließenden Einführung der Reformation in Württemberg der Prototyp des landesherrlichen Kirchenregiments (*Schlaich* 1984: 356), sondern die Institute von Verwaltung, Visitation und Kirchenzucht werden derart miteinander verzahnt, daß es zu einer Doppelung der Visitationen kommt: Die Dienstaufsichten erstrecken sich sowohl auf theologische Inhalte einer Kirchenzucht wie auf die politischen Inhalte einer allgemeinen Sittenzucht, nach der das kirchliche und weltliche Verhalten der Untertanen kontrolliert werden soll, indem mit den Vorgaben der für alle Glieder der Gemeinde geltenden Kirchenzucht schlicht Sittenzucht ausgeübt wird. (*Brecht* 1967:37-38; *Schlaich* 1984: 368-369). Dabei wird die Stellung des Herzogs über beiden Organen als Landesherr und Summepiscopus durchgängig gewahrt. Wenn auch nicht angenommen werden kann, daß die Sittenzucht mit Hilfe der Kirchenzucht durchgängig und viel praktiziert worden ist, so läßt sich doch immerhin ein Ineinander religiöser und weltlicher Ordnung mit dem Ziel der „Verlegung aller Entscheidungen in die Zentrale und die Entmündigung der Gemeinden" feststellen, womit die Kirchenordnungs- und Sittenzuchtpraxis in einen Gegensatz zur reformatorischen Theologie gerät, die von einem geistlichen Verfahren der Visitation „unter Brüdern und Schwestern" ausgegangen war, das in der Praxis und hier erstmals in Württemberg zu einer landesherrlichen Herrschafts- und Kontrollausübung mutiert.

Konsistorien die Regelmäßigkeit der Visitationen, sondern sie gehen Anzeigen sittlicher Verfehlungen nach: Nicht zuletzt wird in die lutherischen Konsistorien nach 1555 die auch in der lutherischen Reformation sich ausbildende *Ehegerichtsbarkeit* verlagert. Diese Ehegerichtsbarkeit, bereits von Brenz nachdrücklich gefordert, vermahnt nicht nur in Fällen des Ehebruchs, respektive der Untreue, sondern orientiert sich in Aufweis und Verfolgung sittenwidrigen Verhaltens an allen Geboten des Dekalogs und den verbindlich werdenden Bekenntnisschriften. Mit der nach 1555 eintretenden faktischen Dominanz des Landesherrn in den Konsistorien bleibt es nicht mehr bei den Sanktionen der bloßen Vermahnung oder des (zeitweiligen) Ausschlusses vom Abendmahl, sondern durch die sich nun politisch definierende Vorrangstellung des Landesherrn im Konsistorium, dessen Mitglieder von ihm berufen werden, kommt es zu weitreichenden ersten Ansätzen der Kooperation von kirchlicher und weltlicher Ordnung. Mit dem Institut des Konsistoriums gewinnt der Landesherr einen nicht unbeträchtlichen Zuwachs an Macht, denn insofern es ihm freisteht, die Konsistorien mit Personen seines Gefallens zu besetzen, gelingt es ihm, über die Konsistorien Zugriff auf alle seine Untertanen zu gewinnen, die in ihrer Gesamtheit den Konsistorien unterworfen sind. Hinzukommt die Parallelität vieler Delikte im weltlichen und kirchlichen Recht und so stehen dann die Sittenzucht (geistlich) und die Polizeigesetzgebung (weltlich) gleichermaßen unter der Kontrolle des Konsistoriums. Der Landesherr hat mithin nunmehr eine doppelte Zugriffsmöglichkeit auf die Untertanen, einmal durch den weltlichen Arm der Amtsleute, sodann durch den geistlichen Arm des Pfarrers. Verfehlungen kann das geistliche Institut des Konsistoriums nunmehr dem weltlichen Arm überantworten, der den Vorsitz im Konsistorium hat. Voll wirksam wird dieses Instrument der Kooperation jedoch erst in der verfestigten Orthodoxie des späten 16. und dann vornehmlich 17. Jahrhunderts. Diese Verfestigung zeigt sich im Kontext zweier Schübe von 'Reformation': So geht es der ersten Generation der Reformatoren vornehmlich um die Loslösung von Rom und damit um die Reformation der Glaubensinhalte und ihrer Tradition im Sinne der *credenda*. Aus dieser Reform der *Wiederherstellung* des wahren Glaubens sollte sich eine *reformatio morum* gleichsam von selbst einstellen. Hierin jedoch sind die Erwartungen der Reformatoren entschieden enttäuscht worden und es gilt, darauf zu reagieren und so wird die sogenannte *zweite* Reformation durch eine 'Akzentverlagerung vom Dogma auf das christliche Leben' (*Schilling* 1981:388-389), auf die *agenda* gekennzeichnet. Die Reform der Sitten und damit der Lebensführung wird mithin unmittelbar Ziel und Zweck der Gemeinde- und Kirchenordnung. Damit wird der Zugriff auf die Gemeindeglieder neu und strenger definiert.[12]

---

12 Ebenso bedeutsam erscheint jedoch, daß innerhalb des frühen Verlaufs von Visitationsordnungen ein Typus beobachtbar wird, der für lutherische Verhältnisse eher eine Ausnahme darstellt, aber von Bedeutung für spätere Ordnungen wird: Es sind die von Johannes Bugenhagen verfaßten Kirchenordnungen für die *Städte* Braunschweig, Hamburg und Lübeck (1527/1542, abgedruckt bei *Sehling* (Hrsg) 1903 ff.). Nicht nur sind die Entwürfe Bugenhagens stark mit parainetischen Appellen durchsetzt, sondern der Adressat ist jeweils ein städtischer Rat: Hamburgs Kirchenordnung aus der Feder Bugenhagens ist wohl eine 'genuin' lutherische Ordnung in einer freien Reichsstadt, mithin als städtische Ordnung zu interpretieren. Zudem gilt für die Ordnungen Bugenhagens explizit, daß ihr Autor

Vom Widerstand gegen Unrecht: Die Tyrannislehre im Magdeburger Bekenntnis von 1550

In der reformationsgeschichtlichen Forschung als auch insonderheit in der politischen Ideengeschichte der Reformationszeit wird eine weitere Eigentümlichkeit und Ausnahme von gewohnten Regeln übersehen, wonach lutherischen Ordnungen ein Widerstandsrecht fremd sei.

Von nicht geringem Einfluß auf die ansonsten calvinischen Monarchomachen und hier insonderheit auf die politische Theologie Theodor Bezas ist die Kirchenordnung von Magdeburg, die als eine „...Art von theoretischem Verbindungsstück zwischen der protestantischen Widerstandstheorie des deutschen Raums in der ersten Hälfte des 16. Jahrhunderts und der Weiterentwicklung und Umsetzung dieser Grundgedanken im niederländischen, französischen und englischen Raum"[13] betrachtet werden kann. Sie ist vermutlich unter Federführung des Lutheraners Nicolaus von Amsdorff entstanden und als *Bekentnis, Unterricht und vermanung/der Pfarrhern und Prediger/ der Christlichen Kirchen zu Magdeburgk Anno 1550, den 13.Aprilis* verbreitet worden, das vornehmlich gegen die kaiserliche Politik und deren Forderungen im Interim gerichtet ist. Hiergegen haben die Reichsstädte, vornehmlich im Norden, energischen Widerstand angemeldet, am entschiedensten wohl Magdeburg, dessen (gnesiolutheranische) Geistlichkeit den Magistrat der Stadt in seiner Eigenschaft als 'untere Obrigkeit' gar zum Widerstand mit Waffengewalt gegen die Verfolger der Anhänger des Evangeliums aufruft, hier gegen den Kaiser als sogenannte *hohe Obrigkeit*. So fordert also der als 'abstract' zu verstehende *kurtze begriff oder inhalt dieses Buchs*:

„*Wenn die hohe Oberkeit sich unterstehet, mit gewalt und unrecht zu verfolgen, nicht so fast die personen ihrer unterthanen, als in ihnen das goettliche oder natürliche recht, rechte Lere und Gottesdienst auffzuheben und auszureuten, so ist die unter obrigkeit schuldig, aus krafft Goettlichs befehls wider solch der Oberen fürnehmen, sich samt der ihren, wie sie kann, auffzuhalten*" (*Amsdorff* et alii 1550: fol. A i verso).

In diesem Bekenntnis wird denn nicht nur - analog den üblich gewordenen Kirchenordnungen - die sogenannte Kirchenzucht festgelegt, sondern es wird eine explizite Zweiteilung zwischen geistlicher und weltlicher Sphäre gezogen, und der zweite Teil verhandelt unter dem sinnfälligen Titel „*Der Ander teil dieses Buchs von der Nothwere*" die Möglichkeiten, Widerstand gegen eine Obrigkeit - und hier den Kaiser - zu leisten, so er nicht den Anforderungen des im ersten Teil entfalteten *Hauptstueck christlicher Lere* entspricht. Demnach hat es die vornehmste Aufgabe des weltlichen Regiments zu sein, göttliches und natürliches Recht zu wahren und zu schützen, das ist, die

---

sie als *Christliche Ordnung*, nicht aber als *Kirchenordnung* erklärt hat. Das heißt: Bugenhagens Entwürfe beziehen sich auf das städtische Leben im Sinne einer sittlichen Ordnung über den Rahmen einer bloßen Kirchenordnung und ihrer liturgischen Reglements hinaus. Die Christliche Ordnung gemäß Bugenhagen umfaßt Schulordnungen in gleicher Weise, wie das Finanzwesen und die Sozialpolitik seitens des Magistrats.(*Hauschild* 1988: 51 ff). Damit aber scheint der Rahmen abgesteckt für eine institutionell angeleitete Sozialdisziplinierung nach christlich-reformatorischen Vorgaben.

13 *Winfried Schulze* 1985: 209. Vgl.u.a. auch *Olson* 1972, *Skinner* 1978: vol. II: 207-208; *Wolgast* 1980: 25-27.

Lehre von den zehn Geboten, die Unterscheidung zwischen einer Werkgerechtigkeit und einer Rechtfertigung allein aus dem Glauben an das Evangelium sowie die Ausübung und Verkündigung des Wortes und der Sakramente.

Die Autoren nehmen eine Scalierung möglicher Vergehen und des Unrechts seitens der 'hohen' Obrigkeit vor, anhand derer die Widerstandsformen erörtert werden (*Bermbach* 1985: 110-111), welche die untere Obrigkeit, hier also der Magistrat zu Magdeburg, in Verantwortung vor Gott dem Herrn wie auch vor ihren unmittelbaren Untertanen, ergreifen soll, besteht doch zwischen Obrigkeit und Untertanen eine gegenseitige Verpflichtung, die *obligatio mutua*. Die Konfliktaufzählung, welche die Autoren vornehmen, weitet den Kreis der zum Widerstand gegen die hohe Obrigkeit berechtigten Amtspersonen im Sinne der *homines publici* gegenüber den Ansätzen der 'Wittenberger' erheblich aus. Nicht nur den Reichsständen, den Fürsten also, wird ein Widerstandsrecht eingeräumt, sondern auch von der *allerwenigsten Obrigkeit* wird erwartet, daß sie ihre Untertanen gegen den tyrannisch gewordenen *magistratus superior*, hier den Kaiser, schützt.[14] Die Unterscheidungen betreffen vier Grade *unrechter Gewalt* und ihnen korrespondieren die Formen zulässigen, respektive erforderlichen Widerstands seitens der *unteren Obrigkeit*, als welche der Magistrat zu Magdeburg in ihrem Verhältnis zum Kaiser zu sehen ist, und die in ihrer Verantwortung vor Gott, dem HErrn einerseits, vor ihren Untertanen andererseits zum Widerstand aufgerufen sein kann. Diese Scalierung kulminiert in einer Tyrannislehre, die schließlich die Tyrannen mit dem Teufel gleichsetzt, der offen und notfalls mit Gewalt bekämpft werden muß. Wird mit dieser Scalierung der Begriff des Tyrannen und der Tyrannis gewissermassen encadriert, so folgen in weiteren Argumentationsschritten die Qualifizierungen der Verfehlungen, respektive der *Sünden* wider Gebot und Geist Gottes, derer sich die Tyrannen schuldig machen. Zunächst aber die vier Grade unrechter Gewalt, die als Schritte zur Tyrannis zu sehen sind.*15*

Der sogenannte *erste Grad unrechtes Gewalts* (sive primus gradus iniuriarum) kann nicht Ursache der unteren Obrigkeit sein, aktiven Widerstand gegen die hohe Obrigkeit zu leisten, da „...*also hat auch die Obrigkeit, von wegen menschlicher gebrechlickeit ihre laster und Suende, das sie offt wissentlich, oder auch muthwilliglich unrecht thut, in geringen und liederlichen sachen.*" Hier ist es vielmehr angezeigt, wenn die hohe Obrigkeit ansonsten ihre Sache recht verrichtet und Frieden wahrt unter den Untertanen, die hohe Obrigkeit beständig zu vermahnen, von diesen Sünden und Lastern abzulassen. Und es gilt seitens der unteren Obrigkeit, solcherlei sündiges Verhalten der hohen Ob-

---

14 *Wolgast* 1980: 27 im Anschluß an *Amsdorff* & alii 1550 fol. M i recto - verso: „*Denn Gott hat diese seine ehre, rache zu ueben und schutz zu halten, geteilet mit aller ordentlichen Obrigkeit, nicht mit der hoehesten alleine, viel weniger mit einer eintzelen Personen. Und das solche ehre und gewalt bleiben soll für und für, weil dis leben wehret, nicht auffhoeren, wenn und wo der Oberste Tyran will, wie denn der Apostel Paulus, als auch oben gesagt, indefinite redt, und niemandts stand, Person noch miszhandlung ausnimpt, widder zeit noch ort bedingt, da frommen unschuldigen Leuten Gottes verbots halben, nicht könnte oder sollte schutz gehalten werden, auch von der allerwenigsten Obrigkeit, einer jeden bei den ihren.*"

15 Zu den folgenden Zitationen dieses Abschnitts vgl.*Amsdorff* & alii : 1550 foll. K i verso - L recto

rigkeit, solange dies mit *„...gutem gewissen, ohne suende geschehen kan, mit gedult tragen".* Und im Rekurs auf Exempla des Alten Testaments, deren sich der politische Diskurs der Reformatoren mit Herrschern als Adressaten bedient, verweisen Amsdorf und seine Amtsbrüder zu Magdeburg darauf, daß der Magistrat der Stadt *„...soll also mit Ehrerbietung und sanfftem Gemuet ihrer Oberherrn schande wie Sem und Iaphet ihrem Vater Noah thaten zudecken, und hie lieber gewalt leiden, denn sich wehren oder ubel davon reden."*

Der ander Grad (sive secundus gradus iniuriarum) betrifft den *coram deo* ungerechten Krieg, mit dem ein Kaiser, Fürst oder gar eine Stadt einen anderen Fürsten *unschueldiglich mit unrechtem Krieg uberzueg* und diesen wider seinen eigenen Eid seines Leibes, Weibes oder Kinder, seiner Freiheiten und gar seines Landes und seiner Leute beraubt. Wiewohl es einer christlichen Obrigkeit ansteht, solches womöglich zu erdulden, vor allem dann, wenn *es ihre Person alleine, oder andere wenige Leute betrifft,* und die Rache Gott dem HErrn anzubefehlen, kann es ihr nicht verdacht werden, wenn sie in einem solchen Fall *von nothwegen sich zu wehren wirdt getrieben.* Mithin eröffnet sich hier der unteren Obrigkeit, so sie den ungerechten Krieg nicht *mit gutem gewissen* dulden kann, eine erste Möglichkeit, Widerstand gegen die hohe Obrigkeit zu leisten.

Mit dem *dritten Grad* unrechter Gewalt aber wird die Schwelle von der rechten Obrigkeit zur *Tyrannis* überschritten: *„Als wenn die under Obrigkeit von der hohen Obrigkeit zu gewissen Suenden wirdt gezwungen, und solch unrecht nicht one Suende kan leiden, wenn sie liesse anstehen die kegenwehre, darumb sie auch das Schwerdt tregt."* Doch gilt auch hier gemäß der Lehre, wonach die Untertanen Unrecht eher erdulden sollen, als daß sie sich dagegen erheben, eine Abwägung der Rechtsgüter: Notwehr nämlich gegen die öffentliche, im Institut der Obrigkeit kasernierte Gewalt ist selbst Unrecht und also verwerflich. Ebenso hat eine etwaige Notwehr die höheren Gesetze und Gebote Gottes zu achten, zu denen sie sich nicht in Gegensatz bringen darf. Denn *„in diesen zweien negsten iniurien so die Oberherrn schuldigk befunden werden, heissen sie denn, und sind Tyrannen."*

'Der vierde und hoeheste Grad der iniurien, so die Obrigkeit uben kann', kulminiert dann in einer Tyrannislehre, die schließlich die Tyrannen mit dem Teufel gleichsetzt, die *„also toll und rasend werden, das sie mit waffen und krieg anheben zu verfolgen nicht allein die Personen der undern Obrigkeit, unnd der unterthanen in einer rechten sachen, sondern auch in den Personen das hoechste unnd noetigste Recht, und gleich unsern Herrn Gott selbst, der ein stiffter ist desselbigen Rechten."* Verbunden ist die tyrannisch konzipierte Obrigkeit mit einem Umsturz der göttlichen Rechts- und Sittenordnung, die der Tyrann solcherart nicht bloß in einem Anfall von Zorn oder im Zustande geistig/geistlicher Gebrechlichkeit bewirkt, sondern bewußt und geplant ingang setzt, *„mit wolbedachten muth unnd rath des vorhabens, bey allen nachkommen das recht zu vertilgen."* Derart aber ist der Tyrann nicht nur ein *„ (...) Beerwolff (welchen Lutherus in dieser disputation einen Tyrannen vergleichet), sondern ist der Teuffel selbst, der da in eigener Person nicht groeber noch schendlicher suendigen kan. Allein das ehrs thut mehr wissentlich, und das ist das rechte wesen, ja die gestalt, und gleich* *die wirckung des Regiments im Reich des Teuffels.*" Und so qualifiziert sich nunmehr die hohe Obrigkeit, das ist der Kaiser Karl V, als Tyrann, angestiftet vom Teufel, der „*...sich gemeiniglich zu solchem werck zu brauchen (versucht), die gewaltigsten Potentaten, beide im Geistlichen und Weltlichen Regiment, wie er denn zur zeit der Propheten und Apostel gethan, also thut ehrs jetzund auch.*" Dieses tyrannisch veranstaltete Teufelswerk, der Verfolgung der (evangelischen) Christen und ihrer Gemeinde, setzt an mit der Umkehrung all dessen, was das natürliche Recht ausmacht, „*...dadurch dieß zeitliche Leben regiert unnd erhalten wird*", und bedeutet die Aufhebung der Sittenordnung, wie dem „*Gesetz vom Ehestandt und aller zucht*". Die Umkehrung der Werte bedeutet die Aufrichtung eines anderen Gesetzes unter Zwang und Gefahr für die Untertanen, *dem ersten gantz unnd gar entgegen, darinnen er (= der Tyrann, HG) zuliesse, allerley schand und unzucht, erleubet allen mutwillen, boesen buben ehrlicher leute zuechtige Ehefrawen und toechter zu schanden zu machen, wollte auch noch uber solchem schendtlichen Gesetze mit gewalt und mit dem schwert halten, also das auch alle denjenigen, so dem unbilligen Gebot nicht wolten stat geben, die geferlickeit des todes daraus entstünde.*" Nur ein Gottloser, wie etwa *eine Epicurische und Saduceische saw*, könnten in diesem letzten, extremen Fall willkürlicher Oberkeit noch daran zweifeln, daß hier aktiver Widerstand angesagt ist, und sich hier selbst die allerschwächsten und geringsten Regenten wehren müssen, wenn ein Fürst oder das oberste Regiment zu solcher Umkehrung der Werte zur Verfolgung der Christen mit Hand anlegte. Gerade dies aber hat der Kaiser, die jetzige oberste Obrigkeit mit dem zu Augsburg errichteten *Interim* im Sinn, „*das sie mit gewalt beyde in uns und in allen unseren nachkomen tilgen wollen das rechte erkentnis Gottes, ohn welche Gott nicht kann geehret, auch kein Mensch selig werden.*"

Mit der Magdeburger Kirchenordnung von 1550 haben wir es mithin nicht nur mit einer konfessionspolitischen Kirchenordnung im engeren Sinne, sondern mit einer kryptischen Tyrannislehre zu tun, damit aber auch mit einer entscheidenden Ausnahme innerhalb des Corpus der lutherischen wie auch der städtischen Kirchenordnungen.

Kirchenordnung als Sozialordnung: Zürich und Genf

Alle städtischen und so auch die lutherisch bestimmten Kirchenordnungen, vor allem unter dem Einfluß der süddeutschen und eidgenössischen Städte einigt wohl die Vorstellung, daß die Predigt des Evangeliums nur der erste Schritt in der Entwicklung zu einem christlichen Gemeinwesen sein kann, das seine Vollendung in einem Leben der gesamten Stadtgemeinde nach Gesetz und Evangelium Christi finden soll. Bezüglich der Organisation und der politisch-theologischen Durchführungsbegründungen weisen gerade die städtischen Kirchenordnungen Unterschiede zu den *lutherischen* Ordnungen auf, weswegen sich in der Reformationsgeschichte die Polarisierung zwischen Fürstenreformation und städtischer Reformation mit Blick auf die Organisation des Gemeindelebens als eine (unter vielen idealtypisierenden) Problemvorlagen durchgesetzt hat. Die städtischen Kirchenordnungen beinhalten ausführliche Passagen zur allgemeinen Kirchen- oder Sittenzucht; vor allem die Ordnungen der oberdeutschen Städte orientieren sich zunächst an den Vorgaben Zürichs (Zwingli und Bullinger) und späterhin - ab 1536 - am Genf Calvins. Der zwischen Zürich, Genf und Wittenberg vermittelnde Martin Bucer, dann aber auch Caspar Hedio und Wolfgang Capito haben für die elsässischen Gemeinwesen Ordnungsentwürfe ausgearbeitet, die als 'Mischverfassungen' lutherischer und reformierter Sittenordnungen gesehen werden können. Organisatorisch hat man sich hier aber an das 'demokratische' Modell eines Presbyteriums, respektive an die Ratsordnung Zürichs angelehnt. Im Zugriff auf die *reformation der disciplin*, welche auch als *zucht & ehrbarkeit* in den Kirchen- und Stadtgemeindeordnungen zwinglischer und calvinischer Oberservanz aufscheint, unterscheiden sich faktisch 'Zürich' und 'Genf' nicht. Sieht die Zwinglische Ordnung die Problemstellung einer *disciplina ecclesiastica* als eine Aufgabe politischer, staatskirchenrechtlicher Institutionen vor dem Hintergrund einer übergreifenden *ecclesia invisibilis*, so ist für Genf die Trennung von *civitas christiana* und *res publica* charakteristisch und wird die *civitas christiana* vor dem Hintergrund der politischen Ordnung der weltlichen Stadtgemeinde erörtert, die im Falle Genfs schließlich identisch werden.

Die Zwinglische Ordnung zu Zürich (seit 1519) scheint in den kirchenrechtlichen Erörterungen allein deshalb nicht auf, weil Zwingli dezidiert, wie anfänglich auch Luther, von einer *ecclesia invisibilis* ausgeht. Zwingli kann sich mithin vorrangig auf die politisch-organisatorische Ebene des Stadtgemeindelebens einlassen, ohne dabei den theokratischen Aspekt seiner Ordnung aus den Augen verlieren zu müssen. Denn bezieht sich der Entwurf einer theokratischen Ordnung auf die *communio sanctorum*, respektive die *ecclesia invisibilis*, so gilt für die Zwinglische Ordnung des politischen Gemeinwesens rechtlich gesehen der Entwurf einer 'Staatskirche' im Stadtstaat Zürich, als welcher Zürich im Sinne des *Corpus Christianum* seit dem Spätmittelalter anzusehen ist.

Medium der stadtstaatlichen Reformation aber ist die paritätisch aus weltlichen und geistlichen Vertretern zusammengesetzte Veranstaltung der *Disputation*, welche diskursiv Stadt- und Kirchenordnung ermittelt und durch die Zürich gleichsam zum Vorbild für den städtischen Typus von Reformation und reformatorischer Kirchenordnung schlechthin wird. Indem Zwingli das Institut der mittelalterlichen akademischen Diskussion in ein Laiengremium überführt, nämlich in den Rat der Stadt Zürich, formt er es zu einem Instrument der reformatorischen Bewegung zu Zürich. Mittels der Form der Disputation werden so Bewußtseinsbildung einerseits, rechtliche Fundierung und Beschlußfassung andererseits ingang gebracht. Durch die Disputation und damit Diskussion, worin Locher ein Prinzip des christlich-genossenschaftlichen Denkens der Bürgerschaft freier Städte sieht, kommt es - formal gesehen - zu einer *„Übernahme der Kirchengewalt durch die Gemeinde, respektive durch den Rat als deren Vertreter"* sowie zur geistlichen und rechtlichen Etablierung des Schriftprinzips (*Locher* 1979: 622-623). Disputationen nach Art der Zürcher Veranstaltungen etablieren sich so als Rechtsmittel zur Durchführung der Reformation, zumal in den Städten, und treten neben die überwiegend landesherrlich verfügten Visitationen. Die in Zürich durch Zwingli und den *Großen Rat* getragene und geförderte *Kommunalisierung der Reformation* läßt sich vom Entwurf eines *Priestertums aller Ratsfähigen* anleiten, um die horizontalen Bezüge des Evangeliums im *bonum commune* durchzusetzen (*Oberman* 1985: 19-20). Kann doch der Rat zu Zürich, dessen Mitglieder Vertreter der Stadt- und Kirchengemeinde zugleich sind, Fragen des christlichen Zusammenlebens und insbesondere der Sittenzucht vor dem Hintergrund der Annahme des allgemeinen Priestertums aus sich heraus lösen, während der 'weltliche Rat' bei Anhörung der Prediger befugt ist, über geistliche und vornehmlich sittliche Dinge zu entscheiden. Zwingli übernimmt in seinen Empfehlungen für Zürich die ohnehin schon entwickelten 'obrigkeitlichen Sittenmandate' mit ihren umfänglichen Tugend- und Lasterkatalogen, fügt aber zur verschärften Kontrolle - und lange vor einer analogen Entwicklung im Luthertum - das Institut des *Ehegerichts*, respektive des funktionsanalogen *Chorgerichts* ein, das sich aus Vertretern der Obrigkeit und gewählten 'Ehehütern' als Wahrern der Sitte zusammensetzt. Ihre Aufgabe ist darin zu sehen, christliche Zucht durchzusetzen und auf diese Weise eine Christianisierung des Sozialverhaltens zu bewirken, das - mentalitätsgeschichtlich gesehen - die kirchliche Kehrseite zur politisch initiierten Sozialdisziplinierung bildet. Calvins Ordnungsentwürfe, die gleichfalls auf die oberdeutschen Städte einwirken, gerinnen in seinen beiden für Genf formulierten Katechismen (1536/1542), dann aber auch in den Passagen seines Hauptwerks, der *Institutio Religionis Christianae* (1536/1559) zum Programm der 'Heiligung des Lebens durch Kirchenzucht'. Calvin entwickelt eine Pflichtenlehre mit dem Dekalog als einem unverrückbaren Bezugsrahmen (*Bermbach* 1990: 177), deren Einhaltung er schließlich durch ein Konsistorium (*consistoire*) zu sichern sucht, das - im Gegensatz zum (späteren) Konsistorium der lutherischen Orthodoxie - auf einem paritären Kollegialitätsprinzip beruht (*Bermbach* 1990: 173). Im Gegensatz zu Zwingli hebt Calvin den Anspruch einer von der Obrigkeit klar zu unterscheidenden Kirche hervor und sieht die Sittenordnung und ihre Einhaltung zunächst als ausschließliche Angelegenheit der *civitas christiana*, als die Genf gelten sollte. Der Geltungsbereich selbst endet denn auch an den Grenzen Genfs. Die Sittenzucht wird in der Ordnung Calvins dem *Presbyterium* überantwortet, dessen Mitglieder sich aus den vier Ständen Genfs rekrutieren und vom Rat der Stadt gewählt werden sollen. Damit gelingt es Calvin, die Strafe des Kirchenbanns stadtgemeindlich unabhängig zu definieren und aus der unmittelbaren Verantwortung der weltlichen Obrigkeit auszugliedern. Dennoch, indem das Presbyterium sich aus den vier Ständen rekrutiert und zugleich der Bestätigung durch den Rat der Stadt bedarf, bleibt die interne Kirchenverwaltung eng mit dem weltlichen Regiment verwoben und die Kirchenverwaltung auch personell an den Stadtstaat gebunden. Das Presbyterium bildet gemeinsam mit den Pfarrherrn (Prediger) das *Konsistorium*, das seinerseits vom Großen Rat der Stadt gewählt wird, mithin also nicht nur in seiner personellen Zusammensetzung sondern auch durch das es wählende Gremium eine enge Verflochtenheit mit dem weltlichen Regiment aufweist.

Das Geschäft der 'Visitation', welches bei Luther und Melanchthon und in deren Nachfolge durch von den 'notbischöflichen' Landesherrn bestallten Theologen erfolgte, organisiert Calvin gleichfalls kollegial: Das Institut der Bibelbesprechung (*conference des ecritures*), in dem die Prediger und die an den Gymnasien wirkenden Bibellehrer sich allwöchentlich versammeln, um Probleme der Auslegung des Wortes als der reinen Lehre zu erörtern. Der Zugriff auf die Gemeindeglieder und die erstrebte Korrektion von sittlichem Fehlverhalten wird durch ein eignes Sittengesetz geregelt, wodurch es zu einer faktischen Kooperation zwischen Obrigkeit und *civitas christiana* kommt. Diese calvinische - und nicht notwendiger Weise calvinistische - Ordnung läßt sich als kommunaler Entwurf interpretieren, dessen Mitglieder die (christliche) Abendmahlsgemeinschaft bilden (*Schilling* in *Rublack* (Hrsg.) 1992: 421). Als vornehmste Sanktion gilt denn auch für Visitations- und Kirchenordnungen der zeitweilige Ausschluß von der Gemeinschaft.

Daß calvinische Sittenordnungen mit einem streng obrigkeitlich-landesherrlichen Regiment compatibel gestaltet werden können, zeigt sich am Entwurf des *Heidelberger Katechismus* für die reformierte Kurpfalz (*Sehling* (Hrsg) Bd. XIV: 333-408), der Konsistorium und Presbyterium Genfer Provenienz übernimmt, die calvinisch kollegialen Organe aber dem Landesherrn an der Spitze unterstellt, und damit ein der lutherischen Kirchenverfassung analoges Summepiscopat des Landesherrn institutionalisiert (*Schilling* 1988 a: 276-277). Die dem Heidelberger Katechismus von 1563 zugrunde gelegte, von Pfalzgraf Friedrich III (1559-1576) verfügte Kirchenordnung der Kurpfalz, welche die lutherische Kirchenordnung Ottheinrichs (1556-1559) ablöst, kann als Mischverfassung calvinischer und lutherscher Kontrollordnungen angesehen werden. Übernimmt sie von Genf (und gewissermaßen auch von Zürich) die gemischte Besetzung der Konsistoria mit geistlichem und weltlichem Personal, so steht diesen Konsistoria im Gegensatz zu Genf immer der Landesherr, der Monarch in seiner Eigenschaft als *summepiscopus* vor und wird so gleichsam zur Schnittstelle von geistlicher und weltlicher Ordnung.

Die Sittendiskurse werden über Visitationen und Konsistorien (lutherisch), über Kollegien/Presbyterien (calvinistisch) und durch die Stiftung des sogenannten Choroder Ehegerichts (zürcherisch) zu einem Disziplinierungsinstrument kanalisiert und scheinen so - selbst institutionalisiert - innerhalb von Kirchenordnungen auf.

Damit erhalten die Kirchenordnungen den Charakter *politischer* Institutionen. Insofern nämlich diesen Institutionen zur Durchsetzung der den Sittendiskursen zugrundeliegenden normativen Ordnung die Träger des weltlichen Schwerts, also der *äußerlichen* Gerechtigkeit, vorgesetzt werden, wird die zunächst *konfessionell* angeleitete Sozialdisziplinierung umgeformt zu einer Sozialdisziplinierung, deren Akteur der frühmoderne Staat im Sinne Gerhard Oestreichs ist. Hierbei fungieren vornehmlich die Mitgliedschaftsbedingungen dieser beiden Teilsysteme frühmoderner Gesellschaftsordnungen als Medium zwischen Religion als Konfession und der landesherrlichen Politik. Indem die Konfessionen durch ihre Kirchenordnungen Mitgliedschaftsregeln ausbilden und so ihre Mitglieder auf diese Ordnungen zu verpflichten suchen[16], bedienen sie sich zuneh-

---

16 Vgl. zur Bedeutung der Mitgliedschaft als Medium zunehmender Konfessionalisierung und Sozialdisziplinierung vor allem *Wolfgang Reinhard* 1983: 268-269, sowie in Umsetzung von Annahmen der Religions- und Organisationssoziologie Niklas Luhmanns auf die Ausbildung mitgliedschaftsbezogener Anstaltskirchen, *Grünberger* 1981:65 ff.

mend des weltlichen Schwerts und seiner Gerechtigkeit, um die sichtbare Ordnung organisierter Religion zu sichern. Es erscheint demnach erforderlich, diskursorientierte politologische und ideengeschichtliche Perspektiven heranzuziehen, um zu untersuchen, in welcher Weise die Kirchenordnungen und ihre Institute sowie die ihnen zugrunde liegenden Sittendiskurse als konfessionelle Kehrseite der 'staatlich' durch bürokratische, militärische und merkantilistische Ordnungsvorgaben induzierten Sozialdisziplinierung wirkten, zumal angesichts der Tatsache, daß dieser Effekt der Sozialdisziplinierung erst mit dem frühmodernen, „absolutistischen" Staat neben die Zuchtordnungen der Kirchen getreten ist (*Oestreich* 1969: 192). Diese sozialwissenschaftliche Perspektive ist bislang jedoch völlig unterbelichtet geblieben. Meine diesbezügliche Grundannahme geht also dahin, daß die hier knapp vorgestellten protestantischen Kirchenordnungen über die Kriterien der Mitgliedschaft und ihrer Bedingungen Anschlußrationalitäten herstellen zwischen dem Religionssystem, das unter der Formel des geistlichen Regiments und seiner *göttlichen* Gerechtigkeit subsumiert wird, einerseits, und dem politischen System des landesherrlichen/städtischen Regiments, dem Reich der sogenannten *äußerlichen* Gerechtigkeit andererseits.

Literatur

(Amsdorff, Nicolaus & alii; anonym): 1550: Bekentnis Unterricht und vermanung/der pfarrhern und Prediger/der christlichen Kirchen zu Magdeburgk Anno 1550, Den 13.Aprilis. Magdeburg: Michael Lotter.

(o.Hrsg.) 1992 (11. A.): Die Bekenntnisschriften der Evangelisch Lutherischen Kirche (1930), Göttingen: Vandenhoeck & Ruprecht. (sigle BSLK)

Berman, Harold J/John Witte Jr. 1989: The Transformation of Western Legal Philosophy in Lutheran Germany, in: Southern California Law Review vol. 62, fasc. 6, S. 1575 - 1660.

Bermbach, Udo 1985: Widerstandsrecht, Souveränität, Kirche und Staat: Frankreich und Spanien im XVII Jahrhundert, in: Fetscher, Iring/Herfried Münkler (Hrsgg). Pipers Handbuch der Politischen Ideen Bd. 3, München: R. Piper & Co, S. 101 - 162.

Bermbach, Udo 1990: Zum Institutionenverständnis in der Zeit der Reformation, in: Göhler, Gerhard, Kurt Lenk, Herfried Münkler, Manfred Walther Hrsg.: Politische Institutionen im Gesellschaftlichen Wandel. Wiesbaden: Westdeutscher Verlag: S. 170-189.

Brecht, Martin 1992: Lutherische Kirchenzucht bis in die Anfänge des 17. Jahrhunderts im Spannungsfeld von Pfarramt und Gesellschaft, in: Rublack Hans-Christoph (Hrsg.): Die lutherische Konfessionalisierung in Deutschland (Schriften VRG # 197) Gütersloh: Gerd Mohn: S. 400-420.

Brecht, Martin 1967: Kirchenordnung und Kirchenzucht in Württemberg vom 16. bis zum 18. Jahrhundert (Quellen und Forschungen zur Württembergischen Kirchengeschichte fasc. 1) Stuttgart: Calwer Verlag.

Brecht, Martin 1969: Anfänge reformatorischer Kirchenordnung und Sittenzucht bei Johannes Brenz, ZSavRG Kan.55, S. 322-347

Brecht, Martin/Reinhard Schwarz (Hrsg.) 1980: Bekenntnis und Einheit der Kirche. Studien zum Konkordienbuch. Stuttgart: Calwer Verlag.

Calvini opera selecta editio Nisel/Barth, München: Christian Kaiser (1926-1965).

Ebeling, Gerhard 1964 Luther, Einführung in sein Denken, Tübingen: J. C. B. Mohr.

Eberlin von Günzburg, Johannes (1520/1527) 1896/1900/1902: Sämtliche Schriften. Hrsg. Ludwig Enders, (= Neudrucke deutscher Litteraturwerke des XVI und XVII Jahrhunderts, Serie Flugschriften aus der Reformationszeit fasc. XI/XV/XVIII) Halle/Saale: Max Niemeyer.

Eberlin von Günzburg, Johann (1526) 1986: Ein zamengelesenes buochlin von der Teutschen Nation gelegenheit, Sitten und gebrauche, durch Cornelium Tacitum und etliche andere verzeichnet. Herausgegeben von Achim Masser, (= Innsbrucker Beiträge zur Kulturwissenschaft, Germanistische Reihe Bd. 30), Innsbruck: Institut für Germanistik der Universität, Innrain 52, A- 6020 Innsbruck.

Grünberger, Johann 1981: Die Perfektion des Mitglieds (= Soziologische Schriften Bd. 36), Berlin: Duncker & Humblot.

Grünberger, Hans 1997: Institutionalisierung des protestantischen Sittendiskurses, in: Zeitschrift für Historische Forschung (ZHF) 24, S. 215-252

Hauschild, Wolf-Dieter 1988: Reformation als Veränderung christlicher und bürgerlicher Existenz bei Johannes Bugenhagen, in: Chloe vol. 8, S. 49 -72.

Heckel, Johannes [2]1973: Lex Charitatis (Neuausgabe besorgt von Martin Heckel), Köln: Böhlau.

Heckel, Martin 1983: Deutschland im konfessionellen Zeitalter. (= Deutsche Geschichte hrsg.von Joachim Leuschner, Bd. 5) Göttingen: Vandenhoeck & Ruprecht.

Honecker, Martin 1972: Visitation, in: Zeitschrift für evangelisches Kirchenrecht 17, fasc. 4, S. 337-359.

Kodalle, Hans-Michael 1990: Institutionen - Recht - Politik im Denken Martin Luthers, in: Göhler, Gerhard, Kurt Lenk, Herfried Münkler, Manfred Walther (Hrsg.): Politische Institutionen im gesellschaftlichen Wandel, Wiesbaden: Westdeutscher Verlag S. 140-159.

Köhler, Walther 1932: Zürcher Ehegericht und Genfer Konsistorium. Bd. I/II, Leipzig: M. Heinsius (Bd. II = 1942).

Krumwiede, Hans Walter 1967: Zur Entstehung des landesherrlichen Kirchenregiments in Kursachsen und Braunschweig-Wolfenbüttel. (= Studien zur KG Niedersachsens Bd. 16), Göttingen: Vandenhoeck & Ruprecht.

Locher, Gottfried Wilhelm 1979: Die Zwinglische Reformation im Rahmen der europäischen Kirchengeschichte. Göttingen: Vandenhoeck & Ruprecht.

Luther, Martin: Studienausgabe, Hrsg. von Hans - Ulrich Delius, Berlin: Evangelische Verlagsanstalt 1979 ff (bislang 5 Bände) (sigle MLStA)

Melanchthon, Philipp: Studienausgabe editio Robert Stupperich, Gütersloh: Gerd Mohn 1949ff. (Sigle MStA).

Münkler, Herfried 1993: Politisches Denken in der Zeit der Reformation, in: ders./Iring Fetscher (Hrsg.): Pipers Handbuch der Politischen Ideen, Bd. 2: Von den Anfängen des Islams bis zur Reformation. München: Piper, S. 615-683.

Myconius, Friedrich (1542) 1715: (Friderici Myconii) Historia Reformationis, vom Jahr Christi 1517 bis 1542. Aus des Autoris autographo mitgetheilet und in einer Vorrede erläutert von Ernst Salomon Cyprian, Gotha: Andreas Schallen

Neuser, Wilhelm 1971: Calvin. Berlin: W de Gruyter.

Oberman, Heiko Augustinus 1986: Die Reformation: Von Wittenberg nach Genf. Göttingen: Vandenhoeck & Ruprecht.

Oberman, Heiko Augustinus 1985: Die Reformation als theologische Revolution, in: Blickle, Peter/Lindt Andreas/Schindler Alfred (Hrsg.): Zwingli und Europa. Zürich: Vandenhoeck & Ruprecht, S. 11-26.

Oberman, Heiko Augustinus 21979: Werden und Wertung der Reformation - Vom Wegestreit zum Glaubenskampf. Tübingen: JCB Mohr.

Oestreich, Gerhard 1969: Strukturprobleme des europäischen Absolutismus, in: ders: Geist und Gestalt des frühmodernen Staates. Berlin: Duncker & Humblot, S. 179-197.

Olson, Oliver K 1972: Theology of Revolution: Magdeburg 1550-1551, Sixteenth Century Journal vol. III, fasc. 1, S. 56-79.

Reinhard, Wolfgang 1983: Zwang zur Konfessionalisierung? Prolegomena zu einer Theorie des konfessionellen Zeitalters, in: ZHF 10.

Rublack, Hans-Christoph edd 1992: Die lutherische Konfessionsbildung in Deutschland (= Schriften des Vereins für Reformationsgeschichte # 197) Gütersloh: Gerd Mohn.

Schilling, Heinz 1981: Konfessionskonflikt und Staatsbildung. (= QFRG Bd. XLVIII) Gütersloh: Gerd Mohn

Schilling, Heinz 1988: Die Konfessionalisierung im Reich. Religiöser und gesellschaftlicher Wandel in Deutschland zwischen 1555 und 1620, in: HZ Jhrg. 246 S. 1 - 45.

Schilling, Heinz 1988a: Aufbruch und Krise, Deutschland 1517-1648. Berlin : Siedler.

Schilling, Heinz (Hrsg). 1985: Die reformierte Konfessionalisierung in Deutschland - Das Problem der 'Zweiten Reformation' (= VRG # 195), Gütersloh: Gerd Mohn

Schlaich, Klaus 1984: Die Neuordnung der Kirche in Württemberg durch die Reformation, in:Zeitschrift für evangelisches Kirchenrecht 29 , S. 355 - 378.

Schulze, Manfred 1991: Fürsten und Reformation. (= Spätmittelalter und Reformation NR Bd.2) Tübingen: JCB Mohr.

Schulze, Winfried 1985: Zwingli, lutherisches Widerstandsdenken, monarchomachischer Widerstand, in: Blickle, Peter/Lindt Andreas/Schindler, Alfred (Hrsg.): Zwingli und Europa. Zürich: Vandenhoeck & Ruprecht, S. 199 - 216.

Sehling, Emil 21914: Geschichte der Protestantischen Kirchenverfassung (= Grundriß der Geschichtswissenschaft Hrsg. von Aloys Meister, Reihe II Abt. 8), Leipzig-Berlin: B.G. Teubner.

Sehling, Emil (Hrsg). 1903 ff.: Die evangelischen Kirchenordnungen des XVI Jahrhunderts in Deutschland. Berlin Bd. 1-5, Tübingen: JCB Mohr Bd. VI/1 ff. (RP der ersten Serie: Aalen/Württ.: Scientia Verlag).

Sichelschmidt, Karla 1995: Recht aus christlicher Liebe oder obrigkeitlicher Gesetzesbefehl? Juristische Untersuchungen zu den evangelischen Kirchenordnungen des 16. Jahrhunderts. (= Ius Ecclesiasticum Bd. 49) Tübingen: JCB Mohr.

Skinner, Quentin 1978: The Foundations of Modern Political Thought. vol. II: The Age of Reformation. Cambridge (UK): UP

Sleidanus Ioannes (pseudonym: Baptist Lasdenus) 1544: Oration an Keiserliche Maiestat. von dem, das der yetzige Religionshandel, kein menschlich, sonder Gottes werck und wunderthat seye. Item, das der Eyde, damit yre Maiestat dem Bapst verwandt, tyrannisch, und gar nit zu halten sey. (durch Baptistam Laßdenum). o.O. o.D. (Nürnberg)

Sleidanus, Ioannes (1556): Commentatorium de statu religionis & reipublicae Carolo Quinto Caesare, libri vigintisex. Argentorati (= Straßburg): Theodosius Richel (8°)

Sleidanus, Ioannes (anonym 1540) : Ain beschaidner historischer, unschmählicher Bericht, an alle Churfürsten, Fürsten und Stennde desz Reichs - Von des Pabstums auf und abnemen, deselbien geschicklichhait, unnd was endtlich darauß folgen mag. o.O. o.D. (Nürnberg)

Wolgast, Eike 1980: Die Religionsfrage als Problem des Widerstandsrechts im XVI Jahrhundert. (= Sitzungsbereicht Heidelberger Akademie der Wissenschaften Philosophisch- historische Klasse, 1980:fasc. 9) Heidelberg: Carl Winter.

Wolgast, Eike 1990: Formen landesfürstlicher Reformation in Deutschland, in: Leif Grane/Kai Horby (Hrsg.): Die dänische Reformation vor ihrem internationalen Hintergrund. (= Forschungen zur Kirchen und Dogmengeschichte Bd. 46), Göttingen & Zürich: Vandenhoeck & Ruprecht, S. 57-90

Raimund Ottow

Gerechtigkeit und Markt. Zur Transformation des Naturrechts in der schottischen Aufklärung[1]

Ich gehe aus vom Begriff der 'commercial society', der 'Marktgesellschaft', der wohl von Adam Smith in den sozialtheoretischen Diskurs eingeführt wurde und damit konzeptuelles Ergebnis der schottischen Aufklärung ist, nicht an ihrem Anfang steht. Dieser Begriff beruht auf den Momenten: Arbeitsteilung, Privateigentum, Tausch und Vertrag, und ich argumentiere, daß dieses letzte Moment: der Vertrag, im modernen Naturrecht, für das ich repräsentativ auf Samuel Pufendorf rekurriere, die Stellung einer ahistorisch universalisierten Denkform einnimmt - eine 'ideologische' Verkehrung, die durch die Sozialtheorie der schottischen Aufklärung analytisch aufgelöst wird, weshalb die Ideengeschichte hier 'rückwärts' zu lesen ist: von der Markttheorie der 'Schotten' zur Vertragstheorie des Naturrechts. Im zweiten Teil diskutiere ich die minimalistische Konzeption der Politik des Marktmodells und verweise auf zeitgenössische Probleme der Rechtssystematisierung im Spannungsverhältnis der römischen Rechtstradition zum englischen 'Common Law', sowie auf Bedenken der schottischen Aufklärung über soziale und moralische Wirkungen des Marktes. Im dritten Teil zeichne ich, ausgehend von der Humeschen Umdeutung der 'Gerechtigkeit' als 'gesellschaftliche' Tugend, Konturen der historischen Evolutionstheorie der schottischen Aufklärung nach, die in Verbindung mit der Affektenlehre der 'moral sentiments' zu einer Vorstellung historisch variabler 'Sittlichkeit' führt, die auch auf die Eigentums- und Rechtsideen durchschlägt. 'Natural Jurisprudence' im Sinne der schottischen Aufklärung ist daher - Anfangsüberlegungen Hugo Grotius' folgend - als Rechtswissenschaft zu begreifen, die empirische Forschung und normative Systematisierung in zivilisatorischer Perspektive verbindet.

1.

In der 'Inquiry into the Nature and the Causes of the Wealth of Nations' schreibt Smith: „Wenn die Arbeitsteilung sich einmal völlig durchgesetzt hat, kann ein Mensch nur noch einen sehr kleinen Teil seines Bedarfs durch Produkte seiner eigenen Arbeit decken. Den weitaus größten Teil davon befriedigt er durch den Austausch des seine eigene Konsumtion überschießenden Teils... gegen solche Arbeitsprodukte anderer Menschen, die er gerade benötigt". Und im Original lautet der folgende Satz: „Every man thus lives by exchanging, or becomes in some measure a merchant, and the society itself grows to be what is properly a commercial society" (Smith 1963/75/84, Bd.I: 31[2]; Smith 1981,

---

1 Ich danke Dr. Frank Nullmeier, Hamburg, für seine Kritik einer früheren Fassung dieses Textes, die mich zu einigen Änderungen veranlaßt hat.
2 Die deutsche Übersetzung gibt 'handeltreibende Gesellschaft' für 'commercial society', wodurch sprachlich verdeckt wird, daß es sich um einen eigenen Vergesellschaftungstypus handelt, den ich als 'kommerzielle Gesellschaft' oder 'Marktgesellschaft' bezeichne.

Bd.I: 37). Die bestimmende Idee Smiths ist demnach der Zusammenhang von Arbeitsteilung und Tausch. Die Selbstversorgung des, mit Otto Brunner zu sprechen, 'ganzen Hauses', die von den Anfängen der Zivilisation bis in die Neuzeit hinein ein wichtiges ökonomisches Modell war (Brunner 1956, kritisch Derks 1996), wird durch das Marktmodell ersetzt, das auf Tausch basiert und mit Ausdehnung und Vertiefung der Arbeitsteilung Hand in Hand geht.

Arbeitsteilung gab es schon lange: jene zwischen den Geschlechtern, jene von Kopf- und Handarbeit und spezielle Arbeitsteilungen, die sich im Laufe der Zeit zu Berufen verdichteten. Damit wird deutlich, daß Arbeitsteilung mit Herrschaft zu tun hat, denn vor der Moderne war es stets das Privileg der Herrschenden, von körperlicher Arbeit befreit zu sein und an den Ergebnissen höherer Kultur zu partizipieren, und auch das Verhältnis der Geschlechter wird kaum als symmetrisch beschrieben werden können. Das ist aber der Eindruck, den Smiths Formel der 'commercial society' vermittelt, in der alle auf gleicher Ebene stehen, weil sie gleichmäßige Marktteilnehmer sind, während vormodern die Untergebenen der Herrschaft einen mehr oder weniger großen Teil ihrer Produktivität in Form von Zwangsarbeit oder Zwangsabgaben ohne Gegenleistung zu überlassen hatten. Der Schutz, den der Herr im Rahmen des römischen Klientelismus oder des feudalen Gefolgschaftsverhältnisses gewährte, könnte als eine Gegenleistung aufgefaßt werden, zweifellos jedoch waren Patron und Klient, Feudalherr und Leibeigener nicht gleich, und generell gab es für die Leistung des Untergebenen kein Äquivalent. In der Moderne jedoch, wie die schottischen Aufklärer sie verstanden, tritt an die Stelle vormoderner Knechtschaftsverhältnisse der Äquivalententausch, bei dem sich Leistung und Gegenleistung entsprechen. Die moderne Gesellschaft, schrieb James Steuart, „has brought liberty to be generally extended to the lowest denominations of a people" durch „introduction of industry: by this is implied, the circulation of an adequate equivalent for every service" (Steuart 1966, Bd.I: 207, 310). Daß jedem Dienst ein Äquivalent gegenübersteht ist demnach entscheidendes Signum der Moderne und Basis der modernen Idee der Freiheit. Inmitten einer Vielzahl einzelner Tauschverhältnisse, die es abstrakt von Gesellschaft im ganzen abhängig machen, ist das Individuum doch persönlich frei - solange die sozialen (Tausch-)Beziehungen hinreichend zerstreut sind, wie hinzuzufügen ist. Indem die Moderne das asymmetrische Verhältnis von Herr und Knecht in ein symmetrisches Verhältnis gleichberechtigter Marktteilnehmer transformiert, revolutioniert sie die Grundlagen der Zivilisation, die von einer vertikalen in eine horizontale Struktur umgebaut wird, was als großer Schritt in Richtung gerechter Sozialbeziehungen interpretierbar war.

Aber bevor getauscht wird, muß besessen werden, und die Besitzübertragung als alltägliche Interaktion setzt Privateigentum voraus. Und bevor besessen und getauscht wird muß produziert werden und das Produkt angeeignet werden. Wer sich daher auf dem Markt mit Produkten anderer versorgen will, muß zu allererst über die Mittel verfügen, selbst zu produzieren, oder in der Lage sein, sich das Produkt anderer ohne ein Äquivalent anzueigenen. Wenn wir die zweite Möglichkeit ausschalten, die vormoderne Ausbeutungsverhältnisse hinterrücks in das Marktsystem wieder einführt, bleibt die erste: die Verfügung über Produktionsmittel. Smith hat nun deutlicher als andere Sozialtheoretiker seiner Zeit gesehen, daß die 'kommerzielle Gesellschaft' auf eine kapitalistische hinausläuft, in der ein großer Teil der Gesellschaft seine Marktfähigkeit durch Verkauf der eigenen Arbeitskraft herstellt, die elementare Form von Produktionsmittel, deren 'Eigentum' am Grunde des bürgerlichen Diskurses liegt. Wie die anderen schottischen Aufklärer wendet sich Smith daher gegen Formen unfreier Arbeit, die die Masse der Menschen vom Markt verdrängte[3]. Doch dringt an dieser Stelle die soziale Klassenteilung, ständische Stratifizierungen verdrängend, in das Modell der 'kommerziellen Gesellschaft' ein, die Smith, wie die gesamte politökonomische Klassik bis hin zu Marx, auf die Dreiteilung von Grundeigentümer, Kapitalisten und Arbeiter basiert. Andere schottische Aufklärer dagegen - ich denke besonders an John Millar - negierten diese Perspektive und hielten an der Vorstellung der Verallgemeinerung der - mit Marx zu sprechen - 'einfachen Warenproduktion' fest, nach der die Gesellschaft sich aus vielen selbständigen Produzenten zusammensetzt, eine Vorstellung, die eigentlich genauer als die kapitalistische Produktion der Idee der 'kommerziellen Gesellschaft' entspricht, von der Millar annahm, sie werde im ganzen zu ausgeglichenen Vermögensverhältnissen führen (Millar 1788/89, Bd.III: 96f.; Medick/Leppert-Foegen 1974).

Welche Art sozialer Beziehung drückt die 'kommerzielle Gesellschaft' typisch aus? Wenn Menschen miteinander tauschen sind sie sowohl Partner - Geschäftspartner - als auch Gegner, weil jeder bei dem Geschäft möglichst viel für sich selbst herausholen will. Nun könnte man annehmen, das Zustandekommen des Geschäfts hänge davon ab, daß die Tauschenden einen Kompromiß finden, der beiden Parteien den gleichen Vorteil gewährt, was einer spontanen Idee von Gerechtigkeit entspräche. Aber das ist nicht notwendig so, weil Tauschakte keine Nullsummengeschäfte sind, sondern 'positive-sum-games', bei denen beide Tauschpartner gewinnen, auch wenn das Geschäft nicht in jenem elementaren Sinne 'gerecht' ist. Wie der Kompromiß aussehen wird, hängt von der jeweiligen Marktmacht der Tauschenden ab, davon, wie dringend das Geschäft ist, wie geschickt verhandelt wird, usw. Dadurch wird die traditionelle Forderung der 'aequalitas' des Tauschvorgangs gleichsam unscharf, weil sie eine Spannbreite von möglichen Tauschergebnissen innerhalb eines Toleranzbereiches abdeckt. Wenn man vollkommene Konkurrenz annimmt, werden die Preise sich dem annähern, was Smith den 'natural price' nennt, der den Angebotskosten entspricht und insofern Wertäquivalenz ausdrückt. Dieser Preis ist jedoch eine ideale oder theoretische Größe, die empirisch nicht fixierbar ist, weil die Marktpreise um den 'natural price' oszillieren werden. Praktisch folgt aber aus dem Konzept des 'natural price' als Norm idealer Tauschgerechtigkeit die politische Aufgabe der Herstellung und Bewahrung unverzerrter Konkurrenz, und damit wird eine ethische Problematik in Wirtschafts- und Gesellschaftspolitik überführt. Smith war nun der Ansicht, die Marktverhältnisse seiner Zeit seien weit entfernt davon, freie Konkurrenzverhältnisse zu sein, weil aufgrund des merkantilistischen

---

3 Johann Gottlieb Heineccius dagegen rechtfertigt noch 1737 die 'Leibeigenschaft' unter Berufung auf Aristoteles' Lehre von der 'Sklavennatur', Heineccius 1994, Buch 2, Kap.IV.

Erbes und ihrer überlegenen Organisationsfähigkeit die kommerziellen Sektoren der Ökonomie, die 'merchants and master manufacturers', einen übergroßen Einfluß auf die Politik hatten und ein System von Regulationen durchsetzten, das sich letzten Endes monopolistisch auswirkte. „Monopoly of one kind or another", schrieb er, „seems to be the sole engine of the mercantile system", gegen das der *Wealth of Nations* propagandistisch wesentlich gerichtet ist (Smith 1981, Bd.II: 630). Und dabei ist Smith nicht einmal optimistisch hinsichtlich der Durchsetzungsmöglichkeiten des Freihandels, denn „To expect... that the freedom of trade should ever be entirely restored in Great Britain, is as absurd as to expect that an... Utopia should ever be established in it" (Smith 1981, Bd.I: 471).

Aber unabhängig davon, ob vollständige Konkurrenz hergestellt wird und ob im allgemeinen die Marktpreise sich dem 'natural price' annähern, liegt in der Idee des Tausches als 'positive-sum-game' ein wirkungsvolles Argument für die 'kommerzielle Gesellschaft' und den Freihandel in Abgrenzung zur merkantilistischen Idee des Handels als Nullsummenkonkurrenz, nach der Profite gerade aus Marktverzerrungen resultieren und die daran die Forderung politischer Regulation der Ökonomie ableitete. Denn es ergibt sich die Möglichkeit, soziale Gegensätze ohne Bezug auf die Politik, durch produktive Tauschprozesse zu entschärfen, denen die Beteiligten beitreten, weil Alle dabei gewinnen - wenn auch vielleicht nicht im gleichen Maße. Die Wirksamkeit dieses Argumentes beruht sozialgeschichtlich natürlich darauf, daß die kommerzielle Gesellschaft die allgemeine Produktivitätsentwicklung, auch die technische Entwicklung, anregt, und in der Theorie von Smith sind diese Momente gedanklich über die Arbeitsteilung verkoppelt, die sowohl mit der Marktvergesellschaftung als auch mit dem technischen Fortschritt positiv korreliert. Im Ergebnis führt die kommerzielle Gesellschaft nach Smith zu einer enormen Wohlstandssteigerung, die durch alle Gesellschaftsschichten hindurch diffundiert (Smith 1981, Bd.I: 22), so daß „a workman, even of the lowest and poorest order, if he is frugal and industrious, may enjoy a greater share of the necessaries and conveniencies of life than it is possible for any savage to acquire" (Smith 1981, Bd.I: 10; vgl. Locke 1977, 2.Abh., §41). Obwohl es daher in zivilisierten, reichen Gesellschaften nichtarbeitende Oberschichten gibt, die ein Vielfaches von dem verbrauchen, was ein einfacher Arbeiter erhält (Smith 1981, Bd.I: 10), wird die mit der Zivilisation wachsende Reichtumsdifferenzierung, die von einem idealen moralphilosophischen Standpunkt aus moralisch defekt - nämlich ungerecht - sein mag, durch die allgemeine Wohlstandssteigerung überdeterminiert, ebenso wie in der internationalen Politik der Freihandel den Weg zu einer friedlichen internationalen Arbeitsteilung auf Basis komparativer Kostenvorteile, zur Pazifizierung der internationalen Beziehungen und zur Bildung einer Weltgesellschaft öffnet. In diesem Zusammenhang formulierte David Hume die optimistische Annahme, nationale Produktivitäts- und Gewinnvorteile würden sich spontan ausgleichen, so daß mal dieses, mal jenes Land stärker profitiert und eine im ganzen homogene Weltökonomie resultiert; dagegen hat in Deutschland zur Zeit des Vormärz Friedrich List beachtliche Argumente ins Feld geführt (List 1959, 1961).

Ein wichtiger soziologischer Aspekt der kommerziellen Sozialbeziehungen liegt in der explosiven Ausweitung sozialer Beziehungen parallel zur Auflösung des 'Oikos'-Modells, Beziehungen, die auch Abhängigkeiten konstituieren. Natürlich gibt es im 'Oikos' Abhängigkeiten, die generell asymmetrisch und eventuell besonders drückend sind, die aber 'persönlich', überschaubar und in gewisser Weise direkter steuerbar erscheinen als die Marktabhängigkeit, die an ihre Stelle tritt. Weil der Markt eine virtuelle Verbindung sehr vieler Menschen darstellt, die sich im allgemeinen nicht kennen, erscheint die soziale Abhängigkeit hier anonymisiert, und dadurch, daß die Bewegungen des Marktes aus den simultanen Handlungen vieler unverbundener Einzelner resultieren, erweist er sich nicht nur dem involvierten Individuum, sondern auch der sozialtheoretischen Analyse als wenig berechenbar. Das Smithsche Modell der 'unsichtbaren Hand', das lose an Bernard Mandeville anschließt, geht von dieser Tatsache aus, die optimistisch im Sinne der Selbstordnungsfähigkeit des Marktes gedeutet wird. Dennoch hat Smith Mandevilles Verabschiedung privater Tugend nicht geteilt, und sein Lehrer Francis Hutcheson hat sogar intensiv gegen Mandeville als Repräsentanten eines ungehemmten Egoismus polemisiert (Hutcheson 1971). Die Schotten haben aber gesehen - und in diesem Zusammenhang weise ich besonders auf Henry Home-Lord Kames hin -, daß die Einbindung der Individuen in vervielfältigte Kurzzeitbeziehungen mit virtuell Fremden durchaus neue zivilisatorische Anforderungen stellt - in erster Linie die Fähigkeit problemloser Einnahme der 'Binnenperspektive' des jeweiligen Gegenüber im raschen Wechsel der Sozialkontakte. Die Schule der 'Politeness' des 18. Jahrhunderts elaborierte diese Fähigkeit, die in Maximen gesellschaftlichen Taktes eingefangen wird (Klein 1993), und die Schotten knüpften daran das Konzept der Übernahme der Fremdperspektive unter dem Begriff der 'sympathy', die ihnen als zivilisatorische Fähigkeit *kat exochen* galt. Jedenfalls ist der Umgang von Fremden, die wesentlich instrumentelle Beziehungen unterhalten, als paradigmatische Sozialbeziehung der 'commercial society' anzusehen, die, wie Smith schrieb, „aus einem Gefühl ihrer Nützlichkeit heraus, ohne gegenseitige Liebe und Zuneigung bestehen bleiben [kann]" (Smith 1985: 128, 1982a: 86). Sie bedarf grundsätzlich keines Bandes zwischen ihren Mitgliedern als „das nackte Interesse, als die gefühllose 'bare Zahlung'", wie Marx und Engels im 'Kommunistischen Manifest' im Anschluß an Thomas Carlyle formulierten (Marx/Engels 1980: 464f.; Carlyle 1986: 193f.); doch ist dies nur die halbe Wahrheit, wie zu zeigen bleibt.

Das soweit skizzierte Modell 'kommerzieller Gesellschaft' ist nun noch um die Dimension des 'Vertrages' zu erweitern. Ein einfaches Tauschgeschäft ist eigentlich eine zweiseitige, reziproke Transaktion simultaner Auslieferung oder Leistung. Aber das ist, bezogen auf ein komplexes Wirtschaftsleben, eine viel zu restringierte Bedingung. Das Geld als generalisiertes Tauschmedium ermöglicht im Prinzip die Abkoppelung der beiden Seiten des Tauschvorgangs, die Aufhebung der Reziprozität, aber auch die Bedingung der Simultaneität der Leistung erschwert die Zirkulation, und dieses Problem der Entkoppelung von Leistung und Gegenleistung oder von Leistungsverpflichtung und wirklicher Leistung wird durch den Vertrag gelöst, der als juristisches Institut den wirtschaftenden Menschen ermöglicht, ihre ökonomischen Dispositionen mit einer zeitlichen Dimension auszustatten. Jede Ökonomie - das muß auch der Marktradikale zugeben - ist insofern bis zu einem gewissen Grade Planwirtschaft, die enorme produktive Potentiale freizusetzen vermag. Und generell wächst mit der Kapitalintensität der Produktion, marxistisch: mit der organischen Zusammensetzung des Kapitals, die Notwendigkeit, die wachsenden Investitionen durch Planung und durch Verträge abzusichern. Wenn daher Verträge gebrochen oder nicht eingehalten werden, geraten unter diesen Umständen ganze Erwartungsketten aus dem Gleis, und diese Wirkung wird verstärkt, wenn die Vertragstransaktion mit Kreditnahme verbunden ist. Jedenfalls erweist sich als entscheidende Norm einer modernen Marktökonomie die Vertragstreue, von der nach Meinung Lord Kames' „the progress at least, if not the commencement of every art and manufacture" abhängt (Kames 1767: 118).

Nun ist der Vertrag in gewisser Weise nur ein Spezialfall des allgemeinen gesellschaftlichen Vertrauens in die Bereitschaft anderer, den konsensualen Verhaltenserwartungen zu entsprechen. Genauso wie eine komplexe Marktökonomie ohne Vertragstreue nicht auskommt, ist die Gesellschaft im allgemeinen in einem selten realisierten Ausmaß auf dieses 'Vertrauen' in die fraglose Geltung ganzer Komplexe konsensualer Normen in der Verquickung mit Basisinstitutionen angewiesen (Luhmann 1989). Davon unterscheidet sich der Vertrag, indem die jeweiligen Erwartungen explizit gemacht, präzise miteinander verknüpft und generell durch Sanktionen bewehrt werden, wodurch diese Transaktion einen Grad von Präzision und Sicherheit erlangt, der sie über das Niveau der allgemeinen konsensualen Vertrauensleistung deutlich heraushebt. Dadurch entspricht der Vertrag der paradigmatischen interessengeleiteten Sozialbeziehung der kommerziellen Gesellschaft als Transaktion zwischen Fremden, die keine Erfahrungen miteinander haben, auf die sich intersubjektives Vertrauen stützen könnte. Und wegen dieser paradigmatische Bedeutung wurde der Vertrag im neuzeitlichen Naturrecht zum Modell der Regulierung rationaler Sozialbeziehungen überhaupt, die sich in dem Axiom zusammenfaßt, die 'Obligatio' beruhe generell auf 'Consensus', auf freier Selbstbindung. Dieser Vertragsbegriffs wurde unter dem Titel des 'Quasi-Kontraktes' in die sozialen Voraussetzungen des Vertrages hinein verlängert, ebenso wie der 'Vertrag' als Modell rationalistischer Staatsbegründung diente. „Alle Gemeinschaftsbindungen mit ihren Herrschafts- und Unterordnungsverhältnissen", faßt Hans Welzel eine Pufendorf-Interpretation zusammen, „sind auf Grund der Übereinkunft freier und gleicher Personen gerechtfertigt" (Welzel 1990: 141). Hegel hat denn auch beklagt, in „den neuen Zeiten", habe sich „Die Form eines solchen untergeordneten Verhältnisses, wie der Vertrag ist... in die absolute Majestät der sittlichen Totalität eingedrängt..." (Hegel 1986: 518; vgl. Horstmann 1975).

Betrachten wir vor diesem Hintergrund die Bindungen des Individuums in Samuel Pufendorfs 'De Officio Hominis et Civis juxta Legem Naturalem', jene einflußreiche zusammenfassende Darstellung des modernen Naturrechts (Stein 1982: 667), die von Gershom Carmichael, dem ersten Inhaber des Lehrstuhls für Moralphilosophie in Glasgow, zu Beginn des 18. Jahrhunderts herausgegeben und kommentiert wurde und auf diesem Wege in das Denken der schottischen Aufklärung einging. Pufendorf unterscheidet Pflichten des Menschen gegen Gott, Pflichten gegen sich selbst und Pflichten gegen andere (Pufendorf 1994, Buch 1, Kap.3, §13). Die letzteren, die hier interessieren, unterteilt er in allgemeine Pflichten aller Menschen gegenüber allen anderen, die voraussetzungslos, daher 'absolut' sind, weil sie auf dem bloßen Menschsein beruhen, einerseits, und jene zwischenmenschliche Pflichten andererseits, die als 'bedingte', gleichsam artifizielle Pflichten und Rechte (§1) aus dem gesellschaftlichen Verkehr hervorgehen und auf Versprechen und Verträgen beruhen (Kap.9, §1). Diesen Abschnitt leitet Pufendorf mit dem Postulat prinzipieller Gleichheit der Menschen ein (Kap.7, §1), die sich gegenseitig als selbständige Rechtssubjekte anerkennen, und er folgert, „daß derjenige, der die Hilfe anderer zu seinem Vorteil heranziehen will, sich als Gegenleistung auch zu deren Nutzen einsetzen muß" (§3). In der Rhetorik des Naturrechts vollzieht er damit den Übergang von der asymmetrischen Rechtsstruktur vorbürgerlicher Gesellschaft zum egalitären bürgerlichen Recht und zum Äquivalententausch, denn „nicht alle Menschen sind so gut, daß sie alles, womit sie anderen von Nutzen sein können, aus bloßer Menschlichkeit und ohne sich vorher der Aussicht auf Empfang einer Gegenleistung vergewissert zu haben, zu leisten bereit sind" (§2), so wie Smith später trocken bemerkte, es sei „not from the benevolence of the butcher, the brewer, or the baker, that we expect our dinner, but from their regard to their own interest" (Smith 1981, Bd.I: 26f.). Die organisierende Idee dieses Begriffs vertragsgestützter Verpflichtung ist die Koppelung einer Leistung an eine Gegenleistung, die durch mehr oder weniger explizite Versprechen bewirkt wird, die eben die Nichtleistung sanktionierbar machen. In der Staatstheorie resultiert daraus der Zirkel, den Staat auf Verträge zu gründen, die, um sanktionierbar zu sein, den Staat selbst bereits voraussetzen. Wenn aber der Staat nicht die Grundlage der vertraglichen Bindung ist, wenn der Vertrag die übergreifende Figur ist: worin gründen dann die Verträge? In Moral, nämlich in dem naturrechtlich evidenten Gebot, Versprechen und Verträge zu halten, weil der Bruch des Versprechens das notwendige Vertrauen in das 'Wort', in die Sprache als Medium der elementaren gesellschaftlichen Kommunikation verletzen würde, ohne das die soziale Welt gleichsam 'sinnlos' würde. „Niemand darf den anderen durch den Gebrauch der Sprache oder anderer Zeichen, die dazu dienen, Gedanken auszudrücken, täuschen", schrieb Pufendorf (1994, Buch 1, Kap.10, §1).

Im Gegensatz nun zur Legitimation durch Tradition und Herkommen oder durch ein sogenanntes 'divine right of kings', in der das Individuum fremdbestimmt wird, bindet es sich vertraglich aus freier Einsicht selbst; darin liegt die offensichtliche Überlegenheit dieser Legitimationsart. „Voraussetzung dafür, daß Versprechen und Verträge uns verpflichten...", so Pufendorf, „ist in erster Linie unsere freiwillige Zustimmung. Denn da die Erfüllung eines jeden Versprechens oder Vertrages mit einer Belastung verbunden ist, kommt als Grund dafür, daß wir uns darüber nicht beklagen können, nur in Betracht, daß wir aus freien Stücken in etwas eingewilligt haben..." (Kap.9, §8). Die Bedeutung dieser legitimatorischen Wende - Dolf Sternberger sprach von einem „Umsturz der Rechtfertigungsgründe" (Sternberger 1964: 22) - ist kaum geringer als die der korrespondierenden Wende von feudaler Knechtschaft zum Äquivalententausch. Sie setzt natürlich voraus, daß die Individuen rational in der Lage sind, nicht nur ihre eigenen Interessen wahrzunehmen, sondern auch vernünftigen politischen Arrangements zuzustimmen, und ein rationalistischer *Bias* des Naturrechts ist von daher unverkennbar. Entsprechend dieser legitimatorischen Wende faßt sich die spezifische Gerechtigkeitsidee des modernen Naturrechts in dem Satz zusammen: gerecht ist, daß ich halte, was ich verspreche. Soweit Pufendorf hier auf das traditionelle Begriffspaar 'distributiver' und 'kommutativer Gerechtigkeit' rekurriert, erhält die letztere Priorität, die er explizit auf den „Vertrag über Sachen und Handlungen [bezieht], die Gegenstand des Handelsverkehrs sind" (1994, Buch 1, Kap.2, §14).

Auf anderer Ebene ist die Unterscheidung vollkommener und unvollkommener Versprechen (und damit: Pflichten und Rechte) angesiedelt (Pufendorf 1994, Buch 1, Kap.9, §6), die sich durch staatliche Sanktionierbarkeit oder Nichtsanktionierbarkeit unterscheiden. Daran knüpft die spätere begriffliche Trennung von 'Recht' und 'Moral' an, die von Christian Thomasius vorangetrieben (Stein 1980: 51), aber systematisch wohl erst durch die schottische Aufklärung ausgearbeitet wurde. Lord Kames etwa schrieb: „Benevolence and generosity are more beautiful, and more attractive of love and esteem, than justice. Yet, [without] justice, faith, truth, ... society could not at all subsist", und aus diesem Grunde seien die hierauf bezogenen moralischen Handlungen „entirely withdrawn from our election and choice", sie werden erzwungen (Kames 1976: 61, 72). Im gleichen Sinne erklärte Smith: „Wohltätigkeit ist immer frei, sie kann nicht mit Gewalt jemandem abgenötigt werden... Indessen gibt es eine andere Tugend, deren Betätigung nicht dem freien Belieben unseres Willens anheimgestellt ist, die vielmehr mit Gewalt erzwungen werden kann... die Gerechtigkeit..." (Smith 1985: 115, 117, 1982a: 78f.). Und ähnlich lehrte auch John Millar in seinen juristischen Vorlesungen: „The practice of justice may be enforced, but it would be unreasonable to force a man to be generous or grateful. Hence the difference between Ethics and Law" (Millar 1788/89, Bd.3: 1). Unter der Gesamtheit moralischer Normen werden somit jene herausgefiltert und hervorgehoben, die für das Funktionieren des gegebenen Gesellschaftsprozesses zwingend sind, unter dem Titel der 'Gerechtigkeit' versammelt und mit staatlicher Sanktionsdrohung verkoppelt. Damit wird der Unterschied von 'Recht' und 'Gerechtigkeit' tendenziell eingeebnet, ohne allerdings dabei, wie Hobbes tat, die Idee der Gerechtigkeit rechtspositivistisch einzuziehen (Höffe 1989: 130-8).

Inhaltlich bestimmt Smith die Tugend der Gerechtigkeit durch drei Komponenten, durch den Schutz der Person, den Schutz des Eigentums und durch den Schutz der sogenannten "persönlichen Rechte oder... Ansprüche... aus den Versprechungen anderer..." (Smith 1985: 124f., 1982a: 84). Es ist dies ein minimalistisches Gerechtigkeitskonzept, das wesentlich negativ definiert werden kann, als Gebot, die Rechte anderer zu achten, dem wir weithin genügen „by sitting still and doing nothing" (Smith 1982a: 82).

2.

Die tragenden Momente dieses Modells kommerzieller Gesellschaft: Eigentum, Tausch, Vertrag, begründen eine durchaus geschlossene, rationalistische Idee von Gesellschaftsprozeß, in die sich als kollektives Vertragsarrangement der Staat bruchlos einfügt, der im wesentlichen auf die Rolle der Schutzinstanz für Person, Eigentum und Vertragstreue reduziert ist. Da die sozialen Beziehungen nach dem Muster von Eigentumsübertragungen auf freien Willenserklärungen und Handlungen beruhen, kann sich niemand beklagen, was immer beim automatisch ablaufenden, selbstregulierenden Gesellschaftsprozess herauskommen mag. Legitimations- und Gerechtigkeitsprobleme verschwinden somit letzten Endes in der Selbstbindung. Dieses, hier auf seinen gedanklichen Kern reduzierte, Modell inspirierte als Vision, oder: Utopie, das Naturrechtsdenken und frühliberale Denken des 17. und 18. Jahrhunderts und wirkt bis heute einflußreich nach. Seine Attraktivität liegt wohl vor allem in seiner Einfachheit, die wesentlich aus einer komplementären Moralentlastung resultiert: Die Individuen werden von moralischer Pflicht entlastet, die über die minimalen Regeln der Gerechtigkeit hinausgeht, und parallel dazu wird das politisch-juridische System von der Erzwingung moralischer Normen jenseits des Rechts entlastet. So hat nach einer bekannten Formulierung von Smith der Staat im 'system of natural liberty' nur drei grundlegende Aufgaben, „drei Pflichten... von großer Bedeutung, aber klar und einsichtig für den gesunden Menschenverstand", nämlich die Pflicht, die Gesellschaft gegen äußere Aggression zu schützen, zweitens die Pflicht, „soweit wie möglich jedes Mitglied der Gesellschaft vor Ungerechtigkeit und Unterdrückung durch jedes andere ihrer Mitglieder zu schützen", „or the duty of establishing an exact administration of justice", und schließlich die Aufgabe, eine Infrastruktur öffentlicher Einrichtungen zu schaffen, die die Möglichkeiten der Privaten übersteigen[4]. Die erste Staatsaufgabe versteht sich von selbst, die zweite drückt die naturrechtlich-frühliberale Vision in ihrer minimalistischen Ausprägung aus, und lediglich die dritte weist wohlfahrtsstaatlich darüber hinaus, wird von Smith jedoch strikt negativ definiert, durch die Bedingung der Abwesenheit eines hinreichend vitalen Privatinteresses.

Die Zusammenziehung der Staatsaufgaben auf den Schutz der minimalen Normen der Gerechtigkeit ermöglicht auch - jedenfalls theoretisch - eine Reduktion des Rechtssystems auf wenige, durchsichtige Regeln, die Willkür eliminieren, Gleichheit vor dem Gesetz herstellen und die drittens die Handlungsspielräume für die Individuen berechenbar machen. Die „höchste Gewalt eines Staatswesens" ist nach John Locke verpflichtet, „nach festen, *stehenden Gesetzen* zu regieren, die dem Volk verkündet und bekannt gemacht wurden", sowie „durch *unparteiische* und aufrechte *Richter*, die Streitigkeiten nach jenen Gesetzen entscheiden..." (Locke 1977, 2.Abh., §131, §136). Diese Idee brachte Hume in die schottische Aufklärung unter dem Titel der 'Rule of Law'

---

4 Smith 1963/75/84, Bd.III: 63, 1981, Bd.II: 687f. Der englisch zitierte Halbsatz ist in der benutzten deutschen Ausgabe einfach weggelassen worden.

ein[5], die wegen der unvermeidlichen Allgemeinheit der Rechtsregeln generell auf eine kompetente Auslegung durch die Judikative angewiesen ist. Entsprechend meinte Hutcheson, „a small number of simple easy laws might sufficiently protect and regulate the citizens...", „... leaving much to the judges..." (Hutcheson 1969a: 323f., 1969b, Bd.II: 322). Das englische zeitgenössische 'common law'-Recht zeichnete sich als 'Richterrecht' zwar durch relativ weite Interpretationsspielräume der Rechtsprechung aus, keineswegs aber durch einen systematischen, übersichtlichen, einfachen Gesetzeskorpus. Und wenn englische Reformer seit Francis Bacon die Systematisierung und Vereinfachung des 'Statute-Law' forderten, erhielten sie stattdessen „a great bog of uncoordinated lawmaking, ever expanding but always unplanned", wie der englische Historiker Paul Langford feststellte (Langford 1991: 156). William Blackstone hat in einer metaphorischen Passage seiner 'Commentaries on the Laws of England' das englische Recht mit einem „old Gothic castle" verglichen, „erected in the days of chivalry, but fitted up for a modern inhabitant. The moated ramparts, the embattled towers, and the trophied halls, are magnificent and venerable, but useless. The inferior apartments, now converted into rooms of convenience, are chearful and commodious, though their approaches are winding and difficult" (Blackstone 1979, Bd.III: 268). In Schottland war die Situation etwas anders, weil dort die mehr systematische römische Rechtstradition und das kontinentale Naturrecht stärker waren, aber die Überlegenheit des römischen Rechts gegenüber dem 'common law' im Verhältnis zum Marktsystem ist keine ausgemachte Sache. Selbst Max Weber, der Theoretiker des 'Rationalismus der Weltbeherrschung' (Schluchter 1980), konzedierte, daß das 'common law' durch seine Anpassungsfähigkeit dem Übergang zur Moderne in England günstig gewesen sein mochte[6]. Tatsächlich wurde es insbesondere durch die Rechtsprechung von William Murray-Lord Mansfield, der von 1756 bis 1788 englischer Oberrichter war, entscheidend an die Notwendigkeiten einer modernen, international verflochtenen Ökonomie angepaßt (Lieberman 1989, Kap.5/6). Und über Lord Kames, der Oberrichter in Schottland war und die Modernisierungsbestrebungen Mansfields teilte, ergibt sich ein Zusammenhang mit der schottischen Aufklärung. Versuchte Blackstone in England eine theoretische Integration und Systematisierung der Rechtssysteme, während er jedoch im Grunde in ehrfürchtiger Verneigung vor der Weisheit des gewachsenen Rechts verharrte - die 'Commentaries' blieben solche -, so kritisierte Jeremy Bentham die Widersprüchlichkeit dieses Ansatzes und verschrieb sich dem Unternehmen eines philosophisch radikal neu begründeten, geschlossenen Systems der Rechtskodifizierung (Bentham 1982, 1990), das nicht dem Programm der schottischen Aufklärung entsprach.

Die andere Seite der Moralentlastung betrifft die Individuen. Das Problem hier ist, daß die 'Gerechtigkeit', selbst wenn sie auf ein minimalistisches Konzept von Tauschgerechtigkeit reduziert ist, immer noch eine Tugend darstellt. M.a.W.: Wie gewährleistet man, daß die Menschen, nachdem sie durch Erfahrung dazu erzogen werden, auf

---

5   Hume 1987, bes. die Essays: Of civil liberty; Of the rise and progress of the arts and sciences.
6   Siehe Weber 1985, im Index unter 'Common Law'; vgl. Rossi 1987: 147ff.

dem Markt nur den eigenen Vorteil zu verfolgen, noch die minimalen moralischen Normen der Gerechtigkeit einhalten? Wie kann die Grenzziehung des moralischen Minimalismus effektiv gemacht werden? Hier kann auf den Staat als Sanktionsinstanz hingewiesen werden, und tatsächlich waren die Schotten mit Locke einig, daß der Staat als Institution geradezu in der Eigentumsproblematik wurzelt, die mit der modernen Reichtumsentwicklung und -differenzierung anspruchsvoller wird, so daß Smith das juridisch-politische System in seinen 'Lectures on Jurisprudence' recht ungeschminkt als „a combination of the rich to oppress the poor and preserve to themselves the inequality of goods" bezeichnete (Smith 1982b: 208). Aber die Schotten waren sich bewußt, daß der Staat - tatsächlich ja nie mehr als ein Appendix des Gesellschaftsprozesses - bei der Erfüllung seiner Aufgaben auf eine komplementäre moralische Vergesellschaftung angewiesen ist, so daß die Idee, er könne einer allgemeinen gesellschaftlichen 'Korruption' - das war der zeitgenössische Begriff - gegensteuern, naiv erscheint. Einer der interessantesten Aspekte der Sozialtheorie des 18. Jahrhunderts, nicht nur der Schotten, sondern etwa auch Montesquieus, ist die auf Hegel hinweisende These, daß der Staat jenseits enger Grenzen moralischer Autonomie auf die Fundierung in gesellschaftlicher Sittlichkeit angewiesen bleibt. Wenn das aber so ist, ergibt sich die Frage nach den Bedingungen gesellschaftlicher Sittlichkeit und nach den sozialisatorischen Bedingungen konsensualer Verankerung von Normen der Gerechtigkeit. Ein allgemeiner Aspekt der Antwort der schottischen Aufklärung auf diese Frage liegt in dem Hinweis auf die vermittelnde Balancierung spontaner Egozentrik und der Fremdheit marktvermittelter Sozialbeziehungen durch jene dichte Affektualität, die mit Begriffen wie Privatheit, Familie, Freundschaft beschrieben wird. Die Schotten entwickelten nämlich ein - wahrscheinlich stoisch inspiriertes - Modell konzentrischer Kreise affektueller Bindung: vom Individuum über den persönlichen Nahbereich zum Umgang mit Fremden bis zur Bindung an eine bloß imaginativ repräsentierbare Entität wie die Nation. Und die moralische Sozialisation wäre dann auf intakte, dauerhafte Sozialbeziehungen im persönlichen Nahbereich angewiesen, die, gestützt auf die spontane intersubjektive Einfühlung - 'sympathy' -, den Prozeß der gewissengeleiteten Selbstbeobachtung vermittels des internalisierten 'impartial spectator' in Gang setzen. Insofern bleibt der Markt - abgesehen von der notwendigen politischen Rahmensetzung - auch auf gesellschaftliche Sektoren angewiesen, die einer anderen Logik gehorchen und die er nur bei Strafe der Selbstzerstörung penetriert. Im Ablauf der schottischen Aufklärung läßt sich nachvollziehen, wie die Besorgnis über die expansiven Tendenzen der ökonomischen Logik des Marktes wächst, die nicht nur die individuelle Moralfähigkeit angreift, sondern auch die notwendige Superiorität der Politik als 'Clearing'-Stelle der Ermittlung des Gemeinwohls und als genuiner gesellschaftlicher Steuerungssektor, Probleme, die die Schotten als spezifisch modern erkannten, so wie die Marktgesellschaft überhaupt modern ist, hervorgegangen im europäischen Kontext aus der Feudalgesellschaft. Also begannen sie, über die Zusammenhänge von Markt, Moral und Recht in historischer Perspektive nachzudenken.

3.

Damit komme ich zum eigentlichen Bruch der schottischen Aufklärung mit dem Naturrecht (Dunn 1985; Hochstrasser 1995: 488f.). Das neuzeitliche Naturrecht gehört zwar zur Ideengeschichte der Moderne, hat aber keinen Begriff der Moderne. In der französischen 'querelle entre les anciens et les modernes' der zweiten Hälfte des 17. Jahrhunderts wird die Moderne literarisch selbstreflexiv, aber sozialtheoretisch selbstreflexiv wird sie erst in der schottischen Aufklärung und bei einigen Franzosen, die erstmals sozialtheoretisch gehaltvolle Begriffe der modernen Gesellschaft entwickelten, während die Konzepte des Naturrechts überwiegend auf einer abstrakten, normativ-juridischen Ebene verbleiben. Pufendorf, wahrscheinlich der modernste unter den Naturrechtlern des 17. Jahrhunderts, entwickelte die Marktvergesellschaftung implizit aus der anthropologischen These des Menschen als Mängelwesen, das nach der Geburt für eine, im Vergleich zu den Tieren, lange Zeit auf bedeutende Schutz- und Versorgungsleistungen angewiesen bleibt und generell seine schwächliche anthropologische Ausstattung - seine 'imbecillitas' - durch Vergesellschaftung kompensieren muß, der Trieb zur 'socialitas' als 'Notgesellschaft'. Die Defekte des Individuums werden durch die Gesellschaft, kompensiert, wofür das Individuum Gegenleistungen zu erbringen hat (Pufendorf 1994, Buch 1, Kap.3, §§3u.7, Kap.12), und auf diese Weise begründet Pufendorf, wie Hans Medick (1973) und Istvan Hont (1987) argumentiert haben, die Marktgesellschaft als gleichsam 'natürlichen' Vergesellschaftungstypus. Demnach hätte es ihn schon immer geben müssen, was aber, wie den Denkern des 18. Jahrhunderts klar ist, nicht der Fall war. Hume etwa plazierte in seinen Untersuchungen der englischen Geschichte (Hume, 1983) den Beginn der Moderne in die Regierungszeit des ersten Tudor-Herrschers, Heinrich VII, weil dieser die Monarchie über die dynastischen Feudalkonflikte erhob, die Rechtssicherheit erhöhte und eine wirtschaftliche Modernisierungspolitik betrieb, die in Perspektive zur Durchsetzung der Marktgesellschaft führte. Es gehören, mit anderen Worten, weitere Bedingungen als die anthropologische Ausstattung zur Konstitution der modernen kommerziellen Gesellschaft.

Im 17. und 18. Jahrhundert fand die europäische Erschließung der Welt statt, so daß eine Bestandsaufnahme der globalen Gesellschaftsformen möglich wurde. Und zu den prägenden Einsichten der Zeit gehörte jene, daß die europäisch-nordamerikanische Moderne nur einen unter mehreren gleichzeitig nebeneinander existierenden Kulturkreisen darstellte, die sich augenscheinlich auf verschiedenen Kulturniveaus befanden. Sie führte zu der weiteren Einsicht in die Relativität der europäischen Kultur und zu der Frage nach evolutionären Zusammenhängen. Bei Locke findet sich die These: „In the beginning, all the world was America", nach der die amerikanischen Indianerkulturen ein frühes Entwicklungsstadium einer mehr oder weniger einheitlichen, wenn auch nicht gleichzeitigen menschlichen Kulturentwicklung darstellen (Lebovics 1986). Und die existierenden primitiven Kulturen ließen sich mit den Zeugnissen der europäischen Frühzeit vergleichen, so daß es möglich schien, eine vereinheitlichte Theorie von Stadien sozialer Evolution zu entwickeln, die im Fall von Locke um die Einführung des Geldes als entscheidendes Moment der Sprengung naturnaher Vergesellschaftung zentriert ist. Montesquieus 'Esprit des Lois' lieferte eine im wesentlichen statische universalgeschichtliche Synopsis möglicher Beziehungen geografischer, sozialer und politischer Verhältnisse, in der sich aber auch Hinweise auf historische Abläufe der 'longue durée' finden. Der Durchbruch zu einer gattungsgeschichtlichen Theorie sozialer Evolution findet sich dann in kulturgeschichtlichen Forschungen Anne Robert Jacques Turgots, die aber zunächst unveröffentlicht blieben (Turgot 1990) und in Schottland: bei John Dalrymple (Dalrymple 1759), Lord Kames (Kames 1968) Adam Smith, Adam Ferguson, William Robertson (Robertson 1818) und John Millar (Millar 1985). So konnte sich auch Marx in seiner bekannten Darstellung des sogenannten 'historischen Materialismus' im Vorwort 'Zur Kritik der politischen Ökonomie' auf den „Vorgang der Engländer und Franzosen des 18.Jahrhunderts" berufen (Marx 1974: 14), die die Naturrechtsdogmatik durchgreifend historisierten, und dazu hat theoretisch entscheidend Hume vorgearbeitet, dessen Beitrag zur Theorie der Sozialevolution im übrigen eher klein ist.

Die theoretische Wende, die Hume 1740 im 'Treatise of Human Nature' vornahm und die für meine Fragestellung zentral ist, bestand darin, die 'Gerechtigkeit' nicht mehr als Tugend zu interpretieren, die der menschlichen Vernunft auf diese oder jene Weise *a priori* innewohnt, als 'natürliche Tugend', sondern als eine 'artificial virtue', die sowohl gesellschaftlich Ergebnis komplexer Zivilisationsprozesse ist, als auch individuell in jedem Menschen sozialisatorisch nachvollzogen und erzeugt werden muß. Pufendorf argumentierte in dieser Frage bereits zurückhaltend. „Gewöhnlich sagt man", schrieb er, „das Naturrecht sei jedem von Natur aus bekannt. Das ist aber nicht so zu verstehen, als wären dem Menschen von Geburt an genaue und fest umrissene Regeln über das, was zu tun und zu lassen ist, mitgegeben. Die Sache ist vielmehr so: Teilweise kann der Mensch das Naturrecht im Lichte seiner Vernunft erkennen. Und teilweise sind zumindest die allgemein geltenden und besonders wichtigen Hauptregeln des Naturrechts so klar und eindeutig, daß sie ohne weiteres Zustimmung finden" (Pufendorf 1994, Buch 1, Kap.3, §12). Hugo Grotius bezog sich auf die allgemeine Zustimmung - den 'consensus omnium' - als wesentliche Beweisart des Natur- und Völkerrechts (Grotius 1950, Vorrede, Abs.40) und daraus folgte eine relativ stark empirisch und auch historisch angelegte Untersuchungsmethode. Locke dagegen bestritt in den 'Essays on the Law of Nature' die Gültigkeit dieser Beweisart (in: Locke 1985, Abschn.V) ebenso wie die These, das Naturgesetz sei „inscribed in the Minds of Men" (Abschn.III), und er schlug den Ausweg eines sensualistisch abgestützten Lernprozesses der menschlichen Vernunft als Entdeckungsverfahren der aprioristischen Prinzipien des Naturrechts ein (Abschn.IV). Im 'Essay concerning Human understanding' betonte er, nicht nur theoretische Prinzipien seien erworben, sondern auch praktische, was bereits durch die Tatsache nahegelegt sei, daß moralische Prinzipien nicht allgemein geteilt werden, wie jeder „but moderately conversant in the history of mankind" wisse. „Justice, and keeping of contracts, is that which most men seem to agree in". Aber kann daraus geschlossen werden, es gebe „innate principles of truth and justice...?". Nein, denn jede Art praktischer Tugend, darunter auch die Gerechtigkeit, sei „generally approved, not because innate, but because profitable" (Locke 1981, Buch 1, Kap.3); daran knüpfte Hume an.

Die Basis der Tugend ist nach Hume nicht die Vernunft, instrumentell verstanden, sondern sind die spontanen Affekte, moderiert durch den 'moral sense' - ein Konzept, das Hume von Shaftesbury und Hutcheson übernimmt. Es gibt aber keinen originären Affekt, der vom Individuum verlangt, die Rechte anderer, in Humes Diskussion besonders die Eigentumsrechte, zu respektieren. An diese Stelle tritt ein kollektiver Lernprozeß. Wenn die Menschen, schreibt Hume (Hume 1992: 489f.), die Erfahrung der großen Vorteile des Besitzes gemacht haben, und wenn sie realisiert haben, daß die Störungen des Gesellschaftsprozesses hauptsächlich aus der Unsicherheit des Besitzes resultieren, werden sie automatisch nach einem Mittel der Besitzstabilisierung suchen: das Eigentum, das auf einer „convention" beruht, „enter'd into by all the members of the society, to bestow stability on the possession...". Diese 'Konvention' ist aber kein Vertrag, sondern „only a general sense of common interest; which sense all the members of the society express to one another, and which induces them to regulate their conduct by certain rules". Konventionen treten nicht schlagartig in Kraft und auch jene der Eigentumssicherung „arises gradually, and acquires force by a slow progression, and by our repeated experience of the inconveniences of transgressing it". Regeln der Gerechtigkeit, wie insbesondere der Eigentumsschutz, sind also Ergebnis der kollektiven, sedimentierten Erfahrung ihrer Nützlichkeit. Letzten Endes ist daher die Einsicht in die „necessity of justice to the support of society... the sole foundation of that virtue" (Hume 1988, Abschn.III, Ende).

Als Beispiel für eine andere Basiskonvention führt Hume die Sprache an, die sich durch Praxis im Laufe der Zeit entwickelt und Verbindlichkeit gewinnt, ohne selbstverständlich durch kollektiven Beschluß, nach Art eines Vertrages, eingeführt worden zu sein. Vielmehr werden wir in gegebene Situationen hineingestellt, die uns über weite Strecken kaum eine Wahl lassen, als die Konventionen, auf denen der Gesellschaftsprozeß aufruht, zu akzeptieren - eine weithin gedankenlose Akzeptanz, so daß erst negative Erfahrungen gewisse Konventionen in Zweifel stellen, die dann gesellschaftlicher Reflexion ausgesetzt und eventuell umgestaltet werden. Aber diese Prozesse sind vom Individuum kaum steuerbar, so daß die Idee der Bindung des Individuums durch individuelle Zustimmung absurd erscheint, auch in der Variante der 'stillschweigenden Zustimmung'. Dies ist ein wesentliches Moment der Humeschen Vertragskritik in seinem bekannten ironischen Beispiel eines Mannes, der im Schlaf an Bord eines Schiffes getragen wird, und der es nur verlassen könnte, indem er über Bord springt und sicher ertrinkt, von dem aber dennoch gesagt wird, er habe sich durch das Verbleiben an Bord dem Befehl des Kapitäns implizit freiwillig unterworfen (Hume 1987: 475; Bermbach 1985). Durch die Theorie weithin nichtthematischer Basiskonventionen, die in einem historischen Prozeß herabgesetzter Subjektrationalität zustande kommen und weithin vorbewußt fortgelten, unterläuft Hume so den Begründungszirkel der politischen Vertragstheorie, ohne jedoch die für die britische politische Kultur fundamentale Idee des 'government by consent' aufzugeben.

Andere schottische Aufklärer, wie Kames und Smith, übernahmen Humes Vertragskritik, radikalisierten aber die Kritik des Naturrechtsrationalismus und hielten ihrerseits Hume vor, den Aspekt der 'Utilität' im Prozeß der Etablierung sozialer Normen, auch der Gerechtigkeit, überzubewerten, denn ihrer Auffassung nach waren die Prozesse der 'moral sentiments' wesentlich nicht- oder nur beschränkt rational, so daß, in der Interpretation von Smith, Gesichtspunkte der sozialen Nützlichkeit moralischer Normen erst aus einer kontemplativen Perspektive *a posteriori* sichtbar würden, die eine philosophische Perspektive ist, keine des Alltagsverstandes. Im Gesellschaftsprozeß funktionieren die 'moral sentiments' dagegen als spontane Affekte, auch wenn sie sozial erworben sind. So entspricht etwa im Falle der Gerechtigkeit der Verletzung des Rechts durch andere die gesunde affektuelle Reaktion des 'Resentment' des Betroffenen, wobei vermittels 'sympathy' auch die nicht unmittelbar beteiligten Beobachter die Rechtsverletzung emotional zurückweisen sollten, so daß das 'Resentment' gleichsam als sozialer Schutzaffekt der Gerechtigkeit und als motivationale Basis des Rechtssystems wirkt.

Die historische Dimension dieses Ansatzes läßt sich an der Theorie der Eigentumsrechte im Rahmen der sogenannten 'Vier-Stadien-Theorie' universalgeschichtlicher Sozialevolution verdeutlichen. Demnach gibt es im Jäger- und Sammlerstadium menschlicher Zivilisation nur schwache Eigentumsbegriffe, die sich an persönliche Werkzeuge heften. Im Stadium nomadischer Viehzucht verknüpft sich der Eigentumsbegriff mit den Herden, die jedoch in keinem strengen Sinne Privateigentum sind, sondern eine gesellschaftliche Organisation in Kleingesellschaften bedingen, in denen die Familienoberhäupter nominelle Gesamteigentümer sind. Hier existieren große Reichtumsgegensätze, die, nach dem von James Harrington adaptierten Grundsatz „that power follows property" (Ottow 1993), mit Herrschaft konnotiert sind. Im Übergang zur seßhaften Agrargesellschaft verdichtete sich der Eigentumsbegriff zum Privateigentum am Grund und Boden, gleichwohl blieben kollektive Eigentumsideen lebendig, weil gewisse Arbeitsprozesse nur kollektiv zu bewältigen waren und weil es weiterhin kollektiven Grundbesitz gab. In der Moderne werden die starren Herrschaftsverhältnisse gelockert, weil die marktvermittelten Eigentumsverhältnisse dynamisch und fluktuierend werden, was auf den Eigentumsbegriff durchschlägt, dessen Bedeutung der festen Verbindung einer Person mit einer Sache verblaßt. Und parallel zur Zunahme der Tauschprozesse und Eigentumsübertragungen und zur Differenzierung ihrer Formen wächst gleichzeitig die Bedeutung des Vertrages und daher die soziomoroalische Bedeutung der Vertragstreue. Aus diesen Überlegungen erhellt, daß sich die Eigentumsideen aus der spontanen Emotionalität des alltäglichen Prozesses gesellschaftlicher Reproduktion ergeben. Nach einer typischen Argumentationsfigur Lord Kames' bildet etwa ein Mann, der mit viel Mühe ein Feld der landwirtschaftlichen Nutzung erschlossen hat, „dans son imagination l'idée d'un rapport intime avec ce champ. Il contracte par degrés une affection singulière pour ce morceau de terre..." (Kames 1766: 185f.), womit nicht die Arbeit an sich Grund des Eigentums ist, wie Locke vertreten hatte, sondern die assoziativ-affektuelle Beziehung auf der Basis der gesellschaftlichen Arbeitsprozesse, die, um Eigentum als soziales Institut zu begründen, gesellschaftlich anerkannt sein muß. Ideen der Gerechtigkeit sind demnach generell sozial generiert und als solche historisch variabel, und aus dieser Einsicht leiteten die Schotten ein Wissenschaftsprogramm ab, das die vergleichende universalgeschichtliche Untersuchung von Rechtsideen zum Gegenstand hat, die normativ verdichtet werden: 'natural jurisprudence', welche, kurz gesagt, eine historisch-soziologische Transformation des Naturrechts darstellt.

Grotius hatte geschrieben, um die Rechtswissenschaft zu systematisieren, sei es notwendig, die Naturrechtselemente aus den positiven Rechtssystemen herauszufiltern, denn „die natürlichen Bestimmungen können, da sie immer dieselben bleiben, leicht in eine wissenschaftliche Form gebracht werden", während dagegen „der positive Teil [oft] wechselt... und in jedem Lande anders [ist]"; der „natürliche und unveränderliche Teil der Rechtswissenschaft" sei daher von dem „aus der Willkür entsprungene[n]" zu trennen und zu einem empirisch gestützten Naturrechtssystem zu integrieren (Grotius 1950, Vorrede, Abs.30f.; s.a. Dilthey 1986: 364ff.). Darauf bezieht sich Adam Smith offensichtlich am Schluß der 'Theory of Moral Sentiments', wo er Grotius als den Begründer einer Rechtswissenschaft feiert, die jene Prinzipien aufsucht, „welche sich durch die Gesetze aller Nationen hindurchziehen und deren Grundlage bilden sollten", woran Smith das Versprechen knüpft, eine wissenschaftliche Abhandlung über die „allgemeinen Prinzipien des Rechts und der Regierung, sowie der verschiedenen Umwälzungen, die sie in den verschiedenen Zeitaltern und Epochen der Gesellschaft durchgemacht haben..." zu liefern (Smith 1985: 570, 1982a: 341f.)[7]. Der 'Wealth of Nations' ist als teilweise Erfüllung dieses Versprechens anzusehen, und noch in der Anzeige zur 6.Auflage der *Theory of Moral Sentiments* von 1790 formulierte Smith eine schwache Hoffnung, diese Rechtslehre, an der er offensichtlich lange gearbeitet hatte, vollenden zu können (Smith 1985, 1982a, Advertisement); das war nicht der Fall. Alle Manuskripte, bis auf einige Jugendarbeiten, verbrannte Smith vor seinem Tode, so daß wir von seiner Rechtslehre nur zwei Vorlesungsmitschriften besitzen. Deutlich ist, daß er an der naturrechtlichen Perspektive der Auffindung universal gültiger Rechtsnormen festhielt, aber er scheint auch von einer Abhängigkeit der Entwicklung der Rechtswissenschaft vom allgemeinen Prozeß der Zivilisation auszugehen, so wie von der Abhängigkeit des Rechtssystems vom allgemeinen Kulturniveau. „Jedes System des positiven Rechtes", schrieb er, „kann als ein mehr oder weniger unvollkommener Versuch zu einem System des Naturrechtes (im Original: 'natural jurisprudence') betrachtet werden...". „In manchen Ländern verhindert es [jedoch] die Rohheit und Barbarei des Volkes, daß das natürliche Rechtsgefühl jene Feinheit und Bestimmtheit erreiche, zu der es sich bei höher zivilisierten Nationen allerdings naturgemäß erhebt". Und generell gelte, daß in keinem Land das positive Recht genau mit jenen Regeln übereinstimmt, „welche das natürliche Rechtsgefühl vorschreiben würde", und aus diesem Grunde können die „positiven Rechtsordnungen... niemals als genau zutreffende Systeme der Regeln des Naturrechts betrachtet werden" (Smith 1985: 568ff., 1982a: 340f.). Im Ergebnis weist Smith somit Rechtspositivismus wie auch einen historizistischen Relativismus des

---

7 Vgl. Kondylis 1994 zu Montesquieu.

Rechts ab und hält am normativen Programm des Naturrechts fest, das aber von seinem Rationalismus entkleidet, entdogmatisiert und historisch gewendet wird, wodurch sich Smith (so wie die anderen schottischen Theoretiker) auch von einer abstrakt philosophischen Rechtsbegründung à la Bentham abgrenzt.

Der Rechtstheorie der 'Natural Jurisprudence' entspricht in Smiths Wissenschaftssystem die praktisch-politische 'Science of a Legislator' (Haakonssen 1989), die die politische Ökonomie in sich einbegreift. Und hier, in der praktischen Politik, findet sich der Schlüssel für die Versöhnung der normativen und empirischen Rechtsperspektive, die im 'Prozeß der Zivilisation' konvergieren, dessen moderne Basis die Marktgesellschaft ist. Diese Idee eben: einer prozessierenden Zivilisation, deren Teilsysteme relativ autonom und doch in einem eminenten Sinne aufeinander bezogen sind, und die auf diese Weise einen 'ungleichmäßigen' Fortschritt erzielt, fehlt dem klassischen (neuzeitlichen) Naturrecht, das in einem abstrakten Universalismus verharrt.

Literatur

Bentham, Jeremy, 1982: An Introduction to the Principles of Morals and Legislation, hrsg.v. J.H.Burns/H.L.A.Hart, London/NY

Bentham, Jeremy, 1990: A Fragment on Government, hrsg.v. J.H.Burns/H.L.A.Hart, Cambridge

Bermbach, Udo, 1985: David Hume, in: Pipers Handbuch der politischen Ideen, hrsg.v. Iring Fetscher/Herfried Münkler, Bd.3, München/Zürich, S.410-18

Blackstone, William, 1979: Commentaries on the Laws of England, 4 Bde., repr., Chicago/London

Brunner, Otto, 1956: Das "ganze Haus" und die alteuropäische "Ökonomik", in: Neue Wege der Sozialgeschichte. Vorträge und Aufsätze, Göttingen, S.33-61

Carlyle, Thomas, 1986: Selected Writings, hrsg.v. A.Shelston, Harmondsworth

Dalrymple, John, 1759: An Essay towards a General History of Feudal Property, London

Derks, Hans, 1996: Über die Faszination des 'ganzen Hauses', *Geschichte und Gesellschaft*, 22.Jg., S.221-42

Dilthey, Wilhelm, 1986: Die Autonomie des Denkens, der konstruktive Rationalismus und der pantheistische Monismus nach ihrem Zusammenhang im 17. Jahrhundert, in: Aufsätze zur Philosophie, hrsg.v. M.Marquardt, Hanau

Dunn, John, 1985: From applied Theology to social Analysis: The Break between John Locke and the Scottish Enlightenment, in: Rethinking Modern Political Theory, Cambridge, S.55-67

Grotius, Hugo, 1950: Drei Bücher vom Recht des Krieges und des Friedens, Tübingen

Haakonssen, Knud, 1989: The Science of a Legislator. The Natural Jurisprudence of David Hume & Adam Smith, Cambridge

Hegel, Georg W.F., 1986: Wissenschaftliche Behandlungsarten des Naturrechts, Werke, Bd.2: Jenaer Schriften. 1801-1807, Ffm.

Heineccius, Johann G., 1994: Grundlagen des Natur- und Völkerrechts, hrsg.v. Ch.Bergfeld, Ffm./Leipzig

Hochstrasser, T.J., 1995: Review Article: Early Modern Natural Law Theories and their Contexts, *Historical Journal*, Bd.38,

Höffe, Ottfried, 1989: Politische Gerechtigkeit. Grundlegung einer kritischen Philosophie von Recht und Staat, Ffm.

Hont, Istvan, 1987: The language of sociability and commerce: Samuel Pufendorf and the theoretical foundations of the "Four-Stages Theory", in: Anthony Pagden (Hrsg.): The Languages of Political Theory in early-modern Europe, Cambridge, S.253-76

Horstmann, Rolf P., 1975: Über die Rolle der bürgerlichen Gesellschaft in Hegels politischer Philosophie, in: M.Riedel (Hrsg.): Materialien zu Hegels Rechtsphilosophie, Bd.2, Ffm., S.276-311

Hume, David, 1983: The History of England, from the Invasion of Julius Caesar to the Revolution in 1688, 6 Bde., Indianapolis

Hume, David, 1987: Essays - Moral, Political and Literary, hrsg.v. E.F.Miller, Indianapolis

Hume, David, 1988: An Enquiry concerning the principles of morals, La Salle, 2.Aufl.

Hume, David, 1992: A Treatise of Human Nature, Oxford, 2.Aufl.

Hutcheson, Francis, 1969a: A short Introduction to Moral Philosophy, Collected Works, Bd.4, repr., Hildesheim

Hutcheson, Francis, 1969b: A System of Moral Philosophy, 2 Bde., Collected Works, Bd.5, repr., Hildesheim

Hutcheson, Francis, 1971: Remarks upon the 'Fable of the Bees', in: Opera minora, Collected Works, Bd.7, repr., Hildesheim

Kames, Henry Home-Lord (anon.), 1766: Essais historiques sur Les Loix, traduits de L'Anglois, par M. Bouchaud, Paris

Kames, Henry Home-Lord, 1767: Principles of Equity. Corrected and enlarged in a second edition, Edinburgh

Kames, Henry Home-Lord, 1968: Sketches of the History of Man, Edinburgh, 2.Aufl., 1778, repr., 4 Bde., Hildesheim

Kames, Henry Home-Lord (anon.), 1976: Essays on the principles of morality and natural religion, 1751, repr., NY/London

Klein, Lawrence E., 1993: Shaftesbury, politeness and the politics of religion, in: Nicholas Phillipson/Quentin Skinner (Hrsg.): Political Discourse in Early Modern Britain, Cambridge, S.283-301

Kondylis, Panajotis, 1994: Montesquieu: Naturrecht und Gesetze, *Der Staat*, 33.Jg., S.351-72

Langford, Paul, 1991: Public Life and the Propertied Englishman. 1689-1798, The Ford Lectures Delivered in the University of Oxford, 1990, Oxford

Lebovics, H., 1986: The Uses of America in Locke's "Second Treatise of Government", *Journal of the History of Ideas*, Bd.47, S.567-81

Lieberman, David, 1989: The Province of Legislation determined. Legal Theory in Eighteenth-Century Britain, Cambridge

List, Friedrich, 1961: Das natürliche System der politischen Ökonomie, Berlin (DDR)

List, Friedrich, 1959: Das nationale System der politischen Ökonomie, hrsg.v. A.Sommer, Basel/Tübingen

Locke, John, 1977: Zwei Abhandlungen über die Regierung, hrsg.v. Walter Euchner, Ffm.

Locke, John, 1981: An Essay concerning Human Understanding, gek., hrsg.v. A.D.Woozley, Glasgow

Locke, John, 1985: Bürgerliche Gesellschaft und Staatsgewalt. Sozialphilosophische Schriften, hrsg.v. Hermann Klenner, Berlin

Luhmann, Niklas, 1989: Vertrauen. Ein Mechanismus der Reduktion sozialer Komplexität, Stg., 3.Aufl.

Marx, Karl, 1974: Zur Kritik der Politischen Ökonomie. Erstes Heft, Berlin, 9.Aufl.

Marx, Karl/Engels, Friedrich, 1980: Manifest der Kommunistischen Partei, in: Werke, Bd.4, Berlin, 9.Aufl.

Medick, Hans, 1973: Naturzustand und Naturgeschichte der bürgerlichen Gesellschaft. Die Ursprünge der bürgerlichen Sozialtheorie als Geschichtsphilosophie und Sozialwissenschaft bei Samuel Pufendorf, John Locke und Adam Smith, Göttingen

Medick, Hans/Leppert-Foegen, Annette, 1974: Frühe Sozialwissenschaft als Ideologie des kleinen Bürgertums: John Millar of Glasgow, 1735-1801, in: Hans-Ulrich Wehler (Hrsg.): Sozialgeschichte heute. Festschrift Hans Rosenberg, Göttingen

Millar, John, 1788/89: Notes on Roman Law, Vorlesungsmitschrift von Robert Ferguson, 5 Bde., Glasgow-University, MS Murray 78-82

Millar, John, 1985: Vom Ursprung des Unterschieds in den Rangordnungen und Ständen der Gesellschaft, Ffm.

Ottow, Raimund, 1993: 'Power follows Property'. Zu einem Tops der britischen politischen Herrschaftssoziologie, *Archives Européennes de Sociologie*, Bd.34, S.277-306

Pufendorf, Samuel, 1994: Über die Pflicht des Menschen und des Bürgers nach dem Gesetz der Natur, hrsg.v. K.Luig, Ffm./Leipzig

Robertson, William, 1818: A View of the Progress of Society in Europe, from the Subversion of the Roman Empire to the Beginning of the Sixteenth Century, The Works of William Robertson, London, Bd.IV

Rossi, Pietro, 1987: Die Rationalisierung des Rechts und ihre Beziehung zur Wirtschaft, in: Vom Historismus zur historischen Sozialwissenschaft. Heidelberger Max Weber-Vorlesungen 1985, Ffm.

Schluchter, Wolfgang, 1980: Rationalismus der Weltbeherrschung. Studien zu Max Weber, Ffm.

Smith, Adam, 1963/1975/1984 : Eine Untersuchung über das Wesen und die Ursachen des Reichtums der Nationen, 3 Bde., hrsg.v. G.Bondi (Bd.1) und P.Thal (Bde.2u.3), Berlin

Smith, Adam, 1981: An Inquiry into the Nature and the Causes of the Wealth of Nations, Glasgow Edition, Bd.II, hrsg.v. R.H.Campbell/A.S.Skinner, 2 Bde., Indianapolis

Smith, Adam, 1982a: The Theory of Moral Sentiments, Glasgow Edition, Bd.I, hrsg.v. D.D.Raphael/A.L.MacFie, Indianapolis

Smith, Adam, 1982b: Lectures on Jurisprudence, Glasgow Edition, Bd.V, hrsg.v. R.L.Meek et al., Indianapolis

Smith, Adam, 1985: Theorie der ethischen Gefühle, hrsg.v. W.Eckstein, Hamburg

Stein, Peter, 1980: Legal Evolution. The History of an Idea, Cambridge

Stein, Peter, 1982: From Pufendorf to Adam Smith: The Natural Law tradition in Scotland, in: N.Horn (Hrsg.): Europäisches Rechtsdenken in Geschichte und Gegenwart, Festschrift H.Coing, Bd.I, München, S.667-79

Sternberger, Dolf, 1964: Grund und Abgrund der Macht. Kritik der Rechtmäßigkeit heutiger Regierungen, Ffm. etc.

Steuart, Sir James, 1966: An Inquiry into the Principles of Political Oeconomy, hrsg.v. Andrew S.Skinner, Edinburgh/London, 2 Bde.

Turgot, Anne Robert Jacques, 1990: Über die Fortschritte des menschlichen Geistes, hrsg.v. Johannes Rohbeck/L.Steinbrügge, Ffm.

Weber, Max, 1985: Wirtschaft und Gesellschaft. Grundriss der verstehenden Soziologie, Tübingen, Studienausgabe, 5.Aufl.

Welzel, Hans, 1990: Naturrecht und materiale Gerechtigkeit, Göttingen, 4.Aufl.

Matthias Bohlender

Von der gerechten Herrschaft zur zivilen Regierung. Überlegungen zum Wandel politischer Rationalität bei Adam Smith*

Es ist die Absicht der hier vorgestellten Überlegungen, Adam Smith im Kontext eines umfassenden Wandels politischer Rationalität zu lesen, der im Großbritannien des 18. Jahrhunderts mit der schottischen Moralphilosophie seinen Ausgang nimmt und in der Geburt der klassischen politischen Ökonomie als institutionalisierte Wissenschaft einen ersten Ort findet, von dem aus diese neue politische Rationalität sich in ganz unterschiedliche diskursive wie nicht-diskursive Praktiken einzuschreiben in der Lage ist. Es kann hier weder darum gehen diesen Wandel noch das Werk von Adam Smith in seiner Gesamtheit zu behandeln und nachzuzeichnen; lediglich *ein* Aspekt dieses Wandels soll hier vorgestellt werden, nämlich der Wandel des politischen Denkens von der *gerechten Herrschaft* zur *zivilen Regierung*, von der juridischen Beherrschung von Subjekten nach den Regeln der Gerechtigkeit (to rule, to subject, to submit) hin zur Regierung von Menschen im sozialen Raum gemäß ihren eigenen Meinungen, Bedürfnissen, Interessen und Begehren (to govern, to conduct, to regulate). Dieser Wandel impliziert nicht nur eine neue Vorstellung des politischen Führens, ein neues Vokabular der Politik; dieser Wandel führt auch zur Formierung einer neuen Wissenschaft vom Sozialen und von dieser Wissenschaft geforderten neuen Praktiken der Regulierung des sozialen Raumes.[1] Auf eigentümliche und paradoxe Weise fordert die neue politische Rationalität des zivilen Regierungsdenkens die Freiheit des Bürgers von staatlicher Bevormundung und juridisch-politischen Eingriffen in seine Interessensphäre, zugleich aber befördert sie eine ganze Reihe sozialer und politischer Institutionen, die die vielfältigen Bewegungen und Beziehungen der Bürger in jener sozialen Sphäre beobachten, aufzeichnen und regulieren.[2]

---

* Die hier vorgestellten Überlegungen sind im Rahmen eines von der Deutschen Forschungsgemeinschaft geförderten Teilprojektes der an der Humboldt Universität zu Berlin angesiedelten Forschergruppe *Historisch-sozialwissenschaftlicher Gesellschaftsvergleich* entstanden. Dem Text selbst liegt ein Kurzreferat zugrunde, das anläßlich der Tagung *Gerechtigkeit und Politik. Ideengeschichtliche Grundrisse* der Sektion Politische Theorie und Ideengeschichte in der DVPW vom 13.-15. Oktober 1995 in Berlin vorgetragen wurde.

1 Begriffe wie *social, sociality, sociability, disposition to society* sind bei den Autoren des 18. Jahrhunderts noch nicht als fertige und fixierte Konzepte zu verstehen. Es sind polysemische und flottierende Signifikanten, die gleichwohl anzeigen, daß bestimmte Beziehungen und Handlungsweisen (Arbeit, Tausch, Sprache, Sexualität) sowie bestimmte Subjekte (Kinder, Frauen, Tagelöhner, Arme) mit den herkömmlichen juridischen und ethischen Ordnungskategorien nicht mehr erfaßt werden können. Erst die neuen Wissenschaften (Anthropologie, politische Ökonomie, Pädagogik, Physiologie) werden am Ende des Jahrhunderts diesen Begriffen einen diskursiven Gegenstand zuweisen, d.h. sie werden sie etwas spezifisches *bedeuten* lassen.

2 Ich denke hier an die Unmenge von Reformgesellschaften, die *Friendly Societies*, *Charity Societies* und *Benefit Clubs* ebenso wie die Gründung von statistischen Gesellschaften, die gegen Ende des 18. und Anfang des 19. Jahrhunderts entstehen. Ebenso wichtig scheinen mir die Bewegungen zur Re-

145

Man mag erstaunt sein, an dieser Stelle von Adam Smith als einem politischen Denker zu lesen, dessen Schriften sich vorbehaltlos in den Kontext eines Wandels politischer Rationalität integrieren lassen. In den Hauptströmungen der politischen Ideen und Theorien wird ihm zwar ein Platz in der Rubrik *Liberalismus* eingeräumt, aber weniger auf Grund seiner politiktheoretischen Wirksamkeit, als vielmehr auf Grund seiner immer noch beherrschenden Stellung als Klassiker marktwirtschaftlichen, liberal-ökonomischen Denkens. Zwischen John Locke und John Stuart Mill besetzt er lediglich eine ideengeschichtliche Zwischen- und Durchgangsposition, die uns versichern soll, daß es eine Kontinuität, eine Einheit politischen liberalen Denkens über die Jahrhunderte hinweg gegeben hat. Wenn man von einem gewichtigen Platz reden will, dann hat Adam Smith ihn nicht in der politischen Ideengeschichte, sondern in der ökonomischen Dogmengeschichte, eben als jener geniale Gründervater der politischen Ökonomie, die sich im 19. Jahrhundert entlang seiner Begriffe, Theoreme und Problematiken zur hegemonialen Wissenschaft formieren wird.

Gleichwohl gibt es seit geraumer Zeit, insbesondere im angelsächsischen Raum, Anstrengungen verschiedenster Art, Adam Smith und mit ihm die schottische Moralphilosophie wenn nicht politiktheoretisch, so doch sozialwissenschaftlich und historisch-soziologisch zu rehabilitieren (Vgl. die Beiträge im Sammelband Kaufmann/Krüsselberg 1984 sowie Medick 1981). Bei all diesen Versuchen beschränkt man sich nicht auf Adam Smith' *Wealth of Nations* oder auf Kommentare zu seinen *invisible hand*-Passagen, sondern versteht sein gesamtes Werk von den frühen Vorlesungen in Edinburgh und Glasgow bis hin zur nie fertiggestellten *Theory and History of Law and Government* als eine „Naturgeschichte" und historische Soziologie der bürgerlichen Gesellschaft. So sehr man auch auf diese Weise Adam Smith aus der ökonomischen Klammer befreien konnte und in ihm heute nicht nur den Verfechter des *homo oeconomicus* sieht, so sehr erscheint er nun als Universalsoziologe und Gründervater der modernen Sozialwissenschaften vor ihrer disziplinären Ausdifferenzierung in Politik, Soziologie, Geschichte und Ökonomie.

Interessant ist hierbei, wie sich beide historiographischen Zugriffe auf Adam Smith - der ökonomiehistorische wie der sozialwissenschaftliche - im Grunde komplementär verhalten und sich gleichen. In beiden Fällen wird Smith und sein Werk zu einem Anfang, zu einem Ursprung erklärt, in dem alles oder doch fast alles, was noch kommen wird, in einer Art komprimierten, möglicherweise widersprüchlich integrierten Weise schon vorhanden und greifbar war. Sieht man nicht schon im *Wealth of Nations* Ricardos Arbeitswerttheorie, Jevons Grenznutzenlehre und Keynes' Wohlfahrtsökonomie? Läßt sich nicht schon bei Smith Kultur- und Religionssoziologie, Historismus und vergleichende Regierungslehre erblicken? Wenn hier versucht wird Adam Smith im Kontext des Wandels politischer Rationalität zu begreifen, soll dies nicht heißen, nun auch noch der politischen Theoriegeschichte einen weiteren Gründer, einen weiteren Ur-

---

formierung des Polizeiwesens, des Straf- und Armenrechts. Patrick Colquhoun, Jeremy Bentham und Thomas R. Malthus verstehen sich in ihren Anstrengungen zur Regulierung des sozialen Raumes (paupers, criminals, idlers) als Repräsentanten einer neuen Wissenschaft: der politischen Ökonomie.

sprung des modernen politischen Denkens hinzuzufügen. Die Wendung oder Umkehrung der politischen Rationalität von der gerechten Herrschaft über den politischen Körper zur zivilen Regierung des Sozialen ist nicht das Verdienst von Smith; allein, an ihm läßt sie sich ablesen, beobachten und die Spezifität dieser Umkehrung beschreiben. Insofern ist Joseph Schumpeter zuzustimmen, wenn er in seiner Geschichte der ökonomischen Analyse die Leistung von Smith nicht in seiner theoretischen Genialität erblickt, sondern in seiner Mittelmäßigkeit, Durchschnittlichkeit und gleichwohl systematischen Prägnanz (Vgl. Schumpeter 1994, 185ff.). Im folgenden werde ich, ausgehend von Humes Kritik am Vertragsdenken, Adam Smith also nicht so sehr als „politischen Denker" oder „politischen Theoretiker" behandeln, sondern umgekehrt: der Name Adam Smith steht stellvertretend für ein spezifisches Denken, das beherrscht wird von der Frage nach der Regierbarkeit von Menschen im sozialen Raum.

Die Kritik am ursprünglichen Vertrag und die Entdeckung des Sozialen

„Nichts erscheint erstaunlicher bei der philosophischen Betrachtung menschlicher Angelegenheiten", so schreibt David Hume in seinem Essay *On the first Principles of Government*, „als die Leichtigkeit, mit der die Vielen von Wenigen regiert werden und die stillschweigende Unterwerfung, mit der Menschen ihre eigenen Gesinnungen und Leidenschaften denen ihrer Herrscher unterordnen. Fragt man sich, wie es zu diesem Wunder kommt, so stellt man fest, daß, zumal die Regierten stets die Stärke auf ihrer Seite haben, die Regierenden durch nichts anderes gestützt werden als durch Meinung. Regierung gründet sich daher ausschließlich auf Meinung, und diese Tatsache gilt für die überaus despotischen und militärischen Regierungen ebenso wie für die freiesten und republikanischsten" (Hume 1988, 25). In diesen Passagen, die so leicht und eingängig formuliert scheinen, kündigt sich ein neues Programm des Denkens politischer Ordnungen an. Dieses Programm läßt sich grob in zwei unterschiedliche Linien unterteilen: die eine Linie ist negativer Art und betrifft die Kritik und Zurückweisung eines bisher vorherrschenden Diskurses politischer Herrschaft, der die Entstehung und den Vollzug dieser Herrschaft juridisch-philosophisch erklärt. Es sind die Regeln der Gerechtigkeit und die Regeln der Vernunft, die - entstanden aus einem wie auch immer gearteten ursprünglichen Vertrag - die Beziehungen der Bürger innerhalb des politischen Körpers zum Wohle aller regulieren. Die andere Linie des Programms hat eine positive Seite, insofern sie das „Wunder" der Regierbarkeit der Vielen durch die Wenigen auf andere Art und Weise bestimmen muß. Wenn es nicht oder nicht allein die Regeln der Gerechtigkeit und der Vernunft sind aus denen sich Herrschaft oder Regierung begründen läßt, worauf läßt sich dann jenes äußerst fragile und widersprüchliche Verhältnis der Regierenden zu den Regierten aufbauen und zwar so aufbauen, daß sowohl die Freiheit der einen als auch das Wohl und die Sicherheit aller gewährleistet sei. Während sich demnach die eine Linie der Kritik des ursprünglichen Vertrages zuwendet, erarbeitet die andere Linie einen neuen Modus, sich das Regieren der Menschen denken zu können. Möglicherweise war David Hume einer der ersten, der dieses neue Programm politischer Rationalität in Gang setzte; seine Wirkungsmacht zeigt sich jedoch erst an der Reihe ganz unterschiedlicher Autoren, die ihm gefolgt sind: Adam Smith, Edmund Burke und Jeremy Bentham.[3]

Wenn die Kritik des ursprünglichen Vertrages einen ersten Schritt darstellt, eine neue politische Rationalität des Regierens auszuarbeiten, stellt sich die Frage, was das Spezifikum ihrer Kritik sei. Betrachtet man sich die relevanten Texte schottischer Autoren wie Hume, Smith, Ferguson oder auch Steuart,[4] so stößt man sehr schnell auf jene empirischen, historischen und kulturvergleichenden Argumente, die alle darauf verweisen, daß ein Vertrag, eine freiwillige Unterwerfung oder Zustimmung - ob nun offen oder stillschweigend vollzogen - niemals die rationale Grundlage gerechter Herrschaft bilden und gebildet haben. „Fast alle Regierungen, die es zur Zeit gibt oder über die geschichtliche Quellen existieren, sind ursprünglich entweder durch Usurpation oder Eroberung oder beides entstanden, jedoch stets ohne die Vorspiegelung einer fairen Zustimmung oder freiwilligen Unterwerfung der Menschen" (Hume 1988, 306). Dies heißt jedoch nicht, daß der Vertrag als „just foundation of government" aus der Vielfalt der Möglichkeiten ausgeschlossen wäre; es heißt nur, daß das Regieren noch eine andere Grundlage haben muß, eine Grundlage, die weder auf dem Bürger als Rechtssubjekt noch auf den Menschen als vernünftiges Wissenssubjekt beruht. „Besäßen alle Menschen ein so sicheres *Gerechtigkeitsgefühl*, daß sie niemals das Eigentum anderer begehrten, so hätten sie auf Ewigkeit in völliger Freiheit und ohne jegliche Unterwerfung unter einen Magistrat oder eine politische Gesellschaft leben können. Doch man hält die menschliche Natur zu Recht für unfähig zu solcher Vollkommenheit. Wenn zudem alle Menschen ein derart *vollständiges Wissen* um ihre eigene Interessen besäßen, hätten sie sich nur eine Art von Regierung unterworfen, die auf Zustimmung beruhte und von jedem Mitglied der Gesellschaft gründlich geprüft worden wäre. Doch auch dieser Zustand ist für die menschliche Natur völlig unerreichbar" (Hume 1988, 310; Herv. MB). Nun behaupten aber mehr oder minder alle Vertragsdenker (Hobbes, Locke, Pufendorf), daß es innerhalb des konstituierten politischen Körpers doch einen Ort gibt, an dem sich Gerechtigkeit und Vernunft vereinen, und von dem aus mit sicheren und stehenden Gesetzen die Gesellschaft regiert und beherrscht werden kann, der Souverän. Sicherlich, die Menschen und ihre Beziehungen untereinander sind niemals so stabil, dauerhaft und geordnet, daß ein politischer Körper entstehen könnte; aber gerade deshalb müssen die Menschen beherrscht und regiert werden. Gerechte Herrschaft über die Beziehungen der Bürger im politischen Körper heißt hier nichts anderes, als die direkten und zwangsläufig gewaltförmigen Beziehungen der Menschen untereinander zu unterbrechen und mit den Mitteln des Rechts und der Gesetze neu zu gestalten und zu formieren. *Governing by law*, Regieren nach den Regeln der Gerechtigkeit bedeutet vor allem die Erzeugung eines Raumes (body politic, civil society), in welchem der Souverän die Menschen nur

---

3 Insbesondere Jeremy Benthams breitgefächertes Werk wäre unter dem Gesichtspunkt eines neuen Programms politischer Rationalität eine eigenständige Untersuchung wert. Ansätze dazu finden sich bei Foucault 1977, Dean 1991, Himmelfarb 1970 und Hume 1981.

4 Vgl. Hume 1988, 301-324; Smith 1982, 316ff. und 402ff.; Ferguson 1988, 97ff.; Steuart 1966, 209ff.

als Rechtssubjekte wahrnimmt/artikuliert und ihre Beziehungen untereinander nur als Rechtsbeziehungen, das heißt zum Schutze oder zur Aufrechterhaltung ihres Status als Rechtssubjekte (preservation of life, liberty and property) regiert. Die Vertragsdenker kennen im Grunde nur zwei weitere, der bürgerlichen Gesellschaft untergeordnete Räume menschlicher Beziehungen: den *familialen Raum* (oikos) und den zwischenstaatlichen *Raum des Krieges*. Dort stößt die gerechte Herrschaft des Souverän (noch) an seine Grenzen; dort sind die Beziehungen nicht alle rechtlicher Natur, und nicht alle Menschen Rechtssubjekte. Frauen, Kinder, Knechte, Geisteskranke, sie werden nach anderen Modalitäten regiert.[5] In das Regiment des Hausvaters - also die Beziehung zwischen Mann und Frau, zwischen Vater und Kind, zwischen Herr und Knecht - darf sich der Souverän nicht einmischen, - es sei denn, die Leitung und Führung des *oikodespotes* sind in der Weise gestört, daß diese Störungen in den Raum der bürgerlichen Gesellschaft übergreifen und somit die Ordnung gefährden.[6]

Für die Kritik des Vertragsdenkens sind diese beiden Regierungsweisen, diese beiden Raum- und Subjekttypen von größter Wichtigkeit. Die Regierungsbeziehung des Souverän zum Bürger als Rechtssubjekt - als Herr seiner selbst, seines Lebens und seines Eigentums - ist von anderer Art als die Regierungsbeziehung des Hausvaters zu den Mitgliedern des Hauses und der Familie.[7] Auch wenn es beispielsweise bei Pufendorf oder Locke Überlegungen gibt, sich wesentliche Beziehungen des Hauses in Analogie zur bürgerlichen Gesellschaft zu denken (Ehevertrag, Arbeitsvertrag), bleibt die Differenz doch erhalten: Frauen, Kinder, Gesinde, Geisteskranke, Gebrechliche und Alte sind im Grunde keine Rechtssubjekte. Was folgt nun aus dieser Differenz der Regierungsbeziehungen: gerechte Herrschaft über Rechtssubjekte nach festen Regeln auf der einen und autoritäre Regierung, Leitung und Führung über Menschen auf der anderen Seite. Ist die

---

5 Die klassische Stelle bei Locke lautet: „Betrachten wir also *den Herrn einer Familie* mit all diesen untergeordneten Beziehungen von *Weib, Kindern, Knechten und Sklaven*, vereinigt unter der häuslichen Herrschaft einer Familie: Wie groß in ihrer Ordnung, in ihren Ämtern und auch in ihrer Zahl die Ähnlichkeit einer Familie mit einem kleinen Staatswesen auch immer sein mag, so ist sie doch in Verfassung, Gewalt und auch in ihrem Ziel sehr verschieden von einem solchen Staat." (Locke 1977, 252) Während im *familialen Raum* nach Maßgabe der Vormundschaft (tuition) und Leitung (government) regiert wird, werden die Beziehungen im *kriegerischen Raum* unmittelbar gewaltförmig ausgetragen: „Es ist also *der ungerechte Gebrauch von Gewalt*, der *einen Menschen in den Kriegszustand* mit einem anderen versetzt, dadurch verwirkt, der, welcher Schuld daran trägt, sein Leben. Denn da er sich von der Vernunft abgekehrt, die die zwischenmenschlichen Beziehungen regeln soll, und an ihre Stelle nach Art der Tiere Gewalt anwendet, setzt er sich der Gefahr aus, von dem, gegen den er Gewalt anwendet, wie irgendein wildes, reißendes Tier vernichtet zu werden, das seinem Dasein gefährlich ist." (Locke 1977, 315)
6 In einem solchen Fall kann sich der Haushaltsvorstand an den Souverän wenden. Klassisches Beispiel hier für sind die *lettres de cachet*. Vgl. dazu Donzelot 1977, 61ff. sowie Foucault/Farge 1989.
7 Eine interessante Übergangskonzeption findet sich bei Rousseau. In seinem *Discours sur l'Economie politique* unterscheidet er im Grunde zwischen drei verschiedenen Regierungsbeziehungen: die Regierung des Hauses (gouvernement de la maison), die er *économie domestique* nennt; die Regierung des Staates (gouvernement de la grand famille), die er auch als *économie politique* bezeichnet und die Herrschaft des Gesetzes, die er grundsätzlich von Regierung (gouvernement) unterscheidet und mit dem Begriff der *souveraineté* belegt. Vgl. Rousseau 1977, 23 u. 31. Zur Analyse des Regierungsdenkens bei Rousseau siehe Foucault 1991, 87-104.

schottische Kritik des Vertragsdenkens darauf aus, die gerechte Herrschaft nun auch auf den familialen Raum auszudehnen? Ist es also mangelnde Konsequenz die Hume, Smith, Millar und andere den Kontraktualisten vorwerfen?

Wir sind hier an einen Punkt angelangt, an dem die negative Linie der Kritik umschlägt. Der ursprüngliche Vertrag ist ein spezifischer Erklärungs- und Legitimationsmodus, sich Herrschaft nach dem Modell des Regierens von Rechtssubjekten in der bürgerlichen Gesellschaft zu denken. Was kritisiert wird, ist jedoch nicht die mangelnde Extension des Modells, sondern die Unfähigkeit dieses Modells, den *sozialen Raum* zu denken, bzw. ihn anders zu denken als allein unter den Bedigungen der Regelungsbedürftigkeit von Rechtshandlungen zum Schutze vernünftiger, erwachsener und männlicher Rechtssubjekte. „Alle Menschen erkennen die Notwendigkeit von Gerechtigkeit zur Aufrechterhaltung von Freiheit und Ordnung sowie die Notwendigkeit von Freiheit und Ordnung zur Erhaltung der Gesellschaft. Doch unsere Natur ist so schwach oder verdorben, daß es trotz dieser besonderen und deutlichen Notwendigkeit unmöglich ist, die Menschen treu und unbeirrt auf dem Weg der Gerechtigkeit zu halten. Unter vielen besonderen Umständen kann ein Mensch glauben, durch Betrug oder Raub seine Interessen mehr zu fördern, als er ihnen mit dem Bruch der sozialen Einigkeit durch diese Ungerechtigkeit schadet. Noch häufiger wird er durch den Reiz augenblicklicher und oft sehr leichtfertiger Versuchungen von seinen großen und bedeutenden, doch fernen Interessen abgelenkt. Diese große Schwäche der menschlichen Natur ist unheilbar" (Hume 1988, 31). Die Regeln der Gerechtigkeit sind nicht für die menschliche Natur gemacht; die Artikulation aller Menschen als Rechtssubjekte ist gar nicht möglich; die Regierung der Menschen - und zwar der Kinder, der Frauen, der Kranken, der Tagelöhner, Bettler und Landstreicher - ist nicht allein Sache von Vertrag, Gesetz und Souveränität. Den Beweis für die Unfähigkeit dieses juridisch-philosophischen Typs des Regierens und Herrschens sieht Hume einerseits in der „menschlichen Natur", die nicht von Vernunft und Gerechtigkeit, sondern von Begehren, Leidenschaften und Interessen getrieben wird. Andererseits gibt es da noch einen Raum, der von je her existierte und auf ganz andere Art regiert und geführt wird. „Der Mensch, in eine Familie geboren, ist aus Notwendigkeit, natürlicher Neigung und Gewohnheit gezwungen, die Gesellschaft zu erhalten" (Hume 1988, 31). Noch vor aller „bürgerlichen" oder „politischen Gesellschaft" gab es die Familie, gab es diesen sozialen Raum, in dem Kontigenz und Notwendigkeit, Zwang und Zustimmung, Gewohnheit und Interesse eine Autorität (authority) und eben nicht Souveränität herausgebildet haben.[8]

---

8 Stellvertretend für die Ansicht vom Primat der *habituellen Autorität* über die *rechtliche Souveränität* verweise ich auf Adam Ferguson: „Auf diese Weise sind wir zum Handeln geschaffen, und wenn wir irgendwelche Zweifel in bezug auf die Rechte des Regierens hegen, dann verdanken wir unsere Unsicherheit mehr den Spitzfindigkeiten spekulativer Denker als irgendeiner Unsicherheit der Gefühle des Herzens. In die Entscheidung unserer Gefährten verwickelt, bewegen wir uns mit der Menge, noch ehe wir die Regel festgelegt haben, nach der sich ihr gemeinsamer Wille bildet. Wir folgen einem Führer, ehe wir die Grundlage seiner Ansprüche bestimmt oder den Modus seiner Wahl gefunden haben: Und erst nachdem die Menschen viele Irrtümer begangen haben, sei es als Obrigkeit oder Untertan, denken sie daran, auch das Regieren bestimmten Regeln zu unterwerfen. Wenn es dem Kasuisten

Man träfe nicht den entscheidenden Wendepunkt der Kritik am Vertragdenken und seiner politischen Rationalität, würde man in diesem Insistieren auf die andersartige Regierung des familialen Raumes lediglich die von Locke zurückgewiesene patriarchale Theorie der GOTT-KÖNIG-VATER-Legitimation von Herrschaft erkennen. Die Familie ist nicht das Modell des modernen Staates, aber: aus ihr, aus den den „wilden" Clans und Stämmen unterschiedlichster Geographie hat sich Gesellschaft historisch entwickelt, aus ihr heraus sind all die Institutionen und Regelungsmechanismen (Eigentum, Monogamie, Recht, Arbeit) menschlicher Beziehungen entstanden. Nicht die Familie ist also das Modell des Staates, sondern die Familie enthält einen spezifischen Modus der Erzeugung von Gehorsam und der natürlichen Unterordnung, der sich, historisch betrachtet, auf andere soziale Beziehungen ausdehnt. In der *commercial society* bekommt dieser Modus dann einen eigenständigen institutionellen Ort - die Regierung (regular government). Somit ist die Gesellschaft die Grundlage jedweder Regierung. Eine Regierung kann nicht gegen diese Gesellschaft regieren, denn sie ist immer schon ein Teil von ihr. Das ist, was Hume - wie oben erwähnt - als erstes Prinzip des Regierens aufstellte: alle Regierung gründet sich auf Meinung (opinion);[9] in allen Fragen der Moral und der Politik gibt es keine andere Grundlage als jenen sozialen Raum, indem die Menschen untereinander Zeichen, Güter und Meinungen austauschen. Beobachtet man nun jedoch die Menschen in der gegenwärtige Gesellschaft (commercial society) genauer, um etwas über die Regierungsweise derselben zu erfahren, so wird augenfällig, daß die Beziehungen der Menschen sich grundlegend verändert haben. Es ist die Blindheit gegenüber diesen veränderten Beziehungen der Menschen im sozialen Raum, die Hume und seine Schüler dem Vertragsdenken vorwerfen.[10]

Neue Subjekte bevölkern den sozialen Raum und entgleiten, entziehen sich den bisher gültigen rechtlichen Regelungen und Bestimmungen. Was hier irritierend wirkt, ist nicht so sehr die Masse der „herrenlosen Wesen", die vorzugsweise aus dem familialen Raum in die *commercial society* hineinströmen, sondern der Subjekttyp: es sind Sub-

---

deshalb angesichts der verschiedenen Formen, in denen Gesellschaften bestehen, zu fragen gefällt, welche Berechtigung ein Mensch oder eine gewisse Anzahl von Menschen denn überhaupt haben, ihre Handlungen einzuschränken, so wird man antworten: gar keine, vorausgesetzt, daß ihre Handlungen nicht den Zweck verfolgen, ihre Mitmenschen zu benachteiligen." (Ferguson 1988, 179)

9 Man vergleiche dagegen die Ansicht und das Vokabular eines berühmten Zeitgenossen von Hume über die Grundlage des Regierens: „Durch welche unbegreifliche Kunst hat man das Mittel finden können, die Menschen zu unterwerfen (d´assujetir les hommes), um sie frei zu machen; den Besitz, die Arbeitskraft und sogar das Leben aller Mitglieder in den Dienst des Staates zu stellen, ohne sie zu zwingen und ohne sie zu fragen; ihren Willen mit ihrem Einverständnis zu binden; ihre Zustimmung gegenüber ihrer Ablehnung zur Geltung zu bringen und sie zu zwingen, sich selbst zu bestrafen, wenn sie tun, was sie nicht gewollt haben? Wie kann es geschehen, daß sie gehorchen und niemand ihnen befiehlt; daß sie dienen und keinen Herrn haben; daß sie in der Tat trotz offensichtlicher Unterwerfung (apparante sujétion) um so freier sind als jeder nur soviel Freiheit verliert, wie der eines anderen schaden kann? Diese Wunder (prodiges) sind das Werk des Gesetzes (l´ouverage de la loi)." (Rousseau 1977, 41).

10 Gleich zwei große Studien schottischer Autoren haben diesen blinden Fleck der Vertragstheorie zu ihrem Untersuchungsgegenstand gemacht: Adam Fergusons *Essay on the History of Civil Society* von 1767 (Vgl. Ferguson 1988) und John Millars *The Origin of the Distinction of Ranks* von 1771/1779 (Vgl. Millar 1985).

jekte von Leidenschaften, Begehren, und Bedürfnissen und nicht etwa rationale Subjekte rechtlicher und moralischer Selbstbindung. Es sind jene „wilden" Subjekte, die die Vertragstheoretiker aus der *political society* ausschlossen, weil sie per defintionem nicht in der Lage waren, ihre natürlichen Rechte (natural rights) - ihr Begehren, ihre Leidenschaften, ihre Interessen - aufzugeben, zu beschneiden oder zu übertragen.[11] Viele dieser unvernünftigen Wesen fanden ihren Platz im *oikos* des familialen Raums: Kinder, Frauen, Knechte; andere in policeylich überwachten Arbeits-, Irren- oder Armenhäusern. Doch es scheint, daß im 18. Jahrhundert diese Räume nicht mehr ihren vorrangigen Zweck erfüllen, daß das Regieren dieser Subjekte über die Linie Souverän — Pater familias zerbricht (Vgl. dazu Donzelot 1977, 64ff. und Castel 1983, 42ff.).

Man kann nun dieses „Bevölkerungswachstum" des sozialen Raumes als eine Gefahr für die Stabilität des politischen Körpers und die Souveränität des Herrschers beschreiben und darauf mit entsprechenden Instrumentarien des juridischen Herrschaftsdenkens reagieren: Bestrafen, Einsperren, Foltern, Töten. Ein anderer diskursiver Pfad jedoch macht sich unter den schottischen Gelehrten des 18. Jahrhunderts breit. Sie kehren die juridisch-philosophische Denkweise des sozialen Raumes um und rehabilitieren das Subjekt der Leidenschaften und Bedürfnisse, indem sie es zum eigentlichen, natürlichen und produktiven Subjekt der bürgerlichen Gesellschaft erklären. Der Mensch wird mit bestimmten natürlichen Leidenschaften, Begehren und Bedürfnissen (desires, passions, propensities) geboren. Diese sind es, die aus ihm ein soziales Wesen machen, und diese sind es, die die Gesellschaft bereichern, verbessern und glücklich werden läßt. Das Begehren kann nicht einfach - gleich den natürlichen Rechten - per Vertrag aufgegeben, beschnitten oder übertragen werden.[12] Hunger, Durst, Schmerz und Sexualität beherrschen den Menschen, regieren ihn und treiben ihn an, Regierungen, Paläste, Wissenschaft und Künste zu errichten; ja sie treiben ihn an, sich zu vermehren, leben und besser leben zu wollen. Unterdrückung dieser Begehren (self-denial), Unterwerfung dieser Subjekte (to subject, to submit, to subdue) und Beherrschung der sozialen Beziehungen,

---

11 So ist es für den „liberalen" John Locke noch völlig selbstverständlich, die Armen, die Bettler, die Vagabunden und ihre Kinder in Arbeitshäuser, Arbeitsschulen (working-schools), Besserungsanstalten (houses of correction) und Gefängnissen einzuschließen. Bei mehrmaligem Verstoß gegen die Niederlassungs- und Vagantenakte empfiehlt er Auspeitschung (whipping), Ohrenabschneiden und Zwangsarbeit entweder auf den Kolonialplantagen oder auf den Schiffen der königlichen Marine. Siehe Locke 1993, 446-461.

12 In Humes *Traktat über die menschliche Natur* heißt es dazu: „Ein Affekt (passion) ist ein originales Etwas, oder, wenn man will, eine Modifikation eines solchen, und besitzt keine repräsentative Eigenschaft, durch die er als Abbild eines anderen Etwas oder einer anderen Modifikation charakterisiert würde. Bin ich ärgerlich, so hat mich der Affekt tatsächlich ergriffen, und in dieser Gefühlserregung liegt so wenig eine Beziehung zu einem anderen Gegenstand, als wenn ich durstig oder krank oder über fünf Fuß groß wäre. Es ist also unmöglich das dieser Affekt von der Vernunft bekämpft werden kann oder der Vernunft und der Wahrheit widerspricht. Denn ein solcher Widerspruch besteht in der Nichtübereinstimmung der Vorstellung, die als Bilder von Dingen gelten, mit diesen durch sie repräsentierten Dingen selbst. [...] Es läuft der Vernunft nicht zuwider, wenn ich lieber die Zerstörung der ganzen Welt will, als einen Ritz an meinem Finger. Es widerspricht nicht der Vernunft, wenn ich meinen vollständigen Ruin auf mich nehme, um das kleinste Unbehagen eines Indianers oder einer mir gänzlich fremdem Person zu verhindern." (Hume 1989, 153ff.)

des Sozialen (to rule, to dominate) wäre nicht nur ein zweckloses, sondern zugleich auch ein dem Fortschritt, dem Reichtum, dem Glück der Gesellschaft und der Macht des Staates widersinniges Unterfangen. Es geht nun darum, die gleichwohl gefährlichen Begehrlichkeiten, die „wilden" Subjekte und die beunruhigenden sozialen Beziehungen mit ihrer für die Gesellschaft produktiven, nützlichen und schöpferischen Seite zu vereinigen und zu harmonisieren. Das Problem der Gesellschaft ist nicht das der *Ausgrenzung*, sondern das der *Integration*.[13] Und an dieser Stelle formiert sich ein neues politisches Vokabular des Regierens: Begehren müssen gelenkt (to direct, to conduct), Subjekte geleitet (to manage) und die menschlichen Beziehungen regiert und geführt werden (to regulate, to govern).[14]

Zunächst bleibt hinsichtlich der Frage nach dem Spezifikum der Vertragskritik festzuhalten: die Kritik des Vertragsdenkens ist keine philosophische Kritik falscher oder schlechter Begründungen; die spekulativen Prinzipien der Verfechter des ursprünglichen Vertrages weisen keine Lücken, keine Defizite oder Mängel auf. Sie sind gerecht (just) wie Hume selbst bemerkt (Hume 1988, 301). Die Kritik ist von anderer Art und zielt auf eine andere Perspektive. Wie müssen Menschen innerhalb der vielfältigen und sich verändernden Beziehungen im sozialen Raum regiert werden, ohne ihre Freiheit, ihr Sittlichkeit und ihr produktives Vermögen zu beschneiden? Wie können die gefährlichen Leidenschaften der Menschen, die die Freiheit und die Ordnung der Gesellschaft gefährden, zu produktiven Interessen und Begehren verwandelt und damit dem Wohl des einzelnen wie der gesamten Gesellschaft nutzbar gemacht werden? Vernunft, Souveränität und die Regeln der Gerechtigkeit scheinen stumpf zu sein gegen diese neue Regierungsanforderung, gegen den neuen sozialen Raum wie auch seiner neuen Subjekte. Es gibt demnach Grenzen der gerechten Ordnung des sozialen Raumes; denn seine Vielfältigkeit, Mobilität und Eigentümlichkeit sperrt sich gegen jede starre und allgemeine Regelung. Ja, möglicherweise gefährdet Gerechtigkeit die gesellschaftliche Ordnung selbst: „Die Maxime, *fiat Justitia, ruat Coelum* 'Gerechtigkeit soll herrschen, auch wenn das Universum zerstört wird', ist offensichtlich falsch" (Hume 1988, 325).

Die Regeln der Gerechtigkeit und die Regeln der Sozialität

Aus der Kritik des Vertragsdenkens eröffnet sich ein neuer Raum und mit ihm die eigentliche Ausgangsfrage der politischen Rationalität des Regierungsdenkens: Wie werden *Menschen* - nicht Bürger, nicht Eigentümer, nicht Rechtssubjekte - regiert? Was die Menschen zu Loyalität und Gehorsam gegenüber den wenigen Regierenden veranlaßt, kann nicht in Recht, Gesetz und Gerechtigkeit gefunden werden. Man muß demnach

---

13 Vgl. dazu auch die lesenswerte Arbeit von Deleuze 1997.
14 Dazu Hume: „Immerhin steht fest: wollen wir jemanden beherrschen und zu irgendeiner Handlung antreiben, so ist es geratener, auf die heftigen Affekte zu wirken, als auf die ruhigen; man fasse ihn bei seiner Neigung und nicht bei dem, was man gewöhnlich seine Vernunft nennt." (Hume 1989, 157)

noch einmal einen Schritt zurückgehen und die Menschen im sozialen Raum so wie sie sind - mit ihren Leidenschaften, Gefühlen, Affekten und Begehren - betrachten. Nur dort findet man die Regeln, das Schema nach dem soziale Beziehungen sich ordnen und regulieren.

Gleich in den ersten Kapiteln von Adam Smith' *Theory of Moral Sentiments* wird die Grundlage für die Erzeugung dieses Schemas gelegt. Ausgangspunkt von Smith ist die Beobachtung, daß die Menschen „keine unmittelbare Erfahrung von den Gefühlen anderer Menschen besitzen" (Smith 1994, 2). Unsere Sinne und Begehren sind jeweils so einzigartig (peculiar), daß sie „uns nie über die Schranken unserer eigenen Person hinaustragen" (Smith 1994, 2). Wenn Menschen im sozialen Raum aufeinandertreffen sind sie sich im Grunde radikal fremd. Das einzige Beurteilungskriterium von Gefühlen und Handlungen anderer Menschen findet er in seinem eigenen Vermögen, das je nach Situation und Lebenslage radikal differiert. „Jedes Vermögen, das ein Mensch in sich findet, ist der Maßstab nach welchem er das gleiche Vermögen bei einem anderen beurteilt. Ich beurteile deinen Gesichtssinn nach meinem Gesichtssinn, dein Gehör nach meinem, deine Vernunft nach meiner, dein Vergeltungsgefühl nach meinem, deine Liebe nach meiner Liebe. Ich habe kein anderen Mittel und kann kein anderes Mittel haben, sie zu beurteilen" (Smith 1994, 19). Der hier konstruierte Ausgangspunkt gleicht somit fast dem des Naturzustandes, mit dem Unterschied, daß dies eben der soziale Zustand, der Zustand der *civil* und *commercial society* ist. Die Frage lautet also, wie man überhaupt von einer Gesellschaft, einem sozialen Raum reden kann, in dem die radikal differierenden Lebens- und Gefühlslagen der Menschen die Ordnung dieses Raumes dauerhaft bedrohen. In der Tat befindet sich diese Gesellschaft in der beständigen, potentiellen Gefahr durch den prinzipiellen Mangel an sozialer und intersubjektiver Koordination zu zerreißen und sich aufzulösen. Insbesondere sind es Situationen der normativen Beurteilung subjektiver Gefühle, Handlungen und Haltungen (Unglück, Kummer, Beleidigungen etc.), in denen der Keim der Disharmonie und des Streites wurzelt. Der jeweils Betroffene einer in seinen Augen ungerechten Behandlung erlebt *sein* Unglück anders als der unbeteiligte Zuschauer dieses Unglücks: „Wenn du aber kein Mitgefühl für das Unglück hast, das mich betroffen hat, oder doch kein Mitgefühl, das in irgendeinem Verhältnis stünde zu dem Kummer, der mich quält; oder wenn du keinen Unwillen über die Beleidigung empfindest, die ich erlitten habe, oder doch keinen Unwillen, der in irgendeinem Verhältnis stünde zu dem Vergeltungsgefühl, das mich mit seiner ganzen Heftigkeit ergriffen hat, so werden wir nicht mehr miteinander über diese Angelegenheit sprechen können. Wir werden einander unerträglich werden. Ich werde deine Gesellschaft so wenig ertragen können wie du die meine. Du wirst bestürzt sein über meine Heftigkeit und meine Leidenschaft, und ich werde wütend sein über deine kalte Unempfindlichkeit und deinen Mangel an Gefühl" (Smith 1994, 23).

Die Lösung, die Smith für diesen scheinbar regellosen Zustand vorschlägt, ist so frappant wie paradox. Die einzige Möglichkeit halbwegs einen „Gleichlauf" (concurrence, concord, correspondence) der beiden inkommensurablen Gefühlswelten zu arrangieren, besteht darin die Heftigkeit der ursprünglichen Leidenschaften (original passion) zu schwächen, sie zu reflektierten Affekten (reflected passions) zu transformieren. Die Harmonie der Gesellschaft ergibt sich aus der Einbildungskraft jedes Menschen, „sich in Gedanken in die Lage des zunächst Betroffenen zu versetzen" und der Fähigkeit des Betroffenen, sich umgekehrt „wenigstens bis zu einem gewissen Grade in jene der Zuschauer hineinzudenken" (Smith 1994, 25). Der Modus der „Sympathie", wie Smith diesen Prozeß des Angleichens und Adjustierens der Affekte bezeichnet, hat - im Unterschied zum „Vertrag" - keine Einheit, keine auf Dauer gestellte Identität oder Übereinkunft zur Folge, sondern lediglich eine zeitlich begrenzte Integration und Übereinstimmung. Interessant ist weiterhin, daß wir es hier nicht mit einem kognitiven, rationalen Prozeß zu tun haben, sondern mit einem imaginativen und sozialen Arrangement, aus dem heraus sich rückwirkend der unparteiische Zuschauer (impartial spectator) in uns herausbildet. Folglich ist es die Gesellschaft selbst, d.h. Kommunikation, Konversation und intersubjektive Sozialität, die den Gleichlauf der Menschen im sozialen Raum reguliert. „Seid ihr im Unglück? [...] Kehret so bald als möglich in das helle Tageslicht der Welt und der Gesellschaft zurück! Suchet den Umgang mit Fremden, mit solchen, die von euerem Unglück nichts wissen, oder sich darum nicht kümmern! [...] Seid ihr im Glück? [...] Verkehret mit denen, die von euch unabhängig sind, die imstande sind, euch bloß nach euerem Charakter und nach euerem Verhalten, und nicht nach euerem Glück und Vermögen zu werten" (Smith 1994, 230).

Bemerkenswert ist an diesen ersten Überlegungen zu einer nicht-staatlichen und nicht-juridischen, nämlich zivilen Regierungsweise seiner selbst und anderer Menschen im sozialen Raum (self-government; government by interest), daß „normales", „regelmäßiges" Verhalten (ordinary conduct) nicht erzwungen und Leidenschaft nicht beherrscht, sondern lediglich abgeschwächt, moduliert, auf eine gleiche Ebene gebracht und gegenseitig aneinander angepaßt werden. Die Gewalttätigkeit, Gefährlichkeit wird gezähmt, das Begehren selbst aber nicht ausgelöscht. Eine Gesellschaft ohne Begehren wäre stumpf und inert und genauso unerträglich, wie eine Gesellschaft voller begehrender Leiber.[15] Beide Gesellschaften wären nicht nützlich, nicht produktiv, wären zu kulturellen, wissenschaftlichen, politischen und technischen Leistungen nicht in der Lage. Gesellschaftliche Kommunikation, Konversation und Austausch ist inmitten der vielfältigen sozialen Beziehungen ein idealer *Regler* (governor) der einen „Gleichlauf" der

---

15 Die radikalste Utopie einer „Republik des Begehrens" findet sich im Werk des Marquis de Sade. In seinem 1795 anonym veröffentlichten Lehrdialog *La philosophie dans le boudoir* stößt man auf ein politisches Manifest mit dem Titel: *Franzosen! Noch eine Anstrengung, wenn ihr Republikaner sein wollt!* Darin heißt es: „Jetzt [...] da wir der Natur wieder näher stehen, dürfen wir nur auf ihre Stimme hören, in der Überzeugung, daß, wenn es irgendwo ein Verbrechen gibt, dieses vielmehr darin besteht, gegen die von ihr verursachten Neigungen zu kämpfen, da wir sicher sind, daß die Begehrlichkeit eine Folge dieser Neigungen ist und es sich also viel weniger darum handelt, die Neigungen in uns zu ersticken, als darum, die Mittel für ihre ungestörte Befriedigung zu schaffen. Wir müssen uns deshalb darum bemühen [...] hier die notwendige Sicherheit dafür zu gewährleisten, daß der Bürger, den das Bedürfnis zum Objekt der Begierde treibt, sich mit ihm all dem hingeben kann, was seine Leidenschaften ihm vorschreiben, ohne jemals an irgendetwas gebunden zu sein, denn es gibt keine Leidenschaften im Menschen, die mehr der vollen Entfaltung der Freiheit bedarf als diese." (de Sade 1995, 300) Es gibt nur ein Verbrechen: das, gegen die Begehren der Natur.

Leidenschaften herstellt, indem er aus dem wilden, verschwenderischen und gefährlichen Begehren ein nützliches, produktives - ein „wohlverstandenes" Interesse erzeugt. Doch reichen diese integrativen, schöpferischen und produktiven Regeln der Sozialität aus, um den gesellschaftlichen Raum zu stabilisieren und zu sichern? Man kann zeigen, wie die Begehren und Leidenschaften sich gegeneinander „abschleifen", sich reflektieren, sich „umbiegen" und ausrichten, aber es wird immer solche geben, denen dabei Macht und Reichtum auf Kosten anderer zufällt. Die Regierung des sozialen Raumes nach den Regeln der Sozialität führt zwangsläufig zu einer Ungleichverteilung von Macht und Reichtum, ja schlimmer noch: es bildet sich bei den Menschen eine Disposition heraus, Reiche zu bewundern und die Armen zu verachten. „Dieser Hang, die Reichen und Mächtigen zu bewundern und beinahe göttlich zu verehren, und Personen in ärmlichen und niedrigen Verhältnissen zu verachten oder wenigstens zurückzusetzen, ist zwar notwendig, um die Standesunterscheidung und die Ordnung der Gesellschaft zu begründen und aufrechtzuerhalten, aber er ist zugleich auch die größte und allgemeinste Ursache der Verfälschung (corruption) unserer ethischen Gefühle" (Smith 1994, 86f.). Die Regeln der Sozialität, auf denen die Ordnung der Gesellschaft basiert, führen auf der einen Seite zu Harmonie und Eintracht, auf der anderen Seite aber auch zur Korruption der Regeln selbst. Der soziale Raum ist ein paradoxer, dynamischer und zerissener Raum, für dessen Regulierung der Modus der „Sympathie", die Praktiken der Kommunikation und Konversation nicht ausreichen.

An dieser Stelle der *Theory of Moral Sentiments* weicht Smith ein stückweit vom Hume'schen Programm ab. An dieser Stelle auch führt er die Regeln der Gerechtigkeit, die gerechte Herrschaft der Gesetze wieder ein. Es mag sein, daß die Regeln der Sozialität einen sozialen Raum erzeugen, der schöpferische, produktive und integrative Züge trägt, aber er ist in sich nicht stabil und sicher genug. „Gerechtigkeit dagegen ist der Hauptpfeiler, der das ganze Gebäude stützt. Wenn dieser Pfeiler entfernt wird, dann muß der gewaltige, der ungeheuere Bau der menschlichen Gesellschaft, jener Bau, den aufzuführen und zu erhalten, in dieser Welt, wenn ich so sagen darf, die Lieblingssorge der Natur gewesen zu sein scheint, in einem Augenblick zusammenstürzen und in Atome zerfallen" (Smith 1994, 129). Der Rückzug in die Sprache der juridisch-philosophischen Rationalität, in die Sprache des Naturzustandes ist hier schon angedeutet. Einige Passagen weiter wird dies so deutlich, daß man geneigt ist, von einer Selbstdementierung seiner vorherigen Ausführungen zu sprechen: „Die Menschen sind zwar von Natur mit Sympathie begabt, doch sie fühlen so wenig für den anderen [...] verglichen mit dem, was sie für sich selber fühlen; das Elend eines Menschen, der eben bloß ihr Mitgeschöpf ist, ist für sie von so geringer Bedeutung, verglichen auch nur mit einer kleinen Annehmlichkeit, die sie selbst betrifft, es steht so sehr in ihrer Macht, ihm Schaden zuzufügen und so viele Versuchungen können an sie herantreten, dies wirklich zu tun, daß sie, stünden nicht in ihnen selbst jene Gefühle zu seiner Verteidigung auf und hielten sie in Furcht und Achtung gegenüber seiner Unschuld, sofort gleich wilden Bestien jederzeit über ihn herfallen würden und ein Mensch in eine Versammlung von Menschen nicht anders treten würde, wie in die Höhle des Löwen" (Smith 1994, 129).

Was ist von diesem Rückzug zu halten? Man kann die Wiedereinführung von Gerechtigkeit, Recht und Gesetz als Ergänzung und Komplettierung des sozialen Raumes und seiner Regeln lesen. Im Unterschied zur sympathetischen und reflektierenden Integration der menschlichen Leidenschaften ist die Tugend der Gerechtigkeit zunächst auf gewaltförmige Erzwingung von Handlungen ausgerichtet. Ein weiteres wichtiges Charakteristikum der Gerechtigkeit ist ihre Negativität, ihre reine Begrenzung von Handlungen. Zwar muß die Ausübung der Gerechtigkeit mit einer gewissen Wertschätzung betrachtet werden: „Da die Rechtlichkeit (justice) aber kein wirkliches, positives Gut schafft, so kann sie nur auf eine sehr geringe Dankbarkeit Anspruch erheben. Bloße Rechtlichkeit (mere justice) ist in den meisten Fällen nur eine negative Tugend und hindert uns nur, unserem Nächsten einen Schaden zuzufügen. [...] Wir können oft alle Regeln der Rechtlichkeit und Gerechtigkeit dadurch erfüllen, daß wir still sitzen und nichts tun" (Smith 1994, 121).

Man kann aber auch die Regeln der Gerechtigkeit im Widerspruch zum sozialen Raum und seinen Regeln begreifen. Dieser Raum ist per se von Menschen bevölkert, die handeln, produktiv und schöpferisch tätig sind, um ihre Begehren und Bedürfnisse zu befriedigen. Wie soll durch „still sitzen und nichts tun" diese Bedürfnisbefriedigung erreicht werden? Schließen sich nicht Integration und Zwang, Produktivität und Begrenzung gegenseitig aus? Oder anders formuliert: Gibt es ein Begehren nach Gerechtigkeit? Ist der soziale Raum in seiner Dynamik in der Lage, sich auszudehnen und Gerechtigkeit, Recht und Gesetz zu erzeugen? Aus dieser Perspektive wäre *die Regierung*, die Obrigkeit, der Staat nichts weiter als eine *imaginative Schöpfung der Gesellschaft;* sie wäre *die Befriedigung eines gesamtgesellschaftlichen Begehrens nach Sicherheit, Ordnung und Disziplin*. Die Bestrafung von Mord, Raub und Diebstahl wäre ein institutionalisierter reflektierter Affekt des Vergeltungsgefühls zur Bewahrung und Erhaltung des sozialen Raumes. Diese Hume´sche Perspektive, die später von Bentham und den Utilitaristen aufgenommen und weitergeführt werden sollte (Vgl dazu Halévy 1934), ist in Smith´ *Theory of Moral Sentiments* nur bedingt enthalten. Die Regeln der Gerechtigkeit, die Regierung und die Obrigkeit sind ein eigenständiger Pfeiler der Gesellschaft; nichts innerhalb dieser Gesellschaft deutet auf ein gesamtgesellschaftliches Begehren nach Gerechtigkeit hin. Es gibt Harmonie und punktuelle Übereinstimmung; es wird Macht und Reichtum, Ungleichheit und Armut erzeugt; es werden Begehren befriedigt, umgelenkt und produktiv ausgerichtet. Aber die Regeln der Gerechtigkeit sind im Grunde unproduktiv, nicht nützlich; sie erzeugen nichts, und kein Ansehen, keine Distinktion, keine Dankbarkeit ist bei ihrer Ausführung zu erwarten. „Manchmal", schreibt Smith, „ergibt sich uns die Notwendigkeit, daß wir, um zu zeigen, wie richtig es ist, die allgemeinen Regeln der Gerechtigkeit zu beobachten, diesen unseren Standpunkt damit verteidigen müssen, daß wir Erwägungen über die Nützlichkeit solcher Regeln für die Erhaltung der Gesellschaft anstellen" (Smith 1994, 133). Aber dies sind rhetorisch-pädagogische Erwägungen. Die Gerechtigkeit ist ein Pfeiler der Gesellschaft, aber einer, der nicht von der Gesellschaft erbaut wurde, sondern - vom Individuum, von der Natur, von Gott.

Smith' Problematisierung des sozialen Raumes scheint offen zu lassen, nach welchen Regeln dieser regiert werden sollte. Wenn die Regeln der Sozialität, des Wohlwollens (benevolence) und der Sittlichkeit (morality) beispielsweise nicht geeignet sind, den Menschen - als Subjekte des Begehrens - die Sicherheit des Eigentums zu gewährleisten; wenn diese Regeln nicht als feste und allgemeingültige Regeln aus den sozialen Beziehungen der Menschen selbst erzeugt werden können, dann bedarf es eines transsozialen Ortes des Regierens nach den Regeln des Rechts und der Gerechtigkeit. Doch ebenso wie der soziale Raum und seine Regeln die Gefahr der inneren Destabilisierung und Unsicherheit (Ungleichheit, Ungerechtigkeit) vermuten lassen, birgt der transsoziale Ort des Regierens die Gefahr despotischer Übergriffe und problematischer Einschränkungen der Freiheit. „Die bürgerliche Obrigkeit ist nicht nur mit der Macht betraut, den öffentlichen Frieden durch Eindämmung des Unrechts aufrecht zu erhalten, sondern auch das Gedeihen des Gemeinwesens dadurch zu fördern, daß sie die richtige Zucht einführt und jede Art von Laster und Unschicklichkeit niederschlägt; deswegen kann sie Vorschriften erlassen, die nicht nur gegenseitige Schädigungen unter Mitbürgern verbieten, sondern bis zu einem gewissen Grade auch gegenseitige gute Dienste anbefehlen" (Smith 1994, 120). Es gibt einen Hang des Staates, sich über die Ausübung der Gerechtigkeit hinaus auszudehnen; es gibt eine Neigung des Gesetzgebers, sich nicht nur an den Rändern des sozialen Raumes zu bewegen, um dessen Sicherheit und Stabilität zu erhalten, sondern auch in diesen Raum hinein und durch ihn hindurch zu regieren.[16] Aus dem Herrscher des Gesetzes und dem Hüter der Sicherheit wird dann allzu schnell der fürsorgende Hirte einer Herde, ein Super-Oikodespot des Sozialen. Nach welchen Kriterien läßt sich die Bestrafung „anstößiger Frevel" von dem maßlosen Eingriff in die Freiheit der Bürger unterscheiden? Wo hört polizeyliche Fürsorge und Wohltätigkeit auf und wo beginnt Gängelung und Tyrannei?

Alle Wege, Menschen im sozialen Raum regieren zu wollen, scheinen auf eine eigentümliche Aporie hinauszulaufen: die Regeln der Sozialität erzeugen und befriedigen die Begehren der Menschen aber sie fragmentieren und hierarchisieren den sozialen Raum, was zur Folge hat, daß sie dessen Sicherheit und Stabilität unterlaufen. Die Regeln der Gerechtigkeit hingegen sichern zwar den sozialen Raum aber bleiben ihm

---

16 Möglicherweise hat Smith hier Rousseau vor Augen, der in dieser Hinsicht eine deutliche Sprache spricht: „Es ist schon viel wert, Ordnung und Frieden in allen Teilen des Staates (république) durchgesetzt zu haben. Es ist viel wert, wenn im Staat Ruhe herrscht und das Gesetz respektiert wird. Aber wenn man nicht mehr tut, wird in alledem mehr Schein als Sein liegen, und die Regierung (gouvernement) wird sich schwerlich Gehör verschaffen, wenn sie sich auf Gehorsam beschränkt. *Wenn es gut ist, die Menschen zu nehmen, wie sie sind, bedeutet es noch viel mehr, sie zu formen, wie man sie braucht.* Die umfassendste Autorität (l'autoirté la plus absolue) ist diejenige, welche bis ins Innere des Menschen dringt und nicht weniger auf seinen Willen als auf seine Handlungen einwirkt. es steht fest, daß die Völker langfristig das sind, wozu die Regierung sie macht. Krieger (guerriers), Bürger (citoyens) Menschen (hommes), wenn sie es will; Mob (populace) und Pöbel (canaille), wenn es ihr gefällt. Und jeder Herrscher, der seine Untertanen verachtet, entehrt sich selbst, weil er dadurch zeigt, daß er sie nicht zu achtbaren Menschen machen konnte. *Formt also Menschen, wenn ihr Menschen befehlen wollt!"* (Rousseau 1977, 47f.; Herv. MB) Zum Verhältnis von Smith und Rousseau vgl. Ignatieff 1993, 114-145.

fremd, was zur Folge hat, daß die Macht ihrer Ausübung - Gesetzgeber, Herrscher, Obrigkeit - sich gefährlich überdehnt und gerade die Gerechtigkeit und Freiheit im Namen der „Glückseligkeit" mißbraucht. Solange die Regeln der Sozialität nicht allgemeine Sicherheit gewährleisten, und die Regeln der Gerechtigkeit nicht mit dem sozialen Raum verbunden sind oder institutionelle Orte innerhalb dieses Raumes besetzen, bleibt die Regierung desselben prekär. Der Modus der „Sympathie", der auf unwillkürliche Weise einen Gleichlauf (concurrence) der Leidenschaften erzeugt, ist kein Garant für die Produktion allgemeiner und fester Regeln - insbesondere hinsichtlich jenes „groben Stoffes, aus dem die große Masse der Menschen gebildet ist" (Smith 1994, 245). Ebenso scheint der Modus der „Gesetzgebung" hinsichtlich des sozialen Raumes an seine Grenzen zu gelangen: „Der natürliche Lauf der Dinge kann durch die ohnmächtigen Bemühungen der Menschen nicht gänzlich beherrscht werden; der Strom ist viel zu rasch und zu stark, als daß der Mensch ihm Einhalt gebieten könnte" (Smith 1994, 255). Versucht er es doch, so wird er entweder von diesem Strom hinweggerissen (Revolution, Umsturz), oder er schafft künstliche, kontraproduktive, freiheitsverletzende Barrieren (Despotismus).

Gegenüber Humes optimistischem Programm einer neuen politischen Rationalität mahnt Smith mit seiner Problematisierung des sozialen Raumes vor allem zwei Modifikationen an: Einerseits in Hinblick auf die Tendenz des sozialen Raumes zu Ungleichheit und Ungleichverteilung von Macht und Reichtum, was es gerade für eben jene Benachteiligten (die große Masse der Menschen) erschwert, die Regeln zivilen Verhaltens (Menschlichkeit, Höflichkeit, Zivilität) auszubilden. Andererseits in Hinblick auf die Frage nach der Etablierung konkreter, sozialer Institutionen zur Einübung und Beobachtung von Gerechtigkeit, an denen es dem sozialen Raum mangelt. Es ist dieser Mangel, der die Obrigkeit auf den Plan ruft und zu höchst ambivalenten Eingriffen in den sozialen Raum veranlaßt.

An der ersten Modifikation des Programms ist interessant, daß man ausgehend von ihr eine mehr oder minder direkte Linie zur politischen Ökonomie des *Wealth of Nation* ziehen kann. Die Ungleichheit der Vermögen und die Ungleichverteilung des gesamtgesellschaftlich erwirtschafteten Reichtums ist dann kein Problem der Stabilität des sozialen Raumes, wenn genügend Reichtum produziert (Arbeitskraft, Arbeitsteilung) und die Verteilung optimiert wird (Gütertausch, Markt): Das „ungeheure Anwachsen der Produktion in allen Gewerben, als Folge der Arbeitsteilung, führt in einem gut regierten Staat (well-governed society) zu allgemeinem Wohlstand, der selbst in den untersten Schichten der Bevölkerung spürbar wird. Wer arbeitet, verfügt über ein Leistungspotential, das größer ist als das, welches er zum eigenen Leben benötigt, und da alle anderen in genau der gleichen Lage sind, kann er einen großen Teil der eigenen Arbeitsleistung gegen eine ebenso große Menge Güter der anderen oder, was auf das gleiche hinauskommt, gegen den Preis dieser Güter eintauschen. Er versorgt die anderen reichlich mit dem, was sie brauchen, und erhält von ihnen ebenso reichlich, was er selbst benötigt, so daß sich von selbst allgemeiner Wohlstand in allen Schichten der Bevölkerung ausbreitet" (Smith 1993, 14). Die Ungleichheit der Vermögen, die hierarchisierte Rangordnung der Gesellschaft, Reichtum und Armut bleiben auch weiterhin bestehen; allein, sie haben ihre destabilisierende Wirkung verloren. Gleichheit der Vermögen und der Lebenslagen ist prinzipiell kein Indikator für eine harmonische Gesellschaft. Betrachtet man die „primitiven Völker", schreibt Smith, so wird man dort zwar Gleichheit aber zugleich auch eine so große Armut feststellen, „daß sie häufig aus schierer Not gezwungen sind oder es zumindest für notwendig erachten Kinder, Alte und Sieche bedenkenlos umzubringen oder auszusetzen, so daß sie dann entweder verhungern müssen oder wilden Tieren zum Opfer fallen. In zivilisierten und wohlhabenden Gemeinwesen ist das Sozialprodukt hingegen so hoch, daß alle durchweg reichlich versorgt sind, obwohl ein großer Teil der Bevölkerung überhaupt nicht arbeitet und viele davon den Ertrag aus zehn-, häufig sogar hundertmal mehr Arbeit verbrauchen als die meisten Erwerbstätigen. Selbst ein Arbeiter der untersten und ärmsten Schicht, sofern er genügsam und fleißig ist, kann sich mehr zum Leben notwendige und angenehme Dinge leisten, als es irgendeinem Angehörigen eines primitiven Volkes möglich ist" (Smith 1993, 3). Die politische Ökonomie von Smith weist damit den Weg, wie trotz Ungleichheit von Macht und Reichtum der soziale Raum regiert werden kann: die Begehren der Menschen müssen auf die produktivste, nützlichste und schöpferischste soziale Beziehung für die gesamte Gesellschaft hingelenkt werden: die *produktive Kraft der Arbeit*. Es mag sein, daß die Regeln der Sozialität im Hume´schen Sinne aus der Gesellschaft, dem Verkehr, dem sozialen Umgang und der Konversation selbst entspringen; es mag sein, daß durch sie die Gesellschaft sich verfeinert, zivilisierter, friedlicher und leistungsfähiger wird. Smith hatte aber in der *Theory of Moral Sentiments* festgestellt: „Nur Menschen vom glücklichsten und besten Schlag sind imstande, ganz genau und ganz richtig ihre Empfindungen und ihr Betragen den geringsten Unterschieden der Situation anzupassen und in allen Fällen nach den feinsten und genauesten Geboten der sittlichen Richtigkeit zu handeln. Der grobe Stoff aus dem die große Masse der Menschen gebildet ist, kann nicht zu solcher Vollendung verarbeitet werden" (Smith 1994, 245). Das Begehren der großen Masse kann nicht in Konversation „reflektiert" und produktiv in eine Ordnung gewendet werden; es ist allein die *gesellschaftliche Institution der Arbeit,* - der Tausch von Arbeitskraft gegen Lohn - die die gefährlichen Leidenschaften der Menschen in produktive, geregelte und normierte Affekte verwandelt, und damit sie selbst mit den notwendigen und angenehmen Dingen des Lebens versorgt (Lohn - Waren) wie sie umgekehrt die gesamte Gesellschaft durch ihre Produktivität bereichert (Arbeit - Kapital). Smith erfindet damit keineswegs den Begriff der Arbeit, der Arbeitsteilung und der produktiven Kraft der Arbeit; er gibt ihr lediglich eine leicht verschobene Konnotation; er verleiht ihr den Stellenwert einer politischen Kategorie,[17] indem er sie zur Antwort macht auf die

---

17 Ein wichtiges Beispiel für die eminent politische Bedeutsamkeit des Begriffs der produktiven Kraft der Arbeit ist ihre Inanspruchnahme für die Abschaffung der Sklaverei. „In welchem Licht man auch die Institution der Sklaverei betrachtet, sie erscheint gleichermaßen unpassend und schädlich. Keine Schlußfolgerung ist deshalb so sicher wie diese, daß die Menschen grundsätzlich mehr Energie entfalten, wenn sie für ihren eigenen Vorteil arbeiten, als wenn man sie zwingt, sich einzig für den Vorteil eines anderen abzumühen." (Millar 1985, 262) Vgl. auch Smith 1993, 70, 319,579f.

Frage, wie die große Masse der Menschen (Tagelöhner, Bettler, Kinder, Frauen etc.) im sozialen Raum regiert werden müssen. Die ethisch-moralischen Regeln der Sozialität verwandeln sich damit in die ersten Prinzipien einer politischen Ökonomie, deren genealogische Herkunft nicht ökonomischer, sondern politischer Art ist.

Was die zweite Modifikation betrifft, die Smith am Hume'schen Programm vornimmt, so läßt auch sie sich im *Wealth of Nation* weiterverfolgen. Während die erste Modifikation, wie ich sie hier lediglich skizzenhaft angedeutet habe,[18] sich zu einer politisch motivierten, ökonomischen Regulation der sozialen Beziehungen ausweitet, führt die zweite Modifikation zur Ausgangsproblematik zurück: dem Wandel von der gerechten Herrschaft über den politischen Körper zur zivilen Regierung von Menschen im sozialen Raum.

Elemente einer zivilen Regierung des Sozialen

Man muß sich noch einmal vergegenwärtigen, worin genau die Problematik, worin die Modifikation von Smith gegenüber dem Hume'schen Programm einer neuen politischen Rationalität des Regierungsdenkens besteht. Sie bestand darin, daß Smith an einem bestimmten Punkt die Radikalität von Humes Gedankengang bezüglich der Gerechtigkeit und ihrer institutionellen Ausübung (Regierung, Obrigkeit) infragestellte. Wenn die gerechte Herrschaft letztlich eine Schöpfung, eine nach außen gebogene Falte der Gesellschaft ist, dann müßte man zeigen können, wo und wie ein gesamtgesellschaftliches Begehren nach Gerechtigkeit sich im natürlichen Lauf der Geschichte entwickelt hat. Tatsächlich jedoch kann man nichts dergleichen beobachten. Unter bestimmten gesellschaftlichen Bedingungen, schreibt Smith im *Wealth of Nations*, können Menschen mit einem zumutbaren Grad an Sicherheit (security) zusammenleben, obgleich es keine Obrigkeit (civil magistrate) gibt, die sie vor den entstehenden Ungerechtigkeiten schützt. *Civil magistrate, civil government* entsteht erst, wenn die Akkumulation von Besitz und Vermögen einen solchen Grad an Ungleichheit erreicht hat, daß die Reichen um den Bestand ihrer Vermögen fürchten müssen. „Auf einen sehr Reichen kommen dann wenigsten 500 Arme, denn der Überfluß weniger setzt Armut bei vielen voraus. Ein solcher Reichtum der Besitzenden reizt zur Empörung der Besitzlosen, die häufig durch Not gezwungen und von Neid getrieben, sich deren Eigentum aneignen. Nur unter dem Schutz einer staatlichen Behörde (civil magistrate) kann der Besitzer eines wertvollen Vermögens, Frucht der Arbeit vieler Jahre oder sogar vieler Generationen, auch nur eine einzige Nacht ruhig und sicher schlafen. Er ist ständig von unbekannten Feinden umgeben, die er nie besänftigen kann, obgleich er selbst sie niemals gereizt hat, und vor deren Unrecht (injustice) ihn nur der mächtige Arm einer Zivilbehörde schützt, die stets zu einer Bestrafung bereit ist" (Smith 1993, 601). Läßt sich hier von einem Begehren nach Gerechtigkeit reden? Wenn, dann ist es zumindest kein *gesamtgesellschaftliches* Begehren, sondern das Begehren der Reichen, vor den Übergriffen der Armen und Besitzlosen

---

18 Für eine ausführlichere Behandlung der politischen Ökonomie von Smith siehe Bohlender 1998.

geschützt zu sein. „Eine zivile Regierungsgewalt (civil government), sofern sie für die Sicherheit des Eigentums eingerichtet wurde, ist in Wirklichkeit zur Verteidigung der Reichen gegen die Armen eingerichtet, oder solcher die Eigentum besitzen gegen solche die keines haben."[19]

Smith verurteilt dieses partiale und parteiische Begehren nicht, genausowenig wie er allgemein die Ungleichheit im sozialen Raum verurteilt. Sie ist etwas, daß diesem Raum angemessen, ihm „natürlich" ist. Ganz im Gegenteil: die Ungleichheit ist ein produktives, ein schöpferisches Element, das die Verbesserung, das Glück und die Zivilisierung der Gesellschaft vorantreibt. Allein, hier entsteht ein Problem, das in Humes Konzeption von politischer Rationalität gar nicht vorhanden war und daher eine Modifikation verlangt. Man kann nicht davon ausgehen, daß alle gesellschaftlichen Mitglieder, alle Menschen im sozialen Raum den Schutz der Regierung begehren, wenn ein großer Teil der Bevölkerung überhaupt kein Eigentum besitzt. Warum sollten die Armen und Besitzlosen eine Gerechtigkeit, eine Regierung wollen, die gegen sie errichtet wurde? Hume konstruierte die ununterbrochene Linie *Gesellschaft - Eigentum - Gerechtigkeit - Regierung*, aber er hat eine Gesellschaft vor Augen, die aus *gentleman, merchants* und *artizans* besteht - eine Gesellschaft der *middling rank*. Smith ist hier ein genauerer „Menschen- und Gesellschaftsbeobachter".[20] Sein Insistieren auf die Regeln der Gerechtigkeit als eigenständiger Pfeiler der Gesellschaft, wie in der *Theory of Moral Sentiments* dargelegt, unterbricht die Linie an der Stelle, wo (parteiisches) *Eigentum* in (allgemeine) *Gerechtigkeit* übergeht. Damit hätte man eine eigenständige, unparteiische, gerechte Regierung, die den sozialen Raum der Ungleichheit nach den distributiven Regeln des Rechts und der Gerechtigkeit regiert. Doch schon in der *Theory of Moral Sentiments* und deutlicher dann im *Wealth of Nations* wird diese Lösung verworfen und zwar deshalb, weil es eine gerechte Herrschaft/Regierung, abgekoppelt vom sozialen Raum, unabhängig vom Begehren der Menschen, allein die negativen, passiven und unproduktiven Regeln der Gerechtigkeit ausübend, nicht gibt - nicht gegeben hat und nie geben wird. Gesetze und Regierung, so lehrt Smith seinen Studenten in Glasgow zu Beginn der 1760er Jahre, sind immer als ein Zusammenschluß der Reichen zu verstehen, die Armen zu unterdrücken und die Ungleichheit der Vermögen gegen die Übergriffe derselben aufrechtzuerhalten.[21] Eine gerechte Herrschaft ist die Fiktion der Naturrechts-

---

19 Smith 1993, 605. Gemäß dem Original habe ich die Übersetzung von Recktenwald hier deutlicher akzentuiert.

20 „Menschenbeobachtung" ist methodisch gesehen der beste Ausdruck für das, was schon bei David Hartley *Observations on man*, dann bei Hume *science of man* und bei Kant später als *Anthropologie* bezeichnet wird. Gegen Ende des Jahres 1799 gründet Louis-François Jauffret die „Gesellschaft der Beobachter des Menschen" (Société des Observateurs de l'homme), in der die einflußreichsten Wissenschaftler Frankreichs an einer umfassenden „Kulturanthropologie" arbeiteten: Degèrando, Itard, Pinel, Cabanis, Destutt de Tracy. Vgl. dazu Moravia 1989, 64ff.

21 Vgl. Smith 1982, 208 [LJ (A), iv.23] „Laws and government may be considered in this and indeed in every case as a combination of the rich to oppress the poor, and preserve to themselves the inequality of goods which would otherwise be soon destroyed by the attacks of the poor, who if not hindered by the government would soon reduce the others to an equality with themselves by open violence."

und Vertragstheoretiker,[22] der selbst noch Hume dort aufgesessen war, wo dieser versuchte Gerechtigkeit und Regierung aus der allgemeinen Nützlichkeit des Eigentums für die gesamte Gesellschaft zu deduzieren. In seiner Auseinandersetzung mit Quesnai und den Physiokraten macht Smith diese Fiktion deutlich, und diesbezüglich bildet sie eine Schlüsselstelle im Wandel der politischen Rationalität: „Einzelne Ärzte haben sich in ihrer Spekulation offenbar eingebildet, man könne die Gesundheit des Menschen allein durch eine genau dosierte Diät und Bewegung schützen und erhalten, und jede, auch die kleinste Abweichung davon führe notwendigerweise zu entsprechender Krankheit oder Unpäßlichkeit, je nach dem Grad der Abweichung [...] Quesney [sic!], selbst Arzt und theoretisch höchst interessiert, scheint vom Staatskörper eine gleiche Vorstellung gehabt und geglaubt zu haben, auch er würde nur bei einer ganz bestimmten und genau dosierten Diät (regimen), nämlich vollständiger Freiheit und vollkommener Gerechtigkeit, aufblühen und gedeihen. Er hat offenbar nicht bedacht, daß im Körper eines Gemeinwesens das natürliche Bestreben jedes einzelnen, die eigene Lage ständig zu verbessern, ein Prinzip der Selbsterhaltung ist, das in vielerlei Hinsicht die negativen Auswirkungen einer *Staats-Wirtschaftslehre* (political oeconomy), die in gewissem Sinne parteiisch und bedrückend ist, abzuwehren und zu korrigieren vermag."[23]

Zu Recht könnte gefragt werden, inwieweit Smith im *Wealth of Nations* überhaupt noch Regierung, Staat und Herrschaft denken kann. Wenn auf der einen Seite die Gesellschaft eine gerechte Regierung nicht erzeugen kann und auf der anderen Seite die eigenständige, normative Instituierung einer unparteiischen Herrschaft der Gerechtigkeit unmöglich erscheint, wozu dann Regierungslehre (Theory of Government), wozu eine Wissenschaft der Politik (science of politics). Sollte letztlich doch die Gesellschaft nach den Gesetzen der neu erfunden politischen Ökonomie (Arbeit, Markt) reguliert werden? Von dieser, alle Interpretationsrichtungen beherrschenden Ansicht, ist Smith jedoch weit entfernt. Ebenso wie er behauptet, daß es eine gerechte Herrschaft niemals gegeben hat, so steht für ihn fest, daß die *commercial society* als höchste Stufe der historisch-gesellschaftlichen Entwicklung niemals ohne Gesetz und Regierung auskommen wird. Will man nicht hinter den Entwicklungsstand der Hirtenvölker (age of shepherds) zurückfallen, wird es aufgrund der Ungleichheit der Vermögen immer zu einer Art *civil*

---

22 Einige Jahre später wird Jeremy Bentham in seinen *Fragments on Government* (1776) über die Fiktion jenes juridisch-philosophischen Denkens schreiben: „I was in hopes, [...] that this chimera had been effectually demolished by MR HUME. I think we hear not so much of it now as formerly. The indestructible prerogatives of mankind have no need to be supported upon the sandy foundation of a fiction. With respect to this and other fictions, there was once a time perhaps, when they had their use [...] But the season of *Fiction* is now over: insomuch, that what formerly might have been tolerated and countenanced under that name, would, if now attempted to be set on foot, be censured and stigmatized under the harsher appellations of *incroachment* or *imposture*." (Bentham 1995, 51ff.)

23 Smith 1993, 570. Herv. MB. Auch hier habe ich die Übersetzung von Recktenwald präzisiert, der beispielsweise *political oeconomy* fehlerhaft und unhistorisch mit *politischer Ökonomie* übersetzt. Statt dessen verwende ich, der semantischen Gebrauchsweise des 18. Jahrhunderts entsprechend, den Begriff der *Staats-Wirthschaftslehre,* die als Kunst des Herrschers verstanden wurde, den Haushalt des Staates zu führen. So beispielsweise James Steuart: „What oeconomy is in a familiy, political oeconomy is in a state; with these essential differences, however, that in a state there are no servants, all are children. (Steuart 1966, 16) Vgl. dazu Tribe 1988, 19ff. und 136ff sowie Brown 1994, 123ff.

government kommen. „Auf der zweiten Entwicklungsstufe beginnt sich erstmals eine ungleiche Verteilung der Vermögen abzuzeichnen, die in den Hirtenvölkern ein Ausmaß an Autorität und Unterordnung entstehen läßt, das es vorher unmöglich geben konnte. Es kommt dadurch zu einer Art Regierung, die zum Zusammenhalt unbedingt notwendig ist. Dieser Vorgang vollzieht sich offenbar ganz von selbst, ohne daß man seine Zwangsläufigkeit richtig erkennt" (Smith 1993, 605). Es wird also immer - fast zwangsläufig - ein Art von Regierung geben, denn die Instituierung von Unterordnung, Autorität, Gehorsam und Loyalität verläuft durch Umstände und Gewohnheiten, die niemals überblickt werden können.

Die Problematik von Smith, seine Modifikation des Hume'schen Programms politischer Rationalität, ist also keineswegs daran orientiert, die Regierung in Hinblick auf Gerechtigkeit zu rationalisieren, sondern umgekehrt: wenn es schon Regierung und Herrschaft gibt, wenn es sie auch weiterhin geben wird, dann muß man versuchen, sie so weit wie möglich vom sozialen Raum fern zu halten; *man muß die Regierung auf Distanz halten und an den Rändern der Gesellschaft binden.* Eine Regierung, die der arbeitsteiligen und arbeitszentrierten *civil society* angemessen ist, muß eine zivile Art des Regierens ausüben, was nichts anderes heißt als *Regieren auf Distanz.*[24] Im System der natürlichen Freiheit, wie Smith seine politische Ökonomie gegenüber Merkantilismus und Physiokratismus nennt, muß der Einfluß der Reichen (Händler, Manufaktur- und Landbesitzer) auf die Regierung beschnitten und ebenso der fürsorgende Eingriff des Herrschers auf die Gesellschaft unterbunden werden. „Solange der einzelne nicht die Gesetze (laws of justice) verletzt, läßt man ihm völlige Freiheit, damit er das eigene Interesse auf seine Weise verfolgen kann und seinen Erwerbsfleiß und sein Kapital im Wettbewerb mit jedem anderen oder einem anderen Stand entwickeln kann. Der Herrscher (souvereign) wird dadurch vollständig von seiner Pflicht entbunden, bei deren Ausübung er stets unzähligen Täuschungen ausgesetzt sein muß und zu deren Erfüllung keine menschliche Weisheit oder Kenntnis jemals ausreichen könnte, nämlich der Pflicht oder Aufgabe, den Erwerb privater Leute zu überwachen und ihn in Wirtschaftszweige zu lenken, die für das Land am nützlichsten sind" (Smith 1993, 582). Der Souverän verwandelt sich in eine Regierung, deren wichtigste politische Aufgabe es ist, die Gerechtigkeit lediglich zu verwalten: *administration of justice*[25]. Aber diese Verwand-

---

24 Vgl. dazu die Arbeiten von Rose/Miller 1990 und 1992. Rose und Miller sehen in der Durchsetzung moderner liberaler Gesellschaften zugleich auch die Instituierung eines neuen Typs staatlichen Regierens. „The inauguration of liberal societies in Europe accords a vital role to a key characteristic of modern government: *action at a distance.* Liberal mentalities of government do not conceive of the regulation of conduct as dependent only upon political actions: the imposition of law; the activities of state functionaries or publicly controlled bureaucracies; surveillance and discipline by an all seeing police. Liberal governmant identifies a domain outside 'politics', and seek to manage it without destroying its existence and its autonomy. This is made possible through the activities and calculations of a proliferation of independent agents including philanthropists, doctors, hygienists, managers, planners, parents and social workers." (Rose/Miller 1992, 180)

25 Im *Wealth of Nations* verwendet Smith den Begriff der „Gerechtigkeit" nur in Verbindung mit „Verwaltung", „Pflege" (administration) oder „Gesetz" (law). Von einer „Tugend" (virtue) oder einer „Regel" bzw. „Herrschaft" (rule) der Gerechtigkeit ist nicht mehr die Rede.

lung, diese Metamorphose vom direkten Herrscher zum distanzierten Verwalter ist an ein Konditional gebunden, an die Bedingung, daß die „Gesetze der Gerechtigkeit" eingehalten werden. Geschieht dies nicht, dann muß die Regierung die Einhaltung der Gesetze erzwingen, d.h. sie muß die Distanz zur Gesellschaft aufheben, was zur Folge haben kann, daß aus negativer Erzwingung, positive und dauernde Steuerungen, Lenkungen und Regulierungen (regulations) werden. Zahlreich sind die Stellen im *Wealth of Nations* an denen Smith der Regierung „Zügellosigkeit", „Anmaßung" und „Unmäßigkeit" (extravagance, assume authority, impertinence) vorwirft (vgl. insbesondere Smith 1993, 283f.); die Regierung *überdehnt* sich, hält die Distanz nicht ein und droht zur *dauerhaften* Herrschaft umzuschlagen. Zeit und Raum werden damit bei Smith zu entscheidenden Kategorien des Regierens. Der soziale (Handels-) Raum ist von keinem Staatsmann zu überblicken; die zeitlichen Umschläge der sozialen (Tausch-) Beziehungen bleiben dem Gesetzgeber, „der sich allein von unveränderlichen und allgemein gültigen Grundsätzen in seinen Überlegungen leiten lassen darf" (Smith 1993, 382), fremd. Der Staat weiß nichts oder kaum etwas über die Gesellschaft, von der er lebt. Polizeytabellen, Statistiken, demographischen Kalkulationen und den gesamten technologischen Wissenspraktiken der Politischen Arithmetik, wie sie von William Petty (1690) bis Arthur Young (1774) ausgearbeitet und angewendet wurden, steht Smith skeptisch gegenüber.[26] Dieses Wissen um die Bevölkerung seines Landes suggeriert dem Herrscher eine Macht, die er angesichts der wirklichen Komplexität der ökonomischen und sozialen Beziehungen nur mißbrauchen und fehlleiten kann.

Somit bleibt die letzte Frage des *Wealth of Nations* die, auf welche Weise die Regierung auf Distanz zur Gesellschaft gehalten werden kann. Wie bindet man den Staat an seine Aufgabe, die Gesetze zu verwalten? Die Antwort von Smith auf diese Frage hatten wir oben schon angeführt: der Souverän muß von wesentlichen Aufgaben *entbunden, entpflichtet* und *entlastet* werden. Insbesondere die Pflicht zur Beobachtung (observation), zur Führung und Lenkung (management) der Gesellschaft muß im sozialen Raum selbst institutionell verankert werden. Je mehr die Gesellschaft sich selbst um die Beobachtung der Gerechtigkeit kümmert, desto eher kann die Regierung diese Gerechtigkeit verwalten und desto weniger besteht die Gefahr eines direkten, dauerhaften und weiträumigen Eingriffs.

Bereits die gesellschaftliche Institution der *Arbeit*, die soziale (Tausch-) Beziehung zwischen Lohnarbeiter und Manufakturbesitzer, kann als ein solcher Regelungs- und Führungsmechanismus verstanden werden. Es lassen sich jedoch bei Smith noch weitere Elemente einer solchen zivilen Regierung des Sozialen ausmachen. So sieht Smith in *religiösen Gemeinschaften*, Kirchen und Sekten eine wichtige sozialdisziplinierende Funktion für die Menschen niederen Standes im urbanen Raum: „Ein Mann von niederem Stand ist indes weit davon entfernt, in irgendeinem großen Gemeinwesen ein ange-

---

26 Vgl. Smith 1993, 67 und 446. Sein Skeptizismus gegenüber jenem Ensemble diskursiver Praktiken des Zählens, Messens und Berechnens aller Bewegungen und Veränderungen der Bevölkerung richtet sich vor allem gegen die Suggestion der Abbildbarkeit und Regulierbarkeit aller sozialen Beziehungen.

sehenes Mitglied zu sein. Solange er in einem Dorf lebt wird man auch seinen Lebenswandel beobachten und ihn auf solche Weise zwingen, selbst darauf zu achten. In dieser Lage, und nur in dieser, kann er das, was man einen Charakter nennt, zu verlieren haben. Sobald er aber in eine große Stadt zieht, taucht er in Anonymität und Verborgenheit unter. Niemand achtet auf ihn und schaut auf seine Lebensführung, so daß er versucht sein wird, sich gehen zu lassen, ja, sich an jede Art Liederlichkeit und Laster zu verlieren. Aus dieser Anonymität tritt er niemals so stark hervor, nie erregt sein Verhalten so sehr die Aufmerksamkeit eines ansehnlichen Gemeinwesens, wie wenn er Mitglied einer kleinen Religionsgemeinschaft wird" (Smith 1993, 675). Dort findet er Beachtung, dort wird sein Lebenswandel beobachtet und dort auch wird er bei entsprechenden Vergehen bestraft, ohne - wie Smith schreibt - „zivilrechtliche Folgen".

Ein weiterer wichtiger institutioneller Ort ziviler Regierung oder Beobachtung (attention, observation) sind *Gemeindeschulen* und Distriktschulen. „In einer entwikkelten und kommerzialisierten Gesellschaft sollte sich die Öffentlichkeit vielleicht mehr um die Erziehung des einfachen Volkes kümmern als um die obere Schicht" (Smith 1993, 664). Die arbeitsteilige und arbeitszentrierte Gesellschaft anonymisiert nicht nur den sozialen Raum und zerstört die herkömmlichen sozialen Beziehungen; die Arbeit selbst führt bei der Masse der Bevölkerung zu psychischer und physischer Verkümmerung mit erheblichen Folgen für die soziale und politische Ordnung. In jenen von der Öffentlichkeit errichteten Gemeindeschulen (parish schools) sollten daher zumindest die Kinder der arbeitenden Bevölkerung in den elementaren Grundlagen der Erziehung unterrichtet werden. „Denn je gebildeter die Bürger sind, desto weniger sind sie Täuschungen, Schwärmerei und Aberglaube ausgesetzt, die in rückständigen Ländern häufig zu schrecklichsten Wirren führen. Außerdem ist ein aufgeklärtes und kluges Volk stets zurückhaltender, ordentlicher und zuverlässiger als ein unwissendes und ungebildetes. Jeder einzelne fühlt sich selbst achtbarer und kann auch eher mit dem Respekt seiner rechtmäßigen Vorgesetzten rechnen, so daß auch er eher bereit ist, diesen gegenüber höflich zu sein. Er ist dann auch eher geneigt, die Ziele hinter dem Geschrei nach Zwietracht und Aufruhr kritisch zu prüfen und fähiger, sie zu durchschauen, so daß er sich weit weniger zu irgendeinem leichtsinnigen oder unnötigen Widerstand gegen die Maßnahmen der Regierung verleiten läßt" (Smith 1993, 667f.).

Ein bemerkenswertes Beispiel für das zivile Regierungsdenken von Adam Smith findet sich in seinen Überlegungen zur Frage der amerikanischen Kolonien, die bei Erscheinen des *Wealth of Nation* (März 1776) auf der politischen Tagesordnung stand. Aus den drei Optionen, die er eröffnet - militärischer Zwang, parlamentarische Repräsentation, Preisgabe der Kolonien - wählt Smith mit Bedacht die *parlamentarische Repräsentation* als einzige, der Situation angemessenen Weise, die „rebellierenden Amerikaner" in das britische Empire zu integrieren. Den Vorschlag, Großbritannien sollte freiwilig allen Einfluß auf die Kolonien preisgeben, hält Smith für unrealistisch und praktisch nicht durchführbar. Ähnlich klar verhält er sich zur Ansicht, allein eine gewaltförmige und direkte Erzwingung des Rechtes der Besteuerung wäre die angemessene Reaktion: „Und wir sollten bedenken, daß jeder einzelne Tropfen Blut, den wir vergießen müßten, um sie dazu zu zwingen, das Blut derer ist, die unsere Mitbürger sind oder die wir als solche haben möchten. Wer sich heute schmeichelt, es sei, so wie sich die Dinge entwickelt haben, leicht, unsere Kolonien allein mit Gewalt zu erobern, beweist damit, wie schwach seine Argumentation ist" (Smith 1993, 524). Es ist die große Entfernung, die Weiträumigkeit des Landes und die Unwissenheit der Regierenden über die soziale und politische Verfaßtheit der einzelnen örtlichen Versammlungen in den Kolonien (colony assemblies), die es unmöglich erscheinen läßt, diese nicht nur militärisch zu erobern, sondern auch nach dem herkömmlichen System der Ämterpatronage zu lenken und zu leiten. Wenn es eine mögliche Regierungsweise dieser verschieden Kolonien gibt, dann liegt sie nicht in der Ausgrenzung und Mißachtung jener örtlichen und allgemeinen Kolonialversammlungen, sondern in der Art und Weise ihrer Integration, die zugleich die Integration der führenden Männer und Persönlichkeiten dieses Landes bedeutet. „Die Menschen haben hauptsächlich nur dann den Wunsch, an der Entscheidung über öffentliche Angelegenheiten irgendwie teilzuhaben, wenn damit Einfluß und Ansehen verbunden sind. Stabilität und Dauerhaftigkeit eines jeden freien Staatswesens hängen davon ab, ob die führenden Männer eines Landes, die von Natur aus dazu berufen sind, genügend Macht haben, ihre Stellung und ihren Einfluß zu behaupten oder zu verteidigen" (Smith 1993, 523). Die britische Regierung aber hat mit ihrer Politik nicht nur die örtlichen Parlamente entmachtet, sondern damit zugleich auch die natürliche Aristokratie der Kolonien zu reinen Vollzugsbeamten degradiert. Sie hat ihnen jenen Einfluß, jenes Ansehen und jene Macht genommen, die sie in ihren Parlamenten aufgebaut und gegenseitig ausgespielt haben; überdies hat die britische Regierung sich selbst damit der wesentlichsten Informationen über Verfassung und Lage des Landes beraubt. Ihre Politik, seit 1763, war eine Politik der Furcht, des Zwangs und der Gewalt. „Furcht" aber, schreibt Smith, „ ist nahezu überall ein schlechter Ratgeber beim Regieren, und man sollte dieses Mittel vor allem niemals gegen eine Schicht der Bevölkerung einsetzen, die auch nur den geringsten Anspruch auf Unabhängigkeit besitzt. Zu versuchen, sie einzuschüchtern, führt lediglich dazu, sie aufzubringen und in eine Opposition zu drängen, die sie bei weniger scharfem Vorgehen möglicherweise nicht soweit getrieben oder gar vollständig aufgegeben hätte" (Smith 1993, 678ff).

Angesichts dieser Diagnose sieht Smith nur die Möglichkeit, die eigene Regierungspraxis neu zu formieren, indem man die moderne „Idee der Repräsentation" konsequent auch auf die Kolonien anwendet. Je nach Steueraufkommen sollte den führenden Männern der Kolonien eine bestimmte Anzahl von Parlamentssitzen zugestanden werden. Auf der einen Seite wäre damit deren Ehrgeiz gestillt, in den öffentlichen Angelegenheiten um Ansehen zu ringen, auf der anderen Seite hätten die popularen Beschwerden gegen eine Besteuerung nun weniger Gewicht. Die Gruppe der parlamentarischen Abgeordneten aus den Kolonien würde damit die Funktion eines Puffers zwischen ihren Wählern und der britischen Regierung einnehmen.[27] Jeder scheinbar willkürliche

---

27 Vgl. dazu die Ähnlichkeit mit Edmund Burkes Konzeption des *House of Commons* in seinen *Thoughts on the cause of the Present Discontents* (1770): „The House of Commons was supposed originally to be *no part of the standing Government of this Country*. It was considered as a *controul*, issuing imme-

und direkte Zugriff auf die amerikanische Bevölkerung müßte somit über das Wissen, die Information und das Mitspracherecht der Abgeordneten gebremst werden, da diese wiederum an das Vertrauen ihrer Wähler gebunden sind. Umgekehrt könnte jede Beschwerde von Seiten der Bevölkerung nun in Form des Aufstellens neuer Kandidaten, in Form eines neuen Wahlverhaltens, kontrolliert und gelenkt werden. Parlamentarische Repräsentation wird damit zu einem Integrationsinstrument und einem indirekten Lenkungsmechanismus (system of management and persuasion) bestimmter Teile der Bevölkerung (leading men), die wiederum die Masse der Bevölkerung leiten und regieren.[28]

Smith' Forderung nach einer parlamentarischen Repräsentation der amerikanischen *leading men*, ja nach einer föderalen oder konstitutionellen Union mit Amerika ist nicht einfach nur ein pragmatischer, tagespolitischer Vorschlag. In seiner Substanz ist er - neben der Etablierung nicht-juridischer, nicht-staatlicher Institutionen im sozialen Raum (Arbeitsmarkt, Schule, Kirche) - ein weiteres Element der zivilen Regierungsweise der *civil society*. Als ein solches Element bekommen Parlamente eine neue Bedeutung. Sie sind nicht mehr Orte der virtuellen Repräsentation von Rechten unterschiedlicher Stände, sondern Knotenpunkte des Aufeinanderprallens und Abschleifens von gesellschaftlichen Interessen und Begehren. Darüber hinaus wird aber auch an ihnen die *Zweischneidigkeit* all dieser sozialen Institutionen deutlich. Als Elemente in einem Programm politischer Rationalität binden sie zwar die Regierungsgewalt an die Ränder der Gesellschaft, halten sie auf Distanz und übernehmen auf scheinbar „unmerkliche" Art und Weise die Regulierung des sozialen Raumes jenseits von Recht und Gerechtigkeit; doch zugleich erleichtern sie den staatlichen Institutionen das Regieren der Bevölkerung. Kompementär zur rein negativen Seite des Programmes, den Staat auf Distanz zur Gesellschaft zu halten, verläuft nun eine positive Seite, die es der Gesetzgebung und der Exekutive künftig ermöglicht, den sozialen Raum auf Distanz zu regieren: das heißt, gerade nicht, in die sozialen Beziehung direkt einzugreifen, um sie zu ordnen, sondern indirekt, über die Regelung der sozialen Institutionen (Arbeit, Schule etc.), die Ordnung der Gesellschaft zu gewährleisten.

---

diately from the people, and speedily to be resolved into the mass from whence it arose [...] It was hoped that, being a middle nature between subject and Government, they would feel with a more tender and a nearer interest every thing that concerned the people, than the other remoter and more permanent part of Legislature." (Burke 1993, 159)

28 Vgl dazu auch Smiths Überlegungen zur sozial-regulierenden Funktion des presbyterianischen Klerus. Aufgrund ihrer Unabhängigkeit, ihrer Lebensführung und Integrität standen und stehen die Presbyterianer Hollands, Genfs und Schottlands in hohem Ansehen bei den „einfachen Leuten" (common people). „Das einfache Volk schaut auf ihn (den Geistlichen) mit der Freundlichkeit, die wir natürlicherweise jemanden entgegenbringen, der für unsere Lage etwas Verständnis aufbringt, von dem wir aber glauben, er gehöre eigentlich zu einem höheren Stand. Unsere Freundlichkeit fordert eigentlich ganz von selbst die seine heraus, und er wird bedacht sein, sich mit uns auszusprechen (to instruct), und darauf achten, wie er beistehen (to assist) und helfen kann (to relieve). [...] Infolgedessen finden wir ausschließlich in presbyterianischen Ländern den Durchnittsbürger fast ausnahmslos und ohne Zwang und Verfolgung zur Amtskirche bekehrt." (Smith 1993, 690)

Aus der Unübersichtlichkeit des sozialen Raumes, in den der „gerechte Souverän" vormals scheinbar willkürlich, despotisch und anmaßend eingriff, beginnt in Großbritannien gegen Ende des 18. Jahrhunderts nach und nach ein übersichtlicher, strukturierter und kartographierter Raum zu werden.[29] Tumulte, Aufstände, Hungersnöte und Seuchengefahren werden nun frühzeitiger erkannt und schneller abgewehrt. Eine Unmenge „privater" Gesellschaften und Reformprojekte überzieht das Land; mit ihren *Reports, Annals, Proposals* und *Journals* versorgen sie sich untereinander aber auch die Regierung mit einem Wissen über den moralischen, hygienischen, kriminellen, ökonomischen und demographischen Zustand der Gesellschaft. Dieses Wissen findet nicht nur Eingang in die Universitäten, wo neue Lehrstühle und Wissenschaften entstehen; dieses Wissen wird auch zum Faktor in Straf- und Zivilprozessen, in Gesetzgebungsverfahren, polizeilichen Verordnungen und Präventivmaßnahmen.[30] Patrick Colquhoun, der ehemalige Bürgermeister von Glasgow und bedeutende Polizeireformer Großbritanniens, schreibt in seinem *Treatise on the Police of the Metropolis* (1797): „Police in this country may be considered as a *new Science*; the properties of which consist not in the Judicial Powers which lead to *Punishment*, and which belong to the Magistrates alone; but in the *Prevention* and *Detection of Crimes*; and those other Functions which relate to Internal Regulations for the well ordering and comfort of Civil Society" (Colquhoun 1969, Preface 1). An anderer Stelle seiner Abhandlung präzisiert Colquhoun, daß die „Polizei" eine neue Wissenschaft der politischen Ökonomie sei (a new science in political economy).

Was die neue politische Rationalität des zivilen Regierens ausmacht, was sie zu einem durchschlagenden Programm werden läßt, wird an diesem Beispiel sichtbar: sie erobert sich nicht nur einen Platz in den Diskursen der Gelehrten, sondern verläuft transversal durch die philantropischen Gesellschaften, die Arbeiterhilfsvereine, die Sparkassen, die religiösen Wohlfahrtssozietäten, die Spitäler, Armenhäuser, Schulen und auch durch die politischen Regierungsapparate (Verwaltung, Justiz, Polizei). Es mag sein, daß Adam Smith den *Staat* auf Distanz zur Gesellschaft halten wollte, daß er dem *Souverän* die Grenzen seines Wissens, seiner Macht und seiner Gerechtigkeit aufzeigte, aber dies alles gerade nicht, um die *Regierung* und Regulierung des sozialen Raumes abzuschaffen, sondern sie effektiver und letztlich intensiver zu gestalten.

---

29 Einen der wichtigsten Anstöße zu dieser „Kartographierung" des sozialen Raumes bildete die zunehmende Pauperisierung der Massen in den Großstädten und die damit verbundene Debatte über Abschaffung und Reformierung der alten Armengesetzgebung (Old Poor Law). Vgl. dazu Dean 1991.
30 Immer noch einschlägig ist hierfür das umfangreiche Werk von Radzinowicz 1956 und 1968.

Literatur

Bentham, Jeremy (1995): A Fragment on Government (1776). The New Authoritative Edition by J.H Burns and H.L.A. Hart with an Introduction by R. Harrison. Cambridge: University Press.

Bohlender, Matthias (1998): *Government, Commerce* und *Civil Society*. Zur Genealogie der schottischen politischen Ökonomie. In: Kaelble, H./Schriewer, J. (Hg.): Gesellschaften Vergleichen. Forschungen aus Sozial- und Geschichtswissenschaften. Frankfurt/M. : Peter Lang.

Brown, Vivienne (1994): Adam Smith's Discourse. Canonicity, commerce and conscience. London: Routledge.

Burke, Edmund (1993): Pre-Revolutionary Writings. Edited by I. Harris. Cambridge: University Press.

Castel, Robert (1983): Die psychiatrische Ordnung. Das goldene Zeitalter des Irrenwesen. Frankfurt a. M.: Suhrkamp.

Colquhoun, Patrick (1969): A Treatise on the Police of the Metropolis (1806), Monteclair/ N.J.: Pallerson Smith.

Dean, Mitchell (1991): The Constitution of Poverty: Toward a genealogy of liberal governance. London: Routledge.

Deleuze, Gilles (1997): David Hume. Frankfurt a. M./New York: Campus. Orig.: Empirism et Subjectivité. Essai sur la nature humain selon Hume. Paris: Presse Universitaires de France 1953.

Donzelot, Jacques (1979): Die Ordnung der Familie. Mit einem Nachwort von Gilles Deleuze. Frankfurt a. M.: Suhrkamp.

Ferguson, Adam (1988): Versuch über die Geschichte der bürgerlichen Gesellschaft (1767). Frankfurt a. M.: Suhrkamp.

Foucault, M./Farge, A. (1989): Familiäre Konflikte: Die „Lettres de cachet". Frankfurt a. M.: Suhrkamp.

Foucault, Michel (1977): Überwachen und Strafen. Die Geburt des Gefängnisses. Frankfurt a. M: Suhrkamp.

Foucault, Michel (1991): Governmentality. In: Burchell, G./Gordon, C./ Miller, P. (Eds.), The Foucault Effect. Studies in Governmentality. London: Harvester, S.87-104.

Halévy, Elie (1934): The Growth of Philosophical Radicalism. With a Prefac by A.D. Lindsay. London: Faber & Faber.

Himmelfarb, Gertrude (1970): Bentham's Utopia: The National Charity Company. In: Journal of British Studies 10, S.80-125.

Hume, David (1988): Politische und ökonomische Essays. Mit einer Einleitung herausgegeben von U. Bermbach. 2 Teilbände, Hamburg: Meiner.

Hume, David (1989): Traktat über die menschliche Natur (1739/40). Buch II. Über die Affekte. Buch III. Über Moral. Übersetzt, mit Anmerkungen und Register versehen von Theodor Lipps. Hamburg: Meiner.

Hume, L.J.: Bentham and Bureaucracy (1981). Cambridge: University Press.

Ignatieff, Michael (1993): Wovon lebt der Mensch. Was es heißt auf menschliche Weise in Gesellschaft zu leben. Berlin: Rotbuch.

Kaufmann, F.X./Krüsselberg, H.G. (Hg.) (1984): Markt, Staat und Solidarität bei Adam Smith. Frankfurt a.M./New York: Campus.

Locke, John (1977): Zwei Abhandlungen über die Regierung (1690). Herausgegeben und eingeleitet von W. Euchner. Frankfurt a. M.: Suhrkamp.

Locke, John (1993): Draft of a Representation Containing a Scheme of Methods for the Employment of the Poor (1697). In: Derselbe, Political Writings. Edited with an Introduction by D. Wootton. Harmondsworth: Penguin Books, S.446-461.

Medick, Hans (1981): Naturzustand und Naturgeschichte der bürgerlichen Gesellschaft. Der Ursprung der bürgerlichen Sozialtheorie als Geschichtsphilosophie und Sozialwissenschaft bei Samuel Pufendorf, John Locke und Adam Smith. Göttingen: Vandenhoeck.

Millar, John (1985): Vom Ursprung des Unterschieds in den Rangordnungen und Ständen der Gesellschaft (1771/79). Mit einer Einleitung von W.C. Lehmann. Frankfurt a. M.: Suhrkamp.

Moravia, Sergio (1989): Beobachtende Vernunft. Philosophie und Anthropologie in der Aufklärung. Frankfurt a. M.: Fischer.

Rose, N./Miller, P. (1990): Governing economic life. In: Economy and Society 19, S.1-31.

Rose, N./Miller, P. (1992): Political power beyond the State: problematics of government. In: The British Journal of Sociology 43, S.173-206.

Rousseau, Jean-Jacques (1977): Politische Ökonomie/Discours sur l'Economie politique (1755). Herausgegeben und übersetzt von Hans-Peter Schneider und Brigitte Schneider-Pachaly. Frankfurt a. M.: Klostermann.

de Sade, Donatien-Alphonse-François (1995): Die Philosophie im Boudoir oder die lasterhaften Lehrmeister (1795). Werke Bd.5. Mit einem Essay von B. Hesse. Köln: Könemann.

Schumpeter, Joseph A. (1994): History of Economic Analysis. Edited from Manuscript by E. Boody Schumpeter and with a new Introduction by M. Perlman. London: Routledge.

Smith, Adam (1993): Der Wohlstand der Nationen (1776). Aus dem Englischen übertragen und mit einer umfassenden Würdigung des Gesamtwerkes herausgegeben von Horst C. Recktenwald. München: dtv.

Smith, Adam (1994): Theorie der ethischen Gefühle (1759). Nach der Auflage letzter Hand übersetzt und mit Einleitung, Anmerkungen und Registern herausgegeben von Walther Eckstein. Hamburg: Meiner.

Smith, Adam (1982): Lectures on Jurisprudence. Edited by R.L. Meek, D.D. Raphael and P.G. Stein. Indianapolis: Liberty Fund.

Steuart, James (1966): An Inquiry into the Principles of Political Oeconomy (1767). 2 Vols. Edited with an Introduction by A. Skinner. Edinburgh/London: Oliver & Boyd.

Tribe, Keith (1988): Governing Economy. The Reformation of German Economic Discourse 1750-1840. Cambridge: University Press.

Walter Euchner

Marx' Aufhebung der Gerechtigkeit in der kommunistischen Gesellschaft

Vorbemerkung

Der Marx-Kenner weiß, daß Gerechtigkeit nicht zu den tragenden Konzepten des Marxismus gehört. Die Frage nach der Bedeutung von Gerechtigkeit bei Marx und seinen orthodoxen Schülern, an erster Stelle Engels, läßt also deren klare Aussage nicht gelten, daß Gerechtigkeit kein theoretisch begründbares politisches Ziel sei. Damit gerät, wer trotzdem dieser Frage nachgeht, in einen Begründungszwang, dem zumeist mit dem Argument begegnet wird, bei Lichte betrachtet besitze Marx doch einen positiven Begriff von Gerechtigkeit, oder aber, er habe zwar die Relevanz der Gerechtigkeitsidee negiert, doch diese habe ihn "hinter seinem Rücken" eingeholt, d.h. er konnte ihr gar nicht entgehen, weshalb sein Fluchtversuch zu einem gravierenden Theoriedefizit führte.

Marx-Exegesen tun gut daran, zwischen dem exoterischen und dem esoterischen Marx zu unterscheiden. Mit dem exoterischen Marx sind seine Auffassungen gemeint, die er in den von ihm selbst veröffentlichten Schriften, zumeist in klaren Formulierungen, vertreten hat. Der esoterische Marx ist jener der Frühschriften, der Texte aus dem Nachlaß, der Grundrisse oder Rohentwürfe, deren zumeist hegelianisierende Formulierungen oftmals stark interpretationsbedürftig sind und deshalb auch Regimenter von Marx-Interpreten in Arbeit und Brot gesetzt haben. Aber auch der exoterische Marx enthält Passagen, die auf eine esoterische Tiefenschicht schließen lassen.

Nehmen wir die einschlägigen Aussagen des exoterischen Marx für bare Münze, so kann gar kein Zweifel daran bestehen, daß er - mit ihm auch Engels - Gerechtigkeit für kein politisches Prinzip hielt, das im Kommunismus verwirklicht werden sollte. Anders beim esoterischen Marx. Hier gibt es doppelbödige Formulierungen, die vermuten lassen, es gehe ihm doch auch um eine rechtlich-moralische Kritik der kapitalistischen Zustände und damit implizit um die Vorstellung, in der kommunistischen Gesellschaft werde es moralisch und gerecht zugehen.

Die in der Literatur vertretenen Positionen reflektieren diesen Befund. Autoren, die sich am exoterischen Marx orientieren, bestreiten zumeist die Relevanz der Gerechtigkeitsidee für den Marxismus, oder sie lassen sie mit vorsichtiger Argumentation zu, wie Hermann Klenner. Zwar gebe es im Marxismus keinen überhistorischen Gerechtigkeitsbegriff; vielmehr meine bei Marx und Engels Gerechtigkeit immer die Übereinstimmung des juristischen Rechts mit den herrschenden Produktionsverhältnissen. Allerdings hätten sie dieses Verständnis von Gerechtigkeit von dem der "sozialen Gerechtigkeit" unterschieden. Sie hätten von "geschichtlicher Berechtigung" und "berechtigte(r) Tendenz" gesprochen und damit "den Grundstein zur produktiven Behandlung des Gerechtigkeitsproblems innerhalb einer marxistisch-leninistischen Rechtsphilosophie gelegt". (Klenner, 1979, 797 ff.). Hierzu ist allerdings anzumerken, daß bei Marx und Engels von einer expliziten und systematischen Unterscheidung zwischen juristischer und sozialer Gerechtigkeit nicht die Rede sein kann. Einen Schritt weiter ist Hans G. Nutzinger gegangen. Eine genaue Interpretation kritischer Passagen zeige, daß man bei Marx "überhistorische Gerechtigkeitsvorstellungen" finden könne, die seiner " 'Vision' ausbeutsfreier Gerechtigkeitsvorstellungen zugrunde liegen", auch wenn dies der behaupteten historischen Relativität von "Überbaubegriffen" widerspreche (Nutzinger, 1984, 126). Ralf Dahrendorf schließlich hat in einer lesenswerten Untersuchung über die Idee des Gerechten im Denken von Karl Marx aus dem Jahre 1952 den esoterischen für den eigentlichen Marx ausgegeben. Marx kenne "einen absoluten Begriff der Gerechtigkeit"; die "kommunistische Gesellschaft ist für Marx in einem absoluten Sinne gerecht" (Dahrendorf, 1952, 73) . Im Kontrast hierzu kritisiert Georg Lohmann mit Nachdruck die "Indifferenz" von Marx gegenüber einer positiven Philosophie der Gerechtigkeit.[1]

Marx ' Ablehnung überzeitlicher Ideale

Marx als Redakteur der Rheinischen Zeitung mochte noch an überzeitliche Rechtsvorstellungen gedacht haben, als er in seinem Bericht über die Debatten über den Holzdiebstahl im Landtag der preußischen Rheinprovinz vom "instinktmäßigen Rechtssinn" der "armen Klasse" sprach. Doch schon in dem Briefwechsel mit Arnold Ruge lehnte er es ab, sich im politischen Kampf auf abstrakte Prinzipien zu berufen. (MEGA; 1. Abt., Bd. 1, 209, Bd. 2, 487). In der "Deutschen Ideologie" formulierte er zusammen mit Engels: "Der Kommunismus ist für uns nicht ein *Zustand,* der hergestellt werden soll, ein *Ideal,* wonach die Wirklichkeit sich zu richten haben wird. Wir nennen Kommunismus die *wirkliche* Bewegung, welche den jetzigen Zustand aufhebt". Die Arbeiterklasse habe keine Ideale zu verwirklichen, vielmehr die Elemente der neuen Gesellschaft in Freiheit zu setzen, die sich bereits im Schoß der zusammenbrechenden Bourgeoisgesellschaft entwickelt hätten. (MEW, Bd. 3, 35).[2]

Den Vorwurf, den Sozialismus durch Berufung auf derartige Ideale oder überzeitliche Kategorien begründen zu wollen, richtete Marx gegen die "Deutschen" oder "Wahren Sozialisten", z. T. ehemalige junghegelianische Gefährten, die er zusammen mit Engels in mehreren Artikeln, der damals unveröffentlicht gebliebenen "Deutschen Ideologie" und im "Kommunistischen Manifest", hart anging. Sie waren vom französischen Frühsozialismus beeinflußt, zu dessen Rhetorik der Ruf nach Gerechtigkeit im Sinne der christlichen Nächstenliebe gehörte. Allerdings kritisierten die "Wahren Sozialisten" die mangelhafte philosophische Fundierung des französischen Sozialismus.[3]

---

1 Lohmann, 1991. Ähnlich wie Lohmann argumentierte bereits Kallscheuer, 1996, 134.
2 Marx und Engels werden, wo möglich, nach der noch nicht vollständigen MEGA zitiert, ansonsten nach MEW.
3 Auf dem Titelblatt der viel gelesenen kommunistischen Utopie Cabets stehen an erster Stelle die Parolen "amour, justice". Lamennais ist der Klassiker dieser Kombination. Vgl. Kool, Krause, 1967,

Marx hielt ihnen höhnisch entgegen, der französische Sozialismus und Kommunismus sei wenigstens eine schlagkräftige Bewegung, während die deutschen Sozialisten in der Manier Ludwig Feuerbachs vom "Wesen des Menschen", der "feierlichen Idee des Menschentums" und der "Ungerechtigkeit in den Eigentumsverhältnissen" fabulierten. Derartige Phrasen seien bloße "philanthropische Schwärmereien". (MEW, Bd. 3, 457, Bd. 4, 207 ff., 331 ff.). Der Marx-Kenner weiß, daß Marx noch in den "Ökonomisch-philosophischen Manuskripten" dieser Rhetorik selbst gehuldigt hat und deshalb besonders ergrimmt gegen den junghegelianisch-feuerbachianischen Standpunkt polemisierte, den er mit der "Deutschen Ideologie" hinter sich gelassen hatte.

Wichtiger noch ist, daß Marx in dem französischen anarchistischen Sozialisten P.- J. Proudhon ein ernst zu nehmender Kontrahent erwachsen war, der gleichfalls ehemalige Mitstreiter, z.B. Wilhelm Weitling, der unter den Handwerker-Arbeitern großes Ansehen genoß, beeinflußte. Für Proudhon war Gerechtigkeit ein konstitutiver Begriff des Sozialismus. "Justice" bedeutete für ihn die Garantie des Zusammenhalts einer Gemeinschaft, deren Fundament die durch die "valeur constituée" definierte Tauschgerechtigkeit sein sollte - eine Idee, die ursprünglich von englischen Linksricardianern wie John Francis Bray stammt und von Marx für unrealisierbar gehalten wurde. (Proudhon, 1923, 104 ff.).[4]

Die Belege für den heftigen Kampf von Marx und Engels gegen die Gerechtigkeitsrhetorik der "Wahren Sozialisten", der Parteigänger Proudhons und der linksricardianischen Chartisten könnten beliebig vermehrt werden. Viel zitiert wird Marx' Brief an Engels über die Vorgänge bei der Abfassung der "Inaugural-Adresse" anläßlich der Gründung der Internationalen Arbeiterassoziation. Zunächst habe er die "déclaration des principes" aus dem ersten Entwurf herausgeschmissen. "Nun wurde ich verpflichtet, in das Préamble der Statuten zwei 'duty' und 'right'-Phrasen, ditto 'truth, morality and justice' aufzunehmen, was aber so placiert ist, daß es einen Schaden nicht tun kann". (MEW Bd. 31, 15). Engels bringt in seiner Einleitung zu Marx' "Elend der Philosophie" dessen Kritik am Konzept der Gerechtigkeit als Konstituens einer kommunistischen Theorie auf den Punkt: Marx habe seine kommunistischen Forderungen nie mit Hinweisen auf die ungerechten Verhältnisse in der kapitalistischen Gesellschaft, die unseren sittlichen Gefühlen widersprächen, begründet, sondern mit dem notwendigen Zusammenbruch der kapitalistischen Produktionsweise. (MEW, Bd. 4, 561).

---

267. Der vom französischen Frühsozialismus stark beeinflußte erste Zusammenschluß deutscher Kommunisten hieß nicht von ungefähr "Bund der Gerechten".

4   Die vehemente Kritik Marx' an diesem Konzept findet sich in "Das Elend der Philosophie. Antwort auf Proudhons 'Philosophie des Elends' " (1847), MEW, Bd 4, 63 - 182.

Für Marx gehört Gerechtigkeit zu den "juristischen, politischen, religiösen, künstlerischen oder philosophischen Formen" des "Überbaus" über der "ökonomischen Struktur der Gesellschaft", wie es in der bekannten Einleitung zur "Kritik der Politischen Ökonomie" aus dem Jahre 1859 heißt. Die erste genauere Formulierung dieses Theorems findet sich in Marx' Brief an Annenkow vom Dezember 1846, in welchem er ihm die Defizite der Theorie Proudhons erläutert. Die von diesem als grundlegend bezeichneten gesellschaftlichen Kategorien wie Eigentum oder Gleichheit seien der abstrakte und ideelle Ausdruck der sozialen Verhältnisse und deshalb keinesfalls unsterbliche und unabänderliche Wesen der reinen Vernunft, sondern "genauso wenig ewig wie die Verhältnisse, deren Ausdruck sie sind. Sie sind historische und vorübergehende Produkte" (MEW, Bd. 4, S. 554).

In diesem Brief an Annenkow wird die Gerechtigkeit nicht eigens als eine derartige angeblich ewige Kategorie hervorgehoben. Marx holt dies in einer Anmerkung im ersten Band des "Kapital" nach. Dort heißt es: "Proudhon schöpft erst sein *Ideal der Gerechtigkeit, der justice éternelle,* aus den der Warenproduktion entsprechenden Rechtsverhältnissen, wodurch, nebenbei bemerkt, auch der für alle Spießbürger so tröstliche Beweis geliefert wird, daß die Form der Warenproduktion ebenso ewig ist als die Gerechtigkeit". Es handelt sich hier um eine *spezielle* Entschlüsselung des Proudhonschen Verständnisses von Gerechtigkeit im Sinne von Tauschgerechtigkeit als Überbau der bürgerlichen Gesellschaft. Im dritten Band *verallgemeinert* Marx diese Zuschreibung: "Die Gerechtigkeit der Transaktionen, die zwischen den Produktionsagenten vorgehn, beruht darauf, daß diese Transaktionen aus den Produktionsverhältnissen als natürliche Konsequenz entspringen. Die juristischen Formen, worin diese ökonomischen Transaktionen als Willenshandlungen der Beteiligten, als Äußerung ihres gemeinsamen Willens und als der Einzelpartei gegenüber von Staats wegen erzwingbare Kontrakte erscheinen, können als bloße Formen diesen Inhalt nicht bestimmen. Sie drücken ihn nur aus. Dieser Inhalt ist gerecht, sobald er der Produktionsweise entspringt, ihr adäquat ist. Er ist ungerecht, sobald er ihr widerspricht - Sklaverei, auf Basis der kapitalistischen Produktionsweise, ist ungerecht (...)". (MEGA, 2. Abt., 52, Anm. 33; MEW, Bd. 25, 351 f.).

Diese Passage ist der *locus classicus* der Marxschen Zuordnung von bestimmten Gerechtigkeitsvorstellungen zu bestimmten Produktionsverhältnissen, der von Engels und von späteren Marxisten immer wiederholt worden ist. Gesellschaftliche und ökonomische Verhältnisse und Handlungen sind gerecht, wenn sie den Produktionsverhältnissen entsprechen oder "adäquat" sind. Es versteht sich nicht von selbst, was dieses Adäquanzverhältnis bedeutet. Ich möchte es im Einklang mit Kallscheuer und Nutzinger als funktionalistisch interpretieren. (Kallscheuer, 1986, 134; Nutzinger, 191984, 127, vgl. auch Wood, 1980, 130). Adäquat wäre also eine als gerecht bezeichnete Struktur oder Handlung dann, wenn sie die Bestandserhaltung des Systems fördert. Freilich - so muß man hinzusetzen - kann es im Grunde gemäß der dialektischen Marxschen Theorie in der bürgerlichen Gesellschaft keine eindeutige Funktionalität ökonomischer Strukturelemente geben, denn was diese konstituiert und reproduziert, destruiert sie zugleich. Engels, Marx' *alter ego*, wiederholte Marx' "relativistisches" Verständnis in seiner viel gelesenen Schrift "Zur Wohnungsfrage" aus dem Jahre 1872 : "Und diese (ewige) Gerechtigkeit ist immer nur der ideologische, verhimmelte Ausdruck der bestehenden ökonomischen Verhältnisse, bald nach ihrer konservativen, bald nach ihrer revolutionären Seite hin. Die Gerechtigkeit der Griechen und Römer fand die Sklaverei gerecht: die Gerechtigkeit der Bourgeois von 1789 forderte die Aufhebung des Feudalismus, weil er ungerecht sei. (...) Die Vorstellung von der ewigen Gerechtigkeit wechselt also nicht nur mit der Zeit und dem Ort, sondern selbst mit den Personen (...)". (MEGA, 1. Abt., Bd. 24, 72; Nutzinger, 1984, 127). Engels scheint freilich, vielleicht in Erinnerung an die Wirksamkeit der moralisierenden Rhetorik des Frühsozialismus, gefühlt zu haben, daß diese Reduktion der Vorstellung von Gerechtigkeit auf funktionalistische Erfordernisse der ökonomischen Verhältnisse nicht das letzte Wort in dieser Frage sei und zudem von den Arbeitern nicht verstanden werden könne. Er schrieb deshalb in seinem Vorwort zum "Elend der Philosophie" aus dem Jahre 1884 dem Empfinden der Ungerechtigkeit kapitalistischer Verhältnisse sozusagen eine moralische Potenz zu. Sie sei ein Indiz dafür, daß diese überlebt seien. "Erklärt das sittliche Bewußtsein der Masse eine ökonomische Tatsache, wie seinerzeit die Sklaverei oder die Fronarbeit, für unrecht, so ist das ein Beweis, daß die Tatsache sich schon überlebt hat, daß andre ökonomische Tatsachen eingetreten sind, kraft deren jene unerträglich und unhaltbar geworden sind". (MEW, Bd. 4, 561). Hat Marx ebenso gedacht? Zumindest ist für ihn der Gedanke zentral, daß ein Arbeiter, der seine Ausbeutung erkennt, zu Empörung und Rebellion getrieben wird. Er findet sich in einer verklausulierten Passage in den "Grundrissen": "Die Erkennung der Produkte als seiner eigenen und die Beurteilung der Trennung von den Bedingungen seiner Verwirklichung als einer ungehörigen, zwangsweisen - ist ein enormes Bewußtsein, selbst das Produkt der auf dem Kapital beruhenden Produktionsweise, und so sehr das knell to its doom, wie mit dem Bewußtsein des Sklaven, daß er nicht das *Eigentum eines Dritten sein kann*, seinem Bewußtsein als Person, die Sklaverei nur noch ein künstliches Dasein fortvegetiert und aufgehört hat als Basis der Produktion fortdauern zu können". (Marx, 1953, 366 f.; Engels, MEW, Bd. 18, 277). Diese Passage gehört zu den vielen Vorwegnahmen der berühmten Empörungsprognose am Ende des ersten Bandes des "Kapital". Was freilich auffällt, ist, daß Marx geflissentlich vermeidet, das Empfinden von Ungerechtigkeit als Empörungsmotiv der Arbeiterklasse zu nennen.[5]

Die insofern eindeutig relativistische Position Marxens hat gleichwohl ihre Untiefen. Marx bezeichnete in seiner Erläuterung der Fehler des Proudhonismus die "Ideen und Kategorien" als "genausowenig ewig wie die Verhältnisse, deren Ausdruck sie sind", d.h. sie seien "vorübergehend und historisch". Diese Formulierung ist nicht ohne weiteres kompatibel mit der Adäquanztheorie. Denn diese bedeutet, daß eine juristische Form

---

5 Klenner, 1979, könnte darauf hinweisen, daß in den zitierten Stellen Marx und Engels' Verständnis von "sozialer (Un-)gerechtigkeit" zum Ausdruck kommt. Nur - Marx vermeidet den Begriff.

dann als gerecht angesehen werden müsse, wenn sie der herrschenden Produktionsweise entspreche. Es geht also um das von Marx selbst häufig aufgegriffene Problem der Form und des sozialen Inhalts gesellschaftstheoretischer Kategorien. Aus den einschlägigen Marxschen Passagen könnte man die Auffassung herauslesen, die Sklaverei habe der Gerechtigkeitsvorstellung der Antike, die Tauschgerechtigkeit jener der bürgerlichen Gesellschaft entsprochen, und die künftige sozialistische und kommunistische Gesellschaft werde neue Formen der Gerechtigkeit entwickeln. Nicht ewig wäre also der *Inhalt* der Kategorie Gerechtigkeit, doch ewig diese selbst als *Form*. Es handelte sich bei dieser Interpretation um eine ähnliche Konstruktion wie die des ehedem sehr angesehenen Rechtsphilosophen Rudolf Stammler, der - übrigens in einer Untersuchung des Historischen Materialismus - davon gesprochen hatte, daß der empirische *Inhalt* der sozialen Ordnungen variabel sei, die "*formalen* Gesichtspunkte als einheitliches Prinzip" aber für "alles soziale Leben Geltung" haben müsse . Man hat diese Auffassung auf die Formel "Naturrecht mit wechselndem Inhalt" gebracht. (Marx, MEW; Bd. 4, 554; Stammler, 1906, 456). Bloß - entspricht diese Interpretation dem Kern der Marxschen Auffassung? In seinem Brief an Annenkow hatte er ja betont, daß die Ideen "historische und vorübergehende Produkte" seien, d.h. wirklich - *sans phrase* - untergehen könnten: nicht nur ihr *Inhalt*, sondern die *Form* selbst!

Stationen dialektischer Verkehrung

Der Hegelianer Marx arbeitet, wie man weiß, mit der Denkfigur des dialektischen Umschlagens von Systemmomenten in ihr Gegenteil. Zwei davon haben im Marxschen System eine besondere strategische Bedeutung und sind zugleich für unser Thema relevant. Ich meine zunächst die Konstruktion des Äquivalententauschs zwischen Kapitalisten und Arbeitern, und sodann das Theorem der Verkehrung der Schöpferkraft der Produzenten in eine Unterdrückungsgewalt. Was den ersten Umschlagspunkt betrifft, so soll hier darauf verzichtet werden, Marx' Darstellung der Bildung von Mehrwert auf Grund der Eigentümlichkeit des Äquivalententauschs zwischen Kapitalist und Arbeiter zu referieren. Der springende Punkt dabei ist, daß der Gebrauchswert der vom Unternehmer gekauften Ware Arbeitskraft darin besteht, mehr wert als sein eigener *Tauschwert* zu sein - d.h. einen größeren Wert als den Wert der Lebensmittel im weitesten Sinn, die für die Reproduktion des Arbeiters und seiner Familie erforderlich sind (dies ist der Tauschwert der Ware Arbeitskraft) - erzeugen zu können. Diesen Mehrwert kann sich der Kapitalist aneignen, ohne dafür bezahlen zu müssen.

Marx und Engels werden aus den bereits erläuterten Gründen nicht müde zu betonen, daß der formal gleiche - blickt man auf das materielle Arbeitsergebnis, ungleiche - Tausch nicht gegen das Prinzip der Gerechtigkeit verstoße. Dies halten sie auch den linksricardianistisch oder proudhonistisch angehauchten Sozialisten entgegen, die vom "Recht auf den vollen Arbeitsvertrag" oder einem "gerechten Tagelohn für ein gerechtes Tagewerk" sprechen. Beim Arbeitsverhältnis handle es sich um einen rechtlich einwandfreien Äquivalententausch, d.h. Arbeitskraft gegen Lohn, der ihrem Wert entspricht. (Engels, MEW, Bd. 19, 247 ff., Bd. 21, 501).

Freilich zeigt die Lektüre der entsprechenden Passagen, mit welch ätzender Ironie und drastischer Metaphorik Marx diesen Äquivalententausch glossiert. Der Vertragsschluß scheine die bürgerliche Ideologie "Freiheit, Gleichheit, Eigentum und Bentham" zu bestätigen; im Vertragsvollzug allerdings trage der Arbeiter seine eigene Haut in die Gerberei. Das Kapital, die gesellschaftsdominante Form des Mehrwerts, erweise sich schließlich als "von Kopf bis Zeh, aus allen Poren, schmutztriefend", es sei ein Vampir, der alle Listen aufbietet, die Arbeitszeit zu verlängern oder die Arbeitsintensität zu steigern, um sich Mehrarbeit einzusaugen zu können, d.h. "lebendiges Arbeiterblut" - nicht selten "Kinderblut". Wie Shakespeares Kaufmann von Venedig verlange das Kapital rücksichtslos sein Pfund Fleisch. (MEGA, 2. Abt. Bd. 6, 191 f., 261, 289 f., 680).

Die fortgesetzte Ausbeutung kulminiert schließlich in einer faktischen Verkehrung des Äquivalententauschs. Das "Gesetz des Privateigenthums (schlägt, W.E.) durch seine eigne, innere, unvermeidliche Dialektik in sein direktes Gegentheil um." Denn ursprünglich erscheine das Eigentum als auf eigner Arbeit gegründet. Doch nunmehr, im Prozeß der Ausbeutung, erscheint es, "auf Seite des Kapitalisten, als das Recht, fremde unbezahlte Arbeit oder ihr Produkt, auf Seite des Arbeiters, als Unmöglichkeit, sich sein eignes Produkt anzueignen." Dies ist der Gipfel der Ungerechtigkeit - so muß jeder von Marx nicht instruierte Leser ausrufen! Doch dieser erklärt ungerührt, daß keine "Übervorteilung des Verkäufers" vorliege. Denn das Gesetz des Austausches setze nur die Gleichheit der Tauschwerte der ausgetauschten Waren voraus. Dies habe aber absolut nichts zu schaffen mit ihrem Gebrauch, d.h. der Anwendung der Arbeitskraft des Arbeiters, die vom Kapitalisten rechtmäßig erworben worden ist. (MEGA, 2. Abt., Bd. 10, 524).[6]

Marx bestätigt diesen Befund noch einmal in seinen "Randglossen" zu dem Lehrbuch der politischen Ökonomie des bedeutenden, der historischen Schule angehörenden Kathedersozialisten Adolph Wagner, der, offenbar ein Opfer der suggestiven Marxschen Formulierungen, angenommen hatte, Marx sehe in der Aneignung des Mehrwerts durch die Unternehmer einen "Raub". Marx bestreitet dies, aber mit einer unklaren Formulierung. Er sagt nämlich, in seiner Darstellung sei der Kapitalgewinn "*nicht* 'nur ein Abzug' oder 'Raub' am Arbeiter." Vielmehr habe er gezeigt, daß es sich um einen rechtmäßigen Äquivalententausch handle. (MEW, Bd. 19, 359 f.). "*Nicht nur (*meine Hervorhebung) Raub"? Dies könnte bedeuten, daß der Profit zwar hauptsächlich auf dem Äquivalententausch, aber zu Teil tatsächlich auf Raub beruhe. Nutzinger hat denn auch diese Passage zum Beleg für seine These genommen, daß Marx doch entgegen seiner eigenen Beteuerungen "überhistorische Gerechtigkeitsvorstellungen" kenne. Denselben Schluß zog Nutzinger auch aus Marx' Darstellung des Kampfes um den Normalarbeitstag. Dieser muß, Marx zufolge, antinomisch verlaufen; es steht Recht gegen Recht, das Recht

---

6   Diese Präzisierung findet sich in diesem Wortlaut nicht in den Ausgaben des Kapital, zu zu Lebzeiten
     von Marx erschienen sind, sondern in der von Engels veranstalteten Ausgabe von 1890.

des Arbeiters auf einen Arbeitstag von normaler Länge, der seine Gesundheit schont (d.h. auch, die Reproduktion seiner Arbeitskraft ermöglicht), gegen das Recht des Kapitalisten, die Arbeitskraft ohne zeitliche Begrenzung ausbeuten zu können. Nutzinger meint, der Konflikt müsse auch gemäß der Logik des Marxschen Denkens durch ein "Kriterium der Angemessenheit", das die kapitalistische Produktionsweise möglicherweise im Sinne von Gerechtigkeit transzendiere, entschieden werden. (Nutzinger, 1984, 126, 128 f.). Ich bezweifle, daß diese Interpretation die Marxsche Intention trifft. Es geht im Kampf um die "Normierung des Arbeitstags" um einen Kampf Klasse gegen Klasse, vergleichbar einem elementaren Naturvorgang, der in letzter Instanz auf die Anwendung von Gewalt hinausläuft. Und was die Interpretation des ungerechten "Raubes" durch Ausbeutung betrifft: Ich betrachte "Raub" als Metapher, die sowenig Ungerechtigkeit im juristischen Sinn zum Ausdruck bringen soll wie das Aussaugen von Kinderblut durch den "Vampir Kapital" eine rechtswidrige Körperverletzung.

Auf den zweiten Umschlagspunkt soll hier nur kurz eingegangen werden. Es handelt sich um das Umschlagen der Schöpferkraft der Produzenten in eine ihnen fremd gegenüberstehende Macht. Die Konstruktion des Theorems entspricht der der Dialektik des Äquivalententausches zwischen Arbeiter und Kapitalisten. Das ursprüngliche Produzenteneigentum, das das akkumulierte Wissen und die Geschicklichkeit, die Fähigkeit zur Kooperation und die Maschinerie, umfaßt, kurz, "die *geistigen Potenzen* des Produktionsprozesses", werden den Produzenten entzogen und setzten sich ihnen gegenüber als fremdes Eigentum und fremde Macht fest, die die fremde Arbeit beherrscht. (MEGA, 2. Abt., Bd. 6, 410).

Doch auch in diesem Falle ist, Marx zufolge, eine moralisierende Kritik unangebracht. Denn die "äußerste Form der Entfremdung" enthält bereits, allgemein gesehen, "die Auflösung aller bornierten Voraussetzungen der Produktion, (...) daher die vollen materiellen Bedingungen für die totale, universelle Entwicklung der Produktivkräfte (....)". (Marx, 1953, 414 f.). Denn die entwickelte Maschinerie erlaubt eine Minimierung der Arbeitszeit; diese wiederum ist die Voraussetzung für die künftige schöpferische, wissenschaftliche und zugleich disziplinierte Produktion und die künstlerische Betätigung in der "realen Freiheit" des Kommunismus. (Marx, 1953, 505, 589, 593, 599). Die Produzenten müssen barfuß durch die Hölle gehen, bevor das Reich der Assoziation freier, gleicher und schöpferischer Produzenten errichtet werden kann. Das Fatale an dieser Vorstellung sind, daß sie unwiderruflich die Opfer sind, auf deren Knochen die freie Zukunftsgesellschaft gebaut wird. Der exoterische wie der esoterische Marx lehrt, daß Vorstellungen von Gerechtigkeit, so sehr sie die Empörung der Arbeiterklasse beflügeln mögen, diesen "mit eherner Nothwendigkeit wirkenden und sich durchsetzenden *Tendencen*" äußerlich bleiben. (MEGA, 2. Abt., Bd. 6, 66).

Das bisherige Ergebnis der Untersuchung ist, daß bei Marx und Engels Gerechtigkeitskonzeptionen keine wesentliche Rolle im Prozeß der Durchsetzung der kommunistischen Gesellschaft spielen. Es geht nicht darum, Gerechtigkeit zu verwirklichen, sondern Strukturmomente der künftigen Gesellschaft, die sich bereits in der alten Gesellschaft abzeichnen, in Freiheit zu setzen. Die Frage bleibt, ob Konzeptionen der Gerechtigkeit, die im Sinne der erläuterten Marxschen Adäquanztheorie der neuen kommunistischen Produktionsweise angemessen sind, doch relevant werden könnten.

Was diese Frage betrifft, so findet man in der Tat bei Marx und Engels aufschlußreiche Äußerungen, und zwar in der "Kritik des Gothaer Programms" und im "Anti-Dühring". In der "Kritik des Gothaer Programms" spießt Marx zunächst zwei Sätze des Programmentwurfs auf: "Und da nutzbringende Arbeit nur in der Gesellschaft und durch die Gesellschaft möglich ist - gehört der Ertrag der Arbeit unverkürzt, nach gleichem Rechte, allen Gesellschaftsgliedern" und sodann: "Die Befreiung der Arbeit erfordert die Erhebung der Arbeitsmittel zu Gemeingut der Gesellschaft und die genossenschaftliche Regelung der Gesamtarbeit mit gerechter Verteilung des Arbeitsertrags".[7]

Was die lassalleanische Wendung "unverkürzter Arbeitsertrag" betrifft, so rechnet Marx zunächst den Verfassern vor, daß von diesem die Kosten der Reproduktion und Erweiterung der Produktion sowie der Infrastruktur und Invaliden- und Altersversorgung abgezogen werden müßten. Sodann stürzt er sich auf den Terminus "gerechte Verteilung". Sei dies nicht eigentlich eine bourgeoise Vorstellung - Regelung der ökonomischen Verhältnisse durch Rechtsbegriffe?

Marx gibt sodann allerdings zu bedenken, daß in der Entwicklung zur kommunistischen Gesellschaft zwei Phasen unterschieden werden müssen. Die eine ist eine Übergangsphase, "wie sie eben aus der kapitalistischen Gesellschaft hervorgeht, also in jeder Beziehung, ökonomisch, sittlich, geistig, noch behaftet ist mit den Muttermalen der alten Gesellschaft (...)". In dieser Phase machten rechtliche Verteilungsregelungen in der Tat einen Sinn. Sie folgten, selbst wenn sie inzwischen radikal egalitär geworden sind, noch notwendig der Logik des bürgerlichen Rechts. Denn die Verteilung richtet sich immer noch nach dem Äquivalenzprinzip; d.h. der Anteil, den der einzelne Produzent am gemeinsamen Arbeitsertrag erhält, entspricht seiner Arbeitsleistung, und die individuellen Arbeitsleistungen sind verschieden. Deshalb sei das gleiche Recht eigentlich "ungleiches Recht für ungleiche Arbeit. Es erkennt keine Klassenunterschiede an, weil jeder nur Arbeiter ist wie der andre; aber es erkennt stillschweigend die ungleiche individuelle Begabung und daher Leistungsfähigkeit der Arbeiter als natürliche Privilegien an". (MEW, Bd. 19, 15 f.) [8]

---

7 Die beschlossene Fassung besitzt einen geringfügig abweichenden Text: "Die Befreiung der Arbeit erfordert die Verwandlung der Arbeitsmittel in Gemeingut der Gesellschaft und die genossenschaftliche Regelung der Gesamtarbeit mit gemeinnütziger Verwendung und gerechter Verteilung des Arbeitsertrages". Vgl. Programme der deutschen Sozialdemokratie, Stuttgart 1963, S.72.

8 Die Formel "Jedem nach seinen Fähigkeiten, jedem nach seinen Bedürfnissen", stammt aus der Dis-

Anders jedoch die Verteilungsregelung in "einer höheren Phase der kommunistischen Gesellschaft". In ihr sind "Teilung der Arbeit, damit auch der Gegensatz geistiger und körperlicher Arbeit verschwunden", und die Arbeit ist "das erste Lebensbedürfnis geworden". Lassen wir das Problem beiseite, wie sich diese Ausführungen zu entsprechenden Passagen im "Kapital" verhalten, wo von alter und neuer (intelligenterer) Arbeitsteilung die Rede ist, und zu der dortigen berühmten Unterscheidung zwischen dem Reich der Notwendigkeit und dem Reich der Freiheit. Jedenfalls werden nach der Aussage der "Kritik des Gothaer Programms" die allseitige Entwicklung der Individuen und damit auch ihre Produktivkräfte wachsen, die "Springquellen des genossenschaftlichen Reichtums" voller fließen. Jetzt "kann der enge bürgerliche Rechtshorizont ganz überschritten werden und die Gesellschaft auf ihre Fahnen schreiben: Jeder nach seinen Fähigkeiten, jedem nach seinem Bedürfnissen!" Und da möglich geworden sei, daß vom gemeinsamen Arbeitsertrag jeder nach seinen Bedürfnissen erhalten könne, sei es auch falsch gewesen, "von der sog. *Verteilung* Wesens zu machen (...). (a.a.0.)."

Hat es, so muß man fragen, in einer Ära der Überfülle noch Sinn, von Verteilungsgerechtigkeit zu sprechen? Dies zumindest scheint Engels im "Anti-Dühring" zu bezweifeln. Ewige Gerechtigkeit gebe es ebensowenig wie ewige Wahrheit. "Wenige Generationen gesellschaftlicher Entwicklung unter kommunistischem Regime und unter vermehrten Hilfsmitteln müssen die Menschen dahin bringen, daß dies Pochen auf Gleichheit und Recht ebenso lächerlich erscheint wie heute Pochen auf Adels- etc. Geburtsvorrechte, daß der Gegensatz zur alten Ungleichheit, ja auch zum neuen Übergangsrecht aus dem praktischen Leben verschwunden ist, daß, wer auf pedantischer Aushändigung seines gleichen und gerechten Produktenanteils beharrt, mit Aushändigung des Doppelten verhöhnt wird". (MEW, Bd. 20, 580 f.).[9]

Wenn aber Verteilungsgerechtigkeit obsolet geworden ist, gewinnt dann ein anderer Typus von Gerechtigkeit Bedeutung? Vielleicht Gerechtigkeit im platonischen Sinn? Gerecht wäre dann die Struktur der freien Produzentenassoziation, die dem endlich freigesetzten Logos eines wirklich solidarischen Gemeinwesens entspricht, weil sie "die volle und freie Entwicklung jedes Individuums" ermöglicht. Dies jedenfalls scheint Lord Dahrendorf vorgeschwebt zu haben, wenn er von Marx' "absolutem Begriff des Gerechten" spricht. Für Marx bedeute das Gerechte kein moralisches Postulat, keinen ethischen Wert, sondern eine "ontologische Bestimmung". (Dahrendorf, 1952, 115, 141).

Dies heißt nun freilich Marx gegen den Strich bürsten. Was mit Marx allenfalls gesagt werden kann, daß die kommende freie Produzentenassoziation in ihrer entfalteten Phase den bürgerlichen Rechtshorizont - oder, allgemeiner, überhaupt den Horizont bürgerlicher Anschauungen - überschreiten werde. Welchen Sinn kann es haben, dieser noch unbekannten und von Marx in voller Absicht nicht ausgepinselten Struktur dieser

---

kussion des französischen Frühsozialismus. Die Kommunisten betonten das Prinzip der Bedürfnisse bei der Güterverteilung, während die Saint-Simonisten auf die individuelle Leistung abstellten. Marx übernimmt die kommunistische Variante dieser Formel.

9 Engels, Anti-Dühring, MEW Band 20, S. 580 f.

Assoziation den traditionsreichsten Begriff der politischen Sprache, nämlich Gerechtigkeit, die einer guten politischen Ordnung immanent ist, zuzuschreiben? Daß dies den Marxschen Intentionen strikt zuwiderläuft, sollten diese Ausführungen zeigen.[10]

Georg Lohmann möchte es bei diesem resignativen Befund bezüglich des Versuchs, bei Marx Gerechtigkeitsprinzipien aufzuspüren, nicht bewenden lassen. Marx habe die politische Ökonomie des Kapitalismus kritisieren wollen. Die Durchführung dieses Projekts sei jedoch in eine quasi positivistische Funktionsanalyse von "Gleichgültigkeitsrelationen" umgeschlagen, weil es Marx versäumt habe, sich über die normativen Grundlagen seines kritischen Anspruchs Rechenschaft zu geben - ein fatales Defizit, das letztlich auf eine Affirmation der bestehenden Herrschaftsverhältnisse hinauslaufe. (Lohmann, 1991, 26, 278, 287).[11] So sehe Marx z. B. im Tausch eine reine "Zweck-Mittel-Beziehung". In Wirklichkeit drücke sich in ihr ein höheres moralisches Interesse aus, denn "die Beteiligten müßten ein Interesse daran nehmen, daß die gewußte Gleichheit und Respektierung der Freiheit der (am Tausch partizipierenden Personen, W. E) als Gerechtigkeit verstanden wird, die als normative Forderung ihrer Verkehrsweise übergeordnet wäre"(Lohmann, 1991, 175).

Lohmann hält jedoch dieses Defizit angesichts der verschwiegenen, jedoch unverkennbaren normativen Prämissen der Marxschen Kritik für korrigierbar. Unter dem Gesichtspunkt, "daß Recht sein soll", lasse sich "Marx' Kapitalismuskritik, *zu einem wesentlichen Teil gegen sein Selbstverständnis* (meine Hervorhebung, W. E.), so konstruieren, daß er den immanent beanspruchten kapitalspezifischen Gerechtigkeitsbegriff des Äquivalententausches als einen beschränkten, nur formellen und zu engen Gerechtigkeitsbegriff mit Hilfe eines erweiterten und emphatischen Gerechtigkeitsbegriffs kritisiert". Lohmann regt an, hierbei auf das aristotelische Verständnis des Wechselbezugs von Gerechtigkeit und dem guten Leben in einem Gemeinwesen zurückzugreifen. (Lohmann, 1991, 62, 240, 217).

Nichts kann einen Autor daran hindern, einen Klassiker unter Berufung auf latente, in dessen eigenen Aussagen angelegte Motive zurechtzurücken, oder, um das einschlägige Beispiel in Lohmanns prägnanter Formulierung auszudrücken, die Marxsche Kritik der kapitalistischen Gesellschaft "mit Marx gegen Marx" zu rekonstruieren. (Lohmann, 1991, 289). Doch der derart revidierte Marx ist ein anderer Marx, und es ist fraglich, ob er der bessere Marx ist. Marx und Engels, die ins positivistische Zeitalter hineinwuchsen, erhoben den Anspruch, den praktischen Lebens- und Entwicklungsprozeß der Menschen durch "wirkliche, positive Wissenschaft" zu erfassen und die Philosophie durch

---

10 Offenbar gibt es ein unüberwindliches Bedürfnis, dies trotzdem zu tun. Vgl. die Interpretation der einschlägigen Passagen in der Marxschen Kritik des Gothaer Programms durch Alessandro Baratta. Sie enthielten Ansätze einer kritischen Theorie der Gerechtigkeit als Entwurf neuer sozialer Verhältnisse, oder, anders ausgedrückt, die Antizipation eines neuen Verteilungsmodelles. "Dieser Entwurf ist aber nicht bloß ein neues Modell der austeilenden Gerechtigkeit, er ist zugleich, ja primär, ein neues Modell der Produktionsweise und der Produktionsverhältnisse, deren Realisierung als abzusehende Folge die Realisierung eines neuen Verteilungsmodelles, des neuen Gerechtigkeitsprinzips mit sich bringen wird". (Baratta. 1974, 110 f.).

11 Vgl. dazu meine Rezension (Euchner, 1993).

eine "Zusammenfassung der allgemeinsten Resultate" der wissenschaftlichen Erkenntnis zu ersetzen. (MEW, Bd. 3, 27). Marx präzisierte seinen Anspruch im Vorwort zur ersten Auflage des "Kapital". Es sei ihm darum gegangen, das einem "Naturgesetz" vergleichbare "ökonomische Bewegungsgesetz der modernen Gesellschaft" zu enthüllen. (MEGA, 2. Abt., Bd. 6, 66 f.). Daß Marx sich bei diesem Vorhaben in Widersprüche verwickelte, weil er die bürgerlichen Politische Ökonomie nicht bloß durch den Versuch des Nachweises methodologischer Fehler kritisierte, sondern zugleich eine durch Revolution zustandekommende Assoziation freier Produzenten in Aussicht stellte und dabei die normativen Voraussetzungen dieser Prognose verschwieg, steht auf einem anderen Blatt.[12] Es ist unbezweifelbar eine wissenschaftliche Aufgabe, die Ursachen und Konsequenzen dieser Defizite zu klären. Ich würde es freilich vorziehen, dabei Marx als Pionier des sozialwissenschaftlichen Denkens, als Mann des 19. Jahrhunderts in all seinen Widersprüchen, stehenzulassen, sozusagen als Exempel, von dessen Leistungen und Fehlern gleichermaßen zu lernen ist. Die nach wie vor notwendige Gesellschaftskritik erfordert nicht die Verbesserung des Marxschen Denkens, sondern die Anwendung unserer eigenen analytischen Mittel, über die wir am Ende des 20. Jahrhunderts verfügen.

Totalitarismus als Konsequenz des praktizierten Marxismus?

Eine These der Marxismuskritik lautet: Wer, wie der Marxismus, ein Gerechtigkeitsideal mit politischen Mitteln, dazu noch durch Anwendung von Gewalt, durchsetzen möchte, wird dieses Ziel mit Gewißheit verfehlen - er wird nicht ein Regime der Gerechtigkeit, sondern eine Gewaltherrschaft errichten. Es handelt sich um eine alte konservative Interpretationsmaxime, deren Wurzel in Edmund Burkes Kritik an den Ergebnissen der Gesellschaftsentwürfe der französischen Revolutionäre liegt und die in J. L.Talmons aufsehenerregendem Konzept der "Totalitären Demokratie" eine neue Konjunktur erlebt hat. Ihr zufolge ist das Marxsche Denken eine Variante des uralten utopischen "politischen Messianismus", der in der französischen Revolution einen Höhepunkt erfahren und das Denken des jungen Marx beeinflußt habe. Das Konzept der "permanenten Revolution", so Talmon, sei "von der Französischen Revolution eingeleitet worden. Sie war, in marxistischer Terminologie, nicht eine Auflehnung gegen ein besonderes Unrecht, sondern eine Erhebung gegen das Unrecht schlechthin, und sie würde zu keinem Abschluß gelangen, solange dieses Grundübel nicht ausgerottet und an seine Stelle harmonische Gerechtigkeit getreten sei" (Talmon, 1963, 5).[13]

Sollten die bisher vorgetragenen Überlegungen zutreffen, so dürfte einsichtig geworden sein, daß eine derart formulierte Marx- und Marxismuskritik in die Irre geht. Marx hat kein utopisches Reißbrettmodell einer künftigen Gesellschaft entworfen, und er

---

12 Vgl. dazu bereits Habermas, Jürgen: Erkenntnis und Interesse, Frankfurt am Main 1968, S.86 f.
13 Zum Konzept der Utopie und Utopiekritik vgl. Saage, Richard (Hrsg.): Hat die politische Utopie eine Zukunft? Darmstadt 1992.

wollte auch kein Gerechtigkeitsprinzip realisieren. Sie trifft allenfalls bestimmte Schulen des französischen Frühsozialismus, vor allem die Derivate des Babouvismus, z.B. den Blanquismus, zusammen mit deutschen Frühsozialisten wie Wilhelm Weitling und seine Anhänger im "Bund der Gerechten" vor ihrer Zurechtweisung durch Marx und Engels.

Absicht dieser philologischen Richtigstellung war allerdings nicht, das Problem des Zusammenhangs von Marxismus und Totalitarismus vom Tisch zu wischen. Überflüssig darauf hinzuweisen, daß die Marxsche Lehre ein Zwischenglied der geschichtsnotorischen Kausalkette bildet, die zum Marxismus-Leninismus mit seinen terroristischen Konsequenzen hinführt. Die Französische Revolution bedeutete für Marx und Engels das Musterbeispiel einer Transformation einer Gesellschaftsformation in eine andere, und daß ein solcher revolutionärer Vorgang mit großer Wahrscheinlichkeit terroristische Übergangsformen hervorbringen werde, hielten sie für selbstverständlich. (Euchner, 1992). Marx' Ankündigung einer "totalen Revolution" in der Schlußpassage des "Elends der Philosophie" spricht für sich: Es werde sich um einen "Kampf von Klasse gegen Klasse", um den "Zusammenstoß Mann gegen Mann" handeln. Und ganz am Schluß, George Sand zitierend: Bis zur Errichtung einer klassenlosen Gesellschaft werde das letzte Wort der sozialen Wissenschaft stets lauten: *"Kampf oder Tod; blutiger Krieg oder das Nichts. So ist die Frage unerbittlich gestellt."* (MEW, Bd. 4, .182).

Trotz dieser keine Zweifel zulassenden Sprache waren für Marx und Engels die Tendenzen der bürgerlichen Gesellschaft, die, wie sie meinten, auf deren Selbstaufhebung drängten, das primäre Phänomen. Verglichen damit sind die politischen Mittel, mit deren Hilfe die Transformation zustande kommt, sekundär. Sie können höchstens eine Geburtshelferfunktion übernehmen. Was den prospektiven Verlauf der Transformation betrifft, so haben Marx und Engels, trotz ihrer Orientierung am Beispiel der Französischen Revolution, ihn nach Gründung der Ersten Internationale als flexibel beurteilt und parlamentarisch-republikanische Übergangsformen, vor allem für England und die Niederlande, nicht ausgeschlossen. Engels hielt es sogar für möglich, die parlamentarische Vorherrschaft der organisierten Arbeiterklasse als "Diktatur des Proletariats" zu interpretieren. Presse- und Versammlungsfreiheit sowie kommunale Selbstverwaltung waren für ihn notwendige Bestandteile einer "demokratischen Republik".[14]

Trotz derartiger Überlegungen hinsichtlich der politischen Formen der Transformation setzt das Marxsche Krisen- und Übergangsszenario in erster Linie auf den Zerfall der bürgerlichen Gesellschaft. Suggestive Texte, z.B. seine Rede auf der Jahresfeier des People's Paper aus dem Jahre 1856, zeigen diese Überzeugung. Die bestehenden Verhältnisse, die alle Schöpferkräfte der Menschheit in ihr destruktives Gegenteil verkehrt haben, trügen ein Femekreuz. Sie seien zum Untergang verurteilt, doch damit würden die bisher verkehrten Schöpferkräfte freigesetzt, die damit endlich der Emanzipation der Menschheit dienen könnten. (MEW, Bd.12, 3 ff.). Das organisierte Proletariat sei dabei Geburtshelfer. Mit diesem Szenario sind Terrorismus und Diktatur wie auch parlamen-

---

14 Vgl. dazu die Nachweise bei Euchner,1983, 120 ff. sowie Engels, MEW Bd. 22, 235 ff.

tarische Übergangsformen vereinbar. Doch für Marx und Engels gilt, daß ihre theoretischen Prämissen keine Ableitung von Grundrechten im Sinne von Abwehrrechten gegen eine übermächtige Staatsmacht zulassen. Ihnen zufolge kann es eine terroristische Phase der "Diktatur des Proletariats" geben, in der Opponierende rechtlos wären und eine organisierte Opposition ohne rechtliche Gegenwehr zerschlagen werden könnte. (Lohmann, 1991, 287). Erst die sozialdemokratischen Marxisten Eduard Bernstein und Karl Kautsky haben darauf beharrt, daß Grundrechte (insbesondere politische) unverzichtbarer Bestandteil des demokratischen Sozialismus seien. (Meyer, 1977, 289 ff; Euchner, 1991, 223 f.).

Für Marx und Engels war Politik, gleichgültig ob in terroristischen oder parlamentarischen Formen, prinzipiell ungeeignet, Ideen wie soziale Gerechtigkeit zu verwirklichen. Eine solche Vorstellung wäre in ihren Augen irreal gewesen. Marx vertraute lieber auf den "Maulwurf" der Geschichte, der die alten Verhältnisse unterwühlt und zum Einsturz bringt. Womit er allerdings nicht rechnen konnte, war die gewaltige Beweglichkeit dieses revolutionären Tieres, das in allen Himmelsrichtungen wühlt und zweihundert Jahre nach der großen französischen Revolution ein ganz anderes Regime als einen Staat der bürgerlichen Gesellschaft einbrechen ließ. In einer Hinsicht freilich traf die Marxsche Prognose zu. Europa sprang von seinem Sitz auf und rief: "Brav gewühlt, alter Maulwurf". (MEGA, 1. Abt., Bd. 11, 178). Man darf davon ausgehen, daß besagter Maulwurf in schwer antizipierbaren Richtungen weiterwühlen wird.

Literatur

Baratta, Alessandro, 1974: Recht und Gerechtigkeit bei Marx, in: Büsser, Fritz (Hrsg): Karl Marx im Kreuzverhör der Wissenschaften, Zürich und München, 91 - 114.
Dahrendorf, Ralf, 1952: Marx in Perspektive. Die Idee des Gerechten im Denken von Marx, Hannover.
Euchner, Walter, 1983: Karl Marx, München.
Euchner, Walter, 1991: Karl Kautskys Beitrag zum Demokratieverständnis der SPD, in: Rojahn, Jürgen; Schelz, Till; Steinberg, Hans-Josef (Hrsg.): Marxismus und Demokratie. Karl Kautskys Bedeutung in der sozialistischen Arbeiterbewegung, Frankfurt, New York, 220 - 232.
Euchner, Walter, 1992: Sozialistische Revolutionsinterpretationen. Von der französischen Revolution zur wilhelminischen Kriegswirtschaft, in: Bolz, Norbert u. a.: Philosophie und Revolution, Fernuniversität - Gesamtuniversität Hagen, 194 - 210.
Euchner, Walter, 1993: Rezension von Lohmann, Indifferenz und Gesellschaft, in: Zeitschrift für philosophische Forschung, 47 (1993), 155 - 158.
Habermas, Jürgen, 1968: Erkenntnis und Interesse, Frankfurt am Main.

Kallscheuer, Otto, 1986: Gerechtigkeit und Freiheit bei Marx. Ethische Probleme bei Marx - Marxens Problem mit der Ethik, in: Prokla. Probleme des Klassenkampfs. Zeitschrift für politische Ökonomie und sozialistische Politik, Heft 65, 16. Jg., 121 - 154.

Klenner, Hermann, 1979: Gerechtigkeit - eine rechtsphilosophische Kategorie?, in: Deutsche Zeitschrift für Philosophie, 27. Jg., 792 - 802.

Kool, Frits, Krause, Werner (Hrsg.), 1967: Die frühen Sozialisten, Olten und Freiburg im Breisgau.

Lohmann, Georg, 1991: Indifferenz und Gesellschaft. Eine kritische Auseinandersetzung mit Marx, Frankfurt am Main.

Marx, Karl; Engels, Friedrich, 1956 ff.: Werke (MEW), Berlin.

Marx, Karl; Engels, Friedrich, 1975 ff.: Gesamtausgabe (MEGA), Berlin.

Meyer, Thomas, 1977: Bernsteins konstruktiver Sozialismus. Eduard Bernsteins Beitrag zur Theorie des Sozialismus, Berlin, Bad Godesberg.

Nutzinger, Hans G., 1984: Gerechtigkeit bei Marx und Mill. Zur Schwierigkeit "positiver" und "normativer" Fundierung der Politischen Ökonomie, in: Ökonomie und Gesellschaft. Jahrbuch 2. Wohlfahrt und Gerechtigkeit, hrsg. von Peter de Gijsel u. a., Frankfurt, New York, 118 - 140.

Programme der deutschen Sozialdemokratie, 1963, Stuttgart.

Proudhon, J.-P., 1923: Système des Contradictions Économiques ou Philosophie de la Misère, Vol I (1846), in: Oeuvres de J.-P. Proudhon, Nouvelle Édition (...), Paris.

Saage, Richard (Hrsg.), 1992: Hat die politische Utopie eine Zukunft?

Stammler, Rudolf, 1906: Wirtschaft und Recht nach der Materialistischen Geschichtsauffassung. Eine sozialphilosophische Untersuchung, Zweite, verbesserte Auflage, Leipzig.

Talmon, J. L., 1963: Politischer Messianismus. Die romantische Phase, Köln und Opladen.

Wood, A. W., 1980: The Marxian Critique of Justice, in: Cohen, M.; Nagel, Th.; Scanlon, Th. (eds): Marx, Justice and History, Princeton.

Harald Bluhm

Dekonstruktionsprobleme. Gerechtigkeit in Marxens Theorien[*]

Einleitung

Das Verständnis von Gerechtigkeit bei Karl Heinrich Marx zu eruieren ist schwierig, hat er doch als Theoretiker viel daran gesetzt, den für ihn ideologischen Begriff aufzulösen. Jene Auflösung als Ziel verbindet Marx mit einer größeren Gedankenbewegung, die spätestens mit Hobbes einsetzt, über Rousseau bis zu Hegel in der Philosophie und auch in der Ökonomie bei Smith und Ricardo fortgeführt wird. In diesem Strang wird die antike und mittelalterliche Tradition des politischen Denkens, die um Fragen der Gerechtigkeit und der guten Ordnung zentriert war, transformiert. Thema der modernen politischen Theoretiker sind in weitaus größerem Maß Freiheit und Gleichheit als Gerechtigkeit, und das ist eine erhebliche Verschiebung der Begrifflichkeit des politischen Denkens (Hofmann 1997). Marx strebt in diesem Kontext einen vertieften Bruch mit dem herkömmlichen Gerechtigkeitsdenken an und kritisiert die bisherigen Auseinandersetzungen mit dem Begriff. Er stellt das auf die Politik sowie den Staat zentrierte Denken in Frage und thematisiert Freiheit und Gleichheit gleichsam von unten, von der bürgerlichen Gesellschaft her, und zwar in herrschaftskritischer Perspektive. Was konzeptualisiert wird, sind Voraussetzungen sozialer Gerechtigkeit, wobei ein starker Begriff des Sozialen und von sozialer Revolution den Hintergrund bildet. Gerechtigkeit im engeren Sinn, ihre politische Möglichkeit und Realisierung, die an die Rechtsform gebunden ist, werden ausgespart. Der Begriff der Gerechtigkeit wird bei Marx geradezu vermieden oder als illusorisch kritisiert und taucht nur in einigen politischen Zusammenhängen auf, etwa wenn es um die Organisation der Arbeiterbewegung oder die Anprangerung von Ausbeutungsverhältnissen in der modernen Fabrik geht. Will man die Auflösung des traditionellen Begriffes und die Herausbildung eines neuen Verständnisses von Gerechtigkeit erfassen, so braucht man einen allgemeinen Begriff von Gerechtigkeit. Ich unterstelle zur Rekonstruktion einen weiten Gerechtigkeitsbegriff, bei dem Freiheit, Gleichheit, Gemeinwohl und Solidarität Elemente sind. Welche Elemente akzentuiert werden, unterliegt dem historischen Wandel.

Die Spezifik des Marxschen Ansatzes wird erst deutlich, wenn man realisiert, daß es zur Auflösungsströmung des Gerechtigkeitsbegriffes eine Gegenbewegung gab. Gemeint ist die Thematisierung von Gerechtigkeit im Kontext der aufbrechenden sozialen Frage, die das 19. Jahrhundert kennzeichnet. Ob als praktischen Moralvorstellungen der Arbeiterbewegung oder als begleitende theoretische Entwürfe von Sozialisten und

---

[*] Für Kommentare und Kritiken danke ich Dr. Matthias Bohlender, M.A. Karsten Fischer und Dr. Hans Grünberger.

Kommunisten verschiedener Couleur, für diesen Strang ist Gerechtigkeit ein zentrales Thema. Ausgangspunkt sind dabei Ungerechtigkeits- und Ungleichheitserfahrungen, die dazu führen, neue Forderungen aufzustellen, die von politischer Beteiligung über gerechte Verteilung bis hin zu einem neuen „socialen" System reichen. Diese Strömung begleiten meist Ideen von Gerechtigkeit, deren Kern Vorstellungen sozialer Gleichheit sind und insofern kann man das Vorrücken der Begriffe Gleichheit und Freiheit auch hier beobachten.

Für die Arbeiterbewegung und ihre Formierung hatte die politische Sprache der Gerechtigkeit eine mobilisierende Funktion, die z.B. von Axel Honneth im Anschluß an Sozialhistoriker wie Edward P. Thompson und Barrington Moore als moralische Grammatik sozialer Konflikte herausgearbeitet wurde (Honneth 1992). Der Theoretiker Marx deutet soziale Konflikte anders. Er setzt sich Zeit seines Lebens scharf mit Sozialisten auseinander, die eine Veränderung des Kapitalismus und eine neue Gesellschaft im Namen von Gerechtigkeitsideen fordern; er dechiffriert diese Forderungen als ideologische Formeln, die den bürgerlichen Horizont nicht verlassen. Für die Wirkungsgeschichte des Marxismus, für die Sozialdemokratie oder all jene Versuche, Marx und Kant zu verbinden, gilt jedoch erst recht, daß Gerechtigkeit ein zentrales Thema ist, um emanzipatorische Forderungen vorzubringen und zu legitimieren.[1]

Marx steht zu Konzeptionen der Gerechtigkeit in doppelter Frontstellung. Zum einen forcierte er den in der modernen politischen Theorie und Ökonomie begonnenen Bruch mit traditionellen Konzepten bis zur Ablehnung des Begriffs. Zum anderen entwickelt er seine Theorie in Konkurrenz zu anderen sozialistisch/kommunistischen, meist politischen Auffassungen von Gerechtigkeit und nutzt deren Potential zur Kritik an der Philosophie und Ökonomie. Wiewohl sein gesellschaftstheoretischer Entwurf konkurrierende Konzepte überragt, fragt er nicht danach, welche Bedeutung die Dauerthematisierung von Gerechtigkeit für die Arbeiterbewegung hat.

Für die Lebzeit von Marx und erst recht für seine Wirkungsgeschichte läßt sich damit ein seltsames Paradox konstatieren. Während die Theorie kein explizites Konzept von Gerechtigkeit enthält und solche destruiert, ist die politische Wirkungsgeschichte von Beginn an mit der Thematisierung von Ungerechtigkeit, Ungleichheit und Ausbeutungsverhältnissen verbunden und setzt mithin Vorstellungen von Gerechtigkeit, von einer besseren Ordnung voraus. Es ist daher eine Frage, ob und inwieweit Marx trotz der Kritik an Gerechtigkeitskonzepten Elemente solcher Konzepte reformuliert.

Ich begreife das politische Denken von Marx als einen widersprüchlichen Zusammenhang von wissenschaftlichen Fragestellungen sowie politischen Prognosen und Engagement, die auf Krisendiagnosen und Revolutionserwartungen aufruhen. Beide Seiten gehören im Werk von Marx zusammen und stellen einen treibenden Widerspruch dar (Bluhm 1991). Geht man so an das Œuvre heran und trennt den Politiker und Theoreti-

---

1 Es gibt zwei Strömungen im Marxismus, eine, für die Namen wie Karl *Marx*, Karl *Kautsky*, Friedrich A. *Lange* stehen können, die Gerechtigkeitskonzepte explizit meiden, und eine Linie Friedrich *Lasalle*, Eduard *Bernstein*, Ernst *Bloch* und Walter *Benjamin*, die Gerechtigkeit thematisieren.

ker nicht von einander, dann bewegt man sich dicht am Selbstverständnis von Marx, der seine Theorie bewußt auf eine spezifische soziale Bewegung bezog.

In diesem Rahmen deute ich Marxens Denken als einen Versuch, das überkommene Gerechtigkeitsdenken zu überwinden und die vorgefundene Kritik an ihm zu radikalisieren und bis zu einer Gesellschaftskritik zu führen, die auf normative Setzungen verzichtet. Gezeigt werden sollen, die Art der Überwindung und einige der theoretischen Mittel und inwiefern der Bruch mit tradierten Konzepten nicht im intendierten Sinne realisierbar war. Es wird gefragt, wieweit Marx in der angestrebten Überwindung durch den Bruch hindurch eine erhebliche Anzahl tragender Momente dessen reproduziert, was transzendiert werden soll. Insbesondere aus ideengeschichtlicher Perspektive wird plausibilisiert, daß Marx in seinem Werk Ansätze für unterschiedliche Gerechtigkeitsbegriffe hat und daß sein nur implizites Gerechtigkeitsverständnis auf wenig systematisierten Gedankensträngen beruht, die problematisch sind.

Die Marxschen politischen Konzepte sind stark im Kontext der Debatten der Sozialisten und Kommunisten verankert. Er kritisiert sie aus verschiedenen Gründen, insbesondere wegen ihrer Fixierung auf Ideen der gerechten Verteilung, eines gerechten Lohnes und verbreiteter Ideen von Gerechtigkeit. Gleichzeitig aber übernimmt er eine Menge Einsichten dieses Diskurses, und zwar sowohl was Themen und Topoi der Kapitalismuskritik betrifft, als auch was Zielvorstellungen der künftigen Gesellschaft angeht, also Ideen von weitgehender sozialer Gleichheit, Freiheit für alle und dynamischer, nicht repressiver Formen von Assoziation. Über den Bezug auf sozialistische Theorien und die empirische Arbeiterbewegung wird Marx immer wieder mit dem Problem der Gerechtigkeit konfrontiert.

Auf beiden Wegen der Kapitalismuskritik kommt Marx vom Gerechtigkeitsdiskurs nicht los und demonstriert auf spezifische Weise, was Derrida als "Nicht-Dekonstruierbarkeit der 'Gerechtigkeit'" faßt (Derrida 1996: 11). Damit ist gemeint, daß politische Philosophien und Theorien mit kritischem normativen Anspruch an diesem Begriff nicht vorbei kommen, er bezieht sich nämlich auf verschiedenen Typen von Beziehungen zwischen Individuen, die für Gesellschaft und Politik konstitutiv sind, und läßt sich - auch wegen der damit verbundenen Inkonsistenz nicht restlos auflösen. Wenn diese Überlegung zutrifft, dann ist es eine ernsthafte Frage, welchen Status das Problem der Gerechtigkeit in einer Sozialtheorie wie der Marxschen hat, die mit kritischem Anspruch diesen Begriff dekonstruieren wollte.

Es gibt - mit Dahrendorf gesagt - *zwei* implizite *Gerechtigkeitsbegriffe* bei Marx. (Dahrendorf 1953: 159-164) Der *eine* ist ein relativer Begriff. Gerechtigkeit ist hier stets als Derivat von Produktionsverhältnissen zu verstehen, eine historisch sich wandelnde, oft ideologische Idee. Von diesem Ansatz her geurteilt, gehen universalistische und moralphilosophische Gerechtigkeitstheorien generell fehl, denn Gesellschaften sind nach historisch sich wandelnden Maßstäben zu beurteilen. Marxens *zweiter* Gerechtigkeitsbegriff ist stärker. Er zielt auf die Überwindung des Kapitalismus und liegt auch der *Kritik der Politischen Ökonomie* als eine Art letztes Maß zugrunde. Die Bestimmung der postkapitalistischen Ordnung erfolgt zwar fast nur negatorisch, aber dennoch kommt sie nicht ohne Vorstellungen einer gerechten Gesellschaft aus. Solche Ideen werden jedoch weder utopisch entworfen noch ausdrücklich Thema, vielmehr kennzeichnet sie eben ein Bündel negativer Bestimmungen: An die Stelle von Konkurrenz rückt Solidarität, statt sachlicher Abhängigkeitsverhältnisse wird freie Entwicklung der Individualität möglich, und reelle Freiheit sowie Gleichheit ersetzen ihre bloß formellen Vorläufer. Mit diesen Begriffen sind Elemente von Gerechtigkeit umrissen, die auf eine postjuridische Ordnung verweisen, jedoch ohne ausdrückliche moralphilosophische oder politische Komponenten. Beide impliziten Gerechtigkeitsbegriffe stehen in einem spannungsvollen Verhältnis, und zwar schon deshalb, weil Marx dem Selbstverständnis nach *kein* Gerechtigkeitskonzept benötigt.

Im Folgenden gehe ich zuerst auf den jungen, dann auf den späten Marx ein und ziehe gleichermaßen theoretische und politische Texte heran. Nur im Zusammenhang beider Textsorten lassen sich die Gerechtigkeitsvorstellungen von Marx historisiert und nicht auf Grundbegriffe oder Hintergrundideen verdünnt erfassen.

1.1. Theoretischer Bruch und Kontinuitäten

Dem Selbstverständnis nach vollzieht der junge Marx einen scharfen Bruch mit den überkommenen politischen Theorien, denn diese seien letztlich auf den Staat zentriert und fragten kaum nach dessen materiellen Grundlagen. Überkommene Theorien vernachlässigten nicht nur die Grundlagen des Staates, nämlich die bürgerliche Gesellschaft, sondern gingen meist unhistorisch vor. Die normativen Prämissen im Denken des jungen Marx sind vielfach, auch im Hinblick auf das Problem der Gerechtigkeit debattiert worden.[2] Der folgende Gedankengang bewegt sich zwischen zwei relevanten Polen: So hat Michael Theunissen die Hypothese entwickelt, daß Marx die Denkfigur der unvermittelten Selbstbeziehung so stark privilegiert, daß faktisch jede vermittelte Form eine entfremdete ist (Theunissen 1980: 485). Wenn diese Annahme zutrifft, dann wäre bei Marx kein Raum für das Denken einer differenzierten und gegliederten nachkapitalistischen Ordnung, von Gerechtigkeit in nichtentfremdeten sozialen Beziehungen. Mit nur exemplarischen Rekurs auf eine Passage beim jungen Marx hat dagegen Michael Walzer seine Theorie der Gerechtigkeit entwickelt. Die von Marx im Mill-Exzerpt angestellte Überlegung laufe darauf hinaus, eine Vielfalt von gesellschaftlichen Sphären und Tätigkeiten zu unterstellen, die jeweils eigene Austauschkriterien hätten. (Walzer 1992: 47f) Deutet man diese Vorstellung als normatives Ideal von Marx, dann kann es in seinem Werk eine Art verdeckter Gerechtigkeitstheorie geben. Auf dem Hintergrund dieser gegensätzlichen Deutungen interessiert nun die Frage, ob und inwieweit der angedeutete Gegensatz zwischen einer individualistischen bzw. einer sozialen Verwendung der Denkfigur der Selbstbezüglichkeit bei Marx in seiner Auseinan-

---

2 Vergleiche die Sammelbände von *Cohen, Nagel, Scanlon* (1972) und *Angehrn/Lohmann* (1986) sowie Texte von *Buchanan* (1982), *Castoriades* (1981), *Maihofer* (1992), *Peffer* (1990), *Pruzan* (1989).

dersetzung mit Hegel und Rousseau zum Tragen kommt und wie in diesem Kontext der Gerechtigkeitsbegriff transformiert wurde.

Marx setzt sich von einem primär am Recht orientierten Gesellschaftsmodell ab, in dem Gerechtigkeit immer eine zentrale Rolle spielt. Das Recht wird früh - man denke an die Kritik der Menschenrechte - funktionalistisch als eine abgeleitete gesellschaftliche Form gedeutet, in der Interessengegensätze realisiert werden, die anderen Ortes, v.a. im Eigentum ihren Ursprung haben. Die Marxsche Kritik der Tradition des politischen Denkens ist scharf, aber er setzt bereits vorhandene Tendenzen fort und arbeitet zum Teil mit Mitteln aus der kritisierten Tradition. Dies läßt sich besonders am Beispiel von Rousseau und Hegel zeigen, zwei Denkern die bereits den Begriff der Gerechtigkeit historisierend auflösen.

Gerechtigkeit spielt, wenn man den *2. Discours* und den *contrat social* nimmt, im Werk von Rousseau keine besondere Rolle. Der Begriff selbst wird wenig verwandt. Im *2. Discours* erfahren wir, daß an die Stelle der instinktiven Regelung des Verhaltens beim Menschen das Gewissen, die Maxime der Gerechtigkeit tritt. Deren Grundierung im Gefühl des Mitleids, ist als anthropologische Konstante gedacht, aber als eine, die sich auch durch die historischen Bedingungen verändert (Rousseau 1990: 211, 263). Die wenigen Stellen im *contrat social*, an denen der Begriff der Gerechtigkeit auftaucht, setzen zum einen diesen Gedankengang fort. Zum anderen betont Rousseau, daß es sich bei politischer Gerechtigkeit im Unterschied zur göttlichen nur um menschenmögliche Gerechtigkeit handelt (Rousseau 1977: 78, 96), mithin um eine Gerechtigkeit, die mit begrenzten Mittel, Gesetzen und Verträgen ins Werk gesetzt wird. Der *Gesellschaftsvertrag* zeigt, wieweit man dabei unter den von Rousseau akzentuierten besonderen Bedingungen kommen kann, nämlich zu einer Ordnung, in der eine Lösung der Spannung von individueller und kollektiver Freiheit auf der Grundlage der Gleichheit aller gedacht wird. Im Prinzip hat Rousseau damit den Gerechtigkeitsbegriff nicht nur historisiert; er hat zugleich, über politische Regelungen hinaus, gesellschaftstheoretisch eine Reihe sozialer Bedingungen hervorgehoben.

Werkgeschichtlich gilt für das Problem der Gerechtigkeit, daß sich der junge Marx in seiner Hegel-Kritik wesentlich auf Rousseau stützt. Dabei nimmt er dessen Akzentuierung der Gleichheit auf, deren Ergänzungsstück ein positiver auf Selbstverwirklichung zielender Freiheitsbegriff ist. Diese Lesart gewinnt an Plausibilität, wenn man berücksichtigt, daß die kritisierte Hegelsche Rechtsphilosophie selbst eine verdeckte Auseinandersetzung mit Rousseau ist. Vor allem Thomas Petersen zufolge reformuliert Hegel das Konzept der volonté générale gehaltvoll (Petersen 1992). Von hier aus läßt sich aufzeigen, wie Marxens Bruch mit dem politischen Denken erfolgte, und wie er Intentionen dieses Denkens aufgreift und die Denkfigur der selbstbezüglichen Reflexion sozial wendet.

Von genereller Bedeutung für Hegel und Rousseau ist das Problem, wie eine bloße abstrakte Allgemeinheit, die auf formeller Rechtsgleichheit von Individuen aufruht, zu reeller Allgemeinheit werden kann. Beide Denker zielen dabei auf ein Ganzes, das mehr als die Summe der Teile ist, wobei Rousseau die Figur des politischen Körpers nutzt.

Mit dieser Metapher kann er das Ganze, den Allgemeinwillen, im Unterschied zu den summierten Einzelwillen fassen. Jedoch verhindern der kaum entwickelte Willensbegriff und diese Metaphorik des politischen Körpers zu denken, wie dieses Ganze, die volonté générale, nicht nur einmal, sondern immer wieder konstituiert werden kann. Die Institutionen und Regeln, die Rousseau angibt, sind schwach und lösen das Problem der Willensbildung nicht. Er hat seinem Konzept allerdings den wegweisenden Gedanken der Selbstbezüglichkeit des Willens, der kollektiven Selbstbestimmung zugrunde gelegt (Petersen 1992: 51).

Hegel setzt hier ein, aber er reformuliert das Problem mit Bezug auf einen Flächenstaat, und zwar in einem vielfachen institutionellen Vermittlungssystem. Dafür entwickelt er in der Rechtsphilosophie nicht nur einen expliziten Willensbegriff, sondern einen Stufenbau, wie das reelle Allgemeine angefangen von der bürgerlichen Gesellschaft über die Korporationen bis hin zum Staat und dem allgemeinen Stand in ihm schrittweise seine Wirklichkeit gewinnt. Was Hegel von Rousseau trennt, ist die dialektische Bestimmung der volonté générale, nämlich als Einheit dessen, was die vielen Individuen wollen und als ihnen gegenüber differente institutionelle Struktur, die die Bildung und Wahrung eines Allgemeinwillens auf Dauer stellt (Petersen 1992: 64). Dazu sprengt Hegel die Denkfigur des politischen Körpers auf spezifische Weise. Denn diese gestattet es kaum, die Einheit und Differenz des Willens als einen Zusammenhang zu denken und die Selbstbezüglichkeit des Willens nach seiner subjektiven und objektiven Seite zu betrachten. Die zentrale Aporie von Rousseaus Konzept die Unvermitteltheit von Einzelnem und Allgemeinen ist damit überwunden. Wiewohl Hegel die Figur des politischen Körpers ablehnt, denkt er das Ganze meist nach dem Muster des Organischen.

Wenn das Problem der Gerechtigkeit - wie bei Rousseau - in das des Allgemeinwillens transformiert wird, dann sind bereits im Ansatz zwei Fragestellungen verquickt. Zum einen wird Gerechtigkeit auf der Ebene der Allgemeinheit gefaßt, d.h., es geht um die Gerechtigkeit einer politischen Gemeinschaft, eines Gemeinwesens. Zum anderen ist mit dem Willenskonzept verbunden, daß Gerechtigkeit nicht nur als Wert oder Orientierung etwa im Sinne einer regulativen Idee bestimmt wird, sondern wesentlich im Hinblick auf Realisierung gedacht ist. Insofern verwundert es nicht, daß sich in den Texten von Rousseau wenig über die Gerechtigkeit im einzelnen finden läßt. Über eine anthropologische Fundierung und generelle Orientierung hinaus, wird das Problem mit demjenigen verschmolzen, wie eine politische Ordnung zu denken und zu schaffen sei, in welcher der Allgemeinwille zur Geltung gebracht werden kann.

Gerade diese Denkrichtung ist es, die Hegel entscheidend modifiziert. Auch in der *Rechtsphilosophie* ist nicht viel von Gerechtigkeit die Rede, sie wird in die vermittelte soziale und politische Struktur eingebettet. Dadurch soll der enge Rechtshorizont, d.h. die notwendige Abstraktheit des Rechts, aufgehoben werden. Abstraktheit meint wesentlich die Subsumtionslogik der Rechtsanwendung, in der einzelne Fälle nach allgemeinen Prinzipien behandelt werden.

Dennoch stellt Hegel an Schlüsselstellen einen Bezug zur Gerechtigkeit her, etwa wenn er den Übergang zur Sittlichkeit mit Bezug auf diesen Begriff bewerkstelligt. Es sind dies mehr als bloß rudimentäre Bezüge, die nur die äußere Architektonik der Rechtsphilosophie berühren. Gerechtigkeit wird, gerade weil sie historisch und auch in die Gesellschaft eingebettet gedacht wird, noch als eine ideelle Bezugs- und Restgröße genutzt. Hegel beruft sich dabei etwa auf Platon, dem neben der substantiellen Sittlichkeit allerdings der Gedanke der Individualität und der subjektiven Rechte fehlt. In den *Vorlesungen zur Geschichte der Philosophie* heißt es, "die Gerechtigkeit in ihrer Realität und Wahrheit ist allein im Staat" (Hegel 1986a: 107). Hegel hat also ein deutliches Bewußtsein davon, was er dem Gerechtigkeitsdiskurs entnimmt und was er auflöst bzw. in andere Begriffe übersetzt.

Bis zu diesem Punkt kann man Parallelen zu Rousseau erkennen, aber Hegel wendet das Problem. Er übernimmt das Konzept der volonté générale sowie die Idee der Volkssouveränität und damit auch starke Forderungen nach einer sozialen Ordnung von Rousseau auf, jedoch transformiert er sie in mehrfacher Hinsicht. Hegel substituiert Gerechtigkeit v.a. durch das Konzept der Sittlichkeit, d.h. einer Ordnung rechtlicher, sozialer und moralischer Beziehungen. Die immer wieder auftretenden Ungleichheiten und Störungen in dieser Ordnung werden durch Gerechtigkeit ausgeglichen (Hegel 1986b: §§ 145, 220, 229).

Welche Konsequenzen ergeben sich aus dieser theoriegeschichtlichen Situation für Marxens Denken von Gerechtigkeit? Zum einen ist die Historisierung und eine gegen die Abstraktheit des Rechtes gerichtete Wendung des Problems der Gerechtigkeit vorbereitet. Zum anderen spielt Marx gerade Rousseau gegen Hegel aus. Er kritisiert letzteren vermittels einer Entwicklung des Entfremdungskonzeptes von Rousseau. Wenn die Wurzeln aller Entfremdung in der Form der Erwerbsarbeit und im modernen Privateigentum liegen, dann stellt Hegels vielfaches politisches Vermittlungssystem und die Bändigung der Widersprüche der bürgerlichen Gesellschaft durch den Staat eine Affirmation der Gesellschaft dar. Diese Kritik, die zu Recht die Überschätzung der Politik und des Staates attackiert, nimmt jedoch Hegels theoretische Fortschritte im Prinzip zurück. Marx kann nämlich den Gewinn von Hegels Auflösung Rousseauscher Aporien durch das Denken politischer Institutionen infolge seiner radikalen Kritik an der Politik nicht bergen. Dennoch setzt er die von Hegel begonnene Einbettung von Gerechtigkeit in gesellschaftliche und sich historisch wandelnde Verhältnisse fort, und zwar bis zur äußerlichen Auflösung des Begriffs. V.a. aber radikalisiert Marx die Liberalismuskritik im Horizont von Freiheit und Gleichheit. Ganz im Geiste Rousseaus wird in der *Kritik des Hegelschen Staatsrechtes* eine Beteiligung „aller als aller" am politischen Geschehen gefordert, d.h. eine Teilnahme aller als assoziierter Individuen und nicht als zum citoyen vereinzelte Einzelne (Marx 1956b: 322). Gegen die Menschenrechtserklärungen, die das vereinzelte bourgeoise Individuum als natürlichen Menschen unterstellen, setzt er die Forderung nach politischer Gemeinschaft sowie reeller Freiheit und Gleichheit (Marx 1956a: 370). Der junge Marx überbietet Rousseaus Kritik, indem er behauptet, die Demokratie sei "das aufgelöste Rätsel aller Verfassungen", "die wahre Einheit des Allgemeinen und Besonderen" (1956b: 231). Er abstrahiert dabei von allen besonderen Bedingungen dieser politischen Form. Schließlich enthält die Forderung der Rücknahme des abstrakten Staatsbürgers, des abstrakten Staates die Aufhebung von Demokratie als politischer Organisationsform und als genuin politischer Begriff. Sie kann sich dann nur noch auf ein nicht näher bestimmtes soziales Ganzes beziehen. (Vgl. Lange 1986). Sachlich bedeutet dieses Vorgehen, daß Marx die schon bei Hegel vorgeprägte Wendung des Gerechtigkeitsproblem nicht nur steigert, sondern in eine radikale Kritik der Politik münden läßt, die schließlich nur soziale und sozialpolitische Voraussetzungen von Gerechtigkeit zu thematisieren vermag.

Der theoretische Hintergrund für diesen Ansatz ist, daß die Denkfigur der Selbstbeziehung privilegiert wird. Am deutlichsten kann man dieses Motiv im Mill-Exzerpt von 1844 ablesen (Marx 1968a: 462). Das Maß der Gesellschaftskritik bildet hier eine Vielfalt von Selbstbeziehungen, aus denen Fremdbestimmtheit weitestgehend ausgespart ist. Dieses romantische Motiv (Kolakowski 1988: 466) wird auf zwei Ebenen gedacht, zum einen dienen alle anderen Individuen und auch alle Tätigkeiten nur als Spiegel des Selbstseins, des sich bestimmenden Individuums. Da aber zugleich der Grundsatz eingehalten werden soll, die Gesellschaft nicht wieder gegenüber dem Individuum zu verselbständigen, muß ein Begriff für diese besondere Form von Gesellschaft gebildet werden. Marx identifiziert in diesem Kontext sogar das menschliche Wesen mit dem Gemeinwesen. Zugleich setzt er ab 1844 zunehmend den Begriff der Assoziation ein, um den selbstbestimmten Zusammenhang der Proletarier, ihren Zusammenhang als Menschen ebenso wie den Kommunismus überhaupt zu charakterisieren. Selbstbestimmte Assoziationen sind durch eine nichtverselbständigte Organisationsbildung und durch einen nicht bloß instrumentellen Charakter gekennzeichnet. D.h., die Assoziation ist wesentlich Selbstzweck.[3] Dieses Konzept von Assoziation gestattet keinen Rousseauschen, substantiellen Begriff des Allgemeinwillens, sondern löst ihn in die Vielzahl der Assoziationen auf, in denen er temporär gebildet werden kann. Maß der Kritik an der bürgerlichen Gesellschaft, am abstrakten Recht und allen verselbständigten sozialen Formen ist das sich selbstbestimmende Individuum und die ihm subsumierten bzw. selbstzweckhaft genutzten Assoziationsformen.

In diesem übergreifenden Kontext steht auch der Begriff der sozialen Revolution. Mit ihm wird nicht nur die Herstellung der neuen Ordnung mit Formen universeller Selbstbestimmung gedacht, sondern auch die Frage von Gemeinschaftsbildung thematisiert. Die ab 1843 tragende historische Perspektive ist die der sozialen Revolution, und

---

3 In den „Ökonomisch-philosophischen Manuskripten" heißt es:"Wenn die kommunistischen Handwerker sich vereinigen, so gilt ihnen zunächst die Lehre, Propaganda als Zweck. Aber zugleich eignen sie sich dadurch ein neues Bedürfnis, das Bedürfnis der Gesellschaft an, und was als Mittel erscheint ist zum Zweck geworden. Diese praktische Bewegung kann man in ihren glänzendsten Resultaten anschauen, wenn man sozialistische französische ouvriers vereinigt sieht. Rauchen, Trinken, Essen etc. sind nicht mehr da als Mittel der Verbindung oder als verbindende. Die Gesellschaft, der Verein, die Unterhaltung, die wieder die Gesellschaft zum Zweck hat, reicht ihnen hin, die Brüderlichkeit der Menschen ist keine Phrase, sondern Wahrheit bei ihnen, und der Adel der Menschheit leuchtet uns aus den von der Arbeit verhärteten Gestalten entgegen." (Marx 1968b: 553f) Dies ist nicht nur ein romantisches Motiv, sondern bei Marx gibt es starke aristotelische Einflüsse. (Vgl. *MacIntyre* (1996), *Castoriadis* (1981).

Marx meint damit bekanntlich die grundsätzliche Umwälzung der Gesellschaft sowie die damit einhergehende Veränderung des Menschen. Strukturell impliziert diese doppelte Veränderung weit mehr als eine bloß politische Umwälzung, nämlich die Rücknahme des verselbständigten Staates. Was bedeutet sie aber auf der Ebene des Sozialen und von Gemeinschaftbildung?

Fragt man sich, wie es mit dem Problem des Allgemeinwillens und seiner Realisierung für die künftige, die kommunistische Gesellschaft aussieht, so kann man nur an wenige versteckte Hinweise des jungen Marx anknüpfen. Der Begriff des Gemeinwesens und des Gattungswesens des Menschen sind solche Zugänge. In der 6. Feuerbach-These wird das menschliche Wesen wie folgt definiert: "In seiner Wirklichkeit ist es das ensemble der gesellschaftlichen Verhältnisse" (Marx 1962a: 6). Diese Definition hat einen Hegelschen Kern. Marx spricht hier emphatisch von Wirklichkeit, nämlich im Sinne einer Einheit von Wesen und Existenz. Die Formulierung impliziert genau genommen, daß das Wesen, universelle Produktion, und die Existenz, Aneignung der Ergebnisse der universellen Produktion, übereinstimmen sollen. Dann erst wird das mögliche Gattungswesen realisiert. Marx hat diese Konsequenz mehrfach ausgedeutet, etwa wenn vom Auseinanderfallen von Wesen und Existenz des Proletariers gesprochen wird. So wird Feuerbach vorgehalten, gerade diese Differenz nicht zu sehen und die elende Existenz der Proletarier auch für ihr Wesen zuhalten (Marx 1956a: 378, 1956c: 408, Marx/Engels 1962: 74).

Ein anderer Begriff, mit dem künftige Formen beschrieben werden, ist der des Gemeinwesens. Marx verwendet ihn nicht sehr streng und teilweise synonym mit dem Begriff Gattungswesen. Damit verwischt er, daß „Gemeinwesen" sachlich auf eine partikulare Gemeinschaft im Unterschied zum universellen Gattungswesen zielt. In der *Judenfrage* wird der Begriff des wahren Gemeinwesens v.a. gegen den partikularen bürgerlichen Staat ausgespielt (Marx 1956a: 356, 366, 368); und in der Konklusion, die die Aufhebung der Trennung von Bourgeois und Citoyen fordert, bezeichnet Marx die dann entstehende Struktur als eine, in welcher der Mensch in seinen individuellen Verhältnissen Gattungwesen geworden ist (Marx 1956a: 370). Darunter muß man sich wohl eine transpolitische Gemeinschaft vorstellen, in der die Individuen per se assoziiert sind. Mit diesem vagen, rousseauistisch inspirierten Bild verschwindet nicht nur das Problem der Bildung des Allgemeinwillens, sondern auch die Möglichkeit, Gerechtigkeit positiv zu bestimmen.

Wie Gerechtigkeit gegenüber selbstbestimmter Entwicklung des Individuums und dem wahren Gemeinwesen als Maß für die künftige Gesellschaft in den Hintergrund rückt, so ändert sich auch das Problem ihrer Realisierung, das im Konzept des Allgemeinwillens bei Rousseau angelegt ist. Zwar wird das Problem klassentheoretisch reformuliert. In bezug auf die Gegenwart jedoch geht es nach Marx nur um konkrete politische Forderungen, die gerade nicht mit Gerechtigkeitslosungen verbrämt sein sollen. Was die Zukunft betrifft, so werden schließlich über die selbstzweckhaften Assoziationen und die Revolution hinaus weder Formen noch Institutionen, die Gerechtigkeit ermöglichen sollen, bestimmt.

Allerdings bekommt der schon durch Hegel modifizierte Entfremdungsgedanke von Rousseau durch Marx eine neue Wendung. Einesteils rückt nämlich die geschichtlich sich verändernde Produktion im weitesten Sinne als Wesen der menschlichen Gattung an die Stelle des Geistes. Damit sind Voraussetzungen für einen impliziten relativen Gerechtigkeitsbegriff gegeben, der ein Maß an Entfremdung und Fortschritt ausweisen kann, der ihren transitorischen und notwendigen Charakter begreifen läßt. Anderenteils treten Momente von Gerechtigkeitsvorstellungen hervor, die in die Idee einer postkapitalistischen Gesellschaft eingeschrieben sind. So fußt diese Idee auf der aufklärerischen Vorstellung, daß unter den richtigen Bedingungen jeder Mensch seine Selbstentwicklung betreiben könne und zudem die Gesellschaft als Ganzes weitgehend gestaltbar sei.

Die Erörterung normativer Prämissen des jungen Marx verdeutlicht, daß er mit seiner Kapitalismuskritik auf spezifische Weise in der Tradition des Gerechtigkeitsdenkens verbleibt. Er knüpft dabei philosophisch an moderne Theoretiker wie Rousseau und Hegel an, die antike Gedankenstränge modifiziert fortsetzten. Die Denkfigur der Selbstbeziehung wird bei ihm individuell und sozial gefaßt, d.h. auch auf kollektive Akteure bezogen. Insofern handelt es sich hier um mehr als ein romantisches Motiv, das zudem mit Momenten selbstzweckhafter Tätigkeit versetzt ist. Wenngleich Marx mit der am Rechtsmodell orientierten Theorietradition bricht, bleibt er mit ihr verbunden, denn er arbeitet mit ihren Denkfiguren und erbt durch den Bruch hindurch eine Reihe ungelöster Probleme, insbesondere von Rousseau. Zugleich ist für den jungen Marx der Zusammenhang eines historisch relativen Maßstabes und eines absoluten Maßes der Kritik sowie den in diesem Kontext von ihm divergierend verwandten Gerechtigkeitsbegriffe nicht zum Problem geworden.

1.2. Gerechtigkeit in politischen Texten von 1847/48

Das *Manifest* ist ein wissenschaftliches und prognostisches Dokument, das Max Weber zurecht als prophetisch bezeichnet hat. Es enthält eine Prophetie des Untergangs der privatwirtschaftlichen Ordnung und die Aussicht auf ein neues soziales System, eine neue Kultur. Zugleich dokumentiert es Marxens definitive Entwicklung zum Kommunisten, der mittels einer Gesellschaftstheorie politisch wirksam wird. Wie wichtig Marx der Bruch mit Konzepten von Gerechtigkeit war, zeigt schon sein Engagement bei der Umwandlung des Bundes der Gerechten, einer politischen Geheimorganisation deutscher kommunistischer Handwerker, als deren programmatischer Denker Wilhelm Weitling agierte, in den Bund der Kommunisten. Im Zentrum des politischen Eingriffes von Marx standen drei eng miteinander verwobene Ziele, nämlich die Umwandlung des Bundes in eine öffentlich agierende Partei, die Umsetzung von Forderungen nach Gerechtigkeit und Gleichheit in konkrete Ziele, vor allem aber ein wissenschaftliches Programm.[4] Schon dieses Beispiel zeigt sein starkes politisches Engagement in der Frage, ob Gerechtigkeit eine angemessene politisch-programmatische Forderung ist. Im Folgenden skizziere ich den Kontext, in dem die sozialistische Debatte um Gerechtigkeit sowie Freiheit und Gleichheit verlief, um auf dem Hintergrund, auf den sich Marxens Polemiken beziehen, zu zeigen, was seine Ablehnung und eher verdeckte Reformulierung von Gerechtigkeitsforderungen bedeutet.

Für Marx ist die Übersetzung von Gerechtigkeitsforderungen in konkrete und programmatische politische Zielstellungen, die wissenschaftlich begründet sind, zentral. Er meint, die besondere weltgeschichtliche Rolle des Proletariats nicht nur wissenschaftlich begründen zu können, sondern hält auch allein eine wissenschaftliche Programmatik für richtig. Der junge Marx arbeitet von Anfang an mit einem starken scientifischen Wissenschaftsverständnis und verhält sich nicht zuletzt deshalb zum in der sich formierenden Arbeiterbewegung wirksamen theoretischen und praktischen Gerechtigkeitsdiskurs polemisch. Zwei Problemkreise, ein ideengeschichtlich-disziplinarer sowie ein systematischer sind es, in denen auf diesem Hintergrund 1847/48 Gerechtigkeit zum Gegenstand wird.

Marx schaltet sich in den 40er Jahren in die umkämpfte Deutung der Geschichte des sozialistischen Denkens ein - man denke etwa an die Arbeiten von Philippe Buonarotti, Lorenz von Stein und Francois Villegardelle. Bei dem Versuch, die neue Bewegung mit einer Tradition auszustatten, spielte das Gerechtigkeitsthema oft eine große Rolle. So formuliert etwa Villegardelle in seiner *Geschichte der socialen Ideen vor der französischen Revolution* von 1789: "Mag das goldene Zeitalter immerhin existiert haben, uns ist daran gelegen, das Mittel zu finden, um es wieder heraufzubeschwören, die Principien der Gerechtigkeit und Gleichheit anzuwenden und mit den Fortschritten der Wissenschaften und der Industrie in Einklang zu setzen." (Villegardelle 1846: 14).

Gegen solche Auffassungen bringt Marx zur Geltung, daß die Gerechtigkeitsforderungen immer einen konkreten geschichtlichen Hintergrund haben und daß die Ideen des modernen Sozialismus auf den Bedingungen von Freiheit und Gleichheit der kapitalistischen Warenproduktion ruhen. Mit diesem Historisierungskonzept entwickelt er einen Zugang, mit dem er anstelle von Gerechtigkeit Freiheit und Gleichheit in den Vordergrund rückt. Indirekt kommt dieser Wandel auch bei den Sozialisten, die Gerechtigkeit stark thematisieren, zum Ausdruck. Sie machen nämlich den allgemeinen Wandel der politischen Sprache in Gestalt der Akzentuierung von Freiheit und Gleichheit mit und bestimmen in diesem Rahmen, was Gerechtigkeit ist. Das gilt insbesondere

---

4 *Marx* attackiert *Weitling* als utopischen Sozialisten. *Weitling* male in den *Garantien der Harmonie und Freiheit* (Weitling 1955) zu sehr künftige Zustände aus. Interessant ist, daß er dort den Begriff der Gerechtigkeit kaum nutzt und nur indirekt für die gesamte Ordnung verwendet. Marx lehnt dieses Konzept als sozial unscharf ab, denn obwohl *Weitling* sich für das Los der Armen, der Proletarier, interessiert, denkt er primär in Menschheitskategorien. 1838 in die *Menschheit wie sie ist und wie sie sein soll* (Weitling 1919) ist dies viel deutlicher. Dort ruht der ganze Text auf dem Gerechtigkeitsbegriff und einem starken, aus dem Christentum gespeisten Gleichheitsgedanken. Gerade diese abstrakt-universelle Sicht verstellt nach *Marx* den Blick auf die Besonderheit der Probleme.

für Pierre J. Proudhon, der bis zu der Aussage ging: "daß Gesellschaft [sociabilité - H.B.], Gerechtigkeit, Gleichheit drei gleichbedeutende Ausdrücke" seien (Proudhon 1971: 185).

Die Begriffs- und Bedeutungsverschiebungen in der politischen Sprache, das in-den-Vordergrund treten von Freiheit und Gleichheit auch bei den Sozialisten, zeigen an, daß sie Gerechtigkeit von modernen Fragestellungen aus denken. In diesem Rahmen wird bestimmt, was das Soziale ist, was Forderungen sind, die über die "bürgerliche" Freiheit und Gleichheit hinaus gehen. Dabei kommt es zu einer Debatte über das Verhältnis von Gerechtigkeit und Ökonomie als Wissenschaft. Um die bekannte Polemik zwischen Proudhon und Marx zu verstehen, muß man sehen, daß es nicht nur um verschiedene Auffassungen ökonomischer Probleme geht, sondern um divergierende Bestimmungen des Gegenstandes der Ökonomie. So formuliert Proudhon "Was ist der Gegenstand der ökonomischen Wissenschaft? Die Methode deutet es uns selbst an. Die Antinomie ist das Prinzip der Attrazion und des Gleichgewichtes in der Natur; die Antinomie ist also das Prinzip des Fortschritts und des Gleichgewichts in der Menschheit, und der *Gegenstand der ökonomischen Wissenschaft ist die Gerechtigkeit*. In ihren rein objektiven Beziehungen betrachtet, mit denen sich die soziale Oekonomie einzig beschäftigt, hat die Gerechtigkeit zum Ausdruck den Werth. Was ist der Werth? Die realisierte Arbeit." (Proudhon 1966 Bd 2: 473).

Marx setzt der von Proudhon geforderten sozialen Ökonomie entgegen, daß die politische Ökonomie zuerst eine geistige Durchdringung und Beschreibung der bürgerlichen Produktion zu sein hat, und zwar ungeachtet des dabei notwendigen Zynismus. Der Zynismus der Ökonomen, wie z.B. Ricardo, liegt in der Sache (Marx 1977, 81f). Marx und Proudhon sind sich jedoch in einem Punkte einig, nämlich im Glauben an die Wissenschaft, an die Notwendigkeit einer neuen Wissenschaft. Ohne eine Kritik der bürgerlichen Ökonomie oder eine neue soziale Ökonomie sei ein wirklicher gesellschaftlicher Wandel und Fortschritt ausgeschlossen. Schon Saint-Simon vertrat die Idee "Die wissenschaftlichen Revolutionen begleiten die politischen Revolutionen." (Saint-Simon 1966: 13)[5] und diese Überzeugung kennzeichnet einen großen Teil der sozialistischen Bewegung. Gerade aus der Überschätzung der Wissenschaft resultiert die Vehemenz der Auseinandersetzungen zwischen den verschiedenen sozialistischen Strömungen. Denn von der richtigen Erkenntnis hängt hier die Möglichkeit einer besseren, gerechten Ordnung wesentlich ab.

Eine nähere Bestimmung erfährt der Gerechtigkeitsbegriff indirekt in der Debatte um die Auffassung des „Socialen". Dabei wird auch die Spezifik der neuen Wissenschaft als einer sozialen deutlicher. Der ursprünglich von Rousseau geprägte und spätestens durch Owen ("New social System") prominent gewordene Begriff wird meist normativ verwandt. Soweit dieser Diskurs bekannt ist, läßt sich festhalten, daß in der Vielzahl der Bedeutungen des Attributes „social" meist das Bestreben überwiegt, Neues zu kenn-

---

5 Ich folge Sotelo (1986: 375) der auf diese Stelle aufmerksam machte und sie als zentrale Idee von Saint-Simon interpretierte.

zeichnen, eben das künftige neue soziale System, oder wie Fourier es nennt, die "sociale Ordnung", die auf die chaotische Konkurrenzgesellschaft folgt. (Fourier 1966: 348). "Social" ist im Rahmen der sozialistischen Bewegungen meist das Gegenstück zu Ungleichheit, Ungerechtigkeit und Ausbeutung; positiv enthält der Ausdruck verschiedene Gemeinschafts- und Brüderlichkeitsvorstellungen. Auf diesem Hintergrund und mit breitem Assoziationshof erfährt der Begriff dann im 19. Jahrhundert eine erstaunliche Karriere.[6] Was die Wissenschaft der Ökonomie angeht, so bekommt der Begriff des Sozialen eine besondere Note, er ist nämlich kritisch auf sie bezogen. Was Proudhon, Hodgskin und auch Bray vorschwebt, ist eine sociale Ökonomie, d.h. eine Ökonomie, welche die Interessen der Arbeiter einbezieht und den Standpunkt der Arbeit gegenüber dem Kapital geltend macht. Die Lösung der neuen mit dem Industriekapitalismus aufkommenden sozialen Probleme, wird dabei oft dem Staat zugewiesen. Die Formen der Kritik der Ökonomie und ihre Gegenstandsbestimmungen divergieren erheblich, aber auch Marx, für den Gerechtigkeit keinen Gegenstand der Ökonomie bildet, bezieht von hier wesentliche Anregungen für die Kritik der politischen Ökonomie. Alle jene Kritiken setzen bei der Thematisierung der "socialen Frage", d.h. der modernen Arbeiterfrage sowie des Problems von Verelendung und Pauperismus an. Insofern werden stets Schichten und kollektiv Akteure sowie ihre Relationen gedacht.

In diesem Sinn folgert Proudhon in *Was ist das Eigentum?*: "Was heißt also: Gerechtigkeit üben? Es heißt, jedem gleichen Anteil an Gütern gewähren, unter der Bedingung gleicher Arbeit; das heißt gesellschaftsmäßig [sociable - etwa] handeln." (Proudhon 1971: 187). Es geht also um Verteilungsgerechtigkeit in substantiellem Sinne.

Sozialität und die Assoziation der Individuen sind Themen, die man nach Marxens Überzeugung tiefer, nämlich von der Produktionsweise und den Eigentumsverhältnissen her begreifen muß. Systematisch antwortet Marx auf sozialistische Gerechtigkeitskonzepte von einem Typenbegriff des Kapitalismus her. Er kennzeichnet die "normalen" Bedingungen der Klassenauseinandersetzung, d.h. es wird entwickelt, was unter bürgerlich kapitalistischen Verhältnissen zum Lohnkampf gehört. In diesem Zusammenhang wendet Marx zum einen den relativen Gerechtigkeitsbegriff in der Polemik mit Proudhon an, zum anderen reformuliert er sozialistisch-kommunistischen Vorstellung von Gerechtigkeit und ihrer Herstellung.

Zum Modell des Kapitalismus der freien Konkurrenz gehören für Marx Parteien und Gewerkschaften. Sie sind Funktionsbedingungen eines etablierten Kapitalismus. Das ökonomische Argument gegen Proudhon, der behauptet hatte, ein Steigen der Löhne führe zu einem allgemeinen Steigen der Preise, lautet, es gibt keine allgemeine Verteuerung, denn wenn alles verteuert wird, ändern sich nicht die Preise, sondern nur deren Ausdrücke (Marx 1977: 175). Wegen seiner Unterstellung eines quasi natürlichen Preises, der teilweise durch Angebot und Nachfrage bestimmt ist, hatte sich Proudhon gegen Koalitionen und Streiks ausgesprochen. Dagegen führt Marx empirisch ins Feld, daß die

---

6 Vgl. *Pankoke* (1970) Die angekündigten Artikel *social* und *justice* des Handbuches politisch-sozialer Grundbegriffe in Frankreich 1680-1820 sind noch nicht erschienen.

Lohnkämpfe in England in der Regel zu neuen arbeitsparenden Erfindungen geführt haben und daß die Gewerkschaften und ihre Kämpfe in England eine beständige Erscheinung sind. Das 1825 fixierte Koalitionsrecht entspricht den Bedingungen des Kapitalismus der freien Konkurrenz, sonst wäre es von einer bürgerlichen Regierung auch kaum legalisiert worden.

Die Polemik mit Proudhon und anderen Sozialisten liegt auf der Ebene dieses Typenbegriffs von Kapitalismus. Wenn es um Gerechtigkeit in ökonomischen Verteilungskämpfen geht, dann argumentiert Marx zudem unter Voraussetzung des bürgerlichen Rechtes und nutzt dabei nur den relativen Gerechtigkeitsbegriff. Er kritisiert Vorstellungen von Ökonomen und Sozialisten, die im Namen der Gerechtigkeit weitergehende Forderungen erheben, etwa Ideen gerechter Verteilung und von Mutualität (Proudhon) oder weitergehender Umverteilungen des Nationalproduktes (Hodgskin). Er wendet ein, daß diese eher ethischen Forderungen an den realen ökonomischen und rechtlich-politischen Verhältnissen vorbei gehen und angesichts systemischer Zwänge nicht nur ohnmächtig sind, sondern auch zur Affirmation des Kritisierten führen.

Marx hat eine konfliktorientierte Auffassung von Gesellschaft und Politik. Er attakkiert zudem naturalistische und ahistorische Konzepte, die den Sinn und die Bedeutung vonVerteilungskonflikten durch ewige ökonomische Gesetze in Frage stellen. Das Credo der Polemiken ist, daß ökonomische Ungleichheit mit ökonomischen und politischen und eben nicht mit ethischen Mitteln und Forderungen zu bekämpfen ist. Insofern gibt es nur eine relative Gerechtigkeit, die jeweils bestimmten Verhältnissen entspricht. Die konkrete Seite, die Übersetzung von Gerechtigkeitsforderungen in sozial-politische Forderungen, wie Beschränkung des Arbeitstages u.a.m., sind eine Stärke von Marxens Ansatz. Sie zeigen, wie er die Verbindung von Wissenschaft und Arbeiterbewegung realisiert. Auf diesem Weg gewinnt der Politiker Marx Einfluß in der Arbeiterbewegung.

Bei Marxens Reformulierung von sozialistischen Gerechtigkeitsforderungen müssen Ziele und Wege der Herstellung der künftigen Ordnung unterschieden werden. Was die allgemeinen sozialistischen Ziele, wie wirkliche Freiheit und Gleichheit in einer neuen Gesellschaft, einem neuen, "socialen System", betrifft, so stellt die Kritik der Privateigentums und seine Aufhebung den zentralen Zugang dar. Marx nimmt ansonsten nur formale Charakteristika, die andere Autoren der künftigen, gerechten Ordnung zuschreiben, in seinen Kommunismusbegriff auf. Er weigert sich geradezu, diesen Begriff über einige negatorische Bestimmungen und eine Definition des Kommunismus als Bewegung hinaus zu konkretisieren. Dennoch behält der Kommunismus Züge einer utopischen Ordnung, die sich v.a. in Formeln zeigt, wie: die freie Entwicklung eines jeden, ist die Voraussetzung für die freie Entwicklung aller (als assoziierter) (vgl. Marx/Engels 1977: 482). Mit diesem emphatischen Freiheitsbegriff korreliert nicht nur die Idee einer Ordnung, die das Recht als Medium nicht mehr benötigt, sondern ebenso sehr das Ende aller ernsthaften und substantiellen Konflikte, das Ende politischer Revolutionen zugunsten gesellschaftlicher Evolution (Marx 1977: 182).

Der Weg zur künftigen Ordnung ist ein besonderes Feld für das Problem von Gerechtigkeit. Was die bürgerliche Gesellschaft und ihre Überwindung angeht, so hat der Konflikttheoretiker Marx, von Beginn an auf gewaltsame Gesellschaftsveränderung, auf Revolutionen gesetzt. Ist es aus ethischer Perspektive ein Paradox, ungerechte Zustände mit ungerechten Mitteln sinnvoll und dauerhaft beseitigt zu wollen, so argumentiert Marx, was die Legitimität von Gewalt und Revolution angeht, auf seine Geschichtsphilosophie gestützt politisch. Eine proletarische Revolution sei deshalb legitim, weil erst diese Bewegung eine Bewegung der ungeheuren Mehrzahl im Interesse der Mehrzahl ist (Marx/Engels 1977: 472). Wie die Marx-Kritik vielfach gezeigt hat, liegt hier v.a. in der Unterstellung eines objektiven Interessenbegriffs, von bereits durch die soziale Lage vorgegebenen Interessen, die von Makrosubjekten wie Klassen realisiert sollen, ein Problem. Setzen viele Sozialisten für die Entstehung einer besseren und gerechten Ordnung auf die Wissenschaft und evolutionären Wandel, so akzentuiert Marx den strukturellen Bruch. Erst der Bruch mit den überkommenen Strukturen und der revolutionäre Prozeß würden zu neuen Strukturen und Subjekten führen, die eine andere Ordnung auch auf dem Gebiet von Sittlichkeit und Moral generieren können.

Über den strukturellen Bruch hinaus ist in diesem Kontext noch ein untergründiger Traditionsbezug von Marx' Denken wichtig. Es geht um die Frage, wieweit bei der Bestimmung des Kommunismus Einflüsse jüdisch-prophetischen Denkens, in dem Gerechtigkeit und ihre Verwirklichung eine große Rolle spielen, wirksam war. Wenn man diese Einflüsse untersucht, muß man verschiedene Aspekte voneinander unterscheiden. Von einer nachweisbaren biographischen Prägung, etwa der von Moses Heß vergleichbar, kann bei Marx nicht gesprochen werden. Insofern handelt es sich bei Marx meist um vermittelt wirksam werdende Einflüsse. So spielt er etwa im Rahmen der Überlegung, wie durch die Revolution der neue Mensch entstehen wird, mit einem biblischen Motiv. In die *Klassenkämpfe in Frankreich* heißt es, nach einiger Enttäuschung über den ungenügenden Verlauf der Revolution "Der Klassenkrieg innerhalb der französischen Gesellschaft schlägt um in einen Weltkrieg, worin sich die Nationen gegenübertreten. Die Lösung, sie beginnt erst in dem Augenblick, wo durch den Weltkrieg das Proletariat an die Spitze des Volks getrieben wird, das den Weltmarkt beherrscht, an die Spitze Englands. Die Revolution, die hier nicht ihr Ende, sondern ihren organisatorischen Anfang findet, ist keine kurzatmige Revolution. Das jetzige Geschlecht gleicht den Juden, die Moses durch die Wüste führt. Es hat nicht nur eine neue Welt zu erobern, es muß untergehen, um den Menschen Platz zu machen, die einer neuen Welt gewachsen sind." (Marx 1976a: 79). Das Zitat enthält eine Mixtur aus geschichtlichen, ökonomischen und prophetischen Argumenten, wobei die Selbsterzeugung des neuen Menschen, der erst die wahre Freiheit und, so möchte man hinzufügen, Gerechtigkeit ermöglicht, entscheidend ist.

Es gibt in diesem Kontext einen weiteren Punkt, den Karl Löwith exemplarisch festhielt: "Diese Philosophie des Proletariats als eines ausgewählten Volkes wird im Kommunistischen Manifest entwickelt, einem Dokument, das im Einzelnen seines Inhalts wissenschaftlich bedeutsam, im ganzen seiner Konstruktion eine eschatologische Botschaft und in seiner kritischen Haltung prophetisch ist." (1990: 42). Beide Motive, der neue Mensch und das auserwählte Volk/ die auserwählte Klasse sind aber nicht einfach Säkularisate, sondern es sind in der Moderne selbst verbreitete Motive, die nicht nur weitgehend von den religiösen Ursprüngen abgelöst sind, sondern eine eigene moderne Umformungstradition haben (Vgl. Küenzlen 1997, Talmon 1963). Dieser Befund gilt auch für Marx, bei dem solche Denkfiguren eher mittelbar eine Rolle spielen und wesentlich von einem starkem Glauben an die Wissenschaft und den Fortschritt getragen sind. Dennoch handelt es sich um eine Kontinuierung einer untergründigen jüdisch-christlichen Tradition, in der Gerechtigkeit und die messianische Erwartung ihrer Realisierung eine Rolle spielt.

Überblickt man die Felder, auf denen Marx 1847/48 Gerechtigkeit thematisiert, dann tritt hervor, daß in der Kritik meist ein relativer Begriff der Gerechtigkeit zugrunde gelegt wird. Die kontemporären sozialistischen Gerechtigkeitsvorstellungen werden als idealisierte Ausdrücke von Freiheit und Gleichheitsvorstellungen, deren wahre Grundlage die kapitalistische Warenproduktion ist, dechiffriert. Diese Kritik hat aber noch eine andere Seite, Marx legt bestimmte Vorstellungen von Freiheit und Gleichheit seinem generellen Verständnis von Kapitalismus zugrunde, d.h., er fordert für die Arbeiterschaft im ökonomischen und politischen Sinn das Koalitionsrecht. Erst wenn dieses Recht besteht und in Anspruch genommen wird, sind Verhältnisse geschaffen, in denen sich die Arbeiter bei freilich immer noch schlechteren Voraussetzungen machtvoll in die ökonomischen Verteilungskämpfe einschalten können. Erst dann kann man nach Marx von gleichem Recht für das weitgehend außerhalb der bürgerlichen Gesellschaft stehende Proletariat reden. Insofern hat Marxens impliziter relativer Gerechtigkeitsbegriff sozial-politische und institutionelle Momente.

Über diesen Horizont geht die Reformulierung sozialistisch-kommunistischer Zielvorstellungen weit hinaus. Auch wenn Marx die neue Gesellschaft, das von den Sozialisten ersehnte neue "sociale System" nicht mit Begriffen von Gerechtigkeit beschreibt, stellt es eine Überwindung des abstrakten Rechtes, von sozialer Ungleichheit und ökonomischer Ausbeutung dar. Wirkliche Freiheit, Gleichheit und Solidarität, die sukzessive nach der kommunistischen Revolution entstehen sollen, sind Substitute für die sozialistisch/kommunistischen Gerechtigkeitsideen. Sie sind eine wesentliche Folie der Kritik des Kapitalismus und unterlaufen die auf der theoretisch-begrifflichen Ebene realisierte Auflösung von Gerechtigkeit als Leitbegriff vor allem deshalb, weil der Kommunismus, den Marx beschreibt, eine geschichtsphilosophische Konstruktion ist und weil er trotz wissenschaftlicher Krisenanalyse die proletarische Revolution, wie ein erheblicher Teil der späteren Arbeiterbewegung, mythologisiert, ohne diesen Umstand wie Moses Heß ("die soziale Revolution ist meine Religion", Heß 1980:448), freimütig zugeben zu können.

2.1. Gerechtigkeit und Kritik der politischen Ökonomie

Marxens *Kapital* enthält die entwickelte Fassung seiner Kritik der politischen Ökonomie. Stehen beim jungen Marx philosophische Fragen, wie die Hegel- und Feuerbach-Kritik, die Ausbildung seines Entfremdungskonzeptes und eine geschichtsphilosophische Subjekt-Objekt Dialektik im Mittelpunkt, so sind diese Fragen beim späten Marx mehr in den Hintergrund gerückt. Er entwickelt eine eigene Art von systemtheoretischem Denken zur Darstellung der Selbstentwicklung der kapitalistischen Produktionsweise bis hin zu ihrer Auflösung. Fast nur das Kapitel über den Warenfetischismus enthält direkte Verbindungen zu den frühen entfremdungstheoretischen Überlegungen. Die hermeneutische Lage hat Andreas Wildt trefflich beschrieben: "Jede Interpretation der Rolle von Recht und Gerechtigkeit in Marx' Ökonomiekritik muß sich zu folgendem Dilemma verhalten. Einerseits sagt Marx nirgendwo, der Kapitalismus, insbesondere die kapitalistische Normalausbeutung, sei ungerecht; ... Andererseits spricht Marx vom Kapitalismus als einem System des Zwangs, der Unfreiheit, Knechtschaft und Despotie ... Und alle diese Bestimmungen bezeichnen doch offenbar etwas Ungerechtes bzw. Unrechtes." (Wildt 1986:150). Für Marx ist soziale Gerechtigkeit, was Wildt unterschätzt, eine spezifische mit dem Kapitalismus aufkommende Forderung und eine Kritik der kapitalistischen Gesellschaft muß nach seiner Auffassung primär anhand von inhärenten Kriterien geleistet werden.

Um die verschiedenen Facetten von Marxens Thematisierung der Gerechtigkeit aufzudecken, ist eine materiale und eine methodische Ebene zu unterscheiden. Material wird das Problem der Gerechtigkeit im *Kapital* in drei Kontexten mit je unterschiedlichem Akzent behandelt:

- Zunächst wird die Frage der Gerechtigkeit bei der Erörterung der Warenproduktion zum Thema. Marx verfolgt - stärker in den *Grundrissen* als im *Kapital* - das Ziel, eine Entsprechung zwischen der Warenproduktion und den Ideen von Freiheit und Gleichheit aufzuzeigen. Die Warenproduktion beruhe auf dem formell freien Vertrag und der Rechtsgleichheit der ihn abschließenden Personen. In ideologiekritischer Perspektive kehrt Marx heraus, daß es diese Form der Produktion ist, die den rasanten Aufschwung der Ideen von Freiheit und Gleichheit in der Moderne bewirkt hat. Die Idee vom gerechten und fairen Tausch, welche die Ökonomen und Sozialisten propagieren, habe hier ihre Wurzel. Das wissenssoziologische Argument bekommt allerdings sogleich eine klassentheoretische Note. Freiheit und Gleichheit im kritisierten Sinne zu propagieren bzw. diese Ideen zu hauptsächlichen Bestandteilen eines Gerechtigkeitsbegriffes zu machen, der über die gegebene Ordnung hinaus führt, sei nichts weiter als bürgerliches Gedankengut. Dementsprechend verallgemeinert Marx bereits in einer Schlüsselpassage der *Grundrisse*: "Gleichheit und Freiheit sind also nicht nur respektiert im Austausch, der auf Tauschwerten beruht, sondern der Austausch von Tauschwerten ist die produktive, reale Basis aller Gleichheit und Freiheit. Als Ideen sind sie bloß idealisierte Ausdrücke derselben; als entwickelt in juristischen, politischen, sozialen Beziehungen sind sie nur diese Basis in einer andren Potenz." (Marx 1983a: 170). Der starke Ableitungs-

und Funktionszusammenhang läßt die Frage nach den normativen Gehalten dieser Ideen und den Möglichkeiten ihrer Universalisierung gar nicht zu.

- Der zweite Kontext, in dem Gerechtigkeit material eine Rolle spielt, ist der Umschlag der Eigentumsgesetze. Mit einer größeren Argumentation greift Marx die gängigen Gleichheits-, Freiheits- und Gerechtigkeitskonzepte erneut und vertieft an. Aus dem freien und gleichen Austausch, wie er dem Typ nach der vorkapitalistischen Warenproduktion entspricht, werden notwendig die Gesetze kapitalistischer Aneignung, und zwar ohne daß diese Regeln außer Kraft gesetzt werden. Er entwickelt dazu ein systematisches Argument, dessen Kern darin besteht, daß auf der Ebene der Zirkulation und des Austausches die Freiheit und Gleichheit gewahrt bleiben. Aber mit dem massenhaften Auftreten der Ware Arbeitskraft verwandelt sich der ganze Zusammenhang. Freiheit und Gleichheit bleiben ein reeller Schein in der Zirkulation, in der Produktion vollzieht sich die Ausbeutung der Ware Arbeitskraft durch Aneignung der Mehrarbeit. Dem logisch entwickelten Umschlag der Eigentumsgesetze ist bei Marx historisch die gewaltsame „ursprüngliche Akkumulation" des Kapitals vorgeordnet. Wichtig ist, daß die Scheinformen auf der Ebene der Zirkulation bestehen bleiben und daß es eine Art täuschender Selbstbeschreibung des Systemes gibt, die allerdings durchaus funktional ist. Der Einwand gegen die Sozialisten und die Ökonomen lautet jetzt, sie würden die eigentlich wichtige Sphäre, die der Produktion und der Arbeit, nicht hinreichend betrachten.

- Marx entwickelt schließlich aus seiner Analyse konkrete Forderungen, wie die Verkürzung des Arbeitstages und eine erträgliche Gestaltung der Arbeitsbedingungen. Es sind gerade jene Kapitel seines Hauptwerkes, die Ungerechtigkeit und Ausbeutung am meisten anprangern. Der Ausgangspunkt ist dabei ein ökonomisches Argument. Nach der Marxschen Mehrwerttheorie sind nämlich massive Arbeitszeitverkürzungen möglich, da der Wert der Ware Arbeitskraft in einem Bruchteil der Arbeitszeit erfolgen kann, und zwar insbesondere beim Einsatz moderner Maschinerie. Mit harschem Realismus resümiert Marx: "An die Stelle des prunkvollen Katalogs der 'unveräußerlichen Menschenrechte' tritt die bescheidene Magna Charta eines gesetzlich beschränkten Arbeitstags, die 'endlich klarmacht, wann die Zeit, die der Arbeiter verkauft, endet und wann die ihm gehörige Zeit beginnt." (Marx 1973: 320)

Wiewohl im *Kapital* also eine untergründige Gerechtigkeitsrhetorik zum Tragen kommt, wird auf theoretischer Ebene die frühzeitig begonnene ökonomisch inspirierte Kritik an politischen Gerechtigkeitsvorstellungen, deren Hintergrund Ideen der Menschenrechte sind, weiter zugespitzt. Kontinuitäten gibt es auch auf einem weiteren Gebiet, nämlich dem Entfremdungskonzept. So behandelt das 13. Kapitel des *Kapitals* Arbeitsbedingungen und Fragen der Subjekt-Objekt-Verkehrung am Beispiel manufaktureller und maschineller Arbeit. Auch hier sind Ausbeutung und eine unterschwellige Sprache von Gerechtigkeit Thema. Jedoch werden die Probleme nie als Fragen der Gerechtigkeit, sondern als ökonomische und politische Sachverhalte diskutiert. Elementare Anforderungen an die Arbeitsbedingungen sind stets legitim, da sie höchstens das Mehrprodukt verkleinern. Den normativen Hintergrund bilden hier nach wie vor Vorstellungen der menschlichen Natur und von Selbstverwirklichung in kreativer Arbeit (Marx 1975: 828).

Auf methodischer Ebene liegt die Problematik, wieweit das Verhältnis von relativem und der absolutem Gerechtigkeitsbegriff in die Einheit von Darstellung und Kritik im *Kapital* eingeschrieben ist. Einem Vorschlag von Georg Lohmann zufolge, muß man das *Kapital* als ganzes in den Blick nehmen, wenn man herausbekommen will, ob und inwieweit in ihm Gerechtigkeit eine Rolle spielt (Wildt 1986, Lohmann 1991). Dann erst tritt die Frage nach dem Maßstab der Kritik hervor, der die Ökonomiekritik trägt. Der Rekonstruktionsvorschlag besteht darin, sich dieses Problem durch eine genaue Fassung dessen, was der Gegenstand der Darstellung und der Kritik des Kapitals ist, zu erschließen. Der Gegenstand ist mehrschichtig, denn Marx legt die Bewegung der Ökonomie dar und mit dieser wird zugleich die Selbstbeschreibung dieser Ökonomie durch die "klassische Ökonomie", d.h. v.a. durch Autoren wie Smith und Ricardo dargestellt. Deutet man Marx so, dann schreibt sich die Problematik der zwei impliziten Gerechtigkeitsbegriffe auf spezifische Weise fort. Sie kommt nun teilweise methodisch reflektiert zum Vorschein, und zwar als ein doppelter kritischer Maßstab. Einesteils kritisiert Marx die kapitalistische Ökonomie auf der Grundlage der "klassischen" Selbstbeschreibung, d.h., er mißt sie an den oft weitgehenden naturrechtlichen Voraussetzungen, nämlich an Freiheit und Gleichheit als Basis für die Warenproduktion. Die Theoretiker werden zugleich danach beurteilt, wieweit sie den Gegenstand und seine Gesetze begreifen. Andernteils liegt der gesamten Darstellung vom ersten Satz: "Der Reichtum der Gesellschaften, in welchen die kapitalistische Produktionsweise herrscht, erscheint als eine ungeheure Warensammlung, ..." (Marx 1973: 49) bis zu den Schlußkapiteln, ein kritischer, den Kapitalismus transzendierender Maßstab zugrunde.

Der Weg und die Art der Kritik hängen wesentlich mit seiner an Hegel orientierten Methode der Einheit von Darstellung und Kritik zusammen. Die Grundidee ist, daß ein Maßstab der Kritik in der Entwicklung eines Zusammenhanges selbst mit entwickelt werden soll, und zwar statt eines äußeren Maßstabes, der immer ahistorisch und ungenau sei. Die philosophische Debatte zu dieser Methode bei Hegel und Marx (Theunissen 1980, Lohmann 1991 u.a.), hat gezeigt, wie voraussetzungvoll dieses Verfahren ist. In der Regel führt die "Entwicklung der Sache selbst" dazu, daß externe normative Gesichtspunkte genutzt, aber in den Hintergrund gedrückt werden und ihr Zusammenhang mit der im Vordergrund stehenden Kritik, die auf Folgerichtigkeit und Konsequenzen abhebt, unklar bleibt.

Im Falle des *Kapitals* impliziert diese Methode, daß in der Darstellung der kapitalistischen Ökonomik und der sie beschreibenden Theorien ein immanenter Maßstab der Kritik entwickelt werden muß. Insofern Marx die "klassische" politische Ökonomie als Selbst-Beschreibung von wirtschaftlicher Realität mit seiner Beschreibung dieser Realität verkoppelt, reproduziert der späte Marx allerdings selbst naturrechtliche Vorauszungen, auf denen die Ideen von Freiheit und Gleichheit beruhen. Denn die "klassische" Ökonomie, das entsprechende Schrifttum bis 1830, führt zu einem guten Teil naturrechtliches Denken mit sich. So zeigt Marx auf, daß Vertragsfreiheit und die eingeschlossene Gleichheit der Warenbesitzer eine Voraussetzung der ökonomischen Entwicklung und ebenso die reellen Grundlagen naturrechtlicher Ideen sind. Zugleich wird im Rahmen immanenter Kritik die Realität der bürgerlichen Gesellschaft mit ihren idealischen Ausdrücken konfrontiert.

Eine besondere Frage ist, ob und inwieweit diese Methodik nicht ein „absolutes" Maß der Kritik voraussetzt. Ich unterscheide Maß und Maßstab der Kritik voneinander; das Maß zielt auf einer Sache, einer Gesellschaft inhärente Werte oder qualitative Proportionen ab, ein Maßstab dagegen ist immer an eine Bildung von Kriterien, die Messung und Bewertung ermöglichen, gebunden. Er stellt eine Konkretion und Umsetzung eines Maßes dar. In diesem Sinne liegt der transzendierenden Kritik an der bürgerlichen Gesellschaft bei Marx ein Maß zugrunde, das aber nicht zum Maßstab entwickelt wurde. Es läßt sich nun folgern, daß beide impliziten Gerechtigkeitsbegriffe in die Methode von gleichzeitiger Darstellung und Kritik nicht nur eingeschrieben sind, sondern für Marx partiell als Zusammenhang von immanenter und transzendierender Kritik am kapitalistischen Wirtschaftssystem zum Problem wurden.

Liest man Marx nicht mit dem von ihm prinzipiell intendierten Bezug auf die Arbeiterbewegung, sondern aus systemtheoretischer Perspektive, dann kann herausgestellt werden, daß er eine bei Hegel nur präformierte neue theoretische Idee entwickelte, nämlich das Projekt, ein gesellschaftliches Teilsystem und seine Selbstbeschreibung zugleich darzustellen. Allerdings wird diese Überlegung durch methodische Mängel und durch die verdeckte transzendierende Kritik überlastet. Hier läuft das Argument gerade anders herum, im Zentrum der Kritik steht nicht eine fehlende normative Grundlegung, sondern die normativen Seiten sind überhaupt die Züge, die die Realisierung der Idee einer Einheit von Systemdarstellung und Selbstbeschreibung unterminieren. Zudem hält Marx im Kern daran fest, das System der Ökonomie zumindet teilweise unabhängig von den Selbstbeschreibungen darzustellen. Generell gilt: die reell vom Beginn des *Kapitals* an mittragende Perspektive einer transzendierenden Kritik läßt sich nicht unter die Einheit von Darstellung und Kritik bringen, denn sie baut auf nicht ausgewiesenen normativen Voraussetzungen auf.

Die transzendierende Kritik von Marx an der bürgerlichen Gesellschaft hat über die mehrfach erwähnte Forderung nach reeller Freiheit und Gleichheit zwei weitere Elemente. Das erste steckt im Reichtumsbegriff und das andere in der Auffassung des Gemeinwesens, der Gemeinschaft. Dem bürgerlichen Reichtum, der abstrakt ist und in einer ungeheuren Warensammlung erscheint, setzt Marx, ohne weitere Explikation von Anfang an eine implizite Vorstellung des wahren Reichtums entgegen, der in einer Vielfalt nicht versachlichter gesellschaftlicher Beziehungen besteht (Vgl. Marx 1973: 92f; Marx 1983a: 160f, 601; Lohmann 1991). Dies ist eine Variation des durchgehenden entfremdungstheoretischen Motives.

Wichtig ist auch der Begriff des Gemeinwesens, den Marx weit häufiger als den der Gemeinschaft verwendet. Er ist eine Form, Sozialität zu denken. Marx kritisiert, daß in der bürgerlichen Welt das Individuum seinen Zusammenhang mit der Gesellschaft, d.h. sein Dasein als Gemeinwesen in Form des Geldes mit sich in der Tasche herum trägt

(Marx 1983a: 90). Gattungswesen, Gemeinwesen und Gemeinschaft sind Termini, die anzeigen, daß Marx Freiheit und Gleichheit und implizit auch Gerechtigkeit immer als soziale Phänomene denkt. Individuelle und gesellschaftliche Selbstverwirklichung sind für ihn eng miteinander verwoben und seine Vision des Kommunismus ist, wie Jon Elster treffend urteilt, "a society in which full self-realization will go together with full community." (Elster 1987: 524).

Durch die gesellschaftstheoretische Wendung und die Tradition Hegel/Rousseau vermittelt löst Marx Gerechtigkeit als starke Idee auf und kontinuiert sie nur implizite. Das hat seinen Preis, denn die Gesellschaftstheorie, deren Desiderat eine genuine Theorie der Politik ist und die zudem mit verdeckten normativen Prämissen arbeitet, konnte aus ihrem Kern heraus in verschiedene Richtungen instrumentalisiert und zur Legitimation von weitreichenden gesellschaftlichen und politischen Veränderungen verwandt werden, wobei die nicht näher gefaßte zukünftige Ordnung und die impliziten Gerechtigkeitsvorstellungen wesentliche Anknüpfungspunkte waren. Sozialwissenschaftlich anwendbar ist freilich nur Marxens relativer, historischer Gerechtigkeitsbegriff.

2.2. Späte politische Texte

Die systemtheoretische Wende in der ökonomischen Theorie der 1860er Jahre ist bei Marx politisch von einer stark schrumpfenden Revolutionserwartung und einem nüchterner werdenden Kommunismusbild begleitet. Damit modifizieren sich die Voraussetzungen für den impliziten starken Gerechtigkeitsbegriff; er bleibt zwar erhalten, aber der prophetische Gestus ist verdampft. Auch die Distanz zur Arbeiterbewegung nimmt auf praktischem und auch auf theoretischem Gebiet zu. Das Revolutionsthema wird durch die Thematisierung großer evolutive Prozesse, am deutlichsten in den Briefentwürfen an V. Zazulic ablesbar, relativiert (Marx 1974a).

Gleichzeitig verändern sich die geschichtlichen Umstände wesentlich, denn was Marx seit 1847 für die "normalen" Existenzbedingungen der Arbeiterklasse im Kapitalismus hielt, entsteht in harten Kämpfen nun auch in Deutschland. Ab 1869 gibt es eine organisierte Arbeiterpartei und im gleichen Jahre wurde die Koalitionsfreiheit in der Gewerbeordnung formell festgeschrieben. Unter diesen sich verändernden Voraussetzungen verschieben sich die Prioritäten in den sozialen Auseinandersetzungen, denn die Arbeiter können sich - bis zum Sozialistengesetz - ernsthafter in Verteilungskonflikte einschalten. Es verwundert daher nicht, daß nun Gerechtigkeit von der Sozialdemokratie im Zusammenhang mit Verteilungskonflikten thematisiert wird. Es ist dieser veränderte Hintergrund, auf dem die *Kritik des Gothaer Programms* von 1875 zu lesen ist. Ich gehe zunächst auf diese Kritik ein, weil hier explizit Gerechtigkeit thematisiert wird und wende mich dann zur Schrift über die Pariser Kommune zurück, um zu zeigen, wie Marx das Maß seiner Kritik, die nachkapitalistische Gesellschaft, denkt.

Die *Randglossen zum Gothaer Programm* sind eine Intervention in einer neuen geschichtlichen Situation. Die Sozialdemokratie ist eine selbständige, im nationalen Rahmen organisierte Partei, und es bahnt sich jener Wechsel in den Kampfbedingungen an, den Engels 1895 konstatiert, nämlich ein Vorrang von friedlich-legalen, parlamentarischen Formen der politischen Klassenauseinandersetzungen (Engels 1973). Diese Entwicklung wird durch das Sozialistengesetz auf besondere Weise modifiziert; zum einen wächst die SPD in dieser Zeit und zugleich gibt es die bekannten Bismarckschen Anfänge einer staatlichen Sozialpolitik. Marx realisiert diese Veränderungen nur teilweise, und zwar nicht zuletzt deshalb, weil sie erst in seinen letzten Lebensjahren wirksam werden. Trotz lang anhaltender theoretischer Anstrengungen sieht er sich gezwungen, die Polemik gegen Gerechtigkeitskonzepte wiederaufzunehmen. Verbittert konstatiert er angesichts theoretischer Ungenauigkeiten des Gothaer Programms, daß in der deutschen Arbeiterpartei "die sozialistischen Ideen nicht einmal hauttief sitzen" (Marx 1974b: 28). All dies sei theoretischer Schwäche, politischem Ungeschick und dem großen Einfluß der Lasalleaner geschuldet.

Die *Randglossen* zeigen wie Marx Gerechtigkeitsforderungen v.a. durch ökonomische und politische Argumente kritisiert und zum Teil in konkrete Forderungen übersetzt. Dabei führt er seine bekannten Argumentationen ohne besondere Variation fort, v.a. greift er die Formel der gerechten Verteilung des Arbeitsertrages als zu unbestimmt an (Marx 1984: 18). Er geht in zwei Richtungen vor. Zum einen wird die Formel auf bestimmte Rechtsbegriffe zurückgeführt, die aus den ökonomischen Verhältnissen der kapitalistischen Warenproduktion entspringen. Sich an die abstrakten Rechtsbegriffe zu halten, ohne ihren Ursprung zu sehen, heißt einem Schein erliegen. Man will nämlich die abgeleiteten Formen gegen die basalen kehren, ein für Marx sinnloses Unterfangen, da er dem Recht keine Eigenständigkeit zugesteht. Zum anderen sollen die gerechten Verteilungsregeln auch dazu dienen, über den Kapitalismus hinaus zugelangen. Gleiches Recht, führt Marx zur Übergangsperiode zwischen Kapitalismus und Kommunismus aus, wäre im Prinzip immer noch abstrakt und bürgerlich, da es von den sozialen Besonderheiten der Individuen absieht. Die bekannte Konklusion lautet, erst in einer Ordnung, die jenseits des Rechts liegt, besteht wirkliche Freiheit und Gleichheit, denn alles Recht ist ein Recht der Ungleichheit (Marx 1974b: 21). Solch eine Ordnung wäre dann wohl - ohne das Marx dies tut - gerecht zu nennen.

Neben diesem Ausflug in die Zukunft dominiert das ökonomische Argument des Vorranges der Verteilung der Produktionsbedingungen gegenüber der Distribution von Konsumtionsmitteln (Marx 1974b: 22). Marx rechnet auf diesem Hintergrund ansatzweise vor, daß es auch in der künftigen Gesellschaft nie um den vollen Arbeitsertrag für den Arbeiter gehen kann, denn Ersatz-, Investitions- und Rücklagefonds wären immer nötig. Es zeigt sich an diesem Beispiel, wie stark die Perspektive der Überwindung des Kapitalismus leitend ist, und zwar soweit, daß die Folgen des Kampfes unter den "normalen" Bedingungen in dem Sinne nicht für sich genommen untersucht werden. Das hätte nämlich zur Konsequenz, danach zu fragen, auf welche Weise die Arbeiterbewegung Verteilungskämpfe thematisiert und warum Gerechtigkeitsvorstellungen dabei immer wieder einen großen Raum einnehmen. Die Analysen des *Bürgerkrieges in*

Frankreich (1871) enthalten den impliziten starken Gerechtigkeitsbegriff, der den historisch-politischen Rückhalt der Kritik am Gothaer Programm bildet.

Explizit begegnet einem der Ausdruck Gerechtigkeit in der Schrift über die Pariser Kommune nur einmal, und zwar in einem ideologiekritischen Sinn (Marx 1983b: 355). Sachlich jedoch werden mehrere Aspekte von Gerechtigkeit, legt man einen heutigen Begriff zugrunde, thematisiert. Zum einen, wenn Freiheit und Gleichheit als praktische Probleme der "endlich entdeckten politischen Form" (Marx 1983b: 342), in der die proletarische Emanzipation sich vollziehen kann, behandelt werden. Dabei kommt auch das Problem wirklicher Allgemeininteressen, das Allgemeinwohl wieder zur Sprache. Zum anderen werden revolutionäre Mittel und Wege zur Herstellung der neuen Ordnung diskutiert. Es sind dies Maßregeln, die die Kommune als soziale Republik kennzeichnen, wie der zeitgenössische Ausdruck lautet. Marx verwendet den Begriff sozial nur selten und schwach, etwa wenn als die wichtigste „soziale Maßregel" der Kommune ihr "arbeitendes Dasein" bezeichnet wird.

Was Freiheit als Element eines Gerechtigkeitsverständnisses betrifft, so wird sie in der Perspektive diskutiert, um wessen Freiheit es geht und wozu diese Freiheit dient. Bedeutender ist der starke Egalitarismus. Marx ist nicht nur für Chancengleichheit, sondern er faßt Gleichheit materialer und konkreter. Das bekannteste Beispiel dafür sind der Arbeiterlohn für die Abgeordneten und Beamten. Zudem ordnet er das Recht der Politik unter und feiert die Aufhebung der Gewaltenteilung und der selbständigen Judikative als Mittel der proletarischen Umwälzung. Auf dieser Grundlage verlieren Freiheit und Gleichheit zugunsten der neuen, sozialen Ordnung ihren politischen Sinn.

Die Vorstellung von Makroakteuren, die für die Übergangsperiode wichtig sind, führt zu dem Problem, wie in einer direkten Demokratie, wie der Pariser Kommune, ein wirklicher Allgemeinwille zustande kommt. Marx verfolgt zwar nach wie vor die Idee eines Allgemeinwillens; über die Formel hinaus, daß das Prinzip der Kommune überall angewandt werden soll, findet sich kein Hinweis, wie dieser Allgemeinwille empirisch gebildet werden soll. Auch die im *Manifest* exponierte Rolle der Partei wird hier nicht näher diskutiert. Sie ist allerdings - wie Bakunin schon moniert - ein problematisches Konstrukt, das Freiheit in der sozialistisch/ kommunistischen Gesellschaft restringiert. Marx weist dessen Kritik mit einzelnen empirischen Einwürfen ab und ignoriert seine Tragweite. Interessanterweise kommt er im Bakunin-Konspekt auch auf das Probleme der direkten Demokratie zu sprechen. Das Resümee lautet: "Der Charakter der Wahl hängt nicht von diesem Namen ab, sondern von der ökonomischen Grundlage, den ökonomischen Zusammenhängen der Wähler; und sobald die Funktionen aufgehört haben, politisch zu sein, existiert 1. keine Regierungsfunktion; 2. die Verteilung der allgemeinen Funktionen ist Geschäftssache geworden, die keine Herrschaft gibt; 3. die Wahl hat nichts von heutigem politischen Charakter." (Marx 1976b: 635). Und wenig später heißt es in einer Kurzformel: "Auf Kollektiveigentum verschwindet der sogenannte Volkswille, um den wirklichen Willen des Kooperativs Platz zu machen (Marx 1976b: 635). Wie man sich das vorzustellen hat, bleibt wiederum offen und damit ist das Problem der Verwirklichung von Allgemeininteressen, eines allgemeinen Wohls so gut wie in Luft aufgelöst. Denn eine tatsächliche Verwirklichung des Allgemeinwillens hängt an Institutionen der Formierung und Sicherung dieses Willens. Bei aller Polemik zwischen Marx und Bakunin sollte man eine Gemeinsamkeit nicht übersehen; in einer Analogie hat Bakunin einmal sein Wissenschaftsverständnis ausgesprochen, das Marx durchaus teilt. Er formuliert: "In unserer Kirche, wie in der protestantischen Kirche haben wir ein Oberhaupt, einen unsichtbaren Christus, die Wissenschaft, und wie die Protestanten, sogar konsequenter als die Protestanten, wollen wir in derselben weder Papst, noch Konzile, noch Versammlungen unfehlbarer Kardinäle, noch Bischöfe und selbst keine Priester dulden." (Bakunin 1968a: 134). In der Debatte zwischen dem Kommunisten und dem Anarchisten treffen nicht nur divergierende politische Optionen aufeinander, sondern der Kampf um die einzig richtige Wissenschaft erscheint reell als einer zwischen Papst und Gegenpapst.[7]

Wechselt man auf die praktische Ebene der Verwirklichung von Gerechtigkeitsvorstellungen, so geht Marx im *Bürgerkrieg in Frankreich* über die Verteidigung von revolutionärer Gewalt hinaus, die als Gegengewalt und im Interesse der Mehrheit stehend per se legitim ist. Er formuliert nämlich das bekannte Theorem von der Notwendigkeit der Zerschlagung des alten, bürgerlichen Staatsapparates (1976b: 366). Dieser Apparat, in den die Repressionsfunktion tief eingeschrieben ist, könne von der Arbeiterklasse nicht übernommen oder umfunktioniert werden. Damit verdeutlicht Marx eine antietatistische Tendenz, die mit der schwachen Struktur- und Institutionenbildung, die für die kommunistische Gesellschaft anvisiert wird, korrespondiert. Er setzt nicht auf den Staat als Garanten von Recht und einer bestimmten Verteilungsgerechtigkeit. Die Diktatur des Proletariats, der Staat der Übergangsperiode, ist ein Instrument zur Umwälzung der sozial-ökonomischen Bedingungen und damit der Existenzbedingungen der Klassen und Schichten, bis hin zu ihrer Selbstauflösung. Insofern sichert er ein spezifisches Recht und legitimiert Umverteilungen, aber er ist gerade nicht als dauerhaftes Instrument zur Schaffung eines gerechten Lastenausgleiches gedacht.

Wirkungsgeschichtlich bedeutsam war v.a. folgende Passage: "Die Arbeiterklasse verlangt keine Wunder von der Kommune. ... Sie weiß, daß, um ihre eigene Befreiung und mit ihr jene höhere Lebensform hervorzuarbeiten, der die gegenwärtige Gesellschaft durch ihre eigne Entwicklung unwiderstehlich entgegenstrebt, daß sie, die Arbeiterklasse, lange Kämpfe, eine ganze Reihe geschichtlicher Prozesse durchzumachen hat, durch welche die Menschen wie die Umstände gänzlich umgewandelt werden. Sie hat keine Ideale zu verwirklichen; sie hat nur die Elemente der neuen Gesellschaft in Freiheit zu setzen, die sich bereits im Schoß der zusammenbrechenden Bourgeoisgesellschaft entwickelt haben."(1983b: 343)

---

7 Bakunin definiert Gerechtigkeit in einer für den sozialistischen Diskurs charakteristischer Weise: „ Die Freiheit eines jeden kann also nur in der Gleichheit aller verwirklicht werden. Die Verwirklichung der Freiheit in der rechtlichen und tatsächlichen Gleichheit ist die Gerechtigkeit." (Bakunin 1968b: 317f)

In diesem Zitat überschneiden sich verschiedene Motive; man kann den späten Evolutionismus und die Zusammenbruchsthese erkennen, wie die Überlegungen zum langen Wandel der Arbeiterklasse einen Widerschein praxisphilosophischen Ansatzes darstellen, allerdings ohne den früheren dialektischen Reichtum. Der Schwerpunkt ist die Behauptung, daß keine Ideale im Sinne bestimmter Ideale, etwa einer gerechten Ordnung zu verwirklichen sind. Im Zitat nicht angesprochen kann dennoch unterstellt werden, daß Freiheit, Gleichheit und Solidarität die Leitwerte der künftigen Ordnung sind. So gesehen trifft der auf diese Passage bezogene Vorwurf von Eduard Bernstein, es handle sich beim Abstreiten zu verwirklichender Ideale um eine "Selbsttäuschung", nicht voll (Bernstein 1991: 210). Er zeigt aber an, was der Mann der praktisch-reformerischen Arbeiterbewegung Ende des 19. Jahrhunderts für nötig hält: mobilisierende taktische und strategische Zielvorstellungen und Ideale.

Bernstein folgert aus seiner Unterscheidung von realistischen und ideologischen Momenten der Marxschen Theorie, daß es einen Widerspruch zwischen der "antiethischen Tendenz" (Sombart) des Marxismus und seiner Praxis gibt. Dabei weist er zum einen auf moralische Wertungen im *Kapital* und deren noch stärkere Auslegungen in Popularisierungen hin. Zum anderen macht er einen Grund für diese Rezeption aus. In einem Aufsatz heißt es treffend: "Die Gerechtigkeit ist denn auch heute noch ein sehr starkes Motiv in der sozialistischen Bewegung, wie ja überhaupt keine andauernde Massenaktion ohne moralische Antriebe stattfindet ..." (Bernstein 1898: 393).

Auch der späte Marx denkt, so kann man die *Kritik des Gothaer Programmes* mit Rückgriff auf die Schrift zur Pariser Kommune resümieren, die Schaffung der "normalen" Bedingungen der Klassenauseinandersetzung, d.h. zugelassene und organisierte Arbeiterparteien und Gewerkschaften, wesentlich in bezug auf die Aufhebung des Kapitalismus. Anders fallen - wie angedeutet - die Stellungnahmen von Engels und Bernstein aus den 90er Jahren aus. Ihre Positionen eröffnen in den 90er Jahren einen Pfad der Integration der Arbeiterschaft in die moderne, kapitalistische Gesellschaft, der jenseits der Marxschen Vorstellungen liegt. Der Weg zum Sozialstaat wird zudem durch neue Thematisierungen von Gerechtigkeit begleitet, in der die sozialdemokratische Arbeiterbewegung eine Form ist, die durch katholische Soziallehre (z.B. die Enzyklika *rerum novarum* von 1891) und weitere Strömungen ergänzt wird. Ein teilweise entnormativierter Begriff des Sozialen, der weniger auf die Bedingungen nach der "sozialen" Revolution abhebt, sondern auf die Gegenwart und nicht mehr hegemonial von der Arbeiterbewegung und ihren Theoretikern besetzt ist, bereitet die Verwendung des Begriffs soziale Gerechtigkeit vor. Dieses Kompositum macht dann im 20. Jahrhundert in der Politik und den Sozialwissenschaften eine erstaunliche Karriere.

3. *Resümee*

Die Dekonstruktion von Gerechtigkeit als Begriff ist Marx weit weniger als beabsichtigt gelungen. Auf der theoretischen Ebene arbeitet er durchgehend mit einem relativen Gerechtigkeitsbegriff, der gelegentlich auch explizit verwandt wird. Zugleich tragen starke Gerechtigkeitsannahmen das Kommunismusbild, das durchaus utopische Züge hat. Auf politischem Gebiet verstellt die zu enge Beziehung zwischen Wissenschaft und Politik den Zugang zur Frage, warum Gerechtigkeit für die Arbeiterbewegung und bei einer Reihe ihrer Denker immer wieder thematisiert wird. Marx fragt nicht nach den Ursachen, die seiner Dauerpolemik gegen "abstrakte", "ideologische" Gerechtigkeitsauffassungen als politisch relevante Konzepte zugrunde liegen. Damit verkennt er, wieweit die Arbeiterbewegung im Rahmen von sozialer und politischer Mobilisierung auf das politische Vokabular der Gerechtigkeit verwiesen ist. Selbst wenn die Gerechtigkeitssemantik nicht positiv eingesetzt wird, bildet sie in der Arbeiterbewegung den Hintergrund für Unrechts- und Ungleichheitserfahrungen und eine wesentliche Perspektive, in dem diese ausformuliert werden. Daß der Begriff sozialer Gerechtigkeit in dieser Bewegung beim Erkämpfen des Sozialstaates eine außerordentliche Bedeutung gewinnt, lag außerhalb von Marx` Horizont und stellt sein ideologiekritisches Dechiffrierungskonzept zur Jahrhundertwende substantiell in Frage.

Wie gezeigt, vollzieht Marx die für das 19. Jahrhundert charakteristische Umstellung der Begriffe von Gerechtigkeit auf Freiheit und Gleichheit, einschließlich des Vorrückens der Denkfigur der Selbstbezüglichkeit. Allerdings verwendet er diese Denkfigur nicht individualistisch. Das Gemeinwesen, die Assoziation und weitere Vokabeln für nicht repressive Vergesellschaftungs- und Vergemeinschaftungsformen werden als kollektive Formen gefaßt, in denen selbstbezüglich der Allgemeinwille und "reelle" Allgemeininteressen gebildet werden können. Das romantische Motiv von Selbstheit und Selbstverwirklichung des jungen Marx bleibt zwar erhalten, aber es wird durch das Denken von Verhältnissen, Beziehungen überlagert. Auf diesem Feld, bei der Einbeziehung des anderen im personalen und sachlichen Bereich ist das Problem Gerechtigkeit im breiten Sinne verortet. Was Marx stark macht, sind die sozialen Voraussetzungen von Gerechtigkeit, ohne dafür einen eigenen Begriff zu prägen.

Das Paradox, nämlich die Marxsche Intention, auf theoretischer Ebene Gerechtigkeitskonzepte aufzulösen und in der politischen Praxis dennoch immer wieder mit ihnen konfrontiert zu werden, wurzelt auch in einem starken Verständnis von Wissenschaft. Die für das 19. Jahrhundert typische Überschätzung der Wissenschaft führt bei Marx nicht nur zu einem verkürzten scientifischen Verständnis von Politik. Auch als unwissenschaftlich qualifizierte Probleme, etwa bestimmte Fragen der Moral und der Gerechtigkeit, fließen als unreflektierte Annahmen hinterrücks wieder in die Theorie ein. Dieses Wissenschaftsverständnis und der exklusive Bezug auf die Arbeiterbewegung, sind durch die Idee radikaler Kritik, die zugleich eine wissenschaftliche und praktische ist, zusammengeschlossen.

Ideengeschichtlich stellt Marx' Verständnis von Gerechtigkeit eine spezifische Mixtur dar, die zum einen Motive enthält, die wesentlich aus der neuzeitlichen politischen Philosophie stammen. Zum anderen bestimmen sein Denken Themen der politischen Ökonomie, inklusive der sozialistischen Kritik an ihr, und schließlich lassen sich über die Geschichtsphilosophie und sozialistisch/kommunistische Zielvorstellungen vermittelte Elemente jüdisch-messianischen Denkens von Gerechtigkeit ausmachen.

Das Verhältnis der beiden impliziten Gerechtigkeitsbegriffe ändert sich auf zwei Wegen. Zum einen zerrinnen sukzessive die emphatischen Vorstellungen von Revolution und Kommunismus, und das Verständnis von Freiheit und Gleichheit und seiner sozialökonomischen Grundlagen wird vertieft. Zum anderen wird das Verhältnis beider impliziten Begriffe - wie an der Darstellungsproblematik des *Kapital* gezeigt - indirekt zum methodischen Problem. Die Idee einer gleichzeitigen Darstellung des wirtschaftlichen Systems und seiner Selbstbeschreibung war wegweisend, und auch bei Marx verdeckte Hintergrundannahmen sind auf veränderte Weise noch virulent. Denn soziale Gerechtigkeit ist auch nach dem historischen Ende des Kommunismus ein Dauerthema moderner Gesellschaften mit kapitalistischer Ökonomik.

Literatur

Angehrn, E./Lohmann, G. (Hrsg.), 1986: Ethik und Marx. Moralkritik und normative Grundlagen der Marxschen Theorie, Frankfurt am Main.

Bakunin, M., 1968a: Gott und der Staat, in, Bakunin, M.: Philosophie der Tat, Köln.

Bakunin, M., 1968b: Sozialrevolutionäres Programm, in, Bakunin, M.: Philosophie der Tat, Köln.

Bernstein, E., 1991: Die Voraussetzungen des Sozialismus und die Aufgaben der Sozialdemokratie, Berlin.

Bernstein, E., 1898: Das realistische und das ideologische Moment im Sozialismus, Neue Zeit XVI.Jg, Nr. 39.

Bluhm, H., 1991: Plädoyer für eine veränderte Sicht auf Marxens Werk, in: Berliner Journal für Soziologie, Jg. 1, Heft 1.

Buchanan, A. E., 1982: Marx and Justice: The Radical Critique of Liberalism, Totowa (N.J.).

Castoriadis, C., 1981: Wert, Gleichheit, Gerechtigkeit, Politik. Von Marx zu Aristoteles und von Aristoteles zu uns, in: Ders.: Durchs Labyrinth. Seeele, Vernunft, Gesellschaft, Frankfurt am Main. 1981

Cohen, M./Nagel, T./Scanlon, T. (Hrsg.), 1972: Marx, Justice, and History, Princeton (N.J.)

Dahrendorf, R., 1953: Marx in Perspektive. Die Idee des Gerechten im Denken von Karl Marx, Hannover.

Derrida, J., 1996: Marx' Gespenster, Frankfurt am Main. (2.Aufl.)

Elster, J., 1987: Making Sense of Marx Cambridge/Paris (3.Aufl.)

Engels, F., 1976: Einleitung zu „Die Klassenkämpfe in Frankreich von 1848-1850" von Karl Marx, in: MEW 7, Berlin.

Fourier, Ch., 1966: Theorie der vier Bewegungen und der allgemeinen Bestimmungen, Frankfurt am Main.

Handbuch politisch-sozialer Grundbegriffe in Frankreich 1680-1820, Hrsg. R. Reichardt/E. Schmitt 1985ff.

Hegel, G. W. F., 1986a: Vorlesungen zur Geschichte der Philosophie, Bd.2, Theorie Werkausgabe, Frankfurt am Main Band 19.

Hegel, G. W. F., 1986b: Grundlinien der Philosophie des Rechtes, Theorie Werkausgabe, Frankfurt am Main, Bd.7.

Heß, M., 1980: Rother Katechismus für das Deutsche Volk, in: Mönke, Wolfgang (Hrsg.): Moses Heß, Moses Philosophische und sozialistische Schriften 1837-1850, Berlin (2.Aufl.).

Hodgskin, Th., 1909: Verteidigung der Arbeit gegen die Ansprüche des Kapitals, Leipzig.

Hofmann, H.: Bilder des Friedens oder Die vergessene Gerechtigkeit, München 1997.

Honneth, A., 1992: Kampf um Anerkennung. Zur moralischen Grammatik sozialer Konflikte, Frankfurt am Main.

Kolakowski, L., 1988: Die Hauptströmungen des Marxismus, 3 Bd. München, Zürich.

Küenzlen, G., 1997: Der neue Mensch, Frankfurt am Main.

Lange, E. M., 1986: Verein freier Menschen, Demokratie, Kommunismus, in: Angehrn/Lohmann 1986.

Luhmann, N., 1992: Beobachtungen der Moderne, Opladen.

Lohmann, G., 1991: Indifferenz und Gesellschaft. Eine kritische Auseinandersetzung mit Marx, Frankfurt am Main.

Lohmann, G., 1986: Zwei Konzeptionen von Gerechtigkeit in Marx' Kapitalismuskritik, in: Angehrn/Lohmann 1986.

Löwith, K., 1990: Weltgeschichte und Heilsgeschehen, Stuttgart, Berlin, Köln, (8.Aufl.)

MaIntyre, A., 1996: Marx' „Thesen über Feuerbach" - ein Weg der nicht beschritten wurde, in: Deutsche Zeitschrift für Philosophie, Jg. 44, Heft 4, Berlin.

Maihofer, A., 1992: Das Recht bei Marx. Zur dialektischen Struktur von Gerechtigkeit, Menschenrechten und Recht, Baden-Baden.

Marx, K., 1956 a : Judenfrage, In: Marx-Engels Werke (im folgenden MEW) 1, Berlin.

Marx, K., 1956 b : Kritik des Hegelschen Staatsrechtes, Berlin.

Marx, K., 1956: Kritische Randglossen zu dem Artikel „Der König von Preußen und die Sozialreform. Von einem Preußen", in: MEW 1, Berlin.

Marx, K., 1962a: Thesen über Feuerbach, In: MEW 3, Berlin.

Marx, K., 1968a: Auszüge aus James Mill, in: MEW E. I. S.445-463, Berlin.

Marx, K., 1968b: Ökonomisch-philosophisches Manuskripte, Berlin.

Marx, K., 1973: Das Kapital Band 1, in: MEW 23, Berlin.

Marx, K., 1974a: Briefentwürfe an V. Zazulic, in: MEW 19, Berlin.

Marx, K., 1974b: Kritik des Gothaer Programmes, in: MEW 19, Berlin.

Marx, K., 1975: Kapital Band 3, in: MEW 25, Berlin.

Marx, K., 1976a: Klassenkämpfe in Frankreich, in: MEW 7, Berlin.

Marx, K., 1976b: Bakunin Exzerpt, in: MEW 18, Berlin.

Marx, K., 1977: Das Elend der Philosophie. Antwort auf Proudhons Philosophie des Elends, in: MEW 4, Berlin.

Marx, K., 1983a: Grundrisse der Kritik der politischen Ökonomie, in: MEW 42, Berlin

Marx, K., 1983:b: Der Bürgerkrieg in Frankreich, in: MEW 17, Berlin.

Marx, K./Engels, F., 1962: Die Deutsche Ideologie, in: MEW 3, Berlin.

Marx, K./Engels, F., 1977: Manifest der Kommunistischen Partei, in: MEW 4, Berlin.

Moore, B., 1985: Ungerechtigkeit, Frankfurt am Main.

Owen, R., 1988: Das Soziale System, in: Owen, R.: Das Soziale System, Leipzig.

Pankoke, E., 1970: Sociale Bewegung-Sociale Frage-Sociale Politik. Grundfragen der deutschen "Socialwissenschaft" im 19. Jahrhundert, Stuttgart.

Peffer, R.G., 1990: Marxism, Morality, and social justice, Princton (N.J.)

Petersen, Th., 1992: Subjektivität und Politik, Frankfurt am Main.

Proudhon, P.-J., 1971: Was ist das Eigentum? Nachdruck der Ausgabe 1896, Verlag für Sammler 1971.

Proudhon; P.-J. 1966: Philosophie der Staatsökonomie oder die Notwendigkeit des Elends, deutsch bearbeitet von Karl Grün, Darmstadt, Neudruck Scientia Aalen, 2 Bd.

Pruzan, E. R., 1989: The Concept of Justice in Marx, New York, Bern, Ffm., Paris.

Rousseau, J.-J., 1990: Diskurs über die Ungleichheit, Paderborn, München, Wien, Zürich.

Rousseau, J.-J., 1977: vom Gesellschaftsvertrag oder Prinzipien des Staatsrechtes, in: Ders.: Politische Schriften Bd.1, Paderborn.

Saint-Simon, C.-H.,1966: Introduction aux travaux scientifiques du Dix-Neuvième Siècle, in, Œuvres de Claude-Henri Saint-Simon, Tome VI, Paris 1966.

Sotelo, I.: Die französischen Utopisten, in: Handbuch der politischen Ideen, Hrsg. Fetscher, I./Münkler, H.. Bd. 4, München 1986.

Schieder, W., 1991: Marx als Politiker, München, Zürich.

Talmon, J., 1963: Politischer Messianismus. Die romantische Phase, Köln, Opladen.

Theunissen, M., 1980: Sein und Schein. Die kritische Funktion der Hegelschen Logik, Frankfurt am Main.

Thompson, E. P., 1987: Die Entstehung der englischen Arbeiterklasse, 2 Bd., Frankfurt am Main

Villegardelle, F. ,1846: Geschichte der socialen Ideen vor der französischen Revolution, oder Die alten Denker und Philosophen, die Vorläufer und Vorkämpfer der neueren Socialisten. Nebst Beweisstellen. Aus dem Französischen von L. Köppen, Berlin.

Walzer, M., 1992: Sphären der Gerechtigkeit, Frankfurt am Main.

Weitling, W., 1919: Die Menschheit, wie sie ist und wie sie sein sollte, Hrsg. Paul Oestreich, München, Wien, Zürich.

Weitling, W., 1955: Garantien der Harmonie und der Freiheit, Hrsg. v. B. Kaufhold, Berlin.

Wildt, A., 1986: Gerechtigkeit in Marx' *Kapital*, in: Angehrn/Lohmann 1986.

Marcus Llanque

Die politische Differenz zwischen absoluter Gerechtigkeit und relativem Rechtsstaat bei Hans Kelsen

Einleitung

Rechtsstaat und Gerechtigkeit stehen in einem Spannungsverhältnis zueinander. Es gibt ein Bedürfnis nach Gerechtigkeit, das nicht mit den Mitteln des modernen Rechtsstaates befriedigt werden kann. Selbst wenn in den formalen und prozessualen Grundgedanken des Rechtsstaates Kriterien der Verfahrensgerechtigkeit wirksam werden, so können sie materielle Gerechtigkeitsforderungen nicht ersetzen. Das Spannungsverhältnis von Rechtsstaat und Gerechtigkeit kann auch nicht einseitig durch einen Katalog an übergeordneten Werten aufgehoben werden, da auf diese Weise eine dieser Werteordnung angemessene Gesinnung und damit eine weltanschauliche Überzeugung zur Bestandsvoraussetzung des Rechtsstaates erhoben wird. Die Menschenrechte sind vielleicht das bedeutendste Modell, das aus Grundgedanken materieller Gerechtigkeit erstellt wurde. Es muß zu seiner Verwirklichung in die Verfahrenslogik des Rechtsstaates eingespeist werden und verändert dadurch seinen Charakter. Wer genießt in einem Konflikt Vorrang, die substantielle Menschenrechtsordnung oder der Rechtsstaat? Umgekehrt kann der Rechtsstaat als legaler Verfahrensstaat zum wirksamen Gehäuse der Ungerechtigkeit werden. Der Rechtsstaat muß daher auf die verbindliche Festlegung dessen, was als „gerecht" anzusehen ist, verzichten, damit nicht die Organisation der Rechtsordnung, also der Staat, die Organisation der Sittlichkeit in seine Hände nehmen kann und totalitär zu werden droht. Verzichtet der Staat demnach auf diese Aufgabe, so bleibt nur die Form als stabilisierendes Element der Rechtsordnung. Das Kaprizieren auf die Form, d.h. die Bedeutung von formalisierter Sprache, Instanzenzug, Zulässigkeitsprüfungen und Prozeßusancen müssen dem Sucher nach materieller Gerechtigkeit daher gelegentlich undurchsichtig und abstossend erscheinen. Das Dilemma des Rechtsstaates beruht auf dem moralischen Defizit einer Rechtsordnung, die auf die Verwirklichung von Sittlichkeit verzichten mußte, um überhaupt erst Rechtsstaat werden zu können.

Der Konflikt zwischen materiellem Rechtsbegehren auf der Suche nach der Gerechtigkeit und den Schranken, die die Rechtssicherheit im Namen des Rechtsstaates diesem Streben auferlegt, ist von Gustav Radbruch thematisiert worden (Radbruch 1914; 1956). Man kann den Rechtsstaat und die objektive Geltung seiner jeweiligen Rechtsordnung nicht jedem subjektiven Gerechtigkeitsbelieben opfern, aber man darf auch nicht den Rechtsstaat vor dem Zugriff gesellschaftlich motivierter Gerechtigkeitsvorstellungen verschließen. Radbruch wollte dieses systematische Dilemma nicht durch eine einseitige Entscheidung auflösen, es aber auch nicht aus Gleichgültigkeit ignorieren. Er warnte die Rechtswissenschaft vor einem theoretischen Ansatz, der „unfähig

[ist], den Imperativen eines Paranoikers, der sich König dünkt, mit zwingenden Gründen die Geltung abzusprechen" (Radbruch 1956, S. 175). Diese Perspektive veranlaßte Radbruch auch zu seiner scharfen Verurteilung des Rechtspositivismus kurz nach der Machtergreifung der Nationalsozialisten. Klares Unrecht gemessen an unhintergehbaren Prinzipien der Gerechtigkeit sollte auch dem förmlichsten Rechtsstaat nicht mehr als geltendes Recht zugute gehalten werden dürfen. Radbruch warf dem Rechtspositivismus vor, den Gedanken des Rechtsstaates derart entseelt zu haben, daß für materielle Gerechtigkeit kein Platz, dagegen für materielle Ungerechtigkeit sogar ein äußerlich rechtsförmiger Rahmen geschaffen worden sei (Radbruch 1946, S. 118). Tatsächlich scheint die positivistische Rechtstheorie die Idee des Rechtsstaates so entkräftet zu haben, daß sie gleichsam einer innerlich ausgehöhlten Eiche dem Sturmwind des Nationalsozialismus zum Opfer fiel, statt, wie es ihr Beruf gewesen wäre, sich ihm standhaft in den Weg zu stellen. Mit der Kritik am Rechtspositivismus wollte Radbruch besonders dessen profiliertesten und konsequentesten Vertreter, Hans Kelsen treffen, dessen „Reine Rechtslehre" dadurch charakterisiert zu sein schien, daß sie politische Folgeprobleme juristischer Erörterungen ignorierte, und dies nur um die Wissenschaftlichkeit der Jurisprudenz zu sichern. Kennzeichnend für diese normenlogische Auffassung und zugleich Radbruchs Angriffsfläche (Radbruch 1956, 284f.) war die begriffliche Identifizierung von Staat und Recht, die Kelsen vornahm.

Mit der Identifizierung von Recht und Staat hat Hans Kelsen das Dilemma des Rechtsstaates zwischen formaler Rechtsförmigkeit und der Zurückstellung materieller Gerechtigkeitsanforderungen deutlich zum Ausdruck gebracht. Er hatte behauptet, daß schon aus dem Begriff des Rechtsstaates ein staatliches Unrecht undenkbar sei, und daß jede staatliche Handlung Recht sei, da eben Rechtsordnung und Staat als miteinander identisch zu denken sind.[1] Als Konsequenz dieser Auffassung zögerte Kelsen nicht, auch den despotischen Staat als Rechtsstaat zu bezeichnen. „Vollends sinnlos ist die Behauptung, daß in der Despotie keine Rechtsordnung bestehe, sondern Willkür des Despoten herrsche...Auch der despotisch regierte Staat [stellt] irgendeine Ordnung menschlichen Verhaltens dar, weil ja ohne eine solche Ordnung überhaupt kein Staat, ja überhaupt keine Gemeinschaft möglich, kein Mensch als Herrscher, König, Fürst qualifizierbar wäre. Diese Ordnung ist eben die Rechtsordnung. Ihr den Charakter des Rechts absprechen, ist nur eine naturrechtliche Naivität oder Überhebung...Selbst wenn es an jeder Berechtigung [des Subjekts, also an subjektiven Rechtsansprüchen gegenüber dem Staat bzw. dem Despoten] fehlte, wenn nur Rechtspflichten der Untertanen statuiert wären - und an deren Bestand ist doch nicht zu zweifeln - muß die Despotie als Rechtsordnung gelten".[2] Ist damit Kelsen nicht gewissermaßen das Menetekel eines auf

---

1 Kelsen 1911, 245ff.; die dortigen Ausführungen hat Kelsen 1913 erweitert und selbständig veröffentlicht (Kelsen 1913).
2 Kelsen 1925, S. 335f. Kelsen hat diesen Passus in der amerikanischen Übersetzung gestrichen, was z.B. Jacob Taubes veranlaßte, der Kritik Carl Schmitts am Rechtspositivismus im nachhinein Recht zu geben, denn mit der Realität des Ernstfalls (im Sinne des Schmittianischen Ausnahmestandes und seiner erkenntniserhellenden Funktion) in Gestalt der Despotie Hitlers sei Kelsens Theorie „schlichtweg zusammengebrochen": 1987, S. 57f.

die Spitze und damit zugleich ad absurdum getriebenen Rechtsstaatsdenkens? Wird hier nicht alle Legitimitätserörterung der inhaltsleeren Feststellung kruder Legalität geopfert und die Methodenreinheit der Rechtswissenschaft über die Anforderungen insbesondere demokratischer politischer Ordnungen gestellt? Die Erfahrung des schärfsten Bruches mit allen abendländischen Gerechtigkeitsideen unter Zuhilfenahme klassischer Mittel des Rechtsstaates durch die Nationalsozialisten und der auf diese Weise „rechtsstaatlich" organisierte kalte Bürgerkrieg schärften das Problembewußtsein der zeitgenössischen Beobachter, insbesondere das der Exilanten. Das in diesem Zusammenhang prima facie sinnlos anmutende Rechtsstaatsdenken Kelsens veranlaßte z.B. Franz L. Neumann 1936 zu deutlichen Worten der Ablehnung. Daher war er nicht wenig verblüfft, den seinerzeit führenden englischen Theoretiker des Pluralismus, Harold Laski in deutlicher Nähe zur Identitätsthese des Rechtsstaats bei Kelsen zu sehen.[3] Eine mögliche Verbindung Kelsens zum Pluralismus zog Neumann aber nicht in Betracht. Es war zu diesem Zeitpunkt vielleicht auch zu viel verlangt, zu prüfen, inwiefern ein Staatsbegriff als Voraussetzung für die rechtliche Selbstbestimmung der pluralistisch begriffenen Gesellschaft akzeptiert werden mußte, der sich gerade nicht mittels substantieller, sittlicher oder materieller Kriterien seine jeweilige Gerechtigkeitsvorstellung in die Sphäre objektiver Verbindlichkeit zu heben versuchte. Neumann wollte daher Kelsen nur noch als Normlogiker und damit ohne rechtsphilosophische Bedeutung gelten lassen. Das gleiche gilt für Radbruch nach dem 2. Weltkrieg. Er umging die Auseinandersetzung mit der Rechtslehre Kelsens dadurch, daß er sie rein definitorisch-analytisch auffaßte und ihr jeden „rechtsphilosophisch-politischen Gehalt" absprach (Radbruch 1956, S. 285). Ob diese Reduktion möglich ist, ob Kelsens Rechtsstaatsidee nicht gerade angesichts des Erlebnisses der Auseinandersetzung von widerstreitenden Gerechtigkeitsvorstellungen nach dem Ersten Weltkrieg einen gesellschaftspolitischen, ja kulturphilosophischen Hintergrund besaß und auch haben sollte, gilt es hier zu untersuchen.

---

3 Neumann 1980, S. 203. Es gibt eine ganze Tradition des Sinnlosigkeits- oder gar Absurditätsverdiktes gegen Kelsen, z.B. Kriele 1979, S. 128f.: „Ist Legitimität in Wirklichkeit aber ein ethisches und kein juristisches Problem, so ist es auch ein politisches. Die rechtspositivistische Verkennung des Legitimitätsproblems wird dann selbst zu einem politischen Legitimitätsproblem...Der Versuch, Legitimität in Legalität aufgehen zu lassen, ist der Versuch, die Augen vor der Realität zu verschließen. Dieser Versuch wurzelt in einer Haltung prinzipieller moralisch-politischer Verantwortungslosigkeit...Wer aus ihrer [verfassungsfeindlicher Parteien und Gruppen] Legalität auf ihre Legitimität schließt, ist bereit, die freiheitlich-demokratische Ordnung in die Kapitulation zu führen. Darauf lief der Rechtspositivismus der Weimarer Epoche hinaus...Er wollte die Legitimität der Verfassung nicht verteidigen. Er leugnete das moralisch-politische Problem, das sich aus dem Unterschied von Legalität und Legitimität ergibt. Insofern wurde der Rechtspositivismus zur Theorie des Verrats an der politischen Aufklärung." Vgl. auch Oertzen 1974, S. 261.

Kelsen war bereits zu Zeiten der beiden deutschsprachigen Kaiserreiche keineswegs von jenem stolzen Bewußtsein deutscher Rechtsgelehrsamkeit jener Tage erfüllt, wonach die Jurisprudenz den Tempel bevölkerte, aus dem sie die Theologen vertrieben hatte, um nun auf ihre Weise dem Volke mitzuteilen, was Recht und Gerechtigkeit sei. Vielmehr war es gerade dieser Habitus, den Kelsen bekämpfte und mangelnder Wissenschaftlichkeit zieh. Er hatte in seiner Habilitationsschrift von 1911 zu den „Hauptproblemen der Staatsrechtslehre" den Grundstock seiner Normenlogik gelegt, deren Anliegen er wenige Jahre später auch als „Grammatik" des Rechts bezeichnete: sie sollte weder Güte noch Richtigkeit des Rechts zum Gegenstand haben, sondern die normentheoretischen Grundlagen ausweisen, die jeglichem Rechtsinhalt inhärent sind und zwar unabhängig davon, in welcher wertenden Einstellung man sich hierzu befand. Zwar standen die „Hauptprobleme" Kelsens eigener Aussage zufolge nur unter einer einzigen Fragestellung: wie ist Jurisprudenz als Rechtswissenschaft, und zwar als normative Rechtswissenschaft möglich? Und die Antwort lautete: durch Reinigung der Rechtswissenschaft vom Methodensynkretismus, also Methodenreinheit. Aber hinter dem wissenschaftlichen Anliegen seiner Methodenkritik wurden schon zu diesem Zeitpunkt immer wieder rechtspolitische Räume sichtbar, auf die man gelegentlich Blicke werfen konnte. Denn Kelsen thematisierte unter den Siglen „Personifikationen" und „Fiktionen" innerhalb der Rechtslehre seiner Zeit nicht nur die verfälschenden Wertungen im Einzelnen, sondern behandelte bevorzugt gesellschafts- und staatsrechtlich brisante Fragestellungen, anhand derer diese impliziten Wertimplantate zum Vorschein kamen. So lehnte Kelsen etwa das „monarchische Prinzip" als Rechtsprinzip der Staatsrechtslehre seiner Zeit grundsätzlich ab. Es handle sich hierbei nicht um eine rechtliche, sondern eine politische Vorstellung, lautete Kelsens Auffassung. Daher lehnte Kelsen auch Labands Unterscheidung der konstitutionellen von der parlamentarischen Monarchie ab, an die sich seinerzeit erhebliche Einschränkungen des Parlamentarismus im Kaiserreich angeschlossen hatten (Kelsen 1911, S. 417). Auf der anderen Seite lehnte er aber auch das Prinzip der Volkssouveränität als eines rein politischen Gedankens ab und wies die Ausdehnung des Organbegriffs bei Georg Jellinek, einen der progressivsten Staatslehrers des Kaiserreichs, der auf diese Weise dem „Volk" zu staatsrechtlicher Qualität verhelfen wollte, als unjuristische Fiktion zurück (Kelsen 1911, S. 471, 490). Am grundsätzlichsten zielte Kelsens Angriff auf die juristische Unterscheidung von öffentlichem und privatem Recht als gleichsam naturrechtlicher Systematik, hinter der sich aber politische Präferenzen nur um so leichter verbergen konnten (Kelsen 1991, S. 630ff.). An diesen Beispielen wird deutlich, daß Kelsens Anliegen der Bekämpfung einer Rechtswissenschaft galt, die hochpolitische Fragen unter dem Mantel rechtswissenschaftlicher Argumentation verbarg und sich dessen noch nicht einmal immer bewußt war. In diesem Sinne handelte es sich bei Kelsens Methodenkritik immer auch um Ideologiekritik (Topitsch 1989, S. 11ff.). Da Kelsen die rechtlichen Normen von anderen Normen dadurch unterschied, daß sie Verhalten vorschreiben und mit der Androhung von Zwang sanktionieren und insofern alles Recht nur als staatliche, nämlich mit staatlicher Zwangsandrohung versehene Norm verstanden werden könne, wollte er um so klarer die Normenlogik des Rechts, insbesondere die Frage ihrer Geltung unterschieden wissen von derjenigen der Moral und Sittlichkeit (Kelsen 1911, 327ff.). Rechtliche und moralische Geltung stehen nebeneinander und unabhängig voneinander. Die Frage, welche Norm sich im tatsächlichen Verhalten des Menschen durchsetzt, ist eine Frage der Wirklichkeit, nicht der Logik ihres Sollens.

War aber mit dieser Methodenkritik nicht der Raum eröffnet, um alle impliziten Wertungen, Personifikationen und Fiktionen hinter sich zu lassen und endlich um so unbeschwerter sich den Inhaltsfragen des Rechts zu widmen? Tatsächlich gab es in der Vorkriegszeit eine zunehmende Beschäftigung mit Rechtsinhaltsfragen, und dies auch unter methodischen Gesichtspunkten. Der Neukantianismus südwestdeutscher Provenienz unternahm den Versuch einer Erkenntnis der Werte, was z.B. für den damals jungen Rechtsphilosophen Gustav Radbruch vor allen Dingen hieß: Erkenntnis der in positiven Rechtssätzen aufgenommenen moralischen und sittlichen Werte. Die Befreiung der Rechtstheorie von impliziten rechtspolitischen Vorerwägungen war hierfür eine Voraussetzung und hierin lagen Anknüpfungspunkte zu Kelsen, die Radbruch auch ausdrücklich anerkannte. Kelsen teilte zwar explizit die neukantianische Grundauffassung südwestdeutscher Prägung, wonach die soziale Welt von Werten erfüllt ist, also von Bedeutungsbezügen, die den physischen Gütern und den sozialen Beziehungen, darunter den Rechtsverhältnissen überhaupt erst ihre spezifisch normative Bedeutung zukommen ließ. Hierin machte sich Kelsens ausführliche Rezeption der frühen Simmelschen Soziologie bemerkbar, die er bereits in seinen „Hauptproblemen" vorgenommen hatte. Er äußerte sich auch noch 1925 entsprechend: „Die ganze Welt des Sozialen, deren der Staat nur ein Teil ist, ist eine Welt des Geistes, und zwar eine Welt der Werte, ist geradezu die Welt der Werte. Die verschiedenen sozialen Gebilde wie religiöse, nationale und andere Gemeinschaften lassen sich in ihrer Eigengesetzlichkeit nur als spezifische Wertsysteme begreifen" (Kelsen 1925a, S. 15). Aber „Wert" sollte eben nur Postulat heißen, sollte formal verstanden werden und nicht als solcher bereits bestimmte Wertinhalte anderen Inhalten gegenüber bevorzugen dürfen. Kelsens Verweigerung der Diskussion des Wertgehaltes positiver Rechtssätze als Bestandteil der Rechtswissenschaft entfernte ihn somit wiederum von der ambitionierten rechtstheoretischen Denkschule des Neukantianismus (Dreier 1990, S. 83). Daher mußte Radbruch vor dem Ersten Weltkrieg mit einer gewissen Ratlosigkeit feststellen, daß sich Kelsen seinem Standpunkt immer wieder nähere, „um gleich darauf wieder weit von ihm abzubiegen" (Radbruch 1914, S. 54 Anmerkung). Das Problem, das Kelsen davor zurückschrecken ließ, sich auf die Bahn der Neukantianer zu begeben, beruhte auf der Hierarchisierung der Werte, die kommen mußte, wenn man sich bereits auf der Ebene der Erkenntnis um den Inhalt des Wertes bemühte. In seiner umfangreichsten Stellungnahme zum Vorhaben der Neukantianer kam Kelsen in Auseinandersetzung mit Rudolf Stammler, Emil Lask und Radbruch zum Schluß, daß bei allem Zugeständnis an ihr generelles Anliegen es doch eine für ihn unüberschreitbare Grenze zu ihnen gibt, wonach auch die Werterkenntnis sich dessen bewußt bleiben muß, daß man immer nur zu einer „relativistischen Wertanschauung" (Kelsen 1916, 137) gelangen kann.

Diese erst während des Ersten Weltkrieges veröffentlichte, vom Sprachduktus aber noch ganz dem Diskussionsstil der Epoche des Kaiserreichs verpflichtete Schrift zur Werterkenntnis beharrte also noch auf dem reinen Standpunkt der Erkenntnis, die das Erbe Kants als grundlagenwissenschaftliches Vermächtnis ernst nahm und die Ordnung des Materials eine Aufgabe der Form sein ließ. Mit dem Weltkrieg jedoch endete die Zeit der verhältnismäßig unbeschwerten Grundlagenforschung der sozialen Wirklichkeit in Deutschland, als deren letzten Höhepunkt sie Simmels „Soziologie" zu verzeichnen hatte. Mit dem Weltkrieg zerbrach das normative Gefüge des Selbstverständnisses der Jahrhundertwende und es begann der Kampf der Weltanschauungen, in dessen Strudel auch die wissenschaftliche Auseinandersetzung hineingerissen wurde. Es ist nun von großer Bedeutung für das Verständnis des Kelsenschen Anliegens, zu sehen, daß mit dem aktuellen Problem des normativen Aufbaus einer neuen politischen und rechtlichen Ordnung sich auch Kelsens Problembewußtsein verschob. Denn nunmehr galt seine Aufmerksamkeit nicht mehr alleine der erkenntnistheoretischen Begrenzung auf eine relativistische „Wertanschauung", sondern der Hervorhebung der relativistischen „Weltanschauung", der sich Kelsen und seine Rechtslehre verpflichtet sah und die er als eine zwingende Voraussetzung der jungen Demokratie betrachtete. Mit dieser Erweiterung seiner Fragestelung betrat Kelsen endgültig politisches Terrain.

Die veränderten Anforderungen an die Rechtswissenschaft in der Neugründungsphase nach dem Ersten Weltkrieg

Schon der 1. Weltkrieg veränderte die Problemperspektive der rechtstheoretischen Auseinandersetzung. Die zaghafte Kritik am Rechtspositivismus zu Zeiten des Wilhelminismus (Korioth 1992) wich angesichts der ohnmächtigen oder gar chauvinistischen Position der Rechtswissenschaft im Weltkrieg deutlicheren Zweifeln. Mit der bitteren Anklage Leonard Nelsons, der Blick auf die nur wissenschaftliche Seite des Rechts habe schließlich eine „Rechtswissenschaft ohne Recht" zustande gebracht (Nelson 1917), entbrannte rasch ein umfassendes Feuer, das in die bekannte Weimarer Methodendebatte mit ihrem gesellschaftspolitischen und staatsrechtlichen Hintergrund einmündete (Badura 1959; Bauer 1968; Wendenburg 1984; Friedrich 1977). In der Wahrnehmung dieser Debatte wurde Kelsens theoretischer Ansatz zum Popanz eines vollständig entpolitisierten und insofern irrelevanten, ja geradezu gefährlichen Rechtsdenkens stilisiert. Kelsen wurde als letzter und zugespitztester Ausläufer des Wilhelminismus und seines Rechtspositivismus' Labandscher Prägung begriffen, dessen Rechtsstaatsbegriff den Begriff der Staatlichkeit ganz einfach leugnete und daher politische Probleme aus der rechtstheoretischen Erörterung ausklammerte. Dieses Vorurteil erschwerte die unverstellte Aufnahme des Kelsenschen Anliegens. Stattdessen begnügte man sich mit der oft spöttischen Darstellung der vermeintlichen Obskuritäten dieser Art von Begriffsjurisprudenz.[4]

Die Frage nach den grundsätzlichen Anforderungen der Rechtswissenschaft in der jungen Republik stellte Erich Kaufmann 1921 in einer der berühmtesten Kritiken rechtstheoretischen Denkens. Kaufmann erkannte den Neukantianismus als philosophischen Hintergrund des Positivismus und machte ihn verantwortlich für die normative Desorientierung der Rechtstheorie, die mit einer Situation nicht fertig zu werden schien, in welcher völlig unvereinbare Wertvorstellungen aufeinanderprallten und häufig den Bürgerkrieg anzukündigen drohten. Kaufmann beklagte, daß diese Art der Rechtswissenschaft jeglicher Obrigkeit zu Diensten sein kann und die Rechtsgenossen insgesamt im Obrigkeitsdenken beläßt, statt, wie es jetzt die Zeit wäre, die Ära der politischen Selbstbestimmung und der damit verbundenen Probleme der Selbstbegrenzung und der rechtsphilosophischen Orientierung einzuleiten und zu befördern. Kaufmanns Vorwurf gipfelte in der bemerkenswerten Kritik, der Rechtspositivismus gäbe einer obrigkeitlichen Haltung des Bürgers Vorschub und öffne jenen Tür und Tor, die unausgegorenen Gerechtigkeits- und Wertvorstellungen nachhingen und darin wenig Widerstand fänden, weil diejenigen, die sich damit auseinanderzusetzen hatten, nämlich die Rechtswissenschaftler, sich aufgrund eines vornehmen Methodenbewußtseins gänzlich zurückgezogen hätten. Kaufmann kritisierte ausdrücklich Kelsen und warf ihm „obrigkeitsstaatlichen Rechtsformalismus" vor (Kaufmann 1921, S. 232). Damit antizipierte er den später nachträglich von Radbruch erhobenen Vorwurf an die Adresse des Positivismus. Sicherlich waren die Formulierungen Kaufmanns, wonach nun konkrete Nöte der Seele zu „adeliger Härte" zwängen (Kaufmann 1921, S. 221) dem zeitgenössischen Vokabular aufgeregter Orientierungssuche geschuldet. Auch beruhte Kaufmanns Methodenkritik auf dem Schulenstreit der Kaiserzeit zwischen der Begriffsjurisprudenz und der genossenschaftlichen Tradition, der er als Rechtsliberaler verpflichtet war, die aber auch linksliberale Autoren wie Hugo Preuß kannte und die gemeinsam die Existenz von zwischenpersonalen Sozialgebilden als Rechtsgebilde anerkannten und sie nicht einfach mit dem erkenntnistheoretischen Vorwurf der Fiktionalität beiseite schoben. Unabhängig der methodischen Schulenherkunft war es jedoch in der Sache klar, daß nach dem Zusammenbruch von 1918 die Erkenntnis dessen, was ist, hinter der Frage zurückzustehen hatte, was erst noch zu schaffen und was Bestand haben sollte. Nun galt es zu gründen, zu setzen, zu erneuern, und nicht mehr das je schon Gesetzte zwecks seiner besseren Erkenntnis nur zu beobachten. Konnte aber der Kelsensche Rechtspositivismus etwas hierzu beitragen, oder war er nicht geradezu hinderlich?

---

4 Darin kamen z.B. Carl Schmitt und Hermann Heller überein. Letzterer polemisierte gegen Kelsens Methode und nannte sie ein „Begriffslegespiel": Heller 1927, 21.

Die historische Notwendigkeit des Positivismus in der Demokratie und die relativistische Weltanschauung

Kelsen legte seine „Hauptprobleme" 1923 unverändert auf. Im Vorwort der Neuauflage aber hob Kelsen eine sich in der Sache als bedeutend erweisende Erweiterung seines theoretischen Denkens hervor. Er betonte jetzt, daß in der Gesamtanlage seines bisherigen Denkens die Betrachtung der Einheit einer Rechtsordnung, ihre „Statik" zu sehr im Mittelpunkt gestanden hatte und nun um die „dynamische" Seite der Veränderung der Einheit der Rechtsordnung ergänzt werden mußte. Zwar behauptete er die bruchlose Anschlußmöglichkeit seines Nachkriegsdenkens mit den Erträgen der Zeit vor dem Weltkrieg.[5] Aber die Einbeziehung des Problems des Rechtswandels und seiner forciertesten Form, nämlich dem Bruch der Rechtskontinuität in Gestalt einer Revolution, machte die vor dem Weltkrieg noch unsystematisch geäußerte Frage des Verhältnisses von Recht und Politik im Zusammenhang der Rechtserkenntnis nunmehr zu einer Kernfrage. Angesichts der Ereignisse des Krieges und der unmittelbaren Nachkriegszeit war selbst dem führenden Vertreter des Rechtspositivismus die Absurdität offenkundig, die entscheidende Frage nach der Legitimität einer Rechtsordnung mit Rekurs auf formalistische Prinzipien zu entschärfen. Ereignisse wie die bolschewistische Revolution, die Krypto-Revolution des November 1918, der Januaraufstand, der Kapp-Lüttwitz-Putsch und die Möglichkeit eines permanenten Überschwappens der proletarischen Diktatur auf Deutschland, die schon in der Märzaktion rasch ihre akute Relevanz aufs neue unter Beweis stellte, machten die Frage nach den Fundamenten der neuen politischen Ordnung und ihrer Rechtsordnung ständig akut. Der Blick auf den Buchstaben rechtlicher Verlautbarungen und die Ignoranz gegenüber den dahinter wirksamen politischen Kräften mußte wie das Pfeifen im dunklen Walde erscheinen. Kelsen war aber durchaus zur Formulierung der entscheidenden Fragestellung imstande, die die Gemüter seinerzeit besonders bewegt hatte, nämlich „ob eine Rechtsordnung aufrecht erhalten, reformiert oder mit Gewalt beseitigt werden soll" (Kelsen 1960b, S. 441).

Damit reflektierte Kelsen aber nicht nur die revolutionären Wandlungen Mitteleuropas, sondern auch die Grundlage seines eigenen Wirkens in dieser Zeit. Kelsen wurde zu einem der wichtigsten intellektuellen Begleiter dieses Wandlungsprozesses in Österreich als Berater Karl Renners (Stourzh 1989), als Mitverfasser der neuen Verfassung, als Mitglied des Verfassungsgerichtes. Kelsen versuchte die neue republikanische Staatlichkeit Österreichs von der belastenden Kontinuität zur Donaumonarchie zu emanzipieren. Er betonte den revolutionären Charakter der Republikgründung, um alle rechtlich argumentierenden Einwände abzuwehren, die gegen den neuen Staat erhoben wurden und sich auf der Grundlage des Argumentationsmusters der historischen Kontinuität zum Kaiserreich bewegten.

---

5 Theoretisch stellt sich an dieser Stelle das Problem der Kontinuität in der Kelsenschen Lehre angesichts seiner Rezeption der Stufenbautheorie von Adolf Merkl; vgl. Dreier 1990, S. 129ff.

„Die Gründung des Staates Deutschösterreich trägt rein revolutionären Charakter, denn die Verfassung, in der die rechtliche Existenz des neuen Staates zum Ausdrucke kommt, steht in keinem rechtlichen Zusammenhange mit der Verfassung des alten Österreich. Die Kontinuität zwischen der Rechts- und Staatsordnung des alten Österreichs und Deutschösterreichs ist unterbrochen." Sodann lehnte Kelsen auch das kaiserliche Manifest von 1918 als rechtliche Brücke zwischen dem einen und dem anderen Staat ab und sagte: „Die Nationalversammlung Deutschösterreichs hat jedoch sofort die gesamte Staatsgewalt für ein bestimmtes Gebiet arrogiert und sich damit bewußt auf eine revolutionäre Basis gestellt. Revolution aber ist - vom juristischen Standpunkte her gesehen - nichts anderes als der Bruch der Rechtskontinuität" (Kelsen 1919, 10).

Wenn aber die Kontinuität zerbrochen war, worauf hatte man jetzt zu schauen? Auf die Autorität der Neusetzung, auf ihre Gerechtigkeit gemäß eigener Gerechtigkeitsvorstellungen? Oder galt es gerade jetzt inmitten aufwallender materieller Rechtsideen und gesellschaftspolitischer Veränderungsabsichten von links wie rechts die Voraussetzungen der Möglichkeit einer Rechtsordnung zu bestimmen, die so allgemein waren, daß sie die Entscheidung für eine bestimmte Gerechtigkeitsvorstellung und damit zugleich die Entscheidung gegen eine konkurrierende Vorstellung vermied und damit den Bürgerkrieg verhinderte? Kelsen unternahm den Versuch, den Relativismus seines Rechtsstaatsbegriff als Voraussetzung von Demokratie überhaupt zu begreifen. Allerdings verschob sich jetzt das Problem des Relativismus von der Erkenntnis des Rechts zu den weltanschaulichen Grundeinstellungen bei der Setzung neuen Rechts. Die Relativität der Werterkenntnis wich der Relativität der Weltanschauung. Das Problem, vor dem Kelsen die junge Demokratie gestellt sah, beruhte auf der Schwierigkeit, Gesetzgebungsvorhaben als „Recht" anzusehen, die allein aufgrund von parlamentarischen Mehrheitsverhältnissen autorisiert wurden, wenn zugleich ständig von verschiedenen Seiten miteinander konkurrierende, gegenseitig aber ausschließende Gerechtigkeitsvorstellungen an das positive Recht herangetragen wurden. Was Kelsen in den „Hauptproblemen" noch als Vorgang der Rechtstheorie analysiert und methodenkritisch bekämpft hatte, wurde nun zu einem alltäglichen und sich zuspitzenden Kampf politischer und weltanschaulicher Prinzipien um das Recht, d.h. ein Kampf um den Zugriff auf die Zwangsmittel des Staates zur Verwirklichung der jeweiligen Gerechtigkeitsvorstellungen. Nun aber waren es nicht mehr das monarchische Prinzip oder der von allen gesellschaftlichen Ansprüchen unabhängige Staat, die in Gegensatz zur gesellschaftlichen Meinungsvielfalt und den Techniken ihrer Organisation, also insbesondere des parteipolitischen Parlamentarismus gebracht wurden. Jetzt handelte es sich um das Reklamieren des vermeintlich wahren Inhalts der Volkssouveränität gegenüber den kontingenten Äußerungen aus bestimmten Kreisen und Schichten der Gesellschaft. Kelsen führte daher einen verbissenen Kampf um den Nachweis, daß Demokratie und Parlamentarismus keineswegs einen Gegensatz, sondern notwendige Korrelate bildeten (1920/21, 1925a, 1925b, 1929) - ein Kampf, den er bekanntlich gegen so berühmte Schriften wie Carl Schmitts „Geistesgeschichtliche Lage des Parlamentarismus" zu kämpfen hatte, der wiederum den darin behaupteten prinzipiellen Gegensatz von Demokratie und Parlamentarismus keineswegs erfunden, sondern nur auf das eloquenteste formuliert hatte (Schmitt 1985). Die Auffassung, wonach der Parlamentarismus ursprünglich „liberal" und daher im Zeitalter der Demokratie nicht mehr zeitgemäß sei und der gesellschaftlichen Pluralität und Partikularität die Fiktion eines Volkswillens entgegengestellt werden müsse, wies Kelsen entschieden zurück. Die zentrale Forderung der Demokratie, die Gleichheit, war für ihn zugleich die Bestandsvoraussetzung parlamentarischer Mehrheitsentscheidungen. Denn die Gleichheit der Abgeordnetenstimmen im Parlament beruhte Kelsen zufolge ähnlich wie die Gleichheit des Stimmgewichts im demokratischen Wahlrecht auf der Voraussetzung, daß von der Wahrheit oder dem Inhalt des einzelnen Willens, der sich in Abstimmungen kund tut, abgesehen wurde. Nur wenn die Gleichheit der Stimmen unabhängig ihrer inhaltlichen Güte anerkannt ist, kann es überhaupt zu verbindlichen Mehrheitsentscheidungen kommen. Daher behauptete Kelsen eine Art gemeinsame normative Grundlage von Demokratie und Parlamentarismus (Kelsen 1920/21, 1925b, 1929).

Aber diese Auffassung von Gleichheit beruhte auf einer weitaus tiefer reichenden Grundvoraussetzung. Damit die Gleichheit des Stimmgewichts unabhängig vom jeweiligen Inhalt des Gesprochenen und Gewollten angenommen werden konnte, durfte die jeweilige Meinung nur einen relativen Wahrheitsgehalt, keinen absoluten beanspruchen. Was zuvor von Kelsen als Relativismus der Erkenntnis seinen theoretischen Kontrahenten abverlangt worden war, war nun eine Forderung an die politische Willensbildung überhaupt. Diese Forderung hatte besonderes Gewicht in einer Situation, in welcher die um Mehrheit und Vorrang ringenden Meinungen wie unversöhnliche, einander ausschließende Gerechtigkeitsvorstellungen aufeinander prallten. Vertrat man aber seine jeweilige Meinung als unbedingte Gerechtigkeitsauffassung, als absolute Wahrheit, konnte es keinen Kompromiß geben. Kelsen sah sich daher gezwungen, seinen erkenntnistheoretischen Problemhorizont zu überschreiten und einen weltanschaulichen Relativismus als Grundvoraussetzung der Demokratie ausdrücklich zu fordern. Demokratie setzte nach Kelsen jene Weltanschauung voraus, die alle Meinungen als gleichwert schätzte. Wer diese Gleichheit nicht zu denken oder zu gewähren imstande war, betrat den Boden des Autoritarismus (Kelsen 1920/21, 1925a, 1929). Daher erfüllte gerade in Gerechtigkeitsfragen die relativistische Denkweise des Rechtspositivismus die Voraussetzungen eines demokratischen Rechtsstaates.

Die Pilatus-Parabel und das Dilemma der Demokratie

Um den Sinn des geforderten weltanschaulichen Relativismus zu verdeutlichen, griff Kelsen 1920 zu einem für den Verfechter der Reinen Rechtslehre und Schüler der Begriffsjurisprudenz ungewöhnlichen Mittel, indem er eine Bibel-Stelle interpretierte. Das Jesus-Verhör durch Pilatus im Johannes-Evangelium diente Kelsen als universal-

geschichtliche Parabel, die das Dilemma der Demokratie zwischen relativen Mehrheitsentscheidungen und absoluten Gerechtigkeitsvorstellungen symbolisieren sollte. Kelsen
erzählt diese Parabel wie folgt:

„Im 18. Kapitel des Evangelium Johannis wird eine Begebenheit aus dem Leben Jesu
geschildert. Die schlichte, in ihrer Naivität lapidare Darstellung gehört zu dem groß-
artigsten, was die Weltliteratur hervorgebracht hat; und, ohne es zu beabsichtigen,
wächst sie zu einem tragischen Symbol des Relativismus und der - Demokratie. Es ist
zur Zeit des Osterfestes, als man Jesus unter der Anklage, daß er sich für den Sohn
Gottes und den König der Juden ausgebe, vor Pilatus, den römischen Statthalter führt.
Und Pilatus fragt ihn, der in des Römers Augen nur ein armer Narr sein kann, ironisch:
Also du bist der König der Juden? Und Jesus antwortet im tiefsten Ernste und ganz
erfüllt von der Glut seiner göttlichen Sendung: Du sagst es. Ich bin ein König, und bin
dazu geboren und dazu in die Welt gekommen, daß ich der Wahrheit Zeugnis gebe.
Jeder, der aus der Wahrheit ist, höret meine Stimme. Da sagt Pilatus, dieser Mensch
einer alten, müde und darum skeptisch gewordenen Kultur: Was ist Wahrheit? - Und
weil er nicht weiß, was Wahrheit ist und weil er - als Römer - gewohnt ist, demokratisch
zu denken, appelliert er an das Volk und veranstaltet - eine Abstimmung...Die Volksab-
stimmung fällt gegen Jesus aus... Vielleicht wird man, werden die Gläubigen, die politisch Gläubigen einwenden, daß gerade dieses Beispiel eher gegen als für die Demokratie spreche. Und diesen Einwand muß man gelten lassen; freilich nur unter einer
Bedingung: Wenn die Gläubigen ihrer politischen Wahrheit, die, wenn nötig, auch mit
blutiger Gewalt durchgesetzt werden muß, so gewiß sind wie - der Sohn Gottes"
(Kelsen 1929, S. 103f.).

Während in der Geschichte des politischen und sozialen Denkens die im Evangelium
angesprochene Wahrheitsfrage als andauernde Herausforderung fortlebte und diskutiert
wurde, faßte Kelsen diese Stelle von vorneherein nicht nur als individuell-ethische oder
erkenntnistheoretische Frage auf, sondern sogleich als Frage des rechten Verhältnisses
politischer und sozialer Ordnungen und vor allen Dingen des Verhältnisses der an eine
solche Ordnung gestellten Gerechtigkeitsanforderungen. Kelsen war der Friedensethik
Jesu gegenüber sehr skeptisch eingestellt. Er betonte bezüglich ihrer Relevanz für die
Ethik im allgemeinen auch weniger die Friedensbotschaft der Bergpredigt, als vielmehr
die Ankündigung Jesu, daß die Verfolgung seines Weges Zwietracht und Unfrieden in
jedes Haus und jede Familie bringen werde (Kelsen 1960a, S. 66). Darin sah Kelsen die
politische, ganz unfriedliche Problematik, die Jesus seiner eigenen Ethik beigemessen
hatte und die für Kelsen symptomatisch war für alle anderen gleichfalls absolute
Geltung beanspruchenden Gerechtigkeitsvorstellungen. Aber Kelsens Verwendung der
Johannes-Stelle zeigt das weit über eine Kritik der Ethik des Jesus von Nazareth
hinausgehende Interesse an ihrer „Parabelhaftigkeit". Diese Johannes-Stelle wurde für
Kelsen zum stehenden Topos in seinem weiteren Werk. Sie beschäftigte ihn als Sinbild
eines unauflöslichen Konfliktes sein Leben lang und er wiederholte sie in teilweise
unterschiedlichen Fassungen immer wieder, um an ihr ein grundsätzliches Dilemma des
Verhältnisses von Recht und Gerechtigkeit, von Recht und Wahrheit aufzuzeigen, ohne

Kenntnis dessen der materielle und politische Sinn des Rechtspositivismus unverständlich bleiben muß.[6]

Die möglichen Einwände gegen die Stichhaltigkeit der Kelsenschen Beweisführung[7] sind hier insofern unerheblich, als es zunächst nur darum gehen kann, die Intentionen Kelsens zu zeigen. Zwar gibt Kelsen die Vorlage des Evangeliums richtig wieder, indem er von der Wahrheitsfrage spricht, aber er läßt aus dem Kontext der Problematik und später auch ausdrücklich keinen Zweifel daran, daß er mit Wahrheit immer schon Gerechtigkeit verstanden wissen will (Kelsen 1975, S. 1). Der von Kelsen für unabdingbar erachtete „Relativismus" hatte sich wie wir sahen zunächst ausdrücklich nur auf die Erkenntnistheorie bezogen im Sinne einer „relativen Wertanschauung" (Kelsen 1916, S. 137). 1920 dagegen war nun die Rede von der „relativen Weltanschauung", und diese begriffliche Verschiebung brachte nicht nur die Ergänzungsbedürftigkeit des ursprünglichen Theorieanliegens zum Ausdruck, sondern versuchte auch eine sich nun schmerzlich bemerkbar machende offene Flanke der Kelsenschen Theorie zu schließen, die vor allen Dingen durch die Ereignisse des Weltkrieges und der Revolution sichtbar geworden war. Der Umschlag von einer erkenntnistheoretischen zu einer ethisch-normativen Betrachtungsweise vollzog Kelsen, indem er den ursprünglich verwendeten Begriff der Wahrheit - jenen zentralen Terminus jeder Erkenntnistheorie, insbesondere jeder an Kant orientierten Erkenntnistheorie – um den Begriff der Gerechtigkeit ergänzte. Kelsen unternahm es nun, die klassische Gerechtigkeitsdiskussion und ihre zeitgenössische Rezeption als Ausdruck einer absoluten Weltanschauung zu begreifen, die sich nicht den immanenten Anforderungen der politischen Ordnung als Gegenstand menschlicher Satzung verantwortlich fühlte, sondern sich allein naturrechtlichen Prinzipien unterwerfen wollte. Was insofern als „wahr" und „gerecht" angesehen wurde, war für Kelsen aber weder möglicher Gegenstand der Erkenntnis noch kompromißfähiger Gegenstand demokratischer Politik. Die Demokratie ist die Entscheidung für den vollendet immanenten Zustand der arbeitsteiligen Selbstorganisation menschlicher Gesellschaft. Insofern ist die Demokratie nicht nur Gebot der Stunde, sondern zugleich Ausdruck der zivilisatorischen Entwicklung der gesellschaftlichen Geschichte. Der Umgang der politischen Meinungs- und Willensbildung mit der Gerechtigkeitsfrage war für Kelsen nun das entscheidende Kriterium für eine Weltanschauung, die mit der Demokratie vereinbar sein sollte. In dem umfänglichsten Versuch Kelsens, seine rechtstheoretischen Überzeugungen im Kontext der politischen Bedürfnisse der demokratischen Neuordnung kenntlich zu machen, in seiner „Allgemeinen Staatslehre" von 1925 spielte daher auch die Unterscheidung von relativer und absoluter Weltanschauung eine prominente Rolle. „Darum kann auch die

---

6 Zuerst in dem Demokratie-Aufsatz von 1920, sodann in der monographischen Ausarbeitung von 1929; ferner in Kelsen 1933, S. 29f.; Kelsen 1975 S. 1 und auch Kelsen 1955, 39; zu den Differenzen der Parabelbehandlung zwischen Kelsen 1920 und 1955: vgl. Gross 1996, S. 93f.

7 So hat schon Arnold Brecht, der sich selber der Schule des Relativismus verpflichtet sah, darauf hingewiesen, daß man Pilatus' Vorgehen nicht im strengen Sinne demokratisch nennen könne: vgl. Brecht 1961, S. 676.

Entscheidung zwischen Autokratie und Demokratie - dieser Schicksalsfrage aller Politik - weder aus dem angestrebten Inhalt der sozialen Ordnung folgen, deren Erzeugungsmethoden allein in Frage stehen; noch kann sich die Entscheidung danach richten, ob ein für richtig erkannter Ordnungsinhalt nur durch die eine oder andere Methode der Ordnungserzeugung gewährleistet sei. Sondern danach: ob man diesen Ordnungsinhalt für absolut oder nur für relativ richtig zu halten sich befugt glaubt" (Kelsen 1925, S. 369). Den unterschiedlichen Weltanschauungen korrespondieren unterschiedliche, gegensätzliche Anschauungen, und zwar „speziell der politischen Grundeinstellung" (Kelsen 1925a, S. 370). Sie schließen sich gegenseitig aus. „Der metaphysisch-absolutistischen Weltanschauung ist eine autokratische, der kritisch-relativistischen die demokratische Haltung zugeordnet. Wer mit absoluter Gewißheit weiß, welches die richtige, die beste soziale Ordnung ist, der muß die Zumutung mit Entschiedenheit zurückweisen, die Verwirklichung dieser Ordnung davon abhängig zu machen, daß wenigstens die Mehrheit der Menschen, für die die Ordnung gelten soll, diese Ordnung als beste erkannt und zum Inhalt ihres politischen Wollens gemacht hat, um diese Ordnung selbst erzeugen zu können" (Kelsen 1925a, S. 370; 1925b, S. 40f.). Die Akzeptanz von Mehrheitsentscheidungen beruhte für Kelsen demnach auf einer relativistischen Weltanschauung. Nur sie erlaubt es, die Zumutung zu ertragen, die in der Anerkennung der Legitimität anderer als der eigenen Gerechtigkeitsauffassungen besteht. Ist die Zumutung unerträglich, weil man mit absoluter Gewißheit seine eigene Gerechtigkeitsauffassung an die Spitze der eigenen politischen Maximen stellt, so ist Demokratie unmöglich. Damit sprach Kelsen ein Problem an, das gerade nicht mit dem üblichen Verweis auf die technische und organisatorische Alternativlosigkeit von Mehrheitsverfahren bei der politischen Willensbildung abgetan werden konnte. Auf der anderen Seite wollte Kelsen das Problem auch nicht mit dem Postulat von Konsensualentscheidungen umschiffen, da es für ihn um das Spannungsverhältnis einander ausschließender Gerechtigkeitsvorstellungen ging, die aus sich heraus keinen Kompromiß duldeten und einen Konsens ausschlossen.

Relativismus war für Kelsen demnach keine Formel toleranter Gleichgültigkeit, sondern meinte das Erfordernis, die angesprochenen Spannungsverhältnisse zwischen Gerechtigkeitsvorstellungen und den Möglichkeiten ihrer positivrechtlichen Umsetzung auszuhalten, die Zumutung von Mehrheitsentscheidungen zu dulden. Es konnte daher ein starker Relativismus gemeint sein, der im Sinne der späteren Theorie der streitbaren Demokratie den Relativismus gegen das Ansinnen von Absolutheit beanspruchenden Extremen schützen will - und damit aufhört, im klassischen Sinne relativ zu sein. Oder war es ein resignativer Relativismus, der zwar nicht Gleichgültigkeit in dem Sinne meinte, wie ihn Erich Kaufmann zu Beginn und Gustav Radbruch am Ende der Weimarer Republik anprangerten, aber ein Relativismus der Passivität, Kraftlosigkeit und Unentschiedenheit? Auch auf diese Frage gibt uns die Pilatus-Parabel Aufschluß. Denn die Verwendung dieses Bildes war nicht dem Belieben Kelsens anheim gestellt oder nur ein artifizielles Mittel der Verständigung und Anschaulichkeit eines eigentlich rein theoretischen Gedankens. Vielmehr war dieses Bild in Kelsens Zeit im Schwange.

Nicht nur für ihn stellten die Umbrüche zwischen dem geruhsamen Kaiserreich und der Republik, in welcher plötzlich alle politischen und gesellschaftlichen Strukturen zur Disposition zu stehen schienen. Auch so gegensätzliche Denkern wie Gustav Radbruch und Oswald Spengler verwendeten die Pilatus-Parabel, um Probleme zu veranschaulichen, über deren Relevanz sie sich selber erst Klarheit verschaffen mußten. Für das Verständnis der Kelsenschen Position wird es daher aufschlußreich sein, den Begriff des Relativismus, auf den es ihm hier ankommt, zu beleuchten, und zur Profilierung seiner diesbezüglichen Auffassung sollen diese zwei anderen Interpretationen des Pilatus-Verhörs herangezogen werden.

Die Version des Pilatus-Verhörs bei Radbruch und Spengler

Gustav Radbruch gehörte zu den frühesten Rechtstheoretikern, die für die Relativität des Rechts eintraten, aber er verband damit einen konkreten sittlichen Anspruch: nicht jeder Relativismus und nicht jeder Positivismus genügte seinen Ansprüchen. So geißelte Radbruch die „pharisäische Gerechtigkeit, der mit Vornahme oder Unterlassung bestimmter Handlungen Genüge getan ist" (Radbruch 1925, S. 16), da sie nur auf die Äußerlichkeit des Rechts Acht gibt. Stattdessen plädiert er für die Sittlichkeit der inneren Gesinnung, die aber angesichts anderer Gesinnungen nur mit einem relativen Wahrheitsanspruch auftreten darf. Radbruch will aus dem erkenntnistheoretischen Relativismus keinen Relativismus in praktischen Fragen gelten lassen. Wer aus theoretischen Gründen die praktische Entscheidung nach Maßgabe praktischer Vernunft verweigert, ist kein Relativist im philosophischen Sinne, sondern einfach gesinnungslos. Pilatus nun ist für Radbruch weder der Pharisäer des äußeren Tuns, noch das Sprachrohr einer sittlichen Überzeugung etwa wie Jesus, sondern das Beispiel eines schlechten Relativisten. Radbruch sagt: „Es wäre aber ein Mißverständnis, wollte man im Relativismus den resignierten Zynismus des Pilatus finden: 'Was ist Wahrheit?', die dekadente Blasiertheit, die alle Wertungen für gleich richtig und gleich falsch erklärte...Die Rechtsphilosophie...legt alle möglichen Gegenstände der Bewertung... [dem Gewissen des Einzelnen] zur Auswahl vor, und wenn das Gewissen die Qual dieser Wahl nicht zielbewußt zu überwinden vermag...so ist dies offenbar eine Krankheit des Gewissens, nicht eine Verfehlung des Intellekts, der es vor die Wahl gestellt hat. Nicht mit dem Pilatus des Evangeliums, in dem mit der theoretischen auch die praktische Vernunft verstummt, fühlt der Relativismus sich verwandt, sondern mit Lessings Nathan, dem das Schweigen der theoretischen gerade der stärkste Appell an die praktische Vernunft ist" (Radbruch 1914, S. 28).

Später unterschied Radbruch drei Wege zum Relativismus: den Skeptizismus eines Pilatus, den er ablehnte; den Agnostizismus Lessings, den er befürwortete und schließlich den Antinomismus, dem er sich selber verwandt fühlte, und der die Aufhebung aller Widersprüche einer höheren, nicht menschlichen Sphäre vorbehält, daraus aber die Hoffnung auch der irdischen Verständigung entnimmt (Radbruch 1956, S. 103ff.).

Aber trifft Radbruchs Kritik am Relativismus auch Kelsen selbst? Kelsen sah seinen Relativismus keineswegs als Zeichen intellektueller Schwäche an, sondern ganz im Gegenteil, als Ausdruck intellektueller Stärke. Er legte die Schwelle zum Relativismus sehr hoch an. Denn der Wunsch nach Gerechtigkeit kann selbst in imaginierter Form soziale Realität haben und es bedarf der permanenten intellektuellen Anstrengung, diesen Schein zu durchbrechen. Kelsen klagte über die, wie er sagte, unzerstörbare Sehnsucht der Menschen nach Gerechtigkeit, die er als eine Illusion bezeichnet, die stärker sein kann als die Realität (Kelsen 1989, 230f.). Dem Wunsch nach Verwirklichung als absolut imaginiertem Wert opfert der Mensch selbst die Freiheit des Intellekts. Auf den Einwand, wonach der Rechtspositivismus dem Einzelnen keinerlei Wertmaßstäbe liefere, weist Kelsen daraufhin, daß auch die Reine Rechtslehre solche Maßstäbe zur Verfügung stelle, „nur daß aber diese Maßstäbe einen relativen Charakter haben. Daß uns dieser Relativismus 'im Stich läßt', bedeutet, daß er uns zum Bewußtsein bringt, daß die Entscheidung der Frage an uns liegt, weil die Entscheidung der Frage, was gerecht und was ungerecht ist, von der Wahl der Gerechtigkeitsnorm abhängt, die wir zur Grundlage unseres Werturteils nehmen und daher sehr verschieden beantwortet werden kann; daß diese Wahl nur wir selbst, jeder einzelne von uns, daß sie niemand anderer, nicht Gott, nicht die Natur und auch nicht die Vernunft als objektive Autorität für uns treffen kann. Das ist der wahre Sinn der Autonomie der Moral. Vom Relativismus im Stich gelassen fühlen sich all jene, die diese Verantwortung nicht auf sich zu nehmen, die die Wahl auf Gott, die Natur oder die Vernunft zu schieben wünschen. Sie wenden sich vergeblich an die Naturrechtslehre... [Deren Lehren] ersparen dem Individuum nicht die Wahl. Aber jede dieser Naturrechtslehren gibt dem Individuum die Illusion, daß die Gerechtigkeitsnorm, die es wählt, von Gott, der Natur oder der Vernunft stammt, daher absolut gültig ist und die Möglichkeit der Geltung einer anderen ihr widersprechenden Gerechtigkeitsnorm ausschließt; und für diese Illusion bringen viele jenes sacrificium intellectus" (Kelsen 1960b, 441ff.).

In Kelsens Auffassung gehören also auch „vernünftig" begründete materielle Anforderungen zu den transzendenten, absoluten Gerechtigkeitsvorstellungen, in deren Konsequenz die autoritäre und nicht selbstbestimmte Zwangsordnung folgt. Denn der Verweis auf die Vernunft als letztverbindlicher Instanz kann dazu dienen, über den positiven Gestaltungswillen konkreter Individuen hinweg eine überpersonale Autorität zu installieren, die Kelsen genauso als transzendent bezeichnet wie der Verweis auf einen Gott, selbst dann, wenn die vernunft-naturrechtliche Argumentation sich transzendental-logisch kleidet.

Vieles in dieser Grundhaltung Hans Kelsens erinnert an Max Weber, der selbst Postulate der Vernunft nicht für unantastbar erklärte, der die Menschenrechte als „Fanatismus der Rationalität" bezeichnete und stattdessen die unbedingte Selbstverantwortlichkeit des Intellekts für seine Wertentscheidungen hervorhob, welche nicht transzendenten Instanzen zugeschoben werden durfte. Der Einfluß Max Webers auf

Kelsen ist unklar (Dreier 1990, S. 93). Die einzige ausdrückliche Diskussion der Weberschen Theorie durch Kelsen ist wenig aufschlußreich (Kelsen 1928b, 156ff.). In der Sache verblieben beide Autoren in ihrer Kritik aller ethisch argumentierenden Politik und der Sehnsucht des Menschen nach transzendenter Rechtfertigung ihres Handelns, die von ihrer persönlichen Verantwortung ablenkt und entlastet, auf der Betrachtungsebene einer rein individuellen Ethik. Für die Gründungsphase einer politischen Ordnung wäre aber als Focus der Wertsetzung und ihrer leitenden Gerechtig-keitsvorstellung weniger die Frage individueller Präferenz als vielmehr diejenige einer gemeinsamen und gegenseitig verpflichtenden Wertschöpfung angemessen gewesen. So bleibt auch Radbruchs Verweis auf die praktische Vernunft von Kelsen unbeantwortet.

Die hohen intellektuellen Anforderungen der Erkenntnis verschließen den Blick auf die Praxis individueller Selbstverpflichtung. Wie aber kann die Leugnung der Objektivität der Rechtsordnung und die Einsicht in deren Positivität und damit ihrer permanenten Abhängigkeit vom konkreten politischen Willen um der Zurückweisung jeglichen gleichsam metaphysischen Appells an Gerechtigkeit willen überhaupt noch politische Ordnung gewährleisten? Der strikte Rekurs auf die Selbstverantwortung ohne weitere Erörterung praktischer Verpflichtung ließ eine gefährliche normative Lücke, in die ganz andere, weniger um intellektuelle Konsequenz bemühte Geisteshaltungen stoßen konnten. Auf diese Gefahr hatte Kaufmann 1921 hinweisen wollen. Sie realisierte sich in der Interpretation des Pilatusverhörs bei Oswald Spengler. Er bemühte gleichfalls den Jesus-Prozeß für seine Zwecke, aber als Gleichnis eines tragischen Konfliktes der Weltgeschichte. Spengler erklärte die Auseinandersetzung zwischen Jesus und Pilatus zum tragischen Symbol eines unaufhebbaren Widerstreites zwischen idealistischem und realistischem Weltanspruch. Spengler stellte zunächst den unaufheb-baren Widerspruch zwischen Jesu Anliegen der Spiritualität und dem Traditionalismus des Judentums seiner Zeit als einen Gegensatz von Stadt und Land dar und kam dann zum Widerspruch zwischen Jesu Anspruch und dem römischen Anspruch auf Weltherr-schaft.

„Als Jesus aber vor Pilatus geführt wurde, da traten sich die Welt der Tatsachen und die der Wahrheiten unvermittelt und unversöhnlich gegenüber, in so erschreckender Deutlichkeit und Wucht der Symbolik wie in keiner zweiten Szene der gesamten Weltgeschichte. Der Zwiespalt, der allem freibeweglichen Leben von Anfang an zu-grunde liegt..., hat hier die höchste überhaupt denkbare Form menschlicher Tragik angenommen. In der berühmten Frage des römischen Prokurators: Was ist Wahrheit? - das einzige Wort im Neuen Testament, das Rasse hat - liegt der ganze Sinn der Geschichte, die Alleingeltung der Tat, der Rang des Staates, des Krieges, des Blutes, die ganze Allmacht des Erfolges und der Stolz auf ein großes Geschick." (Spengler 1923, S. 820). Und weiter heißt es: „Der geborne Politiker verachtet die weltfremden Betrach-tungsweisen des Ideologen und Ethikers mitten in der Tatsachenwelt - er hat recht. Für den Gläubigen sind aller Ehrgeiz und Erfolg der geschichtlichen Welt sündhaft und ohne ewigen Wert - er hat auch recht...Es gibt keine Brücke zwischen der gerichteten Zeit und dem zeitlos Ewigen, zwischen dem Gang der Geschichte und dem Bestehen einer göttlichen Weltordnung, in deren Bau 'Fügung' das Wort für den höchsten Fall der Kausalität ist: Das ist der letzte Sinn jenes Augenblicks, in dem Pilatus und Jesus sich gegenüberstehen" (Spengler 1923, S. 821).

Für Spengler handelt es sich daher nicht um relativ zueinander stehende Positionen, sondern um das unüberwindliche, unversöhnliche Aufeinanderprallen zweier Sphären, die aufgrund der Behauptung des jeweiligen Primates zugleich die gegnerische Position ausschließen, von Grund auf leugnen müssen, und daher nicht auf der Ebene der Erkenntnis, sondern nur auf der Ebene der praktischen Auseinandersetzung und ihrem langfristigen Verlauf, also der Geschichte, ihren Austrag finden können.

Während also für Radbruch Pilatus Sinnbild eines gesinnungslosen Zynismus ist, der aus der Skepsis die Entscheidung verweigert und die Demokratie mißbraucht, um sein Gewissen zu erleichtern, erscheint Pilatus bei Spengler als Typus des geborenen Politikers, der aus eigenem Recht den Anspruch der Ethik zurückweisen, ja geradezu ignorieren darf. Damit gab Spengler einem aller Ethik gegenüber gleichgültig eingestellten Voluntarismus in der Politik die geschichtsphilosophische Rechtfertigung. Der Untergang des Abendlandes hieß demnach, ihrem für todgeweiht postulierten kulturellen Anspruch jegliche Geltung für die Gestaltung der Wirklichkeit nach dem 1. Weltkrieg abzusprechen und statt dessen gleichsam aus dem normativen Nichts den blanken Willen zu legitimieren. Diesem Vorschlag leistete man bekanntlich weidlich Folge. Mit Spenglers Voluntarismus war aber Kelsens Standpunkt der willentlichen Rechtsetzung nicht vergleichbar. Denn Kelsen setzte den Voluntarismus nicht frei von normativen Ansprüchen, sondern verlangte dessen Selbstdisziplinierung, die in der Anerkennung der Beschränktheit willentlicher Geltungsansprüche lag.

Kelsens Kulturpessimismus als Voraussetzung vollendet immanenter Rechtsstaatlichkeit und die Kritik an der Demokratie

Kelsen war den Positionen Radbruchs wie Spenglers gleichweit entfernt. Er teilte Radbruchs wertrelativistische Auffassung, die er aber nicht durch die Ergänzung einer sittlichen Sphäre kompensieren wollte. Im Gegensatz zu Radbruch sah Kelsen die alle positive Rechtsordnung sprengende Dimension absoluter Gerechtigkeitsforderungen, die mit Vorstellungen von Sittlichkeit durch die Hintertür Wiedereinkehr verlangte. Auf der anderen Seite teilte Kelsen Spenglers Anerkennung der Position des Pilatus, den Radbruch nur als verachtenswerte Person ansehen möchte, aber Pilatus ist für Kelsen wiederum nicht Spenglers Typus des Politikers der Tat.

Was aber Kelsen im Gegensatz zu Radbruch oder Spengler fehlte, war die Entschlossenheit, seiner eigenen Position Geltung zu verschaffen. Er beobachtete die Gegensätzlichkeit von relative oder absolute Geltung erheischenden politischen Meinungen, er gab jedoch keine Hinweise, wie der Rechtsstaat auf die Konfrontation mit der absoluten und autoritären Weltanschauung reagieren sollte. Seine eigene theoretische Position wurde ständig und von allen politischen Seiten angegriffen, ihre politische Relevanz verkannt. Mit den politischen Entscheidungen von 1933 in Deutschland verlor Kelsens relativistische Position endgültig ihre Überzeugungskraft. Er schwenkte daher wieder vollständig in seine theoretische Linie, der er vor dem Ersten Weltkrieg gefolgt war ein und spitzte die Konzentration auf den statischen, rechtsformalen Aspekt des Rechtspositivismus sogar noch einmal zu. In seiner „Reinen Rechtslehre" von 1934 (Kelsen 1934) verabschiedete sich Hans Kelsen von seinem Versuch der 20er Jahre, Rechtsstaat und Demokratie in der immanenten Rechtsvorstellung des Positivismus und der ihr korrespondierenden relativistischen Weltanschauung zu versöhnen. Er vollzog auch inhaltlich einen Rückzug, indem er diejenigen systematischen Bedenken und Mängel seiner Vorkriegszeit wieder marginalisierte, die ihn nach dem Ersten Weltkrieg bewogen hatten, den statischen Standpunkt um eine dynamische Komponente zu erweitern. Fragen der Revolution, des Wechsels der Rechtsvorstellung, des Bruchs der Rechtskontinuität tauchten 1934 nicht mehr in der exponierten Stellung auf, die sie in seinem Denken der 20er Jahre noch besaßen und zur Triebfeder seiner Bemühungen geworden waren. Wo der strenge Verweis absoluter Gerechtigkeitsvorstellungen aus dem Rechtsstaat und die Begründung der Notwendigkeit einer immanenten Weltanschauung noch die rechts-philosophische Begründung hätte geben können für einen entsprechend entschiedenen Kampf gegen absolute Weltanschauungen, war das Engagement nunmehr endgültig der Resignation gewichen. Die Geschichte legte die Auffassung nahe, daß absolute Gerechtigkeitsvorstellungen unausrottbar waren und es verblieb für Kelsen nur noch der Fluchtpunkt einer sich auf ihre methodischen und logischen Probleme besinnenden Rechstheorie.

Dabei wäre der von Kelsen vollzogene Rückzug auf den Relativismus aus Resignation statt aus konstruktiver Überzeugung nicht zwingend gewesen. Gerade im Anschluß an Kelsens Weltanschauungsrelativismus ließe sich eine starke ethische Position ableiten, indem nämlich der Relativist einen erbitterten und unnachgiebigen Kampf gegen den Absolutismus führen darf und muß. Diesen Weg ist Kelsen aber nicht gegangen und die Erklärung hierfür ist wiederum in dem Pilatus-Bild angelegt.

In Jesus tritt für Kelsen eine weltgeschichtliche Gestalt auf, die mit vielleicht ehrfurchtgebietender Hartnäckigkeit die absolute Wahrheit der vertretenen Position, d.h. einer bestimmten Gerechtigkeitsvorstellung behauptet, während Pilatus nur mit Skepsis auf ein solches Gebaren, welches Kelsen allgemein als „politischer Glaube" bezeichnet, begegnen kann. Skepsis aber ist für Kelsen keineswegs ein Charakteristikum ethischer Unentschiedenheit. Sie ist ihm auch nicht Ausdruck kultureller Spätzeit und damit wie bei Spengler Niedergangs- und Verfallssymptom. Skepsis ist in Kelsens Augen vielmehr das begrüßenswerte Ergebnis langer Erfahrungen einer Rechtskultur mit verschiedensten Verwirklichungsversuchen von Gerechtigkeitsvorstellungen und die daraus erwachsende Zurückhaltung gegenüber weiteren Positivierungsversuchen absolu-ter Weltanschauungen. Kelsen sieht in Pilatus vielmehr das Sinnbild einer bestimmten Phase zivilisatorischer Entwicklung, in der erst Relativismus sich friedensstiftend durchsetzen kann. Kelsen erläutert die Skepsis des Pilatus mit den Worten, er sei ein Mensch einer alten, müde und darum skeptisch gewordenen Kultur, die auf die Wahrheitsfrage nicht mehr mit dem prophetischen Pathos des Täufer-Johanniters antworten mag. Woraus aber resultiert die angesprochene Müdigkeit? Kelsen kann nur auf die Ermüdung der Menschheit verweisen, die eintreten mag, nachdem ihre Sehnsucht nach absoluten Werten in korrespondierenden Verwirklichungswünschen auszutragen, sich in langen Kämpfen ausgefochten hatte und einem Zustand der Erschöpfung Platz macht. Daher ist es die Stoa, die für Kelsen ein entsprechendes Vorbild intellektueller Einstellung darstellt.

„Die Sozialphilosophie der Stoa hat nicht durch Zufall in dem Werk eines römischen Kaisers ihren Höhepunkt gewonnen; ihre Resignation ist die Frucht einer alten Kultur, die alle Phasen der philosophischen Spekulation und politischen Kampfes schon hinter sich hatte und die schon eine gewisse Müdigkeit vor jedem Exzeß des Pessimismus und des Optimismus bewahrte" (Kelsen 1928a, S. 74f.). Auf diese Weise wird die kulturelle Spätzeit und die Erschöpfung der Überzeugungskraft transzendenter Vorstellungen sozialen Lebens zur Voraussetzung einer sich auf die Erfordernisse einer vollständig immanenten, von Menschen geschaffenen sozialen Welt einzulassen und als deren Bestandsvoraussetzung den weltanschaulichen Relativismus anzuerkennen. Der Rechtsstaat ist dann der gerechte Umgang mit einer Vielzahl von Gerechtigkeitsansprüchen und seine Voraussetzung beruht auf seiner Immanenz und der ihr korrespondierenden Relativität zu den ihm aufkeimenden Gerechtigkeitsvorstellungen. Ein solcher immanenter Rechtsstaat ist aber Ausdruck einer Spätkultur, die dann noch nicht erreicht ist, wenn selbst der moderne Rechtsstaat sich der Illusion der Gerechtigkeit hingibt und glaubt, materielle Werte jenseits ihrer konkreten Positivität als Recht formulieren zu müssen. Dies ist der schärfste Einwand Kelsens gegen die moderne Rechtsstaatsvorstellung, daß sie nämlich insbesondere in ihrer Grund- und Menschenrechtskonzeption nur das letzte Glied innerhalb der Kette des Naturrechts ist und daß sie darin nicht den letzten Schritt zur Aufhebung aller irrationalen Politik unternimmt, sondern im Gegenteil nur die verfeinertste Form des sacrificium intellectus, der Aufgabe selbstverantwortlicher Autonomie darstellt. So verstanden ist der Skeptiker der Menschentypus einer Phase der Kulturentwicklung, in der er auch gegenüber Eingebungen seiner eigenen Rationalität vorsichtig eingestellt ist. Insofern gibt es den Rechtsstaat im leidenschaftlich vertretenen Sinne Kelsens noch gar nicht, solange die in langen politischen Kämpfen sich ausbildende Skepsis immer noch nicht die werthaften Vorstellungen verdrängt, die glauben, zwecks Implementation einer idealen Sphäre sich des Rechts und damit einer allgemeinen, aber immanenten und damit entzauberten Normativität bedienen zu dürfen.

Wie aber sollte sich der Kelsensch gedachte Rechtsstaat, dessen volle Verwirklichung erst in der Erschöpfungsphase des Verwirklichungsstrebens absoluter Gerechtigkeitsvorstellungen erreicht werden kann, in der Zwischenzeit verhalten? War ein neutraler Beobachtungsstandpunkt einer methodisch gereinigten, aber gemäß den Erwartungen Erich Kaufmanns ihren Beruf der Zeit verfehlenden Orientierungswissenschaft überhaupt angemessen und mußte sich eine solche Rechtstheorie nicht desavouieren, wenn sie sich allein auf den Primat der Methode konzentrierte?

Als sich Kelsen mit der „Reinen Rechtslehre" von 1934 von seiner Phase engagierten politischen Denkens verabschiedete, begnügte er sich mit der Feststellung, daß die Tatsache, wonach sowohl von links wie von rechts Kritik an seiner Auffassung des Rechts geübt wurde, zugleich die wissenschaftliche Dignität seines Denkens zum Ausdruck brachte. Für das ausgebliebene Verständnis des Grundanliegens des Rechtspositivismus machte Kelsen die Zeit nach dem 1. Weltkrieg verantwortlich. „Zumal in unserer durch den Weltkrieg und seine Folgen wahrhaft aus allen Fugen geratenen Zeit, in der die Grundlagen des gesellschaftlichen Lebens aufs tiefste erschüttert und daher die zwischenstaatlichen wie innerstaatlichen Gegensätze aufs äußerste verschärft sind. Das Ideal einer objektiven Wissenschaft von Recht und Staat hat nur in einer Periode sozialen Gleichgewichts Aussicht auf allgemeine Anerkennung" (Kelsen, 1934 S. V f.). Es blieb allein der Trost die Treue zu einem Wissenschaftsideal gehalten zu haben, das zu diesem Zeitpunkt bereits nur noch wenige Anhänger fand.

Hans Kelsen hat nach dem Ersten Weltkrieg und vor der Machtergreifung der Nationalsozialisten den ernstlichen Versuch unternommen, in einem weiten Bogen den Zusammenhang von positivrechtlichem Rechtsstaatsverständnis, Demokratie und Parlamentarismus auf der Grundlage einer allesamt überwölbenden relativistischen Weltanschauung zu erschließen und schon sehr früh den Gegner dieser Auffassung, nämlich Autokratie, Diktatur und den Glauben an die Absolutheit des jeweils eigenen Gerechtigkeitsstandpunktes auf den Begriff gebracht. Gleichwohl unternahm Kelsen nicht den letzten Schritt, das Dilemma des Relativismus im Umgang mit dem Absolutismus zu klären und aufzulösen, das darin besteht, daß der Relativist aufgrund seiner eigenen Weltanschauung auch den absolut vertretenen Standpunkt zunächst als relativ gültigen hinnehmen zu müssen glaubt und dadurch politisch in eine gefährliche Defensive gerät. Für diesen letzten Schritt hätte es einer Auffassung bedurft, die die Gerechtigkeit der Zurückweisung, Bekämpfung und Überwindung des Absolutismus durch den Relativismus thematisiert. Kelsen hob die Verwiesenheit aller Rechtstheorie auf politische Praxis hervor, um die Erkenntnis des Rechts von politisch motivierten Verstellungen zu befreien. Aber er hat den Sprung in die politische Theorie nicht gewagt und damit hat er zwar einerseits die erkenntnistheoretisch unschließbare offene Flanke des Rechtsstaates scharf umrissen, aber andererseits kein Angebot gemacht, wie sie gegen die Herausforderung absolut erhobener Gerechtigkeitsansprüche gesichert werden kann. Dies ist eine politische Frage, die Kelsen letztlich nicht zu stellen wagte. Stattdessen zog er sich auf einen Betrachtungsstandpunkt zurück, der die kulturgeschichtlichen Voraussetzungen einer solchen Entwicklung thematisierte. Wie aber kann man das Recht als von Menschen gesatzte Norm verstehen, aber den Kampf einander ausschließender politischer Prinzipien nicht weiter als praktische Aufgabe behandeln?

Gleichwohl wird man gegen Kelsen nicht mehr den Vorwurf politischer Irrelevanz oder gar Ignoranz erheben dürfen. Er rührte an ein Dilemma der Demokratie und gab sich nicht mit dogmenhaften Formeln zufrieden. Er schuf Problembewußtsein, scheiterte aber bei der Problemlösung. Es mag das Unverständnis seiner Weimarer Zeitgenossen gewesen sein, ihre Ignoranz gegenüber Kelsens politischen Problembewußtsein und seine entsprechende Isolation, die ihn in die Resignation führte. Es ist nicht ausgemacht, daß das Verständnis für ihn in unseren Tagen größer geworden ist.

Literatur

Badura, Peter, 1959: Die Methoden der neueren allgemeinen Staatslehre, Erlangen

Bauer, Wolfram, 1968: Wertrelativismus und Wertbestimmtheit im Kampf um die Weimarer Demokratie - zur Politologie des Methodenstreits der Staatsrechtslehrer, Berlin

Brecht, Arnold, 1961: Politische Theorie – Die Grundlagen politischen Denkens im 20. Jahrhundert, Tübingen

Dreier, Horst, 1990: Rechtslehre, Staatssoziologie und Demokratie bei Hans Kelsen, 2. Auflage, Baden-Baden

Friedrich, Manfred, 1977: Der Methoden- und Richtungsstreit - zur Grundlagendiskussion der Weimarer Staatsrechtslehre, in: Archiv des öffentlichen Rechts 102, S. 161-209

Gross, Raphael, 1996: Jesus oder Christus? Überlegungen zur "Judenfrage" in der politischen Theologie Carl Schmitts, in: Andreas Göbel u.a. Hrsgg., Metamorphosen des Politischen - Grundfragen politischer Einheitsbildung seit den 20er Jahren, Berlin, S. 75-94

Heller, Hermann, 1927: Die Souveränität, Berlin und Leipzig

Kaufmann, Erich, 1960, Kritik der neukantianischen Rechtsphilosophie - eine Betrachtung der Beziehungen zwischen Philosophie und Rechtswissenschaft, Tübingen 1921, zitiert nach ders., Gesammelte Schriften Band III, Göttingen, S. 176-245

Kelsen, Hans, 1911: Hauptprobleme der Staatsrechtslehre, Tübingen 1911, 1923[2]

Kelsen, Hans, 1913: Über Staatsunrecht - zugleich ein Beitrag zur Frage der Deliktsfähigkeit juristischer Personen und zur Lehre vom fehlerhaften Staatsakt, in: (Grünhuts) Zeitschrift für privates und öffentliches Recht der Gegenwart Band 40, S. 1-114

Kelsen, Hans, 1916: Rechtswissenschaft als Norm- oder als Kulturwissenschaft, in: Schmollers Jahrbuch 40, 1181-1239

Kelsen, Hans (Hrsg.), 1919: Die Verfassungsgesetze der Republik Deutschösterreich, 1. (und einziger) Teil, Wien und Leipzig

Kelsen, Hans, 1920/21: Vom Wesen und Wert der Demokratie, in: Archiv für Sozialwissenschaft und Sozialpolitik Band 47, S. 50-85

Kelsen, Hans, 1925a: Allgemeine Staatslehre, Berlin u.a. 1925, ND Bad Homburg 1966

Kelsen, Hans, 1925b: Das Problem des Parlamentarismus, Wien 1925

Kelsen, Hans 1928a: Die philosophischen Grundlagen der Naturrechtslehre und des

Rechtspositivismus, Wien

Kelsen, Hans, 1928b: Der soziologische und der juristische Staatsbegriff, 2. Aufl. Tübingen

Kelsen, Hans, 1929: Vom Wesen und Wert der Demokratie, erweiterte 2. Aufl. Tübingen

Kelsen, Hans, 1934: Reine Rechtslehre, 1. Aufl. Wien

Kelsen, Hans, 1955: Foundations of Democracy, in: Ethics Band 66, S. 1-101

Kelsen, Hans, 1960a: Reine Rechtslehre, 2. Auflage, Wien

Kelsen, Hans, 1960b: Das Problem der Gerechtigkeit, als Anhang in: ders., 1960a, S. 357ff.

Kelsen, Hans, 1975: Was ist Gerechtigkeit?, 2. Aufl. Wien

Kelsen, Hans, 1989: Platonische Gerechtigkeit, in: Kant-Studien 38 (1933) 91-117, zitiert nach Hans Kelsen, Staat und Naturrecht - Aufsätze zur Ideologiekritik, hg. Von Ernst Topitsch, München

Korioth, Stefan, 1992: Erschütterungen des staatsrechtlichen Positivismus im Kaiserreich - Anmerkungen zu frühen Arbeiten von Carl Schmitt, Rudolf Smend und Erich Kaufmann, in: Archiv des öffentlichen Rechts 117, S. 212-38

Kriele, Martin, 1979: Recht und praktische Vernunft, Göttingen

Nelson, Leonard, 1917: Rechtswissenschaft ohne Recht - kritische Betrachtungen über die Grundlagen des Staats- und Völkerrechts, insbesondere über die Lehre von der Souveränität, Leipzig

Neumann, Franz L., 1980: Die Herrschaft des Gesetzes – eine Untersuchung zum Verhältnis von politische Theorie und Rechtssystem in der Konkurrenzgesellschaft (1936), hg. von Alfons Söllner, Frankfurt/M.

Oertzen, Peter von, 1974, Die soziale Funktion des staatsrechtlichen Positvismus - eine wissenssoziologische Studie über die Entstehung des formalistischen Positivismus in der deutschen Staatsrechtswissenschaft, Frankfurt/M.

Radbruch, Gustav, 1925: Einführung in die Rechtswissenschaft, 5. Auflage Leipzig

Radbruch, Gustav, 1956: Rechtsphilosophie, 5. Auflage Stuttgart

Radbruch, Gustav, 1946: Gesetzliches Unrecht und übergesetzliches Recht, in: ders., Der Mensch im Recht - ausgewählte Vorträge und Aufsätze über Grundfragen des Rechts, Göttingen 1961², 111ff.

Radbruch, Gustav, 1914: Grundzüge der Rechtsphilosophie, Leipzig

Rennert, Klaus, Die 'geisteswissenschaftliche' Richtung in der Staatsrechtslehre der Weimarer Republik, Berlin 1987

Schmitt, Carl, 1985: Die geistesgeschichtliche Lage des heutigen Parlamentarismus, unveränderter Nachdruck der 2. Auflage von 1926, Berlin

Spengler, Oswald, 1922, Der Untergang des Abendlandes, München und Leipzig

Stourzh, Gerald 1989: Hans Kelsen, die österreichische Bundesverfassung und die rechtsstaatliche Demokratie, in: ders., Wege zur Grundrechtsdemokratie, Wien und Köln, S. 309-334

Taubes, Jacob, 1987: Ad Carl Schmitt - gegenstrebige Fügung, Berlin

Topitsch, Ernst, 1989: Einleitung zu Hans Kelsen, Staat und Naturrecht - Aufsätze zur Ideologiekritik, hg. von Ernst Topitsch, München, S. 11-28

Wendenburg, Helge, 1984: Die Debatte um die Verfassungsgerichtsbarkeit und der Methodenstreit der Staatsrechtslehre in der Weimarer Republik, Göttingen

Sabine Grunwald

Alexandre Kojève: Die vollkommene Gerechtigkeit der posthistorischen Gesellschaft

Wer über Gerechtigkeitsvorstellungen im 20. Jahrhundert nachdenkt, wird dabei kaum auf Alexandre Kojève stoßen. Der charismatische Hegelinterpret ist eher als Theoretiker des Endes der Geschichte bekannt. Spätestens seit dem Anfang der 90er Jahre, als Francis Fukuyama,[1] ihn als Kronzeugen für seine Vision von einem künftigen Zeitalter "vertierter" Konsumidioten beschwor, assoziiert man mit Kojèves Namen Endzeitprognose und Untergangsstimmung. Wie vereinbart sich die Vorstellung vom Erlöschen der Geschichte mit dem Ideal vollkommener Gerechtigkeit als Perspektive der Zukunftsgesellschaft?

Kojèves Haltung zu diesem Thema gibt in der Tat Rätsel auf. 1943 schreibt er den 586 Seiten dicken *Entwurf einer Phänomenologie des Rechts*[2] und verliert nie wieder ein Wort über dieses Thema, von einigen eher randständigen Bemerkungen innerhalb ökonomischer Fragestellungen (zur Theorie des gerechten Preises etwa) einmal abgesehen. In Kojèves Rechtsphänomenologie überdauert die Gerechtigkeit Geschichte und Politik, ja, entfaltet sich im Grunde erst in der nachpolitischen, posthistorischen Gesellschaft zu voller Blüte. Sie besteigt den Thron der Politik und regiert an ihrer Stelle. Sie siegt als reine Idee und verwirklicht doch Vollkommenheit und Absolutheit ihres Anspruchs in der Wirklichkeit des posthistorischen Staates. Sie verkündet den endgültigen Sieg des citoyens über das egoistische Individuum und verkörpert in dieser Gestalt das Wesen unserer Zukunft.

Liegt in dieser Perspektive nicht der absolute Gegensatz zu allen Erwartungen, die gewöhnlich mit Konzeptionen vom Ende der Geschichte verbunden werden?

1. Der theoretische Kontext des Kojèveschen Gerechtigkeitsdiskurses

Wir verdanken Fukuyama den Rekurs auf eine der unbekanntesten Berühmtheiten unseres Jahrhunderts. So schillernd der Ruf des wohl längsten Hegelseminars der Universitätsgeschichte, das Kojève zwischen 1933 und 1939 an der Pariser École pratique des Hautes Études vor Hörern wie Aron, Lacan, Merleau Ponty, Bataille u.a. hielt, auch war, das philosophische und politische Werk des gebürtigen Russen ist bis heute so gut wie

---

1 Francis Fukuyama 1992
2 Kojève 1981, Diese umfangreiche Arbeit erschien erstmals 38 Jahre nachdem sie geschrieben wurde und 13 Jahre nach dem Tode Kojèves.

unbekannt geblieben[3]. Fukuyama verwies als einer der ersten auf eine Dimension im Werk Kojèves, die dieser selbst für zentral hielt und die trotzdem wenig beachtet wurde - das Ende der Geschichte. Doch Fukuyamas Interpretation des Kojèveschen Ansatzes charakterisiert in stärkerem Maße die Visionslosigkeit unserer Zeit als die originäre Kojèvesche Intention.

Seit der Zeit seines ambitionierten Hegelseminars bildet die *Phänomenologie des Geistes* den großen Steinbruch des Kojèveschen Denkens. Mit Hegel schildert Kojève die Geschichte als den Kampf um Anerkennung. Dieser Kampf auf Leben und Tod bildet die Triebkraft der Geschichte. Er führt zur Entstehung des Gegensatzes zwischen dem Herrn, der sein Leben wagt und dem Knecht, der sich unterwirft, um sein Leben zu schonen. Doch mit dem Fortschreiten der Geschichte kommt es zur Aufhebung dieses Gegensatzes. Die Geschichte hat ihre Vollendung erreicht, wenn die Lebensverhältnisse von Herr und Knecht sich in einem universellen und homogenen Staat angeglichen haben. Das heißt, wenn die Klassengegensätze überall auf der Welt überwunden sind. Das Ende der Geschichte bedeutet also in dieser Perspektive das Ende der sozialen Kämpfe und der Kriege, letztlich der Politik überhaupt. Genau wie Hegel, datiert Kojève das Ende der Geschichte auf die Ära Napoleons. Alles was nun noch passiert, ist Realisierung der als Idee bereits Gestalt gewonnenen Endform der Gesellschaft. Die Kriege der Gegenwart, die sozialen Konflikte - das alles ist im Grunde ein "Nachholen der Provinzen" und von begrenzter Dauer.

Was ist so schrecklich an dieser Vorstellung? Wieso meint Fukuyama vor dieser Entwicklung warnen zu müssen? Es ist das Schicksal des Menschen der Nachgeschichte was Fukuyama Sorgen macht. Fukuyama interpretiert Kojèves, durchaus ambivalente, Äußerungen zur Perspektive der posthistorischen Gesellschaft höchst einseitig. Er sieht den posthistorischen Menschen als befriedeten und zugleich vollkommenen Menschen, der buchstäblich am Ende ist: als letzter Mensch ist er das erste posthistorische Tier, das satt und zufrieden in einer Konsumwelt der Videorecorder dahinvegetiert.

Mit der historischen Triebkraft der sozialen und kriegerischen Auseinandersetzung erlischt nämlich auch die Notwendigkeit des Schöpferischen, der Veränderung. Wenn alles bleibt wie es ist, die Gesellschaft ihre Endgestalt angenommen hat - was bleibt dann noch zu tun? Hört der Mensch auf, Mensch im eigentlichen - schöpferischen - Sinne des Wortes zu sein und fällt in dumpfe Animalität zurück? Anders gefragt: Kann der Mensch die Vollkommenheit überleben? Was treibt den Menschen an, wenn er bereits alles ist, was er sein kann, wenn die Gesellschaft ihre vollkommene Form findet - also auf der Hegelschen *Höhe des Begriffs* angekommen ist. Kojève geht in diesem Punkt weiter als Hegel. Die Homogenisierung der Lebensverhältnisse macht bei ihm auch vor dem Eigentum nicht halt. In diesem Punkt steht er der sozialistischen Bewegung näher als der Staatsauffassung Hegels. Für Kojève ist das Ende der Geschichte als ein Ende

---

3 Das liegt zum Teil auch daran, daß ein Teil seiner Arbeiten noch immer unveröffentlicht, oder nur sehr verstreut und in Auszügen veröffentlicht wurde. In deutscher Sprache sind neben einigen wenigen kleineren Aufsätzen bisher nur 3 Auflagen seiner Hegelvorlesungen (1958) sowie Kojèves Kommentar zu Leo Strauss *Tyrannis* (1963) erschienen.

des Kampfes um Anerkennung auch mit dem Ende des Kampfes um Eigentum verbunden. Eigentum an sich stellt in der posthistorischen Gesellschaft keinen eigenständigen Wert mehr dar. Freiheit äußert sich in schöpferischer, eigenverantwortlicher Aktivität als Kunst, Liebe, Gerechtigkeit.

Das Problem der Gerechtigkeit taucht bei Kojève im Kontext seiner Vorstellung vom Lauf der Geschichte und ihrem Ende auf. Sie ist ihm Ausdruck und Maß für die jeweils mögliche Integration des Individuums in die Gesellschaft. Die Gerechtigkeit der Geschichte ist eine einseitige, begrenzte Gerechtigkeit. Erst im allgemeinen und homogenen Staat, wenn die Lebensverhältnisse der Menschen angeglichen sind und prinzipielle soziale Konflikte beseitigt sind, ist eine wahre, vollkommene Gerechtigkeit möglich. Sie ist der juristische Ausdruck für eine vollkommene Gesellschaft von citoyens.

Die Zukunft der posthistorischen Gesellschaft stellt sich bei Kojève als das Spannungsverhältnis zwischen der *Gefahr* des Individualitätsverlustes in einer reinen Konsumgesellschaft und der *Möglichkeit* einer vollen Entfaltung der sozialen Potenzen des Menschen in der vollkommenen Gerechtigkeit dar.

Ich möchte im Folgenden zwei Fragen näher untersuchen: *Erstens:* Welchen *Stellenwert* besitzt die Zukunftsvision von der vollkommenen Gerechtigkeit innerhalb des Werkes von Alexandre Kojève? Inwiefern ist sein Verständnis von Gerechtigkeit ein Schlüssel, um die eigentliche Intention seiner wohlbekannten und häufig zitierten Konzeption vom Ende der Geschichte zu beleuchten? *Zweitens*: Welche *Perspektiven* ergeben sich aus Kojèves Gerechtigkeitskonzeption für eine Diagnose unserer Zeit, bzw. in welchem Licht erscheint der liberale Rechtsstaat und seine Zukunft in ihr?

2. Das Ende der Geschichte und die Gerechtigkeit

Beide Fragen hängen eng miteinander zusammen. Francis Fukuyama konzentriert sich mit seiner Kojève-Interpretation auf die Schilderung des möglichen Preises, den die Menschheit am Ende der Geschichte für die neugewonnene Friedlichkeit des Lebens zahlt: das Ende der Negativität und damit des Menschen als schöpferischem Wesen. Seine Schilderung des befriedeten letzten Menschen beruft sich auf Kojève, reduziert diesen jedoch auf die nietzscheanische Schilderung vom Ende des Menschen als Menschen. Doch wie bei Nietzsche, gibt es auch bei Kojève eine mögliche Alternative zum simplen Untergang und es charakterisiert in stärkerem Maße unsere Zeit als Kojève, daß sie so gut wie nicht zur Kenntnis genommen wird und Kojèves Ende der Geschichte gemeinhin als Grund für eine düstere Endzeitstimmung und als Zeichen der Perspektivlosigkeit interpretiert wird.

Nur wenn der Mensch sich auf den historischen Menschen, die Negativität sich auf die Negativität des Kampfes reduziert, ist der Preis einer friedlichen posthistorischen Welt auch notwendig das Ende des schöpferischen Menschen, der dann zum Konsumidioten vertiert. Wenn die Geschichte zu Ende gekommen ist und die Gesellschaft ihre letztgültige Form gefunden hat, gibt es nichts Neues mehr, das sich durchsetzen muß.

Was treibt dann den Menschen an? Gibt es andere Formen der Negativität als die des Kampfes um Anerkennung? Wie lebt der Mensch in der posthistorischen Gesellschaft? Fukuyama stellt diese Fragen nicht. Er folgert aus dem drohenden Ende der Geschichte, daß es den liberalen Rechtsstaat der Gegenwart als - zwar nicht beste aller *denkbaren* Welten, so doch aber als letzte erträgliche - vor der endgültigen Vertierung der Menschen, zu bewahren gilt. Der liberale Rechtsstaat stellt gegenüber einer weiteren Entwicklung in Richtung Ende der Geschichte gewissermaßen das kleinere Übel dar. Die logische Konsequenz dieser Überlegung ist - ähnlich wie dies schon einmal von Günther Anders (in seiner Beschreibung einer *Apokalypse ohne Reich*) gedacht wurde - eine Konservierung des Status quo. Die von Kojève geschilderten Homogenisierungs- und Universalisierungstendenzen auf dem Wege zum posthistorischen universalen und homogenen Staat müßten in dieser Perspektive unterbunden, ja eindringlich bekämpft werden.

Kojève selbst ist einen entgegengesetzten Weg gegangen. Der Philosoph erklärte die Philosophie für - mit Hegel - vollendet und wechselte nach dem II. Weltkrieg konsequent in das Lager der praktischen Politik. Er war, zunächst als Berater im französischen Finanzministerium, später als Vertreter Frankreichs in Gremien der EU maßgeblich am Aufbau der Europäischen Gemeinschaft beteiligt. In völliger Übereinstimmung mit seiner theoretischen Überzeugung, daß die Menschheit auf den universalen und homogenen Staat zusteuert, also auf eine Weltgesellschaft, in der die sozialen Gegensätze abgebaut werden, Kriege verschwinden und die Lebenssituation der Menschen sich angleicht, wirkte Kojève mit seinen diversen ökonomischen und politischen Projekten auf genau diesen Zustand hin. Erwähnt seien z.B. sein Entwurf für eine Zollunion sowie seine Überlegungen zum modernen Kolonialismus, die beide das Ziel verfolgten, den weniger entwickelten Ländern den Anschluß an die Industrienationen zu ermöglichen.[4] Der ökonomische Ausgleich zwischen den hochindustrialisierten Industrienationen und den unterentwickelten Ländern der dritten Welt wurde zu seinem Hauptanliegen auf dem Wege zu einer politisch zusammenwachsenden Welt.

Spricht nicht schon allein diese Intention des Politikers Kojève gegen die Annahme, das Ende der Geschichte müsse notwendig in den Untergang des Menschen als Menschen führen? Wenn Kojève kein Zyniker war, dann muß der universale und homogene Staat, die friedliche, vereinte Welt in seinen Augen eine erstrebenswerte Perspektive gewesen sein. Für ihre politische Realisierung engagierte er sich bis zu seinem Tode.

2.1. Kojèves doppelter Ansatz, das Ende zu denken

In seiner berühmt gewordenen Interpretation des Kapitels IV der *Phänomenologie des Geistes* "Selbständigkeit und Unselbständigkeit des Selbstbewußtseins; Herrschaft und

---

4 Das vollständige Manuskript des Kolonialismus-Vortrages, den Kojève 1957 in Düsseldorf hielt, ist bisher unveröffentlicht. Auszüge wurden 1980 veröffentlicht. Vgl: Kojève 1980

Knechtschaft" schildert Kojève[5] die Perspektive der Bürgerlichen Gesellschaft mit Hegel als einen universalen und homogenen Weltstaat, in dem sich die Staatsbürger wechselseitig als citoyens anerkennen. Es gibt keinen Herrn mehr und keinen Knecht, nur friedliche Bürger. Dieses Ende der Geschichte hat bei Kojève eine doppelte Dimension - als *Ende* und als *Vollendung*. Wirklich *zu Ende* kommen die Geschichte mit ihrer Triebkraft - dem Kampf auf Leben und Tod zwischen Herr und Knecht und die Politik - die auf dem Gegensatz von Freund und Feind beruht. Doch die Gesellschaft als solche erfährt zugleich ihre Vollendung - wird zur entfalteten Totalität. Die vollendete Gesellschaft bewegt sich nicht mehr im Medium der *Politik*, sondern nun endlich in dem der *Gerechtigkeit* - sie ist eine Gemeinschaft von Freunden. Und der Mensch, der seiner Negativität des Kampfes verlustig gegangen ist, findet in der Kunst[6], als Weiser oder im Spiel ihm gemäße Betätigungsfelder. Die Negativität dieser posthistorischen Betätigungen ist von grundsätzlich anderem Charakter als die Negativität der Geschichte, vor der es kein Entrinnen gab: Der Mensch war entweder Herr oder Knecht, wagte sein Leben oder nicht. Damit war sein Platz in der Geschichte definiert. Die posthistorische Negativität ist *freie* Negativität. Der Mensch ergreift sie - oder nicht. Das heißt, die posthistorische Daseinsweise des Menschen birgt eine doppelte Perspektive: das *Verweigern* der Negativität und ihr *Ergreifen*, die Entmenschung des Menschen, sein Erlöschen im Animalischen und sein Aufblühen in der freien Negativität der Kunst, des Spiels, der Liebe. In den Hegelvorlesungen - aber auch in späteren Texten bis in sein letztes Interview[7] hinein, schildert Kojève die Perspektive des Menschen, die aus dem Erlöschen der historischen Negativität erwächst, eindringlich als Gefahr seiner Vertierung. Die logische Konsequenz des Endes der Geschichte mischt sich hier mit Kojèves realer Wahrnehmung von Entpolitisierungstendenzen und einem Rückzug ins Privatleben, die die Gemeinschaft zu unterhöhlen drohen und den Menschen in die Verblödung des reinen Konsums treiben. Kojève sieht diese Gefahr und betont sie bis zuletzt. Er schildert die posthistorische Perspektive immer wieder als das grauenvolle Zeitalter, in dem "*die*

---

5 Kojève 1958

6 Im Schicksal der Kunst reproduziert sich die Doppelung von Ende und Vollendung. Nach Kojève kommt die Kunst in Kandinskys nonfigurativer Malerei zu Ende - sie entfaltet in der totalen Emanzipation von jeglicher Abbildung oder Nachahmung ihr eigentliches Wesen zur vollen Blüte: Sie ist *reine Schöpfung*. Damit ist ihre *Geschichte* zu Ende gekommen, denn sie ist alles, was sie sein kann, ist ihr entfalteter Begriff selbst. Mit der vollen Entfaltung des eigentlichen *Prinzips* der Kunst ist ihre Entwicklung abgeschlossen. Alle Künstler nach Kandinsky sind nun in dem Sinne absolut frei, als die begrenzte Entwicklung der Idee der Kunst ihnen nun keine Grenzen mehr setzt, sie können frei wählen zwischen den Stilen und Ausdrucksformen. Die bewußte Entscheidung für z.B. eine figurative Malerei unterscheidet sich grundlegend von ihrem Gebrauch vor der Entdeckung, daß das Wesen der Malerei sich in der nonfigurativen Malerei erfüllt. Die Vollendung des Prinzips der Malerei bedeutet unendliche Entfaltungsmöglichkeit für den Künstler. vgl.: Kojève 1966

7 Kojève 1987, S. 2-3

Menschen.... ihre Gebäude und Kunstwerke errichten würden, so wie Vögel ihre Nester bauen und Spinnen ihre Netze weben, daß sie Musikkonzerte nach der Art der Frösche und Zikaden aufführen, wie junge Tiere spielen und sich wie erwachsenen Tiere der Liebe hingeben..."[8] Dies ist die Logik des Erlöschens der historischen Negativität des Kampfes um Anerkennung.

Doch Kojève schildert eine zweite Perspektive: Er beschreibt, wie ihn anläßlich einer Reise nach Japan (1959) die dortige Kultur überrascht hat, die für ihn das Muster der Kultur einer Gesellschaft darstellt, die bereits seit Jahrhunderten als nachgeschichtliche Gesellschaft existiert: als eine Gesellschaft, in der keine Kriege existieren und die Kunst als *formale* Kunst in der Teezeremonie, dem Ikebana und dem No-Theater als *Konservierung* rein formaler Regeln überlebt hat. Die Regeln ändern sich nicht mehr, aber die neuen Generationen brauchen ihr ganzes Leben, um Meisterschaft in dieser Kunst zu erringen. Die *Formalisierung* der japanischen Lebensweise erscheint als eine Möglichkeit, dem Ende der historisch bedingten notwendigen Negativität durch freiwillige Negativität zu begegnen. *"Warum das etwas mit dem Ende der Geschichte zu tun hat? Weil der Snobismus frei geschaffene Negativität (négativité gratuite) ist. In der Welt der Geschichte ist es die Geschichte selbst, welche die spezifisch menschliche Negativität hervorbringt. Wenn die Geschichte nicht mehr spricht, schafft man sich die Negativität selbst..."*[9].

Diese freie Negativität der japanischen Lebensweise, die Kojève auch als demokratisierten (weil zum Massenphänomen erhobenen) Snobismus bezeichnet, korrespondiert mit dem Problem der vollendeten Kunst, dem Spiel und schließlich der Gerechtigkeit, die alle ihre Endgestalten gefunden haben und trotzdem menschliche Aktionsräume darstellen. Der Mensch, der handelt, obwohl ihn keine Geschichte mehr dazu zwingt, erringt damit selbst seine Vollendung, er wird zum spielenden Gott. Kojève sagt in seinem letzten Interview: *"Es ist wahr, daß ... die Geschichte, abgeschlossen ist. Diese Idee provoziert. Das ist vielleicht der Grund, warum die Weisen, die die Philosophen ablösen und von denen Hegel der erste ist, so selten - um nicht zu sagen inexistent - sind. Es stimmt, daß sie nur zur Weisheit gelangen können, wenn Sie an ihre Göttlichkeit glauben können. Nun, wahre Menschen von Geist sind sehr selten. Was bedeutet es, göttlich zu sein? Es kann die stoische Weisheit oder auch das Spiel bedeuten. Wer spielt? Das sind die Götter, sie haben es nicht nötig zu handeln, also spielen sie. Es sind müßige Götter!"*[10]

Die Gerechtigkeit nun stellt eine Sonderform der freien Negativität dar. Sie ist die einzige der von Kojève diskutierten, spezifisch menschlichen - weil negativen -Existenzweisen, die eine konstitutive soziale Komponente besitzt. Nicht als privates Individuum, sondern als citoyen, als interagierendes, soziales Wesen ist der Mensch gerecht. Als -

---

8   eigene Übersetzung aus: Alexandre Kojève: 1968, S. 436. Es handelt sich hier um eine dieser Ausgabe erst 1968, kurz vor dem Tode Kojèves, neu hinzugefügte Anmerkung.
9   eigene Übersetzung aus: Kojève, Alexandre: 1987, S. 3.
10 eigene Übersetzung aus: Kojève, Alexandre: 1987, S. 3.

die Politik ablösende - Form der sozialen Vermittlung bietet die Gerechtigkeit die Möglichkeit einer menschlichen Daseinsweise der Individuen in der posthistorischen Gesellschaft. Nirgends wird die Möglichkeit von Negativität in der posthistorischen Gesellschaft so fest verankert wie in der Gerechtigkeit und doch bleiben Kojèves Äußerungen zur tierischen oder menschlichen Zukunft des Menschen bis zuletzt doppeldeutig und diabolisch. Verbirgt sich dahinter vielleicht die Unsicherheit, ob sich der, in der Gegenwart als defizitär zu beobachtende, Gemeinwille tatsächlich reanimieren läßt oder die Gesellschaft endgültig zerfällt und der Mensch mit ihm untergeht?

Kojève entscheidet diese Frage nicht endgültig. Auch seine Überlegungen zur vollendeten Gerechtigkeit der posthistorischen Gesellschaft markieren so letztlich vor allem seinen *doppelten* Ansatz das Ende der Geschichte zu denken. Dieser ist nicht ohne Widersprüche und auch die späteren Äußerungen Kojèves zu diesem Thema lassen an Mehrdeutigkeit keine Wünsche offen. Ich bin jedoch der Auffassung, daß der konzeptionelle Gehalt der *Esquisse* bisher unterschätzt wurde, daß die vollkommene Gerechtigkeit der posthistorischen Gesellschaft einen Schlüssel zum Denken Kojèves in seinen Kontinuitäten, Brüchen und Mehrdeutigkeiten darstellt. Seine Phänomenologie des Rechts liefert Argumente gegen eine Interpretation des Endes der Geschichte als zwangsläufiger "Tierwerdung" des Menschen und ist zugleich in der Lage, jeglicher Tendenz, Gerechtigkeit und liberalen Rechtsstaat unproblematisch zu identifizieren, die provozierende Perspektive einer Überschreitungsmöglichkeit dieser Vorstellung vor Augen zu führen.

Welche Funktion kommt nun der Gerechtigkeit im Prozeß des Werdens und der Existenz der posthistorischen Gesellschaft bei Kojève zu?

2.2. Nachgeschichte und Gerechtigkeit

Kojèves Vorstellungen davon, wie diese posthistorische Gesellschaft konkret aussehen könnte, existieren leider nur verstreut über seine diversen, zum Teil noch unveröffentlichten (oder nur auszugsweise veröffentlichten), Schriften zu Politik, Ökonomie, Kunst, Kultur oder Religion. Kaum einer seiner politisch relevanten Texte ist bisher in deutscher Sprache erschienen. Selbst seine fast 600 Seiten starke Phänomenologie des Rechts, die wohl den umfassendsten Einblick in Kojèves Vorstellung von der posthistorischen Gesellschaft vermittelt, ist hierzulande so gut wie nicht wahrgenommen worden[11].

---

11 Das entspricht durchaus auch dem internationalen Trend. Selbst in der sehr informativen Kojève-Biographie von Dominique Auffret (1990), werden der *Esquisse* zusammenhängend nur etwa 4-5 Seiten gewidmet. In Deutschland hat sich z. B. Martin Meyer etwas näher mit der *Esquisse* beschäftigt (Meyer 1993) Aus dem englischsprachigen Raum sind mir im wesentlichen 2 Abhandlungen bekannt, die der Rechtsphänomenologie Kojèves ernsthaft Raum bieten: Michael Roth:, 1988 und Barry Cooper, 1984). Beide setzen jedoch vorwiegend auf die Kontinuität zwischen den Hegelvorlesungen und der Esquisse, bzw. beruhigen sich über kleine Dissonanzen zwischen beiden und glätten sie mit Verweisen auf spätere, angeblich eindeutige Äußerungen Kojèves. Das heißt, sie nehmen den dop-

Im folgenden soll *eine* der theoretischen Überlegungen Kojèves, die posthistorische Gesellschaft als *menschliche* Gesellschaft, als lohnenswerte Perspektive zu denken, nachgezeichnet werden: und zwar sein Versuch, sie als Gesellschaft vollkommener Gerechtigkeit zu denken, einer Gesellschaft, in der das *Ende* der Geschichte zugleich das Ende der *Geschichte* der Gerechtigkeit markiert - denn die Gerechtigkeit hat in ihr ihre Vollendung erfahren.

Nur im Kontext der Perspektiven der posthistorischen Gesellschaft, werden die Intentionen deutlich, mit denen Kojève die reale Existenzmöglichkeit einer vollkommenen Gerechtigkeit denkt. Schon dieser Ausgangspunkt legt nahe, daß es sich bei Kojèves Überlegungen zur Gerechtigkeit weniger um einen Ansatz innerhalb der Rechtsgeschichte und des politischen oder moralischen Gerechtigkeitsdiskurs handelt, sondern um das metaphysische Anliegen, die Entwicklung der Gesellschaft als dialektischen Prozeß zu skizzieren, der von abstrakter Allgemeinheit zur konkreten Totalität führt, der das Ende der Geschichte als deren reale Möglichkeit ausweist, sich irgendwann wirklich auf der Höhe ihres Begriffs zu bewegen, das heißt, endlich menschliche Gesellschaft im eigentlichen und wahren Sinne zu sein. Die Entwicklung kommt nicht deshalb zum Ende, weil die Gesellschaft abstirbt, sondern, weil sie als vollendete Gesellschaft alles ist, was sie sein kann, alle Möglichkeiten eröffnet; weil sie erstmals nicht von Sonderinteressen regiert wird, sondern das Ideal des unmittelbar allgemein seienden Individuums, der Einheit von Gemeinwohl und Einzelinteresse *ermöglicht*. Die Gesellschaft wird auf dieser Stufe zur uneingeschränkten Bewegungsform der dialektischen Denkfigur von der Identität des einzelnen Individuums mit dem Citoyen.

2.2.1. Die Idee der Gerechtigkeit

Was ist für Kojève Gerechtigkeit? Gerechtigkeit besitzt bei ihm die Funktion einer sozialen Leitidee. Sie verkörpert die jeweils historisch mögliche Form, den Gemeinwillen als Ideal zu artikulieren und als Maßstab sozialer Interaktionen zu etablieren. Kurz, sie ist die leitende Idee der Gemeinschaft, das Prinzip nach dem die Einzelnen am Ganzen teilhaben. Innerhalb der Geschichte mit ihren sozialen Kämpfen tritt sie als, zum allgemeinen Prinzip erhobenes, Sonderinteresse einer sozialen Gruppierung auf. In dieser Funktion kann die Idee der Gerechtigkeit ein bestehendes Herrschaftsverhältnis sowohl rechtfertigen als auch, als Idee der Gerechtigkeit einer revoltierenden Gruppierung, bekämpfen. Sie ist entweder Gerechtigkeit des Herrn oder Gerechtigkeit des Knechtes.

Kojève unterscheidet drei Erscheinungsformen der Gerechtigkeit: Die Gerechtigkeit der *Gleichheit (égalité)*, der *Gleichwertigkeit (équivalence)* und der *Billigkeit (équité)*. Sie repräsentieren sowohl die historischen Vervollkommnungsstufen der Idee der Gerechtigkeit als auch deren reale, z.T. vermischt auftretende Existenzformen.

---

pelten Ansatz Kojèves zum Ende der Geschichte als Untergang und als Vollendung nicht ernst oder nicht wahr.

Die Idee der Gerechtigkeit selbst entsteht nach Kojève unmittelbar mit der Menschwerdung des Tieres homo sapiens als ein Aspekt des konstituierenden Aktes des historischen und sozialen Menschen. Dieser Akt ist für Kojève mit jenem Kampf um Anerkennung auf Leben und Tod identisch, in dessen Ergebnis sich die Geschichte als das Verhältnis von Herr und Knecht formiert und die Gesellschaft als Vertrag dieser beiden entsteht. Die *Quelle* der Gerechtigkeit liegt dabei in der *freiwilligen* und *beiderseitigen* Zustimmung, mit der die Individuen in den Kampf um Anerkennung *eintreten*. Sie partizipieren damit als *Gleiche* in diesen Kampf. Sie kämpfen unter *gleichen* Bedingungen und mit *gleichem* Risiko (sie wagen *gleichermaßen* ihr Leben). Dieser Kampf ist insofern gerecht, als er die *Gleichheit* der Gegner zur Voraussetzung hat. Die Idee der Gerechtigkeit tritt also inhaltlich als Idee der *Gleichheit* auf die Bühne der Geschichte. Als *Gleichheit* ist die Gerechtigkeit in ihrer abstraktesten Form und Grundlage aller weiteren Formen von Gerechtigkeit. Die erste historische Gestalt der Gerechtigkeit ist also identisch mit ihrem Grundgehalt, ihrer Mindestanforderung. Es gibt keine Gerechtigkeit, die nicht in irgendeiner Form Gleichheit unterstellt.

Die *Gerechtigkeit* der Gleichheit formiert zugleich ein *Recht* der Gleichheit - das aristokratische Recht des Herrn. In ihm genießen alle Rechtssubjekte Gleichheit. Doch nur Herren sind Rechtssubjekte.

Die zweite Idee der Gerechtigkeit - die *Gerechtigkeit der Gleichwertigkeit* - dagegen, berücksichtigt den Aspekt der *Ungleichheit* im Kampf um Anerkennung. Der Kampf um Anerkennung führt zur Qualifizierung der Individuen in Herren, die ihr Leben wagen und Knechte, die ihr Leben um den Preis der Freiheit bewahren wollen. Herr und Knecht konstituieren sich als *ungleiche*, aber für die Geschichte *gleichermaßen* notwendige Individuen.

Die Idee der Gerechtigkeit der Gleichwertigkeit repräsentiert den Standpunkt des Knechtes bzw die bürgerliche Gerechtigkeit. Das auf dieser Idee basierende Recht ist das bürgerliche Recht, das jedem Vertrag als die Vermittlungsmöglichkeit von Ungleichem aber als gleichwertig anerkanntem, zugrunde liegt. Dabei schließt die Gleichwertigkeit die Gleichheit als Ver*gleich*barkeit ein.

Die Idee der Gleichheit und der Gleichwertigkeit erfassen jeweils eine Seite des Kampfes um Anerkennung. Sie sind notwendig einseitig, wie auch das sie verwirklichende aristokratische und bürgerliche Recht notwendig einseitig ist. Die Idee der Gleichheit äußert sich im aristokratischen Recht im Prinzip: Auge um Auge, Zahn um Zahn. Das bedeutet, gleiches wird mit gleichem vergolten. Im bürgerlichen Recht gilt das Äquivalenzprinzip. Das bedeutet, die Strafe ist der Schwere des Vergehens angemessen, jedoch nicht mit der Tat identisch.

Es gibt noch eine dritte, *vollkommene Form der Gerechtigkeit*, welche die *Einseitigkeit* bloßer Gleichheit oder Gleichwertigkeit in deren Synthese überwindet. Damit wird zugleich die Einseitigkeit des Geltungsbereichs der Gerechtigkeit (als Gerechtigkeit des Herrn oder des Knechts) aufgehoben. Es handelt sich um die *Gerechtigkeit der Billigkeit,* oder Angemessenheit, die mit der Überwindung des Gegensatzes von Herr und Knecht, also nach dem Ende der Geschichte, möglich wird.

2.2.2. Die vollkommene Gerechtigkeit

Wie soll man die vollkommene Gerechtigkeit denken, in der der Gegensatz von Gleichheit und Gleichwertigkeit aufgehoben und das Ende der *Geschichte* der Gerechtigkeit erreicht wird (denn mehr als *alles* bzw. als *absolut* kann die Gerechtigkeit nicht werden)?

Kojève selbst gibt folgendes Beispiel: Man stelle sich eine Einladung zum Abendessen vor. Die Gerechtigkeit der *Gleichheit* würde verlangen, daß jeder dasselbe und eine gleichgroße Portion bekommt. Die Gerechtigkeit der *Gleichwertigkeit* könnte berücksichtigen, daß der Hunger unterschiedlich groß ist (zum Beispiel weil Kinder anwesend sind oder ein Gast den ganzen Tag noch nichts gegessen hat). Nach dem Äquivalenzprinzip ist es also gerecht, daß unterschiedlich große Portionen zugeteilt werden. Die *vollkommene* Gerechtigkeit wird allerdings erst realisiert, wenn Gleichheit und Ungleichheit gleichermaßen berücksichtigt werden. Das verlangt einerseits das Ende der sozial bedingten, realen Ungleichheit der Menschen, d.h. die Angleichung ihrer Lebensverhältnisse (es muß ausgeschlossen werden, daß ein Gast den ganzen Tag noch nichts gegessen hat, weil er es sich nicht leisten kann), verlangt andererseits aber, in Bezug auf die irreduziblen Unterschiede (eine schwangere Frau braucht mehr Mineralstoffe, ein Kranker Vitamine usw.), daß für alle gleichermaßen davon ausgegangen wird, daß die Mahlzeit ihnen ein Optimum an Nährstoffen und geschmacklicher Befriedigung bieten soll. Diese Gleichheit läßt sich jedoch nur durch mehrfache Ungleichheit realisieren: nicht nur durch unterschiedlich große Portionen, sondern unterschiedliche Speisen. Im Idealfall müßte vom Standpunkt der vollkommenen Gerechtigkeit jeder *sein* Essen bekommen.

Das kommunistische Verteilungsprinzip "jedem nach seinen Bedürfnissen" kommt hier keineswegs zufällig in den Sinn. In der *Esquisse* wird der Staat am Ende der Geschichte, in dem das Prinzip der équité, der Billigkeit der vollkommenen Gerechtigkeit in einem vollkommenen Recht verwirklicht wird von Kojève als universaler und homogener Staat gekennzeichnet und mit dem sozialistischen Staat der Zukunft in der UdSSR gleichgesetzt. Daß hier weniger politische als universalhistorische Motive zugrunde lagen, zeigt die Tatsache, daß Kojève nur wenig später (bereits Mitte der vierziger Jahre) mit ganz ähnlichen Argumenten die USA als Muster des zukünftigen universalen und homogenen Staates der posthistorischen Gesellschaft ausweist.

Wesentlich ist, daß die vollkommene Gerechtigkeit, welche Gleichheit und Ungleichheit gleichermaßen einschließt, der Tendenz nach das alte Problem der Gerechtigkeit - daß es unbefriedigend ist, gleiches Recht auf ungleiche Individuen anzuwenden - zu lösen versucht, indem in ihr die *abstrakte Gleichheit* durch eine, *den Unterschied einbeziehende*, Gleichheit aufgehoben wird. Mit diesem dialektischen Gerechtigkeitstyp ist ein Recht denkbar, das *Einzelfallgerechtigkeit* übt, die nichts Willkürliches hat, sondern der rechtliche Ausdruck der Tatsache ist, daß der Mensch im universalen und homogenen Staat weder Herr noch Knecht, sondern wahrer citoyen, unmittelbar allgemein seiendes Individuum ist. Als echter citoyen wird der Mensch nicht nach egoistischem

Vorteil streben. Er hat begriffen, daß das Wohl des Ganzen letztlich die beste Garantie dafür ist, daß es ihm selbst gut geht. Soziale und individuelle Moral sind eins geworden. - Rechtliche Streitigkeiten entstehen also im Grunde nicht mehr darum, Vorteile oder individuelle Interessen durchzusetzen, sondern sie werden sich um rivalisierende Möglichkeiten drehen, die Übereinstimmung mit dem Ganzen zu leben. Damit wird die Gerechtigkeit zur Realisierungsform des Sozialen und der Rechtsstreit zu dessen aktiver Optimierung.

Entscheidend an dieser Sicht der vollkommenen Gerechtigkeit ist, daß ihre Vollendung von Kojève an keiner Stelle als *Ende* der Gerechtigkeit geschildert wird, vielmehr bildet sie einen ewigen Rahmen für eine schier unendliche Vielfalt von Interventionen des Richters, das heißt, von rechtlich fundierten Situationen, in denen die soziale Allgemeinheit individueller Interaktionen zum Ausdruck kommt.

Kojève betont, daß die Vielfalt der Gesetze im Weltstaat *abnimmt*. Dies könnte als "Verarmungsindiz" auf dem Wege zurück zum Tierreich interpretiert werden (so wie auch Kojèves Behauptung, daß im Endstaat die Spezifik der Bürger zugunsten ihrer wirklichen Gleichheit abnimmt), ist jedoch notwendige Voraussetzung für eine Einzelfallgerechtigkeit, in der möglichst wenige Vorschriften existieren und so größere Anforderungen an die rechtliche, also soziale, Kompetenz des jeweiligen Richters gestellt werden. Die Einschränkung der Regeln ist also mit einer Erweiterung der individuellen Entscheidungs-*Freiheit* verbunden. Das hier nicht der Willkür das Wort geredet ist, zeigt die soziale Bestimmung und Bedeutung, die bei Kojève der Richter besitzt.

2.2.3. Recht und Richten. Die soziale Dimension der individuellen Freiheit

Recht existiert bei Kojève als interaktive Situation von mindestens drei Individuen. Eine rechtliche Situation liegt dann und nur dann vor, wenn sie die Intervention eines unparteiischen und uneigennützigen Dritten *notwendig* auslöst.

Das Wesen des Rechts kommt dabei in der spezifisch menschlichen Handlungsweise des *Richtens als* Intervention eines unparteiischen und uneigennützigen Dritten zum Ausdruck. Der Richter muß kein Berufsrichter sein. Jeder kann als Dritter, als Richter oder Schiedsrichter, wirken, ja die Intervention selbst, das Schiedsrichten erscheint bei Kojève als Vergnügen bringendes spezifisch menschliches Bedürfnis "*Eine Streitigkeit im Verlauf eines sportlichen Wettkampfes zum Beispiel erzeugt spontan eine Menge freiwilliger Schiedsrichter. Das kommt daher, daß man am Schiedsrichten Vergnügen hat und dieses Vergnügen ist wahrhaft "uneigennützig". Es ist ein Vergnügen sui generis, genauso spezifisch wie zum Beispiel das sexuelle oder ästhetische Vergnügen. Dieses Vergnügen nun zieht man aus der Tatsache, daß man "uneigennützig" und "unparteiisch", das heißt "gerecht" sein kann. Es ist also ein spezifisch rechtliches Ver-*

gnügen, das unverständlich bleibt, wenn man die Existenz eines auf der Idee der Ge-rechtigkeit basierenden, eigenständigen rechtlichen Verhaltens leugnet." [12]

Zu richten, wird zur eigentlichen sozialen Kompetenz in der posthistorischen Gesell-schaft, in der das Recht bzw das Richten zur Konfliktvermittlung der Gesellschaft avan-ciert und so an die Stelle des (sozialen-, politischen- und im Extremfall auch kriegeri-schen-) Kampfes und der Arbeit tritt. Da der Kampf (in Gesellschaften, die auf sozialer Spaltung beruhen kann es nur ein Klassenrecht geben, daß notwendig begrenzt ist) - und vor allem der Krieg das Recht außer Kraft setzt, kann es echte Rechtsstaatlichkeit nur in einem homogenen Staat geben. Recht ist nur zwischen Gleichen, also Freunden prakti-zierbar. Erst im universalen und homogenen Staat wird das Recht also seine ihm gemä-ße Form finden und universales Recht werden, auf der Höhe seiner Möglichkeit ange-langt sein. Demzufolge wird auch erst in dieser Gesellschaft das "Richten" seine wahre Potenz entfalten und statt Regelverwaltung die soziale Funktion, den Standpunkt des *Ganzen* (und nicht nur einer herrschenden Gruppe) gegenüber in Konflikt geratenen Individuen zu vertreten wirklich erfüllen. In seiner Akzeptanz als "Richter" wird dem Individuum höchste soziale Anerkennung zuteil, da sie mit der Gleichsetzung dieses Individuums mit den Gerechtigkeitsnormen der Gesellschaft verbunden ist, ihm also höchste soziale Kompetenz bescheinigt.

Die *Esquisse* ist übrigens das einzige Werk Kojèves, in dem er das Problem der Aner-kennung auch für die posthistorische Gesellschaft diskutiert. In seinen Hegelvorlesun-gen entsteht der Eindruck, als würde mit dem Kampf zwischen Herrn und Knecht auch das Problem der Anerkennung aus der Welt geschafft werden. Die Anerkennung des Individuums in der posthistorischen Gesellschaft ist allerdings von anderem Charakter als in der historischen Gesellschaft des Kampfes und der Kriege. Anerkennung ist nicht mehr an einen Kampf auf Leben und Tod gebunden und sie kennt nicht mehr nur die Alternative Herr oder Knecht. Die Anerkennung in der posthistorischen Gesellschaft ist Anerkennung der sozialen Kompetenz, das heißt Anerkennung, als Individuum die Ge-sellschaft bzw. das Gattungsvermögen der Menschheit zu repräsentieren. Sie kann als Richter, als Künstler, Weiser, Liebender, das heißt auf den verschiedensten Gebieten - in sehr verschiedenen Graden - erreicht werden. Die Anerkennung als Richter entspricht dem Ritterschlag zum Citoyen per se. Im Idealfall liegt dabei kein Berufsrichtertum vor, sondern eine Art basisdemokratische Vertrauens-Wahl.

Das Richten als Vermittlung der Individuen der posthistorischen Gesellschaft mit sich selbst als Gemeinschaft setzt ein - nicht politisches - Konfliktpotential voraus, daß aus der notwendigen Verschiedenheit der Individuen resultiert: "*Letztlich ist der Konflikt dort unmöglich, wo die Individuen nicht aufeinander angewiesen sind. Aber dann sind sie von einander unabhängig und es gibt keinen Grund, sich zusammenzuschließen, das heißt in Interaktion zu treten. Sobald sie dies tun, heißt das, daß sie einander brauchen. Das bedeutet, daß sie nicht die gleichen Fähigkeiten, die gleichen Ziele haben. Aber genau deshalb können sie ihre Fähigkeiten und ihre Ziele gegeneinander richten und*

---

12 eigene Übersetzung aus: Kojève, Alexandre 1981, S. 193

ein Konflikt zwischen ihnen wird gerade dadurch möglich. "[13] Die Homogenität der Gesellschaft wird also durch die reale Ungleichheit der Individuen ergänzt. Die Gerechtigkeit der Billigkeit trägt dem Rechnung, indem sie die Prinzipien der Gleichheit und der Gleichwertigkeit synthetisiert und damit Gleichheit wie Ungleichheit gleichermaßen als legitim anerkennt. Erstmals in der Geschichte des Rechts wird der Einzelfall justiziabel und das Richten zur staatsbürgerlichen Handlung per se.

Konzeptionsbildend wirkt hier vor allem der Gedanke, daß die Fähigkeit zu richten von der moralischen Qualifizierung des Einzelnen abhängt, das Gemeinwohl, die Gesellschaft als Ganzes, also die jeweilige Idee der Gerechtigkeit zu repräsentieren und nicht von der technischen Kompetenz, ein "Regelwerk" zu beherrschen und korrekt anwenden zu können.

3. Der liberale Rechtsstaat und die Gerechtigkeit

In Kojèves *Esquisse* wird der Gegensatz zu den Schlußfolgerungen, die Fukuyama aus dem Ende der Geschichte zieht, besonders deutlich. Während Fukuyama, sich auf Kojève beziehend, die posthistorische Gesellschaft als eine Gemeinschaft vegetierender stumpfsinniger Geschöpfe schildert, vor der uns nur die Bewahrung des Status quo, sprich des liberalen Rechtsstaats in seiner gegenwärtigen Form, bewahrt, ist Kojèves Vorstellung von der vollkommenen Gerechtigkeit nicht auf den liberalen Rechtsstaat bezogen. Ganz im Gegenteil. Kojève tritt wiederholt als Kritiker jeglicher Heroisierung des Liberalismus auf, der den Staat tendentiell in eine reine Verwaltung auflöst und das Gemeinwohl zu Gunsten einer Vermittlung egoistischer Privatinteressen unterhöhlt[14].

Die "Politikverdrossenheit" von sich ins Privatleben zurückziehenden Bürgern ist für Kojève Folge eines zügellosen Liberalismus und Ausdruck einer Entwicklungstendenz der Gesellschaft, in der sich die Idee des Politischen bis zur Unkenntlichkeit zurückgezogen hat, einer Gemeinschaft von Staatsbürgern, denen die Idee des Staates fremd geworden ist[15]. Das von Kojève Mitte der vierziger Jahre real beobachtete Erlöschen der Bürgertugenden, die Individuation der Bürger gegenüber dem Staat, ist für ihn Ausdruck eines falschen politischen Weges, der in letzter Konsequenz zum Untergang des Gemeinwesens, in eine reine Anhäufung von Individuen führen würde. Eine derartige Entwicklung hätte, seiner Meinung nach, wirklich die Entmenschlichung des Menschen zur Folge. Ihre Konsequenz wäre tatsächlich jene Selbstbezogenheit des Menschen, die ihn zu einem Wesen "vertieren" läßt, das nach Art der Frösche musiziert...

Kojèves Ziel ist offensichtlich, diesen Prozeß der Inidviduation durch eine Reanimation des Gemeinwillens aufzuhalten. Dieser Gemeinwille ist in der Idee der Gerechtigkeit und dem ihr entsprechenden Recht inkarniert. Kojèves Weg in die posthistorische Ge-

---

13 eigene Übersetzung aus: Kojève Alexandre, 1981, S. 122, Anmerkung
14 vgl.: Kojève, Alexandre, 1990, *S. 82-123*
15 vgl. auch: Kojève, Alexandre, 1945,

sellschaft führt sowohl im Maßstab der politischen Gemeinschaften als auch der Individuen über die Überschreitung der lokalen Egoismen. Die Nationen überschreiten sich in Reichen, die Reiche später zum Weltstaat. Die Individuen werden in diesem Prozeß ihre sozialen und nationalen Unterschiede angleichen. Sowohl außenpolitisch als auch innenpolitisch sinkt durch diese Homogenisierungstendenz das Konfliktpotential und damit die Notwendigkeit, *Sonderinteressen* zu verteidigen. Konflikte existieren in der posthistorischen Gesellschaft nicht mehr zwischen sozialen Gruppen, sondern nur noch zwischen Individuen bzw. zwischen den Individuen und der Gemeinschaft als Ganzem.

Kojèves posthistorischer Staat ist die Herrschaft eines lebendigen, starken Gemeinwillens in einer Gemeinschaft von citoyens. Die soziomoralische Grundlage dieser Gesellschaft hat in der vollkommenen Gerechtigkeit ihre Leitidee. Sie entspricht der entwickelten Fähigkeit ihrer Bürger, im Sinne des Gemeinwohls zu handeln und Konflikte nicht über generalisierende Regelwerke, sondern über Einzelfallentscheidungen zu regeln. Die hohe soziale Kompetenz, die ein derartiges "Richten" voraussetzt, kann nur in einer Gesellschaft gewährleistet werden, in der es weder Klassen- noch sonstige sozial festgeschriebenen Unterschiede gibt. Der homogene und universale Staat der posthistorischen Gesellschaft Kojèves stellt also eine soziale Gemeinschaft dar, deren Zusammenhalt nicht über die Konflikt*verwaltung*, sondern über die unmittelbare Vermittlung des Einzelnen mit dem Allgemeinen, des Individuums mit der Gemeinschaft funktioniert. Hier haben wir es mit einem Gemeinwillen zu tun, der, ganz wie bei Rousseau, etwas von der bloßen Summe der Einzelwillen verschiedenes ist und dessen Durchsetzung das wahre Interesse eines jeden Einzelnen verkörpert. Die Gerechtigkeit avanciert damit zum - auf den Begriff gebrachten - sozialen Dasein des Menschen schlechthin.

Darüber hinaus stellt *gerecht sein* nach Kojève ein spezifisch menschliches Vergnügen dar. Damit gerät die Gerechtigkeit, als das Vergnügen gerecht zu sein, in die Nähe jener menschlichen Tugend, von der Kojève meinte, daß sie die historischen Tugenden der Arbeit und des Kampfes ablösen würde: der Fähigkeit zur *Muße*, jenes "savoir vivre", das die Romanen schon immer auszeichnete und als "Genußfähigkeit" gewissermaßen das Vermögen des Menschen verkörpert, die Vollkommenheit der Endgestalt der Gesellschaft auch leben zu können, d.h., eine dieser angemessene Daseinsform zu entwickeln.[16]

Die Gerechtigkeit erhält so jene Nuance von Snobismus, die Kojève so sehr an der japanischen Lebensweise schätzte. Sie ist, in ihrem metaphysischen Gehalt, Liebe zur Vollkommenheit, zum Absoluten.

Die Tätigkeit des Richtens besitzt in dieser Betrachtung (ebenso wie die Kunst, das Spiel und die Liebe) die Funktion, die Negativität des Kampfes und der Arbeit in der historischen Gesellschaft abzulösen. Das Individuum ist schöpferisch aus Freiheit. Der Mensch *kann* gerecht sein, nichts ist in der Lage ihn dazu zu zwingen[17]. Es ist leicht zu

---

16 vgl.: Kojève, Alexandre, 1990, S. 104

17 Das zur selben Zeit im Existentialismus diskutierte Problem der aus freiheitlichem Handeln resultierenden Verantwortung wird von Kojève interessanterweise kaum diskutiert. Als Universalhistoriker interessiert ihn weniger der Standpunkt des Einzelnen als das Schicksal des Ganzen. Die Frage nach

sehen, daß diese posthistorische Gesellschaft der vollkommenen Gerechtigkeit nicht das Ende der Zivilisation skizziert, sondern eine freie schöpferische Gemeinschaft von durch soziale Verantwortung und Moral geprägten Individuen.

Unübersehbar ist jedoch auch ihr utopischer Charakter. Wie sich der Übergang von der Gerechtigkeit der Gleichwertigkeit zur vollkommenen Gerechtigkeit der Billigkeit vollziehen soll, wird nämlich nur vage angedeutet. Die vollkommene Gerechtigkeit erscheint bei Kojève letztlich als logische Konsequenz eines teleologischen Geschichtsverlaufs. Die auf ihr Ende zusteuernde Geschichte schafft notwendig den universalen und homogenen Staat.

Die sich real abzeichnenden Universalisierungs- und Homogenisierungstendenzen, wie etwa die europäische Zollunion, an der Kojève konzeptionsgebend mitwirkte, das Zusammenwachsen in Europa allgemein, wurden jedoch immer wieder von Separierungstendenzen durchbrochen, von Autonomiebestrebungen begleitet. Der Kampf um Unabhängigkeit kennzeichnet unsere Zeit mindestens genauso, wie der von Kojève vorausgesagte Prozeß der Angleichung.

Leider folgen auch die Kriege nicht der Konsequenz des Endes der Geschichte: Sie existieren immer noch, sogar inmitten des kleinen Europas. Diese Kriege als randständige Konflikte abzutun[18], mit denen die hochentwickelten Industrienationen nichts zu tun haben, die also lediglich *nachholenden Charakter* tragen und nichts über die generelle Tendenz aussagen, wäre nicht nur zynisch, sondern politisch gefährlich, da eine solche Interpretation die direkte oder versteckte Verflechtung der entwickelten Nationen in diese Konflikte prinzipiell verdeckt. Hier verbirgt sich ein generelles Problem teleologischer Geschichtsbetrachtung: Die Gefahr, singuläre Ereignisse in der allgemeinen Tendenz aufzulösen und so eine ungenügende Sensibilität für mögliche Keime ganz neuer Entwicklungstendenzen aufzubringen.

Der Sieg der Idee muß sich am Ereignis messen lassen.

3.1. Die Kraft der Vollkommenheit

Für den Gerechtigkeitsdiskurs der Gegenwart läßt sich aus Kojèves Überlegungen jedoch zumindest die regulative Idee gewinnen, den liberalen Rechtsstaat nicht unkritisch zu glorifizieren und voreilig als beste aller möglichen Welten zu feiern.

Seine Grenzen liegen zweifellos in der Gefahr einer Aushöhlung des Gemeinschaftssinns zu Gunsten einer rechtlichen Verwaltung von Egoismen. Eine Rechtspraxis, in der es darum geht, einen Prozeß auf Grund nachgewiesener Verfahrensfehler zu gewinnen,

---

den Perspektiven des Gemeinwillens wirkt so gewissermaßen als Gegenstück zum existentialistischen Verantwortungsdiskurs, welcher, genau wie Kojève (jedoch mit anderem Ansatz), mit Hegels Phänomenologie argumentiert.

18 Kojèves Argumentation, die Geschichte habe mit Napoleon geendet, spätere Ereignisse seien nur eine Art Angleichung der Provinzen gewesen, zielt in diese Richtung. Sie ist die logische Konsequenz einer auf das Ende focussierten Geschichtsphilosophie. Vgl. auch: Kojève, Alexandre, 1987, S.3

schließt die Gerechtigkeit als Leitidee und Maßstab des Rechts nahezu aus und ist nicht nur weit von Kojèves Vorstellung von einer vollkommenen Gerechtigkeit der Billigkeit entfernt, sondern entspricht nicht einmal seinen Mindestanforderungen für eine, dieser vorausgehenden, Stufe von Gerechtigkeit. Bei ihm hat das Recht in all seinen jeweils vorliegenden historischen Stufen und Formen die jeweils herrschende Idee der Gerechtigkeit umzusetzen und damit das historisch höchstmögliche Maß an Übereinstimmung persönlicher und gemeinschaftlicher Interessen herzustellen.

Die Idee der Gerechtigkeit, die bei Kojève damit in all ihren historischen Stufen immer als Maß für die soziale Integration des Individuums und seiner Interessen fungiert, führt auf ihrer höchsten, vollkommenen Stufe zur Vollendung des Individuums im wahren Citoyen, der keine der sozialen Gemeinschaft entgegengesetzten Interessen mehr besitzt.

Mit dem Erreichen der vollkommenen Gerechtigkeit der Billigkeit im universalen und homogenen Staat der posthistorischen Gesellschaft ist ein unendlicher Bewegungsrahmen für eine Konfliktregulation geschaffen, die nicht mehr an soziale oder politische Grenzen oder vereinseitigende Rechtsauffassungen stößt, sondern die Vermittlung des Einzelfalls mit den Bedürfnissen der Gesellschaft als Aufgabe thematisiert. Jede Entscheidung wird anders sein, weil jeder Fall anders liegt. Das Recht wird wesentlich im Richten bestehen und die Gerechtigkeit in der vorurteilsfreien Suche nach der jeweils besten Lösung. Dabei wird nicht die Lösung absolut oder vollkommen sein, sondern die *Möglichkeiten*, nach ihr zu suchen, weil sie nicht von vorn herein eingeschränkt oder determiniert sind.

Kojève folgt in der Frage der Gerechtigkeit einer metaphysischen Vollendungsfigur, die er zwar an der Hegelschen Terminologie der Phänomenologie des Geistes (vor allem an der Metapher von Herr und Knecht) entwickelt - die sich in ihrem Ursprung jedoch weiter zurückverfolgen läßt als die Kojèvesche Hegelbeschäftigung. Schon während seiner Studienjahre in Heidelberg und Berlin zwischen 1922 und 1926 beschäftigte sich Kojève intensiv mit dem russischen Philosophen Wladimir Solowjew. Er schrieb 1926 bei Karl Jaspers eine Dissertation mit dem Titel *Die religiöse Philosophie Wladimir Solowjews*. Dessen Philosophie der Liebe, v.a. seine Vorlesungen zum Gottmenschentum waren der Stoff, an dem sich der Atheist Kojève abarbeitete und aus dem er später sein eigenes säkularisiertes Modell vom Realabsoluten als vollkommener Gerechtigkeit der posthistorischen Gesellschaft - in Hegelscher Terminologie - schuf.[19]

---

19 Hegel gerät in der Tat erst viel später in Kojèves Blickfeld als Solowjew. In Deutschland ignoriert er die (u.a. von Glockner) angebotenen Hegelseminare. Erst unmittelbar vor seiner eigenen Hegelvorlesung (1933-1939) kommt er beim wiederholten Studium der Phänomenologie des Geistes zu dem Schluß, daß das Ende der Geschichte den Schlüssel der hegelschen Philosophie darstellt. Von da an rankt sein gesamtes theoretisches Denken um hegelsche Formulierungen. Kojève hat in Hegel die adäquate Theorie für sein Lieblingsthema gefunden: die Realexistenz des Absoluten als Vollendungsgeschichte der Menschheit. Vor Hegel arbeitet Kojève dieses Thema vor allem an religiösen Stoffen (Buddhismus, Christentum) ab und auch seine gesamte, umfangreiche Solowjewbeschäftigung scheint vor allem von dieser Idee inspiriert.

Auch Kojèves Hegelsicht war von Solowjew geprägt und unterschied sich deutlich von der seines Lehrers Jaspers. Diese Tatsache begründete eine Sonderstellung Kojèves innerhalb der französischen Hegelrezeption der 30er Jahre. Es war Solowjew, der das deutsche idealistische Denken, vor allem Schelling, aber auch Kant und Hegel in Rußland bekannt machte. Die Solowjewsche Sicht auf Hegel dürfte also nicht nur die erste gewesen sein, der Kojève (möglicherweise schon auf dem Gymnasium in Moskau) begegnete, sondern auch das Denken Solowjews selbst trat Kojève in direkter Verschränkung mit Hegelschen Themen entgegen.

Vor allem der slawophile Gedanke Solowjews von einer Synthese westlichen und östlichen Denkens als Vermischung des Individualismus mit dem Gemeingeist beeinflußte Kojève. Auch wenn er selbst glaubte, Solowjew in Hegel überwunden zu haben, wirkte dessen Interpretation des Problems der All-Einheit mindestens in Kojèves Aufnahmebereitschaft für den Hegelschen Monismus und in seiner Immunität gegenüber dem Zeitgeist der Kierkegardschen Hegelkritik fort. Doch auch Kojèves Sicht der vollkommenen Gerechtigkeit der posthistorischen Gesellschaft verweist auf Solowjew.

Bei Solowjew mündet die menschliche Geschichte in die Einheit des Menschen mit Gott als einem real Absoluten, dem Gott-Menschen, der unmittelbaren Inkarnation des Einzelnen mit dem Allgemeinen. Die Rolle des Staates ist bei ihm auf die Garantierung des Rechts beschränkt und bleibt somit formal. Erst durch das Hinzutreten des religiösen, ethischem Moments wird der Politik ihr Inhalt gegeben.

Der Atheist Kojève strebt freilich keine Theokratie an. Doch seine Suche nach Vollkommenheit kommt dem Versuch nahe, Solowjews Gottmenschen ohne Religion zu denken.[20] Mit dem Verschwinden des religiösen Gottes wächst die Bedeutung des Menschen und seiner Freiheit. Kojèves Version von der All-Einheit eines Staates der citoyens, in dem vollkommene Gerechtigkeit statt der Liebe des Gottmenschentums herrscht, verweist in vielen Details auf Solowjew. Dies gilt für Kojèves Koppelung der Gerechtigkeit an die Gleichheit ebenso wie für die Bindung der *historischen* Gerechtigkeit an privilegierte Klassen[21]. Solowjews Kritik am Sozialismus, als einem Standpunkt, der mit der Eigentumsverteilung nur die egoistischen Interessen der Menschen vermittelt, ist auch für Kojève Anlaß zu fragen, was die posthistorische Menschheit als *positive* Gemeinschaft eint. Bei Solowjew ist dies die göttliche Liebe, bei Kojève die Sittlichkeit des citoyens als gelebter Gerechtigkeit. Auch bei Solowjew ist die Gerechtigkeit das notwendige Mittel, die Form, in der sich die absolute Idee verwirklicht, jene All-Einheit, die sich moralisch als Liebe äußert.[22] Doch während für ihn der theokratische Staat die Klammer bildet, in der die göttliche Liebe sich inkarniert, sucht Kojève die Vollkommenheit der Gerechtigkeit in den Gerechtigkeit übenden Menschen selbst atheistisch aufzuheben. Seine vollkommene Gerechtigkeit ist an die Freiheit und soziale Verantwortung der Menschen gebunden, deren Gattungsvermögen mit der Befähigung

---

20 So jedenfalls umschreibt Kojève sein Anliegen in seinem Aufsatz Ateism von 1931 (nach eigener Auffassung seine erste wichtige Arbeit), Kojève 1931
21 Solowjew 1978, S.434
22 Solowjew 1978, S. 291ff.

zur vollkommenen Gerechtigkeit selbst unmittelbar Vollkommenheit erlangt hat. Während der Staat als Wirklichkeit der sittlichen Idee bei Hegel Vollkommenheit auf der Ebene des Allgemeinen erlangt, sucht Solowjew diese Vollkommenheit als Realabsolutes in der im Menschen Jesus inkarnierten Göttlichkeit zu erreichen. Kojève folgt Hegel im Gang der Weltgeschichte als werdendem Gewordenen, realer Absolutheit. Doch sucht er sie, wie Solowjew, nicht als Allgemeines, sondern in der Identität des Besonderen mit dem Allgemeinen - als freies Individuum, das vollkommene Gerechtigkeit unmittelbar lebt und leistet.

In diesem Verflechtungshorizont ist Kojèves Gerechtigkeitsdiskurs als Frage nach den Perspektiven der menschlichen Geschichte in einer real vollkommenen Gesellschaft verwurzelt.

Bereits in seinen ältesten Tagebuchaufzeichnungen und Texten zeigte der junge Kojève ein außerordentlich starkes Interesse an einer Säkularisierung des Christlichen Vollendungsmythos.[23] Einen Zugang zu Hegel fand Kojève bezeichnenderweise erst in den 30er Jahren in Paris, als er die Phänomenologie des Geistes erstmals als Vollendungsgeschichte der Menschheit, gleichsam als säkularisierte Realisierungsform der christlichen Heilsbotschaft, las.

Diese Heilsbotschaft bleibt auch die tragende Figur der Entfaltung von Gerechtigkeit: Die posthistorische Gesellschaft ist keine postgerechte Gesellschaft, sondern eine vollendete, weil vollkommen gerechte Gesellschaft. Nicht eine spezielle Form der Gerechtigkeit oder des Rechts repräsentiert bei Kojève die beste aller Welten, sondern die Vollendung der Gerechtigkeit besteht in der *Aufhebung ihrer Beschränkung* - auf einen Personenkreis, ein Regelwerk, was auch immer.

Die Gerechtigkeit der posthistorischen Gesellschaft vermittelt Konflikte, die aus der irreduziblen Unterschiedenheit der Individuen und ihrer Bedürfnisse, nicht ihrer sozial bedingten Unterschiede herrühren. Sie ist die Vermittlung der Gesellschaft als Ganzem mit ihren einzelnen Gliedern, den Individuen als Gleichen und Gleichberechtigten in ihrer vollen Ungleichheit. Was so abstrakt betrachtet etwas nebulös und utopisch wirkt, hat einen sehr realen Kern: als Ziel der Entwicklung des Gerechtigkeitsgedankens wird eine Gesellschaft skizziert, in der der Einzelne in seinem Privatinteresse nicht vor den anderen Individuen oder der Gesellschaft *geschützt* werden muß, sondern auf diese Gesellschaft *bezogen* werden soll. Kojèves Modell ist ein Versuch, der Vereinzelung in der Gesellschaft zu begegnen und die soziale Moral als Kern der Gerechtigkeit auch für das positive Recht zum Maßstab zurückzugewinnen.

---

23 Diese Tendenzen lassen sich in den Tagebuchaufzeichnungen Kojèves sowie in seinem Atheismus-manuskript nachvollziehen. Vgl.: Kojève, Alexandre, 1920 und ders., 1931.

3.2. Der Anspruch der Gerechtigkeit

Kojèves Vision vom Ende der Geschichte bleibt ambivalent. Der freiwillige Charakter der menschlichen Negativität in der posthistorischen Gesellschaft bedingt zwei verschiedene Szenarien für die Endgestalt des menschlichen Lebens: der in den Untergang führende Werteverfall, der Zerfall des Sozialen in lauter egoistische Einzelinteressen, die Gleichgültigkeit des letzten Menschen auf der einen - und das Erreichen der Vollkommenheit in einer Gesellschaft, die das menschliche Wesen als Freiheit auf den Begriff gebracht hat, auf der anderen Seite. Die posthistorische Gesellschaft der vollkommenen Gerechtigkeit erweist sich bei Kojève als Republik der citoyens, in der eine starke soziale Moral die egoistischen Einzelinteressen im Zaum hält, und der Gemeinwille mit seiner Leitidee - der Gerechtigkeit - die asoziale liberale Vereinzelung der Individuen verhindert.

Die vollkommene Gerechtigkeit als Möglichkeit der menschlichen Freiheit, eine lebendige Einheit von Allgemeinem (dem Gemeinwohl) und Einzelnem (dem Individuum) in der Person von gerechten "Richtern" herzustellen, bleibt bei Kojève im Rahmen einer dialektischen Denkfigur. Theoretische und politische Konsequenzen sind nur angedacht.

Trotzdem ist Kojève natürlich nicht für die Untergangsstimmung unserer Tage verantwortlich, kann zu diesem Gefühl außer ein paar mit Fragezeichen versehenen Bildern von nach Froschart musizierenden langweiligen Kreaturen, nicht viel beisteuern. Nicht Untergang oder Vertierung des Menschen, sondern die rationale Säkularisierung des christlichen Vollendungs- und Vollkommenheitsmythos für den Menschen und seine Gesellschaft ist sein Problem. Das Ende der Geschichte wird zum Ende des heroischen Zeitalters der Kämpfe und Kriege, der Politik - und das Bedauern über den Untergang der "Helden" ist bei Kojève nie ohne Ironie, so wie die Antizipation der Vollkommenheit nie ohne Skepsis bleibt. Der wahrhaft Liebende, der Weise, der Künstler, der Gerechte bleiben als Inkarnationen des Einzelnen mit dem vollkommenen Gattungsvermögen möglich gewordene Ausnahmen. Nietzsches letzter Mensch spukt durch die Gesellschaft der vollkommenen Gerechtigkeit. Doch der Zusammenhang zeigt: Kojèves posthistorischer Mensch ist nicht einsam. Er ist Teil eines Ganzen und kann über die Liebe, die Kunst oder die Gerechtigkeit der absoluten Vollkommenheit teilhaftig werden. - Er ist dem Gott-Menschen Solowjews näher als Nietzsches letztem Menschen.

Das Schicksal der menschlichen Negativität bleibt - weil freiheitlich - unentschieden, voller Spaltung und Widerspruch. Gerade deshalb wäre Kojève ein interessanter Kronzeuge für die Notwendigkeit, ein neues Verhältnis zum Gemeinwillen und den sozialen Tugenden, sowie der Suche nach gewaltfreien Konfliktlösungsmodellen zu suchen. Und so erweist sich das metaphysische Konstrukt realer Vollkommenheit in Zeiten viel beklagter Visionslosigkeit zumindest als ernstzunehmende regulative Idee. Kojève stellt uns die provozierende Frage nach unserem eigenen Anspruch. Soll die jahrhundertealte Suche nach der Gerechtigkeit in der Bescheidenheit technischer Machbarkeit enden?

Kann ein juristisches Regelwerk in der Lage sein, neue Dimensionen der Gesellschaft auch nur annähernd zu erfassen. In Zeiten, in denen Werte umbrechen, Arbeit zum Privileg wird und Leistung, soziale Anerkennung, gesellschaftliche Integration und Desintegration neu definiert werden müssen, wird Kojèves Vision von einer posthistorischen Gesellschaft, in der spielerische Muße und die Gerechtigkeit als eine ihrer Formen die höchsten Werte repräsentieren, zur Mahnung, daß Gerechtigkeit wollen, vor allem die Reanimation sozialer Tugenden bedeutet.

Literatur

Auffret, Dominique: Alexandre Kojève. La philosophie, l'État, la fin de l'Histoire, Paris 1990

Cooper, Barry: The end of history, Toronto 1984

Fukuyama, Francis: Das Ende der Geschichte. Wo stehen wir?, München 1992

Kojève, Alexandre:Dnevnik, Ia, IIa, IIIb, unveröffentlichtes Manuskript (russisch), 1920, Privatarchiv Vanves

Kojève, Alexandre: Ateism, 1931, Manuskript (russisch), Privatarchiv Vanves

Kojève Alexandre: Projèt Kojevnikov, unveröffentlichtes Manuskript, (russisch) 1945, Privatarchiv Vanves

Kojève, Alexandre: Le *Colonialisme* dans une perspective européenne, Manuskript, 1957, Privatarchiv Vanves , Auszüge unter dem Titel: "Marx est Dieu, Ford est son prophète", in: Commentaire, revue trimestrielle, 9/1980, Paris, S. 135-137

Kojève, Alexandre: Hegel. Kommentar zur Phänomenologie des Geistes, Stuttgart 1958

Kojève, Alexandre: Tyrannis und Weisheit, in: Leo Strauss: Über Tyrannis. Eine Interpretation von Xenophons Hieron, Neuwied am Rhein 1963

Kojève, Alexandre: Pourquoi concret?, in: XXme siècle, Paris 1966

Kojève Alexandre: Introduction à la philosophie de Hegel, Paris 1968

Kojève, Alexandre: Esquisse d'une phénoménologie du droit, Paris 1981

Kojève, Alexandre: Les philosophes ne m'intéressent pas, je cherche des sages, "Propos recueillis par Gilles Lapouge, in: Quinzaine littéraire No. 500, Paris 1987/8, S. 2-3

Kojève, Alexandre: L'empire latin. Esquisse d'une doctrine de la politique francaise, (1945), in: La règle du jeu, Paris, Mai 1990, S.82-123

Meyer, Martin: Ende der Geschichte?, München, Wien 1993

Roth, Michael: Knowing and history, Ithaca and London 1988

Solowjew, Wladimir: Vorlesungen über das Gottmenschentum, in: Deutsche Gesamtausgabe der Werke von Wladimir Solowjew, erster Band, München 1978

Gerechtigkeit in der modernen Debatte

Walter Reese-Schäfer

Postmoderne Gerechtigkeitsdiskurse im Spannungsfeld von Universalismus und Kulturrelativismus

1. Postmoderne und Fundamentalismus

Unter dem Begriff *Postmodernität* können sich zwei Dinge verbergen: nämlich einmal die in Deutschland und Großbritannien als etwas exzentrisch geltenden Überlegungen einiger französischer und amerikanischer Hermeneutiker und Philosophen, also eine Richtung oder Sekte der Theoriebildung, die es übrigens als kohärente Einheit nicht gibt (Reese-Schäfer 1998). Zweitens kann es sich dabei um einen mehr oder weniger treffenden Beschreibungsbegriff für eine bestimmte intellektuelle Lage handeln, in der einige dynamische und vorwärtstreibende Illusionen der Moderne einer gewissen Ernüchterung und Selbstreflexivität Platz gemacht haben.

Dieser zweite Sinn des Begriffs ist es, der hier besonders interessiert, nämlich als Beschreibung einer Lage oder Denkhaltung, in der die großen Erzählungen nicht mehr geglaubt werden. Diese akzeptable Form von Postmodernität läßt sich in der klarsten und am präzisesten durchdachten Form bei Jean-François Lyotard finden, dessen Überlegungen für den politischen Kontext eher anknüpfenswert erscheinen als die von Jacques Derrida oder Paul de Man. Das Wort Postmodernität kann dabei als eher unglücklich und unpassend gelten, weil es ein "Nach" suggeriert, also selber wieder eine Erzählung nahelegt.

Jean-François Lyotard hat immer wieder versucht, diese Verzeitlichung aufzubrechen, indem er darauf hinwies, daß jeder Moderne ihre Postmoderne genauso gut auch schon vorausgegangen sein könne (Lyotard 1987, S.11-31 und 99-105. Ausführlich dazu: Reese-Schäfer 1995). Eine Überlegung, die ideengeschichtlich zweifellos vollkommen zutreffend ist, wenn man bedenkt, welches Ausmaß an Aufklärungskritik sich ja schon in deren Innern findet, zum Beispiel bei Rousseau und vor allem bei Herder.

Diese Konzeption von Postmodernität hat nur wenig von einer flüchtigen intellektuellen Mode an sich. Es handelt sich vielmehr um den Versuch einer Beschreibung von intellektuellen Tatsachen mit langer Tradition, für die immer noch nicht der angemessene Begriff gefunden worden ist. Im Gegenteil, der Begriff der Postmoderne hat sich gerade auch durch die Polemik der Verteidiger des Projekts der Moderne derzeit eher noch stabilisiert, obwohl er wegen der Verzeitlichungsillusion keineswegs der glücklichste für den gemeinten Sachverhalt ist.

Universalismus wäre der Versuch oder Anspruch, die eigenen Normen und Wertvorstellungen als für die gesamte Welt gültig zu deklarieren. Einen derartigen Anspruch haben nur wenige Kulturen hervorgebracht, zu denen, darauf hat der Göttinger Politikwissenschaftler Bassam Tibi immer wieder hingewiesen, auch die islamische Welt gehört (vgl. u.a. Tibi 1996). Der islamische Universalismus kann als Gegenbild des westlichen Universalismus gelten, also kantisch gesprochen, der Vorstellung von "unserem Weltteile (der wahrscheinlicherweise allen anderen dereinst Gesetze geben wird)" (Kant 1973, 19). Diese Idee beruht auf einer inzwischen klassisch zu nennenden großen Erzählung, deren Probleme und Brüche man in einer Analyse der französischen Menschenrechtserklärung von 1789 exemplarisch offen legen kann. Die Deklaration ist einerseits im Namen der französischen Nation erlassen, andererseits auf die Menschheit insgesamt gerichtet. Ein allgemeinmenschlicher Anspruch und ein konkreter, historisch-politischer Anspruch geraten in Interferenzen. "Von nun an wird man nicht mehr wissen, ob das auf diese Weise verkündete Gesetz französischer oder menschlicher Natur ist, ob der im Namen der Menschenrechte geführte Krieg auf Eroberung oder Emanzipation abzielt, ob die im Namen der Freiheit ausgeübte Gewalt repressiver oder pädagogischer (fortschrittlicher) Natur ist, ob die anderen Nationen französisch werden sollen oder menschheitlich (...)" (Lyotard 1987, S. 244).

Lyotards Rede vom Widerstreit in diesem Zusammenhang ist signifikant. Auch wenn man begeisterter Anhänger der Freiheitsrechte des westlichen Universalismus ist, wird man doch zugestehen müssen, daß die Außereuropäer von dem europäischen Projekt der Moderne vor allem und in erster Linie "nur seine institutionelle Dimension der Gewaltherrschaft erfahren" haben. Hinzu kommt, "daß auch moderne Muslime die europäische Wissenschaft und Technologie nur im Kontext von Kriegen erfahren haben, wobei sie stets die Unterlegenen waren" (Tibi 1991, S. 214f.).

Folgt man Jürgen Habermas' an Hegel orientierter Aufzählung dessen, was das Projekt der Moderne ausmacht, nämlich

- Individualismus - die umfassende Entfaltung aller individuellen partikularen Eigentümlichkeiten,

- Recht der Kritik - niemand soll etwas anerkennen, was er nicht selbst als berechtigt ansieht,

- Autonomie des Handelns,

- schließlich die idealistische - heute würden wir sagen, konstruktivistische Philosophie selbst (Habermas 1985, S. 27; Hegel 1970, Bd. 7, S. 311, 485; Bd. 18. 493; Bd. 20, 458, vgl. Tibi 1991, 213), dann ist leicht zu erkennen, daß die Globalisierung dieses Projekts eigentlich nur, mit Bassam Tibi zu reden, "die Überlegenheit der Waffen einer technisch-wissenschaftlichen Modernität" (Tibi 1991, S. 213) übriggelassen hat. Man könnte es auch so formulieren: Aus der Universalisierung der westlichen individualistischen Freiheitsidee ist die Globalisierung wirtschaftlicher und militärischer Vorherrschaft geworden. So attraktiv das westliche Modell auch vielen aufklärerischen Intellektuellen aus der Dritten Welt noch in den 60er Jahren erschienen war, so erklärlich ist es doch, daß sich dagegen eine virulente fundamentalistische Anti-Modernisierungsreaktion ergeben hat, die zur Zeit diesen Sektor der politischen Ideen geradezu beherrscht. Die praktisch-politischen Erscheinungsformen des fundamentalistischen Denkens sind ziemlich umfassend, das heißt, sie sind für radikale Moslems, Christen, Hindus und Juden beschrieben worden (Kepel 1994). Für das Universalismusproblem ist derzeit der islamische Fundamentalismus insofern der interessanteste Fall, als hier ein Gegenuniversalismus auftritt, nämlich der Anspruch der Universalität des Islam. "Somit ist der islamische Fundamentalismus nicht nur eine Angelegenheit der islamischen Länder; er bietet sich als eine 'Dritte-Welt'-Ideologie an, die darüber hinaus auch Geltung für die Industriegesellschaften beansprucht" (Tibi 1991, S. 219).

An diesem Punkt nun ist von einigen muslimischen Intellektuellen, die im Westen leben, in den letzten Jahren der Versuch unternommen worden, so etwas wie einen islamischen Postmodernismus zu konstruieren. Der prominenteste ist Akbar Ahmed aus Cambridge. Er wählt eine buchstäbliche Definition von Postmoderne: "Wenn modern das Streben nach westlicher Erziehung, Technologie und Industrialisierung in der ersten Phase des nachkolonialen Zeitalters bedeutet, dann bedeutet postmodern die Rückwendung zu traditionellen muslimischen Werten und die Zurückweisung des Modernismus" (Ahmed 1992, S. 32) Deutlicher noch: "In einer muslimischen Gesellschaft bedeutet Postmoderne (...) einen Wechsel zu ethnischer oder islamischer Identität gegen eine importierte fremde oder westliche; eine Zurückweisung der Modernität" (Ahmed 1992, S. 32). Moderne wird also als exklusiv westliches Projekt angesehen.

Ahmeds Postmodernebegriff ist keineswegs schlüssig oder konsistent - er selbst weist auf Probleme hin, zum Beispiel, daß der Islam Geduld, Schrittempo und Gleichgewicht betont, das postmoderne Zeitalter dagegen Geschwindigkeit, und daß postmoderne Skepsis, Ironie, Ambiguität und Zynismen scharf mit islamischer Gläubigkeit und Hingabe kontrastieren (Ahmed 1992, S. 38). Er scheint aber bei aller Wahrnehmung dieser Differenzen seinen buchstäblichen, orientalischen Begriff der Postmoderne einfach ergänzend neben den westlichen stellen zu wollen.

Als islamischer Intellektueller erhofft er sich davon gewiß, daß diese Grundeinstellung es leichter macht, als Moslem im Westen zu leben und es ebenfalls leichter erscheinen läßt, so etwas wie einen islamischen Beitrag zur Weltkultur anzuerkennen. Islamische Intellektuelle im Westen haben eine bessere Chance, daß die dortige Lebenswelt ihren abweisenden Charakter für sie verliert, wenn die so verstandene Postmodernität eine größere Toleranz für Unterschiede und eine Art pluralistische Geisteshaltung fördert (Gerholm 1994, S. 209).

Diese Frage der Bindestrichidentitäten von Drittweltintellektuellen, die in der Diaspora leben, ist keineswegs lediglich ein psychologisches Problem, sondern hat auch soziale und vor allem und in erster Linie politische Implikationen. Ein Bekenntnis zur Postmoderne, jedenfalls so, wie Akbar Ahmed sie begrifflich faßt, kann eben auch die Flucht vor den widerstreitenden Parteinahmen sein, die das politische und das kulturelle Umfeld von einem verlangen. Ahmed schildert die Rushdie-Affäre in sachlich-unterkühlten Worten, ohne irgendein Wort der Verurteilung entweder für Rushdie oder für den Mordbefehl. Hin- und hergerissen zwischen den Anforderungen seiner Herkunftskultur und Herkunftsgemeinschaft, sich gegen die Attacken des aufklärerischen Schriftstellers zu solidarisieren, und den Anforderungen der westlichen Zivilisation, in der er lebt, das Leben und die Freiheit der Meinungsäußerung, damit die Freiheit überhaupt für jedes Individuum zu garantieren, ist er in eine Nebeneinanderordnung des Unvereinbaren geflüchtet, einen Pluralismus und Wertrelativismus, der auch den Mord gelten läßt. Alle gängigen Vorurteile gegen die französische Postmoderne, sie sei orientierungslos, relativistisch und letztlich antihumanistisch, werden auf diese Weise bestätigt (eine ziemlich vollständige Liste der Vorwürfe findet sich bei Ferry/ Renaut 1987).

Aber handelt es sich bei der Position, die Akbar Ahmed "postmodern" nennt, überhaupt um eine solche? Bassam Tibi, der die Gegenposition vertritt, hat den eben genannten Widerstreit auf eine völlig andere Weise, nämlich durch konsequente Sphärentrennung, aufgelöst. Kulturell bekennt er sich zum Islam und lehnt deshalb Rushdies "Satanische Verse" aufs schärfste ab. Politisch allerdings rechnet er sich zur westlichen Zivilisation und zu ihrer Tradition der individuellen Menschenrechte und spricht deshalb für Rushdies Recht auf freie Meinungsäußerung. Die *kulturelle* Sphäre bestimmt die Identität des Individuums. Auch wenn es um das Zugehörigkeitsgefühl dieses Individuums zu einer Gemeinschaft geht, handelt es sich doch um seine Privatsache. Die *zivilisatorische* Sphäre dagegen betrifft seine materiellen Rechte, die nicht nur identitätsbildend, sondern spürbar und einklagbar sind (Tibi 1996, Kap. 4, S. 124-137).

Genau diese Art von Sphärentrennung ist es, die der antimoderne Fundamentalismus, übrigens auch in seiner christlichen Variante, nicht zu akzeptieren bereit ist. Es geht hier nicht um westlich gegen östlich, nicht um Orient gegen Okzident, sondern um Moderne gegen Vormoderne; die Postmoderne ist in diesem Sinne eine Variante innerhalb des modernen Denkens.

Bassam Tibi bestreitet denn auch konsequenterweise die Postmodernität von Akbar Ahmeds Denken: "In außereuropäischen Gesellschaften, denen die Moderne - trotz ihrer Globalisierung - äußerlich geblieben ist, kann es keine Krise der Moderne geben; vielmehr handelt es sich dort um die Krise autochthoner Tradition" (Tibi 1991, S. 265f). Ahmeds Berufung auf seine angebliche Postmodernität ist nichts weiter als ein theoriesublimiertes und *up to date* gebrachtes Bekenntnis zur Antimoderne: "Prä- und Postmoderne geraten unter dieser Sicht durcheinander und werden gemeinsam in das imaginative Boot der Postmoderne verfrachtet" (Tibi 1991, S. 266).

Akbar Ahmed ruft eine Postmoderne aus, der doch nie eine wirkliche Moderne vorausgegangen ist. Hier liegt genau der umgekehrte Fall des anfangs zitierten Lyotard-Paradoxons vor, daß jeder Moderne ihre Postmoderne schon vorausgegangen sein müsse. Die angeblich überwundene Modernität des arabischen Nationalismus und der nachkolonialen Diktaturen war nie durch eine industriegesellschaftliche Grundlage unterlegt. Eine vorindustrielle Kultur hatte sich lediglich einen autoritären und tyrannischen Überbau gegeben, der einige westliche Muster verwendete. Die fundamentalistische Gegenreaktion konzentriert sich auf diese, um einen allgemeinen westlich-oberschichtmäßigen Verschwörungszusammenhang gegen die eigenen Bedürfnisse und Interessen zu konstruieren, der aber bei genauerer Betrachtung ohne überzeugende Grundlage ist (vgl. dazu die umfassende Studie von Tibi 1994).

Der religiöse Fundamentalismus, der ja einen Aufstand gegen die Moderne darstellt, ist alles andere als ein Ausdruck von Postmodernität (Tibi 1994, S. 277f). Die außereuropäischen Fundamentalisten sind "keine Kinder der Moderne, können also auch nicht von ihr zur Postmoderne übergehen. (...) Religiöse Traditionalisten sind Prämodernisten, wohingegen Fundamentalisten Antimodernisten sind. Mit dem Habermasschen Verdikt kommt man auch dem außereuropäischen Fundamentalismus am nächsten" (Tibi 1994, S. 278f). Was Habermas gegen die französische Postmoderne eher zu Unrecht vorbringt, trifft auf diese ideologischen Versuche des *tiersmondismus* durchaus zu (vgl. die Postmoderne-Kritik von Habermas 1981, S. 444-466). Wenn also überhaupt von einem islamischen Postmodernismus die Rede sein kann, dann ist es ein Postmodernismus einer retardierten oder gar gescheiterten Modernisierung. Da es keinen patentrechtlichen Schutz für einen Begriff geben kann, wird man niemandem verwehren können, von Postmodernität in diesem Sinne zu sprechen. Als modernitätsreaktive Massenbewegung, die durchaus bereit ist, westliche Technik zu nutzen, sofern damit nicht die Übernahme auch westlicher Werthaltungen verbunden ist, kann diese Bewegung übrigens durchaus mit einigen genuin europäischen Bewegungen der Antimoderne verglichen werden (vgl. Tibi 1992). Es ist daran zu erinnern, daß Talcott Parsons schon 1942 den deutschen Nationalsozialismus als fundamentalistische Revolte gegen die gesamte Rationalisierungstendenz der westlichen Welt und gegen deren tiefste institutionalisierte Grundlagen interpretiert hatte. Parsons ging sogar noch weiter und meinte, daß die Existenz eines zu derartigen Revolten neigenden Potentials jeder modernen und sich modernisierenden Gesellschaft inhärent sei (Parsons 1954, 123. Vgl. hierzu auch Klinger 1995). Gesellschaftliche Modernisierung wäre also ein ambivalenter, gleichzeitig immer krisenhafte Gegenreaktionen produzierender Prozeß (vgl. van der Loo/ van Reijen 1992).

2. Kulturrelativismus

Neben diesem problematischen Postmodernismus gibt es noch eine weitere Argumentationsmöglichkeit, die Geltung des westlichen Universalismus selbst zu bestreiten. Das Argument lautet so: die Zubilligung individueller Rechte an die Mitglieder von Kollektiven, seien diese traditionaler Form oder neugeschaffene Gemeinschaften, würde diese aufsprengen, die besondere kollektive Lebensform verunmöglichen und den Menschen nur Entfaltungsmöglichkeiten als Individuen, also als entfremdete Einzelne, einräumen, nicht aber gemeinschaftliche Formen. Das Wesen des Hineinwachsens in eine Gemeinschaft bestünde genau darin, keine Wahl zu haben. Würde man jedem Individuum zu jedem Zeitpunkt die freie Wahl des Austritts lassen, dann würde man alle Gemeinschaftsformen, die mit Entbehrungen oder Nachteilen verbunden seien, auf Dauer unmöglich machen und ihnen schon die Chance der Selbstrekrutierung nehmen.

Wer zum Beispiel durchsetzen wollte, daß die *Amish People*, die in der Gegend von Lancaster, Pennsylvania wohnen, ihre Kinder 10 Jahre auf staatliche Schulen außerhalb ihres Siedlungsgebiets schicken müssen, der würde gerade einen wesentlichen Punkt von deren Glauben, daß nämlich eine Schulbildung, die über die Fähigkeit zur Bibellektüre hinausgeht, für die Gottesfürchtigkeit nur von Schaden sein kann, außer Kraft setzen. Vorindustrielle Lebensformen lassen sich nur durch Gewöhnung aufrechterhalten, nicht durch bewußte Entscheidung.

Ähnliches, wenngleich in sehr viel abgeschwächterer Form, gilt für die Erhaltung der französischen Sprachgemeinschaft in Kanada. Auch hier kann die mangelhafte Kenntnis der englischen Sprache mit beruflichen Nachteilen auf dem nordamerikanischen Kontinent verbunden sein. Würden Französisch und Englisch gleichermaßen erworben, würde sich möglicherweise die zur Kommunikation besser geeignete Sprache durchsetzen. Wenn man diese Befürchtung ernst nimmt, kommt es deshalb darauf an, durch diskriminierende Maßnahmen den Gebrauch des Englischen möglichst einzuschränken, um den Neueinwanderern und den eingesessenen Französischsprachigen einen mehr oder weniger deutlichen Druck zur Aufrechterhaltung der französischen Sprachgemeinschaft aufzuerlegen. Nur wenn sie eine bestimmte Größe behält, ist eine solche Sprachgemeinschaft unter den Bedingungen der Moderne mit ihrer Mobilität etc. dauerhaft zu erhalten (vgl. hierzu die wichtige Grundsatzdiskussion zwischen Charles Taylor und Jürgen Habermas, in Taylor 1993).

Auch wenn man es sich ungern eingesteht: hier stehen zwei Präferenzen im Widerstreit, die jede für sich auf Zustimmung rechnen dürften, nämlich die Erhaltung von sprachlicher Vielfalt und von Gruppenidentitäten einerseits, die Entfaltung von Individualrechten andererseits. Es hilft aber nichts:

Menschenrechte sind nur als Individualrechte in sich konsistent argumentativ vertretbar (vgl. in einer sehr präzisen Argumentation Howard 1995, passim und bes. S. 217ff.). Als Kollektivrechte würden sie zur Unterdrückung von Individuen innerhalb der Teilgemeinschaften führen, wie man am Beispiel der nationalen Selbstbestimmung sehr leicht sehen konnte. Eine kollektivistische Umdefinition würde ihnen den Boden wegziehen, weil sie die Individuen in eine statische Gruppenstruktur zwängen und dabei der Gefahr aussetzen würde, aller Rechte verlustig zu gehen, wenn sie diese Gruppe verlassen wollen. Vor allem haben die Gruppen durch Einschluß und Ausgrenzung eine Macht über die Individuen, gegen die gerade Schutz vonnöten ist. Das gilt auch und gerade dann, wenn es sich um adskriptive Bindungen handelt. Diese Voraussetzung bedeutet aber einen Eingriff von außen in die Selbstgestaltungsmöglichkeiten aller Kollektive. Auch hier besteht ein Dilemma, das wohl nur einseitig zu lösen ist und das letztlich dazu führen wird, daß wirklich jeder einzelne als Individuum sich fühlen und verhalten kann, welches allenfalls vorübergehende freiwillige Bindungen eingeht, ansonsten aber als soziales Atom fungiert. Die nötige Sozialität wird also auf das Resultat immer neu zu treffender freiwilliger Entscheidungen reduziert. Gruppenbildungen werden dann flüchtiger, kurzfristiger, aber eben auch freier sein und mehr einem Menschenbild als selbst entscheidendes Wesen entsprechen.

Diese Form der Argumentation war im Westen so schnell so selbstverständlich und erfolgreich, daß vorsichtige Infragestellungen wie die des Kulturrelativismus schon als ungeheure Provokation und finstere Rechtfertigungen von Barbarei erscheinen konnten. Dabei ist der Relativismus der Moralisten und der Aufklärung, also des 18. Jahrhunderts, wie Isaiah Berlin recht überzeugend gezeigt hat, im Grunde nur ein *angeblicher Relativismus*, der auf einen Pluralismus nicht hierarchisch strukturierter Werte hinausläuft. Hinter dieser Haltung stand die universalistische Überzeugung, wie man sie auch bei Herder finden kann, daß für unterschiedliche Gesellschaften unterschiedliche Wertsysteme angemessen sind, dies aber durchaus nach äußerlichen, also universellen Kriterien der Angemessenheit und Eignung. Wenn Vico und Herder uns aufforderten, Kulturen der Vergangenheit nicht mit den Maßstäben unserer eigenen Zivilisation zu messen, dann taten sie das aus allgemeinverbindlichen heuristischen und moralischen Gründen (Berlin 1992, S. 115). Über Berlin hinausgehend läßt sich sagen, daß dies auch das Motiv des späteren ethnologischen Kulturrelativismus ist. In einer sehr eindrucksvollen Reinterpretation der einschlägigen Texte von Eduard Westermarck, Franz Boas und anderen hat Klaus-Peter Rippe zeigen können, daß es sich hierbei um eine notwendige heuristische Grundeinstellung gehandelt hat. Für Ethnologen ist diese Haltung sozusagen berufsnotwendig (Rippe 1993).

Claude Lévi-Strauss hat daraus in seinem berühmten UNESCO-Gutachten "Rasse und Geschichte" ein politisches Konzept gemacht, indem er empfahl, sich "vor einem blinden Partikularismus zu hüten, der dazu neigt, das Privileg des Menschseins nur einer Rasse, Kultur oder Gesellschaft vorzubehalten, aber andererseits auch niemals zu vergessen, daß keine Fraktion der Menschheit auf die Gesamtheit anwendbare Formeln hat und daß eine Menschheit, die in einer Art von Einheitsleben aufginge, undenkbar ist, weil sie dann eine verknöcherte Menschheit ist" (Lévi-Strauss 1992, S. 405).

Er hat dabei allerdings übersehen, daß der menschenrechtliche Universalismus tatsächlich als auf die Gesamtheit anwendbar gedacht ist, sogar von sich behauptet, als einzige Konzeption das Zusammenleben in einer zunehmend dichter besiedelten und mobileren Welt erträglich machen zu können, und außerdem glaubt, durch die Freisetzung der individuellen Verschiedenheiten gerade eine außerordentliche Vielfalt ermöglichen und freisetzen zu können (hierzu pointiert: Apel: 1994, 1062-1067).

Der Schluß von Lévi-Strauss, daß die Verschiedenheit der menschlichen Kulturen "hinter uns, um uns und vor uns" ist, so daß die Forderung gestellt werden muß, die Verschiedenheit in solchen Formen zu realisieren, von denen jede einen Beitrag zur größeren Generosität der anderen ist (Lévi-Strauss 1992, S. 407), enthält selber wieder einen universellen Kern, der sich allerdings mehr auf eine Gruppenidentität als auf individuelle Identität bezieht. Maßstab bei Lévi-Strauss ist unter anderem der technische Fortschritt, zu dem seiner in dem Gutachten geäußerten Überzeugung gemäß die verschiedensten Kulturen das je ihre beigetragen haben, so daß hier ein durchaus allgemeiner, externer und dem Westen zumindest nicht fremder Maßstab zugrunde liegt.

Aus diesen Hintergrundüberlegungen scheint sich damit zu ergeben, daß die intellektuelle Empörung über den kulturellen Relativismus nicht wirklich berechtigt ist. Wissenschaftstheoretisch betrachtet ist er eine notwendige heuristische Einstellung, politisch gesehen ist er ein Hemmschuh gegenüber jedem Eingriff in fremde Verhältnisse und legt deshalb eine gewisse Zurückhaltung auf, die auf jeden Fall dazu angetan sein könnte, die Verhältnismäßigkeit der Mittel zu wahren und nicht etwa durch eine menschenrechtlich begründete Intervention möglicherweise größere Folgeschäden und Menschenrechtsverstöße hervorzurufen, als es vorher gegeben hatte.

Ein radikaler Relativismus würde sich selbst theoretisch wie praktisch aufheben, theoretisch, weil er nicht konsistent vertretbar ist, praktisch, weil er in einer Konfrontationssituation mit einem entschlossenen, mit imperialistischem oder universalistischem Anspruch auftretenden Gegenspieler in das bekannte Problem des Pazifismus geraten würde.

Ein gemäßigter Relativismus allerdings, der auf einem universalistischen Basiskonsens aufruht und pluralistische Züge trägt, ist nicht nur vertretbar, sondern auch empfehlenswert. Er wäre gleichermaßen auf die Pluralität von Gruppen wie auf die Pluralität von Individuen anwendbar. Es hängt dann von politischer Abwägung, also der Frage der Verhältnismäßigkeit bei der Durchsetzung ab, welche Mittel angewendet werden können, um den Vorrang des einen Modus gegen den anderen durchzusetzen, ob man also eine radikal individualistische Gesellschaft für lebenswerter hält als eine korporatistisch oder vielleicht gar kollektivistisch durchstrukturierte. Die gesellschaftlich zu entscheidende Frage wäre dann nicht mehr Relativismus oder Universalismus, sondern ob Gruppen welcher Art auch immer oder Individuen die entscheidenden Rechtsträger einer Gesellschaft sein sollten.

Die universalistische Empörung über den sogenannten Kulturrelativismus, die bis zu der Polemik geht, die Postmoderne sei der Geist der Kollaboration und der Relativismus führe zum Lob der Knechtschaft, wie Alain Finkielkraut das in seiner *Niederlage des Denkens* angemerkt hat (Finkielkraut 1989, S. 113 und 153), scheint mir zumindest gegenüber dieser Version von Postmodernität unbegründet zu sein. Wenn ich anfangs Postmodernität als einen Zustand der *intellectual history* und nicht als modische sektiererische Ideologie zu kennzeichnen versuchte, so möchte ich noch einmal darauf zurückkommen, daß auch eine vehemente Verteidigung des *westlichen Universalismus* wie das gleichnamige Buch von Sibylle Tönnies sehr klar macht, daß sie diesen nicht für eine letztbegründete Allgemeinwahrheit hält, sondern nur für ein pragmatisches Konstrukt, welches das Zusammenleben verschiedener Traditionen und Individuen leichter ermöglicht als andere Universalismen. Die Stärke der Rhetorik von Sibylle Tönnies ist zugleich die Schwäche ihrer Argumentation, wenn sie einräumt, daß der westliche Universalismus die Bildung einer Weltgesellschaft voraussetzt, also dem Vorwurf nicht entgehen kann, "Instrument des Imperialismus, der Kolonisation von Lebenswelten" zu sein, weil "alle universalistische Rationalität ein Kunstprodukt ist, mit dem das naturhaft Entstandene gewaltsam überlagert wird" (Tönnies 1995, S.13). Sie gesteht also genau das zu, was der gängige Vorwurf gegen den westlichen Universalismus ist. Dadurch, daß dieser Vorwurf zu einem sozusagen notwendigen Bestandteil einer Doppelgestalt der Wahrheit umdeklariert wird, kann allenfalls die Besorgnis desjenigen beruhigt werden, der ihre spezielle Theorie eines "Dimorphismus der Wahrheit" zu akzeptieren bereit ist.

Wenn man nicht mehr an die naturrechtliche Voraussetzung glaubt, daß die Menschen von Gott oder von der Natur frei und gleich geschaffen seien, sondern die menschenrechtliche Gleichheit als bewußtes und gewolltes Konstrukt ansieht, das in die gesellschaftliche Wirklichkeit erst noch implantiert werden muß, und zwar durch einen nachhaltigen Eingriff mit Dauerwirkung, dann kann man nur noch in indirekter Weise für die Geltung des Universalismus streiten. Sibylle Tönnies versucht dies durch Widerlegung von Gegenstandpunkten. Sie setzt sich deshalb mit Luhmanns Systemtheorie, der sozialwissenschaftlichen Chaos-Forschung, mit Habermas' Metaphysikkritik, Parsons Funktionalismus, der Totalitarismustheorie, der feministischen Kritik und dem Kommunitarismus auseinander. Mit postmodernen Theorien beschäftigt sie sich nur am Rande und versucht keine eigene Widerlegung. Ich meine zu wissen, warum: denn, obwohl sie selbst dies vermutlich ungern zugeben würde, ist ihr eigener Standpunkt ein typischer Ausdruck der *condition postmoderne*. Sie versucht angesichts des Fehlens überzeugender metaphysischer Argumente für die Menschenrechte und für den Universalismus diese durch Setzung, durch Konstruktion, durch Entscheidung für sie und den Glauben an sie zu begründen. Wenn dies bewußt und in reflektierter Weise geschieht, d.h. ohne die Reflexion an einem bestimmten Punkt vollkommen abzubrechen, dann handelt es sich um eine postmoderne Haltung, die bei Sibylle Tönnies zudem mit der charakteristischen, schon bei ihrem Großvater zu bemerkenden Melancholie verbunden ist, derzufolge nun einmal gemeinschaftliche Elemente in gesellschaftliche überführt werden müssen, daß dies zu beklagenswerten Verlusten führt, die aber unvermeidlich sind (vgl. Tönnies 1988, bes. S. 211ff). Tönnies - alle beide - sind ja keineswegs Romantiker der Gemeinschaft, sondern Anhänger der gesellschaftlichen Moderne - wenn auch immer mit dem Bewußtsein dessen, was da verlorengeht und verlorengegangen ist.

Es spricht also einiges dafür, den sogenannten Kulturrelativismus als heuristisch sinnvoll und politisch im Sinne der Verhältnismäßigkeit der Mittel nützlich ein wenig zu verteidigen, der gemeinhin im normativen sozialwissenschaftlichen Diskurs strikt verurteilt zu werden pflegt.

Dies soll in Anlehnung an, aber Weiterführung von Bassam Tibis Auseinandersetzung mit der Rushdie-Kontroverse begrifflich noch etwas präzisiert werden. Es könnte nämlich lohnend sein, hier zum Zweck der Klärung die - wenn auch keineswegs unumstrittene - begriffliche Unterscheidung von Kultur und Zivilisation heranzuziehen. Die Begriffe Kultur und Zivilisation, die bei Kant schon als unterschiedlich nachweisbar sind, haben seitdem interessante Wandlungsprozesse durchgemacht. Man muß nicht notwendigerweise Spengler, Thomas Mann oder den *Ideen von 1914* folgen, um diese Unterscheidung hilfreich zu finden. Kultur als Begriff hat sich seitdem immer mehr auf die geistig-künstlerischen Leistungen von Völkern beschränkt, bis zur heutigen Entwicklung, in der sogar Kultur- und Hochschulpolitik ressortmäßig getrennt werden - durchaus zu Recht. Diese Unterscheidung findet sich keineswegs nur, wie sogar in Nachschlagewerken behauptet wird, im deutschsprachigen Raum.[1] Reinhold Niebuhr

---

1 Sogar an außerordentlich prominenter Stelle in dem Artikel von W. Perpeet 1976, Sp. 1318. Im übrigen kann man durchaus auch dann, wenn Begriffe bislang synonym verwendet wurden, im Zuge der Ausdifferenzierung des Denkens von der Möglichkeit Gebrauch machen, unterschiedlichen Wörtern

zum Beispiel schreibt: "In this sense 'culture' would represent the sum total of art, philosophy, literature, and religion of a civilization, and civilization would represent the social, economic and political and legal arrangements by which the human community is ordered" (Niebuhr 1960, S. 6f.; vgl. dazu Fisch 1992, S. 772f.). Diese Differenzierung liegt ja auch nahe, weil man im Begriff "Kultur" durchaus das organische, wachsende, spontan geschehende, keine universale Geltung in Anspruch nehmende (Burckhardt 1969, S. 57ff.) und damit auch Kontingente mithören kann, in Zivilisation dagegen den Moment des Zivilen, des Staatsbürgerlichen, der Zivilgesellschaft (vgl. Huizinga 1948, bes. S. 165). In diesem Sinne hat zum Beispiel François Furet die Sowjetunion als Weltmacht ohne wirkliche Zivilisation kennzeichnen können (Furet 1996, S. 89). Den Kulturbegriff hätte er an dieser Stelle wohl nicht verwenden können.

Zieht man die begriffliche Grenzlinie so, dann besteht kein Grund, einen *Kulturrelativismus* abzulehnen, der die grundsätzliche Gleichberechtigung verschiedener Kulturen zugesteht.[2] Auf politischer und rechtlicher Seite dagegen wäre allein die Perspektive der Zivilisation relevant und zulässig. Es liegt also nahe, einen gemäßigten Kulturrelativismus mit einem *menschenrechtlichen zivilisatorischen Universalismus* zu verbinden, das heißt, den Universalismus allein auf die Sphäre zu beschränken, in der er zuständig, nützlich und seinerseits sinnvoll ist. Nachdem der Begriff der Barbarei nicht mehr diskriminatorisch auf außerwestliche Gesellschaften beschränkt werden konnte, sondern auch antizivilisatorische Erscheinungen im Zusammenhang von Modernisierungsprozessen selbst meinen kann, ist der erste Empörungsimpuls gegen den ethnologischen Relativismus ohnehin abgeflaut und die Relativismuskritik hat sich auf den wesentlichen Punkt konzentriert, nämlich auf die Frage, wie bei der Akzeptanz relativistischer Überlegungen eigentlich noch eine Kritik an beispielsweise faschistischen Entwicklungen möglich sei.

Diese Differenzierung ist insofern hilfreich, als bislang die Neigung besteht, kulturrelativistische Argumente, die ja einige Evidenz und Berechtigung für sich haben, von denen also eine durchaus eindrucksvolle Überzeugungswirkung ausgeht, als Begründung für die Ablehnung und Unterdrückung von Menschenrechten zu verwenden. Kultur ist immer lokale Sinnproduktion, während Produkte der Zivilisation und damit auch die Menschenrechte universal und global werden können.[3] Die Neigung von Autokraten,

---

auch unterschiedliche Bedeutungen beizulegen statt den gewünschten Präzisionseffekt durch die Konstruktion von Kunstworten oder umständliche Adjektivbeifügungen zu erzielen.

2 Ihre Gleich*rangigkeit* wäre eine zweite Frage, die dem ästhetischen, philosophischen oder religiösen Urteil unterliegt, nicht aber dem politischen und rechtlichen. Auf jeden Fall wäre in diesen Punkten allergrößte Toleranz geboten, oder, wenn ein eiferndes und fanatisches Urteil gewüscht wäre, wie in bestimmten Bereichen der Kunstwertung, dann doch auf jeden Fall eins, welches keine zivilrechtlichen Folgen in dem Sinne für den Künstler hätte, daß dieser dann befürchten müßte, eingesperrt oder ermordet zu werden.

3 Vgl. den Kulturbegriff von Clifford Geertz, 1987, bes. S. 7-44. Dazu Tibi 1991, S.276f. Tibi lehnt den kulturellen Relativismus als menschenrechtsfeindlich ab und plädiert für kulturellen Pluralismus. Den Unterschied von Relativismus und Pluralismus sieht er darin, daß es im Pluralismus immer eine Art von Basiskonsens gibt. Ich halte einen solchen Basiskonsens allein im politisch-legalen Bereich der Zivilisation für nötig, nicht aber im Feld der Kultur. Zwischen verschiedenen Religionen muß es kei-

Repression mit dem Hinweis auf andersgeartete kulturelle Üblichkeiten zu rechtfertigen, wird argumentativ erschwert durch die Trennung der nichtnormativen kulturellen Momente von den normativen zivilisationsmäßigen. Andererseits wird die Forderung der Toleranz und des Respekts vor fremden Kulturen entlastet vom Odium des Tolerierens von Repression. Kulturrelativistisches Denken kann durchaus in wesentlichen Punkten akzeptiert werden und muß nicht notwendigerweise zum Menschenrechtsrelativismus führen, wenn man die hier vorgeschlagene Trennlinie sorgfältig beachtet (neuerdings argumentiert Etzioni ganz ähnlich: 1997).

Gewiß kann diese begriffliche Differenzierung das Problem nicht lösen, sie kann allerdings helfen, es klarer zu sehen. Inhaltlich ist hier ein Widerstreit zu konstatieren. Kollektivistische oder korporatistische Kulturformen sind von Auflösung bedroht, wenn menschenrechtlich fundierte individuelle Rechtsansprüche gestellt werden können. Der Zwang, sein Wohngebiet nicht verlassen zu dürfen oder nur eine bestimmte Sprache zu erlernen und zu sprechen, um den Bestand einer wirklich oder vermeintlich vom Aussterben bedrohten Sprachgemeinschaft zu wahren, ist nur kollektivistisch, nicht aber individualistisch zu rechtfertigen. Überkommene Sprachkultur und menschenrechtliche Zivilisation können also nicht einfach in ihren unterschiedlichen Sphären koexistieren, sondern die konsequente Individualisierung tendiert dazu, solche Kulturformen aufzulösen, die kollektivistisch begründet sind. Der menschenrechtliche Individualismus kann ihre Erhaltung allein der Freiwilligkeit anvertrauen, die aber, wenn sie mit erheblichen Einschränkungen und Opfern, insbesondere Nachteilen auf dem Berufsmarkt verbunden ist, wohl nicht als ausreichend angesehen werden kann. Hier gilt es mit John Rawls einen Vorrang der individuellen Freiheitsrechte vor den Kollektivgütern zu postulieren, also einen Vorrang des Zivilisationsmäßigen und in diesem Sinne Politischen vor dem Kulturellen.

Die menschenrechtlich ausgerichtete Zivilisation wird also überall dort, wo sie sich durchsetzt, ihren Individualismus den kollektiveren Kulturformen aufprägen und diese durch eine neuere Kultur der Individualität ersetzen. Auch eine postmoderne Kultur wird die Beibehaltung etwa archaischer Sozialisations- oder Lebensformen nur noch als individuelle Entscheidung akzeptieren. Anders als eine zu selbstsichere Moderne wird sie allerdings nicht jedem Individuum die eigene Lebensform als allein zeitgemäß und verbindlich aufzwingen wollen. Postmodern wäre also keineswegs, wie oft in einem Mißverständnis unterstellt wird, der Verzicht auf die grundlegende Universalität der individuellen Menschenrechte, sondern stattdessen eine neue, in allen außer den be-

---

nen Basiskonsens geben, lediglich das politische Arrangement, die andere nicht zu unterdrücken und zu verfolgen. Ähnliches gilt für Malerei, Literatur, und alle anderen Erscheinungen der Kultur. Das, was Tibi mit kulturellem Pluralismus meint, kann man deshalb durchaus mit dem Wort Relativismus bezeichnen, zumal die Geschmacksurteile und die Glaubensgewißheiten in diesem Bereich in der Tat kaum als kommensurabel gelten können. Es ist nur wichtig, einen weiteren Begriff vorzuhalten, in meinem Fall Zivilisation, der den Bereich bezeichnen kann, welcher unverzichtbarerweise auf einige grundlegende Gemeinsamkeiten angewiesen ist.

wußter eingegrenzten Kernbereichen toleranter gefaßte Balance zwischen Pluralität und Universalität.

Literatur

Ahmed, Akbar S.: Postmodernism and Islam. Predicament and Promise. London und New York 1992.

Ahmed, Akbar S. / Hastings, Donnan (Hg.): Islam, globalization and postmodernity. London und New York 1994.

Ahmed, Akbar S. / Hastings, Donnan: Islam in the age of postmodernity. In: Islam, globalization and postmodernity. London und New York 1994. 1-20.

Apel, Karl-Otto: Anderssein, ein Menschenrecht? Über die Vereinbarkeit universaler Normen mit kultureller und ethnischer Vielfalt. Blätter für deutsche und internationale Politik, 39. Jg. 1994, 1062-1067.

Berlin, Isaiah: Der angebliche Relativismus des europäischen Denkens im 18. Jahrhundert. In: ders., Das krumme Holz der Humanität. Kapitel der Ideengeschichte, Hg. von Henry Hardy, Frankfurt/M. 1992, 97-122.

Burckhardt, Jacob: Weltgeschichtliche Betrachtungen, Stuttgart 1969.

Etzioni, Amitai: The End of Cross-Cultural Relativism, Alternatives 22. Jg. 1997, S. 177-189.

Ferry, Luc/ Renaut, Alain: Antihumanistisches Denken. Gegen die französischen Meisterphilosophen. München und Wien 1987.

Finkielkraut, Alain: Die Niederlage des Denkens. Reinbek 1989.

Fisch, Jörg: Artikel „Zivilisation, Kultur", in: Otto Brunner, Werner Conze, Reinhart Koselleck, Geschichtliche Grundbegriffe, Historisches Lexikon zur politisch-sozialen Sprache in Deutschland, Bd. 7, Stuttgart 1992.

Furet, François: Das Ende der Illusion. Der Kommunismus im 20. Jahrhundert. München 1996.

Geertz, Clifford: Dichte Beschreibung. Beiträge zum Verstehen kultureller Systeme. Frankfurt/M. 2. Aufl. 1991.

Gerholm, Tomas: Two Muslim intellectuals in the postmodern West. Akbar Ahmed and Ziauddin Sardar. In: Akbar S. Ahmed, Hastings Donnan (eds.): Islam, globalization and postmodernity. London und New York 1994. 190-212.

Habermas, Jürgen: Kleine Politische Schriften (I-IV). Frankfurt/M. 1981.

Habermas, Jürgen: Der philosophische Diskurs der Moderne. Zwölf Vorlesungen. Frankfurt/M. 1985.

Hegel, G.W.F.: Werke in zwanzig Bänden, Theorie-Werkausgabe, Hg. Eva Moldenhauer und Karl Markus Michel, Frankfurt 1970.

Howard, Rhoda E.: Human Rights and the Search for Community. Boulder/Col. und Oxford 1995.

Huizinga, J., Der Sprachbegriff Kultur, in: ders., Schriften zur Zeitkritik, Zürich und Brüssel 1948.

Kant, Immanuel: Kleinere Schriften zur Geschichtsphilosophie, Ethik und Politik, Hg. Karl Vorländer, Hamburg, unveränderter Nachdruck 1973 der Ausg. von 1913.

Kepel, Gilles: Die Rache Gottes. Radikale Moslems, Christen und Juden auf dem Vormarsch. München und Zürich 3. Aufl. 1994.

Klinger, Cornelia: Faschismus - der deutsche Fundamentalismus? Merkur 49. Jg. 1995, S. 782-798

Lévi-Strauss, Claude: Strukturale Anthropologie II, Frankfurt 1992.

van der Loo, Hans / van Reijen, Willem: Modernisierung. Projekt und Paradox, München 1992.

Lyotard, Jean-François: Der Widerstreit. München 1987 (zuerst als Le Différend, Paris 1983).

Lyotard, Jean-François: Postmoderne für Kinder. Briefe aus den Jahren 1982-1985. Wien 1987.

Niebuhr, Reinhold: Reinhold Niebuhr on Politics. His Political Philosophy and its Application to Our Age as Expressed in His Writings. Ed. by Harry R. Davis and Robert C. Good, New York 1960.

Parsons, Talcott: Democracy and Social Structure in Pre-Nazi Germany (1942). Essays in Sociological Theory. Revised Edition. New York und London 1954. 104-123.

Perpeet, W.: Kultur, Kulturphilosophie in: Historisches Wörterbuch der Philosophie, Hg. Joachim Ritter und Karlfried Gründer, Bd. 4, Basel und Stuttgart 1976, Sp. 1318.

Reese-Schäfer, Walter: Lyotard zur Einführung, Hamburg 3. Aufl. 1995.

Reese-Schäfer, Walter: Was bleibt nach der Dekonstruktion? Zur postmodernen Politiktheorie. In: Der Wille zur Demokratie. Traditionslinien und systematische Perspektiven. Festschrift für Wilfried Röhrich, Hg. von Annette Wiese-Krukowska, Uwe Carstens und Carsten Schlüter-Knauer, Berlin: Duncker & Humblot 1998 (im Erscheinen)

Rippe, Klaus Peter: Ethischer Relativismus. Seine Grenzen - seine Geltung. Paderborn, München, Wien, Zürich 1993.

Taylor, Charles: Multikulturalismus und die Politik der Anerkennung. Mit Kommentaren von Amy Gutmann, Steven C. Rockefeller, Michael Walzer, Susan Wolf. Mit einem Beitrag von Jürgen Habermas, Frankfurt 1993.

Tibi, Bassam: Die Krise des modernen Islams. Eine vorindustrielle Kultur im wissenschaftlich-technischen Zeitalter. Frankfurt/M. 2. Aufl. 1991.

Tibi, Bassam: Islamischer Fundamentalismus, moderne Wissenschaft und Technologie. 2. Aufl. Frankfurt/M. 1993.

Tibi, Bassam: Die Verschwörung. Das Trauma arabischer Politik. Erweiterte und aktualisierte Ausgabe München 1994.

Tibi, Bassam: Im Schatten Allahs. Der Islam und die Menschenrechte. München und Zürich 1996.

Tönnies, Sibylle: Der westliche Universalismus. Eine Verteidigung klassischer Positionen. Opladen 1995.

Tönnies, Ferdinand: Gemeinschaft und Gesellschaft. Grundbegriffe der reinen Soziologie. Darmstadt 2. Aufl. 1988 (zuerst 1887).

Skadi Krause und Karsten Malowitz

Zum Begriff der Gerechtigkeit in der Diskursethik von Jürgen Habermas

Einleitung

Das von Habermas entwickelte Begründungsprogramm der Diskursethik stellt sich ausdrücklich in die Kantische Tradition. Für ihn funktioniert der Universalisierungsgrundsatz "wie ein Messer, das einen Schnitt legt zwischen 'das Gute' und 'das Gerechte', zwischen evaluative und streng normative Aussagen" (Habermas 1983, 113). Fragen des Guten werden nach Habermas in Selbstverständigungsdiskursen aufgeworfen, in denen sich einzelne Individuen oder Gemeinschaften im Rahmen ihres lebensweltlichen Zusammenhangs ihrer Identität versichern, indem sie sich über die Bedeutung von Werten verständigen. Demgegenüber hat die Frage des Gerechten für Habermas ihren Ort in Handlungskonflikten, in denen sich die Beteiligten ohne argumentative Rückendeckung durch jeweils eigene lebensweltliche Gewißheiten über eine unparteiliche Lösung diskursiv auseinandersetzen.

An dieser grundsätzlichen Trennung hat Habermas trotz all der Modifikationen seines diskursethischen Ansatzes bis heute festgehalten. Auch in seiner neuesten Veröffentlichung über die *Einbeziehung des Anderen* bildet der unbedingte Vorrang des Gerechten vor dem Guten denjenigen Punkt, an dem sich für ihn entscheidet, ob eine Ethik den kognitiven Begründungsansprüchen der Moderne genügt oder nicht. In Auseinandersetzung mit der in den vergangenen Jahren geführten Diskussion zwischen Liberalen und Kommunitaristen plädiert Habermas entschieden für die Unhintergehbarkeit einer deontologischen Universalmoral und betont unbeirrt die Notwendigkeit ihrer rationalen Begründung: "Ohne den Vorrang des Gerechten vor dem Guten kann es auch kein ethisch neutrales Gerechtigkeitskonzept geben. Das hätte für die Regelung der gleichberechtigten Koexistenz in weltanschaulich pluralistischen Gesellschaften mißliche Folgen. Individuen und Gruppen mit je eigenen Identitäten könnte dann nämlich Gleichberechtigung nur nach Maßstäben garantiert werden, die ihrerseits Bestandteil einer gemeinsamen, von allen gleichmäßig anerkannten Konzeption des Guten sind. Dieselbe Bedingung gälte, mutatis mutandis, für eine gerechte Regelung des internationalen Verkehrs zwischen Staaten, des kosmopolitischen Verkehrs zwischen Weltbürgern und der globalen Beziehungen zwischen Kulturen." (Habermas 1996a, 42) Das unbedingte Erfordernis, für den Vorrang des Gerechten vor dem Guten den Nachweis allgemeinverbindlicher Begründbarkeit zu führen, wird für die politische Situation der Gegenwart eindringlicher wohl kaum formuliert. Damit entwickelt Habermas allerdings auch eine ganz eigene Perspektive auf die Frage der Gerechtigkeit. Mit den Problemen, welche sich in der Frage des Vorrangs des Gerechten vor dem Guten artikulieren, verlagert sich die entscheidende Frage nach der Möglichkeit von Gerechtigkeit auf die Frage nach deren Begründbarkeit - und damit auf die Frage, ob die Begründbarkeit selbst zu den notwendigen Bedingungen eines Konzepts universaler Gerechtigkeit gehört.

Wir möchten in unserem Aufsatz die These vertreten, daß diese Ausrichtung des Erkenntnisinteresses zu einer einseitig rationalitätstheoretischen Orientierung des Projekts der Diskursethik geführt hat, die dem Problem moralischer Gerechtigkeit nicht angemessen ist. Um dies zu verdeutlichen, werden wir zunächst in zwei Schritten der Ausarbeitung des diskursethischen Modells nachgehen. Anschließend werden wir in einem dritten Schritt einige Fragen formulieren, welche uns geeignet erscheinen, die von Habermas favorisierte theoretische Konzeption der Frage der Gerechtigkeit nachhaltig in Zweifel zu ziehen.

Unterwegs zur Gerechtigkeit

Der Begriff der Gerechtigkeit spielt im Rahmen des theoretischen Ansatzes der 1962 veröffentlichten Arbeit über den *Strukturwandel der Öffentlichkeit*[1] noch keine nennenswerte Rolle. Expressis verbis verwendet Habermas den Begriff lediglich im Hinblick auf die Notwendigkeit einer über die Sicherung der liberalen Grundrechte hinausgehenden sozialen Leistungstätigkeit des Staates. Aufgabe des "sozialpflichtigen" Staates soll die Übernahme einer materialen Garantie sein, "die den auftretenden Interessentenkompromissen programmatisch Regeln einer Justitia Distributiva vorzeichnet: so fällt etwa die Aufteilung des Sozialproduktzuwachses [sic!] zunehmend in die Kompetenz politischer Instanzen" (Habermas 1962/1990a, 329).

Das Problem sozialer Gerechtigkeit interessiert Habermas nur, insofern es die für ihn zentrale Frage nach den Grenzen und Möglichkeiten *demokratischer Partizipation* in modernen Staaten berührt (vgl. auch Habermas 1961). Deren entscheidendes Problem besteht nach Habermas weniger in einem Defizit an *distributiver Gerechtigkeit*, als vielmehr in einem Defizit an Foren *deliberativer Öffentlichkeit*, die geeignet sein könnten, die gesellschaftliche Spaltung in eine Minderheit nichtöffentlich räsonnierender Spezialisten und eine entpolitisierte, lediglich zu Zwecken der Akklamation sporadisch aktivierten Masse von Konsumenten zu überwinden. Es geht Habermas also um die Frage, wie jenes vormals durch den Akt öffentlicher Deliberation verbürgte Moment der Vernünftigkeit eines argumentativ erzielten Konsenses der Bürger auch unter Bedingungen sozialstaatlicher Massendemokratie in den Prozeß der politischen Meinungs- und Willensbildung eingeholt werden kann. Mit der Konzeption, die Verwirklichung des Prinzips deliberativer Öffentlichkeit zum Gradmesser gelingender Demokratisierung zu machen, trifft Habermas bereits zu diesem Zeitpunkt eine folgenschwere Vorentscheidung über den Begriff demokratischer Partizipation. Deren Sinn und Zweck besteht für ihn fortan in der Aufgabe einer "*Rationalisierung des Vollzugs sozialer und politischer Gewalt.*" (Habermas 1962/1990a, 338)

---

1 Im Folgenden zitiert nach der 1990 in Frankfurt/M. erschienenen Neuauflage.

Damit steht Habermas vor einer doppelten Problemstellung: Zunächst muß es ihm darum gehen, den theoretischen Nachweis der *Wahrheitsfähigkeit* und damit einer Diskussionswürdigkeit normativ-praktischer Fragen zu erbringen. Diesen Versuch unternimmt Habermas in den unter dem Stichwort der "Universalpragmatik" geführten sprach- und evolutionstheoretischen Untersuchungen der siebziger Jahre (vgl. Habermas 1971; 1973; 1976a; 1976b; 1976c), die dann im 1981 veröffentlichten Monumentalwerk der *Theorie des kommunikativen Handelns*[2] ihre systematische Ausarbeitung finden.

Fortan fungiert die Einlösung diskursiver Geltungsansprüche unter Bedingungen einer idealen Sprechsituation für Habermas als entscheidender Statthalter für die Möglichkeit, daß der kommunikativen Verwendung der Sprache immanente Telos zwangloser Verständigung auch im Rahmen sozialintegrativer Prozesse als Maßstab möglicher Kritik in Anschlag zu bringen. Im Zusammenhang mit seinen kommunikationstheoretischen Arbeiten sieht sich Habermas darüber hinaus mit der Aufgabe konfrontiert, auf die *Verwirklichungsbedingungen* des der Sprache eingeschriebenen Ideals der Mündigkeit zu reflektieren. Zum einen geht es ihm darum, Diskurse im Rahmen geeigneter institutioneller Arrangements wirklichkeitswirksam einzurichten und dauerhaft zu sichern. Wir nennen das die *konstruktive* Seite des Problems. Sie tritt zu diesem Zeitpunkt allerdings noch hinter der Frage nach dem in der Sphäre rechtsstaatlicher Institutionen bereits aktuell verwirklichten oder strukturell angelegten universalistischen Potential kommunikativer Vernunft zurück. Diese bezeichnen wir als *rekonstruktiven* Aspekt des Problems. Die rekonstruktive Perspektive setzt Habermas zufolge die theoretische Konzeptualisierung einer kognitiven Entwicklungslogik auf der Ebene von Gesellschaften voraus (a), während mit der konstruktiven Frage nach den Möglichkeiten einer erfolgreichen Institutionalisierung normativ-praktischer Diskurse das Folgeproblem einer adäquaten Analyse und angemessenen Berücksichtigung der gesellschaftlichen Rahmenbedingungen aufgeworfen wird (b).

(a) In Anlehnung an die entwicklungstheoretischen Arbeiten von Freud, Mead, Piaget, Kohlberg und Chomsky bemüht sich Habermas Mitte der siebziger Jahre um ein evolutionstheoretisches Geschichtsmodell. Leitend ist dabei für ihn "die Annahme, daß auch in der Dimension der moralischen Einsicht, des praktischen Wissens, des kommunikativen Handelns und der konsensuellen Regelung von Handlungskonflikten Lernvorgänge stattfinden, die sich in reiferen Formen der sozialen Integration, in neuen *Produktionsverhältnissen* niederschlagen und ihrerseits erst den Einsatz neuer Produktivkräfte möglich machen. Damit gewinnen die Rationalitätsstrukturen, die in Weltbildern, Moralvorstellungen und Identitätsformationen ihren Ausdruck finden, die in sozialen Bewegungen praktisch wirksam und schließlich im Institutionensystem verkörpert werden, eine theoriestrategisch wichtige Stellung." (Habermas 1976b, 12)

Gegenüber den in seinen Augen nivellierenden Konsequenzen eines historistischen Relativismus' der Weltbilder geht es Habermas darum, mit Hilfe eines entwicklungstheoretischen Modells der Rationalisierung einen nicht-kontingenten Maßstab der Kritik

---

2 Im Folgenden zitiert nach der vierten Auflage von 1987.

verschiedener Formen rechtlicher und moralischer Sozialintegration zu ermitteln. Die Legitimität sozialer Ordnungen und Konfliktlösungsmechanismen soll sich daran bemessen lassen, inwieweit die betroffenen Mitglieder die in den Weltbildern und Institutionen ihrer Gesellschaft latent enthaltenen Rationalitätsstrukturen tatsächlich in angemessener Weise ausschöpfen oder, unter besonderen Umständen, den Schritt zu der im Rahmen der Entwicklungslogik nächsthöheren Entwicklungsstufe vollziehen (vgl. Habermas 1976d). Die höchste Stufe dieses gesellschaftlichen Rationalisierungsprozesses sieht Habermas dann erreicht, wenn die über Recht und Moral vermittelten Mechanismen der Sozialintegration einer Gesellschaft den komplexen Anforderungen einer an der zwanglosen Anerkennung von *universalen Geltungsansprüchen* orientierten intersubjektiven Verständigung, wie sie Habermas in seinen universalpragmatischen Untersuchungen nachzuweisen sucht, zu genügen vermögen. Damit erfährt der für ihn leitende Begriff der Rationalisierung von Herrschaftsverhältnissen eine umfassendere Bedeutung. "*Rationalisierung* bedeutet Tilgung jener Gewaltverhältnisse, die in die Kommunikationsstrukturen unauffällig eingelassen sind, und die die bewußte Konfliktaustragung und eine konsensuelle Konfliktregelung durch intrapsychische ebenso wie durch interpersonelle Sperren der Kommunikation verhindern. Rationalisierung bedeutet die Überwindung solcher systemisch verzerrten Kommunikationen, in denen der handlungstragende Konsens über die wechselseitig erhobenen Geltungsansprüche, insbesondere derjenige über Wahrhaftigkeit der intentionalen Äußerungen und über die Richtigkeit der zugrundeliegenden Normen nur zum Scheine, d.h. kontrafaktisch aufrechterhalten wird. Die Stufen von Recht und Moral, von Ich-Abgrenzung und Weltbildern, von Identitätsformationen des Einzelnen wie des Kollektivs, sind Stufen in diesem Prozeß." (Habermas (1976b, 34) Von entscheidender Bedeutung für die Stichhaltigkeit des von Habermas erarbeiteten Konzepts erweist sich letztendlich die Frage, inwieweit es ihm gelingt, den mit universalpragmatischen Mitteln rekonstruierten Zusammenhang zwischen *geltungsorientierter Rede* und *universaler Rechtfertigung* im Rahmen einer normativen Gesellschaftstheorie plausibel zu machen. Wir werden darauf im Rahmen unserer kritischen Diskussion der Habermasschen Theorie zurückkommen.

(b) Was den zweiten Punkt des Problems betrifft, so erkennt Habermas von nun an ausdrücklich die auf Seiten der Systemtheorie behauptete Notwendigkeit einer Selbstregulierung der ausdifferenzierten Subsysteme von Wirtschaft und Staat über die Steuerungsmedien Geld und Macht als eine "bei Strafe" des Rückfalls hinter ein einmal erreichtes Entwicklungsniveau unhintergehbare Differenzierungsleistung komplexer Gesellschaften an. Habermas rückt daher die Frage in den Mittelpunkt, "ob man nicht innerhalb des ökonomischen Systems einen großen Teil der bestehenden Komplexität mit Hilfe der Steuerungsmedien Geld und Macht erhalten muß, während die Formen diskursiver Willensbildung vor allem auf die zentralen Strukturen der politischen Herrschaft ausgedehnt werden" (Habermas 1981b, 504).

Damit geht Habermas im Laufe der siebziger Jahre deutlich auf Distanz zu dem noch wenige Jahre zuvor von ihm selbst vertretenen Ansatz einer *vollständigen* Reorganisation aller Gesellschaftsbereiche nach dem Prinzip öffentlich-diskursiver Willensbildung.

Die als fundamental- oder basisdemokratisch zu bezeichnende Perspektive wird von Habermas jetzt stärker in Richtung eines *prozeduralen* Ansatzes verschoben. Das Problem der als Rationalisierungsprozeß verstandenen Demokratisierung konzentriert sich für ihn fortan auf die Einrichtung politischer Institutionen und rechtlicher Rahmenbedingungen, die geeignet sind, solche inklusiven Meinungs- und Willensbildungsprozesse, die dem universalistischen Rechtfertigungsniveau intersubjektiver, über Geltungsansprüche gesteuerter Verständigungsprozesse entsprechen, hinreichend zu gewährleisten oder angemessen zu substituieren. Über seine Basisinstitutionen muß und soll das Rechtssystem *als ganzes* an den rationalen Gehalt einer über Geltungsansprüche zwanglos integrierten kommunikativen Alltagspraxis der Bürger rückgekoppelt werden. Diese Rückkopplung ist insofern von zentraler Bedeutung, als sie nach den vorangegangenen Einschränkungen nunmehr die einzige Möglichkeit für die Bürger darstellt, auf die einer *direkten* Partizipation weitgehend entzogenen subsystemischen Steuerungsprozesse dennoch einzuwirken.

Die bisherige Rekonstruktion hat einerseits verdeutlicht, daß dem Begriff der Gerechtigkeit im theoretischen Vokabular bislang keine systematische Funktion zukommt. Vielmehr versucht Habermas den Gehalt der Gerechtigkeitsproblematik mit den Begriffen von *Demokratisierung* und *Rationalisierung* einzufangen. Dabei weist "die Form der Demokratisierung" für Habermas nach wie vor die Gestalt einer "institutionelle[n] Verknüpfung politischer Herrschaft mit Diskursen, in denen ein begründeter Konsens erzielt werden *soll*" (Habermas 1981c, 323) auf. Andererseits haben wir gezeigt, daß die Art und Weise, in der diese institutionelle Verknüpfung Habermas zufolge gedacht werden muß, im Laufe der Jahre einige beträchtliche Veränderungen erfahren hat. Beinhaltete das Konzept einer *Rationalisierung* politischer Herrschaft für Habermas ursprünglich die erfolgreiche Konstituierung einer Gesellschaft als eines bewußten politischen Gemeinwesens durch den demokratischen Prozeß, so hat er dieses republikanische Moment in den siebziger Jahren weitgehend verabschiedet. *Rationalisierung* soll sich nun nicht mehr in erster Linie durch das demokratische Engagement der Bürger, sondern durch die geeignete rechtliche Institutionalisierung von Prozessen und Verfahren der Willensbildung und Entscheidungsfindung vollziehen. Diese Transformation läßt sich in konstruktiver Hinsicht als Reaktion auf die systemtheoretische Belehrung über die Komplexität differenzierter und dezentrierter Gesellschaften und den damit einhergehenden Verlust direkter bürgerlicher Partizipation verstehen. In rekonstruktiver Perspektive kann der von Habermas vollzogene Wandel jedoch auch als Konsequenz seiner universalpragmatischen Überlegungen zur Wahrheitsfähigkeit normativ-praktischer Fragen interpretiert werden. In dem Maße, wie sich die Vernünftigkeit von Entscheidungen nach allgemeinen, "aktorunabhängigen" Gesichtspunkten beurteilen lassen soll, muß der faktische Willen der Beteiligten als Kriterium legitimer politischer Entscheidungen hinter der Institutionalisierung jener "aktorunabhängigen" Vernunftmomente in Verfahren der Deliberation und Dezision zurücktreten.

Die Thematisierung von Elementen distributiver Gerechtigkeit im Rahmen einer weitergehenden Konzeption sozialer Gerechtigkeit oder die entwicklungslogische Rekonstruktion der in Institutionen verkörperten moralischen Gehalte kommt unabhängig von dem als Aufgabe rationaler Demokratisierung verstandenen Modell politischer Gerechtigkeit keinerlei selbständige Bedeutung zu.

Im Bann der Gerechtigkeit

Seine eindrucksvolle Fortsetzung findet dies Theoriedesign in den im Laufe der achtziger und neunziger Jahre entstandenen Arbeiten zur Diskursethik (1.) und zur Theorie des demokratischen Rechtsstaats (2.), denen wir uns im nun folgenden Abschnitt zuwenden wollen.

(1.) Im Anschluß an Strawson (vgl. Strawson 1962) plädiert Habermas dafür, daß eine Moralphilosophie, die ihren Gegenstand nicht von vornherein verfehlen will, "an die Einstellung von Teilnehmern der kommunikativen Alltagspraxis anknüpfen" müsse (Habermas 1983, 58). Diese Entscheidung ist insofern von besonderem Interesse, als mit ihr die phänomenologische Beschreibung einer in lebensweltlichen Zusammenhängen situierten moralischen Alltagspraxis in eine für das diskursethische Begründungsprogramm zentrale theoretische Position rückt. Die erst noch zu erarbeitende, im engeren Sinne moraltheoretische Begründung kann unabhängig von der ihr vorausgehenden Beschreibung keine Stichhaltigkeit beanspruchen. Vielmehr bleibt umgekehrt ihre Überzeugungskraft letztlich in nicht geringem Maße abhängig von der Plausibilität der ihr vorausgehenden *Phänomenologie des Moralischen*. Wir werden auf diesen Punkt in unserer Kritik zurückkommen.

Betrachtet man nun das Bild, welches Habermas vom Gegenstand des Moralischen entwirft, so sind insbesondere zwei Aspekte bemerkenswert. Den Gefühlen der Entrüstung, der Kränkung oder des Ressentiments läßt sich nach Habermas nur dann ein nicht-reduzierter Sinn zuschreiben, wenn man davon ausgeht, daß sie emotive Reaktionen darstellen, mit denen der oder die Betroffenen auf eine Mißachtung normativer Erwartungen antworten, die sie nicht nur gegenüber *bestimmten*, sondern prinzipiell gegenüber *allen* zurechnungsfähigen Aktoren aufrecht erhalten. Dies beinhaltet nach Habermas aber die Bedingung, daß die an moralischen Auseinandersetzungen Beteiligten von der universalen Begründbarkeit ihrer normativen Erwartungen überzeugt sind. Diese Annahme, die Habermas unter Rekurs auf die von ihm schon im Rahmen seiner sprachtheoretischen Studien entwickelten Überlegungen zum wahrheitsanalogen Geltungsanspruch der normativen Richtigkeit theoretisch zu untermauern sucht, führt zu dem zweiten in unserem Zusammenhang wichtigen Aspekt, nämlich dem von Habermas unternommenen "Versuch, die Ethik in der Form einer Logik der moralischen Argumentation zu begründen" (Habermas, 1983, 67).

Moralische Diskurse bilden jene Form der Fortsetzung eines an zwangloser Handlungskoordinierung interessierten Prozesses intersubjektiver Verständigung, dessen normative Grundlagen ihre fraglose Gültigkeit für die Beteiligten verloren haben. Dieser Bezug auf die "konkrete Ausgangslage eines gestörten normativen Einverständnisses"

(Habermas 1983, 113) ist für Habermas' Auffassung moralischer Konflikte insofern entscheidend, als er den Erfolg moralischer Diskurse davon abhängig macht, daß die Beteiligten zu einer konsensuellen Beilegung ihres Konflikts gelangen. Die diskursive „Reparaturleistung" besteht dann darin, "einem zunächst strittigen und dann entproblematisierten, oder einem anderen, für diesen substituierten Geltungsanspruch intersubjektive Anerkennung zu sichern" (Habermas 1983, 77). In diesem Einverständnis wird für Habermas ein "gemeinsamer Wille" entwickelt. Dabei ist es, wie er in Auseinandersetzung mit entsprechenden Überlegungen Tugendhats (vgl. Tugendhat 1984) deutlich macht, nicht die Tatsache, daß es sich um den faktischen *Willen* der Beteiligten handelt, als vielmehr das Kriterium der *Gemeinsamkeit*, d. h. der *Übereinstimmung in den Gründen*, mit denen sie ihre Entscheidung argumentativ rechtfertigen, welche dieser ihre moralische Gültigkeit verleiht.[3] Diese Idee eines *rationalen Konsenses* bildet den spezifischen Kern der Diskursethik, durch den sie sich u. a. vom Ansatz eines "übergreifenden Konsenses", wie ihn John Rawls (vgl. Rawls 1992a; 1992b) vertritt, unterscheidet.[4] Habermas zufolge ist es nicht möglich, den mit normativen Geltungsansprüchen der Richtigkeit verbundenen kognitiven Gehalt aufzugeben, ohne damit die *einzige* Möglichkeit aufzugeben, die Differenz zwischen fairen Kompromissen und rationalen Konsensen auf der Ebene der Beteiligten einerseits und zwischen universal begründeter Gültigkeit und faktischer Geltung auf der Ebene sozialer Normen andererseits aufrechtzuerhalten. Davon ausgehend konzentriert sich Habermas auf die für sein Programm einer Diskursethik entscheidende Frage nach der Begründung eines unparteilichen Universalisierungsgrundsatzes. Unter Rückgriff auf seine Arbeiten zur Universalpragmatik versucht er zu zeigen, "daß die Idee der Unparteilichkeit *in* den Strukturen der Argumentation *selbst verwurzelt* ist und nicht als ein zusätzlicher normativer Gehalt in sie *hineingetragen* zu werden braucht" (Habermas 1983, 86).

Im Mittelpunkt steht dabei das Argument des performativen Widerspruchs, wonach der Versuch, die Möglichkeit universal gültiger moralischer Normen argumentativ zu bezweifeln, jedem potentiellen Skeptiker implizite Voraussetzungen abnötigt, deren normativer Gehalt sich derart rekonstruieren läßt, daß er von ihm notwendig die Anerkennung gerade jenes moralischen Universalisierungsgrundsatzes verlangt, den in Zweifel zu ziehen er angetreten war. Demnach lassen sich aus den im Anschluß an Handlungskonflikte zur Wiederherstellung eines gestörten normativen Einverständnisses geführten Verständigungsprozessen moralisch anspruchsvolle Argumentationsregeln rekonstruieren (vgl. Alexy 1978), die es erlauben, den diskursethischen Grundsatz zu rechtfertigen, "daß nur die Normen Geltung beanspruchen dürfen, die die Zustimmung aller Betroffenen als Teilnehmer eines praktischen Diskurses finden (oder finden könnten)" (Habermas 1983, 103). Da dieser Grundsatz den Beteiligten in Auseinandersetzungen über moralische und rechtliche Fragen lediglich eine in den Strukturen ihrer Kommunikation innewohnende Antizipation unparteilicher Urteilsbildung in Form einer

---

3 Vgl. den *Exkurs* in: Habermas (1983), 78-86.

4 Gerade gegen Rawls hat Habermas in seiner neuesten Publikation mit Entschiedenheit und Nachdruck auf dieser Differenz bestanden (vgl. Habermas 1996b; 1996c).

Verfahrensvorschrift zur Verfügung stellt, meint Habermas eine gegenüber verschiedenen Lebensformen *neutrale*, weil von keinerlei *inhaltlichen* Vorgaben beeinflußte Begründung moralischer Normen entwickeln zu können.

Um diesen Anspruch auch wirklich einlösen zu können, sieht sich Habermas genötigt, die Ebene und den Gegenstand diskursiver moralischer Auseinandersetzungen in einer Weise zu bestimmen, die sie den in der Sphäre lebensweltlicher Sittlichkeit wirksamen Einflüssen partikularer kultureller Selbstverständlichkeiten entzieht. Denn in diesen "sind die Pflichten derart mit konkreten Lebensgewohnheiten vernetzt, daß sie ihre Evidenz aus Hintergrundgewißheiten beziehen können. Fragen der Gerechtigkeit stellen sich dort nur innerhalb des Horizonts von immer schon beantworteten Fragen des guten Lebens." Habermas unterscheidet deshalb "die *moralischen Fragen*, die unter dem Aspekt der Verallgemeinerungsfähigkeit von Interessen oder der *Gerechtigkeit* grundsätzlich rational entschieden werden können" von den *evaluativen* Fragen, "die sich unter dem allgemeinsten Aspekt als Fragen des *guten Lebens* (oder der Selbstverwirklichung) darstellen und die einer rationalen Erörterung nur *innerhalb* des unproblematischen Horizonts einer geschichtlich konkreten Lebensform oder einer individuellen Lebensführung zugänglich sind" (Habermas 1983, 117/118).

Mit dieser Konzeption hat der Begriff der Gerechtigkeit seine explizite und zentrale Stelle innerhalb des Habermasschen Theorieprogramms erhalten. Beachtenswert ist dabei insbesondere das von Habermas nun zwischen den Begriffen der Gerechtigkeit und der Rationalität hergestellte Verhältnis. Ebenso wie er an der Möglichkeit einer die Sphären partikularer kontextgebundener Sittlichkeiten transzendierenden, mithin in einem schwachen Sinne *unbedingten moralischen Gerechtigkeit* festhält, unternimmt er weiterhin den Versuch, einen nicht an bestimmte Kontexte der Beurteilung gebundenen Begriff der *Vernunft* gegenüber diversen kontextuell eingebundenen *Rationalitätsstandards* zu verteidigen. Und so, wie Habermas sein Begründungsprogramm entworfen hat, kann er die erste Behauptung nur dann aufrecht erhalten, wenn es ihm gelingt, zuvor die zweite einzulösen. Gerechtigkeit in dem von Habermas propagierten Sinn einer unparteilichen Verallgemeinerbarkeit von Normen ist ausschließlich möglich unter der epistemischen Voraussetzung einer universalen Konzeption von Rationalität. Als Statthalter einer solchen *kontexttranszendierenden Vernunft* fungieren die in jeder verständigungsorientierten Kommunikation von den Beteiligten implizit erhobenen universalen Geltungsansprüche. Damit stellt sich jedoch für Habermas die Frage nach dem Verhältnis dieses Begriffs *moralischer* Gerechtigkeit zu dem bisher entwickelten Konzept *politischer* Gerechtigkeit und der *ethischen* Frage des guten Lebens. Wenn er den Bereich des Politischen nicht auf das Feld der Moral reduzieren will, muß Habermas die Differenzen zwischen politischen und moralischen Diskursen angeben und auch ethischen Diskursen einen Ort zuweisen.

In Anlehnung an rechtstheoretische Arbeiten von Klaus Günther (vgl. Günther 1988) versucht Habermas den drohenden Riß zwischen Theorie und Praxis mit Hilfe der Unterscheidung von Begründungs- und Anwendungsdiskursen zu kitten (vgl. Habermas 1991a, 137 ff.). So muß die Aufgabe unparteilicher Urteilsbildung Habermas zufolge von den Beteiligten als zweistufiger Prozeß verstanden werden. In einem ersten Schritt geht es demnach darum, die Gültigkeit einer Norm für einen abstrakten Sachverhalt, "losgelöst von Situationen und ohne Rücksicht auf vorhandene Motive oder bestehende Institutionen, daraufhin zu prüfen, ob sie die wohlerwogene Zustimmung aller Betroffenen finden könnten" (Habermas 1991b, 113/114). Nur in einem solchen Prozeß entschränkter Argumentation soll sich nach Habermas jene "höherstufige Intersubjektivität einer Verschränkung der Perspektive eines jeden mit den Perspektiven aller" vollziehen können, welche "die Subjektivität der je eigenen Teilnehmerperspektive [sprengt], ohne den Anschluß an die performative Einstellung der Teilnehmer zu verlieren" (Habermas 1991b, 113). In einem *moralischen* Sinn gerecht sind dann all diejenigen Normen, die in moralischen Diskursen aus verallgemeinerungsfähigen Prinzipien heraus von allen Beteiligten wechselseitig voreinander gerechtfertigt werden können. In einem zweiten Schritt schließlich kommt es darauf an, sich der Angemessenheit der betreffenden Norm im Hinblick auf eine bestimmte Situation und die für sie charakteristischen Merkmale zu vergewissern. In jedem Fall aber, soll der so verstandene Universalisierungsgrundsatz "für endliche, aus ihren jeweiligen Kontexten urteilende Subjekte einen vernünftigen, also operationalen Sinn behalten" (Habermas 1991a, 139). Denn auch im moralischen Diskurs sollen die Beteiligten nicht vom lebensweltlichen Kontext abgeschnitten werden, sondern dieser soll für sie lediglich seine selbstverständliche Geltung eingebüßt haben (vgl. Habermas 1984).[5] Damit gibt Habermas deutlich zu erkennen, daß er die Diskursethik durchaus als praxisbezogene Moraltheorie versteht. Die für seinen Begriff *moralischer* Gerechtigkeit entscheidende Idee der Unparteilichkeit bleibt folglich solange in ihrem Gehalt unausgeschöpft, wie der in Begründungsdiskursen gebrauchte Universalisierungsgrundsatz nicht durch das Prinzip der Angemessenheit in Anwendungsdiskursen ersetzt wird: "Die prima facie gültigen Normen bleiben 'ungesättigt' in Hinsicht auf den zusätzlichen Interpretationsbedarf, der aus den besonderen Konstellationen nicht vorhersehbarer Anwendungssituationen entsteht." (Habermas 1991a, 139) Auf diese Weise hofft Habermas der kontextuellen Bestimmtheit von Lebenswelten nun in angemessener Weise gerecht zu werden.

Damit versucht Habermas nicht nur, *einen universalistischen Begriff der Moral* gegen einen *Pluralismus kultureller Sittlichkeiten* zu verteidigen, sondern darüber hinaus auch die für seinen Ansatz unentbehrliche Einheit praktischer Vernunft gegenüber der Herausforderung verschiedener Praktiken rationaler Rechtfertigung, wie sie pragmatische, ethische und moralische Fragen erforderlich machen können, aufrechtzuerhalten. Zu der Auffassung, daß wir uns in moralischen Diskursen, in die wir im Anschluß an Handlungskonflikte eintreten, um die rationale Begründung, d. h. um einen argumentativ erzielten Konsens strittiger normativer Fragen bemühen müssen, wenn wir die Möglichkeit einer universal begründbaren Moral nicht aufgeben wollen, gibt es für Haber-

---

5 Auch in der Auseinandersetzung mit Bernard Williams betont Habermas, daß die moraltheoretische Reflexion "die performative Einstellung von Interaktionsteilnehmern nicht aufgeben [darf]; nur so behält sie den Kontakt mit jenem durch Sozialisation erworbenen intuitiven Wissen, das moralische Urteile möglich macht." (Habermas 1991a, 125) Zur Position von Williams: (vgl. Williams 1985)

mas trotz aller damit verbundenen Schwierigkeiten[6] keine Alternative.[7] *Moralische Ge-rechtigkeit* meint für Habermas „nichts Materiales, kein[en] bestimmte[n] 'Wert', son-dern eine Dimension der Gültigkeit" (Habermas 1990b, 119). Diese Dimension ist ohne die prinzipielle Möglichkeit eines unparteilichen und kontextübergreifenden rationalen Konsenses für ihn nicht zu denken.

Habermas' in den achtziger Jahren vorgenommene Präzisierungen auf der Ebene der begrifflichen Grundlagen des diskursethischen Begründungsprogramms lassen eine Reihe von ungeklärten Fragen in einem anderen Licht erscheinen und tragen dazu bei, daß der mit der Konzeption verbundene Anspruch deutlicher als bisher hervortritt. Nichtsdestotrotz bleiben grundlegende Schwierigkeiten nach wie vor ungelöst. So findet eine systematische Beschäftigung mit dem im Zuge der Kommunitarismus-Liberalismus-Kontroverse stärker in die internationale Diskussion gerückten Problem der gesellschaftlichen Reproduktion motivationaler Grundlagen der Demokratie nicht statt. Der Versuch, die von ihm unermüdlich wiederholte Rede von der "Rückendeckung durch entgegenkommende Sozialisationsprozesse und Identitäten", sowie "den Hinter-grund entgegenkommender Institutionen und normativer Kontexte" (Habermas 1991a, 135), auf die das Programm der Diskursethik angewiesen bleibt, zu konzeptualisieren, wird von Habermas nicht unternommen. Ebensowenig kommt es zu einer eingehenden Auseinandersetzung mit alternativen, eher konflikt- denn argumentationstheoretisch orientierten Beschreibungen gesellschaftlicher Auseinandersetzungen. Auch die für die Form moralischer Diskurse kennzeichnende Spannung zwischen lebensweltlicher Ein-bindung und kontexttranszendierender Kraft der praktischen Vernunft vermag Haber-mas trotz aller bisher erfolgten Erläuterungen nicht grundsätzlich aufzulösen. Im Ge-genteil, das Problem einer konzeptuellen Fassung des Verhältnisses von politischer und moralischer Gerechtigkeit stellt sich angesichts der bisher nur analytisch unterschiede-nen Vielfalt pragmatischer, ethischer und moralischer Diskurse nur noch dringender. So läßt sich Habermas mit *Faktizität und Geltung* auf das Unterfangen ein, die im Rahmen seiner moraltheoretischen Arbeit unabgegoltenen Fragen einer "nachmetaphysischen" Prinzipienmoral und ihres Verhältnisses zur Politik mit rechtstheoretischen Mitteln ab-zuarbeiten und den im diskursethischen Rahmen nicht befriedigend einzulösenden praktischen Aspekt erneut in die Theorie einzuholen.

(2.) Unter Bedingungen einer durch die Pluralisierung von Lebensformen und die Ausdifferenzierung von mediengesteuerten Subsystemen radikal gesteigerten Komple-xität können Habermas zufolge weder die System-, noch die Sozialintegration moderner Gesellschaften länger über den sensiblen Modus rein verständigungsorientierten Han-delns geleistet werden. Recht und Moral, so seine These, lassen sich in ein Ergänzungs-verhältnis bringen, da das Recht in komplexen Gesellschaften "die überforderten Ver-ständigungsleistungen der kommunikativ Handelnden von Aufgaben der sozialen Inte-

---

6 Für einige dieser Schwierigkeiten vgl. (McCarthy 1991; 1994). Eine Replik findet sich in: (Habermas 1991a).

7 Vgl. u. a. die Auseinandersetzungen mit den Konzepten von Rawls, Wellmer und Tugendhat in: (Habermas 1991a).

gration freistellt, ohne im Prinzip die Entschränkung des Kommunikationsspielraums rückgängig zu machen" (Habermas 1992a, 57). Indem die Frage der Geltung von Normen durch den politischen Gesetzgeber faktisch bestimmt und die Interpretation von Anwendungsproblemen durch Gerichte definitiv und begründet entschieden wird, entlastet das Rechtssystem den Einzelnen von den heiklen Problemen einer qualifizierten Urteilsbildung. Zweitens vermag das Recht auch das für jede kognitivistische Moral entscheidende Problem der *motivationalen Ungewißheit* durch Sanktionsdrohungen zu kompensieren. Und drittens schließlich ist das Recht in der Lage, das in den verzweigten Zusammenhängen gesellschaftlicher Reproduktion immer stärker hervortretende Problem der *Zurechenbarkeit von Verpflichtungen* zu kanalisieren.

Darüber hinaus vermag eine in den Netzen der Lebenswelt verankerte postkonventionelle Moral auch die schon in der *Theorie des kommunikativen Handelns* registrierten medialen Charakter des Rechts zu nutzen. Da ausdifferenzierte und mediengesteuerte Subsysteme taub für die Botschaften einer umgangssprachlich strukturierten Lebenswelt sind, lassen sich diese nach Habermas nur auf dem Weg einer Übersetzung in die systemspezifischen Kodes verhaltenswirksam operationalisieren. Diese Übersetzungsleistung erbringt der für lebensweltliche wie systemische Zusammenhänge gleichermaßen offene Rechtskode, der damit zum entscheidenden Garanten einer tatsächlich gesellschaftsweit wirksamen Zirkulation normativ gehaltvoller Ansprüche avanciert.

Nach Habermas verweist der Geltungsmodus des Rechts aber nicht nur auf die mittels staatlicher Sanktionsgewalt gesicherte *Rechtsdurchsetzung*, sondern enthält zugleich auch einen nicht-aufgebbaren Anspruch der Legitimität des Verfahrens der *Rechtsetzung*. Da hinter das mit dem in der Moderne erreichten universalistischen Reflexionsniveau "bei Strafe kognitiver Dissonanzen" nicht mehr zurückgegangen werden kann, sollen sich nur noch solche moralischen und rechtlichen Normen als gültig rechtfertigen lassen, denen alle möglicherweise Betroffenen als Teilnehmer an rationalen Diskursen zustimmen könnten. In der Frage der Ausgestaltung der damit verbundenen Idee der Selbstgesetzgebung tritt allerdings eine entscheidende Differenz zwischen den Bereichen des Rechts und der Moral hervor. Als Rechtssubjekten steht den Einzelnen die Wahl des zur Verwirklichung ihrer Autonomie geeigneten Mediums nicht länger frei: „Die Idee der Selbstgesetzgebung muß sich im Medium des Rechts selbst Geltung verschaffen. Deshalb müssen die Bedingungen, unter denen die Bürger im Lichte des Diskursprinzips beurteilen können, ob das Recht, das sie setzen, legitimes Recht ist, ihrerseits rechtlich garantiert werden. Dem dienen die politischen Grundrechte auf Teilnahme an den Meinungs- und Willensbildungsprozessen des Gesetzgebers." (Habermas 1992a, 160)

Aus der Perspektive der Bürger bedeutet dies, daß ihre staatsbürgerlichen Rechte ihnen nicht nur einen subjektiv-privaten Bereich der Ausübung ihrer Willkürfreiheit gewähren, sondern daß dieselben Rechte ihnen als Teilnehmer demokratischer Gesetzgebungsverfahren eine gemeinwohlorientierte Einstellung abverlangen. "Die politische Autonomie der Bürger soll sich in der Selbstorganisation einer Gemeinschaft verkörpern, die sich durch den souveränen Willen des Volkes ihre Gesetze selber gibt. Die private Autonomie der Bürger soll andererseits in den Grundrechten Gestalt annehmen, die die anonyme Herrschaft der Gesetze gewährleisten." (Habermas 1994, 88) Diese *Gleichursprünglichkeit* der beiden Ideen von Volkssouveränität und Menschenrechten wird von Habermas dahingehend entschlüsselt, einen Katalog derjenigen Rechte zu ermitteln, die Bürger einander notwendig zuerkennen müssen, sofern sie ihre in der Idee der Selbstgesetzgebung ausgedrückte politische Autonomie überhaupt in angemessener, d.h. kohärenter Weise ausüben wollen. Dieser Ansatz versetzt Habermas in die rechtstheoretisch vorteilhafte Lage, allein aus dem Begriff legitimen Rechts einen Katalog von Grundrechten begründen zu können, denen jedes System von Rechten, welches den in seinem Begriff angelegten Anspruch auf Legitimität nicht verfehlen will, Rechnung tragen muß:

"(1) Grundrechte, die sich aus der politisch autonomen Ausgestaltung des *Rechts auf das größtmögliche Maß gleicher subjektiver Handlungsfreiheiten* ergeben."

"(2) Grundrechte, die sich aus der politisch autonomen Ausgestaltung des *Status eines Mitglieds* in einer freiwilligen Assoziation von Rechtsgenossen ergeben."

"(3) Grundrechte, die sich unmittelbar aus der *Einklagbarkeit* von Rechten und der politisch autonomen Ausgestaltung des *individuellen Rechtsschutzes* ergeben."

"(4) Grundrechte auf die chancengleiche Teilnahme an Prozessen der Meinungs- und Willensbildung, worin Bürger ihre politische Autonomie ausüben und wodurch sie legitimes Recht setzen."

"(5) Grundrechte auf die Gewährung von Lebensbedingungen, die in dem Maße sozial, technisch und ökologisch gesichert sind, wie dies für eine chancengleiche Nutzung der (1) bis (4) genannten bürgerlichen Rechte unter gegebenen Verhältnissen jeweils notwendig ist." (Vgl. Habermas 1992a, 155 ff.)

Welche *bestimmten* Rechte die Bürger eines Staates einander im Prozeß der Verfassungsgebung zuerkennen und *in welcher Form* sie diese Rechte interpretieren und ausgestalten, dies sind nach Habermas Fragen, die den Beteiligten einer solchen Verfassungsgebung selbst zu überlassen sind. Der Prozeß der Genese staatsbürgerlicher Grundrechte muß demnach als ein selbstbezüglicher Prozeß vorgestellt werden, in dessen Verlauf ein Volk die Form der von ihm ausgehenden Staatsgewalt selbst hervorbringt.

Mit der Voraussetzung, daß sich die dem Recht als Adressaten in gleicher Weise unterworfenen Bürger immer auch als gleichberechtigte Autoren eben dieses Rechts verstehen können müssen (Habermas 1992a, 153), favorisiert Habermas im Anschluß an Kant und insbesondere an Hegel ein Rechtsverständnis, welches Rechte nicht als Besitz von Individuen (Rechts*personen*) betrachtet, sondern sich in erster Linie am *Recht als einer Form gegenseitiger Anerkennung* orientiert, die eine solidarische Beziehung zwischen Bürgern (Rechts*genossen*) ermöglicht (vgl. Baynes 1995, 209). In Auseinandersetzung mit Hannah Arendts Begriff der Macht (Arendt, 1970) entwickelt Habermas eine diskurstheoretische Lesart der Genese legitimen Rechts. Deren Pointe besteht für Habermas darin, daß die Idee des Rechtsstaats die Legitimität der Machtausübung durch die staatliche Administration an die kommunikativ erzeugte Macht der Bürger rückbindet. Letztere stellt diejenige nicht nach Belieben erzeugbare Ressource dar, aus der sich die Legitimität jeder rechtsstaatlichen Administration unter „nachmetaphysischen" Bedingungen speisen muß. „Die Idee des Rechtsstaates läßt sich dann allgemein als die Forderung interpretieren, das über den Machtkode gesteuerte administrative System an die rechtsetzende kommunikative Macht zu binden und von den Einwirkungen sozialer Macht, also der faktischen Durchsetzungskraft privilegierter Interessen freizuhalten." (Habermas 1992a, 187)

Neben der Erzeugung legitimen Rechts geht es Habermas zufolge auf der Ebene der Idee des Rechtsstaats jedoch auch um die Frage der Ausübung politischer Autonomie. So soll der Rechtsstaat nicht nur die Umsetzung kommunikativer in administrative Macht regulieren, sondern auch den öffentlichen Gebrauch kommunikativer Freiheiten durch die Bürger institutionalisieren. Damit rückt nun erneut die Frage nach den Legitimitätskriterien rechtlich vermittelter Prozesse *politischer* Willensbildung und deren gegenüber den Geltungsbedingungen *moralischer* Fragen widerständiger Eigensinn in den Blickpunkt des Interesses. Der Gehalt des im Universalisierungsgrundsatz operationalisierten Begriffs *moralischer* Gerechtigkeit kann und soll auf der Ebene des Rechtsstaats nur noch auf indirektem Weg über regulative *Verfahrensbedingungen der demokratischen Genese von Gesetzen* implementiert werden, denn sie allein „sicher[n] die Legitimität des gesatzten Rechts" (Habermas 1992a, 320).

Allerdings geht es um mehr, als die bloße Gewährleistung formaler Legitimität. So soll sich darüberhinaus die Verwirklichung solidarischer Sozialintegration auf der Ebene einer "*höherstufigen Intersubjektivität*" abstrakter, aber normativ aufgeladener Verfahrensregelungen vollziehen: "Das 'Selbst' dieser sich selbst organisierenden Gesellschaft verschwindet dann in jenen subjektlosen Kommunikationsformen, die den Fluß der diskursiv geprägten Meinungs- und Willensbildung so regulieren, daß ihre falliblen Ergebnisse die Vermutung der Vernunft für sich haben. Eben solche intersubjektivistisch aufgelöste, anonym gewordene Volkssouveränität zieht sich in die demokratischen Verfahren und in die anspruchsvollen kommunikativen Voraussetzungen ihrer Implementierung zurück. Sie findet ihren ortlosen Ort in den Interaktionen zwischen rechtsstaatlich institutionalisierter Willensbildung und kulturell mobilisierten Öffentlichkeiten." (Habermas 1990c, 196)

Der Begriff *moralischer* Gerechtigkeit findet damit für Habermas seinen unveränderten Ausdruck in dem diskurstheoretischen Universalisierungsgrundsatz, der die Geltung einer jeden Norm von der allgemeinen, aus denselben unparteilichen, alle partikularen normativen und rationalen Standards transzendierenden Gründen erfolgenden Zustimmung aller Betroffenen abhängig macht. Demgegenüber verlangt die Logik *politischer* Prozesse für Habermas eine erweiterte Konzeption von Gerechtigkeit, die neben der moralischen Option einverständnisorientierter Konsense auch die Möglichkeiten angemessener Selbstverständigung und fairer Kompromisse umfaßt.

Zwei Begriffe *politischer* Gerechtigkeit lassen sich nunmehr bei Habermas unterscheiden. In einem weiten Sinne fungiert der Begriff politischer Gerechtigkeit für Habermas als Prädikat zur Auszeichnung aller politischen Entscheidungen, die der Eigenlogik der strittigen Materie gemäß erfolgen. Der in diesem weiten Sinne verstandene Begriff der Gerechtigkeit zielt auf die Lösung materialer politischer Probleme innerhalb einer staatlichen Rechtsgemeinschaft. Auf dieser Ebene ist Habermas mit einem Kontextualisten wie Michael Walzer einer Meinung und kann dessen These "daß die Prinzipien der Gerechtigkeit ihrerseits in ihrer Form [...] pluralistisch sind; daß die verschiedenen Sozialgüter aus unterschiedlichen Gründen von verschiedenen Agenten und Mittlern auf der Basis unterschiedlicher Verfahren verteilt werden sollen" (Walzer 1992a, 30), nach eigener Aussage "ohne weiteres zustimmen" (Habermas 1990b, 119). Allerdings bedarf es zur richtigen Identifikation der Eigenlogik des Konflikts und seines tatsächlichen Problemgehalts Habermas zufolge geeigneter, rechtlich institutionalisierter Verfahren der diskursiven Konfliktaustragung, die es allen Beteiligten ermöglichen, Vorschläge nicht nur zur Lösung des zu verhandelnden Problems, sondern auch zu Fragen der Situations- und Problemdefinition und des Sprachgebrauchs vorzubringen und gleichzeitig argumentativ zu prüfen. Auf diese Weise muß die Frage einer nur universalistisch möglichen Begründung prima facie gültiger Prinzipien *materialer* Gerechtigkeit sorgfältig von ihrer Anwendung in konkreten Kontexten unterschieden werden. Diese Bestimmung führt uns zu einem engeren Begriff *politischer* Gerechtigkeit. Unabhängig von der Gerechtigkeit inhaltlicher politischer Entscheidungen in bestimmten Situationen muß die *Gesamtheit* der rechtlich verfaßten Willensbildungsprozesse und Entscheidungsverfahren für Habermas so geordnet sein, daß sie sich unter Rekurs auf *moralische*, d. h. universale Prinzipien allen Bürgern gegenüber begründet legitimieren lassen. In diesem begrenzten Sinn dient der Begriff *politischer* Gerechtigkeit zur Auszeichnung der rechtlichen Verfassung eines Staates gemäß des im Begriff *moralischer* Gerechtigkeit bewahrten Grundsatzes der Unparteilichkeit. Der Begriff *moralischer* Gerechtigkeit avanciert für Habermas somit zur *einzigen*, unter Bedingungen einer durch die radikale Pluralisierung von Sprachspielen, Lebenswelten und Rationalitäten gekennzeichneten Moderne überhaupt noch möglichen Form der rationalen *politischen* Legitimation.

Jenseits der Gerechtigkeit?

In dem nun folgenden Abschnitt soll es darum gehen, die von Habermas auf der *phänomenologischen* Ebene der moralischen *Alltagspraxis* angesiedelte *Plausibilisierung* seines Begriffs *moralischer* Gerechtigkeit und damit die *Stichhaltigkeit* wie die *Notwendigkeit* eines diskursethischen Begründungsprogramms mittels verschiedener Argumente in Zweifel zu ziehen. Wir gehen dabei in zehn lose zusammenhängenden Schritten vor.

(1.) Wenn Habermas in seinem Aufsatz über *Anerkennungskämpfe im demokratischen Rechtsstaat* den "Motor einer fortschreitenden Differenzierung des Rechtssystems, welches die Integrität der Rechtssubjekte nicht ohne eine strikte, von den Bürgern selbst gesteuerte Gleichbehandlung ihrer identitätssichernden Lebenskontexte sicherstellen kann", nach wie vor in einer "Universalisierung der Bürgerrechte" gegründet sieht (vgl. Habermas 1993, 157/158), dann läßt sich diese Perspektive nur vor dem Hintergrund seines evolutionären Geschichtsmodells (vgl. Habermas 1976d; 1981a, 522 ff.) und seiner sprachtheoretischen Grundlagen verstehen.[8] So bilden für Habermas einerseits "Personen, oder besser: ihre Persönlichkeitsstrukturen [...] gleichsam Knotenpunkte in einem askriptiven Netzwerk von Kulturen und Überlieferungen, von intersubjektiv geteilten Erfahrungen und Lebenszusammenhängen. Und dieser Kontext ist auch der Horizont innerhalb dessen die Staatsbürger, ob sie es wollen oder nicht, ihre ethisch-politischen Selbstverständigungsdiskurse führen." (Habermas 1993, 169) Andererseits beharrt Habermas darauf, daß "die *ethische Integration* von Gruppen und Subkulturen mit je eigener kollektiver Identität [...] von der Ebene der abstrakten, alle Staatsbürger gleichmäßig erfassenden *politischen Integration* entkoppelt werden [muß]" (Habermas 1993, 177/178). Eine Spannung zwischen diesen beiden Konzeptionen kommt nun dadurch zustande, daß Habermas die Unterscheidung zwischen den Bereichen des Ethischen und des Politischen nicht nur unter dem Aspekt der Integration, sondern auch im Hinblick auf das Selbstverständnis der Betroffenen gezogen wissen will. So ist es für Habermas unbedingt erforderlich, daß "die politisch integrierten Bürger die rational ·motivierte Überzeugung [teilen], daß die Entfesselung kommunikativer Freiheiten in der politischen Öffentlichkeit, das demokratische Verfahren der Austragung von Konflikten und die rechtsstaatliche Kanalisierung der Herrschaft eine Aussicht auf die Bändigung illegitimer Macht im gleichmäßigen Interesse aller begründen. Der Universalismus der Rechtsprinzipien" muß sich demzufolge "in einem *prozeduralen Konsens* [spiegeln], der freilich in den Kontext einer jeweils historisch bestimmten politischen Kultur sozusagen *verfassungspatriotisch eingebettet* sein muß" (Habermas 1993, 179).

Nun ist aber nicht ohne weiteres einsichtig, warum Personen, deren Persönlichkeitsstrukturen sich als "Knotenpunkte in einem askriptiven Netzwerk von Kulturen und Überlieferungen, von intersubjektiv geteilten Erfahrungen und Lebenszusammenhängen" beschreiben lassen, in einer ganz bestimmten Spaltung eben dieser Persönlichkeitsstruktur in ein ethisches und ein politisches Selbst andererseits nicht nur *übereinstimmen*, sondern dies auch noch aus den *gleichen Gründen* tun sollten (vgl. Habermas 1996e, 322 ff.).

(2.) Die Selbstverständlichkeit, mit der Habermas diese als Ausdruck politischer Gesundheit propagierte Art von Schizophrenie seinen theoretischen Überlegungen als Ausgangspunkt zugrundelegt, muß (und kann auch nur) vor dem Hintergrund des von ihm immer schon vorausgesetzten Fundaments der "nachmetaphysischen" Bedingungen verstanden werden. Demnach können nur solche Konzeptionen des guten Lebens für sich beanspruchen, als Gegenstand philosophischer Analyse ernsthaft berücksichtigt zu werden, die über ein nicht-dogmatisches, der Fallibilität der eigenen normativen Gel-

---

8 Im Unterschied zu ersteren hat Habermas letztere gerade erst in einem Herbert Schnädelbach zum 60. Geburtstag gewidmeten Aufsatz über *Sprechakttheoretische Erläuterungen zum Begriff der kommunikativen Rationalität* von neuem (und mit nachdrücklichem Geltungsanspruch) erhoben (vgl. Habermas 1996d).

tungsansprüche gegenüber reflexiv gebrochenes Selbstverständnis verfügen und von daher für die Möglichkeit vernünftiger Nicht-Übereinstimmung offen sind (vgl. Habermas 1993, 174 ff.): "In multikulturellen Gesellschaften kann die rechtsstaatliche Verfassung nur Lebensformen tolerieren, die sich im Medium solcher nicht-fundamentalistischer Überlieferungen artikulieren, weil die gleichberechtigte Koexistenz dieser Lebensformen die gegenseitige Anerkennung der verschiedenen kulturellen Mitgliedschaften verlangt." (Habermas 1993, 177) Die Praxis der Toleranz, die Habermas damit einfordert, bildet aber nicht den eigentlichen Grund der gegenseitigen Anerkennung verschiedener Lebensformen.

Wäre dem so, würden die Differenzen zwischen Habermas auf der einen, und beispielsweise Wellmer, McCarthy (vgl. McCarthy 1991; 1994) und Rawls (Rawls 1992a; 1992b) auf der anderen Seite nahezu verschwinden. Dann würde sich Moral in der Tat auf "die Anerkennung von Personen ohne Ansehen ihrer Argumente" beziehen, wie es Wellmer formuliert hat (vgl. Wellmer 1986). In dem Fall wäre auch die Möglichkeit indirekter Rechtfertigungen und übergreifender Konsense, die von den Beteiligten jeweils aus wechselseitig anerkannten Gründen, die mehr sind, als je eigene, aber weniger, als gemeinsame Gründe, eingegangen werden, akzeptabel. Es wäre eine innerhalb verschiedener kultureller Lebensformen zu entwickelnde Haltung der Toleranz die entscheidende Grundlage der Demokratie (vgl. Walzer 1997). Eine solche Toleranz wäre der *universalen Begründung* durch kontexttranszendierende Gründe, im Gegensatz zu der von Habermas vertretenen Auffassung, weder fähig noch bedürftig. Es würde derjenige sozio-moralische Bereich der Demokratie ins Blickfeld kommen, in dem die Frage eines Ethos, dessen Praktiken es kontextübergreifend zu kultivieren gilt, gegenüber der Frage, die Prinzipien einer Staatsform kontexttranszendierend zu begründen, in den Vordergrund tritt. Demokratisierung könnte (und dürfte!) dann nicht als ein *Prozeß der Rationalisierung*, sondern als ein *Projekt solidarischer Kooperation* verstanden werden. Es hätte den Vorteil, daß es den Beteiligten nicht abverlangen müßte, den getroffenen Entscheidungen "aus den gleichen Gründen" zustimmen zu müssen. "Fundamentalistische" und "orthodoxe" Konzeptionen des guten Lebens (Habermas thematisiert diese Unterscheidung nicht) würden nicht von vornherein als *unvernünftige* Lebensentwürfe disqualifiziert und ausgeschlossen. Denn die Verwendung der Begriffe "fundamental" und "orthodox" macht auch nur vor dem Hintergrund der immer schon vorausgesetzten Geltung der von Habermas entwickelten rationalitätstheoretischen und entwicklungslogischen Prämissen einen Sinn. Nur wer sich mit einem Modell kognitiver Entwicklung in der von Habermas, Kohlberg oder Piaget beschriebenen Weise *identifiziert*, kann andere Weltbilder unter Verwendung dieser evaluativen Begriffe beurteilen. Es stellt sich dann jedoch die von Herbert Schnädelbach aufgeworfene Frage (vgl. Schnädelbach 1987), wie diese Identifikation ihrerseits *rational* begründet werden kann, wenn das, womit man sich identifiziert, Standards von Rationalität allererst konstituiert. Dies gilt auch für Habermas' Begriff jener der pragmatischen Verwendung der Sprache vermeintlich immer schon eingeschriebenen "kommunikativen Rationalität". Denkt man dabei an das von Rawls zum Kriterium von kohärenter Urteilsbildung entworfene Modell des "reflective equilibrium", dann rückt damit jedoch auch der jenseits kontexttranszendierender argumentativer Einlösbarkeit gelegene, für Rationalitätskriterien gleichwohl konstitutive Bereich jener Überzeugungen und Evidenzen in den Blickpunkt, deren Geltung wir nicht sinnvoll bezweifeln können, ohne daß wir an uns selbst verzweifeln müßten.[9] Die Fundierung des moralischen Denkens im Selbstverständnis der Personen ist tiefer, als Habermas eingestehen will (und kann). Auch Rationalitätskriterien lassen sich nicht ohne Rückgriff auf das ethische Selbstverständnis entwickeln und anwenden[10].

(3.) Für die Gerechtigkeitsproblematik ist diese Unterscheidung insofern konstitutiv, als Habermas "Autonomie im Sinne der Fähigkeit, [...] den eigenen Willen aufgrund normativer Einsichten zu binden" (vgl. Habermas 1996d, 80), an die Bedingung eines über die je eigenen Präferenzen hinausgehenden intersubjektiven *Einverständnisses* hinsichtlich normativer Gründe knüpft. Wir wollen zwei Einwände gegen eine solche Konzeptualisierung anführen. Zum einen zieht Habermas unseres Erachtens eine vordergründige Plausibilität aus der Annahme, Angehörige verschiedener Lebensformen könnten ein bestimmtes politisches oder moralisches Urteil aus den gleichen *Gründen* anerkennen. Was allerdings als Grund in einem solchen Einverständnis fungieren soll, ist nun aber keineswegs selbstverständlich, sondern durchaus fraglich. Denn offensichtlich kann es sich nicht um einen Grund handeln, der mit Hilfe einfacher Prädikate wie "ist gerecht", "ist gottgewollt", "ist fair", "ist gleichermaßen gut für alle", etc. erklärt werden kann. Denn solche Gründe stehen nicht für sich selbst, sondern verdanken ihre begründende Funktion vielmehr ihrer Stelle innerhalb einer umfassenden *Argumentation*. Und offensichtlich können zwei auf den ersten Blick identische *Gründe* innerhalb zweier verschiedener *Argumentationen* an verschiedenen Stellen auftreten. Nur wenn wir die Argumentationsspiele kennen, in denen Gründe jeweils auftreten, sowie die Stellen und die Funktionen, die sie in denselben jeweils erfüllen, können wir wissen, ob es sich bei diesen Gründen tatsächlich um die *gleichen* Gründe handelt (vgl. Parsons 1996). So betrachtet stellt sich nun nicht nur die Frage, *warum* Angehörige verschiedener Lebensformen in moralischen Auseinandersetzungen ein solches Einverständnis anstreben sollten, sondern darüber hinaus scheint zweifelhaft, *wie* und *in was für einem Vokabular* sie ein solches Einverständnis überhaupt erreichen und artikulieren sollten, wenn sie dabei nicht Gefahr laufen wollen, all ihre "starken Wertungen" (im Sinne

---

9 Dieser unaufhebbare Zusammenhang zwischen der evaluativen Verwendung von Rationalitätsstandards und dem Selbstverständnis der Beteiligten wurde nicht zuletzt von Bernard Williams gegen Habermas eingeklagt (vgl. Williams 1985).

10 Habermas selbst kommt diesem unauflöslichen Zusammenhang in einem Interview einmal sehr nahe: "In meinen Überzeugungen", heißt es dort, "gibt es doch auch einen dogmatischen Kern. Ich würde lieber die Wissenschaft fahren lassen, als diesen Kern aufweichen zu lassen denn das sind Intuitionen, die ich nicht durch Wissenschaft erworben habe, die überhaupt kein Mensch durch Wissenschaft erwirbt, sondern dadurch, daß er aufwächst in einer Umgebung mit Menschen, mit denen man sich auseinandersetzen muß und in denen man sich wiederfindet." (Habermas 1985b, 205/206) Bezeichnenderweise vermag Habermas darin aber lediglich einen "dogmatischen Kern" zu sehen, nicht aber den für Wissenschaft und Moral gleichermaßen konstitutiven Grund. Zum fundamentalen Zusammenhang von Ethik, Rationalität und Selbstverständnis: (vgl. Clayton/ Knapp 1993).

Taylors) zu neutralisieren. Der Nachteil des anspruchsvollen Habermasschen Programms besteht unseres Erachtens nicht zuletzt gerade darin, daß es keine Sprachen, keine Handlungen und keine Lebensformen mehr wahrnimmt, sondern nur noch *allgemeine Strukturen* von Handlungen, Sprachen und, wie Habermas selbst es einmal formuliert, "eine Infrastruktur von geschichtlichen Lebensformen" (Habermas 1985b, 187) rekonstruiert. Dies macht ihn blind für die Möglichkeit ethischer Inkommensurabilität. Anders als das von Wissenschaftstheoretikern wie Feyerabend oder Kuhn vertretene Konzept theoretischer Inkommensurabilität, beruht diese nicht auf der selbstwidersprüchlichen Behauptung einer Unübersetzbarkeit von Sprachen und Weltbildern, sondern hat ihren Grund in der normativen Exklusivität ethischer Selbstverständnisse (vgl. Simmons 1994). Im Unterschied zu ersteren setzt letztere die prinzipielle Verstehbarkeit anderer Selbstverständigungsdiskurse zwar voraus, behauptet aber die Unmöglichkeit ethisch neutraler Beschreibung.

(4.) Hält Habermas an seiner Auffassung fest, daß ein solches *Einverständnis* sich unter Bedingungen des politischen, ethnischen und kulturellen Pluralismus' nur noch auf immer abstrakteren Ebenen herstellen lasse (vgl. Habermas 1985a, 241; 1991a, 202), dann läuft er Gefahr, den Anschluß an die Lebenswelt der Beteiligten zu verlieren. Plausibler wäre es, die Forderung eines von allen Beteiligten aus den gleichen Gründen anzuerkennenden Einverständnisses (und damit freilich eine der entscheidenden Pointen der Diskursethik) aufzugeben. Entgegen der von Habermas gemachten Voraussetzung, daß die problemlösende Praxis der an der Beilegung von Handlungskonflikten Beteiligten ihren Sinn verlieren würde, wenn diese nicht von der Möglichkeit einer *richtigen* Lösung überzeugt wären, scheint es uns einleuchtender, von einem alle Beteiligten übergreifenden *Interesse* an einer wechselseitig anerkannten Lösung als dem Ausgangspunkt ihrer Praxis der Auseinandersetzung auszugehen. Eine wechselseitig anerkannte Lösung kann von allen angestrebt werden, ohne daß sie von allen *aus den gleichen Gründen* angestrebt werden müßte. Ein solches Verständnis wäre für einen Begriff von Autonomie ebenso hinreichend wie auch für einen gehaltvollen und praktikablen Begriff moralischer Auseinandersetzung. Um autonom zu handeln, reicht es aus, *selbst*gesteckte Ziele aus den *eigenen* Gründen verfolgen zu können (vgl. Gerhardt 1990). Sich mit anderen über Fragen der Moral auseinanderzusetzen heißt, in einer bestimmten Situation mit anderen an einer freiwilligen und auf gegenseitigem Respekt gegründeten Praxis der Konfliktbewältigung teilzunehmen und dies nicht mit der Intention, die *richtige* Lösung mit den besten rationalen Gründen anzustreben, sondern mit der Absicht, eine für alle *akzeptable* Lösung zu erarbeiten. Auch die von Habermas geäußerte Befürchtung, die einzige unparteiliche Legitimationsgrundlage des demokratischen Rechtsstaats gehe verloren, wenn wir den Gedanken an die Möglichkeit, die Verfassung eines politischen Gemeinwesens gegenüber allen Angehörigen desselben aus den *gleichen Gründen* rechtfertigen zu können, aufgeben, scheint unbegründet. Gerade die Legitimität eines demokratischen Gemeinwesens zehrt doch von der willentlichen, nicht allein der umfassend rationalen Zustimmung der in ihm verfaßten Bürger und vollzieht sich weit eher in der gemeinsamen Ausübung sozialer Praktiken und dem gemeinsamen Streit über diese, als in einem kogntiv anspruchsvollen Verfassungspatriotismus (vgl. Rorty 1993). Ihnen einen solchen abzuverlangen, hieße in gewisser Weise, den abgelehnten kollektiven Republikanismus ausgerechnet auf der Ebene der Vernunft wiedereinzuführen. Der enorme Vorzug der Demokratie für radikal pluralistische Gesellschaften besteht demgegenüber u. E. nicht zuletzt in der Gewährleistung einer "negativen Freiheit", die den Angehörigen der Demokratie ein Recht auf einen gewissen Grad von Irrationalität auch und gerade im Bereich ihres politischen Selbstverständnisses einräumt, solange es die legalen Grenzen nicht überschreitet (vgl. Berlin 1971). Freilich, ein demokratisches Gemeinwesen, zumal eines, das sich auch dem solidarischen Projekt des Sozialstaats verpflichtet fühlt, ist, so es denn ein blühendes sein soll, auf das Engagement wenigstens eines Teils seiner Angehörigen angewiesen, die in dem Projekt der Demokratie, aus welchen Gründen auch immer, mehr sehen, als einen "modus vivendi" (vgl. Münkler 1992; 1994; Taylor 1992/1993). Es stellt sich die Frage, ob Habermas' Modell einer politischen Akkulturation und seine Vorstellung eines Verfassungspatriotismus nicht die Freiheit der Bürger, diesen "modus vivendi" nach eigenen Vorstellungen zu gestalten, zu stark beschneidet (vgl. Walzer 1994). Der von ihm eingeschlagene Weg, den beiden (zugegebenermaßen wenig attraktiven) Alternativen eines starken, ethisch integrierten republikanischen Gemeinwesens kommunitaristischer Provenienz ebenso zu entgehen, wie der Option für einen schwachen, lediglich durch die Möglichkeit persönlicher Interessenverfolgung zusammengehaltenen Zweckverbandes libertärer Prägung, ist nicht zwingend. Man muß die sozio-moralischen Ressourcen nicht erst auf der abstrakten Ebene eines Verfassungspatriotismus verorten, um der Gefahr politischer Ausschluß-prozesse entgegenzuwirken. Schließlich ist der Begriff des Bürgers nicht der einzig mögliche Bezugspunkt für das Selbstverständnis politischer Akteure. In dieser Hinsicht kommt Habermas den scheinbar einleuchtenden Argumenten der Kommunitaristen tatsächlich weiter entgegen, als notwendig. Wir können uns bei einer praktikablen Konzeption von Zivilgesellschaft ruhig auf die Ebene lokaler Gruppen und Identitäten begeben und den für eine lebendige Demokratie notwendigen Raum der Reproduktion soziomoralischer Ressourcen unterhalb einer begrifflichen Konzeption des Bürgers ansiedeln. Der Bereich der Zivilgesellschaft muß nicht, wie bei Habermas als ein Forum der Deliberation von Bürgern konzipiert werden, man kann in ihm auch die Gesamtheit sich überlagernder und verstrickender lokaler Gemeinschaften sehen, deren Angehörige ihrem primären Selbstverständnis nach nicht als Bürger *dieses* Staates, sondern als Angehörige *dieser* lokalen Gemeinschaft im Rahmen dieses Staates agieren (vgl. Walzer 1992b). Die Idee einer Rationalisierung muß man dann freilich weitgehend verabschieden.

(5.) Wie soll eine Lebensform, deren Selbstverständnis nicht zuletzt auch durch ein *bestimmtes* Weltbild konstitutiv geprägt ist, sich von diesem reflexiv distanzieren können, ohne sich damit *als ganze* in Frage zu stellen? Habermas' wiederum nur auf der Grundlage seiner evolutionären Theorie der Rationalisierung gerechtfertigte Voraussetzung einzig "nachmetaphysischen" Begründungsstandards das Prädikat einer nichtbeschränkten Rationalität zuzuschreiben, führt zu einer Perspektive auf moralische Konflikte, die es verhindert, daß die Ansprüche lebensweltlich anders strukturierter, nach Habermas' eben "fundamentaler" oder "orthodoxer" Gemeinschaften überhaupt auf Gehör in der Auseinandersetzung rechnen dürfen. Damit blendet Habermas einen Großteil der gerade für die Gegenwart entscheidenden Konflikte insofern aus, als er sie *von vornherein* nach Rationalitätsgesichtspunkten *entschärft*.[11] Daraus ergeben sich jedoch eine Reihe von Folgeproblemen. Habermas muß erklären, wie eine evaluative Bewertung auch nur allgemeiner Strukturen einzelner Dimensionen möglich sein soll, die nicht zugleich *auch* verbunden ist mit einer bewertenden Stellungnahme zu dieser Lebensform *als ganzer*.

Dies gilt insbesondere dann, wenn es sich bei den im Hinblick auf ihren Rationalisierungsgrad betrachteten Bereichen um mit religiösen Überzeugungen und Empfindungen verbundene Weltbilder oder um den Bereich der ein politisches Gemeinwesen konstituierenden rechtlichen Strukturen handelt. Denn wie Habermas selbst betont, ist "jede Rechtsordnung *auch* der Ausdruck einer partikularen Lebensform, nicht nur Spiegelung der universellen Gehalte der Grundrechte" (Habermas 1993, 167).

Wie aber soll eine Kritik an den ungenügend rationalisierten rechtsstaatlichen Strukturen eines Staates geschehen, die von den in ihm vereinigten Bürgern nicht *zugleich auch* als Kritik am Wert der von ihnen (nicht notwendig aus den gleichen Gründen) geteilten politischen Lebensform betrachtet werden müßte? Habermas zufolge kann eine solchermaßen strukturierte Lebensform natürlich überhaupt nicht für sich in Anspruch nehmen, daß sie tatsächlich "geteilt" wird, da die Strukturen aufgrund mangelnder Rationalisierung eher als Ausdruck verdeckter Gewaltverhältnisse, denn als Ausdruck authentischen Selbstverständnisses angesehen werden müssen. Abgesehen von der Frage, ob eine solche Argumentation befriedigend genannt werden darf, bleibt das weitere Problem, daß auch sie wiederum nur unter der Voraussetzung der Stichhaltigkeit des von Habermas rekonstruierten Modells kognitiver Entwicklung und kulturell-sozialer Rationalisierung überhaupt *legitim* ist. Dessen Gültigkeit hängt seinerseits von der Frage ab, ob sich die von Habermas vorgenommene universalpragmatische Rekonstruktion des für ihn als Maßstab fungierenden Begriffs kommunikativer Rationalität konsistent durchführen läßt. Für Habermas ist dies keine Frage mehr, vielmehr gilt: "es gibt Konzeptionen des Guten, die autoritäre [d. h. nicht diskursiv-rationale] Binnenverhältnisse sanktionieren." Wie problematisch diese Selbstverständlichkeit ist, zeigt die von Habermas gemachte Schlußfolgerung, "daß nötigenfalls in Deutschland nicht nur die Rechte türkischer Mädchen gegen den Willen von Vätern, die sich auf Prärogativen ihrer Herkunftskultur berufen, durchgesetzt werden [müssen], sondern überhaupt individuelle Rechte gegen Kollektivansprüche, die einem nationalistischen Selbstverständnis entspringen" (Habermas 1996d, 332).

---

11 Demgegenüber macht Ernst Tugendhat darauf aufmerksam, daß es wichtig ist, "schon bei der Definition von dem, was *eine* Moral ist, dafür Sorge zu tragen, daß man von den verschiedenen moralischen Positionen aus mit den jeweils anderen diskutieren kann, statt sich wechselseitig implizit abzustreiten, überhaupt ein Moral zu sein und so eine Auseinandersetzung, die eigentlich eine moralische sein muß, definitorisch (semantisch) vorzuentscheiden." (Tugendhat 1993, 27)

Das Beispiel ist insofern aufschlußreich, als Habermas die auf der Grundlage seines Rationalisierungsmodells getroffene Unterscheidung zwischen autoritären und rationalen Strukturen für so überzeugend hält, daß er nicht einmal die Frage nach dem Selbstverständnis des doch zweifellos in erster Linie betroffenen Mädchens stellt! Was, wenn das Mädchen als überzeugte Muslimin gar keinen Anspruch auf die ihr zustehenden Rechte erhebt und diese gar nicht einklagt, weder gegenüber ihrem Vater, gegenüber Freunden noch gegenüber den staatlichen Behörden? Sollen ihre Rechte dann eventuell gegen ihr eigenes *willentliches* Interesse zugunsten ihres (nach Habermasschen Rationalitätsstandards entwickelten) *wohlverstandenen* Interesses durchgesetzt werden?

Natürlich handelt es sich dabei um ein hypothetisch konstruiertes Beispiel, das Habermas' eigenen Intentionen vermutlich auch nicht vollständig gerecht wird. Aber es zeigt, wie stark eine methodischen Überlegungen geschuldete Ausblendung der lebensweltlich situierten Teilnehmerperspektive der Betroffenen zugunsten einer an theoretischen Maßstäben orientierten Beobachterperspektive Einzug in die Habermassche Theorie gehalten hat. Die kontextsensible phänomenologische Wahrnehmung droht Habermas mit dem Festhalten an den Maßstäben seiner Evolutions- und Sprachtheorie weitgehend zu verlieren. Selbstverständlich gilt der von Habermas postulierte Grundsatz, demzufolge der Anspruch auf die gleichberechtigte Koexistenz von Lebensformen unter den Vorbehalt gestellt werden muß, „daß die geschützten Bekenntnisse und Praktiken den geltenden Verfassungsprinzipien (so wie sie in der jeweiligen politischen Kultur verstanden werden) nicht widersprechen dürfen" (Habermas 1996f, 142). Aber aus dieser rechtsstaatlichen Forderung folgt weder die Notwendigkeit, anderen Lebensformen ihre Rationalität (und sei es nur in bestimmten Bereichen) unter Rekurs auf eine problematische Evolutionstheorie bestreiten zu müssen, noch gibt sie Anlaß zu der Annahme, es existiere eine alle Angehörigen eines politischen Gemeinwesens in der gleichen Weise umfassende politische Kultur.

(6.) Es drängt sich der Eindruck auf, daß es sich bei der von Habermas ins Zentrum seiner moraltheoretischen Untersuchungen gestellten Aufgabe des Nachweises der universalen Begründbarkeit moralischer Prinzipien um eine Angelegenheit handelt, die an den Problemen jeder moralischen und politischen Praxis *von vornherein* vorbeigeht. So ist die Unterscheidung zwischen Begründungs- und Anwendungsdiskursen unseres Erachtens schlicht sinnlos, weil auf der kontexttranszendierenden Ebene von Begründungsdiskursen ohnehin nur Prinzipien produziert werden können, die zu abstrakt sind, um überhaupt strittig sein zu können - wenn man nicht die unnötigerweise weitergehende Annahme macht, daß die Anerkennung universaler Prinzipien aus *denselben* Gründen erfolgen muß. Strittig können aber immer nur konkrete Fragen angesichts von *Handlungsalternativen* sein. Die Differenzierung von Begründungs- und Anwendungsdiskursen geht fehl, weil sie die moralphilosophische Perspektive in unzulässiger Weise mit der situativ gebundenen Teilnehmerperspektive der Beteiligten verquickt. Regelungsbedürftige Handlungskonflikte haben eine *praktische* Grundlage und keine, die erst theoretisch aus der Übertragung eines abstrakten Prinzips auf eine Situation hergeleitet werden müßte. Die von Habermas gemachte Annahme, daß die an Prozessen der verständigungsorientierten Beilegung von Handlungskonflikten Beteiligten in dieser *Situation* universale Geltungsansprüche erheben, ist keineswegs einsichtig. Warum sollen moralische Gefühle wie Kränkung oder Empörung nur dann einen nicht-reduzierten Sinn haben, wenn derjenige der sie empfindet, den Anspruch erhebt, die von ihm erlittene Verletzung seiner Integrität ließe sich potentiell gegenüber *jedermann* als eine solche begründen? Warum sollten sie mehr voraussetzen müssen, als daß ihr Anspruch$_1$ auf Integrität von *allen Beteiligten* faktisch anerkannt wird? Warum sollten sie darüber hinaus den weitergehenden Anspruch$_2$ erheben, daß ihr Anspruch$_1$ nicht nur von *allen Beteiligten*, sondern prinzipiell gegenüber *allen vernunftbegabten Menschen begründet*, mithin für alle *rational nachvollziehbar* sein sollte? Vor allem aber, warum sollten die Beteiligten von einer Lösung, die alle derzeit bestehenden Einwände entkräftet und für alle, aus welchen Motiven auch immer, akzeptabel ist, erwarten können, diese würde ebenso allen zukünftigen Einwänden standhalten?

Peirce hatte vollkommen recht, als er die Idee der "final opinion" auf den ebenso unbegrenzten wie bestimmten Kontext einer "scientific community" beschränkte, deren Mitglieder in ihrer Praxis davon ausgehen, "der Wahrheit" im Laufe eines über lange Zeit kontinuierlich betriebenen Forschungsprozesses näher zu kommen. Die Frage, ob ein solches Konzept auch der heutigen wissenschaftlichen Praxis noch angemessen ist, ob die Ideen von Wahrheit und Fortschritt notwendig zur Formulierung eines konsistenten Wissenschaftsbegriffs sind oder nicht, können wir hier dahingestellt sein lassen. Für eine konsistente Beschreibung der Handlungen der an moralischen Konflikten Beteiligten sind sie sicherlich nicht notwendig. Als engagierte Teilnehmer an solchen Auseinandersetzungen können wir die Vorstellung einer einzig richtigen Lösung getrost zugunsten der Antizipation einer radikal gegenwärtigen gemeinsamen Handlungsoption verabschieden.

Die Tatsache, daß Habermas dennoch an der Idee der einen *richtigen* Lösung festhalten und diese im Konzept der universalen Geltungsansprüche bergen möchte, gibt zu einem Verdacht Anlaß: Könnte es sein, daß es sich bei der Diskursethik um das elaborierte Resultat einer Verwechslung *moralischer Auseinandersetzungen* mit *moraltheoretischen Argumentationen* (im Sinne von Habermas) handelt? Die von ihm für die konsensuelle Beilegung von lebensweltlich situierten Handlungskonflikten erarbeitete Theorie läßt sich jedenfalls wie eine *Gebrauchsanweisung für eine gelingende wissenschaftliche Diskussion unter Akademikern* lesen. Auch das von Apel konzipierte Argument des „performativen Widerspruchs" scheint seine (zugegebenermaßen) berückende Plausibilität einer solchen Konfusion der Ebenen zu verdanken. Einen performativen Widerspruch kann in der Tat nur der begehen, welcher an einer im wissenschaftlichen Kontext situierten moraltheoretischen Debatte teilnimmt, und gegen die für diesen theoretischen Diskurs *konstitutiven Regeln rationaler Argumentation* nachhaltig verstößt.

Zugespitzt formuliert: Es gibt, pace Habermas, keine universalen normativen Geltungsansprüche. Es gibt normative Geltungsansprüche, aber diese werden in bestimmten lebensweltlich strukturierten Konfliktsituationen von konkret Beteiligten mit dem Anspruch auf Gültigkeit "Hier und Jetzt" erhoben. Diskurse finden immer nur zwischen

Beteiligten statt und haben deren *Selbstverständnis* bezüglich einer bestimmten *Praxis* zum Gegenstand. Der *konstitutive* Zusammenhang von Ethik und Rationalität läßt sich nur um den Preis einseitiger Realitätswahrnehmung auflösen. Nicht nur ein Urteil über das *Gerechte* bedarf einer minimalen Übereinstimmung über das *Gute*, sondern auch ein Urteil über das Wahre läßt sich nicht ohne Rückgriff auf ein ethisches Selbstverständnis verstehen. Geltungsansprüche, ob normativ oder nicht, machen außerhalb von praktisch situierten Selbstverständigungsdiskursen keinen Sinn. *Universale* Geltungsansprüche sind ein "hölzernes Eisen".

(7.) Aus einer konsequent durchgehaltenen Teilnehmerperspektive ist entgegen der von Habermas erhobenen Bedenken nicht ersichtlich, warum *moralische* Gefühle ihren Sinn verlieren sollten, wenn wir den Gedanken der *universalen Begründbarkeit* von Normen aufgeben. Habermas behauptet, eine philosophische Theorie der Moral könne sich nicht mit der bloßen Beschreibung der moralischen Alltagspraxis zufriedengeben, sondern müsse "die Phänomenologie der einschlägigen moralischen Äußerungen vertiefen, um dahinterzukommen, was die Angehörigen tun, wenn sie (glauben) etwas moralisch (zu) begründen" (Habermas 1996a, 13). Dazu bedarf es ihm zufolge "des reflektierende[n] Nachvollzug[s] der lebensweltlichen Begründungspraxis [...]" (Habermas 1996a, 13). Eine in solcher Weise kritisch-rekonstruktiv verfahrende Theorie gelangt zu einer methodischen Einstellung, die "die festgehaltene Beteiligungsperspektive über den Kreis der *unmittelbar* Beteiligten hinaus [erweitert]" (Habermas 1996a, 13). Man tut Habermas wohl nicht unrecht, wenn man die von ihm formulierte Darstellung der Aufgaben einer Moraltheorie in erster Linie als die Beschreibung des diskursethischen Begründungsansatzes liest. Zwei Einwände drängen sich bei einer solchen Lektüre auf.

Zum einen stellt sich die Frage, inwieweit Habermas nicht so etwas wie einem "anthropologischen Fehlschluß" unterliegt, wenn er meint, die Rekonstruktion der Handlungen und Urteile der an moralischen Auseinandersetzungen Beteiligten erfordere die Einnahme einer Perspektive, die diese zu Statthaltern einer *prinzipiell allen* vernunftbegabten Menschen *strukturell* in gleicher Weise eigenen, kommunikativen Rationalität erklärt. So wie Habermas den Gegenstand und die Logik moralischer Probleme bestimmt, ist dieser Schritt als Konsequenz innerhalb seiner Theorie nicht weiter verwunderlich, sondern nur folgerichtig. Aber warum sollten wir moralische Auseinandersetzungen in der von Habermas vorgeschlagenen Weise bestimmen? Ja, sollten wir moralische Auseinandersetzungen überhaupt *unabhängig* vom Selbstverständnis der Beteiligten bestimmen? Moraltheorie und politische Theorie haben es nun einmal nicht mit Menschen oder Individuen, sondern mit Bürgern, Kriegsdienstverweigerern, Franzosen, Behinderten, Steuerzahlern, Deutschen, Schwulen, Akademikern, Serben, Genossen, Müttern, Gläubigen, etc. zu tun. Das Selbstverständnis der Beteiligten ist für die *ganze Situation* des moralischen Konflikts konstitutiv und kann nicht zugunsten einer Perspektive auf das, was Menschen tun, wenn sie moralische Konflikte austragen, erweitert werden, ohne daß durch diese Erweiterung gerade die für den Konflikt entscheidenden Merkmale in einer solch vergröbernden Betrachtung verloren gehen. Man kann das Selbstverständnis der Beteiligten durch die theoretische Rekonstruktion allgemeiner

Präsuppositionen weder ersetzen noch ergänzen. Diese Rekonstruktionen haben ihren Ort innerhalb einer begrifflich elaborierten und hochabstrakten *Theorie*, aber nicht in der *Lebenswelt*. Für die aktuelle *Situationsdefinition* der Beteiligten spielen sie solange keine Rolle, wie diese sie sich nicht zu eigen machen. Und es ist nicht zu sehen, wie eine solche begriffliche *Umstellung* funktionieren sollte, ohne daß die den Beteiligten dann zur Verfügung stehende Selbstbeschreibung notwendig zu abstrakt ausfallen müßte. Kurz: Habermas' Versuch, die Einheit der Vernunft in der Vielfalt ihrer Stimmen zu (re)konstruieren (vgl. Habermas 1988), leidet darunter, daß er die Vielfalt der Stimmen zugunsten dessen, was man ihre Lautstruktur nennen könnte, zum Schweigen bringt.

(8.) Aufgrund der elaborierten Form seiner Theorie stellt sich die Frage, wie der *Übergang* von einer *Theorie* der Gerechtigkeit in Moral und Politik auf der Ebene abstrakter Geltungsansprüche zu einer *Praxis* moralischer und politischer Gerechtigkeit angesichts situierter und entscheidungsbedürftiger Fälle *in seinem Vollzug* aus der Perspektive der Beteiligten überhaupt *vorstellbar* sein soll. Das von Habermas zu dem Zweck entworfene Szenario, "einen idealtypisch stilisierten Verlauf [regelungsbedürftiger Handlungskonflikte], wie er unter realen Bedingungen hätte stattfinden können" (vgl. Habermas 1996a, 54) abzubilden, hat, man muß es so deutlich sagen, doch mehr realsatirischen als realistischen Charakter: "In Ermangelung eines substantiellen Einverständnisses über Normeninhalte sehen sich die Beteiligten nun auf den gewissermaßen neutralen Umstand verwiesen, daß jeder von ihnen *irgendeine* kommunikative, durch sprachliche Verständigung strukturierte Lebensform teilt. Da solche Verständigungsprozesse und Lebensformen gewisse strukturelle Aspekte gemeinsam haben, könnten die Beteiligten sich fragen, ob in diesen normative Gehalte stecken, die die Grundlage für gemeinsame Orientierungen bieten." (Habermas 1996a, 57)

Schon der Gedanke, daß eingefleischte Kommunikationstheoretiker sich im Falle "regelungsbedürftiger Handlungskonflikte" ernsthaft auf ein solches Lösungsverfahren einlassen, fällt schwer. Noch schwerer aber fällt die Vorstellung, daß eine um abstrakte Begriffe herum konzipierte Argumentation für Angehörige verschiedener Lebensformen in einer konkreten Konfliktsituation ein auch nur annähernd überzeugendes Vokabular zur Gewinnung eines unparteilichen Verfahrens der Entscheidungsfindung bereitzustellen vermag. Sicher: Auch Habermas sieht in dem von ihm entwickelten Verfahren nicht mehr als eine *letzte* (deshalb freilich um so entscheidendere) *Möglichkeit* einer rationalen, nicht-strategischen Konfliktbewältigung für solche *Ausnahmefälle*, in denen die Beteiligten über keinerlei andere aktuelle Gemeinsamkeiten verfügen, als "den Vorrat an formalen Eigenschaften der performativ geteilten Beratungssituation" (Habermas 1996a, 58). Aber ist diese Annahme wirklich plausibel? Sind Situationen vorstellbar, in denen wir uns mit Handlungskonflikten konfrontiert sehen und mit den anderen Beteiligten in normativ gehaltvoller Hinsicht wirklich nicht mehr teilen, als einen solchen Vorrat formaler Eigenschaften? Und wenn ja, ist es dann vorstellbar, daß ausgerechnet in solch einer Situation eine theoretisch (re)konstruierte Beschreibung eine tragfähige Grundlage abgeben kann? Soll eine Begründung das gemeinsame Handeln der Beteiligten wirklich tragen, dann muß man mit der von Lyotard formulierten Einsicht ernst machen, „daß die Legitimierung von nirgendwo anders herkommen kann, als von ihrer sprachlichen Praxis und ihrer kommunikationellen Interaktion" (Lyotard 1986, 122). Der Rekurs auf eine normativ gehaltvolle Beschreibung *allgemeiner Strukturen* sprachlich vermittelter Kommunikation reicht dann nicht mehr aus.

Habermas weiß, daß er ohne einen Praxisbezug seiner Theorie nicht auskommt. Beschränkte man sich allein auf methodologische Fragen, so hätte man, wie er selbst sagt, nur "die Sprachtheorie, die Moraltheorie, die Erkenntnistheorie, und irgendwie würde das alles in der Luft hängen, ohne uns zu informieren, wenn die Gesellschaftstheorie nicht als eine Art Brennglas eine fokussierende Kraft entwickeln könnte und einen hellen Scheinwerfer auf unsere Gegenwart richten würde" (Habermas 1985b, 192). Eben diese fokussierende Kraft geht der Diskurstheorie der Moral jedoch ab. Der von Habermas eingenommene Standpunkt läßt sich nicht mehr als Teilnehmerperspektive verstehen. Man muß Habermas offenbar an den von ihm selbst aufgestellten Grundsatz zu erinnern, daß "der Moralphilosoph eine Perspektive einnehmen [muß], aus der er moralische Phänomene als solche wahrnehmen kann" (Habermas 1983, 57).

(9.) Habermas Darstellung der methodischen Aufgaben einer Moraltheorie ist aber noch in einer anderen Hinsicht erhellend. So spricht uns Habermas als den an moralischen Auseinandersetzungen in der Alltagspraxis Beteiligten den Status von "Laien" zu (vgl. Habermas 1996a, 13). An anderer Stelle spricht er des öfteren davon, daß Diskurse „den Beschränkungen von Raum und Zeit unterliegen" und daß die Durchführung realer Diskurse den "unvermeidlichen Trägheitsmomenten gesellschaftlicher Komplexität" (Habermas 1992a, 396) unterworfen bleibt. Wäre es aber nicht viel angemessener, Raum und Zeit als konstitutive Bedingungen für Prozesse sprachlich vermittelter Handlungskoordinierung zu beschreiben? Und müßte man nicht eigentlich auch die Rede von Experten und Laien mit Blick auf moralische Auseinandersetzungen aufgeben, wenn es doch weder Metadiskurse geben, noch in der Demokratie Expertenwissen Vorrang vor der Selbstbestimmungspraxis der Bürger genießen soll (vgl. Habermas 1995)? Warum sollten wir von einer Dichotomie zwischen Experten und Laien in puncto moralischer Konflikte ausgehen, wenn es in diesen selbst doch nur Beteiligte geben kann? Kurz: Macht es Sinn soziale Praktiken mit Blick auf einen Maßstab zu kritisieren, der seinerseits gar keiner konkreten Praxis, sondern vielmehr der theoretisch informierten Rekonstruktion normativ gehaltvoller Implikationen entnommen ist? Rorty (vgl. Rorty 1988; 1991) und anderen Kritikern (vgl. Walzer 1990) zufolge können wir auf eine theoretische Grundlegung unserer Kritik anhand eines idealen Maßstabs getrost verzichten und uns eine Haltung des "anti foundationalism" zu eigen machen: "To be anti-foundationalist about a social practice is to urge that criticism or commendation of it be confined to comparison with other actual and possible social practices" (Rorty 1993, 21). Das ist kein Plädoyer für Beliebigkeit, auch kein Votum für einen „Staat des Privatrechts ohne jeden philosophischen Bezug zum Naturrecht und nur durch den täglich erbrachten Beweis seiner Funktionsfähigkeit legitimiert" (Guéhenno 1994). Es ist nur ein Plädoyer gegen den Glauben an eine universale Rationalität allgemein-menschlichen Handelns *unabhängig* von *bestimmten* Formen der Praxis.

(10.) Ein konsequent auf Anerkennung und Toleranz gegründeter Demokratiebegriff, der die Frage seiner Legitimität nicht an die kulturübergreifende *Begründbarkeit* seiner Prinzipien koppelt, sondern sie von der zwar wohlüberlegten, letztlich aber willentlichen Zustimmung der Beteiligten abhängig macht, könnte deren Selbstverständnis ebenso unangetastet lassen, wie er ihnen die Motive und Gründe für ihre Mitwirkung an dem Projekt der Demokratie freizustellen vermöchte. Was geht denn in der Praxis tatsächlich verloren, wenn wir den Anspruch der universellen Begründbarkeit moralischer Gerechtigkeit ebenso aufgeben wie den Versuch, die Prinzipien des demokratischen Rechtsstaats unter Rückgriff auf eine solche Begründung zu legitimieren? Auf eine universale Begründung zu verzichten heißt ja nicht, die Ideen von Demokratie und Menschenrechten der Beliebigkeit anheim zu stellen. Denn (wie nicht zuletzt Herbert Schnädelbach immer wieder betont) eine Position des Kulturrelativismus läßt sich (wenn überhaupt) ohnehin nur in *philosophischer*, d. h. in *theoretischer* Hinsicht konsistent vertreten. In der Praxis können wir uns von den Überzeugungen, mit denen wir unser Selbstverständnis verbinden, ohnehin nicht so weit distanzieren, daß wir ein "anything goes" tatsächlich ernsthaft und aufrichtig leben könnten. Das heißt natürlich nicht, daß wir nicht zu bestimmten Fragen und Problemen eine hypothetische Einstellung einnehmen könnten und diese Fähigkeit auch kultivieren sollten, um nicht im beschränkten Horizont eines fragwürdigen status quo zu verharren. Es heißt nur, daß wir nicht zu *allen* Fragen und Problemen eine hypothetische Einstellung einnehmen und uns auch noch von dem distanzieren können, was unser ethisches Selbstverständnis "im Kern" ausmacht: das, *was nicht zur Disposition steht*, wenn wir uns nicht selbst aufgeben wollen. *Wann* und *ob* dieser Kern durch ein Problem betroffen ist oder nicht, mit "aktorunabhängigen Gründen" entscheiden zu wollen, scheint weder aussichtsreich, noch wünschenswert. Habermas muß sich der Frage stellen, ob der von ihm verfolgte Ansatz einer rationalen, prinzipiell konsensfähigen Begründung moralischer Gerechtigkeit und, davon abhängig, der Prinzipien des demokratischen Rechtsstaates dem "Faktum des Pluralismus" (Rawls) wirklich in angemessener Weise Rechnung zu tragen vermag.

Wir haben gezeigt, daß für Habermas' Verständnis der Frage der Gerechtigkeit *in letzter Konsequenz* alles darauf ankommt, ob wir "*überhaupt* eine kommunikative Rationalität eingebaut sehen in die Alltagspraxis oder in die Lebenswelt, oder auch in die traditionell eingewöhnten Lebensweisen", oder ob wir "von vornherein den Maßstab [unserer Kritik] aufgeben oder diffus im Hintergrund lassen" (Habermas 1985b, 177). Und wir haben zu zeigen versucht, daß eine solche Auffassung weder in praktischer Hinsicht notwendig, noch in theoretischer Hinsicht stichhaltig ist.

Der von Habermas für die zentralen Probleme der Legitimation des demokratischen Rechtsstaats und der Möglichkeit einer universalistischen Normenbegründung entwickelte und hartnäckig verteidigte Begriff universaler moralischer Gerechtigkeit ist ein Phantom - vielleicht *das* moralphilosophische Phantom der Moderne schlechthin. Es scheint uns offensichtlich, daß Habermas, indem er die Bedingungen der Möglichkeit von Gerechtigkeit mit den Bedingungen der Möglichkeit von Vernunft verquickt, sich von den gehaltvollen Problemen der Gerechtigkeit abschneidet. Die Diskursethik macht den Eindruck einer Theorie der Moral ohne Lebenswelt. Habermas' Versuch, einen Begriff moralischer Gerechtigkeit vor und unabhängig von allen immer schon existierenden, notwendig partikularen Formen lebensweltlicher Praktiken der Kritik und des Protests zu begründen, führt den Gegenstand der Gerechtigkeit ad absurdum.

Literatur

Alexy, Robert 1978: Theorie der juristischen Argumentation. Die Theorie des rationalen Diskurses als Theorie der juristischen Argumentation, Frankfurt/M.

Arendt, Hannah 1970: Macht und Gewalt, München/ Zürich 1970.

Baynes, Kenneth 1995: Democracy and the Rechtsstaat: Habermas's Faktizität und Geltung, in: Stephen K. White (ed.), The Cambridge Companion to Habermas, Cambridge/ New York, 201-232.

Berlin, Isaiah 1971: Four Essays on Liberty, Oxford.

Clayton, Philip/ Knapp, Steven 1993: Ethics and Rationality, in: American Philosophical Quarterly, Vol. 30, No. 2, 151-161.

Gerhardt, Volker 1990: Was ist ein vernünftiges Wesen?, in: H. Girndt (Hg.), Selbstbehauptung und Anerkennung, Bonn/ St. Augustin, 61-77.

Guéhenno, J. M. 1994: Das Ende der Demokratie, München/ Zürich.

Günther, Klaus 1988: Der Sinn für Angemessenheit, Frankfurt/M.

Habermas, Jürgen 1961: Einleitung zu: ders. u. a., Student und Politik, Neuwied.

Habermas, Jürgen 1962/1990a: Strukturwandel der Öffentlichkeit. Untersuchungen zu einer Kategorie der bürgerlichen Gesellschaft, Neuwied.

Habermas, Jürgen 1971: Vorbereitende Bemerkungen zu einer Theorie der kommunikativen Kompetenz, in: ders., Niklas Luhmann, Theorie der Gesellschaft oder Sozialtechnologie - Was leistet die Systemtheorie?, Frankfurt/M., 101-141.

Habermas, Jürgen 1973: Wahrheitstheorien, in: H. Fahrenbach (Hg.) Wirklichkeit und Reflexion. Festschrift zum sechzigsten Geburtstag von Walter Schulz, Pfullingen, 211-266.

Habermas, Jürgen 1976a: Was heißt Universalpragmatik?, in: Karl-Otto Apel (Hg.), Sprachpragmatik und Philosophie, Frankfurt/M., 174-272.

Habermas, Jürgen 1976b: Einleitung: Historischer Materialismus und die Entwicklung normativer Strukturen, in: ders., Zur Rekonstruktion des historischen Materialismus, Frankfurt/M., 9-49.

Habermas, Jürgen 1976c: Zur Rekonstruktion des Historischen Materialismus, in: ders., Zur Rekonstruktion des Historischen Materialismus, Frankfurt/M., 144-199.

Habermas, Jürgen 1976d: Überlegungen zum evolutionären Stellenwert des modernen Rechts. Vorlage für ein institutsinternes Seminar, in: ders., Zur Rekonstruktion des Historischen Materialismus, Frankfurt/M., 260-267.

Habermas, Jürgen 1981a: Theorie des kommunikativen Handelns, 2 Bände, Frankfurt/M.

Habermas, Jürgen 1981b: Interview mit Angelo Bolaffi, in: ders., Kleine Politische Schriften I-IV, Frankfurt/M., 491-510.

Habermas, Jürgen 1981c: Die Utopie des guten Herrschers, in: ders., Kleine politische Schriften I-IV, Frankfurt/M., 318-327.

Habermas, Jürgen 1983: Diskursethik - Notizen zu einem Begründungsprogramm, in: ders., Moralbewußtsein und kommunikatives Handeln, Frankfurt/M., 53-126.

Habermas, Jürgen 1984: Was macht eine Lebensform rational?, in: Herbert Schnädelbach (Hg.), Rationalität, Frankfurt/M., 218-235.

Habermas, Jürgen 1985a: Ein Interview mit der *New Left Review*, in: ders., Die neue Unübersichtlichkeit. Kleine politische Schriften V, Frankfurt/M., 213-257.

Habermas, Jürgen 1985b: Dialektik der Rationalisierung, in: ders., Die neue Unübersichtlichkeit. Kleine politische Schriften V, Frankfurt/M., 167-208.

Habermas, Jürgen 1988: Die Einheit der Vernunft in der Vielfalt ihrer Stimmen, in: ders., Nachmetaphysisches Denken. Philosophische Aufsätze, Frankfurt/M., 153-186.

Habermas, Jürgen 1990b: Interview mit T. Hviid Nielsen, in: ders., Die nachholende Revolution, Frankfurt/M., 114-145.

Habermas, Jürgen 1990c: Nachholende Revolution und linker Revisionsbedarf. Was heißt Sozialismus heute?, in: ders., Die nachholende Revolution, Frankfurt/M., 179-204.

Habermas, Jürgen 1991a: Erläuterungen zur Diskursethik, in: ders., Erläuterungen zur Diskursethik, Frankfurt/M., 119-226.

Habermas, Jürgen 1991b: Vom pragmatischen, ethischen und moralischen Gebrauch der praktischen Vernunft, in: Jürgen Habermas, Erläuterungen zur Diskursethik, Frankfurt/M., 100-118.

Habermas, Jürgen 1992a: Faktizität und Geltung. Zur Diskurstheorie des Rechts und des demokratischen Rechtsstaats, Frankfurt/M.

Habermas, Jürgen 1993: Anerkennungskämpfe im demokratischen Rechtsstaat, in: Charles Taylor, Multikulturalismus und die Politik der Anerkennung, Frankfurt/M., 147-196.

Habermas, Jürgen 1994: Über den internen Zusammenhang von Rechtsstaat und Demokratie, in: Ulrich K. Preuß (Hg.), Zum Begriff der Verfassung. Die Ordnung des Politischen, Frankfurt/M., 83-94.

Habermas, Jürgen 1995: Ein Gespräch über Fragen der politischen Theorie, in: ders., Die Normalität einer Berliner Republik, Frankfurt/M., 135-164.

Habermas, Jürgen 1996a: Eine genealogische Betrachtung zum kognitiven Gehalt der Moral, in: ders., Die Einbeziehung des Anderen. Studien zur politischen Theorie, Frankfurt/M., 11-64.

Habermas, Jürgen 1996b: Versöhnung durch öffentlichen Vernunftgebrauch, in: ders., Die Einbeziehung des Anderen. Studien zur politischen Theorie, Frankfurt/M., 65-94.

Habermas, Jürgen 1996c: 'Vernünftig' versus 'Wahr' oder die Moral der Weltbilder, in: ders., Die Einbeziehung des Anderen. Studien zur politischen Theorie, Frankfurt/M., 95-127.

Habermas, Jürgen 1996d: Sprechakttheoretische Erläuterungen zum Begriff der kommunikativen Rationalität, in: Zeitschrift für philosophische Forschung, 50. Jahrgang, Heft 1/2, 65-91.

Habermas, Jürgen 1996e: Replik auf Beiträge zu einem Symposion der Cardozo Law School, in: ders., Die Einbeziehung des Anderen. Studien zur politischen Theorie, Frankfurt/M.309-398.

Habermas, Jürgen 1996f: Der europäische Nationalstaat - Zu Vergangenheit und Zukunft von Souveränität und Staatsbürgerschaft, in: ders., Die Einbeziehung des Anderen. Studien zur politischen Theorie, Frankfurt/M., 128-153.

Lyotard, Jean-Francois 1986: Das postmoderne Wissen, Wien.

McCarthy, Thomas 1991: Practical Discourse: On the relation of Morality to Politics, in: ders., Ideals and Illusions. On Reconstruction and Deconstruction in Contemporary Critical Theory, Cambridge/ Mass., 181-199.

McCarthy, Thomas 1994: Legitimacy and Diversity: Dialectical Reflections on Analytical Distinctions, in: Protosoziologie, Heft 6, 199-228.

Münkler, Herfried 1992: Politische Tugend. Bedarf die Demokratie einer soziomoralischen Grundlegung?, in: ders. (Hg.), Die Chancen der Freiheit. Grundprobleme der Demokratie, München, 25-46.

Münkler, Herfried 1994: Subsidiarität, Zivilgesellschaft und Bürgertugend, in: Alois Riklin/ Gerard Batliner (Hg.), Subsidiarität. Ein interdisziplinäres Symposium des Liechtenstein-Instituts, Baden-Baden, 63-80.

Parsons, Terence 1996: What is an argument?, in: The Journal of Philosophy, Vol. XCII, No.4, 164-185.

Rawls, John 1992a: Der Begriff eines übergreifenden Konsenses, in: ders., Die Idee des politischen Liberalismus. Aufsätze 1978-1989, Frankfurt/M., 293-332.

Rawls, John 1992b: Der Bereich des Politischen und der Gedanke eines übergreifenden Konsenses, in: ders., Die Idee des politischen Liberalismus. Aufsätze 1978-1989, Frankfurt/M., 333-363.

Rorty, Richard 1988: Der Vorrang der Demokratie vor der Philosophie, in: ders., Solidarität oder Objektivität. Drei Essays, Stuttgart, 82-125.

Rorty, Richard 1991: Kontingenz, Ironie und Solidarität, Frankfurt/M.

Rorty, Richard 1993: Does Democracy need Foundations?, in: Volker Gerhardt/ Henning Ottmann/ Martyn P. Thompson, Politisches Denken. Jahrbuch 1993, Stuttgart, 21-23.

Schnädelbach, Herbert 1987: Über Rationalität und Begründung, in: Philosophie und Begründung, herausgegeben vom Forum für Philosophie Bad Homburg, Frankfurt/M., 67-83.

Simmons, Lance 1994: Three Kinds of Incommensurability Thesis, in: American Philosophical Quarterly, Vol. 31, No. 2, 119-131.

Strawson, Peter F. 1962: Freedom and Resentment, in: Proceedings of the British Academy, Vol. 48, 187-211.

Taylor, Charles 1992/1993: Wieviel Gemeinschaft braucht die Demokratie?, in: Transit, Heft 5, 5-20.

Tugendhat, Ernst 1984: Moral und Kommunikation, in: ders., Probleme der Ethik, Stuttgart, 108-131.

Tugendhat, Ernst 1993: Vorlesungen über Ethik, Frankfurt/M.

Walzer, Michael 1990: Kritik und Gemeinsinn. Drei Wege der Gesellschaftskritik, Berlin.

Walzer, Michael 1992a: Sphären der Gerechtigkeit. Ein Plädoyer für Pluralität und Gleichheit, Frankfurt/ New York.

Walzer, Michael 1992b: Was heißt zivile Gesellschaft?, in: ders., Zivile Gesellschaft und amerikanische Demokratie, Berlin, 64-97.

Walzer, Michael 1994: Moralischer Minimalismus, in: Deutsche Zeitschrift für Philosophie, 42. Jahrgang, Heft 1, 3-13.

Walzer, Michael 1996: Lokale Kritik - globale Standards. Zwei Formen moralischer Auseinandersetzung, Berlin.

Walzer, Michael 1997: On Toleration, New Haven.

Wellmer, Albrecht 1986: Ethik und Dialog, Elemente des moralischen Urteils bei Kant und in der Diskursethik, Frankfurt/M.

Williams, Bernard 1985, Ethics and the Limits of Philosophy, Cambridge.

Horst Hegmann

Ökonomische Effizienz versus universaler Gerechtigkeitsbegriff[1]

Was eine universalistische Ethik leisten soll, nämlich Menschen mit ganz unterschiedlichem kulturellen Hintergrund ein friedliches Zusammenleben zu ermöglichen, kann ein auf ökonomischen Nützlichkeitserwägungen basierender Sozialvertrag besser. Universalistische Gerechtigkeitsbegriffe sind Konstruktionen, die in sich keine Handlungsmotivierung tragen. Kommunitaristische Kritiker des Universalismus betonen zurecht (Walzer, 1993, S. 11 ff.), daß Rechte und Pflichten aus konkreten Traditionen erwachsen und nur dann mit ihren normativen Implikationen auch angenommen werden, wenn sie von den Angehörigen der Tradition internalisiert worden sind. Wenn Otfried Höffe beispielsweise schreibt, „nicht von einem Selbstinteresse wird die Gerechtigkeit geboren, sondern von einem Gerechtigkeitsinteresse" (Höffe 1996, S. 106), zeigt sich das Problem der Gerechtigkeitstheoretiker überdeutlich. Auf dieser Grundlage lassen sich erfolgversprechende Regeln des Zusammenlebens nur dann entwerfen, wenn tatsächlich allen Menschen ein Gerechtigkeitsinteresse eigen ist, ein opportunistischer Umgang miteinander also nicht befürchtet werden muß. Entsprechendes gilt für die Forderung nach Vernunft, die in den von Kant ausgehenden Gerechtigkeitstheorien eine so wesentliche Rolle spielen. Nur wenn ein entsprechender Wert von den Menschen tatsächlich verinnerlicht wurde, kann die vorgeschlagene Gerechtigkeitskonzeption ihre Adressaten auch erreichen. Auch John Rawls, der prominenteste Vertreter dieser Variante der Gerechtigkeitstheorie wird sich dieser Bedingung zunehmend bewußt. Für ihn entspringen nun die benötigten Interessen der Tradition der westlichen Demokratien (Rawls 1994, S. 302).

Das ökonomische Programm kennt solche Probleme nicht. Wer zeigen kann, daß ein System aus Rechten und Pflichten seinen Adressaten nützt, kann ihnen die mit der Regelbindung verbundene Freiheitseinschränkung ohne weiteres schmackhaft machen, vorausgesetzt natürlich, daß seine Adressaten nicht glauben, sie könnten sich den eingegangenen Verpflichtungen straflos entziehen. Ein auf ökonomischen Nutzenkalkülen basierender Sozialvertrag ist zwar für Veränderungen der individuellen Anreizstrukturen anfällig, wie Rawls es zurecht betont (Rawls 1994, S. 309), dafür aber kommt er ohne gemeinsame normativ bindende Tradition aus. Wer deshalb ein Regelwerk entwerfen kann, das Konflikte zwischen Individuen aus unterschiedlichen kulturellen Kontexten effektiv verhindert, hat die These von der Überlegenheit eines ökonomisch fundierten Sozialvertrags hinreichend begründet. Genau dies soll im folgenden mit Hilfe eines Ge-

1 Dieser Text ist die schriftliche Fassung eines Vortrages, der im Rahmen der Herbsttagung 1996 der Sektion „Politische Theorie und Ideengeschichte" in der Deutschen Vereinigung für Politische Wissenschaft gehalten wurde. Ich danke den Diskussionsteilnehmern dieser Veranstaltung, sowie den Teilnehmern am Oberseminar des Instituts für Finanzwissenschaft der Universität Hamburg für hilfreiche Kommentare. Auch Sönke Abeldt, Henning Curti, Stephan Panther, Jan Paul Ritscher und Ulrich Willems haben mir durch ihre Kritik an früheren Versionen dieses Papiers sehr geholfen.

dankenexperiments unternommen werden. Ausgehend von einer multikulturell zusammengesetzten Versammlung wird gefragt, auf welche Regeln des Zusammenlebens sich die Versammelten werden einigen können, um jeweils ihren individuellen Nutzen zu maximieren. Das Experiment ist nicht der Versuch einer Annäherung an reale Prozesse konstitutioneller Entscheidungsfindung. Es soll vielmehr, ganz analog zu Rawls' eigener Vorgehensweise, ein bestimmtes institutionelles Arrangement begründen. Nur zielt die Begründung nicht auf Gerechtigkeit, sondern auf die Nützlichkeit des Regelwerks für den Einzelnen ab. Der Gedankengang wird in drei Schritten entwickelt. In einem ersten Schritt werden die Eigenschaften der Versammlung aus ökonomischer Perspektive beschrieben. In einem zweiten Schritt wird der Sozialvertrag als komplexer Tauschvertrag eingeführt, der von den Individuen genau deshalb befürwortet wird, weil er für jeden einzelnen von ihnen im Vergleich zum *status quo* eine Verbesserung darstellt. In einem dritten Schritt schließlich werden die Ergänzungen thematisiert, mit Hilfe derer der Sozialvertrag auf die spezifischen Probleme moderner pluralistischer, oder radikaler noch multikultureller Gesellschaften, zugeschnitten werden kann.

1. Die multikulturelle Verfassungsversammlung ...

Stellen wir uns zuerst eine Gruppe von Menschen mit ganz unterschiedlichem kulturellen Hintergrund vor. Sie hat sich versammelt, weil ihre Mitglieder sich von einer Kooperation Vorteile erhoffen und dazu die erforderlichen Regeln vereinbaren wollen. Der Ingolstädter Wirtschaftsethiker Karl Homann hat ihre Lage in einem anderen Kontext, dem der internationalen Kooperationsbeziehungen, wie folgt zusammengefaßt:

> Immer dann, wenn es im Zusammenleben der Menschen systematisch und dauerhaft bedeutende Auswirkungen auf andere gibt - technisch: vielfältige und in ihrer Kumulation bedeutende externe Effekte -, entsteht eine 'Gesellschaft' mit Regelungsbedarf. In dem Ausmaß, in dem die Partner dauerhaft sich auf solche Beziehungen verlassen, verlassen müssen, mit solchen Auswirkungen rechnen und rechnen müssen, entstehen - zunächst rein faktisch - bestimmte Verhaltenserwartungen an den anderen. *Politisch* geht es nun darum, solche - zunächst latenten, dann impliziten, dann konkludenten - Erwartungen zum einen in der gewünschten Weise zu *gestalten* und sie zum anderen dann auch *auf Dauer zu stellen, d.h. ihnen eine explizite 'Verfassung' zu geben* (Homann, 1994. - S. 112 f.).

Die Beteiligten an dem Prozeß können durchaus ein genuines Interesse aneinander haben, sie müssen es aber nicht. Sie mögen zu einigen oder allen Vertragspartnern ein rein instrumentelles Verhältnis unterhalten, das heißt, nur deshalb mit ihnen kooperieren wollen, weil das für ihre eigenen Ziele Nutzen verspricht. Der leidige Gegensatz von Egoismus und Altruismus wird so schlicht umgangen, er stellt das Problem ohnehin falsch dar. Schließlich haben wir es in den seltensten Fällen mit Menschen zu tun, die ohne jede soziale Bindung aus eng gefaßten egoistischen Motiven heraus ihre Verpflichtungen unterlaufen. Der Regelfall ist vielmehr, daß Menschen einige Bindungen wichtiger nehmen als andere und daß sie bereit sind, für Familie, Partei oder Überzeugung andere Beziehungen rein instrumentell zu benutzen. Die Grade, in denen ihnen die Mitmenschen als solcherart „benutzbar" erscheinen, können ganz unterschiedlich sein. Menschen mögen bloß Güter oder Dienstleistungen tauschen wollen, können aber auch bereit sein, andere zu berauben oder gar zu töten, wenn dies in irgendeiner Weise ihren Zwecken dienen kann. Dies alles soll nicht von vornherein ausgeschlossen sein, sondern als individuelle Haltung in der Versammlung durchaus vorkommen können.[2]

Auch innerhalb des ökonomischen Ansatzes müssen die Individuen nicht als gesichtslose Vermögensmaximierer, ohne Werte, Loyalitäten oder soziale Bindungen beschrieben werden. Der Ansatz wird durchaus auch solchen Menschen gerecht, die durch eine Vielzahl gewachsener Bindungen als historisch einmalige Individuen gekennzeichnet sind. Der Begriff des Nutzenmaximierers, unter den sie sich alle subsumieren lassen, ist inhaltlich ganz unbestimmt. Womit jemand seinen Nutzen maximiert, hängt allein von seinen individuellen Präferenzen ab. Zwar sind diese Präferenzen in der Regel nicht selbst Untersuchungsgegenstand ökonomischer Analyse. Zumindest prinzipiell läßt sich in ihnen die ganze Komplexität wirklicher Menschen abbilden. Was für den Nutzen gilt, gilt in derselben Weise für die Kosten. Kosten sind Opportunitätskosten (Buchanan 1987b, S. 718-721), sie lassen sich nur in den seltensten Fällen mit den Geldbeträgen identifizieren, die wir auf Märkten für Güter zahlen. Vielmehr bestehen sie im Verlust jeweils nicht realisierter Alternativen.[3] Wer sich also ein Auto kauft, dem erschließen sich die anfallenden Kosten nicht durch einen kurzen Blick auf die Rechnung. Er muß den Betrag in Beziehung setzen zu den alternativen Möglichkeiten, sein Geld auszugeben, zu Möglichkeiten, auf die er nun verzichten muß. Gibt es diese Alternativen nicht, fallen auch keine Kosten an (Homann 1988, S. 55). Damit ist der Kostenbegriff ebenso subjektiv und inhaltsleer wie der des Nutzens. Beide beruhen auf individuellen Evaluationsakten, die nur zum Teil mit intersubjektiv nachvollziehbaren Größen arbeiten. Aus diesem Grunde ist die Kosten-Nutzen Abwägung des Einzelnen von außen praktisch nicht prognostizierbar. Wer entscheiden will, ob ein Wahlakt rational ist, muß die Präferenzen der Beteiligten kennen, und was für den einzelnen Wahlakt gilt, gilt ebenso für längerfristige Kooperationsarrangements.[4] Weder der methodologische noch der nor-

---

2 Moralphilosophische oder -theologische Beiträge lassen diese instrumentelle Haltung nicht zu. Damit beschränken sie künstlich die Gruppe der Adressaten, für die die vorgeschlagenen Arrangements akzeptabel sein könnten.

3 Buchanan 1978b, S. 28 f.; Der amerikanische Ökonom Duesenberry hat einmal gesagt: „Die Ökonomie handelt davon, wie die Menschen Entscheidungen treffen; die Soziologie handelt davon, weshalb ihnen keine Entscheidungen zu treffen bleiben." (zitiert in: Hollis, 1991, S. 72) Wenn dieser Satz stimmt, fallen aus soziologischer Perspektive jeweils genau dann keine Kosten an, wenn Menschen routinemäßig handeln und deshalb keine bewußten Wahlakte vollziehen.

4 Man kann allerdings auch wie in der modernen Mikroökonomik von stabilen Präferenzen ausgehen, um die innere Konsistenz einer Folge von Wahlhandlungen als Kriterium für die Rationalität des Akteurs heranzuziehen. Dann allerdings ist der Begriff der Rationalität nicht auf die einzelne Handlung

mative Individualismus legen also inhaltlich fest, was Menschen wollen, bzw. wollen sollen. Was in einem konkreten Fall an Kosten und Nutzen anfällt und so ihre Entscheidungen bestimmt oder bestimmen soll, ist völlig abhängig von ihren individuellen Präferenzen.

Auch wenn Ökonomen also Menschen als Nutzenmaximierer abbilden, heißt das nicht, daß sie in ihnen atomistische Individuen sehen. Vielmehr lassen sie offen, ob und inwieweit Menschen sozial eingebunden sind. Damit besteht kein notwendiger Widerspruch zwischen dem ökonomischen Ansatz und der kulturellen Verwobenheit des Individuums, die beispielsweise Norbert Elias immer betont hat.[5] Daß Individuen nur als Teile historisch gewachsener Interaktionszusammenhängen überhaupt verstehbar sind, heißt für Ökonomen nur, daß sie die kulturelle Einbettung von Nutzenmaximierern studieren müssen, um ein angemessenes Bild von ihren Präferenzen und neuerdings auch ihren Kognitionen (Denzau/ North 1994; Streit 1993) zu bekommen (Almond 1991, S. 49). Die Kommunitaristen (Als Einstieg in die Debatte empfiehlt sich: Avinieri/ De-Shalit 1992), die wie Michael Sandel gegen das *unencumbered self* (Sandel 1984) Stellung beziehen, verfehlen deshalb den Punkt, wenn sie zurecht betonen, daß die Menschen keine atomisierten Individuen sind und deshalb nicht einfach Einkommen maximieren. Ein solcher Vorwurf trifft die universalistische Ethik liberaler Moralphilosophen (Siehe hier wiederum: Höffe 1996, S. 98 f. + S. 106) ebensowenig, wie er die Ökonomik trifft.

Wenn Martin Hollis sich also gegen das auf Hobbes und Hume zurückgeführte Postulat wendet, „der Eigennutz sei die Triebkraft der Handelnden, die ... als Präferenzbündel plus Computer aufgefaßt werden ...", weil diese Vorstellung impliziere, „man könne sich einen Begriff von den Individuen machen, ehe man irgendwelche Normen und Prinzipien berücksichtigt, die das Leben oder nachgerade die Identität dieser Individuen prägen."[6] so drückt er genau das Mißverständnis aus, dem auch Ökonomiekritiker erliegen, wenn sie meinen, daß Wirtschaftswissenschaftler ihre Welt mit zynischen Opportunisten bevölkert dächten. Historisch gewachsene Normen und Werte in das Präferenzbündel der Individuen zu verlegen, hat nur den Zweck, Menschen aus ganz unterschiedlichen kulturellen Zusammenhängen in eine vergleichbare Situation zu versetzen.

---

bezogen, sondern auf eine Folge von Handlungen. Siehe hierzu beispielsweise: Varian, 1984, S. 141 ff.

5 „Man kann bei der Untersuchung von Menschen das volle Licht des Scheinwerfers bald auf einzelne Menschen, bald auf Figurationen, die viele einzelne Menschen miteinander bilden, konzentrieren. Aber das Verständnis beider Betrachtungsebenen muß Schaden erleiden, wenn man nicht ständig beide in Betracht zieht. Was man durch zwei verschiedene Begriffe als 'Individuum' und 'Gesellschaft' bezeichnet, sind nicht, wie es der heutige Gebrauch dieser Begriffe oft erscheinen läßt, zwei getrennt existierende Objekte, sondern verschiedene, aber unabtrennbare Ebenen des menschlichen Universums." (Elias 1970, S. 140).

6 Hollis 1991, S. 30f.; Diese Kritik läßt sich sicher gegen Hobbes, nicht aber gegen Hume oder eine am normativen Individualismus festhaltende Ökonomik richten. Während Hobbes nämlich von Bedürfnissen ausgeht, die allen Menschen gemeinsam sind, sind sie bei Hume kulturell geprägt und können deshalb durch unterschiedliche Entwicklung bedingt, von einem biologisch determinierten Kern einmal abgesehen, ganz unterschiedlich ausfallen.

Das Verfahren wäre erst dann unangemessen, wenn sich alle Menschen durch ihr bloßes Menschsein von bestimmten Normen und Prinzipien leiten ließen. Dann allerdings müßte man in der Tat, wie Hollis fortfährt, „den Individualismus ... umstülpen ... indem man neue Vorstellungen vom Ich ins Spiel bringt."[7] Solange dies aber nicht der Fall ist, geht durch die Operationalisierung der Ökonomen nichts verloren.

Was durch die ökonomische Methode zwar nicht ausgeschlossen wird, aber auch nicht den Blick gerät, ist die Tatsache, daß Präferenzen und Kognitionen nicht einfach in jeder beliebigen Zusammensetzung da sind, sondern dazu tendieren, dort ganz ähnlich auszusehen, wo Menschen dieselbe Sozialisation durchlaufen haben. Wo diese im selben kulturellen Kontext groß werden, werden ihre Präferenzen von Person zu Person nicht so unterschiedlich sein, wie man dies bei der Modellierung individueller Präferenzbündel annehmen könnte. Auch die Evaluation unterschiedlicher Handlungsalternativen wird ähnlicher ausfallen, als man das auf den ersten Blick vermuten würde. Die Mitglieder einer Kultur weisen Gemeinsamkeiten auf, Institutionen, d.h. geteilte „Denkgewohnheiten" (Veblen 1971, S. 144), die wie Routinen das Verhalten im Normalfall bestimmen.[8] Wenn solche Institutionen auch hauptsächlich[9] bloß in den Köpfen der Menschen existieren (Sjöstrand 1995, S. 23), heißt das noch nicht, daß sie damit gänzlich der Willkür der Individuen ausgeliefert wären. In dem Maße, wie Institutionen internalisiert werden und damit in Form von Denkgewohnheiten unbewußt handlungsleitend werden, sind sie ebenso unabhängig von individuellen Willensbekundungen, wie physische Restriktionen. Thorstein Veblen, ein wichtiger Vertreter des älteren Institutionalismus in der Ökonomik (für einen ersten Überblick siehe: Hodgson 1994), hat die Idee der Subjektivität von Institutionen zum Definitionsmerkmal seines Institutionenbegriffs gemacht, und John R. Commons, einer seiner Kollegen, spricht in diesem Zusammenhang von *working rules*, die innerhalb einer Gruppe festlegen, was der einzelne soll, kann, darf oder nicht darf (Commons 1974, S. 6). In dem Maße wie die Gruppenangehörigen die jeweiligen *working rules* internalisiert haben, wissen sie nicht einmal mehr, daß sie von ihnen abweichen können. In einer solchen Situation sind schon sie selbst nicht in der Lage, ihr Handeln detailliert zu begründen, geschweige denn, daß irgend ein externer Beobachter dies könnte.[10] Häufig zeigt dann erst die Konfrontation mit anderen Kulturen, daß die eigenen Denkgewohnheiten nicht naturnotwendig sind.

Unsere multikulturelle Gesellschaft besteht also nicht aus atomistischen Individuen mit von Person zu Person unterschiedlichen Bündeln von Präferenzen, über die, wie über Geschmack, nicht gestritten werden sollte, vielmehr haben wir es mit Gruppen zu tun. Auch die Kognitionen sind nicht von Person zu Person ganz unterschiedlich und an

---

7 Hollis 1991, S. 30 f.; Dies ist auch John Rawls' Argument zur Verteidigung gegen Sandels Vorwurf vom *unencumbered self*. (Rawls 1994b und 1994c).

8 Dies ist ein Topos aus der "Phänomenologie des Alltagslebens" (Schütz, Berger und Luckmann), siehe beispielsweise: Schütz 1991, S. 83 ff.

9 Das dies nicht nur der Fall ist, darauf hat schon Hayek hingewiesen (Hayek 1971, S. 35 f.) und ein Blick in die kognitive Anthropologie bestätigt seine These (Vergl. hierzu: Hutchins 1995).

10 Die Krisenexperimente eines Harold Garfinkel 1973 zeigen beispielhaft, wie viel Konvention schon in einfachsten Alltagssituationen steckt.

einem wie immer auch definierten objektiven oder intersubjektiven Standard meßbar. Auch sie sind vielmehr innerhalb einer Kultur so weitgehend Allgemeingut, daß sich abweichende Meinungen bei Fremden häufig als Ausdruck mangelnder Kompetenz oder als Böswilligkeit erklären lassen.

2.   ... auf der Suche nach einem Sozialvertrag ...

Welchen Sozialvertrag wird unsere multikulturell zusammengesetzte Verfassungsversammlung wählen? Auf den ersten Blick scheint die Antwort klar. Wenn Kosten und Nutzen subjektiv sind und allenfalls innerhalb bestehender Gruppen auf die gleiche Weise berechnet werden, müßte auch die Wahl der Sozialvertrags gänzlich von den Präferenzen der potentiellen Vertragspartner abhängen. Worauf sich alle konkret einigen können, ließe sich in einer allgemeinen Form nicht vorhersagen.[11] Diese Einschätzung ist in den meisten Fällen richtig. Dennoch sind bestimmte Arrangements mit größerer Wahrscheinlichkeit konsensfähig als andere. Nur um die soll es im folgenden gehen.

Da instrumentelles Handeln als Möglichkeit in der Verfassungsversammlung zugelassen wurde, werden die Vertragspartner zumindest an Sicherungen interessiert sein, die verhindern, daß sie opportunistischen Wortbrüchen anderer zum Opfer fallen. Opportunisten sind Menschen, die im Konflikt zwischen individueller Nutzenmaximierung und der Pflege der Kooperationsbeziehungen solange der ersteren den Vorzug geben, wie dies nicht zu einem Zusammenbruch der Kooperationsbeziehungen überhaupt führt. Solange es sich für sie auszahlt, werden sie auch bereit sein, falsche Versprechungen zu machen, um andere, die sich auf diese Versprechen hin irreversibel binden, ausbeuten zu können. Auch bei Opportunisten sind die Präferenzen inhaltlich im wesentlichen unbestimmt. Es reicht, wenn sie zumindest zu einigen Teilnehmern der Versammlung ein rein instrumentelles Verhältnis haben, das heißt, wenn ihnen nicht alle Mitglieder der Versammlung gleichermaßen wichtig sind und sie nicht alle einen Wert wie Gerechtigkeit oder Vertragstreue über alles andere stellen. Dann nämlich mögen sie bereit sein, Entscheidungen über den Sozialvertrag nach Möglichkeit so zu beeinflussen, daß sie ihre eigenen Ziele zu Lasten anderer besser durchsetzen können. Um diese Bedrohung des Gemeinwesens abzuwenden, braucht die Versammlung die Schutzmechanismen, die Hobbes so prominent in die Politische Philosophie eingeführt hat.

Potentielle Kooperationspartner können der Gefährdung ihrer freiwillig vereinbarten Tauschakte durch Opportunisten vorbeugen, wenn sie sich auf einen Sozialvertrag eini-

---

11 Auch Kersting wirft dem Buchanan-Programm deshalb „kriterielle Leere" vor (Kersting 1994, S. 349). Die Kritik läuft m. E. ins Leere. Bei normativer Ökonomik geht es nicht um die Begründung einer Gerechtigkeitstheorie, sondern um die Empfehlung von Regelwerken, die *gains from trade* ermöglichen. Daß diese auch in einem Sklavereivertrag realisiert werden können, mag zwar dagegen sprechen, auf solche Weise eine Gerechtigkeitstheorie begründen zu wollen, das Anliegen normativer Ökonomen wird jedoch durch solche Verträge nicht konterkariert. Vergl hierzu: Buchanan 1975, S. 59 f.

gen, der die Verletzung eingegangener Verträge unter Strafe stellt (Zu dieser Interpretation siehe auch: Vanberg 1986, S. 99-110). Der Hobbessche Nachtwächterstaat hat genau diesen Zweck. Er soll dem Satz „Verträge sind zu halten" Nachdruck verleihen und hat darüber hinaus die Aufgabe, den Kooperationszusammenhang insgesamt langfristig zu sichern und den Prozeß zu steuern, über den sich öffentliche Güter bereitstellen lassen. Hobbes' Sozialvertrag besteht in einer Selbstbindung auf Gegenseitigkeit. Wie eine gewachsene Institution macht er Individuen füreinander berechenbar und eröffnet Kooperationsspielräume. Weil und insofern er den Gezwungenen nützt, können diese im eigenen Interesse dem Verzicht auf Handlungsoptionen zustimmen. Sie verhalten sich dabei wie jemand, der sich im eigenen Interesse verpflichtet, Vermögensanteile in eine Handelsgesellschaft einzubringen. Der neue Teilhaber unterwirft sich den damit verbundenen kollektiven Entscheidungsprozessen auch dann, wenn er möglicherweise gelegentlich überstimmt wird. Er akzeptiert seine Pflichten nicht deshalb, weil er sich dazu moralisch verpflichtet fühlt, sondern weil er hofft, von der solcherart ermöglichten Kooperation zu profitieren und keine Möglichkeit sieht, die Früchte der Kooperation zu ernten ohne seinen eigenen Beitrag zu leisten.[12]

Die durch die Einbeziehung der Sanktionsgewalt umfassender gewordene Art der Kooperation kann selbst wieder als komplexer Tauschakt verstanden werden: Jeder verzichtet auf die Option zu Raub und Betrug, wenn der andere ebenso verfährt. Wie im direkten Gütertausch gibt er etwas auf, das er weniger schätzt als das, was er bekommt: Er tauscht die eigene Gewalt- und Betrugsoption gegen Sicherheit vor entsprechenden Übergriffen durch andere. Hobbes leitete die individuelle Zustimmung zu seinem Sozialvertrag aus anthropologisch fundierten Vorstellungen über die Präferenzen der Menschen ab. Normative Individualisten können seine Konstruktion jedoch mit einem inhaltlich leeren Nutzenbegriff ohne weiteres weiterverwenden. Verloren geht dabei nur die Möglichkeit, den Individuen normativ die Annahme des Vertrags zu empfehlen. Hobbes' Vertrag war für alle Beteiligten besser als der Krieg aller gegen alle, weil sie ein naturgegebenes Überlebensinteresse hatten. Für den normativen Individualisten dagegen ist auch die Haltung eines Menschen legitim, der ein kurzes, aber abenteuerliches Leben im Naturzustand dem lang(weilig)en friedlichen Leben in der bürgerlichen Gesellschaft vorzieht. Nur die tatsächliche Zustimmung der Beteiligten kann für ihn das Legitimationskriterium des Sozialvertrags sein. Die ist genau dann zu erwarten, wenn die nunmehr gestiegenen Kosten der Vertragserfüllung für den einzelnen durch die von ihm erwarteten Kooperationsvorteile mehr als aufgewogen werden.

Über den schwedischen Nationalökonomen Knut Wicksell hat der Sozialvertragsgedanke endgültig Eingang in die Finanzwissenschaft gefunden (Zur Bedeutung von Knut Wicksell heute vergl. auch Blankart 1995, S. 445). Wicksell forderte, daß einzelne

---

12 Der Vergleich mit der Handelsgesellschaft hinkt insofern, als hier die Einhaltung der Verträge durch den Rechtsstaat erzwungen wird. Im Sozialvertrag dagegen müssen die Sanktionsmechanismen gegen Vertragsbrecher gleich in den Vertrag hineingeschrieben werden. Anderenfalls können Opportunisten den Vertrag unterschreiben, ohne ihn auch dort einzuhalten, wo seine Verletzung gefahrlose Sonderprofite verspräche.

Staatsausgaben derart mit Einnahmen zu verknüpfen seien, daß im Parlament nur noch über Pakete von Einnahmen und Ausgabe verhandelt werden könne. Eine funktionierende Repräsentation vorausgesetzt, zeige jeder, der einem solchen Paket zustimme, daß er individuell nach Berücksichtigung aller Kosten und Nutzen in Bezug auf seine persönlichen Präferenzen dieses Programm für eine Verbesserung im Vergleich zum *status quo* halte. Stimmen alle zu, stelle das Paket eine Pareto-Verbesserung dar und sei deshalb legitim. Auf Wicksell aufbauend hat James M. Buchanan dieses Konzept zu einer ökonomischen Theorie der Verfassung ausgebaut.[13] Statt einzelner öffentlicher Güter wird nun ein mehrstufiger Sozialvertrag zur Abstimmung gestellt, der insgesamt nichts anderes ist, als ein komplexer Tauschvertrag. Die Vertragspartner einigen sich auch hier auf Regeln des Zusammenlebens, um potentielle Kooperationsvorteile zu realisieren. Karl Homann schreibt dazu:

> Die Vertragstheorie konzeptualisiert den Übergang vom normativen Prinzip zu den Organisationsformen der Realität so, daß die Entscheidung über den Organisationsrahmen, über die Verfassung also, einstimmig erfolgt und daß die einstimmig beschlossene Verfassung Bestimmungen enthält, die es dann erlauben, postkonstitutionelle Entscheidungen unterhalb der Einstimmigkeit zu treffen und ihnen gleichwohl Verbindlichkeit für alle Kollektivmitglieder zuzuschreiben. ... Die einstimmige Legitimation der Verfassung greift auf die unterhalb der Einstimmigkeit getroffenen postkonstitutionellen Entscheidungen durch (Homann 1985, S. 55).

Auf jeder Ebene des Vertrages werden Rechte und Pflichten festgelegt,[14] und was auf der höheren Ebene bestimmt wird, begrenzt den Spielraum auf der nächsttieferen. Auf der höchsten, der Verfassungsebene legt das Individuum den Handlungsspielraum des Kollektivs als Ganzes fest. Dabei wird es ihm in der Regel keine völlige Handlungsfreiheit einräumen, weil es sonst riskiert, daß sich das Kollektiv irgendwann gegen ihn selber richtet (Buchanan 1978a, S. 34). Es wird die Staatsmacht konstitutionell begrenzen und Einstimmigkeit für Verfassungsänderungen fordern. Darüber hinaus wird es individuelle Rechtsräume wollen, innerhalb derer es vor Eingriffen des Staates oder Übergriffen anderer Bürger sicher ist. Das individuelle Recht auf körperliche Unversehrtheit, das Recht auf Schutz vor Betrug oder allgemeiner gesprochen, das Recht auf Eigentum (an der eigenen Person oder an Dingen, die einem zugesprochen werden) kommt den Individuen so nicht von Natur aus zu, sondern sind Resultat des Sozialvertrags, sofern die Vertragspartner entsprechendes für nützlich erachten. In bezug auf die kollektive

---

13 Insbesondere das mit Gordon Tullock zusammen geschriebene Buch The Calculus of Consent. (Buchanan 1963) läßt sich als Generalisierung des Wicksellschen Programms lesen. Neben Wicksell ist es vor allem die auf Machiavelli fußende italienische Finanzwissenschaft, auf die Buchanan aufbaut. Siehe hierzu: Buchanan 1967, S. 24-74.; Für einen Einstieg in die Verfassungsökonomik siehe aber vor allem Buchanan 1987a, S. 585-588.

14 Die Verbindung von *Rights and Responsibilities*, die Etzioni einfordert, klingt übrigens ausgesprochen ähnlich. (Etzioni 1995, S. 9 ff.).

Willensbildung geben die Verfassungsregeln den Rahmen für ganz unterschiedliche Arrangements ab. Beispielsweise mag sich die Versammlung darauf einigen, daß im Rahmen der Verfassung das Kollektiv mit einfacher Mehrheit entscheiden kann, wenn dies die Kosten der Konsensfindung senkt. Der einzelne wird einer solchen Regel genau dann zustimmen, wenn aus seiner Perspektive der Vorteil flexiblerer kollektiver Willensbildung schwerer wiegt als die Gefahr, im Einzelfall überstimmt zu werden. Unter extremen Umständen könnte sogar, wie bei Hobbes, die bedingungslose Unterwerfung unter einen Diktator die individuell vorteilhafteste Wahl sein. In einem solchen Fall wird die Gefahr, vom Diktator selbst ausgebeutet zu werden, für geringer gehalten als der Nutzen, den dessen Handlungsfähigkeit für das Individuum stiftet.

Ob der Sozialvertrag von den Bürgern angenommen wird oder werden sollte, ist eine Frage, die sich ohne Kenntnis der entsprechenden Präferenzen nicht klären läßt. Legitim ist ein Arrangement jedenfalls dann, wenn ihm die Menschen zustimmen. Auch Buchanan ist sich freilich der Tatsache bewußt, daß „'anti-social' and unreasonable individuals" (Buchanan 1960, S. 119) den Konsens verhindern können, so daß aus pragmatischen Gründen das absolute Durchhalten der Einstimmigkeitsregel nicht möglich ist. In diesem Fall bleibe dem Politökonomen nichts anderes als „as best as he can, to judge the extend of unanimity required ..." (Buchanan 1960, S. 119).

Aus der verfassungsökonomischen Perspektive betrachtet, lösen sich so alle Kollektivziele in individuelle Präferenzen auf. Auch das minimalstaatliche Ziel bloßer Rechtssicherheit läßt sich aus individuellen Bedürfnissen erklären, die sich auf dem Markt spontan nicht befriedigen lassen. Damit ist selbst Rechtssicherheit ein öffentliches Gut,[15] das unter bestimmten Umständen kollektives Handeln nötig macht. Was solcherart ein öffentliche Gut ist, liegt nicht von vornherein fest. Sind beispielsweise alle Gesellschaftsmitglieder der Ansicht, soziale Gleichheit sei wünschenswert, stelle sich aber auf dem Markt nicht von selber ein, ist die Herstellung sozialer Gleichheit in derselben Weise ein öffentliches Gut (Buchanan 1960, S. 112 f), wie die Garantie der Rechtssicherheit eines ist. Der wesentliche Vorteil von Buchanans Version des Sozialvertrags ist seine inhaltliche Offenheit. Die Abwehr von Opportunisten erweist sich für Menschen mit ganz unterschiedlichen Präferenzen als nützlich. Über die Präferenzen selbst wird dabei fast nichts ausgesagt.

Der sozialvertragliche Rahmen kann so von unterschiedlichen Gruppen ganz unterschiedlich ausgefüllt werden. Wie alle Liberalen[16] besteht Buchanan nur darauf, daß die Ausfüllung der außerstaatlichen Ebene vorbehalten bleiben soll, weil dort nicht in demselben Maße die Gefahr eines Mißbrauchs von Zwangsinstrumenten drohe. Damit ist

---

15 „Politico-legal order is a public good; disorder is a public bad" (Buchanan 1975, S. 7, s. a. S. IX).
16 Freilich kann man fragen ob Hobbes und Buchanan überhaupt Liberale im strengen Sinne sind. Wenn der wesentliche Unterschied zwischen einer liberalen Ethik und einer kommunitaristischen Ethik darin liegt, daß im ersten Fall das Recht Vorrang hat, im zweiten aber eine allgemein geteilte Vorstellung vom „guten Leben" (Sandel 1992, S. 13), könnte man dies bestreiten. Bei Hobbes und Buchanan ist die Existenz von Rechten an die Existenz von Gesellschaft gebunden. Kooperation und damit Gesellschaft ist das von allen geschätzte Gut, auf daß hin die gesamte Rechtsordnung prinzipiell relativierbar ist.

das Unwohnliche, das beispielsweise Kommunitaristen an liberalen Ordnungsvorstellungen kritisieren, gerade der wesentliche Vorteil der Konstruktion. Es ist gerade die Kontextunabhängigkeit (Siehe mit Bezug auf Hobbes auch Münkler 1992, S. 34 f.) des Sozialvertrags, die den kulturübergreifenden Konsens möglich macht. Michael Walzer hat die universalistische Ethik mit einer Pidgin-Sprache verglichen, auf die sich Menschen einigen, „die aus verschiedenen Ländern mit unterschiedlichen moralischen Kulturen kommen, verschiedene Sprachen sprechen und sich in irgendeinem neutralen Raum ... begegnen. Sie müssen, zumindest für eine gewisse Zeit zusammenarbeiten, und wenn sie kooperieren wollen, muß jede(r) von ihnen davon ablassen, auf seinen oder ihren Werten und Praktiken zu beharren." (Walzer 1993, S. 22 f.) Diese Charakterisierung läßt sich wörtlich auf das verfassungsökonomische Programm übertragen. Walzer fährt aber fort: „(Wenig) plausibel wäre es ... die Reisenden zu verpflichten, diese selben Prinzipien mitzunehmen, wenn sie wieder nach Hause fahren. Warum sollten neu erfundene Prinzipien das Leben von Menschen bestimmen, die bereits eine gemeinsame Moral und Kultur teilen und eine gemeinsame natürliche Sprache sprechen?" (Walzer 1993, S. 22 f.) Wenn, wie im vorliegenden Kontext der Rückweg in die Idylle der kulturell dicht besetzten Heimat verstellt bleibt, mag man das mit Walzer bedauern[17] und mit ihm der Meinung sein, daß jeder Mensch ein individuell gestaltetes Zuhause einem Hotelzimmer vorziehe (Walzer 1993, S. 23). Wo das Zusammenleben von Angehörigen ganz unterschiedlicher Kulturen der Normalfall ist, verspricht jedenfalls ein Sozialvertrag mit der Konturlosigkeit eines anonymen Hotelzimmers am ehesten Akzeptanz.

Zusammenfassend könnte man den verfassungsökonomischen Ansatz wie folgt charakterisieren: Menschen, die *a priori* zu wenig miteinander gemein haben, schaffen sich Gemeinsamkeiten in Form mehr oder weniger komplexer Vertragsbeziehungen, weil sie aus individueller Perspektive dabei zu gewinnen hoffen. Das aus den Selbstverpflichtungen auf Gegenseitigkeit hervorgegangene Vertragswerk ist dabei eine Voraussetzung für dauerhafte Kooperation. Als Motiv für die Einhaltung der Regeln bedarf es keines Gemeinschaftsgefühls, die Erkenntnis eines jeden, daß er oder sie in Gesellschaft die eigenen Ziele leichter durchsetzen kann als allein, reicht aus. Die beteiligten Individuen benötigen keine gemeinsamen Werte und müssen hinsichtlich der Frage, welche Ziele welche Opfer rechtfertigen, nicht übereinstimmen. Ihre bloße Zustimmung zu einem Paket von Rechten und Pflichten genügt, um das Resultat zu rechtfertigen. Statt universalistischer Gerechtigkeitsprinzipien genügt die vorausgegangene Übereinkunft, in

---

17 Michael Sandel stößt hier durchaus ins selbe Horn: „In our public life, we are more entangled, but less attached, than ever before. It is as though the unencumbered self presupposed by the liberal ethic had begun to come true - less liberated than disempowered, entangled in a network of obligations and involvements unassociated with any act of will, and yet unmediated by those common identifications or expansive self-definitions that would make them tolerable. As the scale of social and political organization has become more comprehensive, the terms of our collective identity have become more fragmented, and the forms of political life have outrun the common purpose needed to sustain them." (Sandel 1992, S. 28).

wichtigen Fragen grundsätzlich einstimmig zu entscheiden und so das kollektive Handeln insgesamt auf Pareto-Verbesserungen zu beschränken.[18]

3. ... der über kulturelle Grenzen hinweg Konsens verspricht.

Der Sozialvertrag ist der Versuch, als Ersatz für gewachsene Institutionen fehlende Gemeinsamkeiten bewußt zu konstruieren. Da die konstruierten Normen (noch) nicht internalisiert sind und deshalb nicht ohne weiteres eingehalten werden, müssen sie mit Sanktionsmechanismen versehen werden, um ihre Aufgabe erfüllen zu können. Entsprechend abgesichert machen sie Menschen füreinander berechenbar, die auf eine allseits internalisierte Moral nicht oder nicht mehr setzen können.[19] Je mehr Gemeinsamkeiten fehlen, desto mehr muß explizit in den Verfassungsvertrag hineingeschrieben werden. Anderenfalls können divergierende Interpretationen der Situation Opportunisten immer neue Spielräume eröffnen. Dabei ist es eine eher zweitrangige Frage, ob Opportunisten tatsächlich existieren, allein der Verdacht, daß sie der Grund für Meinungsverschiedenheiten sein könnten, reicht aus, den zur Kooperation notwendigen Konsens schon im Keim zu ersticken. Auch die Frage, ob der Konsens nie vorhanden war, oder ob er im Laufe der Geschichte verloren ging, ist nur von untergeordneter Bedeutung. Zwar sind die großen politischen Theorien des Liberalismus als Antwort auf den zerbrochenen Konsens des christlichen Mittelalters entstanden, ihre Logik aber gilt ebenso für multikulturelle Problemlagen, in denen es einen solchen Konsens nie gegeben hat.

Für Thomas Hobbes waren die Bedürfnisse des Menschen durch seine Natur festgelegt. Der Mensch mußte leben, er mußte gesund sein und über ein Minimum an Lebensmitteln verfügen, um alle anderen möglichen Ziele erreichen zu können. Gibt man diese anthropologische Fundierung menschlicher Bedürfnisse zugunsten des normativen Individualismus auf, ergibt sich im multikulturellen Kontext ein neuer Spielraum für opportunistisches Handeln. Da die anderen über keinen Maßstab verfügen, artikulierte „wahre" Präferenzen von solchen zu unterscheiden, die nur aus strategischen Gründen vorgebracht werden, bietet es sich an, in jedem Fall sein Veto einzulegen, um zum eigenen Vorteil Nachverhandlungen zu erreichen. Innerhalb einer Kultur regeln bestimmte, von allen geteilte Vorstellungen darüber, was individuell nützlich ist, derartige Kon-

---

18 Weil in der Regel viele mögliche Pareto-Verbesserungen im Verhältnis zu einem gegebenen *status quo* existieren, wäre ein entsprechender Auswahlmechanismus in den Sozialvertrag hineinzuschreiben. In homogenen Gesellschaften wird dieses Problem durch gewachsene Konventionen gelöst. Vergl. hierzu auch: Binmore 1994, S. 68 ff.

19 Siehe hierzu auch Karl Homann: „Brennan und Buchanan ... knüpfen an die alte Bestimmung der Gerechtigkeit an, daß nämlich 'jedem das Seine', 'suum cuique', zukommen soll. 'Gerecht' ist jenes Verhalten, daß dieses 'suum' gewährt, das die *berechtigten Erwartungen* eines jeden erfüllt. Die berechtigten Erwartungen der einzelnen aber gehen zurück auf Regeln, Institutionen; ja der Sinn von Regeln, Institutionen besteht gerade darin, wechselseitige Verhaltenserwartungen hervorzubringen, zu stabilisieren und sie zu garantieren. Daraus folgt, daß 'Gerechtigkeit' ein sinnvoller Begriff ist nur *unter der Voraussetzung von Regeln*, oder wie Brennan und Buchanan sagen, 'within rules': *Gerechtes Verhalten ist regelbefolgendes Verhalten.*" (Homann 1994, S. 110 f.).

flikte. Nur wenn das, was der einzelne vorbringt, diesen Vorstellungen entspricht, kann er hoffen, daß die anderen seine Ansprüche akzeptieren. In einem multikulturellen Kontext fehlt die gemeinsame Tradition, ihre homogenisierende Wirkung muß durch eine entsprechende Ergänzung des Vertrages erst geschaffen werden.

Buchanan bekommt dieses Problem nicht in den Blick, weil er seine Verfassungsversammlung analog zum anonymen Markt konstruiert. Alle Nachfrager sind Preisnehmer, d. h. ihre individuellen Wahlhandlungen haben für sich genommen keinen Einfluß auf das Angebot. Jeder Reformvorschlag ist unabhängig vom nächsten und wird von den Individuen jeweils für sich und nicht mit dem Blick auf die Zukunft bewertet. Wenn das vorgeschlagene Arrangement aus individueller Sicht eine Verbesserung im Vergleich zum *status quo* darstellt, stimmt der einzelne zu und der nächste Vorschlag kann in die Debatte eingebracht werden. Das Vetorecht aber gibt jedem ein Instrument an die Hand, das sich auch strategisch einsetzen läßt. Da jeder jedes konstitutionelle Arrangement blockieren kann, unabhängig davon, ob und wieviel Nutzen es bei anderen stiftet, kann er Präferenzen vortäuschen, die eine Nachbesserung des vorgeschlagenen Arrangements zu seinem eigenen Besten auch dann erforderlich machen, wenn ihm schon der zur Abstimmung stehende Vorschlag eine Verbesserung seiner Lage verspräche.

Um den sich so eröffnenden Handlungsspielraum für Opportunismus sofort zu beseitigen, mögen es die Vertragspartner sinnvoll finden, ganz analog zur Einbeziehung von Sanktionsinstrumenten in den Sozialvertrag ein weiteres Element aufzunehmen. Sie könnten sich vorab einstimmig auf einen Nutzenstandard festlegen, der in der Gesellschaft unabhängig von den tatsächlichen Präferenzen der Menschen gelten soll. Kann sich die Versammlung auf einen solchen Maßstab einigen, so kann sie im Verlauf des Prozesses konstitutioneller Willensbildung von außen ermitteln, ob und in welchem Maße die Position eines Mitglieds der Versammlung durch einen Reformvorschlag verbessert wird. Opportunistischer Präferenzverschleierung wäre so der Boden entzogen.

In vielen gerade für Ökonomen interessanten Fällen geht man bei der normativen Analyse von individueller Kaufkraft als Annäherung an den tatsächlichen Nutzen der Menschen aus. Dabei liegt die Überlegung zugrunde, daß man sich mit plastischen Ressourcen wie Geld ganz unterschiedliche Wünsche erfüllen kann, weshalb sie sehr wahrscheinlich von Menschen ganz unterschiedlicher Herkunft geschätzt werden. Auf dieser Grundlage ist mit der Neuen Politischen Ökonomie (Kirsch 1997) innerhalb der Wirtschaftswissenschaften ein ausgesprochen erfolgreiches Forschungsprogramm entstanden, das auch die politische Arena von Kaufkraftmaximierern bevölkert sieht, die sich bemühen, innerhalb von Regelwerken möglichst geschickt zu agieren. Von der Arbeitshypothese ausgehend, daß alle Beteiligten am politischen Prozeß nur an Geld oder geldwerten Vorteilen interessiert sind, können sie so eine Vielzahl von politischen Phänomene erklären.

Ausgehend von dieser Grundlage wird normativ ein systematisches 'Institutionendesign' möglich. Eine bestehende Ordnung oder ein Reformvorschlag kann nun dem von Karl Homann so genannten „*homo oeconomicus*-Test" (Homann 1997, S. 20) unterzogen werden, d.h. man kann untersuchen, wie sich die Ordnung entwickelt würde, wenn nur Kaufkraftmaximierer sich in ihr bewegen. Hält der Entwurf einem solchen Härtetest stand, ist er robust genug, sich auch in der Realität zu bewähren. Dies führt freilich genau zu dem karikierend vereinfachenden Bild von Politik, das gerade Nichtökonomen so vehement ablehnen: Die Gesellschaft wird als Geflecht von politischen Unternehmern und Lobbyistengrüppchen gesehen, in dem jeder nur darauf wartet, sich durch geschickte Manipulation des politischen Prozesses die Taschen zu füllen. Auch wenn dieses Bild allzu simpel erscheint, vermag ein auf seiner Grundlage konstruierter Sozialvertrag bessere Ergebnisse zu liefern, als einer, der zwar den Anspruch erhebt, auf realistischeren Beschreibungen zu ruhen, dafür aber die notwendigen Informationen nicht beibringen kann. Wenn sich die Versammlung auf einen Näherungswert für Nutzen einigen kann, ist sie jedenfalls in der Lage, ohne Bezugnahme auf konkrete Meinungsäußerungen zu ermitteln, welches konstitutionelle Arrangement im Vergleich zum *status quo* eine Pareto-Verbesserung darstellt.

Die Individuen werden dem um ein allgemeines Nutzenmaß erweiterten Sozialvertrag genau dann zustimmen können, wenn die Kooperationsvorteile auch diejenigen Mehrkosten aufwiegen, die der Gefahr entspringen, daß der konstitutionelle Prozeß aus individueller Sicht fehlgesteuert wird, weil der allgemein akzeptierte Standard von ihren tatsächlichen Präferenzen allzusehr abweicht. Ihre Kosten werden dabei um so höher sein, je größer die Differenz zwischen der eigenen Nutzenfunktion und dem gesellschaftlich akzeptierten Standard ist. Wie bei der Einrichtung einer Sanktionsinstanz für Vertragsbrüche, wird das kooperative Unternehmen teurer, weil Sicherungen gegen Opportunismus erforderlich werden. Wie dort läßt sich auch hier nicht normativ festlegen, daß alle Betroffenen den Sozialvertrag dem *status quo* vorziehen sollten, auch hier mag es durchaus Menschen geben, denen das gesamte Unternehmen jetzt schlicht zu teuer wird. Auch hier aber ist das Arrangement mit großer Wahrscheinlichkeit für ganz unterschiedliche Menschen zweckmäßig.

Selbst wenn, um das Kooperationsunternehmen zu retten, ein Paragraph über einen allgemein akzeptierten Nutzenmaßstab in den Sozialvertrag aufgenommen wird, bleiben gerade in multikulturellen Kontexten nach wie vor Räume für opportunistisches Handeln offen. Schließlich bewerten unterschiedliche Gruppen die Welt nicht nur unterschiedlich, sie nehmen sie auch unterschiedlich wahr. Aus diesem Grunde wird es Opportunisten ein leichtes sein, auch wider besseres Wissen eine Interpretation der Wirklichkeit als richtig anzupreisen, die dasjenige als gesellschaftlich nützlich ausweist, was ihren eigenen Präferenzen am besten entspricht. Eine Möglichkeit, auch diesen Spielraum zu schließen, könnte ein Paragraph im Sozialvertrag sein, der im Falle eines Dissenses den Verweis auf die empirische Wirklichkeit einfordert. Wäre es zumindest im Prinzip möglich, jenseits kulturbedingter Sonderperspektiven diese Wirklichkeit zu erkennen, müßte die Versammlung sich nur darauf einigen, ausschließlich die empirischen „Tatsachen" zur Grundlage ihrer Entscheidung zu machen. Die Implementation von Verfassungsreformen ließe sich dann als von regelmäßigen Evaluationsmaßnahmen begleitet vorstellen. Der Prozeß würde abgebrochen, wenn sich der erhoffte Erfolg, gemessen an der Realität, nicht einstellte. Ein solches Verfahren setzt allerdings voraus, daß alle Beteiligten sich auf entsprechende Verfahren einigen können, was in multikulturellen Kontexten in der Regel nicht der Fall sein dürfte.

Wenn Menschen in Kulturen sozialisiert werden, bekommen sie nicht nur Werte und Normen vermittelt, sondern auch eine bestimmte Sichtweise auf die Welt. Das nimmt sogar die Naturwissenschaften nicht aus.[20] „Tatsächlich *sehen* wir nicht Elektronen," schreibt der Wissenschaftstheoretiker Thomas S. Kuhn, „sondern ihre Bahnen oder Dampfblasen in einer Blasenkammer. Wir *sehen* nicht elektrische Ströme, sondern die Nadeln von Amperemeter und Galvanometer" (Kuhn 1972, S. 306). Was die Wissenschaftler daraus schließen, ist weitgehend durch ihre Ausbildung bestimmt, durch die Art und Weise also, in der sie in einer ganz bestimmten Disziplin sozialisiert wurden. Was für einzelne Disziplinen innerhalb der Wissenschaft gilt, gilt in noch größerem Maße für die verschiedenen Subkulturen in einer Gesellschaft[21] und noch viel mehr für unterschiedliche Kulturen. Man könnte analog zu den Forschungsprogrammen des Imre Lakatos (1978) von unterschiedlichen Lebensprogrammen sprechen, deren relative Aussagekraft über das, was der Fall ist, zu einem gegebenen Zeitpunkt nicht intersubjektiv konsensfähig feststellbar ist. Wie bei der Frage der Internalisierung von Werten werden Menschen auch in Bezug auf ihre Weltsicht in die Strukturen ihrer Lebensprogramme hineinsozialisiert.

Genau wie institutionell verankerte Werte und Normen schlagen sich auch kulturell bedingte Weltsichten direkt im Individuum nieder. Der französische Soziologe Raimond Boudon versucht das *Rational Choice* Modell entsprechend zu erweitern. Er führt den Begriff des Kognitivistischen Modells für rationales Handeln ein und stellt so neben die individuellen Präferenzen Kognitionen, auf deren Basis die Individuen handeln. Die Kognitionen unterscheiden sich von den Präferenzen dadurch, daß die Akteur glauben, ihre Mitmenschen müßten dieselben Überzeugungen teilen wie sie, oder sich, zumindest im Prinzip, von der Richtigkeit ihrer Kognitionen überzeugen lassen. Damit stellt das kognitivistische Modell eine Erweiterung des Rational Choice Ansatzes dar. Individuen sind nun nicht mehr bloß Träger von Präferenzen, sondern auch von Überzeugungen (Boudon 1996).

Das Problem ist sowohl in Bezug auf Präferenzen, als auch in Bezug auf Kognitionen, daß durch Internalisierung ein Großteil der Weltsichten zu implizitem Wissen wird, zu einem Wissen also, dessen sich der einzelne nicht mehr bewußt wird. Wieder mit Bezug auf wissenschaftliches Arbeiten hat der Wissenschaftstheoretiker Michael Polanyi

---

20 So meint selbst der ausgewiesene Wissenschaftskritiker Erwin Chargaff, daß „die modernen Naturwissenschaften ... die kleinste gemeinsame Wirklichkeit wiedergeben." (Chargaff 1990. - S. 208.). M. E. trifft aber Paul Feyerabend eher den Kern des Problems, wenn er schreibt: „Der Umstand, daß heute nur eine Naturansicht vorzuherrschen scheint, darf nicht zu der Annahme verführen, daß wir am Ende nun doch „die" Wirklichkeit erreicht haben. Er bedeutet nur, daß andere Wirklichkeitsformen vorübergehend keine Abnehmer, Freunde, Verteidiger haben, und zwar nicht darum, weil sie nichts zu bieten haben, sondern weil man sie entweder nicht kennt oder an ihren Produkten kein Interesse hat." (Feyerabend 1984, S. 43 f.).

21 Vergl. hierzu vor allem: „Der wissenspolitologische Ansatz" Kapitel 1 in: Nullmeier/Rüb 1993, S. 24-70.

hier wesentliche Punkte herausgearbeitet: „Sich auf eine Theorie stützen, um die Natur zu verstehen," so schreibt er „heißt, sie verinnerlichen. Denn von der Theorie aus wenden wir uns den Dingen zu und sehen sie in ihrem Lichte; wenn wir mit ihr arbeiten, nehmen wir diese Theorie *als* das Schauspiel wahr, das sie uns erklären soll" (Polanyi 1985, S. 24 f.). Jemand, der beispielsweise Gary Beckers ökonomischen Ansatz zur Analyse menschlichen Verhaltens verinnerlicht hat, wird gar nicht anders können, als überall Kosten und Nutzenkategorien wahrzunehmen. Jemandem, der sich menschlichem Handeln dagegen beispielsweise aus psychoanalytischer Perspektive nähert, werden dieselben Phänomene in ganz anderem Licht erscheinen. Je mehr beide Forscher dabei auf implizites Wissen rekurrieren, desto eher bleiben ihnen die Gründe für den Dissens unklar. Sie wissen, wie sie bei ihrer Analyse vorgehen müssen, haben aber Probleme, dem anderen die Gründe für ihr Vorgehen zu erläutern. Unter Fachkollegen, d.h. unter Menschen, die dieselbe Sozialisation durchlaufen haben, wie sie selbst, mag ein Stichwort zur Verständigung reichen, Fremden läßt sich derselbe Sachverhalt möglicherweise erst erläutern, wenn sie zumindest einen Teil der erforderlichen Ausbildung nachgeholt haben. Wie implizite Werturteile werden auch implizite Kognitionen meist erst explizit gemacht, wenn sie zur Bewältigung der Anforderungen nicht mehr ausreichen, die die Umwelt an die Akteure stellt. Dann reflektieren die Individuen Routinen, die ihnen normalerweise gar nicht mehr ins Bewußtsein geraten. In der Regel ist ihnen aber ihre Weltsicht so selbstverständlich, daß es ihnen schwerfällt, die Gründe für ihre Differenzen mit Andersdenkenden auch nur zu nennen. Im Normalfall werden sie deshalb kaum in der Lage sein, einem Menschen aus anderen kulturellen Zusammenhängen explizit klar zu machen, warum ihnen gerade dieser Gedankengang plausibler erscheint als ein anderer.

Unterschiedliche Gruppen haben also unterschiedliche Bilder von der Welt, sie werden unterschiedlicher Meinung darüber sein, ob ein bestimmter Verfassungsentwurf in der Tat eine Pareto-Verbesserung darstellt oder nicht und werden diese Meinungsverschiedenheiten nicht restlos durch Verweis auf die logische Konsistenz ihrer Argumentation und die empirische Relevanz ausräumen können. Selbst wenn sie sich also darauf verständigt haben, sich in einem komplexen Tauschakt selbst zu aller Vorteil zu binden, selbst wenn sie sich in diesem Zusammenhang auf einen gemeinsamen Maßstab dafür haben einigen können, was als individuell nützlich angesehen werden soll, werden sie dennoch scheitern, wenn sie sich nicht zusätzlich noch darauf einigen können, was als faktische Basis ihres Urteils gelten soll. Wie der konstruierte Nutzenmaßstab muß auch diese Basis so konventionell ausfallen, daß sie möglichst wenig Abweichungen zu den Vorstellungen der Beteiligten aufweist. Um es mit einem Begriff aus der empirischen Sozialforschung zu sagen, muß sie wie eine statistische Regressionsgerade konzipiert sein, d. h. die Summe der Abweichungen in absoluten Zahlen muß minimiert werden, um die Chance einer Annahme durch die Individuen so groß wie möglich zu machen. Je homogener der Kreis der Betroffenen ist, desto genauer und facettenreicher kann das Bild ausfallen, je heterogener er ist, desto schematischer muß es werden.

Das Bild, das Verfassungsökonomen von den Sozialbeziehungen der Menschen zeichnen, entspricht diesen Anforderungen genau. Es vereinfacht den komplexen Prozeß realer politischer Entscheidungsfindung in einer Weise, die es ermöglicht, auf einer sehr schmalen Informationsbasis Resultate zu erzielen, die möglichst geringfügig von dem abweichen, was die Individuen tatsächlich denken. Zwei wesentliche Charakteristika dieses Bildes wurden schon eingeführt: Erstens wird das komplexe Geflecht möglicherweise geltender Institutionen auf einen Kanon sanktionsbewehrter Regeln reduziert, der explizit zu dem Zwecke eingerichtet wurde, Kooperation zwischen Fremden zu ermöglichen. Zweitens wird die ganze Vielzahl denkbarer individueller Ziele auf solche Ressourcen reduziert, die für ganz unterschiedliche Zwecke verwendet werden können, auf Geld beispielsweise oder auf andere plastische Ressourcen (Dworkin 1981). Nun läßt sich das Bild durch eine dritte Komponente ergänzen: Was gut, richtig, zweckmäßig oder naturnotwendig ist, läßt sich nicht aufgrund der Sachlage entscheiden, weil diese möglicherweise von den Beteiligten ganz unterschiedlich wahrgenommen wird und so Spielräume für opportunistisch begründete Fehlinformation eröffnet. Auch für die Frage der sachlichen Richtigkeit einer Behauptung ist vielmehr allein ausschlaggebend, ob sie mit Hilfe von Verfahren zustande gekommen ist, auf die sich die Individuen vorab haben einigen können.

Damit geht die Frage, ob das Bild, das Verfassungsökonomen vom politischen Prozeß zeichnen, realistisch sei (Dye 1987, S. 342), ebenso am Thema vorbei, wie der Vorwurf gegen Hobbes unangebracht war, ein ursprünglicher Sozialvertrag sei nie tatsächlich abgeschlossen worden (Siehe hierzu beispielsweise: Hume 1968, S. 356 ff). Der Sinn des Verfahrens ist nicht die möglichst adäquate Beschreibung der politischen Wirklichkeit, sondern die Bereitstellung eines Modells der Wirklichkeit, auf das sich Menschen mit ganz unterschiedlichen Bewußtseinsinhalten einigen können und das so kollektives Handeln angesichts einer desolaten Informationslage ermöglicht.[22]

Auch die Einigung auf eine vereinfachte Sicht der Welt erhöht die Kosten des kooperativen Unternehmens für den einzelnen. Je größer die Differenz zwischen seinem eigenen Weltbild und dem konstitutionell verankerten Modell ist, desto wahrscheinlicher werden Kollektiventscheidungen, die nicht in seinem Sinne sind. Kommen alle Betroffenen zu der Überzeugung, daß die erwarteten Nutzen der Kooperation die damit verbundenen Risiken hinnehmbar erscheinen lassen, werden sie auch für dieses umfangreichere Regelpaket stimmen. Die Welt mit den Augen von Verfassungsökonomen zu sehen, ist der Inhalt des erweiterten Sozialvertrags, nicht seine Voraussetzung. Der Konsens wird konstruiert, um kulturübergreifende Kooperationsbeziehungen zu ermöglichen. In dem Maße, wie wir uns unsere historisch gewachsene Unterschiedlichkeit klar zu Bewußtsein bringen und hierin auch zwischen kulturell unterschiedlich geprägten

---

22 Bei Hobbes war es die Ungewißheit, ob der Kritiker des Souveräns nicht vielleicht doch nur opportunistisch seinen eigenen Vorteil zu mehren trachtet, die ihn dazu veranlaßte, jede Kritik als ausbeutbar und damit zu gefährlich zu verbieten.

Individuen zu einem Konsens finden, versetzen wir uns in die Lage, bewußt Reformen zu planen und zu implementieren, die auf Pareto-Verbesserungen zielen.[23]

4. Konklusion

Der gegen die opportunistische Ausbeutung von Kooperationsbeziehungen gerichtete Sozialvertrag wird im wesentlichen zur gegenseitigen Anerkennung derselben individuellen Rechte und Pflichten führen, wie eine universalistische Ethik. Anders als diese bedarf er aber keiner spezifischen Präferenz für Gerechtigkeit oder Vernunft auf Seiten seiner Adressaten. Er präsentiert sich statt dessen als komplexer Tauschakt, durch den die Akteure zum eigenen Vorteil Gemeinsamkeiten künstlich schaffen, die zwischen ihnen nicht oder nicht mehr bestehen. In diesem Punkt leistet er dasselbe, was Rawls von einer politischen Gerechtigkeitskonzeption erwartet:

. Die öffentliche Rolle einer wechselseitig anerkannten Gerechtigkeitskonzeption ist es, einen Standpunkt festzulegen, von dem aus alle Bürger voneinander prüfen können, ob ihre politischen Institutionen gerecht sind oder nicht. Sie ermöglicht ihnen dies, weil durch die Konzeption selbst festgelegt wird, welche Gründe sie untereinander als gültig und hinreichend für die Beurteilung von Institutionen anerkennen." (Rawls 1994a, S. 304)

Im Gegensatz zu Rawls' Ansatz stellt ein auf Nützlichkeitserwägungen basierender Sozialvertrag jedoch keinen Gerechtigkeitsmaßstab für Institutionen bereit, sondern ein Instrument, um sich über den Grad der Nützlichkeit zu einigen. Die wesentlichen Elemente des solcherart konstruierten Sozialvertrags werden nicht oder nur indirekt aus der Natur des Menschen abgeleitet. Sie sind vielmehr eine Antwort auf die Gefährdung von Kooperationsbeziehungen durch opportunistische Ausbeutung. Da die Handlungsspielräume potentieller Ausbeuter in dem Maße zunehmen, wie sich die selbstverständlichen Gemeinsamkeiten zwischen den Vertragspartnern reduzieren, muß der Sozialvertrag umfassender sein, als dies von den Klassikern der Vertragstheorie angenommen wurde. Reicht in einer relativ homogenen und überschaubaren Welt die Einigung auf einen bloßen Rechtssicherungsstaat noch aus, muß in einer komplexen multikulturellen Gesellschaft der Sozialvertrag um vereinfachte Bilder des Individuums und seiner Umwelt ergänzt werden. Die Einigung auf diese Bilder verursacht dem einzelnen zwar zusätzliche Kosten, wenn er dem solcherart erweiterten Sozialvertrag aber zustimmen kann, zeigt er damit, daß ihm die erwarteten Kooperationsgewinne diese Kosten mehr als aufwiegen. Jemandem, der sicher weiß, daß er die Wahrheit kennt und lieber seinen Glauben lebt, als mit den Wölfen zu heulen, werden die Kosten eines solchen Sozialvertrags schnell

---

23 Kenneth Arrow hat das Problem auf den Punkt gebracht, wenn er schreibt: „In many ways, the distinction between reproducible and tacit knowledge is parallel to that between evolutionary and conscious changes in social organization ..." (Arrow 1994, S. 6.)

prohibitiv hoch erscheinen. Fanatiker werden dem Vertrag deshalb ebensowenig zustimmen können, wie sie einen Katalog universalistischer Verhaltensnormen unterschreiben würden. In dem Maße aber, in dem sie sich von Kooperationsbeziehungen für die eigene Sache Vorteile erhoffen, werden sie einen inhaltlich nicht festgelegten Sozialvertrag eher zu schätzen wissen als eine universalistische Ethik, zu deren Annahme sie erst eine Präferenz für ein gerechtes oder vernünftiges Leben entwickeln müßten. Deshalb liefert der auf Nutzenkalkülen basierende Sozialvertrag eine bessere Grundlage für das friedliche Zusammenleben in modernen pluralistischen Gesellschaften, als eine universalistische Gerechtigkeitskonzeption.

Literatur

Almond, Gabriel A., 1991: „Rational Choice Theory and the Social Sciences" in: Kristen Renwick Monroe (ed.): The Economic Approach to Politics. - New York: Harper Collins

Arrow, Kenneth J.,1994: „Methodological Individualism and Social Knowledge" in: AER Papers and Proceedings. - 84/2 (May 1994). - S. 1-9.

Avnieri, Shlomo & De-Shalit, Avner (Hrsg.), 1992: Communitarism and Individualism. - Oxford: OUP

Binmore, 1994: Game Theory and the Social Contract. vol. 1. Playing fair- Cambridge (Mass.)

Blankart, Charles B., 1995: „Knut Wicksells Finanztheoretische Untersuchungen 1896 - 1996. Ihre Bedeutung für die moderne Finanzwissenschaft" in: Finanzarchiv. - 52/4, S. 437-459.

Boudon, Raymond, 1996: „The 'Cognitivist Model' a generalized 'Rational-Choice Model'" in: Rationality and Society 8/2 (1996). - S. 123-150.

Buchanan, James & Tullock, Gordon, 1963: The Calculus of Consent., Ann Arbor

Buchanan, James M. 1987a: Constitutional Economics" in: in: J. Eatwell, M. Miligate and P. Newman: The New Palgrave (Vol 1). - London, S. 585-588.

Buchanan, James M., 1967: „La scienza delle finanze: The italian tradition in fiscal theory." in: ders.: Fiscal Theory and Political Economy. - Chapel Hill : University of North Carolina Press, S. 24-74.

Buchanan, James M., 1987b: „Opportunity Costs" in: J. Eatwell, M. Miligate and P. Newman: The New Palgrave (Vol 3). - London, S. 718-721.

Buchanan, James M., 1960: „Positive Economics, Welfare Economics, and Political Economy"in.: James M. Buchanan: Fiscal Theory and Political Economy. - Chapel Hill: University of North Carolina Press, S. 105-124.

Buchanan, James M., 1965: 'Foreword' in: Gordon Tullock: The Politics of Bureaucracy. - Washington, 228 S.

Buchanan, James M., 1978a: "A Contractarian Perspective on Anarchy" in: J. Roland Pennock and John W. Chapman (eds.): Anarchism. - New York, S. 29-42.

Buchanan, James M., 1978b: Cost and Choice. - Chicago

Buchanan, James M., 1975: The Limits of Liberty - Between Anarchy and Leviathan, Chicago

Chargaff, Erwin, 1990: "Aufforderung an die Bäume, in den Himmel zu wachsen" in: ders.: Zeugenschaft. - Frankfurt/M: Luchterhand, S. 211-233.

Commons, John R., 1974: The Legal Foundations of Capitalism. - Clifton

Denzau, Arthur T. u. North, Douglass C., 1994: „Shared Mental Models: Ideologies and Institutions" in: Kyklos. - 47 (1994). - S. 3-33.

Dworkin, Ronald, 1981: „What is Equality? Part 2: Equality of Resources" in: Philosophy and Public Affairs. - 10 (1981). - S. 283-345.

Dye, T. R., 1987: "The Politics of Constitutional Choice" in: Cato Journal. 7/2 (Fall 1987). - S. 337-344.

Elias, Norbert, 1970: Was ist Soziologie. - München

Etzioni, Amitai, 1995: The Spirit of Community. - London

Feyerabend, Paul, 1984: Wissenschaft als Kunst. - Frankfurt

Garfinkel, Harold, 1973: „Studien über die Routinegrundlagen von Alltagshandeln" in: Heinz Steinert (Hrsg.): Symbolische Interaktion. Arbeiten zu einer reflexiven Soziologie. - Stuttgart

Hayek, Friedrich A. von, 1971: Die Verfassung der Freiheit. - Tübingen

Hodgson, Geoffrey M., 1994: „Institutionalism, 'Old' and 'New'" in: Geoffrey M. Hodgson, Warren J. Samuels and Marc R. Tool: The Elgar Companion to Institutional and Evolutionary Economics (Vol. 1). - Aldershot, S. 397-402.

Höffe, Otfried, 1996: „Der Kommunitarismus als Alternative?" in: Zeitschrift für philosophische Forschung. - 50/1+2 (1996). - S. 92-112

Hollis, Martin, 1991: Rationalität und soziales Verstehen. - Frankfurt/M.

Homann, Karl, 1985: "Legitimation und Verfassungsstaat - Vertragstheoretische Interpretation der Demokratie" in: Jahrbuch für Neue Politische Ökonomie. Bd. 4. - Tübingen, S. 48-72.

Homann, Karl, 1988: Demokratie und Rationalität. - Tübingen

Homann, Karl, 1994: „Ist der Begriff 'Gerechtigkeit' auf das Verhältnis zwischen Industrienationen und Entwicklungsländern anwendbar?" in: Leo Schuster (Hrsg.): Die Unternehmung im internationalen Wettbewerb. - Berlin, S. 103-117.

Homann, Karl, 1997: „Individualisierung: Verfall der Moral? Zum ökonomischen Fundament aller Moral", in: Aus Politik und Zeitgeschichte 21/1997 (16.5.1997), S. 13-21

Hume, David, 1968: „Of the Original Contract" in: Henry D. Aiken (ed.): Hume's Moral and Political Philosophy. - New York: Hafner, 1968. - S. 356-372.

Hutchins, E, 1995.: Cognition in the Wild - Cambridge (Mass.)

Kersting, Wolfgang, 1994: Die Politische Philosophie des Gesellschaftsvertrags. - Darmstadt

Kirsch, Guy, 1980: „Mehrheiten und Minderheiten auf der Suche nach dem einstimmigen Verfassungskonsens" in: Erik Boettcher, Phillipp Herder-Dorneich und Karl-Ernst Schenk: Neue Politische Ökonomie als Ordnungstheorie. - Tübingen, S. 30-65.

Kirsch, Guy, 1997: Neue Politische Ökonomie. - Düsseldorf, 4. Aufl.

Kuhn, Thomas S., 1972: „Postskript - 1969 zur Analyse der Struktur wissenschaftlicher Revolutionen" in: P. Weingart (Hrsg.): Wissenschaftssoziologie 1 Wissenschaftliche Entwicklung als sozialer Prozeß. - Frankfurt/M., S. 287-319.

Lakatos, Imre, 1978: : The Methodology of Scientific Research Programmes - Philosophical Papers Vol. I. - ed. by John Worrall and Gregory Currie. - Cambridge

Münkler, Herfried, 1992: „Politische Tugend. Bedarf die Demokratie einer sozio-moralischen Grundlegung?" in: Herfried Münkler: Die Chancen der Freiheit. Grundprobleme der Demokratie. - München, S. 25-46.

Nullmeier, Frank und Rüb, Friedbert, 1993: Die Transformation der Sozialpolitik - Vom Sozialstaat zum Sicherungsstaat. - Frankfurt/New York

Polanyi, Michael, 1985: Implizites Wissen. - Frankfurt/M.

Rawls, John, 1994a: „Der Gedanke eines übergreifenden Konsenses" in ders.: Die Idee des politischen Liberalismus. - Frankfurt/M, S. 293-332

Rawls, John, 1994b: Gerechtigkeit als Fairneß: politisch und nicht metaphysisch, in ders.: Die Idee des politischen Liberalismus. - Frankfurt/M., S. 255-292 bzw. 364-398.

Rawls, John, Der Vorrang des Rechten und die Idee des Guten, 1994c, in ders.: Die Idee des politischen Liberalismus. - Frankfurt/M, S.364-398

Sandel, M., 1992: „The Procedural Republic and the Unencumbered Self" in: Political Theory. - 12 (1984). - S. 81-96.; reprint in: Shlomo Avnieri & Avner De-Shalit (Eds.): Communitarism and Individualism. - Oxford, S. 12-28.

Schütz, Alfred, 1991: Der sinnhafte Aufbau der sozialen Welt. Frankfurt/M.

Sjöstrand, Sven-Erik, 1995: „Towards a Theory of Institutional Change" in: John Groenewegen, Christos Pitelis & Sven-Erik Sjöstrand: On Economic Institutions. Aldershot

Streit, Manfred, 1993: „Cognition, Competition and Catallaxy - In Memory of Friedrich August von Hayek" in: Constitutional Political Economy. - 4 (1993). - S. 223-262

Vanberg, Viktor, 1986: „Eine vertragstheoretische Interpretation sozialer Organisationen" in: Lucian Kern und Hans-Peter Müller: Gerechtigkeit, Diskurs oder Markt. - Opladen, S. 99-110.

Varian, Hal R., 1984: Microeconomic Analysis. - New York, 2. Aufl..

Veblen, Thorstein, 1971: Theorie der feinen Leute. Eine ökonomische Untersuchung der Institutionen. - München

Walzer, Michael, 1993a: Kritik und Gemeinsinn. - Frankfurt/M.

Walzer, Michael, 1993b: „Drei Wege in der Moralphilosophie" in ders.: Kritik und Gemeinsinn. - Frankfurt/M., S. 9-42.

Alexander Thumfart

(Un)Gerechtigkeitsgefühle und Selbstvorstellung im Gerechtigkeitsdiskurs bei Michael Walzer und Richard Rorty

(Un)Gerechtigkeitsgefühle und Selbstvorstellung mag ein recht seltsamer Titel für einen Beitrag sein, der sich mit im weitesten Sinne politischen Theoretikern befaßt, die zum Kreis oder der Strömung gehören, die mit dem notorisch unscharfen Begriff Kommunitaristen oder Kommunitarier belegt werden.[1] Haben wir doch, ungeachtet aller internen Differenzen zwischen einzelnen Vertretern, gelernt, daß diese Autoren auf das Selbst eher keinen gesteigerten epistemologischen oder begründungstheoretischen Wert legen. Viel eher und lieber nehmen sie das in den Blick, was überindividuell im Sinne eines mehr oder weniger zeitlich-räumlich begrenzten sozialen Kulturraumes "Individuen" oder "Subjekte" erst als diese speziellen konstituiert. Selbstvorstellungen sind in dieser Perspektive eindeutig kultur-relative, in diesem Sinne nachgeordnete Gesellschaftsprodukte.[2] Gefühle anderseits scheinen nun völlig aus dem Rahmen einer politisch orientierten Gerechtigkeits-Philosophie herauszufallen, und dies zumindest aus dem Grund, daß sie extrem wandelbar, unzuverlässig und manipulierbar sind und sich darum für eine rationale Begründung von gerecht/ungerecht schon gar nicht eignen.[3] Es sei allerdings daran erinnert, daß "Gefühle" oder "sentiments" zumindest in einer der klassischen Schulen der Aufklärung, dem Scottish Enlightenment, eine außergewöhnliche Rolle im Diskurs der Gerechtigkeit spielten. Hatte nicht Hume davon gesprochen, "Rechtssinn" - justice - sei eine künstliche Tugend, die auf dem gesellschaftlich bedingten Gefühl von angenehm und unangenehm beruhe und durchaus als Grundlage unserer moralischen Werturteile fungiere? (vgl. Hume 1978, 219-245; sowie Thumfart 1996, 172-180) Die offene und verdeckte Aufnahme und positive Übernahme genuin Hume'scher Theoreme durch die meisten Kommunitarier könnte eine Bezugnahme auf "Gefühle" im Kontext der Gerechtigkeit durchaus rechtfertigen. Hier soll allerdings ein etwas anderer Themenkreis in das Blickfeld gerückt werden.

Es soll expliziert werden, daß Gefühle - eine spezielle Sorte von Gefühlen - und Selbstvorstellungen - eine gewisse Sorte von Selbstvorstellungen - bei Michael Walzer und Richard Rorty Funktionen und argumentative Positionen besetzen, die sie eigentlich gar nicht einnehmen dürften. Dabei wird es darum gehen zu zeigen, daß in den Texten

---

1 Vgl. zur Diskussion über die Kohärenz bzw. Heterogenität kommunitarischen Denkens etwa Reese-Schäfer, 1994, 7-12 u. 161-177; Rieger 1993; sowie Kymlicka 1995b. Kymlicka sieht den Kommunitarismus bereits so weit ausformuliert, daß man berechtigt von einer "school of thought" sprechen könne (ebd., 366). Aktuellst und spannend unter der Perspektive politisch-institutioneller Konsequenzen moralphilosophischer Konzepte geschrieben: Reese-Schäfer 1997.

2 Vgl. dazu etwa Sandel 1995, 22-28; sowie Taylor 1994, 52-104. Dazu kritisch Steinfath 1992, 86-93.

3 Ryan bringt diese Distanz zwischen Gefühl und Gerechtigkeit so zum Ausdruck: "Justice is a political or institutional virtue more aptly practiced by people who do not have warm ties to one another." Ryan 1995, 4.

dieser zwei Denker Gefühle und Selbstvorstellungen die Tendenz haben, oder auch erheblich mehr, sich aus dem generellen Rahmen ihrer durchaus sehr sympathischen kulturrelativen Theorie zu verabschieden und in den Bereich genereller, nicht kontingenter Aussagen zu wandern, um dort spezifische - universalistische - Begründungsleistungen zu übernehmen. Dies erzeugt die Gefahr, daß die genannten Theorien an einem zentralen Punkt - der ausgesprochenen Bindung von Selbstkonzepten an spezifische und historisch differente Gesellschaften nämlich - selbstwidersprüchlich werden. Zugleich könnten sie aber auch Ansatzpunkte zur kritischen Weiterführung durchaus auch im Sinne einer Radikalisierung geben. Damit soll aber nicht der Streit zwischen Universalisten, etwa Habermas und Rawls, und Kulturethnologen, wie sie einmal genannt seien, wieder einmal geführt werden.[4] Ich möchte auch nicht in die Diskussion einsteigen, ob Brian Barrys Charakterisierung gerechtfertigt ist, die Kommunitarier hätten nur die These des Friedens von Augsburg "Cuius regio, eius religio" wieder zum Leben erweckt, "a rotten idea in 1555, ..., and its successor is no better" (Barry 1995, 4). Viel eher ist hier intendiert, beide Lager etwas aneinanderzurücken und zwar weniger in den je spezifischen Inhalten ihrer Theorien - die bleiben wohl different -, als vielmehr in einer "formalen" Denkbewegung und ihrer Zielorientierung. Ähnlich wie von Bert van den Brink und zum Teil von Rainer Forst wird hier argumentiert, daß "die Gegenüberstellung der Begriffe >die Gerechtigkeit< (Universalisten, A.T.) und >das Gute< (Kommunitaristen, A.T.) ... nicht aufrechtzuerhalten ist", wenngleich auch aus anderen Gründen als van den Brink meint.[5] Ohne damit Partei für Habermas oder Rawls ergreifen zu wollen, werden so vielleicht Kulturräume und deren spezielle Versuchungen, Verführungen sichtbar, sowie verdeckte inhärente Denkstrategien, denen wir trotz gegenteiligem Bemühen nicht zu entkommen vermögen. Daraus kann sich dann allerdings das Paradox ergeben, daß einige Vertreter des Kommunitarismus begründet zu einer Verabschiedung auffordern, die sie selbst nicht vollziehen. So ergibt sich die Nötigung, Teile kommunitarischer Reflexionen gegen diese selbst zu wenden, um so eine Verschärfung der gegenwärtigen Problemstellungen zu erreichen.

Da nun Walzer und Rorty nicht gleichermaßen zu Gefühlen und Selbstvorstellungen im angedeuteten Sinne etwas sagen, soll zunächst getrennt und Michael Walzer für die Selbstvorstellung, Richard Rorty für die Gefühle reklamiert werden. Durch dieses Vorgehen werden vielleicht auch indirekt die Differenzen zwischen den Kommunitariern sichtbar.

---

4 Die verschiedenen "Runden" dieser Auseinandersetzung finden sich ausführlich dargestellt von Forst 1994a, 349-314. S. Holmes argumentiert von einem liberal-universalistischen Standpunkt aus zum Teil sehr polemisch und überzogen, wenn er die Kommunitaristen stark an Carl Schmitt heranrückt, vgl. Holmes 1995, 306ff.

5 Brink 1993, 51-73, hier 70. R. Forst rückt Walzer an Rawls' heran, indem er bei Walzer eine immer stärker hervortretende "Verbindungen von Universalismus und Kontextualismus" festzustellen meint. Forst, 1994a, 253. Vgl. im selben Sinne Forst 1994b, speziell 207ff. Allerdings scheint mir dies nicht so ganz problemlos zu sein. Siehe dazu weiter unten.

I. Richard Rortys universelles Mitgefühl

Ich möchte mit Richard Rorty beginnen und zuerst in groben Zügen das epistemologische Konzept explizieren, das als Voraussetzung für Rortys Pragmatismus fungiert und in das sich dann die Vorstellungen von Politik und Gerechtigkeitsgefühl einzeichnen. Obwohl nämlich Rorty an mehreren Stellen darauf hinweist, Philosophie und Politik seien nicht direkt und eng verbunden, so daß etwa einer philosophischen Position nur eine mehr oder weniger definierte politische Haltung notwendig folgen und entsprechen müsse (Vgl. Rorty 1994, 11f), koppelt er selber dennoch sein philosophisches Konzept eng an eine ganz spezielle Vorstellung von demokratischer Politik und Gesellschaft, ja betrachtet sein an Dewey angelehntes Philosophieren nachgerade als "Ergänzung" politischer und gesellschaftlicher Demokratisierung (Rorty 1993, 12). Es gilt zu zeigen, daß diese Verbindung ihre Ursache in einem speziellen Gefühl hat. Gerade aus dieser Verzahnung resultiert dann aber eine Extrapolation, die universalistische und ahistorische Aussagen in den Skeptizismus und Pragmatismus einführt.

Für Rorty besteht die Geschichte der Menschheit, oder eigentlich müßte man zunächst sagen der westlichen, abendländischen Zivilisation und Kultur, aus einer Reihe von Revolutionen, die sich auf unterschiedlichen Gebieten zu recht unterschiedlichen Zeiten vollzogen haben. Diese Revolutionen spielen sich auf der sprachlichen Ebene ab und geschehen dadurch, daß einer oder eine Gruppe von Menschen gewisse Dinge und Sachverhalte in einer anderen Terminologie als der bisherigen oder einer neuen Kombination alter Sprachgewohnheiten beschreibt. Paradigmatisch führt Rorty auf dem Gebiet der Naturwissenschaft die Umstellung an, die Kopernikus, Galilei und Newton in der Konzeptionierung der Himmelsmechanik vornahmen. Ein in der Gemeinschaft von Forschern und der Mehrheit der dominierenden Bevölkerung bisher gültiges, hauptsächlich aristotelisch grundiertes Sprachspiel zur Erklärung der Sternenbewegung wird u.U. auf Grund von erkennbaren Inkonsistenzen, Widersprüchlichkeiten und Grenzen zunächst eher spielerisch und experimentell ersetzt durch eine neue Art des Sprechens über die bisher beobachtbaren Phänomene.[6] Es mag hier dahingestellt bleiben, warum und wie sich diese naturwissenschaftliche Revolution vollzogen hat, welche ziemlich komplizierten Voraussetzungen und mäandrischen Denkbewegungen dahin geführt haben. Hans Blumenberg und Th.S. Kuhn haben darauf ja Antworten versucht (Vgl. Blumenberg 1981; sowie Kuhn 1992). Wichtiger sind die Folgerungen und Weiterungen, die Rorty aus der positiven und erweiternden Übernahme Kuhn'scher Gedanken zieht.[7] Zunächst beansprucht Rorty die Gültigkeit dieses Verständnisses von Revolutionen auf allen Gebieten menschlichen Erkennens, Handelns und Forschens, und bezieht politische Revolutionen mit ein: "es ist typisch für revolutionäre Leistungen in den Künsten, den Wissenschaften, im moralischen oder politischen Denken, daß sie zustande kommen, wenn jemand Interferrenzen zwischen zwei oder mehreren unserer Vokabulare er-

---

6   Vgl. Rorty, R., Ist Naturwissenschaft eine natürliche Art?, in: ders. 1993, 13-47.
7   Vgl. zum Einbau Kuhn'scher Theoreme, Rorty 1981, 350-363.

kennt und dann dazu übergeht, ein neues Vokabular zu erfinden, das beide ersetzen kann" (Rorty 1989, 35). Untrennbar mit dieser Konzeption verbunden ist für Rorty die Verabschiedung der Vorstellung, es gäbe so etwas wie eine externe wahre Welt einerseits und ein internes wahres menschliches Selbst andererseits, das durch ein Vokabular besser oder schlechter, d.h. wahr oder falsch, beschrieben und begriffen werden könnte. Nach dem linguistic turn sei es nämlich unmöglich anzunehmen, es gäbe etwas, das sprachunabhängig "da draußen" oder "da drinnen" existiere und zu dem wir einen ebenfalls sprachunabhängigen, intuitiven Zugang hätten, um dadurch dann gleichsam feststellen zu können, in wie weit eine Beschreibung die Wahrheit enthält oder sich ihr annähert. Diese traditionell-metaphysische oder positivistische Ansicht setze nämlich u.a. die Existenz einer dritten und überblickenden Position voraus, von der aus wir einen Vergleich zwischen dem "Ding an sich" und dessen Beschreibungen durchführen könnten. Da aber die unter anderem mit dem Namen Platon verbundene Ansicht eines dritten, archimedischen Punktes sich zum "Vergleich" ebenfalls der Sprache bedienen müsse, sei die ganze Konzeption nicht nur widersprüchlich, sondern vor allem reflexiv überladen. Sie zeige damit aber im Gegenzug, daß es keine Dinge an sich gibt, die wir sprachunabhängig erkennen könnten, weshalb wir auch problemlos auf die verführerische Rede vom "Ding an sich" verzichten können. Rorty plädiert, gestützt auf die Rhetorik und die Sprachphilosophie der Gegenwart, dafür, die Tradition über Bord zu werfen, sich von einem rein instrumentellen Sprachbegriff zu befreien und dagegen zuzugestehen, daß die Welt und das menschliche Selbst sprachliche Erfindungen, Fiktionen sind, die von einem ganz bestimmten Vokabular *erzeugt* werden. "Gibt" es also Atome für uns erst durch Rutherford und den Ödipuskomplex samt der quälenden und zwanghaften Suche nach dem wahren Kern all unserer Neurosen erst durch Freud, muß eingestanden werden, daß der Mensch das ist, als was er sich beschreibt und was er sich einbildet. Ist Sprache eine gesellschaftliche Veranstaltung und zudem eine historisch wandelbare[8], werden "Selbst" und "Welt" zu gesellschaftlich produzierten Bildern, zu denen es kein Orginal gibt. Von diesen Beschreibungen muß zumindest gelten, daß sie, obzwar kontingent, allumfassend sind. Dies gilt in dem Sinne, daß kein Bereich angenommen werden kann, der nicht sprach-erschaffen wäre, bzw. der existierte, obwohl wir, eine spezifische Gesellschaft, ihn nicht mit unserem Vokabular beschreiben. Rorty nennt dies mit Wilfrid Sellars "psychologischer Nominalismus" (Rorty 1994, 38). Dagegen kann problemlos akzeptiert werden, daß zu einer spezifischen Zeit mehrere verschiedene, u.U. nicht kompatible Sprachspiele in einer Gesellschaft existieren. So kann Rorty schreiben - wobei auf eine Seltsamkeit jetzt nur verwiesen wird, um sie später aufzugreifen: "Solange wir meinen, es gäbe eine Relation wie >auf die Welt passen< oder >die wahre Natur des Selbst ausdrücken<, so lange werden wir die traditionelle Suche nach einem Kriterium weitertreiben, das uns sagt, welche Vokabulare diese wünschenswerte Eigenschaft haben. Wenn wir uns je mit dem Gedanken versöhnen könnten, daß der Großteil der Realität indifferent gegenüber unseren Beschreibungen von ihr

---

8 Vgl. Rorty 1989 S.21-52 (Die Kontingenz der Sprache).

ist und daß das menschliche Selbst durch die Verwendung eines Vokabulars geschaffen und nicht adäquat oder inadäquat in einem Vokabular ausgedrückt ist, dann hätten wir uns endlich zu eigen gemacht (...), daß Wahrheit *eher gemacht als gefunden wird.*"[9] "Eher gemacht" relativiert überraschender- und irritierenderweise eindeutig den zunächst geäußerten Anspruch allumfassender Erzeugtheit. Doch davon etwas später.

Die Negation epistemologischer Teleologie - auf das Wahre - verschiebt notwendig das Kriterium und vor allem die Rechtfertigung von Forschung oder Erkenntnis generell und zwar auf die pragmatische Ebene. "Wir Pragmatisten sind (...) nicht der Ansicht, daß die Wahrheit das Ziel der Forschung ausmache. Das Ziel der Forschung ist der Nutzen" (Rorty 1994, 47). Forschung heißt dann, andere Formen von Beschreibungen zu erfinden, ein anderes Vokabular zu erschaffen. Diese Forschung ist dann legitimiert, wenn dadurch mit neuen Dingen etwas anderes und Nützlicheres anfangen werden kann, als dies bisher geltendende Beschreibungen und Paradigmen gestatteten.[10] Auch diese Aussage bezieht sich nicht nur auf naturwissenschaftlich-technische Erkenntnis, sondern gilt ebenso für moral-philosophische und politische Diskurse.

Hier kann nicht diskutiert werden, ob es so einfach ist, aus einem Paradigma oder gesellschaftlich-dominanten Sprachspiel geplant und gleichsam mit Vorsatz auszusteigen. Selbstbeschreibungen von revolutionären Neukonzeptionierungen, z.B. Nicolaus de Cusa' "Erleuchtung" auf der Fahrt von Patras nach Brindisi, Descartes's mahnende Träume oder die Studien zur Wissenschaftsgeschichte und erkenntnistheoretische Überlegungen sprechen eine andere Sprache, die zudem das Plötzliche, Blitzartige, fast Traumhafte der Umstellung in den Vordergrund stellen.[11] Mir geht es um eine nähere Untersuchung des Begriffs des Nutzens und der damit zusammenhängenden Gefühlswelten.

In Analogie zum erkenntnistheoretischen Diskurs gilt auch für die Moralphilosophie, daß es ein sprach- und tradition*un*abhängiges Gutes nicht geben kann. Was als Gut und als guter Zweck jeweils bezeichnet wird, ist abhängig von den Erzählungen und den Erzählern, die über Gutes und Zweckhaftes in einer gewissen Situation, zu einer gewissen Zeit und in einer speziellen Sprache erzählen, d.h. bestimmen. Damit sind natürlich sowohl die Weisen, wie Gesellschaften Vorstellungen ihres Guten politisch und prozedural gewinnen, historisch kontingent, als auch die Mittel, Wege und Anstrengungen, mit denen Gesellschaften oder Teile von Gesellschaften ihre Vorstellungen dann zu realisieren trachten. Mithin hat jede Gesellschaft ihre je eigenen, u.U. bereichsspezifischen Erzeugungs- und Rechtfertigungsprozesse und Konzepte des Guten und des Zwecks. Da-

---

9 Rorty 1989, 27, Hervorh. v. mir. Ganz ähnliche Auffassungen über die sprachliche Konstitution des Selbst vertreten Taylor 1994, 71f. und Goodman 1984, speziell 134-170.

10 "Sie (Forschung und Philosophie, A.T.) gibt nicht vor, einen besseren Kandidaten für dieselben alten Dinge zu haben, die wir immer schon getan haben, als wir in der alten Weise redeten. Sie vermutet vielmehr, daß wir vielleicht mit den alten Dingen aufhören möchten und lieber etwas anderes täten." Rorty 1994, 31.

11 So betont etwa Kuhn, daß "das neue Paradigma oder ein ausreichender Hinweis auf eine spätere Artikulierung ganz plötzlich, manchmal mitten in der Nacht, im Geist eines tief in die Krise verstrickten Wissenschaftlers auf(taucht)." Kuhn 1993, 102. E. Bloch spricht daher wohl zurecht von einer (sehr vielschichtigen) "Inkubationszeit", auch sowohl auf gesellschaftlicher wie individueller Ebene, in die und aus der Neues lösend schlägt. Vgl. etwa Bloch 1975, 239-248.

her kann man es sich "nicht leisten, über irgendein Projekt der Menschen, über irgendeine gewählte menschliche Lebensform zu spotten" (Rorty 1994, 55). Unter dieser Perspektive ist es zwar möglich, von unserer Sicht aus über andere Gesellschaftsformen ein (positives/negatives) Urteil zu sprechen und dem radikalen Relativismus zu entgehen.[12] Jegliche prinzipien-basierte, universale Begründung aber, warum eine andere Gesellschaft dieses oder jenes tun oder lassen sollte, ja müßte, wäre unmöglich oder imperialistisch und damit zutiefst ungerecht. Wir müßten uns mit der Differenz abfinden - und gegen mögliche Übergriffe wappnen. Auch dürften wir nicht begründet hoffen, daß sich etwa im Laufe der Zeit gewisse positive Veränderungen einstellten. Zwar könnten wir - und haben es ja auch - eine Beschreibung und politische (d.h. demokratisch-liberale) Organisationen entwickelt, die den internen Verfassungen und historischen Entwicklungen Rechnung tragen - den Pluralismus nämlich-[13], aber auch das überwindet nicht die Selbstreferenz möglicher Forderungen und Erwartungen, sondern dokumentiert nur erneut, daß wir einen anderen Weg gegangen sind, als andere, bzw. diese Anderen ebenso legitime andere Formen und Selbstbeschreibungen haben können und dürfen als wir.[14] Universalistische, vernunftbasierte und auf Letztbegründung orientierte Ethikkonzepte haben hier immer wieder kritisch eingehakt und nicht nur den Mangel an handlungsleitenden Prinzipien beklagt, sondern auch moniert, daß keine Maßstäbe für die politische Organisation von Gesellschaften denkbar seien.[15] Es scheint mir nun, daß Rorty eine Art funktionales Äquivalent für den Universalismus anbietet, d.h. etwas aufweist oder aufzuweisen versucht, das von gesellschaftlichen Sprachschöpfungen unabhängig und in diesem Sinne universell ist. Dies hat dann nicht nur den Zweck zu erklären, warum wir überhaupt Neubeschreibungen unternehmen sollten, sondern vor allem einen Maßstab zu liefern für die kritische Beurteilung der zunächst vom Nutzen her gleich-gültigen verschiedenen Umschreibungen.

Rorty spricht nämlich davon, daß wir Menschen "sowohl in der Physik als auch in der Ethik nach Anpassung streben, speziell nach ... Anpassung an unsere Mitmenschen"

---

12 Rorty argumentiert hier sehr überzeugend. Gerade weil wir unserem Bewertungskosmos nicht entgehen können, können wir auch keine Relativisten sein. Auch die Vorstellung einer Gleich-Gültigkeit ist nur möglich in einer Gesellschaft und damit einer Referenzposition. Vgl. Rorty 1988, 11-37, speziell 25ff.

13 Rorty sieht philosophischen, erkenntnistheoretischen Pluralismus und Demokratie nicht in einem Begründungsverhältnis, sondern eher in einer Art Korrespondenz. Die Ergebnisoffenheit liberaler und demokratischer Institutionen und etwa parlamentarischer Aushandlungsmechanismen trägt der Verabschiedung von Wahrheit Rechnung, weil sie keine apriori Strukturen kennt. Jede Art rationalistischer Vorentscheidungen wäre einer pluralistisch verfaßten Gemeinschaft gegenüber widersprüchlich, wenngleich eben immer möglich. Vgl. Rorty 1994, 84-123; sowie ders., Der Vorrang der Demokratie vor der Philosophie, in: ders., 1988, 82-125, speziell 104ff.

14 Das zieht sich auch wie ein basso continuo durch die Schriften von C. Geertz. Vgl. etwa 1997, speziell 77-110.

15 Vgl. Habermas 1993, 9-33, 104-129; sowie ders., 1991, 127-206. Hier scheint es sich natürlich um ein altes Problem zu handeln, das seit Aristoteles "Politik" immer wieder diskutiert wird. Paradigmatisch läßt sich dieser Kampf zwischen der vita activa und vita contemplativa und dem Vorwurf des Normativitätsdefizits praktischer Philosophie in der Renaissance aufzeigen. Vgl. z.B. Copenhaver/Schmitt 1992, 196-227.

(Rorty 1994, 67). Diese Anpassung kann sich nicht in der Form vollziehen, daß man sich entschließt, gemeinsame Ansichten des Guten zu entwickeln, gerade dies ist ja die Quelle der Differenzen, sondern sie kann nur durch etwas ausgelöst, angetrieben und getragen werden, das nicht rational-differenzierend, also mit der Möglichkeit der Trennung behaftet, verfasst ist. Diese Anpassung, die Rorty emphatisch "den moralischen Fortschritt der *menschlichen Spezies* insgesamt" nennt, beruht auf dem Mitgefühl (Rorty 1994, 76, Hervorh. von mir). "Der moralische Fortschritt ... ist davon abhängig, daß die Reichweite des Mitgefühls immer umfassender wird. Er ist nicht davon abhängig, daß man sich über die Empfindsamkeit erhebt und zur Vernunft vordringt" (Rorty 1994, 81). Mitgefühl, Empfindung wird desweiteren - im Rekurs auf die feministische Philosophin Annette Baier - als etwas betrachtet, was der Mensch von Geburt an in sich trägt und durch die Primärsozialisation in der Familie weiter ausgebildet hat. Diese natürliche, ja sogar "*natürlichste* Sache von der Welt" (Rorty 1994, 75, Hervorh. von mir), kann als Basis dienen für jenen Fortschritt, der darin besteht, Umfang und Kreis der Adressaten des Mitgefühls immer mehr auszuweiten bis hin zu jenem idealen Grenzwert, an dem einem "Ich" "die Leiden jedes Menschen (und vielleicht sogar jedes anderen Tiers) äußerst weh tun" (Rorty 1994, 76). Mitgefühl ist also nicht an soziale Verhältnisse gebunden, sondern durch den Einschluß von Tieren als vorsoziales, naturales Gefühl bestimmt, das spontan eine Beziehung zum leidenden Anderen herstellt und insofern einfach geschieht. Mitgefühl will Leiden lindern und in Zukunft u.U. auch aus Eigeninteresse verhindern. Leid geschied durch Fremdbestimmung, Überwältigung und Ausgeliefertsein und so ergibt sich aus dem Impuls des Gefühls die Option, Einflußmöglichkeiten, Artikulationsforen, Mitspracherechte, Gegenmacht - "Freiheit" zu installieren mit dem politischen Fluchtpunkt demokratischer Partizipation (Vgl. Rorty 1994, 11-36, speziell 14ff). Dies kann erreicht werden durch die (poetische) Beschreibung der Deformationen und Ungerechtigkeiten, die Unterdrückung erzeugen, verkoppelt mit der Desavouierung der "Gründe", auf denen diese Grausamkeiten ruhen. So werden dann im Gegenzug Gemeinsamkeiten erkannt und leiderzeugende Differenzen durch institutionelle Mechanismen reduziert.[16] Das heißt, das natürliche Mitgefühl *motiviert* kulturunabhängig die Suche nach auch politischen Formen von Gesellschaft, die weniger grausam sind als bisherige Formen, motiviert also das Geschäft der Um-Schreibung. Es gibt die Rahmen und Strukturen, also Zwecke vor, denen solche Umformatierungen genügen müssen, um menschliche mitfühlende Gesellschaften heißen zu können, und es liefert einen *kritischen Maßstab* zur Beurteilung gegenwärtiger Zustände. Entgegen der ursprünglichen Ansicht, alle Zwecke wären gleich-gültig, heißt es nun: "Freilich taugen einige Beschreibungen mehr als andere. Doch daß sie mehr taugen, liegt daran, daß sie nützlichere Werkzeuge sind, nämlich Werkzeuge, die einen menschlichen Zweck besser erfüllen können als konkurrierende Beschreibungen" (Rorty 1994, 47). Mitgefühl ist

---

16 Es sind Bücher, Romane, Erzählungen und historische Arbeiten, "die uns helfen, weniger grausam zu werden". Rorty 1989, 229. Vgl. auch ders. 1994, 86ff. Auch das ist natürlich ein humanistisches Programm, das sich von Petrarca, über Erasmus und Montaigne bis zu D. Hume zieht. Vgl. die ausgezeichneten Analysen von Batkin 1981, 265-322.

somit Quelle und Maßstab unserer Vorstellung von Prozessen und Konzepten der Gerechtigkeit, besser wäre wohl zu sagen, von weniger universaler Ungerechtigkeit. Und sie ist eine Quelle, die in allen Menschen auf basal natürliche, kulturell nicht erschaffene Weise sprudelt. Sie transzendiert Geschichte und situiert sich in einem unwandelbaren Bereich, der unserem Zugriff entzogen ist, resistent bleibt gegenüber unserem Sprechen und Konzeptionieren und unangetastet bestehen bleibt, auch wenn eine Gesellschaft keine Worte (mehr) dafür hat. Wenn Rorty etwas salopp und wohl ganz im Stile der Federalist Papers ein anderes Vokabular empfiehlt, weil es "interessanter" ist, versteckt er dahinter das universalistisch-normative Konzept menschlichen Mitgefühls, das eine deutlich invariante Barriere bildet gegen Übermächtigung, Unterdrückung und Gewaltmonopole.[17] Das dürfte wohl auch der Grund sein, warum Will Kymlicka nach der Diskussion um "membership, segregation and minorities" am Beispiel Canadas und seinem Plädoyer für die Beachtung der Ansprüche von Minderheiten etwas unvermittelt ausruft: "This is the 'challenge of empathy'" (Kymlicka, 1995a, 141).

Die Beurteilung erscheint mir durchaus ambivalent. Zweifellos ist das von Rorty vorgetragene Konzept einer kontingenten Selbsterschaffung mittels gesellschaftlicher Deutungsressourcen, und damit die allein gesellschaftsreferentielle Fassung von (Un)Gerechtigkeit, durch die Einführung des natürlichen Mitgefühls eindeutig gesprengt. Das "eher gemacht als gefunden" in obigem Zitat könnte dies dokumentieren, indem Auffinden auf das kontextfrei existierende Mitgefühl verweist. Rorty hat sich damit eine Diskussion aufgehalst, die fast schon Freudsche Dimensionen annimmt. Denn Freud konnte ja Existenz und Verfaßtheit des Unbewußten nur zeigen, indem er die Lücken des Bewußten ins Unbewußte rückübersetzte[18], und sich so in die Gefahr begab, das Un-Sagbare durch das Gesagte erst zu erzeugen. Ebenso läuft Rorty Gefahr, ein existentes Mitgefühl vorauszusetzen und es so in ein "Ding an sich" oder "unser wahres, geheimstes Selbst" zu verwandeln, das seine rhetorische Epistemologie zuvor als widersinnig und überflüssig durchgestrichen hat. Gegenüber dieser gravierenden Inkonsistenz gilt es, Putnams - ebenfalls vom Pragmatismus inspirierte - viel vorsichtigere Aussage zu erinnern, die wohl nicht zuletzt auch in diesem Punkt gegen Rorty gemünzt ist und gleichzeitig Rorty viel stringenter fortführt. "Ähnlich wahrscheinlich ist, daß es eine

---

17 Hier liegt wohl auch der Grund, warum sich Rorty von Hume, dem er zunächst zustimmt, doch distanziert. "Da bevorzugen wir Pragmatisten den Vorschlag Humes, wonach die Moralität auf dem Empfinden beruht." (Rorty 1994,, 87) Da aber Hume's "justice" gerade eine *künstliche* Veranstaltung ist, möchte Rorty von einer Trennung der Tugenden überhaupt Abstand nehmen ("Lieber wäre uns jedoch, die Entscheidung zurückzuweisen, ebd.), indem er auf jene Dichotomie "Gegenwart und Zukunft" verweist, wobei die Zukunft für die Rechtfertigung von Umbeschreibung steht, die durch prospektives Mitleid motiviert und orientiert wird - letztlich die amerikanisch-liberale Demokratie. Interessant und vielleicht bezeichnend ist, daß z.B. Welsch, der ansonsten sehr viel für Rortys Ansatz übrig hat, mit keinem Wort auf die Bedeutung des Mitgefühls eingeht. Es könnte die "transversale Vernunft" zumindest irritieren. Vgl. Welsch 1995, 211-244.

18 "Wir machen unsere Beobachtungen mittels desselben Wahrnehmungsapparats, gerade mit Hilfe der Lücken im Psychischen, indem wir das Ausgelassene durch naheliegende Schlußfolgerungen ergänzen und es in unbewußtes Material übersetzen. Wir stellen so gleichsam eine bewußte Ergänzungsreihe zum unbewußten Psychischen her." Freud 1994, 54f.

biologisch angeborene Fähigkeit gibt, unter bestimmten Umständen für jemand anderen Mitleid zu empfinden, aber >ein mitfühlendes Individuum zu sein< ist nicht möglich ohne eine Kultur, die das menschliche Verhalten unter solchen Kategorien klassifiziert und die Bewertungen, die durch diese Rubriken impliziert werden, teilt" (Putman 1995, 27). Damit taucht aber am Horizont auf, daß auch das Mitgefühl eine kulturelle Leistung ist, die ihrerseits der Kontingenz unterliegt und Umdeutungen erfahren kann und bereits erfahren hat. Nietzsches gesamte "Genealogie der Moral" polemisiert ja gegen das "grosse Mitleid", das als Erfindung der Schwachen und Besiegten die Quellen des Lebens, den Willen zur Macht, verstopft und gleichzeitig pervertiert (Nietzsche 1993, 368). In dieser Interpretation erscheint die Moral des Mitleids nicht als die natürlichste, sondern die widernatürlichste Sache, als Nihilismus. Mit Rorty kann man dann gegen Rorty argumentieren, daß keine wie immer geartete transzendente Norm zu verhindern vermag, daß sich jene Deutung Nietzsches historisch durchsetzt und "Mitleid" und "Mitgefühl" samt einer pluralistisch organisierten Demokratie auflöst.[19] Mitgefühl kann damit die ihm von Rorty zugemessene Funktion der universalen moralischen Letztbegründung von gerecht/ungerecht nicht erfüllen. Zugleich dokumentiert dies Scheitern, daß der begründete Angriff auf universalistische Vernunftkonzeptionen der Moral seinerseits zu viel radikaleren Konsequenzen führt, denen wir uns zu stellen haben. Wenn von einem prominenten Teil gegenwärtiger politischer Philosophie universale Standards mit guten Gründen als partikulare Sprachspiele entlarvt werden, die keine umfassende Geltung beanspruchen können, zugleich damit jegliche interkulturelle gemeinsame Basis der Bestimmung von gerecht/ungerecht unmöglich geworden zu sein scheint, fällt es sehr schwer sich dann wieder - auch Angesichts der Thesen von Goldhagen über den mitleidlosen Antisemitismus der Deutschen - mit widersprüchlichen (Schein)Lösungen zu beruhigen. Welche Konsequenzen daraus resultieren, scheint (mir) relativ schwer bestimmbar zu sein. Vielleicht sollten die Differenzen doch stärker ins Gewußtsein treten, die Brüchigkeit möglicher Gemeinsamkeiten stärker betont werden. Vielleicht sollte aber auch die Suche nach universalen Fundamenten zugunsten pragmatischer, philosophischer "Diplomatie" reduziert werden.[20] Dies ruht allerdings seinerseits auf Voraussetzungen, die in der Auseinandersetzung mit Walzer problematisch werden.

So scheint anderseits Mitgefühl durchaus doch wieder gute Chancen zu bieten. Und zwar gerade weil man mit guten Gründen bereit sein kann, jede definierende und damit trennende Beschreibung dieses Mitgefühls zu suspendieren oder als sekundär zu betrachten. Während die Bestimmung/Definition von Vernunft immer trennend wirken

---

19 Als Beispiele, wie durch Interpretation einer politischen Konstellation, eine völlig neue Praxis in die Welt gesetzt wird, können Thukydides und Machiavelli dienen. Ihre vorgeblich nur beschreibende Schilderungen des 'Faktischen' legt Machtkämpfe als basale politische Ordnungsparameter frei, denen Handeln angemessen zu begegnen habe, will es sinnvoll sein. Dadurch wird aber erst und überhaupt eine neue politische Welt geschaffen, die eine andere Anthropologie und Motivlehre enthält, als die bisherige. Die Melier z.B., in alter Auffassung befangen, zahlen die Zeche und ihr Rekurs auf traditionelle Gerechtigkeit wird von den Athenern verhöhnt. So könnte es dem Mitleid auch ergehen. Vgl. Münkler 1996, 85-108.

20 In diese Richtung zielt etwa der Vorschlag von Mall. Vgl. Mall 1993.

muß, scheint Mitgefühl ohne die bestimmenden und damit bestreitbaren Termini "Hineinversetzen in den anderen" oder "Übernahme der Perspektive des anderen" oder "Solidarität" auskommen zu können. Zwar bleibt immer fraglich, ob das Gefühl kulturunabhängig existiert, aber wenn es - in diesen und jenen konkreten Fällen - existiert, lieferte es zumindest eine gemeinsame Basis der moralischen Beurteilung, über die nicht mehr gestritten werden müßte. Auch diese belehrte Illusion, die um ihre Inkonsistenz weiß, revoziert Traditionelles. So präsentiert etwa Adam Ferguson die moralischen Gefühle gerade als einen Bereich, der der zergliedernden Spekulation entzogen ist und gerade darum spontan, natürlich und universell *erscheint*.[21] Diese *Fiktion* könnte interkulturell-pragmatisch begrenzt fruchtbar sein, man könnte sich jedoch nie auf sie als problemlos existente Basis berufen, die allein das Geschäft der Herstellung gerechter oder weniger ungerechter Zustände trägt.[22] Das Mitgefühl bedarf von daher einer starken Ergänzung durch differenziertere Konzepte.

II. Michael Walzers idealer Kritiker

Bei Michael Walzer stellen sich andere Probleme. Sie konzentrieren sich vor allem auf zwei Punkte. Erstens scheint der Entwurf eines idealen Selbst wiederum in eine Hypostasierung zu führen, die Walzers eigene Ausgangsposition torpediert. Zweitens läßt sich in der Darstellung des Selbst eine Unterkomplexität aufweisen, die wesentliche Bedingungen der Möglichkeit und Entstehung von Kritik ausblendet.

Nach Walzer können wir, wenn wir moralisch argumentieren, keinen Standpunkt jenseits einer spezifischen Gemeinschaft einnehmen. Als Mitglieder einer Lebensform bewegen wir uns immer in einem bestimmten und durch und durch *konstruierten* Sprachkosmos, der seine Geschichte, seine Themen und seine Argumentationsweisen hat.[23] Unsere moralischen Argumentationen werden daher nicht nur immer infiziert und "geformt" sein, von diesen ganz speziellen Konstellationen, sondern unser gesamtes "Selbst" wird immer Produkt jener kontingenten, historischen Situation sein.[24] Das heißt

---

21 "Wenn wir uns die Finger verbrannt haben, dann machen wir uns schließlich auch nichts aus Belehrungen über die Eigenschaften des Feuers; wenn es uns das Herz zerreißt oder der Geist vor Freude außer sich ist, haben wir keine Muße für Spekulationen über das Wesen sittlicher Empfindung. In diesen wie in anderen Punkten, auf welche Spekulation und Theorie angewendet werden, fügt es sich gut, daß die Natur ihren Lauf nimmt, während die Neugierigen mit der Suche nach ihren Prinzipien beschäftigt sind." Ferguson 1986, 139f. Zur Präsenz des Topos Mitleid im europäischen Denken vgl. Kronauer 1990.

22 Bei Judith Shklar scheint eine ganz ähnliche Bewegung vorzuliegen. Zwar sind Ungerechtigkeiten wesentlich nur im Kontext gesellschaftlicher Formulierungen von Gerechtigkeitsstandards, Gesetzen etwa, feststellbar, gleichwohl bilden sie einen ganz eigenen Bereich. Der wird erst sichtbar durch den "Sinn für Ungerechtigkeit", der zu Identifikationen mit dem Opfer führt, die "uns vor Zorn und Unmut aufschreien lassen: >Das ist nicht recht<!" Auch dies scheint sich kultur-unabhängig zu ereignen. Shklar 1992, 40.

23 "Konstruierte Gemeinschaften sind die einzigen, die wir kennen". Walzer 1992a, 8.

24 The "self ... is, of course, a historical and social product". Walzer 1994, 100f. Vgl. im selben Sinne ders. 1990, 29ff.

zunächst, daß die Bedeutungen zum Beispiel von Handlungen durch die Begriffe festgelegt werden, die eine Gesellschaft zu ihrer Beschreibung verwendet. Das gilt nicht nur
für Moraldiskurse, sondern auch für solche über Recht und Gerechtigkeit. Was als Täu-
schung, Betrug, Verrat oder Diebstahl vom Einzelnen qualifiziert wird, hängt ab von
den sozialen Bedeutungen, die diese Worte des Rechtssystems in sich tragen. Existieren
verschiedene Sprach- und Lebensformen, kann keine universal-gültige Definition von
Moral und Recht wie Gerechtigkeit formuliert werden. Es gilt im Gegenteil: "unser gemeinsames Menschsein (wird) uns niemals zu Mitgliedern einer einzigen, alle ein-
schließenden Gruppe machen. Die entscheidende Gemeinsamkeit der menschlichen
Rasse ist der Partikularismus" (Walzer 1992a, 11). Das trifft auch zu auf sogenannte
"universelle Mindeststandards", die Walzer trotzdem vorschlägt, das moralische Verbot
von Mord etwa (Walzer 90, 34). Es kann nämlich gut sein, daß die Tötung eines Menschen als "vendetta" oder "heilige Handlung" oder durch die schreckliche "ethnische
Säuberung" bezeichnet wird und damit aus dem Standard "Mord" herausgenommen ist.

Walzers Ausführungen zu den Sphären der Gerechtigkeit können sich daher - durchaus im Sinne Humes - nur verstehen als eine klärende Systematisierung sozialer, rechtlicher, wirtschaftlicher und politischer Sprachbedeutungen von Gesellschaften mit ziemlich ähnlichen Vokabularen und Sinnverständnissen. Zentraler Gedankengang ist dabei
auf der Basis sozialer Bedeutungen die Bereiche festzulegen und konstruktiv voneinander abzugrenzen, in denen nur bestimmte Güter legitim, d.h. gerecht, zirkulieren können
und verteilt werden dürfen. Ungerechtigkeit besteht folglich nicht darin, daß in einem
Bereich, etwa der Politik, Macht u.U. monopolisiert werden kann, sondern wenn diese
politische Macht eingesetzt wird, um Güter anderer Sphären, etwa Auszeichnungen,
Bildungschancen oder Geld, zu erlangen. Walzer bezeichnet diese Sphärenübergriffe als
Tyrannei, der es zu wehren gelte (vgl. Walzer 1992b, 30-58, vgl. Waschkuhn 1998, 429-
434, 572-76). Insofern ist die Trennung der Sphären nicht nur ein Legitimationsprinzip,
sondern im wahrsten Sinne ein "kritisches" (Walzer 1992b, 34, vgl. Reese-Schäfer
1994, 134-145; sowie Brumlik 1992). Da Grenzen niemals eindeutig bestimmbar sind
und sich durch neue Umstände wandeln können, müssen Grenzverläufe, d.h. Zäune,
permanent ausgehandelt werden, und zwar durch die Mitglieder der Gesellschaft selbst.
Sie sind die und ihre eigenen Kritiker. Die Kritik an gegenwärtigen Zuständen oder ungerechten Überschreitungen kann in verschiedenen Formen auftreten, etwa im Gewand
der Propheten, Kunstkritikern oder des Metzgers von nebenan. Gleichwohl rekurrieren
die Kritikerin oder der Kritiker nicht auf transzendente, universale Werte, sondern bedienen sich gesellschaftlich gebundener, bereits existenter Vorlagen, die sie einer spezifischen, u.U. eklektizistischen Interpretation unterziehen.[25] So kann etwa der Kampfruf
des Citoyen gegen den Absolutismus nun dazu verwandt werden, die Gleichstellung der

---

25 "Die Erfahrung moralischen Argumentierens kann am besten nach Art der Interpretation verstanden
werden. Was wir tun, wenn wir moralisch argumentieren, besteht darin, eine Bestandsaufnahme der
bereits existierenden Moral vorzunehmen." Walzer 1990, 31. Bestes Beispiel dafür ist die Persistenz
und permanente Neu-Interpratation der Exodus-Erzählung durch unterschiedliche Gruppen. Vgl. ders.
1988.

Frauen in der bürgerlichen Gesellschaft einzufordern oder die Herrschaft des Proletariats vorzubereiten.[26] Zu diesem traditionsimmanenten Kritikpotential tritt ein, gemäß der unterschiedlichen gesellschaftlichen Sphären erzeugtes, in sich ähnlich differenziertes "Selbst", a "divided self"[27], dessen interne Heterogenität und nicht-hierarchische Polyphonie die Gewähr bietet, ein Sphärenspiel kritisch gegen das andere einzusetzen.[28] Die Tradition oder mehrere Traditionen sind also keineswegs Anpassungsregeln, sondern beherbergen einen polyvalenten Überschuß, mit dem sie als Deutungsressourcen die hinreichende Bedingung liefern, *kritische Personen* und kritische Stellungnahmen zu erzeugen, zu ermöglichen und auszustatten.[29] Wie diese Kritiken im einzelnen aussehen und von welchem Standpunkt aus sie geführt werden, bleibt offen und unbestimmbar.[30]

Damit allein ist es aber, wie sich zeigen wird, noch nicht getan. Es genügt nämlich nicht, wie Walzer zunächst und auf weite Strecken immer wieder suggeriert, daß mehrere Sprachspiele in einer Gesellschaft kursieren, die durch ihre partielle Widersprüchlichkeit ausgezeichnet sind, um die "Kritik des Bestehenden beginnen" zu lassen (Walzer 1990, 31). Es muß zudem ein spezifisches Selbst existieren, das kritikfähig ist und sich vorallem dazu *(willentlich) entschließt*, Kritiker zu sein. Und dieses "Selbst" muß, worauf R. Forst bereits hingewiesen hat, in einer Gesellschaft leben, deren spezielle Traditionen Kritik zulassen bzw. positiv oder mindestens neutral bewerten (vgl. Forst, 1994a, 248ff). Beide Punkte hängen zusammen, sind aber trennbar. Im folgenden soll hauptsächlich der erste Punkt, Walzers Beschreibungen des bürgerlichen "Selbst", etwas näher analysiert werden. Dann wird sich allerdings zeigen, daß Walzers "Selbst" unter anderem riskant zu unterkomplex konzipiert ist.

Um kritische Distanz wollen zu können, muß zuerst das Selbst so konstruiert werden, daß es dies vollbringen kann. Genauerhin setzt das Geschäft permanenter Kritik ein spezifisches Menschenbild notwendig voraus, das mindestens zwei getrennte, aber dennoch auf einander verweisende Komponenten enthält. Zunächst muß gelten: "Der sich selbst achtende Bürger ist ein autonomes Wesen, autonom nicht in Bezug auf die Welt im allgemeinen -...- , wohl aber in Bezug auf seine Gemeinschaft, in der er als ein frei und verantwortlich Handelnder ... lebt. Er ist meiner Ansicht nach das ideale Subjekt der

---

26 "Gleichheit ist der Kampfruf der Bourgeoisie; (neu)interpretierte Gleichheit ist - in Gramscis Geschichte - der Kampfruf des Proletariats." Walzer 1990, 54.

27 The "self divides itself among its interests and its roles; it plays many parts (...) in relation to the different social goods available to it and in the performances required of it in the different spheres of justice." Walzer 1994, 85.

28 "There is no linearity, then, and no hierarchy. The order of the self is better imagined as a thickly populated circle, with me in the center surrounded by my self-critics who stand at different temporal and spatial removes (but don't necessarily stand still)." Walzer 1994, 98.

29 "Man könnte sagen, daß uns die moralische Welt deshalb verpflichtet, weil sie uns mit allem versorgt, was wir benötigen, um ein moralisches Leben zu führen - die Fähigkeit zur Reflexion und Kritik eingeschlossen." Walzer geht dann sogar soweit zu behaupten, daß jede "Moral ... stets einen für Macht und Herrschaft potentiell subversiven Charakter (hat)." Walzer 1990 , 31.

30 Eine "Interpretation kann ebenso apologetischen wie kritischen Charakter annehmen."Walzer 1990, 59.

Theorie der Gerechtigkeit" (Walzer 1992b, 397). In fast Diderot'scher Manier wird hier ein (ideales) Selbst entworfen, das mehrere Fähigkeiten besitzen muß. Das Selbst muß reflexiv zu sich auf Distanz gehen können, zudem Ansprüche der Tradition(en) skeptisch zurückzuweisen vermögen, nicht nur in der Lage sein, die verschiedenen Stimmen in sich zu ordnen und relativ stabil zu halten[31], sondern auch diese Verfassung nahezu freudig zu akzeptieren und anzuerkennen. Dies bedeutet selbstverständlich auch die positive Bewertung des Abschieds von Eindeutigkeiten, Homogenitäten und Identitäten. In Ergänzung dazu muß aber auch ein relativ freier Wille gedacht werden, der es dem Selbst ermöglicht, zwischen seinen verschiedenen Momenten hin und her zu manövrieren. Walzer geht auf die Problematik des Willens nicht näher ein, sondern deutet nur versteckt an, daß so etwas wie ein freier Wille als eigenständige Bewegungsmacht nötig ist. Genau dadurch aber werden einige Schwierigkeiten entstehen. "But I must also be imagined -...- as an agent capable of maneuvering among my constituent parts" (Walzer 1994 , 100). Man könnte sich diesen Willen etwa so vorstellen, daß er das Selbst dazu antreibt, in einer speziellen Situation dieses moralische Modell gegen jenes andere moralische Modell in Anschlag zu bringen und beide etwa mit einem dritten zu vergleichen. Er wäre damit diejenige Instanz, die im Selbst veranlaßt, daß überhaupt unterschiedliche Modelle zur Beurteilung eines Problems hier und jetzt *herangezogen* werden und das Selbst den Standpunkt dieser Modelle einzunehmen gewillt ist. Gerechtigkeit, also die Fähigkeit zur diskursiven, kombinierenden Grenzziehung, ist also nur möglich, wenn die Subjekte so wie beschrieben verfaßt sind. Das aber setzt unter anderem eine soziale und auch philosophisch-politische Geschichte voraus, die im Laufe ihrer Entwicklung jenes Subjekt hervorgebracht hat und nun auch bereit ist, dieses Subjekt und seine kritische Haltung zu akzeptieren, u.U. positiv zu bewerten.

Nun ist sicher nicht zu leugnen, daß die europäische Geschichte über diverse und unterschiedliche Stationen hinweg auch jenes abwägende Selbst erzeugt hat. Die Sophistik, die Rhetorik, die Reformation und die Aufklärung, alle haben zu diesem "Selbst" auf unterschiedliche Weise beigetragen. Jedoch, nicht weniger zweifelhaft ist, daß allein in der europäischen Geistes- und Sozialgeschichte auch ganz andere Modelle und Selbstbeschreibungen existierten und existieren, von außereuropäischen ganz abgesehen. Ohne auf Vollständigkeit abzielen zu wollen, sei etwa an das wirkmächtige platonische Modell eines Philosophenkönigs erinnert, der im Rekurs auf Wahrheit Kontingenz und Polyphonie gerade bannt und Sphären hierarchisch ordnet, oder an augustinische Vorstellungen einer "civitas terrena" und der damit einhergehenden Abqualifizierung humaner Selbstbestimmung, von deterministischen, fatalistischen oder staatssozialistischen Konzepten ganz zu schweigen. All diese Modelle haben nicht nur das Walzersche Selbst nicht auf ihre Fahnen geschrieben, sehen im Gegenteil hier die Verfehlung, Aufruhr oder Hybris am Werke, sondern lieferten oder liefern ebenfalls - wenn auch andere - Konzepte von "Gerechtigkeit". Auf dieser Folie erscheint das "divided self" als ein

---

31 "The picture of the self that I want to defend is *ordered*, even if the order is also, ..., always subject to change." Walzer 1994, 98.

kontingentes Produkt, das gegenüber anderen Selbstvorstellungen und Gerechtigkeitskonzepten keineswegs ausgezeichnet ist oder eine Vorrangstellung beanspruchen kann.
Ist der Ausgang der Aneignung von heterogenen Traditionen unhintergehbar ergebnisof-
fen, kann nicht ausgeschlossen werden, daß gegenwärtig oder in Zukunft ein ganz anderes Selbstbild produziert wird, das für sich dieselbe Legitimität reklamieren kann. Jenes
Selbst könnte etwa die diskursive Distanz als jene Hybris, schlechte Unendlichkeit und
Maskenhaftigkeit denunzieren, die es - im Stile Rousseaus, Choderlos de Laclos' oder
Hegels etwa - zurückzuweisen und zu bekämpfen gelte, um eine andere Form von ge-
ordneter Gesellschaft zu errichten, in der Sphären von einem Punkt aus bestimmt und
fixiert sind.[32] Es ist also keineswegs ausgemacht, daß einer differenzierten Gesellschaft
ein geteiltes Selbst entsprechen muß. Von daher ist es weder einsichtig noch begründ-
bar, warum das distanzierte Selbst ein ideales Modell für differenzierte Gesellschaften
sein sollte. Nun gibt es damit allerdings auch keine oder fast keine Schwierigkeiten, solange die diversen Gerechtigkeitsvorstellungen nicht in Konflikt miteinander geraten.
Sobald jedoch Streitigkeiten über die Anwendung von verschiedenen Deutungen einer
speziellen Problemlage auftauchen, ändert sich diese Gleichgültigkeit und Anerkenntnis
von Partikularität. Dann beginnt das "divided self" in universalistische Positionen zu
rücken und seine spezifischen Mängel zu zeigen.

In ironischer Absetzung von Rawls' Konzeption erzählt Walzer eine Geschichte. Angenommen, Reisende aus aller Welt treffen sich in einem (utopischen) Hotel und müssen einen Modus vivendi finden. Diese Reisenden sind ihrer Tradition beraubt und unterhalten sich in einer Art pidgin-Englisch. Möglicherweise würden sie etwas finden,
das Rawls' Prinzipien hinter dem Schleier des Nicht-Wissens entspricht. Doch, so fragt
Walzer, brauchen wir diese artifizielle und ungemütliche Situation wirklich, um eine
Position einnehmen zu können, die gegenüber einer Gesellschaft kritisch ist? Seine
Antwort darauf ist natürlich negativ. Unsere Traditionen statten uns, wie gesagt, mit allem Nötigen aus. Interessant ist allerdings nun die Beschreibung dieser gesellschaftsin-
ternen Beratungssituation: "Wir treffen uns also nicht mit Reisenden im äußeren
(Welt)Raum, sondern beraten uns mit anderen Gesellschaftsgenossen oder Mitgliedern
im inneren oder sozialen Raum. Wir befragen unser eigenes Moralverständnis" (Walzer
1990, 25). aber ist nun gar nicht so einfach, wie es aussehen mag. Um sich an dieser Beratung zu beteiligen, muß von jedem Gesprächsteilnehmer gefordert werden, daß er sich
zuvor entschlossen hat, zumindest eine seiner Moralpositionen zur Disposition zu stellen. Er muß sich dann schon dafür entschieden haben, die pluralistische Situation und
die berechtigte Existenz verschiedener Moralen anzuerkennen und der Beschreibung der
Verabschiedung definitiver Wahrheit positiv zustimmen. Weiterhin muß er willens sein,
zumindest eine alternative Deutung heranzuziehen und deren Position einzunehmen. Er
muß "Kritiker" sein *wollen*. Doch das ist ein Akt, den ein Subjekt leistet - aber auch ver-

---

32 Das ist natürlich nur eine andere Beschreibung des von A. Honneth formulierten Dilemmas, daß kon-
textualistische Theorien kein Kriterium mehr haben, um zwischen "moralisch vertretbaren und moralisch kritisierbaren Konzepten des gemeinschaftlichen Guten begründet zu unterscheiden." Honneth
1991, 101.

weigern kann oder dessen Möglichkeiten sogar jenseits seines Lebenshorizontes liegen. Die Verweigerung kann u.U. mit Rekurs auf eine der zuvor genannten traditionellen philosophischen Positionen geschehen und ist dann völlig legitim. Auch müssen traditionsinterne Unstimmigkeiten nicht automatisch zur Verabschiedung des Geltungsanspruches dieser Tradition führen. Ein mögliches Beispiel wäre hier der ökumenische Diskurs, der wohl nie zu einem Ergebnis führen wird, weil keine der beteiligten Kirchen "dogmatische Wahrheiten" aufgeben kann, ohne sich selbst aufzulösen. Zudem zeigen soziologische Studien, etwa die über das nun wirklich pluralistische Los Angeles, daß sich die Fronten zwischen den einzelnen Gruppen, etwa Hispanos, Afro-Americans, WASPs und Asiaten verhärten und die Absolutsetzung des jeweils Eigenen zunimmt.[33] Wenn aber ein Subjekt oder eine Gruppe von Menschen die Distanzierung ihrer Tradition als Verrat oder Selbstpreisgabe qualifizieren können und wenn sie daher begründet nicht bereit sind, sich von sich selbst distanzieren zu wollen, dann ist durch die schiere Existenz diverser Moraldiskurse allein gar nicht garantiert, daß "kritische Selbste" in einer Gesellschaft entstehen werden und müssen.[34] Außerdem besteht ja durchaus noch die Möglichkeit, daß ein Selbst überhaupt kein Kritikbedürfnis verspürt, sondern im Gegenteil mit den politischen oder gesellschaftlichen Realitäten völlig übereinstimmt.[35] Dadurch aber wird deutlich, daß von einem "Selbst" immer auch eine Eigenleistung erforderlich ist, um sich zum Kritiker zu machen. Diese Eigenaktivität aber stammt aus anderen Quellen als den Moraldiskursen und ist mit deren Existenz nun eben nicht schon automatisch gegeben. Andersherum bedeutet dies, daß die Zirkulation diverser Moralangebote jenen Willen weder produziert noch erreicht.[36] Somit kann das Walzersche Modell eine zentrale Bedingung der Möglichkeit und Aktualisierung von Kritik gar nicht einfangen oder beschreiben. Walzers Analyse des so einfach entstehenden/-

---

33 Vgl. dazu die beeindruckende Studie von Davis 1994, speziell 257-296 (Festung L.A.); Filme-Macher wie Spike Lee werden - z.B. in "Mo better Blues" - nicht müde, jenen Mechanismus der Abgrenzung in New York zu beschreiben, zu dessen Überwindung der Wille zur Überwindung nötig ist - und oft genug fehlt.

34 Es ist ja eine der Leistungen der in sich so vielfältigen Aufklärung unter anderem auch thematisiert zu haben, daß ein Subjekt sich der Pluralität oder einer Alternativbeschreibung aus ganz unterschiedlichen Motiven heraus verweigern kann. Ein hervorragendes Beispiel ist der Agathon-Roman von Chr.M. Wieland. Der enthusiastische, platonisch angehauchte Agathon kann, wie später der borniete Tyrann Dionys, der sophistischen Position eines Hippias oder der epikureischen eines Aristippus nichts abgewinnen. Erst durch persönliches Leiden und durch wechselseitige massive Erziehung, distanziert Agathon sich schließlich doch von seinem Enthusiasmus. Das aber nicht, weil er die "Sprachspiele" des Hippias oder Aristippus kannte, sondern weil er sich am Ende dazu entschlossen hatte, die anderen Thesen oder Haltungen als für sich teilweise passender zu akzeptieren. Natürlich läßt Wieland in den Protagonisten nicht nur das Altertum auferstehen, sondern schildert vor allem auch seine Zeit. Vgl. Wieland 1984.

35 Fontanes "Frau Jenny Treibel" wäre dafür wohl ein Beispiel.

36 In eine ähnliche Richtung argumentieren feministische Theorien. So weist etwa S. Benhabib darauf hin, daß es aufgrund der sozialen Erzeugtheit und Eingebundenheit des Selbst "für die Kommunitaristen schwierig" sei zu erklären, "wodurch sich ihre Rede von den >konstitutiven Gemeinschaften< von einem gesellschaftlichen Konformismus, von autoritären Herrschaftsformen oder, aus der Sicht der Frauen, von altbekannten patriarchalischen Grundeinstellungen unterscheidet." Allzu schnell werde von Kommunitariern damit jene so entscheidende Fähigkeit "leichtfertig aufgegeben", soziale Verhältnisse "kritisch zu hinterfragen". Benhabib 1995, 83.

vorhandenen idealen "Kritikers" läßt sich so nicht nur als idealistisch und unterkomplex bezeichnen, sondern vor allem als ein normatives Modell, das Verhandelnde zuallerst erfüllen müssen, wollen sie "moralische" Gesprächsteilnehmer sein. Doch dessen Normativität *und* Entstehung kann mit Walzerschen Kategorien nun weder ausreichend begründet noch verteidigt werden.

Die gleiche Schwierigkeit taucht auch im Problemfeld internationaler Gerechtigkeit auf. Auch dort und angesichts der Nötigungen, Grenzen und Sphären zwischen "Stämmen" neu zu ziehen, wird die vorgängig willentliche Distanzierung von je eigenen Ansprüchen und Rechtfertigungen schon vorausgesetzt.[37] Um verhandeln zu können, müßten wir andere also nicht nur zuerst davon überzeugen, daß sie besser daran täten, ebenfalls von sich so zu denken, wie wir es von uns tun. Sondern wir müssen dies auch noch als das "menschlich-idealste" Universale ausweisen/behaupten. Das aber wäre nach Walzerschen Begriffen nicht nur ungerecht, da es in die Selbstbestimmung der Anderen eingreift, sondern es verträgt sich auch nicht mit der Aussage, daß traditionsgegründete Partikularität (also auch unsere) unausweichlich und legitim ist. Mit Walzer können die Anderen Walzers Universalismus selber begründet zurückweisen.[38] Außerdem stünden wir wieder vor dem Problem, mit Walzer nicht erfassen zu können, woran es liegen mag, wenn andere keine idealen Kritiker sind, obwohl doch unterschiedliche moralische Sprachspiele feststellbar sind. Mir scheint daher, daß die gegenüber Habermas oder Rawls geäußerten Vorwürfe, sie leugneten Kontexte und setzten ungerechtfertigt gewisse westliche Rationalitätsstandards universal qua Vernunft voraus, auf andere Weise auf Walzer ebenso zutreffen. Fast ließe sich in Abwandlung von Habermas' Diktum davon sprechen, daß sich in Gesellschaften hinreichend viele distanzierte Selbste willentlich erzeugt haben müssen, damit (auch internationale) Gerechtigkeit möglich wird - ohne deren Entstehungsbedingungen aber hinreichend erklären zu können.[39] So sympathisch und erstrebenswert der "selbstbeherrschte Bürger" (Walzer 1992b, 396) auch ist, er ist in der Walzerschen Version gleichwohl sowohl eine ungerechtfertigte Universalisierung von Partikularem als auch eine mangelhaft konstruierte Fiktion.[40] Es

---

37 Zwar betont Walzer zuerst, daß "models like my own, based on such factors as territorial concentration and cultural differences, can never be anything more than rough guides." Dann allerdings, wenn es um die Verhandlungen um neue Grenzen, Einflußmöglichkeiten etc. von Minoritäten in einem Staat - egal wo auf der Welt - geht, wird der Wille zur Verhandlung und damit zur Bereitschaft, Forderungen zu distanzieren bzw. distanziert zu haben, bei allen Seiten vorausgesetzt: "We have to work slowly and experimentally toward arrangements that satisfy the members (not the militants) of this or that minority." Walzer1994, 75 (der Aufsatz ist in Deutsch erschienen in: Lettre international 16, op. cit.).

38 So hat J. Gebhardt in etwas anderer Beschreibung beide Momente, interne Begrenztheit bei ausgreifendem Anspruch, gezeigt und verdeutlicht, daß liberal-kommunitäre Argumentationen auf spezifische Kontexte angewiesen sind. "In anderen politisch-kulturellen Erfahrungskontexten verschwimmen ihre Konturen" - und verlieren Geltung. Gebhardt 1996, 314.

39 Nach Habermas sind "universalistische Moralen ... auf Lebensformen angewiesen, die ihrerseits soweit >rationalisiert< sind, daß sie die kluge Applikation allgemeiner moralischer Einsichten ermöglichen". Habermas 1991, 119.

40 Gegen Forsts bereits erwähnte Vermutung, es deute sich bei Walzer die "Möglichkeit einer Verbindung von Universalismus und Kontextualismus" (Forst 1994a, 253) an, wären zwei Einwände formulierbar. Der Kontextualismus erscheint zu wenig elaboriert, um universalisierbar zu sein, d.h. komple-

erscheint somit mehr als fraglich, ob wir mit dem Walzerschen Modell von Gerechtig-keit, das auf diesem "idealen Selbst" ruht, problemadäquat arbeiten können.

Gleichwohl folgt daraus nicht, und das sollte für Rorty und Walzer gelten, daß beide Konzepte verabschiedet werden sollten. Vielmehr scheint es sinnvoll, die von beiden Autoren geäußerte Kritik an universalistischen Gerechtigkeitskonzepten aufzunehmen und daran anschließend nach Wegen zu suchen, den Reduktionen und subkutanen Universalisierungen, die beide Denker anschließend doch wieder anbieten, zu entgehen. Dazu müßten aber differenziertere und erweiterte Anschlußkonzepte entworfen werden.[41]

Literatur

Batkin, L., Die italienische Renaissance. Versuch der Charakterisierung eines Kultur-typs, Basel/Frankfurt/M. 1981.

Barry, B., Justice as Impartiality, Oxford 1995.

Benhabib, S., Selbst im Kontext. Kommunikative Ethik im Spannungsfeld von Feminismus, Kommunitarismus und Postmoderne, Frankfurt/M. 1995.

Bloch, E., Experimentum mundi. Frage, Kategorien des Herausbringens, Praxis, Frankfurt/M. 1975.

Blumenberg, H., Die Genesis der kopernikanischen Welt, 3 Bde., Frankfurt/M. 1981.

Brink, B. van den, Gerechtigkeit und Solidarität. Die Liberalismus-Kommunitarismus-Debatte in der politischen Philosophie, in: Transit. Europäische Revue 5 (1993), 51-73.

Brumlik, M., Gleichheit und Bürgerstolz. Über Michael Walzers nachegalitäre Theorie der Gerechtigkeiten, in: Blätter für deutsche und internationale Politik, 37. Jg. 1992, 482-490.

Copenhaver, B.P./Schmitt, Ch.B., Renaissance Philosophy, Oxford/New York 1992.

Davis, M., City of Quartz. Ausgrabungen der Zukunft in Los Angeles, Berlin/Göttingen 1994.

Ferguson, A., Versuch über die Geschichte der bürgerlichen Gesellschaft, hrsg. u. eingel. v. Zwi Batsch u. Hans Medick, Frankfurt/M. 1986.

Forst, R., Kontexte der Gerechtigkeit. Politische Philosophie jenseits von Liberalismus und Kommunitarismus, Frankfurt/M. 1994.

Forst, R., Kommunitarismus und Liberalismus - Stationen einer Debatte, in: Honneth, A. (Hrsg.), Kommunitarismus. Eine Debatte über die moralischen Grundlagen moderner Gesellschaften, Frankfurt/M./New York 1994, 181-212.

---

xe Situationen adäquat erfassen zu können. Der Universalismus ist zu kontextuell und selektiv (alteuropäisch), um eine gültige Beschreibung eines "universalen" Selbst sein zu können.

41 Weiter oben wurde im Zusammenhang mit Rorty von der Möglichkeit philosophischer Diplomatie gesprochen und auf deren interne Voraussetzungen lediglich hingewiesen. Es scheint nun viel dafür zu sprechen, daß die Diplomatie auf den Annahmen ruht, die Walzer expliziert. Man müßte somit in dieser Diplomatie auf jeden Fall dann noch das komplexe Moment des Willens und seiner möglichen Beeinflußbarkeit theoretisch berücksichtigen.

Freud, S., Abriß der Psychoanalyse, Frankfurt/M. 1994.

Gebhardt, J., Liberalismus und Kommunitarismus. Über einige Aporien des gegenwärtigen Theorie-Diskurses, in: Politik - Bildung - Religion. Hans Maier zum 65. Geburtstag, hrsg. v. Th. Stammen, H. Oberreuter, P. Mikat, Pderborn et al. 1996, 303-314.

Geertz, C., Spurenlesen. Der Ethnologe und das Entgleiten der Fakten, München 1997.

Goodman, N., Weisen der Welterzeugung, Frankfurt/M. 1984.

Habermas, J., Moralbewußtsein und kommunikatives Handeln, 4. Aufl. Frankfurt/M. 1991.

Habermas, J., Der philosophische Diskurs der Moderne. Zwölf Vorlesungen, 4. Aufl. Frankfurt/M. 1993.

Holmes, S., Die Anatomie des Antiliberalismus, Berlin 1995.

Honneth, A., Grenzen des Liberalismus. Zur politisch-ethischen Diskussion um den Kommunitarismus, in: Philosophische Rundschau 38 (1991) 83-102.

Hume, D., Ein Traktat über die menschliche Natur, Bd. II (Über Moral), Hamburg 1978.

Kronauer, U. (Hrsg.), Vom Nutzen und Nachteil des Mitleids. Eine Anthologie, Frankfurt/M. 1990.

Kuhn, Th.S., Die Entstehung des Neuen. Studien zur Struktur der Wissenschaftsgeschichte, hrsg. v. L. Krüger, Frankfurt/M. 1992.

Kuhn, Th.S., Die Struktur wissenschaftlicher Revolutionen, 12. Aufl. Frankfurt/M. 1993.

Kymlicka, W., Multicultural Citizenship. A Liberal Theory of Minority Rights, Oxford 1995.

Kymlicka, W., Community, in: Goodin, R.E./Pettit, Ph. (eds.), A Companion to Contemporary Political Philosphy, Oxford 1993, 366-378.

Mall, R.A., Begriff, Inhalt, Methode und Hermeneutik der interkulturellen Philosophie, in: ders./Lohmar, D. (Hrsg.), Philosophische Grundlagen der Interkulturalität, Amsterdam 1993, 1-28.

Münkler, H., Machtanalythik als Konfliktverschärfung? Vom Praktischwerden der Theorie bei Thukydides, Machiavelli und anderen, in: Gerhardt, V. (Hrsg.), Eine angeschlagene These. Die 11. Feuerbach-These im Foyer der Humboldt-Universität zu Berlin, Berlin 1996, 85-108.

Nietzsche, F., Zur Genealogie der Moral, Sämtliche Werke. Kritische Studienausgabe in 15 Bden, hrsg. v. G. Colli u. M. Montinari, Bd. 5, 3. Aufl. München/Berlin/New York 1993.

Putman, H., Pragmatismus. Eine offene Frage, Frankfurt/M./New York 1995.

Reese-Schäfer, W., Was ist Kommunitarismus? Frankfurt/M./New York 1994.

Reese-Schäfer, W., Grenzgötter der Moral. Der neuere europäisch-amerikanische Diskurs zur politischen Ethik, Frankfurt/M. 1997.

Rieger, G., Wieviel Gemeinsinn braucht die Demokratie? Zur Diskussion um den Kommunitarismus, in: ZfP 3/1993, 304-323.

Rorty, R., Der Spiegel der Natur. Eine Kritik der Philosophie, Frankfurt/M. 1981.

Rorty, R., Solidarität oder Objektivität? Drei philosophische Essays, Stuttgart 1988.

Rorty, R., Kontingenz, Ironie und Solidarität, Frankfurt/M. 1989.

Rorty, R., Eine Kultur ohne Zentrum. Vier philosophische Essays, Stuttgart 1993.

Rorty, R., Hoffnung statt Erkenntnis. Eine Einführung in die pragmatische Philosophie: IWM-Vorlesungen zur modernen Philosophie, Wien 1994.

Ryan, A. (ed.), Justice, Oxford 1995.

Sandel, M.J., Liberalismus oder Republikanismus. Von der Notwendigkeit der Bürgertugend, Wien 1995.

Shklar, J., Über Ungerechtigkeit. Erkundungen zu einem moralischen Gefühl, Berlin 1992.

Steinfaht, H., Der Verlust der Identität, in: Zahlmann, Ch. (Hrsg.), Kommunitarismus in der Diskussion. Eine streitbare Einführung, Berlin 1992, 86-93.

Taylor, Ch., Quellen des Selbst. Die Entstehung neuzeitlicher Identität, Frankfurt/M. 1994.

Thumfart, A., Staatsdiskurs und Selbstbewußtsein. Sprachlich-rhetorische Formen ihrer Institutionalisierung, Amsterdam 1996.

Walzer, M., Exodus und Revolution, Berlin 1988.

Walzer, M., Kritik und Gemeinsinn. Drei Wege der Gesellschaftskritik, Berlin 1990.

Walzer, M., Das neue Stammeswesen. Erörterungen über das Zusammenleben der Völker, in: Lettre International 16 (1/1992), 8-11.

Walzer, M., Sphären der Gerechtigkeit. Ein Plädoyer für Pluralität und Gleichheit, Frankfurt/M./New York 1992.

Walzer, M., Thick and Thin. Moral Argumentation at Home and Abroad, Notre Dame 1994.

Waschkuhn, A., Demokratietheorien. Politiktheoretische und ideengeschichtliche Grundzüge, München/Wien 1998.

Welsch, W., Vernunft. Die zeitgenössische Vernunftkritik und das Konzept der transversalen Vernunft, Frankfurt/M. 1995.

Wieland, Chr. M., Geschichte des Agathon, Sämtliche Werke, Bd. 1, Hamburg 1984.

Beate Rössler

Unglück und Unrecht.
Grenzen von Gerechtigkeit im liberaldemokratischen Rechtsstaat

"Was willst du, Deborah", so sagt Mendel Singer, der jüdische Lehrer in einem kleinen
russischen Dorf und Protagonist in Joseph Roths Roman *Hiob*, so sagt er zu seiner Frau,
"Was willst du, Deborah, ... - die Armen sind ohnmächtig, Gott wirft ihnen keine
goldenen Steine vom Himmel, in der Lotterie gewinnen sie nicht und ihr Los müssen sie
mit Ergebenheit tragen. Dem einen gibt Er und dem anderen nimmt Er. Ich weiss nicht,
wofür er uns straft, zuerst mit dem kranken Menuchim und jetzt mit den gesunden
Kindern. Ach, dem Armen geht es schlecht, wenn er gesündigt hat, und wenn er krank
ist, geht es ihm schlecht. Man soll sein Schicksal tragen!...Gegen den Willen des
Himmels gibt es keine Gewalt." (Roth, 30) Und als ihm Deborah gestorben ist, seine
gesunden Söhne aus dem Krieg nicht mehr heimkehren, seine Tochter wahnsinnig
geworden - da steigert sich die Klage Mendel Singers. "Aus, aus, aus ist es mit Mendel
Singer! Er hat keinen Sohn, er hat keine Tochter, er hat kein Weib, er hat kein Geld, er
hat kein Haus, er hat keinen Gott! Aus, aus, aus ist es mit Mendel Singer." (Roth, 112)
    Es ist eine traurige Geschichte, die Joseph Roth erzählt: alles Unglück der Welt wird
in ihr erzählt, die Krankheit eines Kindes, das Verlassen der Heimat, unglückliche
Liebe, vorzeitiger Tod, Armut und Krieg. Zwar wird man am Schluss, als man schon
ganz betäubt ist von Mendel Singers Schmerz, überraschend entlassen mit einer kleinen
Idee von Glück: denn Menuchim, der jüngste und kranke, der in Russland
zurückgelassen, ist wunderbar gesundet, ein berühmter Komponist geworden und
kommt, um seinen einsamen Vater aus dem Elend zu retten.
    Doch trotzdem bleibt es eine traurige Geschichte: und zwar bleibt sie traurig auch
deshalb, weil Joseph Roth - und wir mit ihm - eine andere Meinung als Mendel Singer
darüber hat, welches Unglück man Gott zuschreiben sollte und welches den Menschen:
dass die Juden arm sind und daß Krankheit zu Armut führt; daß die Söhne in den Krieg
ziehen müssen, um zu sterben und die Töchter daran wahnsinnig werden; daß ein Leben
unter halbwegs annehmbaren Bedingungen und umso mehr gar Reichtum eine Sache
des Schicksals, daß "kein Geld und kein Haus" persönliches Unglück ist; all dies
schreibt Mendel Singer Gottes Handeln - oder der Sünde der Menschen - zu -- auch
dann noch und gerade dann, wenn er sich dabei an Gott ärgern muß. Und all dies
schreibt auf der anderen Seite Joseph Roth - und wir mit ihm - der Ungerechtigkeit
menschlicher Verhältnisse zu.
    Deshalb ist die Hiobsgeschichte von Roth eine der Geschichten, die für die Frage
sensibilisieren, überhaupt auf sie aufmerksam machen, welches eigentlich die Grenze ist
zwischen Ungerechtigkeit und Unglück und daß diese Grenze nicht selbstverständlich
ist, nicht ein für alle mal gezogen. Was wir gerechterweise und damit gerechtfer-

tigterweise fordern können von konkreten Anderen oder von einem gerechten Staat, was also *vermeidbares* Unrecht ist und was Unglück oder *unvermeidliches* Schicksal, der Streit darüber, über diese Grenze gehört sicherlich zu den wichtigsten Triebfedern zur Herstellung gerechterer Verhältnisse. Der Verdacht oder die Behauptung, daß etwas nicht unvermeidlich, sondern vermeidbar, nicht schicksalhaft, sondern veränderbar sei, diese Vorstellung von Ungerechtigkeit kann als Leitmotiv des Strebens nach Gerechtigkeit verstanden werden. Denn sogar noch gegen das Schicksal selbst, das anonym ist, erheben wir Klage, sogar von ihm noch fühlen wir uns ungerecht behandelt - warum muss dies *mir* geschehen, warum *meinem* Kind? Wenn Mendel Singer gegen Gott hadert, dann ist es diese Form von Ungerechtigkeit, die er beklagt. Und spezifisch ist hier, daß es eigentlich nicht wirklich einen Adressaten von Gerechtigkeit gibt, sondern daß einem nicht mehr bleibt als die Klage oder das Hadern; denn es gibt keine konkreten Anderen, *an* die man sich wenden könnte, *gegen* die man sich wenden könnte.

Nun haben Forderungen nach Gerechtigkeit und korrespondierende Gefühle von Ungerechtigkeit jedoch ganz unterschiedliche Adressaten; es ist nicht immer dieselbe Instanz, an die man sich wendet und es ist nicht immer dieselbe Art von Gerechtigkeit, die man fordert. Mir geht es im folgenden nicht um eine generelle Phänomenologie von Ungerechtigkeitsgefühlen und der Psychologie des Unrechtsempfindens; beides hat Judith Shklar in ihrer eindrucksvollen Studie detailliert nachgezeichnet, historisch und literarisch reich belegt (Cf. Shklar (1992)). Mein Ziel mit den folgenden Überlegungen ist vielmehr ein eingeschränktes: mir geht es um die Frage, welches die Grunde dafür sind, daß auch bei spezifisch rechtsstaatlichen Formen von Gerechtigkeit, wie ausgewogen und fair sie auch scheinen mögen, Gefühle von Ungerechtigkeit bestehen bleiben können, und zwar berechtigte ebenso wie unberechtigte; und ob hier - und wenn ja, wo und wie - eine Grenze zu ziehen möglich ist zwischen tatsächlicher Ungerechtigkeit und schierem Unglück.[1]

---

[1] Shklar hält es allerdings gerade für unmöglich, eine solche Grenze *je* zu ziehen, also auch nicht hinsichtlich spezifisch rechtsstaatlicher Formen von Gerechtigkeit, cf. a.a.O. 19ff; ich werde genauer zu zeigen versuchen, in welchen Hinsichten ich es für möglich und in welchen für nicht möglich halte. Die Beziehungen zwischen Unglück, Unrecht und Gerechtigkeit generell (das ist Shklars Thema) sind vielfältig und kompliziert: Was müßte man in einer gesamten Phänomenologie des Unrechtsempfindens als *hinzunehmendes Unglück*, was als *zu veränderndes Unrecht* beschreiben? Prima facie könnte man den Eindruck haben, als sei die angemessene begriffliche Grundopposition die zwischen dem Schicksal auf der einen und menschengemachtem Unrecht auf der anderen Seite - das Schicksal ist nicht zu ändern, menschengemachtes Unrecht aber wohl; es scheint also, als sei der grundlegende Unterschied der hinsichtlich der *Ursache* - ob der Mensch verantwortlich sei oder nicht. Aber das stimmt natürlich nicht: denn die allgemeinste Trennlinie läuft nicht zwischen menschengemachtem und nicht-menschengemachtem Unglück, sondern zwischen einem Unglück oder Unrecht, bei dem menschliche Korrekturen, Eingriffe möglich sind und dem schieren Unglück oder Schicksal, bei dem dies nicht möglich ist. Mir geht es jedoch, wie gesagt, um diese Grenze nicht generell, sondern nur im Blick auf den Rechtsstaat als möglichen Adressaten.

Die Idee dabei ist natürlich die, dass Empfindungen, Vorstellungen von Ungerechtigkeit als Hinweise verstanden und ernstgenommen werden müssen für eine mögliche Verbesserung rechtsstaatlicher Zustände - und wenn dies nicht möglich ist, dann als Hinweis auf mögliche Grenzen rechtsstaatlicher Gerechtigkeit. Mein Thema im folgenden ist also das der Grenzziehungen zwischen Unglück und Gerechtigkeit im liberalen Rechtsstaat. Zu Beginn will ich deshalb eine kurze Unterscheidung verschiedener Formen von Ungerechtigkeitsempfinden oder Ungerechtigkeitsvorstellungen geben; die Ungerechtigkeitsvorstellungen lassen sich trennen im Blick darauf, wogegen - gegen welche Idee nur scheinbarer "Gerechtigkeit" - sie gerichtet sind, und sie unterscheiden sich auch im Blick auf ihre Situierung im liberalen Rechtsstaat.[2]

Diese rechtsstaatliche Situierung ist zunächst einmal ganz deutlich bei solchen Gefühlen von Ungerechtigkeit, bei denen es um die Gerechtigkeit und Ungerechtigkeit von Rechten und Gesetzen geht (1): was hier gemeint ist, wenn man behauptet "das ist unfair oder ungerecht", ist allerdings zweierlei: zum einen, daß unbegründete Ungleichbehandlungen in den Rechten oder Gesetzen zu finden sind. Denn dies ist die neuzeitliche Grundidee von Gerechtigkeit und folglich auch die des Rechtsstaats: daß es keine unbegründete Ungleichbehandlung gibt und daß alle Personen, um es in den Worten Dworkins zu sagen, das Recht auf gleichen Respekt und die Behandlung als Gleiche gleichermaßen verdienen (Cf. z.B. Dworkin (1984) 370ff; (1985) 190ff). Das bedeutet, daß die Grundrechte - als Menschenrechte oder als verfassungsrechtlich gesicherte - allen Personen gleichermaßen zukommen. Wenn man folglich in diesem Sinne Ungerechtigkeitsempfindungen artikuliert, dann adressiert man das Prinzip der Gerechtigkeit im Sinne der *Ausweitung* des formalen Gleichheitsprinzips, eines formalen Prinzips gleicher Rechte für alle Personen.[3]

---

2 Damit nehme ich folglich eine signifikante Reduktion vor, wenn ich nicht alle möglichen Gefühle von Ungerechtigkeit thematisiere; so klammere ich etwa den ganzen Bereich der Empfindungen von Ungerechtigkeit in zwischenmenschlichen Beziehungen aus, und zwar deshalb, weil die Klage über diese Formen von Ungerechtigkeit eben nicht an gesetzliche, institutionelle (Rechtsstaats-) Regelungen appelliert, sondern an lebensweltliche Konventionen und Regelungen. Übrigens sind jene zwischenmenschlichen Beziehungen wahrscheinlich überhaupt der Ort, wo am häufigsten und vehementesten Gefühle von Ungerechtigkeit empfunden werden, die Klage über ungerechtes (Be-) Handeln geäußert wird, über gebrochene Versprechen, über Betrug und Enttäuschung. Dies ist zwar für eine generelle Phaenomenologie von Ungerechtigkeitsgefühlen wichtig, aber nicht für den Kontext der Problematik rechtsstaatlicher Gerechtigkeit, um den es mir hier geht. Cf. Shklar wiederum, z.B. 155f; sie weist darauf hin, daß gerade in zwischenmenschlichen Beziehungen ein Sinn für Ungerechtigkeit gelernt und geschärft werden kann, der dann zu Sensibilität gegenüber Ungerechtigkeiten auch in öffentlichen Kontexten führt.

3 Man kann diesem Gedanken der *Ausweitung* des formalen Prinzips gleicher Rechte noch einen weiteren Sinn geben, nämlich den, dass nicht *mehr* Personen *dieselben* Rechte, sondern *denselben* Personen *mehr* Rechte verliehen werden sollen; dies geht jedoch einher mit der Idee einer Vertiefung des Gleichheitsgedankens, auf die ich gleich genauer zu sprechen komme.

Die Ungerechtigkeit von Rechten und Gesetzen kann aber noch einen zweiten Sinn haben: nämlich den, in dem wir sagen würden, daß zwar alle die gleichen Rechte haben, es aber dennoch Ungleichheiten in den Lebensverhältnissen gibt, die ungerecht, unfair erscheinen. Diese Ungleichheit von konkreten Lebensverhältnissen trotz der Gerechtigkeit formaler Rechte kann sich auf ökonomische ebenso wie auf soziale und kulturelle Ungleichheiten beziehen. Der Adressat dieser Ungerechtigkeitsvorstellung ist dann nicht mehr der formale Rechts- und Gleichheitsbegriff des Rechtsstaats, sondern konkreter dessen jeweilige gesellschaftliche Verfasstheit. Ungerechtigkeitsempfindungen appellieren hier folglich an die Gerechtigkeit des Rechtsstaats im Sinne substantieller Chancengleichheit und Gleichheit, oder doch Gleichwertigkeit, kollektiver oder individueller Lebensverhältnisse. Bei diesem zweiten Sinn der Ungerechtigkeit von Rechten und Gesetzen geht es also nicht mehr nur um eine *formale Ausweitung*, sondern um eine *substantielle Vertiefung* des Gleichheitsgedankens des Rechts und der Gerechtigkeit.

Eine weitere Form der Vorstellung und Empfindung von Ungerechtigkeit (2) läßt sich unterscheiden, wenn wir das Gefühl, bei der Anwendung eines eigentlich für gerecht gehaltenen Gesetzes ungerecht behandelt worden zu sein, ernstnehmen: was dann nämlich in den Blick rückt ist die Differenz zwischen allgemeiner Regel und besonderem Fall. Die Klage "Das ist ungerecht" meint hier also, daß man zwar im Prinzip und im allgemeinen dieses spezielle Recht und Gesetz für gerecht und gerechtfertigt halten könnte, die Anwendung aber auf den eigenen besonderen Fall, aufgrund der besonderen Umstände und der spezifischen Geschichte der Person für unangemessen hält. Was wir hier von der Gerechtigkeit des Rechtsstaats erwarten, ist nicht, wie im vorigen Fall, eine *Ausweitung* oder *Vertiefung* des Gleichheitsgedankens, sondern eine *Überbrückung* zwischen der Idee der allgemeinen Gleichheit und der spezifischen Differenz von Personen.

Eine letzte Form von Ungerechtigkeitsempfindung (3) läßt sich schließlich ausmachen im spezifischen Appell an die kommutative oder korrektive Gerechtigkeit: ist uns Unrecht widerfahren, so erfordert die Gerechtigkeit, daß dieses Unrecht ausgeglichen, wiedergutgemacht, wird. Was wir hier erwarten, wenn wir an die Gerechtigkeit des Rechtsstaats appellieren und uns über Ungerechtigkeit beklagen, ist folglich nicht Ausweitung, Vertiefung oder Überbrückung des Gleichheitsgedankens des Rechts und der Gerechtigkeit, sondern eine Wiedergutmachung und damit die Wiederherstellung von durch Unrecht beschädigter Gleichheit. Ungerechtigkeitsgefühle scheinen hier nicht nach Ursachen zu differenzieren: an den Rechtsstaat als den vermuteten Garanten gerechter-als-gleicher Lebensverhältnisse sucht man sich zu richten ebenso dann, wenn das eigene Haus durch Überschwemmungen verwüstet wurde, wie dann, wenn

Eigentum beschädigt wurde oder dann, wenn man durch andere Schaden an Leib und Leben erfahren hat.[4]

Es sind also diese Formen von Ungerechtigkeit und Appelle an die Gerechtigkeit, denen wir im Rechtsstaat einen Ort zuweisen können; dabei liegt ihnen die Forderung nach einer jeweils vollkommenen Gerechtigkeit zugrunde. Aber die Grenzen zwischen der Klage über Unglück, dem Hadern einerseits und der Gerechtigkeitsforderung, die gleichsam Aussicht auf Erfolg hat, sind eben nicht ganz klar. Dieses Thema nun der dem Rechtsstaat möglichen Gerechtigkeit will ich diskutieren, indem ich drei Bewegungen aufzuzeigen versuche, die alle drei ihre Dynamik erhalten durch Empfindungen von Ungerechtigkeit und so eine Annäherung an die vollkommene Gerechtigkeit zum Ziel haben: und die alle drei ihre *notwendige Berechtigung* darin haben, daß sie zur Sensibilisierung gegenüber ungerechten Zuständen beitragen; und die doch letztlich von ihrem Prinzip, nämlich der Idee vollkommener Gerechtigkeit, her in einer Überforderung und Idealisierung der Vorstellung der dem Rechtsstaat möglichen Gerechtigkeit gründen. Mit diesen drei Bewegungen meine ich folgendes: Die erste Bewegung hat die erste skizzierte Vorstellung von Ungerechtigkeit zum Ausgangspunkt: ihr geht es letztlich um die Forderung nach vollkommener Gerechtigkeit durch eine Ausweitung und Vertiefung der Idee der Gleichheit. Die zweite Bewegung hat die zweite skizzierte Vorstelllung von Ungerechtigkeit zum Ausgangspunkt: ihr geht es letztlich um die Forderung nach vollkommener Gerechtigkeit durch eine Überbrückung zwischen allgemeiner Regel und besonderem Fall. Die dritte Bewegung hat die dritte skizzierte Vorstellung von Ungerechtigkeit zum Ausgangspunkt: ihr geht es letztlich um die Forderung nach vollständiger Gerechtigkeit durch die vollständige Wiedergutmachung erlittenen Unrechts.

Alle drei Bewegungen oder Problematiken haben eine lange Tradition - sie begleiten die Theorie der Gerechtigkeit von ihren Anfängen an; und alle drei Ideen können deutlich machen, daß sich erst mit dem Nachdenken über die Grenzen der Gerechtigkeit des Rechtsstaats ein Verständnis dessen gewinnen läßt, was denn tatsächlich diese Gerechtigkeit sein kann und worin sie bestehen soll. Und auch wenn ich dafür plädieren werde, die Grenzen der Gerechtigkeit des Rechtsstaats nicht dieser selbst zum Vorwurf zu machen - als sei es ihr möglich, grenzenlos zu sein - so geht es mir doch auf der anderen Seite durchaus darum, diese Grenzen - und das mit ihnen verbundene Gefühl von und das Klagen über Ungerechtigkeit - ernstzunehmen und nicht einfach zu ignorieren oder zu marginalisieren - wie dies einem weit verbreiteten Verständnis in der politischen Theorie entspricht. Diesem Verständnis scheint über die Problematik alles schon dann gesagt zu sein, wenn die Regeln der Gerechtigkeit erläutert wurden. Warum

---

4 Allerdings unterscheidet der common sense nicht unbedingt zwischen Zivil- und Strafrecht, d.h. es ist ihm nicht immer klar, an wen man sich bei ungerechten Behandlungen zu richten hat; mir geht es hier natürlich nicht in erster Linie um den zivilrechtlichen Bereich; ich komme unten auf Differenzierungen zurück.

jedoch auch bei den fairen Regeln rechtsstaatlicher Gerechtigkeit nagende Gefühle ungerechten Behandelns bleiben können, das ist die Frage, um die es hier geht.

Um dies zu zeigen, werde ich im folgenden nacheinander die drei skizzierten Problematiken - also die Idee der Ausweitung und Vertiefung der Gleichheit, die Idee der Überbrückung von Gleichheit und Differenz und die Idee der Wiedergutmachung - ausführlicher diskutieren und in einem letzten Abschnitt ein kurzes Resumee versuchen.

Vorab will ich allerdings noch eine kurze Bemerkung machen zur Verortung meiner Überlegungen im weiteren Rahmen der politischen Theorie: denn wenn ich im folgenden über Ungerechtigkeit rede, dann tue ich dies auf dem Hintergrund einer ganz bestimmten Interpretation des liberalen Rechtsstaats, wie sie - in für diese Zwecke ungefähr gleicher Weise - von Habermas, Rawls oder Dworkin vertreten wird.[5] Das heisst nicht nur, dass individuelle Freiheitsrechte und politische Partizipationsrechte Vorrang haben, sondern es heisst auch, dass (so etwas wie) das Differenzprinzip oder substantielle soziale Rechte zu den Grundrechten eines liberalen Rechtsstaats gehören müssen. Einen solchen Liberalismus kann man egalitären Liberalismus nennen insofern er nicht nur die Idee (negativer) Freiheitsrechte fürr zentral hält, sondern diese Rechte auslegt und ergänzt mit Hilfe von sozialen Rechten, die die Gleichheit und Vergleichbarkeit individueller Lebensverhältnisse regeln können sollen.[6]

(1)

Zunächst also zur ersten Idee, zur ersten Bewegung: Betrachtet man die Geschichte des Liberalismus, und zwar die Geschichte der Entstehung liberaler Gesellschaften ebenso wie die Geschichte der Ausbildung liberaler Theorien, so kann man sie als schrittweise Ausdehnung und Vertiefung begreifen in zweifacher Hinsicht: zum einen die schrittweise Anerkennung gleicher individueller Rechte für alle Personen, also beispielsweise nicht mehr nur für Männer;[7] und zum andern die schrittweise Einsicht in

---

5 Eine solche Verortung ist natürlich deshalb wichtig, weil klarerweise mit unterschiedlichen Liberalismustheorien jeweils unterschiedliche Ideen über die Interpretation der Berechtigung von Ungerechtigkeitsgefühlen einhergehen: dafür braucht man sich nur kurz solch divergierende Beispiele wie die von Nozick (und bei ihm etwa sein Beispiel der Ungerechtigkeit des Steuerzahlens) gegen G.Cohen oder von Rawls gegen Hayek vor Augen zu führen. Hier werden unterschiedliche politisch-theoretische und moralische Grundannahmen gemacht, bei Nozick anders als bei Cohen, bei Rawls anders als bei Hayek, und es ist deutlich, daß dabei die Idee der Gleichheit, deren Gewichtung und Interpretation eine zentrale Rolle spielt. Allerdings wird sich hoffentlich im folgenden zeigen, daß auch eine umgekehrte Richtung der Plausibilisierung möglich ist, die von der Interpretation von Ungerechtigkeit hin zur Plausibilisierung politisch-theoretischer Voraussetzungen führt.

6 Cf. Rawls (1975) bes. 174ff. 292ff; Habermas (1992) 156ff; bei Dworkin liegt die Sache insofern anders, als er bekanntlich ohnehin nicht mit dem Freiheits- sondern mit dem Gleichheitsbegriff beginnt und deshalb ohne Umwege zu einem stark egalitären Liberalismus gelangt; Begründungsdifferenzen dieser und anderer Art sind jedoch für meinen Kontext nicht unmittelbar wichtig.

7 Auch Shklar weist immer wieder auf das Beispiel der Frauen hin, bei denen die Artikulation von Ungerechtigkeitsgefühlen zu immer mehr Gerechtigkeit geführt hat, cf. z.B. 112ff.

die und Anerkennung von der Unterschiedlichkeit und Gleichwertigkeit von Ideen des gelungenen Lebens, bzw. - historisch anfangs - religiöser Überzeugungen oder, um einen generelleren Terminus aufzunehmen, von unterschiedlichen Vorstellungen des Guten.[8]

Diese erste Bewegung, die Ausweitung wie die Vertiefung von Gleichheit mit dem Ziel vollkommener Gerechtigkeit, hat ihren Ausgangspunkt folglich in der neuzeitlichen Idee gleicher Rechte und sucht sie mehr und mehr sensibel zu machen für alle Personen und für alle Lebensverhältnisse gleichermaßen. Man kann diese Idee, diese Bewegung beschreiben mit Hilfe der Begriffe von Marshall (cf. Marshall (1992) 33ff), nämlich der Ausdehnung der Idee der Rechte von zunächst individuellen Freiheitsrechten für *alle* Personen, die dann in einer zweiten Stufe begleitet wurden von der Forderung nach gleichen politischen Partizipationsrechten und schließlich in einer dritten Stufe mündeten in die Idee sozialer Rechte für alle Bürger und Bürgerinnen gleichermaßen. Der als Unrecht empfundene Ausschluss von Gruppen ebenso wie die als ungerecht empfundene Ungleichheit von Lebensverhältnissen hielten (und halten) die Dynamik in Gang, gerechte als gleiche Verhältnisse herzustellen.

Diese zunächst gleichsam quantitative Ausweitung der Gleichheit wird damit zunehmend auch zu einer qualitativen Vertiefung: denn man kann diese Bewegung auch beschreiben in eher Rawlsianischen Begriffen der *rechtlichen Anerkennung* einer zunehmenden Pluralisierung und Differenzierung kollektiver und individueller Ideen des Guten in liberalen Gesellschaften (cf. dazu z.B. Rawls (1992) 364ff): das heißt dann nämlich auch, daß die Idee gleicher Rechte auf individuelle Freiheit, das Leben zu leben, ausdifferenziert wird in dem Sinn, daß unter einen zunehmend konkreteren Anwendungsbereich der Gleichheit und Gerechtigkeit auch die Vergleichbarkeit individueller Lebensverhältnissen fällt.

Diese erste Bewegung geht also aus von einer allgemeinen Idee - der Idee gleicher Rechte - und fordert mehr Gerechtigkeit im Sinne von zunehmender Ausdifferenzierung der Anwendung dieser Rechte; sie sucht, die allgemeine Idee von Gerechtigkeit als Gleichheit mehr und mehr den besonderen Fällen anzugleichen. Ihr Ziel einer vollkommenen Gerechtigkeit ließe sich dann so formulieren: Der Rechtsstaat muß allen - Gruppen und Individuen - in gleicher Weise Recht verschaffen, in gleicher Weise gerecht werden und das heißt letztlich: allen, Individuen oder Gruppen, die tatsächlich *substantiell gleichen* Möglichkeiten bereitstellen, ihr Leben zu leben, ihre, wie Rawls es nennen würde, Idee vom Guten zu verfolgen.[9] Das ist das, was ich mit der *Vertiefung*

---

8 Cf. zur Geschichte liberaler Rechtsprinzipien z.B. Forst (1994) 56 ff.

9 Ich setze hier einen starken Gleichheitsbegriff voraus, im Sinne von Rawls (oder auch Dworkin), cf. oben die Bemerkungen zum politisch-theoretischen Hintergrund. Das Argument für einen solch starken Begriff von Gleichheit läuft über die Sicherung gleicher Freiheitsrechte gemeinsam mit der Idee eines gleichen *Werts* der Freiheit, wie Rawls es nennt. Fasst man die Garantie gleicher Freiheitsrechte als nicht nur rein formal, sondern als zumindest mit dem Versuch verbunden, auch einen *gleichen Wert* individueller Freiheiten zu grantieren, dann ist eben dies eine stärkere Idee von

des Gleichheitsgedankens meine, nicht im Gegensatz, sondern in Ergänzung zu seiner *Ausweitung.*

Diese Forderungen oder das Streben danach, die Gleichheit, im Sinne von Gerechtigkeit und motiviert durch Empfindungen von Ungerechtigkeit, zu vertiefen, ist angelegt schon in der Idee sozialer Rechte und kennzeichnet vor allem Entwicklungen der letzten Jahrzehnte in westlichen Demokratien: diese Bestrebungen, wie etwa die Frauenbewegung, Homosexuellen-Gruppen oder auch Bewegungen für die Gleichstellung kultureller Minoritäten, gehen aus davon, daß allein die Garantie *formaler* Rechte für die Sicherung gleicher Lebensverhältnisse im Sinne der Sicherung gleicher Möglichkeiten, unterschiedliche gesellschaftliche Optionen wahrnehmen und leben zu können, nicht ausreicht. Sie gehen also aus davon, daß allein negative Freiheitsrechte nicht ausreichen, um gleiche positive Freiheiten, oder um wiederum einen Terminus von Rawls aufzunehmen, den gleichen *Wert* der Freiheit zu sichern.[10]

Das bedeutet aber auch, daß mit der Ausweitung und Konkretisierung der Gleichheitsidee im Rechtsstaat zugleich *Veränderungen* von Gleichheitsvorstellungen selbst und insbesondere Veränderungen darüber einhergehen, *welche Arten* von Gleichheit in die Kompetenz und den Verantwortungsbereich der Politik bzw. des Staates fallen: denn bestimmte Formen politischer und rechtlicher Gleichheit werden gleichsam unterlaufen von sozialen oder kulturellen Ungleichheiten, beispielsweise von den asymmetrischen Beziehungen zwischen den Geschlechtern. Für Frauen und Männer gilt zwar selbstverständlich die Gleichheit von politischen und von formalen Freiheits-rechten, dem stehen jedoch derart persistente kulturelle und soziale Ungleichheiten und konventionelle Rollenzuschreibungen gegenüber, daß von einer Gleichheit (oder auch nur Vergleichbarkeit), diese Rechte und Freiheiten in Anspruch zu nehmen, gesellschaftliche Chancen wahrzunehmen, nicht wirklich gesprochen werden kann.

Mit dem Hinweis auf die Differenz zwischen formal-rechtlicher Gleichheit und kultureller Ungleichheit wird deshalb nicht nur die kulturelle Norm der gleichsam schicksalhaft gegebenen Zuteilung unterschiedlicher Rollen in Frage gestellt - Geschlechterstereotypen werden nicht mehr als Schicksal begriffen, sondern als veränderbare Ungerechtigkeit. Sondern damit wird auch beispielsweise die geschlechtsspezifische Aufteilung von Arbeit als *Gerechtigkeit*sproblem gesehen: in dem Maße, in dem die gesellschaftliche - kulturelle, soziale - Gleichstellung der Geschlechter als Aufgabe rechtsstaatlicher *Gerechtigkeit* begriffen wird, ändert sich die Idee dessen, was überhaupt in den Bereich von "Gleichheit" zu fallen hat. Um tatsächliche Gleichheit herzustellen, ist zunächst einmal die rechtliche Anerkennung

---

Gleichheit als die der rein formal gleichen Freiheiten, das Leben auf je eigene, individuelle Weise zu leben; cf. dazu Rössler (1992).

10 Die Gegenüberstellung von positiver und negativer Freiheit ist nicht in jeder Hinsicht die gleiche wie die zwischen der Freiheit und ihrem Wert, cf. Berlin (1968) und Rawls (1975) 232ff.

differenter gesellschaftlicher Stellungen und Rollen notwendig,[11] mit dem erklärten Ziel jedoch nicht der *Festschreibung*, sondern der *Überschreitung* dieser Kodierungen von Gleichheit und Differenz: geschlechterdifferente Rollenzuteilungen sollen durch etwaige differente Regelungen also gerade nicht sanktioniert werden.[12]

So wird der Streit um die Gleichverteilung materieller Ressourcen zunehmend abgelöst oder jedenfalls doch erweitert um den Streit um soziale und kulturelle Anerkennung und damit um den Streit um *substantielle* Gleichstellung unterschiedlicher Lebensformen. Im Zuge der Vertiefung des Gleichheitsgedankens wird folglich zum einen deutlich, daß sich rechtliche und politische Gleichheit als nicht hinreichend erwiesen haben, um substantielle Gleichheit der Lebensverhältnisse gegen soziale und kulturelle Widerstände durchzusetzen. Zum andern haben jene sozialen, kulturellen Bewegungen jedoch auch gezeigt, daß die Idee der formalen rechtlichen und politischen Gleichheit in gewisser Weise selbst problematisiert werden muß, da sie bestimmte Lebensentwürfe, bestimmte soziale und kulturelle "Normalbiographien" gegenüber von dieser Norm Abweichenden favorisiert, bzw. vernachlässigt, daß bestimmte Formen sozialer Ungleichheit durch ein solches Raster von Gleichheit schlicht hindurchfallen.[13]

Dies ist ein Beispiel für eine Vertiefung des Gleichheitsgedankens der rechtsstaatlichen Gerechtigkeit, eine Vertiefung, die zugleich zu Veränderungen im Gleichheits- und damit im Gerechtigkeitsverständnis geführt haben, aufgrund einer Dynamik, die durch die Artikulation von Ungerechtigkeitsempfindungen in Gang gesetzt (und in Gang gehalten) wird. Diese Veränderungen haben mit Sicherheit zu mehr Gerechtigkeit im liberalen Staat geführt, zu mehr Gerechtigkeit im Sinne von mehr Gleichberechtigung in der Wahrnehmung gesellschaftlich möglicher Optionen. Und dieses der Gerechtigkeit mögliche Maß darf man nicht geringschätzen: natürlich

---

11 Das kann zweierlei bedeuten: zum einen, dass Frauen auf Grund der unterschiedlichen gesellschaftlichen Stellung *andere* Rechte brauchen, um auf diese Weise die erstrebte "Gleichheit" zu erlangen, wie etwa Qutenregelungen; es kann auch heissen, dass aus der gesellschaftlichen Ungleichheit spezifische, aus der Situation von (vielen) Frauen entstehende, jedoch nicht nur für Frauen geltende Regelungen notwendig werden, wie etwa ein Recht auf einen Ganztagskindergartenplatz für Kinder.

12 Mit einem zweiten Beispiel will ich kurz auf die Problematik des kulturellen Pluralismus verweisen: dieses "Faktum des Pluralismus" (Rawls) moderner Gesellschaften hat bekanntlich zu einer zunehmenden Sensibilisierung geführt im Blick auf ungerechte Behandlungen nicht-dominanter Kulturen und Religionen. Ich will hier gar nicht genauer auf die Problematik von Rechten für kulturelle Minoritäten eingehen, sondern nur etwa an das Urteil des Bundesverfassungsgerichts erinnern, ein türkisches Mädchen vom koedukativen Sportunterricht zu befreien: die rechtsstaatliche Gleichheitsgarantie hat hier gerade zu einer rechtlichen Anerkennung der Differenz geführt. Und natürlich ist auch das sogenannte Kruzifixurteil ein Beispiel: denn mit ihm wurden Privilegien einer dominanten Religion abgeschafft und staatliche Neutralität im Sinne von Gleichbehandlung allererst hergestellt; cf. zum Problem kultureller Minoritäten aus der Fülle der Literatur nur z.B. Kymlicka (1995).

13 Dies gilt natürlich wiederum beispielsweise für die Differenz zwischen "normaler" (männlicher) Erwerbsbiographie und einer Biographie, in der die Sorge für Kinder (ausschliesslich) der Frau, zu Lasten ihrer Erwerbstätigkeit, zugeteilt (zugemutet) wird.

haben wir etwa in der Bundesrepublik noch in unendlich vielen Hinsichten sozusagen suboptimale Gerechtigkeitszustände. Dass sie verbesserungsfähig und -würdig sind, dafür kann man sensibilisiert werden durch das Hören auf eben jene Artikulationen von Ungerechtigkeitsempfindungen. Dennoch ist es nötig und sinnvoll, darüber nachzudenken, welche Gründe es dafür geben könnte, warum perfekte Gerechtigkeit in diesen Hinsichten bisher noch nicht möglich war und so schwierig zu erreichen ist. Wenn ich über diese Grenzen von Gerechtigkeit rede, dann jedoch nur mit jenem Vorbehalt der gegenwärtigen "Suboptimalität".

Denn in der Tat hat das Bestreben nach, um es abkürzend zu sagen, Gleichheit im Wert der Freiheit seine Grenzen: es hat seine Grenzen in den Möglichkeiten staatlichen und politischen Handelns und damit in den Möglichkeiten, die die rechtsstaatliche Gerechtigkeit selbst hat. Ich denke, daß man für diese Grenzen zwei Gründe nennen kann, die beide gemeinsam dazu beitragen, daß es Ungerechtigkeiten gibt, die als solche jedenfalls empfunden werden, die jedoch in der Gerechtigkeit des Rechtsstaats nicht immer den angemessenen Adressaten zu haben scheinen. Da ist zum ersten das individuelle Schicksal: denn auch wenn nicht mehr Armut und nicht mehr Biologie als Schicksal begriffen wird und begriffen werden muß, so gibt es das Schicksal doch immer noch: so in der Krankheit und im vorzeitigen, unzeitigen Tod. Häufig bleibt nichts als das: das Schicksal, und die Ungerechtigkeit, daß eben nicht alle Menschen die gleichen Möglichkeiten haben, ein langes und gelungenes Leben zu leben. Allerdings ist es auch unzulässig, einfachhin beispielsweise jede Krankheit als unvermeidbares Schicksal zu begreifen; denn auch das Gesundheitssystem einer liberaldemokratischen Gesellschaft muß sich dem Streit um Gerechtigkeit und gerechte Verteilungen - welche Krankheiten werden beforscht, in welche Art von Medizin wird investiert - stellen. Gerade die Klage gegen das Schicksal (einer Krankheit) kann hier als Artikulation von Ungerechtigkeitsgefühlen zur Triebfeder werden, um für mehr Gerechtigkeit (etwa in der medizinischen Versorgung) zu sorgen - auch wenn jene Klage häufig dennoch einfach eine Klage bleiben wird und muss.

Ein zweiter Grund für eine Grenze rechtsstaatlicher Gerechtigkeit zeigt sich im Postulat der liberalen Neutralität gegenüber Formen des kulturellen Pluralismus:[14] staatliche Regelungen sollen *tatsächliche* Gleichheit garantieren. Angesichts konkreter gesellschaftlicher Verhältnisse, angesichts dessen, was Habermas die kulturelle "Imprägnierung" des Rechtsstaats nennt,[15] ist die Herstellung einer solchen tatsächlichen Neutralität allerdings hochkompliziert. So würde der Rechtsstaat zwar Recht daran tun, in Schulen das Kruzifix zu untersagen. Die liberaldemokratische Kultur in Deutschland bleibt jedoch dennoch (vorerst) von der christlichen Religion geprägt;

---

14 Cf. zum folgenden etwa Honneth (1992), der auf diese problematischen Beziehungen zwischen rechtlicher und sozialer Anerkennung verweist und die Bedingungen beider ausbuchstabiert.
15 Cf. Habermas (1992b) 164ff, wo er die "ethische Imprägnierung des liberalen Rechtsstaats" beschreibt.

damit kann der Rechtsstaat zwar allen Religionen - im Prinzip - die gleiche rechtliche Achtung entgegenbringen.[16] Aber offensichtlich wird es (auf lange Sicht) so bleiben, daß es Ungleichheiten im gesellschaftlichen Leben gibt, die dazu führen, daß bestimmte Religionen als dominant und andere als deviant begriffen werden und daß sich dies auch niederschlägt im Selbstverständnis, in der Identität derjenigen, die diesen Religionen anhängen. Gleichheit in diesem Sinne ist eine Sache der gesellschaftlichen, sozialen Auseinandersetzung und nur in begrenztem Masse Sache der rechtlichen Garantie.

Diese Grenze rechtsstaatlicher Gerechtigkeit, die sich im Mangel vollständiger Neutralität zum Ausdruck bringt, diese Grenze ebenso wie die ihr korrespondierenden, persistenten, Gefühle von Ungerechtigkeit, haben nun offensichtlich ihre Ursache in dem Problem, dass zwar eine rechtliche Anerkennung, nicht aber soziale Wertschätzung (rechtlich) einklagbar ist. So kann (und sollte) der Rechtsstaat zwar aus Gründen der Gerechtigkeit bestimmte Gruppen rechtlich privilegieren (wie im Falle von Quotenregelungen für Frauen oder Rechten für kulturelle Minoritäten). Und er könnte (und sollte) *gegen* gesellschaftliche Meinungen, soziale Überzeugungen, rechtliche Anerkennungen sozial Benachteiligter forcieren - wie im Falle der Ehe von Homosexuellen.[17] Dies bleiben jedoch Garantien der *rechtlichen* Achtung und Gleichstellung: wir können erwarten, daß uns als Rechtssubjekten und als Personen mit differenten Entwürfen des gelungenen Lebens gleiche rechtliche Garantien zukommen. Und wir können erwarten, dass hier immer weiter die Dynamik in Gang gehalten wird, die sich genau daraus speist, dass Erfahrungen sozialer Ungleichheit umgesetzt werden können in gerechtigkeitssichernde rechtliche Regelungen. Aber damit bleibt immer noch das unselige Faktum, dass wir nicht erwarten können, daß uns damit, mit solchen Regelungen, auch schon die gleiche soziale Wertschätzung entgegengebracht wird.

Die Idee vollständiger Gerechtigkeit, nach der die Vertiefung der Gleichheitsidee im Rechtsstaat strebt, bricht sich folglich nicht nur am individuellen Schicksal; sondern auch an den Möglichkeiten, die das staatlich-politische Handeln angesichts differenter gesellschaftlicher individueller wie kollektiver Ideen des Guten hat. Die Garantie gerechter und gerechtfertigter Gleichheit *entläßt* die Einzelnen in ihr selbstverantwortetes Leben; sie ist deshalb in ihrer rechtlichen Achtung und Anerkennung unpersönlich und beläßt es auch dabei: das Streben nach sozialer *Wertschätzung* kann

---

16 Und dazu gehört natürlich sehr viel mehr als das, was sich derzeit beispielsweise in der Bundesrepublik an staatlicher Neutralität zeigt (in der es bekanntlich keine tatsächliche Trennung zwischen Kirche und Staat gibt); cf. zur Idee, daß staatliche Institutionen nicht nur gerecht, sondern darüberhinaus "decent" sein müssen in dem Sinn, daß ihr Ziel sein muß, die Demütigung von Personen zu vermeiden, neuerdings Margalit (1996), der detailliert ausführt, in welcher Weise dem Unterschied zwischen einer gerechten und einer "anständigen" Gesellschaft von den gesellschaftlichen Institutionen selbst Rechnung getragen werden muss.

17 Hier setze ich natürlich wieder einen vergleichsweise starken Begriff sozialer und kultureller Gleichheit voraus, cf. oben meine Bemerkungen zum Problem des politisch-theoretischen Hintergrunds.

sie sich zwar zur Aufgabe machen, nicht jedoch wie die gleiche rechtliche Achtung garantieren.

(2)

Damit komme ich nun zu der zweiten der oben skizzierten Bewegungen: Diese zweite Bewegung setzt anders an; sie setzt nämlich an bei dem Ruf nach Gerechtigkeit für die Einzelnen - bei der Forderung, gerecht sei das, was jedem Einzelnen rechtmäßigerweise zukomme; und sie setzt folglich an bei der Idee, die Gerechtigkeit - auch die des Rechtsstaats - müsse dafür Sorge tragen, daß man allen Einzelnen als Einzelnen in ihrer Differenz gerecht werden müsse, und als ungerecht wird eben empfunden, wenn dies ausbleibt. Als ungerecht wird hier also nicht - wie in der ersten Bewegung - erfahren, daß die Allgemeinheit und Gleichheit rechtlicher Regelungen *noch nicht* für alle Personen oder auf den angemessenen Gebieten Anwendung findet. Sondern als ungerecht wird hier erfahren, daß die Allgemeinheit und Gleichheit der Regelungen *immer schon* die Besonderheit des Einzelnen verletze und ihr nicht gerecht werden könne. Verlangt die erste Bewegung nach einer *Ausweitung* und *Ausdifferenzierung* gleicher rechtlicher Regelungen - bis hin, letztlich, zur Anerkennung individueller Differenzen - so verlangt die zweite Bewegung nach einer *Überbrückung* zwischen der Allgemeinheit des Rechts und der Individualität des Einzelfalls. Das Ziel läßt sich hier also formulieren als die Forderung nach vollkommener Gerechtigkeit des Rechtsstaats im Gerechtwerden gegenüber den Einzelnen.[18]

Man kann sich dies klarmachen an Bärbel Bohleys Diktum, um nicht (mittlerweile) zu sagen: geflügeltem Wort, "Wir wollten Gerechtigkeit und haben den Rechtsstaat bekommen"; ihre Klage - so sollte man es sicherlich nennen - hat bekanntlich Karriere gemacht und wird, im Osten wie im Westen, gerne mit leichtem Beifall zitiert, im Westen dabei zusätzlich mit dem Unterton des schlechten Gewissens. Bohley verweist hier auf eine wichtige Quelle von Ungerechtigkeitsvorstellungen im liberalen Rechtsstaat und deshalb will ich im folgenden dem möglichen Mißverständnis nachgehen, das, so glaube ich, Bohleys Spruch ebenso wie dem schlechten Gewissen zugrundeliegt; und so von einer anderen Seite noch einmal versuchen zu zeigen, welche Gerechtigkeit sinnvollerweise vom Rechtsstaat erwartbar ist und wo und aus welchen Gründen Empfindungen von Ungerechtigkeit an Grenzen der Gerechtigkeit stossen können.

Bohley steht mit ihrer Äußerung in einer würdigen Tradition: denn ihren ersten Ausdruck hat diese Gerechtigkeitsforderung und diese Klage über die Ungerechtigkeit

---

18 Dies ist natürlich ein altes Thema der Gerechtigkeitstheorie und nicht eines, das für den liberalen Rechtsstaat spezifisch ist (es scheint jedoch im Rechtsstaat besonders ärgerlich, weil man von ihm besonders viel erwartet); es ist auch ein altes Thema der Hermeneutik, cf. Gadamer (1961) und z.B. Günther (1988); was mich jedoch im folgenden interessiert, sind nicht die Gründe für die Möglichkeit, angemessen mit jener problematischen Differenz umzugehen, sondern die Gründe dafür, warum es letztlich eine unausmessbare Differenz bleiben muss.

allgemeiner Gesetze gegenüber einzelnen Besonderen bekanntlich bei Platon gefunden,[19] wenn er im Politikos von dem Mangel des Gesetzes redet, der sich darin zum Ausdruck bringt, daß das Gesetz "durchaus einartig" ist, also gerade sein Wesen darin hat, "die Unähnlichkeit der Menschen und der Handlungen" zu vergessen: der Mangel der Gesetze besteht dann eben darin, daß "unmöglich sich zu dem *niemals Einartigen* (nämlich den Menschen) das richtig verhalten kann, was *durchaus ein*artig ist" - nämlich das Gesetz. Ihren vorerst letzten und beredtesten Ausdruck findet diese Forderung und diese Klage bei Derrida:[20] und zwar erläutert er sie anhand der notwendigen Differenz zwischen allgemeinem (je geltendem) *Recht* auf der einen Seite und der "*unendlichen Gerechtigkeit*", die "sich immer an das vielfältig Besondere richtet, an die Besonderheit des anderen .." (41) auf der anderen Seite; die "unendliche Gerechtigkeit" ist unendlich und irreduktibel, "weil sie dem Anderen gebührt" (51), und das heißt, weil sie dem Einzelnen gerecht werden muß.

Derrida konstatiert einen notwendigen, einen begrifflichen Bruch zwischen der Gerechtigkeit und dem Recht: das Recht muß immer schon ungerecht, weil unangemessen sein, denn den Einzelfällen als besonderen kann es nicht gerecht werden: deshalb eben ist die Gerechtigkeit unendlich und irreduktibel, weil deren Anliegen ist, den einzelnen *als einzelnen* gerecht zu werden. Jede Anwendung eines Rechts aber fällt als solche immer schon unter eine allgemeine Regel und muß insofern den Einzelfall immer schon übersteigen, immer schon allgemeiner sein als der besondere einzelne. Derridas Ausführungen gipfeln in der Konstatierung dreier Aporien, die die schwierige Beziehung von Regeln und Anwendung betreffen und die er als "ein einziges aporetisches Potential" beschreibt, das in der Unterscheidung gründet: "zwischen der Gerechtigkeit (die unendlich ist, unberechenbar, widerspenstig gegen jede Regel, der Symmetrie gegenüber fremd, heterogen und heterotrop) und ihrer Ausübung in Gestalt des Rechts, der Legitimität oder Legalität (ausgleichbar und satzungsgemäß, berechenbar, ein System geregelter, eingetragener, codierter Vorschriften)." (Derrida, 44).

Ich vernachlässige hier den Zusammenhang zwischen der Dekonstruktion und der Gerechtigkeit, den Derrida beschreibt, und auch den Ort der Gewalt, die mit dem Recht verbunden ist;[21] denn mir kommt es hier nur auf die aporetische Differenz zwischen unendlicher Gerechtigkeit und endlichem Recht an, auf die Gerechtigkeit als "Erfahrung des Unmöglichen", wie Derrida sie nennt. Und eben hierauf scheint Bohley (auch) zu verweisen (dies ist eine erste Weise der Interpretation), wenn sie den Abgrund zwischen

---

19 Cf. Platon, Politikos 294 b.c; cf. dazu und zum folgenden Menke (1993b).
20 Derrida (1991) radikalisiert das hermeneutische Problem hier insofern, als er die (begriffliche, kategoriale) Unmöglichkeit der Überbrückung zwischen allgemeiner Regel und einzelnem Fall behauptet, und damit die kategoriale Unmöglichkeit letztlich gerechter Regelungen überhaupt; dies halte ich, wie deutlich werden wird, für übertrieben.
21 Derrida sieht im Begriff der Gerechtigkeit den "eigentlichen Ort" der Dekonstruktion, cf. (1991) 17f (dies ist allerdings ein bei der Dekonstruktion anderer Begriffe wiederkehrendes Motiv); zum Ort der Gewalt cf. besonders den Benjamin-Essay, Derrida (1991) 60ff.

Rechtsstaat und Gerechtigkeit beklagt: denn auch ihr scheint es ja nicht - oder jedenfalls nicht nur - darum zu gehen, daß gerechte Regeln *nicht angemessen* angewendet werden; und auch ihr scheint es nicht - oder jedenfalls nicht nur - darum zu gehen, daß die *falschen* Regeln angewendet werden; sondern auch ihr scheint es darum zu gehen, daß die dem Rechtsstaat mögliche Gerechtigkeit der Besonderheit der Biographien, dem "niemals Einartigen" nicht gerecht werden kann.

Aber was heißt das? Es kann nicht heißen, im Recht oder Rechtsstaat sei *keine* Gerechtigkeit möglich - auch Derrida will dies keineswegs implizieren; und es kann auch nicht heißen, im Rechtsstaat sei *jetzt noch nicht* die *vollständige* Gerechtigkeit möglich; auch dies will Derrida nicht implizieren. Sondern man muß Derrida (und Bohley) und die von ihm konstatierte Aporie verstehen und ernstnehmen als Artikulation möglicher Quellen von Ungerechtigkeit und damit als Hinweis auf die Korrrigierbarkeit, Verbesserungsfähigkeit des Rechts und der dem Rechtsstaat möglichen Gerechtigkeit. Ein Mißverständnis entsteht erst, wenn man ungerecht nennen will, was gerecht zu nennen gar nicht möglich ist: Das Mißverständnis gründet, so glaube ich, in einer Verwechslung der unterschiedlichen Begriffe und Ideen von "Gerechtigkeit" und "Gerechtwerden". Der Ruf nach dem *Gerechtwerden*, nach der Gerechtigkeit gegenüber dem Einzelnen bezieht sich auf die je Einzelnen und bringt doch nur die Inkommensurabilität individueller Lebensverhältnisse zum Ausdruck. Und ein solcher Ruf verlangt vom Rechtsstaat, was das Recht von seinem Wesen her, *Recht für alle* zu sein, gar nicht leisten kann und will: denn "Gerechtwerden" kann uns als Individuen in der Fülle unserer Eigenschaften, Erfahrungen und Bedürfnisse allenfalls der liebende Blick. Es ist jedoch die unpersönliche, allgemeine Perspektive der *rechtlichen Achtung*, die die Perspektive des Rechtsstaats allein ist. Von einer solchen Perspektive kann man verlangen, dass sie zwischen wichtigen und unwichtigen Differenzen unterscheidet, abwägt und wägt; aber nicht, dass sie vollkommen "gerecht wird". Und deshalb ist es ein Mißverständnis des Rechts, zu meinen, eine (vollständige) Überbrückung zwischen allgemeiner Regel und einzelnem Fall sei überhaupt möglich; aber eben deshalb bleiben auch Gefühle von Ungerechtigkeit, die zu Recht immer wieder die Frage nach der Angemessenheit jener allgemeinen Regelungen des Rechts präsent halten, auch wenn sie sich brechen müssen an jener begrifflichen, kategorialen Differenz zwischen dem Bedürfnis nach dem "Gerechtwerden" auf der einen Seite und dem "niemals Einartigen", auf das Platon verwies, auf der anderen.

(3)
Die dritte Bewegung nun betrifft die kommutative oder spezieller die korrektive Gerechtigkeit und die mit ihr verbundene Vorstellung von Ungerechtigkeit: auch diese Problematik begleitet das Nachdenken über Gerechtigkeit von den Anfängen an, in der Frage, wie sich erlittenes Unrecht wiedergutmachen läßt und was es heißt, für Unrecht kompensiert zu werden. Die Idee der vollkommenen Gerechtigkeit verlangt hier den Ausgleich, die Wiederherstellung von Gleichheit und zwar die vollständige Wiederherstellung von Gleichheit.

Aristoteles ist hier bekanntlich optimistisch: die Gerechtigkeit, die - wie er es nennt - den unfreiwilligen, verborgenen und/oder gewaltsamen Verkehr ordnet, stellt die Gleichheit wieder her, die durch das Unrecht beschädigt wurde. "Das Gesetz betrachtet den Unterschied des angerichteten Schadens", so heißt es in der Nikomachischen Ethik, und da "das Ungerechte ein Ungleiches" ist, sucht "der Richter es auszugleichen". "Der Richter stellt die Gleichheit her: wie wenn eine Linie in ungleiche Teile zerschnitten wäre, nimmt er vom größeren Teile dasjenige weg, was über die Hälfte hinausgeht und fügt es dem kleineren Teile zu" (cf. Aristoteles, Nikomachische Ethik 1132).

Aber es scheint, als sei Aristoteles' Optimismus hier nicht vollständig gerechtfertigt; schon seine Metapher selbst macht deutlich, daß es so einfach nicht ist: nicht für alle Schäden läßt sich einfach etwas zurückgeben, wie der Teil einer Linie. Ich möchte hier noch einmal auf Bärbel Bohley zurückkommen: denn eine zweite Interpretation ihrer Klage über die Differenz zwischen Rechtsstaat und Gerechtigkeit läßt sich verstehen als die Klage darüber, daß es dem Rechtsstaat nicht möglich ist, erlittenes Unrecht (vollkommen) wiedergutzumachen. Bohley hat jenes Diktum geäußert im Kontext der Diskussion um die Frage, wie mit den Verbrechen der Staatssicherheit umzugehen sei. Und ich denke, daß Bohley zuzustimmen ist in der *Feststellung* jener Differenz, daß diese Differenz aber notwendig ist und zu tun hat mit der Eigenart erlittenen Unrechts, nämlich der Eigenart, ein für alle Mal *geschehen* zu sein; eine Eigenart, auf die Aristoteles jedenfalls nicht besonders hinweist.[22]

Um dies zu verdeutlichen, ist es nützlich, auf eine Parallele aus der Moralphilosophie zu verweisen, die die Besonderheit praktischer, moralischer Konflikte betrifft:[23] Bernard Williams hat in seiner Analyse praktischer Konflikte und moralischer Dilemmata auf eine beunruhigende Differenz zwischen theoretischen und praktischen Widersprüchen verwiesen: denn auch wenn beide entscheidbar sein mögen, der theoretische ebenso wie der praktische Konflikt, so ist es doch allein dem theoretischen eigen, daß sich der

---

22 Es ist nützlich, hier zumindest eine prima facie Differenzierung zwischen den verschiedenen möglichen Fällen ausgleichender Gerechtigkeit anzuführen, vor allem, um die trivialen von den tragischen Fällen zu trennen: man kann zunächst einmal wiederum nach Verursachern unterscheiden, nämlich zum einen das "Schicksal", zum andern staatliches Unrechtsverschulden selbst und zum dritten andere Einzelne. Beispiele wären zum einen Schädigungen etwa durch Naturgewalt (Überschwemmung, Erdbeben), zum andern klarerweise Verbrechen des deutschen Faschismus; und solche der Staatssicherheit der DDR; zum dritten schließlich Schäden von konkreten Anderen, die vom Brechen eines (auch durchaus relativ trivialen) Vertrags, über Einbruch, Mord, oder auch ärztliche Kunstfehler reichen können. Zuständig fühlt sich der liberale Rechtsstaat, aus unterschiedlichen Gründen und in unterschiedlicher Weise, in allen diesen Fällen. Trivial sind offensichtlich solche Fälle, in denen entweder ein direkter Ausgleich (Wiederherstellung des Vertrags) oder, wie problematisch auch immer, ein finanzieller Ausgleich möglich ist. Als besonders tragisch empfindet man offenbar demgegenüber solche Fälle, in denen nicht nur die Beschädigungen besonders erbarmungslos sind, sondern dazuhin nicht zufällig. Tröstlich *kann* am Schicksal ja zumindest sein, dass es nicht wählt. Das "es hätte auch (jeden) andere(n) treffen können" gilt eben für die Verbrechen des deutschen Faschismus nicht; und auch nicht für diejenigen der Staatssicherheit. Trostlos, und tragisch, kann auch ein individuelles Schicksal dennoch sein.

23 Cf. Williams (1984), bes. 273f; cf. Williams (1981); cf. zum folgenden Menke (1993).

Widerspruch *auflöst*: entweder p oder non-p bleibt allein übrig, es gibt *keinerlei* Gründe mehr, die für das Falsche sprechen. Oder die falschen Aussagen p und q verschwinden vollständig und allein eine dritte bleibt als wahre bestehen. Anders bei praktischen Konflikten und insbesondere bei moralischen Dilemmata: denn auch wenn wir uns etwa zwischen zwei Verpflichtungen, deren Recht und Charakter als Verpflichtung wir anerkennen, entscheiden *müssen* - weil wir *handeln* müssen -, so bleibt doch das, was die praktische Verpflichtung allererst zu einer solchen gemacht hat, *bestehen*. Die Gründe für die Verpflichtung werden gerade nicht deshalb, weil wir sie - in diesem Fall - für nicht handlungsleitend gehalten haben, hinfällig. Sie bleiben als Gründe bestehen und wir können, ohne unvernünftig genannt zu werden (wie im Fall der theoretischen Konflikte), sie weiterhin für richtig halten, wir können bedauern, wir können sogar bereuen, daß wir nicht anders handeln konnten, daß wir uns so entscheiden mußten.

Dieses Phänomen der Widerständigkeit praktischer Gründe kann verstehen helfen, was die Eigenart des Ungerechtigkeitsgefühls gegenüber der korrektiven Gerechtigkeit ausmacht: denn erlittenes Unrecht hat die gleiche Qualität: es ist widerständig, es läßt sich nicht auslöschen, es verschwindet nicht. Die durch Unrecht beschädigte Biographie ist nicht kompensierbar, sie kann nicht noch einmal gelebt werden, sie bleibt als beschädigte bestehen und mit ihr das nagende Gefühl der Ungerechtigkeit. Aristoteles hat natürlich trotzdem recht: das Recht muß den Ausgleich erlittenen Unrechts suchen und danach streben, die Gleichheit wiederherzustellen. Die Dynamik der Bewegung bleibt und muss in Gang gehalten werden, durch den Ruf nach ausgleichender Gerechtigkeit und dem Versuch, diesen auf unterschiedliche Weise und der Unterschiedlichkeit der Fälle angemessen zu erhören. Das heisst vor allem, daß in solchen Fällen, in denen das Verschulden beim vergangenen staatlichen Kollektiv liegt und inidividuelle Biographien in besonders tragischer Weise beschädigt wurden, in denen folglich kein wie auch immer zu spezifizierender direkter Ausgleich möglich ist, ein symbolischer Ausgleich umso wichtiger wird. Und proprium einer so verstandenen korrektiven Gerechtigkeit im liberalen Rechtsstaat kann es deshalb sein, angemessen mit solchem symbolischen Ausgleich umzugehen: wie etwa durch die Persistenz des Erinnerns, des öffentlichen Eingedenkens.

Aber warum Aristoteles zugleich zu optimistisch ist, kann uns jenes Bestehenbleiben der praktischen Gründe vor Augen führen: denn erlittenes Unrecht bleibt erlittenes Unrecht. Es ist eben letztlich, in seinem brutalsten Sinn, nicht auszugleichen, und dies führen uns vor allem die tragischen Fälle vor Augen. Damit ist der Ruf nach Ausgleich, nach Wiedergutmachung erlittenen Unrechts ein Ruf nach Gerechtigkeit, den der Rechtsstaat zwar hören und dem er so weit wie irgend möglich nachgehen muß; aber der Kern dieses Rufes bleibt eine Klage: eine Klage, die, ähnlich wie die Klage gegen die Ungerechtigkeit des Schicksals, unerhört bleiben *muß*, weil sie gar nicht erhört werden *kann*.

Auch diese letzte Problematik der dem Rechtsstaat möglichen Gerechtigkeit, die Forderung nach vollständigem *Ausgleich* erlittenen Unrechts, weist wie die anderen, die Problematik der *Ausweitung* und *Vertiefung* von Gleichheit und die Problematik der

Überbrückung zwischen allgemeinem, gleichen Recht und besonderem Fall, auf Erfahrungen von Ungerechtigkeit, die im Prinzip führen können und faktisch führen und führen müssen zur Erweiterung, Verfeinerung, der rechtsstaatlichen Gerechtigkeit. Und deshalb ist es notwendig, diesen Erfahrungen einen Platz in der politischen Theorie zu belassen oder zu verschaffen; denn mit dem Reden über mögliche Gerechtigkeit ist eben nicht alles gesagt und beschrieben über die Bewegungen hin zu mehr Gerechtigkeit und über die Grenze zwischen Unglück und Unrecht: jene Erfahrungen und Empfindungen bleiben unhintergehbar Erfahrungen von *Ungerechtigkeit*.

Damit komme ich zum Schluß. Und ich hoffe, zweierlei deutlich gemacht zu haben: daß es zwar historisch wie systematisch gesehen notwendig ist, den unterschiedlichen Vorstellungen von Ungerechtigkeit immer wieder nachzugehen und nachzugeben, da nur sie für das, was wir überhaupt für einen möglichen Gegenstand menschlicher Gerechtigkeit halten, weitestmöglich sensibilisieren und uns damit das, was wir je für gerecht halten können, auf immer neue Weise zugänglich machen können; daß aber andererseits der Gerechtigkeit im Rechtsstaat dennoch Grenzen gesetzt sind, Grenzen, die wohl im Wesen dessen liegen, was man von gerechten Regelungen erwarten kann, weil es *Regelungen* sind, die *für alle* gelten und nur deshalb, *weil* sie für alle gelten, *gerechte* Regelungen sind. Ich hoffe jedoch, auch deutlich gemacht zu haben, daß es unumgänglich ist, jene Verschiebungen ebenso wie diese Grenzen immer wieder klarzumachen und präsent zu halten, um auf diese Weise die Fragilität und mangelnde Selbstverständlichkeit der Grenze zwischen Unglück und Gerechtigkeit sich immer wieder neu vor Augen zu führen. "Man soll sein Schicksal tragen", sagt Mendel Singer; und dies kann einem auch die Gerechtigkeit des liberalen Rechtsstaats nicht abnehmen; aber was sie abnehmen kann, was sie - in ihren Grenzen - auch ausgleichen kann und was wir deshalb von ihr erwarten sollten, trifft all das, was nicht einfachhin Unglück ist, sondern Unrecht. Und das ist mehr, als Mendel Singer meint; auch wenn es immer noch weniger ist, als wir uns wünschen.

Literatur

Aristoteles, Die Nikomachische Ethik, übersetzt von O. Gigon, München 1972
Berlin, I., Two concepts of Liberty, in: Four Essays on Liberty, Oxford 1968
Derrida, J., Gesetzeskraft. Der "mystische" Grund der Autorität, Frankfurt/M. 1991
Dworkin, R., Bürgerrechte ernstgenommen, Frankfurt/M. 1984
Dworkin, R., A Matter of Principle, Cambridge, Mass. 1985
Forst, R., Kontexte der Gerechtigkeit. Politische Philosophie jenseits von Kommunitarismus und Liberalismus, Frankfurt/M. 1994
Gadamer, H.G., Wahrheit und Methode, Tübingen 1961
Günther, K., Der Sinn für Angemessenheit. Anwendungsdiskurse in Moral und Recht, Frankfurt/M. 1988
Habermas, J., Faktizität und Geltung, Frankfurt/M. 1992

Habermas, J., Anerkennungskämpfe im demokratischen Rechtsstaat, in: C. Taylor, Multikulturalismus und die Politik der Anerkennung, mit Kommentaren von A.Gutman etc, Frankfurt/M. 1992 b

Honneth, A., Kampf um Anerkennung. Zur moralischen Grammatik sozialer Konflikte, Frankfurt/M. 1992

Kymlicka, W., Multicultural Citizenship: A Liberal Theory of Minority Rights, Oxford 1995

Margalit, A., The Decent Society, Cambridge, Mass. 1996

Marshall, T.H., Bürgerrechte und soziale Klassen. Zur Soziologie des Wohlfahrtsstaats, Fankfurt/M.-New York 1992

Menke, C., Die Vernunft im Widerstreit. Über den richtigen Umgang mit praktischen Konflikten, in: Menke, C. & Seel, M. (eds), Zur Verteidigung der Vernunft gegen ihre Liebhaber und Verächter, Frankfurt/M.1993

Menke, C., Für eine Politik der Dekonstruktion. Jacques Derrida über Recht und Gerechtigkeit, in: Merkur 526, 1/47 1993

Moore, B., Ungerechtigkeit. Die sozialen Ursachen von Unterordnung und Widerstand, Frankfurt/M. 1982

Nagel, T., Equality and Partiality, Oxford 1991

Platon, Politikos, übersetzt von F. Schleiermacher, Sämtliche Werke Bd.5, Hamburg 1959

Rawls, J., Eine Theorie der Gerechtigkeit, Frankfurt 1975

Rawls, J., Die Idee des politischen Liberalismus. Aufsätze 1978 -1989, hg.v. W. Hinsch, Frankfurt/M. 1992

Rössler, B., Der ungleiche Wert der Freiheit, in: Analyse und Kritik, 14 Jg. 1/1992

Roth, J., Hiob. Roman eines einfachen Mannes, in: ders., Werke in drei Bänden, Bd.2, Köln/Berlin 1956

Shklar, J., Über Ungerechtigkeit, Berlin 1992

Tugendhat, E., Vorlesungen über Ethik, Frankfurt/M.

Williams, B., Widerspruchsfreiheit in der Ethik, in: ders.: Probleme des Selbst, Stuttgart 1978

Williams, B., Conflicts of Values, in: ders., Moral Luck, Oxford 1981

Wolf, U., Moralische Dilemmata und Wertkonflikte, in: Menke, C. & Seel, M. (eds), Zur Verteidigung der Vernunft gegen ihre Liebhaber und Verächter, Frankfurt/M. 1993

Bernd Ladwig

Erweiterte Chancengleichheit

Überlegungen zur Verteilungsgerechtigkeit im Anschluß an Ronald Dworkin

Nur wenigen Normen wird in westlichen Gesellschaften so wortreiche Zustimmung zuteil wie der Chancengleichheit. Sie vereinigt zwei Gesichtspunkte, die gleichermaßen tief in unseren moralischen Überzeugungen wurzeln: die Idee, daß alle Menschen, sofern sie unter gemeinsamen Gesetzen stehen, als Gleiche zu behandeln sind (Dworkin 1986), und die Wertschätzung personaler Verantwortlichkeit. Wenn Chancen gleich sind, genießen alle Personen in bestimmten Hinsichten gleiche Spielräume oder Aussichten, ohne doch zwangsläufig gleiche Ergebnisse zu erzielen. Der Erfolg eines jeden Menschen soll so weit wie möglich von seinen eigenen Anstrengungen abhängen, und das erfordert eine gewisse Angleichung der Ausgangsbedingungen. In dieser Vorstellung ist das vor allem von „der Rechten" betonte Leistungsprinzip mit dem vor allem von „der Linken" verfochtenen Gebot materieller Gleichheit vermittelt (Cohen 1989; Roemer 1996).

Es bietet sich daher an, der Chancengleichheit in unseren Überlegungen zur Verteilungsgerechtigkeit einen zentralen Platz einzuräumen. Eben dies ist in Ronald Dworkins Theorie der *Ressourcengleichheit* der Fall (Dworkin 1981): Ihr besonderer Akzent liegt auf der Unterscheidung zwischen unverschuldeten Umständen und selbstverantworteten Anstrengungen. Auf der Folie dieser Unterscheidung will ich die Grundzüge einer Theorie der erweiterten Chancengleichheit darlegen, in deren Mittelpunkt die Idee einer Gleichverteilung allgemeiner Ressourcen steht. Über Dworkin hinaus möchte ich zeigen, daß in einem angemessenen Verständnis von Ressourcengleichheit auch die Zugehörigkeit von Individuen zu kulturellen Lebensformen ihren Platz finden muß; damit beziehe ich mich auf einen Vorschlag von Will Kymlicka (1989).

I. Personen und Aussichten

Moderne Gerechtigkeitslehren befassen sich mit der Frage, was es heißt, alle Bürgerinnen und Bürger als Gleiche zu behandeln (Dworkin 1983; 1986; 1990b). Die Besonderheit des folgenden Vorschlages besteht darin, die *Hinsichtlichkeit* der Gleichheit im Begriff der selbstbestimmten Person zu verankern. In gewisser Weise ist meine Konzeption der Ressourcengleichheit nur eine Konkretisierung dieses Personenbegriffes unter dem Gesichtspunkt der Egalität. Der Begriff der Person ist der materiale Kern der Theorie distributiver Gerechtigkeit.[1]

In der liberalen Theorie wird ganz allgemein vorausgesetzt, daß der Status von Personen durch Autonomiefähigkeit bestimmt ist. Personen zeichnen sich durch das Vermögen aus, selbstgewählte Lebensentwürfe zu verfolgen und aus rationalen Gründen zu revidieren.[2] Dieses Vermögen bezeichne ich als *Disposition zu minimaler Mündigkeit*. Der Status der Person beruht auf einer generalisierten Zuschreibung von Verantwortlichkeit für Entscheidungen, Urteile und Handlungen. Das impliziert eine doppelte „Antwortfähigkeit": Wir unterstellen, daß Personen in der Lage sind, ihre Entscheidungen, Urteile und Handlungen im Lichte neuer Erfahrungen und Einwände zu überprüfen: „Zur Selbstbestimmung nämlich gehört wesentlich, daß man sich korrigieren lassen kann - auf grundsätzlich zweierlei Weise: durch die Meinung von anderen und durch die Gegenstände, über die man Meinungen hat" (Seel 1995: 130). Dieses Kriterium ist nicht quantitativer, sondern qualitativer Art. Ein Mensch ist nicht um so autonomer, je mehr Entscheidungen er trifft. Er ist autonom, wenn er seinen jeweiligen Entwurf selbstverantwortlich und sehenden Auges zu vertreten vermag.

Nicht nur Individuen, auch soziale Grundordnungen können die Veranlagung der Menschen zur Selbstbestimmung anerkennen - oder sie mißachten. Besonderer Beliebtheit erfreut sich zum Beispiel die Behauptung, daß wohlfahrtsstaatliche Demokratien die Bürgerinnen und Bürger zur Passivität erzögen und in ihrer Verantwortungsfähigkeit unterforderten. Diese Kritik kann sich entweder auf die *Form* der sozialstaatlichen Leistungsgewährung und auf das mögliche Problem ihrer unzureichenden Zieleffizienz beziehen (vgl. Offe 1992; Ewald 1993) oder auf das zugrundeliegende *Prinzip*: die Idee sozialer Teilhaberechte. Die zweite Art der Kritik kollidiert allerdings mit ihrer eigenen erklärten Voraussetzung, der Wertschätzung von Autonomie. Es war ja nicht nur die Erfahrung mit nackter Not (der man auch paternalistisch beikommen konnte), aus der die Forderung nach sozialen Rechten erwuchs; sondern auch die Einsicht, daß der liberale „Vorgriff auf Verantwortlichkeit" nach effektiver Chancengleichheit verlangt.

Diese Einsicht wiederum hat in den wohlfahrtsstaatlichen Demokratien des Westens seit der zweiten Hälfte der sechziger Jahre einen Lernprozeß angestoßen, in dessen Verlauf die Anforderungen an Chancengleichheit stetig gewachsen sind. Immer mehr benachteiligte Gruppen wollten sich nicht länger mit einer bloß formalen Zugänglichkeit von Feldern der Entfaltung begnügen, sondern strebten nach tatsächlicher Gleichheit der Aussichten auf die Erlangung wichtiger Güter oder Positionen. Da sich der Grad einer solchen substantiellen Chancengleichheit (O'Neill 1993) sehr viel schwerer ermitteln läßt als der Grad formaler Chancengleichheit, gilt häufig die Gleichheit der Ergebnisse als Indikator für eine Gleichheit der Voraussetzungen (vgl. die Beiträge in:

---

1 Diese Formulierung habe ich in Anlehnung an Martin Seel gewählt, der in seiner vorzüglichen Studie über die Form des Glücks auf einer allgemeineren Ebene festgestellt hat: „Ein formaler Begriff des Guten ist der materiale Kern einer universalistischen Moral" (Seel 1995: 11). Auch sonst sind in meine Untersuchung viele Anregungen aus Seels Arbeit eingeflossen.

2 vgl. Mill 1859; Rawls 1979; Raz 1986; Kymlicka 1990; Cooke 1994; Waldron 1995

Rössler 1993). Dahinter steht die Annahme, daß die wichtigsten sozialen Güter und Positionen, zumal wenn sie mit Macht verbunden sind, in einer gerechten Gesellschaft im großen und ganzen gleich verteilt *wären* (Phillips 1995; zur Kritik siehe Glazer 1983). Auf dieser Grundlage lassen sich Maßnahmen einer „umgekehrten Diskriminierung" rechtfertigen.

Nun ist der Begriff der Chancengleichheit, wie jeder Begriff der Gleichheit, ohne nähere Erläuterung seiner Hinsichtlichkeit nicht sehr informativ (O'Neill 1993: 144). Wie bereits angedeutet, geht es in Diskussionen um Chancengleichheit meist um die Zugänglichkeit sozial anerkannter und mit Einfluß- und Machtchancen verknüpfter Positionen und Güter, also um „Kapitalsorten" im Sinne Bourdieus (Bourdieu 1985). Wer einmal über solche Güter verfügt oder die betreffenden Positionen eingenommen hat, besitzt gute Aussichten, seine Stellung auszubauen und sein „Kapital" zu akkumulieren. Dieser Begriff der Chancengleichheit bezieht sich allein auf die Startbedingungen beim marktvermittelten Rennen um die begehrten Plätze (Dworkin 1981; Heid 1994).

Damit jedoch ist die Gefahr einer weiteren Begünstigung von ohnehin Begünstigten verbunden (vgl. Fullinwider 1993; Nagel 1993; Offe 1996). Wem der Machtinstinkt, der Unternehmergeist oder einfach die Begabung abgehen, 'Großes' zu vollbringen, der wird von einer noch so substantiellen Chancengleichheit für sich persönlich nicht viel haben. Plakativ gesprochen: Er wird dann vielleicht vermehrt auf Vorgesetzte aus seiner eigenen Herkunftsgemeinschaft treffen, aber weiterhin auf den unteren Stufen der Klassenhierarchie verharren. Dieser systematischen Begrenzung möchte ich mit dem Vorschlag einer *Verallgemeinerung* des Konzepts der Chancengleichheit begegnen. Ihr Bezugspunkt wäre nicht die Aussicht auf besondere Güter und Gelegenheiten, sondern die Aussicht auf ein Gelingen des je eigenen Lebens im Modus der Selbstbestimmung überhaupt. Dieser Gedanke steht der Ansicht von Richard J. Arneson nahe, „daß die Idee gleicher Chancen zur Erlangung von Wohlergehen die beste Interpretation des Ideals der Verteilungsgleichheit ist".[3]

II. Die Ressourcen der Gerechtigkeit

Für die Gerechtigkeitstheorie ergibt sich daraus die folgende Forderung an soziale Grundordnungen: Strukturen, Prozeduren und wesentliche Entscheidungen müssen insgesamt so ausfallen, daß ein jeder die gleiche Chance auf das Gelingen einer selbstbestimmten Lebensführung hat, soweit die Verteilung dieser Chancen in den Bereich unserer politischen Verantwortlichkeit fällt. Diesen anspruchsvollen Maßstab bezeichne ich

---

3 Arneson 1994: 330. Arneson gebraucht allerdings einen anderen Maßstab der Gleichheit, nämlich *Gleichheit des Wohlergehens.* Ich stimme mit ihm überein, daß die Möglichkeit gelingenden Lebens einen unverzichtbaren Bezugspunkt der Gleichheit bildet (vgl. auch Seel 1996); jedoch glaube ich, daß wir der Autonomiefähigkeit von Personen im Rahmen eines Ressourcen-Ansatzes eher gerecht werden können als im Kontext eines Wohlfahrtskonzeptes. Versuche der Vermittlung beider Ansätze oder der Relativierung ihres Gegensatzes finden sich unter anderem bei Roemer (1996), Cohen (1989) und Sen (1992). Zur Kritik an Wohlfahrtstheorien der Gleichheit vgl. Dworkin 1981a.

als *Grundsatz der erweiterten Chancengleichheit.* Er soll im Rückgriff auf Ronald Dworkins Theorie der Ressourcengleichheit (*equality of resources*) näher erläutert werden.

Für die Wahl einess Ressourcenansatzes spricht folgende Überlegung. Ressourcen sind Mittel zur Erlangung von Gütern. Diese Unterscheidung ist funktional zu verstehen, denn manches Gut läßt sich unter einem anderen Gesichtspunkt als Ressource ansehen und umgekehrt. Unter Gütern verstehe ich alle Gegenstände oder Zustände, die von Personen zumindest auch um ihrer selbst willen angestrebt und geschätzt werden. Dabei kann es sich um Tätigkeiten ebenso handeln wie zum Beispiel um Konsumgüter oder um Beziehungen und Gemeinschaften; nicht alle Güter lassen sich im Alleingang genießen. Wer nun an Chancengleichheit in bezug auf die Erlangung von Gütern interessiert ist, muß für eine Gleichverteilung der erforderlichen Ressourcen eintreten. Eine solche Gleichverteilung garantiert allerdings keine Gleichheit der Ergebnisse, denn Menschen können mit den gleichen Mitteln unterschiedlich viel anstellen. Vollkommene Gleichheit der Ressourcen wäre erreicht, wenn die mit ihrer Hilfe erzielten Ergebnisse allein eine Funktion der selbstverantworteten Anstrengungen der Personen sein könnten, so daß niemand einen Grund hätte, einen anderen um dessen Ergebnis zu beneiden.

Genau das ist Dworkins Vorschlag. Eine brauchbare Theorie der Gleichheit muß seines Erachtens zwei Intuitionen abdecken: Soziale Verhältnisse sollten so eingerichtet sein, daß, erstens, unverschuldete Umstände keinen Einfluß auf den Erfolg von Menschen haben (sie sollten, wie Dworkin sagt, *„endowment-insensitive"* sein) und daß, zweitens, die Entscheidungen und Bemühungen der einzelnen das Verteilungsprofil der Gesellschaft bestimmen (sie sollten *„ambition-sensitive"* sein, Dworkin 1981: 311). Sind beide Bedingungen erfüllt, so besteht die Gesellschaftsstruktur den Neid-Test (*„envy test"* Dworkin 1981: 285) und darf insofern gerecht heißen. Im Begriff der erweiterten Chancengleichheit sind beide Intuitionen aufgehoben. [4]

Erweiterte Chancengleichheit bedeutet, daß alle Menschen über gleichwertige Bündel derjenigen Ressourcen verfügen, die für die Führung eines selbstbestimmten und für die Subjekte wertvollen Lebens erforderlich sind. Das gilt freilich nur für die vorgängige Bemessung des Entscheidungs- und Handlungsspielraums der Individuen. Der Spielraum jedes und jeder einzelnen darf durch unverschuldete Umstände weder vergrößert noch verkleinert werden. Was die einzelnen jedoch aus ihrem Spielraum machen, ist im Guten wie im Schlechten ihre eigene Sache. Daher ist es prinzipiell möglich, daß sie sich durch eigenes Verschulden die Aussicht auf ein gelingendes Leben verbauen, so daß sich der Wert ihrer Freiheit nachträglich vermindert. Diese Möglichkeit ist im Begriff der erweiterten Chancengleichheit enthalten. [5]

---

4 Dworkin lehnt diesen Begriff zur Kennzeichnung seiner Position ab - ebd.: 307ff. -, doch das liegt daran, daß er ihn mit der oben erwähnten Position gleichsetzt, wonach gleiche Startbedingungen im Verein mit völliger Marktfreiheit für hinreichend gerechte Ergebnisse bürgten.

5 Zu den ungelösten Problemen dieser Theorie gehört der gerechte Umgang mit selbstverschuldeten Nachteilen. Eine verbreitete moralische Intuition sagt uns, daß Menschen in extremen Notlagen auch

Welche Ressourcenbündel sollten unter dieser Maßgabe zu gleichen Wertanteilen distribuiert werden? Es liegt auf der Hand, daß dies nur *allgemeine Ressourcen* sein können. Ressourcen stehen in einer „Um-zu-Relation" zu Gütern (Fraser 1994). Je spezifischer die Ressourcen sind, über die ich verfüge, um so spezifischer sind die Güter, die ich mit ihrer Hilfe erlangen kann. Um folglich die Freiheit der Selbstbestimmung für alle zu wahren, darf die ursprüngliche Gleichverteilung nur Bündel aus allgemeinen Ressourcen umfassen.

Ich möchte nun diese Bündel anhand des oben erläuterten Begriffs der Person zusammenstellen. Allgemeine Ressourcen in diesem Sinne sind diejenigen Mittel, über die ein jeder muß verfügen wollen, wenn ihm nur überhaupt an einem im Modus der Selbstbestimmung gelingenden Leben liegt. Zugleich stehen die Ressourcen in einem internen Verhältnis zum Begriff der Person selbst. Sie *konkretisieren* unser Verständnis von selbstbestimmten Akteuren, so wie sie deren Erwartung *begründen*, daß ihr Leben für sie einen Wert haben werde. Doch welche Ressourcen braucht die Person?

Es liegt nahe, zunächst an *allgemeine Tauschmittel oder Äquivalente* zu denken. Genau so beginnt Dworkin seine Theorie der Ressourcengleichheit (Dworkin 1981). Er fragt sich, welche Ressourcen in einer fiktiven Gesellschaft von auf einer Insel Gestrandeten gleich verteilt sein sollten, damit niemand einen Grund finde, irgendeinen Schicksalsgenossen um dessen Ressourcenbündel zu beneiden. Handelte es sich in der Ausgangssituation um ganz bestimmte Güter, so würden einige nach Maßgabe ihrer Lebenspläne an diesen Gütern mehr Gefallen finden als andere. Um daher ein Höchstmaß an gleicher Entscheidungsfreiheit herzustellen, müssen die allgemeinen Ressourcen so ausgewählt sein, daß niemand sie um ihrer selbst willen schätzt, doch alle mit ihrer Hilfe erlangen können, was sie für ein Leben nach ihren selbstgewählten Vorstellungen zu benötigen glauben.

Dworkins Schiffbrüchige einigen sich auf Muscheln, die als „Geldeinsätze" in einer *Auktion* Verwendung finden. Die ursprüngliche Gleichverteilung der Muscheln garantiert, daß die auf der Auktion erzielten Knappheitspreise für spezifische Ressourcen oder Güter nichts anderes widerspiegeln als die „wahren" Preise der Güter unter Bedingungen fairer Konkurrenz. Die Auktion spielt also die Rolle eines idealen Marktes, an dem jeder und jede unter Bedingungen der Chancengleichheit teilnehmen kann. Die Knappheitspreise sind Informationen über die relative Begehrtheit der Güter; sie zeigen mir, welche Opportunitätskosten meine Güterauswahl aufwirft (vgl. auch van Parijs 1995: Chapter 3): „These measurements make a citizen's own distribution a function of the

---

dann ein Anrecht auf unsere Hilfe haben, wenn sie durch eigenes Verschulden in eine solche Lage geraten sind. Mir ist allerdings nicht klar, ob diese Intuition an unseren Gerechtigkeitssinn appelliert oder nicht eher an unseren Sinn für *Solidarität*. Immerhin ist es denkbar, daß die Gerechtigkeit unter bestimmten Umständen eine eher hartherzige Haltung erlaubt („hart, aber gerecht"), während die Moral im umfassenderen Sinne weitergehende Hilfestellungen erheischt. Eine mögliche Verbindung zwischen Gerechtigkeit und Solidarität ließe sich durch den Ausschluß von Selbstgerechtigkeit herstellen: Sobald wir unsere prinzipielle Fehlbarkeit eingestehen, wird es schwer, den Verzicht auf Hilfen in selbstverschuldeten Notlagen reziprok und allgemein zu rechtfertigen. Wir können dies den „Überheblichkeits-Test" nennen.

personal preferences of others as well as of his own, and it is the sum of these personal preferences that fixes the true cost to the community of meeting his own preferences for goods and activities" (Dworkin 1986: 194).

Auf dieser ersten Stufe seiner Theorie nimmt Dworkin eine moralische Auszeichnung des Marktes vor. Märkte sind moralisch gerechtfertigt, ja geboten, weil und sofern sie die Verantwortlichkeit von Menschen für die eigenen Entscheidungen unter Bedingungen sozialer Kooperation und Konkurrenz zum Ausdruck bringen. Ohne Märkte wüßte ich nicht, welche Kosten und Vorteile mein Lebensentwurf für andere und für die Gesellschaft als ganze mit sich bringt.[6]

Diese Rechtfertigung von Märkten unterscheidet sich von einer utilitaristischen Wertschätzung der *Effizienzvorteile* eines Konkurrenzsystems unter dem Gesichtspunkt einer Maximierung des sozialen Durchschnittsnutzens. Ideale Märkte sind eine Form der Realisierung des Gerechtigkeitsprinzips, nicht eine Restriktion, mit der eine jede Formulierung dieses Prinzips zu rechnen hätte.

In Dworkins Ausgangszustand sind allgemeine Tauschmittel die einzigen zur Gleichverteilung vorgesehenen Ressourcen. Allerdings sind es nicht die einzigen Ressourcen, von deren gerechter Verteilung die Verwirklichung erweiterter Chancengleichheit abhängt: Die Aussichten der Personen werden nicht nur von teilbaren, sondern auch von unteilbaren Ressourcen beeinflußt. Unteilbar sind vor allem solche Ressourcen, die sich von den Personen, die über sie „verfügen", nicht ablösen lassen (Dworkin 1990: 37). In einem zweiten Schritt ergänzt daher Dworkin sein Auktionsmodell um ein fiktives Versicherungssystem zur Kompensation von Unglücksfällen und talentbedingten Nachteilen. Ich werde auf die Grundzüge dieser sehr verwickelten Überlegungen im IV. Abschnitt eingehen. Vorerst möchte ich mich auf die Ergänzungsbedürftigkeit von Dworkins Konzeption der Gleichverteilung von Ressourcen *im Ausgangszustand*, also zu Beginn der Auktion, konzentrieren.

Meines Erachtens muß Dworkin stillschweigend voraussetzen, daß alle Teilnehmerinnen und Teilnehmer seiner fiktiven Auktion über zusätzliche Ressourcen verfügen, die sie überhaupt erst zu entscheidungs- und handlungsfähigen Subjekten machen. Allgemeine Tauschmittel allein verbürgen noch keine selbstbewußte und kompetente, den reflektierten Eigeninteressen der Akteure entsprechende Partizipation am Marktgeschehen.

Die Fähigkeit zu vernünftiger Urteilsbildung und Entscheidungsfindung hängt ab von *der Bildung und den Informationen*, die der Person zur Verfügung stehen. Auch diese allgemeinen Ressourcen müssen im Ausgangszustand gleich verteilt sein. Andernfalls

---

6 Dies setzt voraus, daß ein jeder für seine Präferenzen selbst verantwortlich zeichnet, so daß zum Beispiel von einem Menschen, der meint, jeden Tag Kaviar verzehren zu müssen, erwartet werden kann, daß er den Preis dafür zahlt. Teure Vorlieben („*expensive tastes*") als solche zählen nicht zu den ungünstigen Umständen, um deren Neutralisierung eine Theorie der Ressourcengleichheit bemüht sein müßte. Andernfalls wüßten wir überhaupt nicht mehr, wofür wir einen Menschen verantwortlich machen könnten, und dies widerspräche dem Begriff der entscheidungsfähigen Person. Außerdem stießen wir hier schnell an die Grenzen der Überprüfbarkeit.

besäßen einige Auktionsteilnehmer günstigere Chancen als andere, eine ihren reflektierten Präferenzen entsprechende Auswahl unter den verfügbaren spezifischen Gütern und Ressourcen zu treffen. Das Verteilungsergebnis nach dem Auktionsvorgang würde dann nicht nur die Kostenrelationen zwischen den unterschiedlichen Lebensgütern, sondern auch die ungleichen kognitiven Voraussetzungen der Wählenden widerspiegeln.

Unter „Bildung" verstehe ich die Summe an grundlegenden Kenntnissen, von deren Verfügbarkeit die Orientierungsfähigkeit in einer gesellschaftlichen Gesamtsituation abhängt. Informationen sind diejenigen spezifischen Kenntnisse, die eine Person benötigt, um aus einem gegebenen Set an Optionen eine begründete Auswahl zu treffen. In beide Bestimmungen geht ein relativistisches Element ein, da der Wert aller besonderen Bildungsgüter und Informationen von den Umständen abhängt, unter denen Subjekte ihre Entscheidungen zu treffen haben.

Eine Wahl ist umso reflektierter, je mehr relevante Informationen in den Überlegungsvorgang eingeflossen sind und je stringenter und vielseitiger die Person ihre Entscheidungsalternativen abgewogen hat (Arneson 1994: 337; Gosepath 1992: 110 ff.; Rawls 1979: 446). Informationen liefern gleichsam den Stoff der Überlegung, während Bildung das Vorhandensein eines Hintergrundes an Wissen verbürgt.

Von „falschen" Präferenzen können wir sprechen, wenn sich Menschen in Unkenntnis der Konsequenzen Interessen zuschreiben, deren Wahrnehmung sie über kurz oder lang bereuen werden. „Richtig" (im Sinne eines reflektierten Eigeninteresses) sind diejenigen Präferenzen, die die Individuen in voller Kenntnis aller relevanten Randbedingungen und Alternativen und in unverkürzter Antizipation der Folge- und Nebenwirkungen nach reiflicher Überlegung wählen würden. Mit anderen Worten: Von „richtigen" Präferenzen können wir nur im Lichte der regulativen Idee einer *idealen Entscheidungssituation* sprechen. Ganz in diesem Sinne schreibt Rawls: „Kritik an einem Plan läuft also darauf hinaus, zu zeigen, daß er entweder nicht den Grundsätzen der vernünftigen Entscheidung entspricht, oder daß er nicht gewählt würde, wenn der Betreffende seine Aussichten sorgfältig im Lichte einer vollständigen Kenntnis seiner Situation abwägen würde" (Rawls 1979: 447).

Bildung und Informationen als solche machen allerdings aus Personen noch keine zum tätigen Leben tauglichen Subjekte. Dazu ist eine weitere Ressource erforderlich, die ich *physische Handlungsfähigkeit* nenne. Sie umfaßt die Gesamtheit der körperlichen Funktionen, die Menschen zur Verwirklichung von Absichten in der materiellen Welt befähigen. Erst dadurch erhält das Wissen um die Zugänglichkeit von Gütern eine lebenspraktische Bedeutung. Ohne physische Handlungsfähigkeit wären Personen vielleicht zu eigenständigen Entscheidungen, doch nicht zur eigenständigen Umsetzung dieser Entscheidungen imstande. Sie wären daher keine selbstbestimmten *Akteure* im vollen Sinne des Wortes.

Wiederum kommt ein relativistischer Faktor ins Spiel, denn welche körperlichen Funktionen für erfolgversprechendes Handeln erforderlich sind, hängt wesentlich von den jeweiligen Lebensumständen ab. Gleichwohl glaube ich, daß wir bestimmte elementare physische Fähigkeiten und Zustände identifizieren können, an deren Zugänglichkeit wohl allen Menschen gelegen ist (selbst wenn sie sich notgedrungen mit einer körperlichen Ausstattung arrangieren müssen, die ihnen eine oder einige dieser Gaben für immer versagt). Diese Fähigkeiten und Zustände lassen sich unter die Oberbegriffe „Vollständigkeit" und „leibliche Gesundheit" subsumieren.

Unter *Vollständigkeit* verstehe ich die Verfügbarkeit aller handlungsrelevanten körperlichen Grundmöglichkeiten. Dazu zählen in jedem Fall der Gebrauch der fünf Sinne, die Fähigkeiten des Gehens und Stehens, der Artikulation sprachlicher Laute, des Ergreifens und Manipulierens von „zuhandenen" Gegenständen sowie der Koordination von Körperfunktionen. Negativ gesprochen ist Vollständigkeit die Abwesenheit körperlicher Behinderungen.

Unter leiblicher *Gesundheit* verstehe ich, wiederum negativ gesprochen, die Abwesenheit umfassenden physischen Leids. Wohl jeder ist daran interessiert, daß seine körperliche Handlungsfähigkeit nicht durch physische Qualen oder Ermattungszustände unterminiert wird. Ein Mensch, der von einem körperlichen Leiden *beherrscht* wird, etwa weil es ihm unerträgliche Schmerzen bereitet, ist unfähig zu kontinuierlichem und konzentriertem Handeln.

Körperliche Behinderungen und umfassendes Leiden hindern Menschen daran, etwas in der Welt zu bewirken. Wären einige unserer Auktionsteilnehmer mit solch gravierenden Nachteilen geschlagen, so besäßen sie nur eingeschränkte Mittel zu einem im Modus der Selbstbestimmung gelingenden tätigen Leben. Dieser Sachverhalt hätte zugleich verzerrende Auswirkungen auf die Nachfragestruktur der Auktion: Einige spezifische Ressourcen und Güter wären weniger knapp, als sie es unter der Bedingung der Gleichverteilung körperlicher Grundfunktionen wären, da einige Menschen aufgrund körperlicher Handicaps an einer effektiven Wahrnehmung ihrer Wünsche gehindert wären. Diese Menschen hätten daher gute Gründe, andere um deren Ressourcenbündel zu beneiden.

Dagegen mag die Vermutung sprechen, daß Menschen ihre Wünsche auf ihre körperlichen Voraussetzungen abzustimmen vermögen und daß darin sogar eine Rationalitätsbedingung für die Wahl von Lebensentwürfen liegt. Der Wert eines Gutes läßt sich demnach nicht unabhängig von den spezifischen Möglichkeiten einer Person ermitteln, wie umgekehrt der Wert einer Handlungsmöglichkeit von den Gütern abhängt, die eine Person erstrebt.

Dieser Einwand hat viel für sich, aber es wäre gefährlich, ihn in Hinsicht auf körperliche Handicaps zu verallgemeinern. Es ist sehr wohl möglich, zumindest hypothetisch zu sagen, welche Wünsche man gern ausleben würde, wenn man die Mittel dazu hätte. Das gilt für physische nicht weniger als für monetäre Restriktionen. Gerechtigkeitstheoretisch relevant wird diese Überlegung, sobald eine Gesellschaft die Möglichkeit hätte, eine Behinderung auszugleichen oder eine Krankheit zu besiegen. Unter dieser Voraussetzung wäre es zynisch, einen körperlich Benachteiligten in die Schranken eines Lebensplanes zu verweisen, den er ohne seine Benachteiligung nicht bevorzugen würde. Die Benachteiligung verwandelte sich dann in ein soziales Hindernis.

Tauschmittel, Wissen und körperliche Handlungsfähigkeit verbürgen selbst in ihrem Zusammenspiel noch keine selbstbewußte und zielgerichtete Teilnahme an der Auktion. Eine weitere Bedingung ist *Selbstachtung*. Dieser Begriff hat in der politischen Philosophie Karriere gemacht, seitdem ihn Rawls in der „Theorie der Gerechtigkeit" an die Spitze seiner Liste von „Grundgütern" gestellt hat (Rawls 1979: 479ff.; vgl. Honneth 1986; 1992; Forst 1994: 219ff). Rawls versteht unter Selbstachtung ein zweiseitiges Phänomen: Die eine Seite bildet das Selbstwertgefühl, das dem Glauben an den Wert des eigenen Lebensplanes entspringt, die andere Seite ist das Selbstvertrauen, das sich in der Überzeugung ausdrückt, man sei zu einer Verwirklichung der eigenen Absichten in der Lage.

Im folgenden verwende ich „Selbstachtung" nur in diesem zweiten Sinne. Der Grund dafür ist, daß Selbstwertschätzung schon den Vollzug eines bestimmten Lebensplanes voraussetzt, während wir zu Beginn unserer fiktiven Auktion nur wissen wollen, welche Ressourcen allen Beteiligten bereits zur Verfügung stehen müssen, damit sie als Gleiche an die Auswahl und Verwirklichung eines Lebensplanes herangehen können. Um diese Einschränkung zu markieren, bietet es sich an, von elementarer Selbstachtung oder von psychischer Entscheidungs- und Handlungsfähigkeit zu sprechen.

Elementare Selbstachtung stützt die allgemeine Disposition von Personen zu eigenverantwortlichem Entscheiden und Handeln. Die Person weiß dann um ihr Anrecht auf Teilnahme am „Markt der Lebensmöglichkeiten". Sie nimmt als Gleiche an der Auktion teil, weil sie davon überzeugt ist, daß ihr die faire Chance auf ein im Lichte der eigenen Vorstellungen gelingendes Leben zusteht. Sie entscheidet im Wissen um ihre Unvertretbarkeit, mit der voluntativen Aussicht auf ein Leben, das für sie selbst einen Wert hat.

Zugleich glaubt die Person an ihre Fähigkeit zur tätigen Umsetzung eigener Lebensentscheidungen, auch in der Erwartung einer unvermeidlichen Widerständigkeit der Realität. Elementare Selbstachtung ermöglicht das begründete Festhalten an einem Lebensentwurf gegen den Andrang äußerer und innerer Infragestellungen. Nur wer sich selbst in diesem grundlegenden Sinne für achtenswert hält, ist fähig, etwas aus seinem Leben zu machen und für die eigenen Entscheidungen und Handlungen vor sich selbst und anderen „gerade zu stehen". Nicht zuletzt die Bereitschaft, sich korrigieren zu lassen, erfordert ein starkes Zutrauen in die eigene psychische Stabilität. Selbstachtung ist daher auch eine Voraussetzung für die Antwortfähigkeit der mündigen Person.

Aus naheliegenden Gründen ist es schwer, für den hier umrissenen Begriff der Selbstachtung eine empirische Entsprechung zu finden. In der Realität sind Personen ja schon immer mit bestimmten Lebensentwürfen verwoben, so daß sich ein Mensch nicht einfach von seinen Handlungen und Erwartungen trennen läßt. Daher liegt es nahe, von einem ontogenetischen Wechselspiel zwischen Selbstachtung und Selbstwertschätzung auszugehen: Indem ich mich in einer anerkennenswerten Weise in meiner Welt engagiere, gewinne und festige ich das Zutrauen in meine Handlungs- und Entscheidungsfähigkeit überhaupt. Dieses Grundvertrauen wiederum trägt mich über Brüche und Krisenerfahrungen hinweg und verbürgt die Kontinuität meines affirmativen Selbstverhältnisses im Wandel meiner Umstände und Orientierungen.

Dennoch glaube ich, daß es möglich ist, die Grundgewißheit, achtenswert zu sein und selbstgesetzte Ziele erreichen zu können, von der Einsicht in den Wert einer je besonderen Lebenssituation zu trennen. Diese Unterscheidung ist allerdings nur als analytische möglich, da Selbstachtung und Selbstwertschätzung in jedem realen Prozeß der Sozialisation ineinanderwirken und aufeinander verweisen. Die Ressource Selbstachtung ist eine Bedingung für das Erlangen von Lebensgütern, während Selbstwertschätzung auf der Ebene der Lebensgüter angesiedelt ist.

An dieser Stelle ist ein erklärender Einschub angebracht. Die Personen in meiner fiktiven Ausgangssituation sollten wir uns als wirkliche Menschen vorstellen, die nur insofern an einem „Nullpunkt" ihrer Existenz stehen, als sie sich allererst für eine bestimmte Lebenskonzeption zu entscheiden haben. Diesem Nullpunkt entspricht keine tatsächliche Situation im Dasein irgendeines Menschen. Er hat daher eine gewisse Gemeinsamkeit mit Rawls' *„original position"* (Rawls 1979).

Alles jedoch, was wir über die an der Auktion beteiligten Personen wissen, entnehmen wir dem Begriff der Person selbst. In diesen Begriff wiederum fließen einige anthropologische Annahmen über menschliche Möglichkeiten, Bedürfnisse und Erwartungen ein. Insofern setzt meine theoretische Konstruktion keine Subjekte voraus, die uns in irgendeiner Hinsicht überlegen oder wesenhaft fremd wären. Ich abstrahiere lediglich von der Tatsache, daß jeder reale Mensch, wenn er eine für sein weiteres Leben wichtige Entscheidung zu treffen hat, sich immer schon an irgendwelchen Zielen und Wertvorstellungen orientiert.

Die Person ist nicht vor ihren Zielen da, doch der Begriff der Person setzt keine Bindung an *bestimmte* Ziele voraus. Diese Unterscheidung ist in der ersten Phase der Auseinandersetzung zwischen Liberalen und Kommunitaristen, die mit Michael Sandels Kritik am „ungebundenen Selbst" der Rawlsschen Gerechtigkeitstheorie begann (Sandel 1982), vernachlässigt worden (Forst 1993; 1994). Die Idee des Ausgangszustandes (der Auktion) ist eine bestimmte Explikation und Entfaltung des Begriffs der Person, kein Versuch einer Rekonstruktion irgendeiner realen Entscheidungssituation.

Allerdings liegt der kommunitaristischen Kritik eine Einsicht zugrunde, um die sich keine brauchbare Theorie distributiver Gerechtigkeit herummogeln kann: Ohne Zugehörigkeit zu einer symbolisch strukturierten Lebensform wüßten Menschen überhaupt nicht, was sie wählen sollten. Wir beziehen die Perspektiven und Kriterien unserer Entscheidungen aus Bedeutungsräumen, die keinen privaten Besitz, sondern eine gemeinschaftliche Infrastruktur darstellen (Taylor 1989; Habermas 1993; Seel 1995: 129f). Jede Wahrnehmung von Optionen verweist auf Zusammenhänge von Sinn, ohne die eine Wahlmöglichkeit oder Handlungsaussicht für uns keinerlei Bedeutung besäße, also eigentlich keine Option wäre. Optionen sind in Verweisungsganzheiten eingewoben und werden in welterschließender Praxis entdeckt.

Die Kompetenz zum sinnhaften Anschluß an kulturelle Praktiken erwerben Menschen als Angehörige einer *Sozialisationsgemeinschaft*. Vermittelt über Beziehungen intersubjektiver Anerkennung lernen sie, ihre Wünsche und Aktivitäten auf die Erwartungen ihrer Mitwelt abzustimmen, aber auch, sich gegen ungerechtfertigte Ansprüche mit Gründen aufzulehnen (Mead 1934).

Eine Lebensform determiniert die Orientierungen der einzelnen nicht, doch sie gibt ihnen einen Bezugsrahmen vor. Innerhalb dieses Rahmens verständigen sich die Individuen über die Bedeutung und den Wert von Optionen. Folglich verdanken Personen ihre Entscheidungs- und Handlungsfähigkeit nicht zuletzt ihrer kulturellen Zugehörigkeit (Kymlicka 1989; 1995). Aus diesem Grund ist es sinnvoll, auch kulturelle Zugehörigkeit als allgemeine Ressource anzusehen.

Gemeinschaften in diesem Sinne müssen weder geschlossen noch homogen sein; wichtig ist allein, daß sie die Individuen mit der Fähigkeit zur eigenständigen Orientierung auf dem „Markt der Lebensmöglichkeiten" ausstatten. Dieser Begriff von Gemeinschaft oder Lebensform ist *funktionalistisch*. Er bezeichnet ganz allgemein die Kontexte, aus denen Personen ihren Sinn für qualitative Unterscheidungen zwischen Optionen und das Vokabular zur Artikulation dieser Unterscheidungen (Taylor 1988a) beziehen.

III. Lebensformen als Ressourcen

Als Ressource ist die Lebensform ein *Kontext* der Wahl (Kymlicka 1989), als Gut ist sie das *Ergebnis* einer Wahl. Viele kommunitaristische Autoren schließen nun diese beiden Bedeutungen kurz und behaupten, daß Lebensformen für ihre Angehörigen unweigerlich intrinsische Werte darstellten. Für diese Behauptung mag die Einsicht sprechen, daß sich Menschen den Grad ihrer affektiven Bindung an die Kontexte ihrer Herkunft nicht einfach aussuchen können. Die Zugehörigkeit zu einer Sozialisationsgemeinschaft ist ein Aspekt der menschlichen „Geworfenheit" (Heidegger 1927). Doch gegen alle traditionalistischen Verkürzungen möchte ich die Möglichkeit der begründeten Abwendung von bestimmten Aspekten der eigenen Herkunftsgemeinschaft betonen. Auch wenn die Gemeinschaft den Ausgangspunkt des eigenen Lebensweges verkörpert, muß sie doch nicht dessen Verlauf vorgeben. Unter dem Gesichtspunkt der menschlichen Entscheidungsfreiheit fungiert die Lebensform als allgemeine Ressource. Sie ist ein Ermöglichungsraum menschlicher Freiheit und zugleich ein *möglicher* Inhalt ihrer Erfüllung.

Als Ressourcen können kulturelle Kontexte nur dann ihren Zweck erfüllen, wenn sie Menschen zur Orientierung in der Welt befähigen. Diese Welt aber weist zumindest in multikulturellen Gesellschaften über die einzelnen Herkunftsgemeinschaften hinaus. Die Forderung nach multikultureller Chancengleichheit zielt folglich, recht verstanden, auf eine Einrichtung der Verhältnisse, in der alle Menschen, ungeachtet ihrer Herkunft, sinnvolle Lebensentscheidungen treffen und sich auf dem „Markt der Möglichkeiten" als Gleiche in ihrer Verschiedenheit zurechtfinden können.

Die „Lebensfähigkeit" kultureller Gruppen hängt dabei wesentlich von ihrer Fähigkeit zum flexiblen Eingehen auf veränderte Umstände ab. Diese Fähigkeit wiederum verweist auf die inneren Entwicklungspotentiale und die relative Offenheit einer Gruppe. Äußerer Druck und Benachteiligung jedoch können die Bereitschaft zur Öffnung einer Gruppe vermindern und ihren Hang zu innerer Geschlossenheit verstärken. Auf diese Weise läuft die Gruppe Gefahr, den Anschluß an die sie umgebende Entwicklung zu verlieren.

Aus diesen Überlegungen lassen sich zwei Kriterien für multikulturelle Chancengleichheit herauslesen: Erstens müssen alle Lebensformen die gleiche äußere Akzeptanz genießen, zweitens müssen alle ihren Angehörigen etwas mitzugeben haben, was diese zur eigenständigen Orientierung in der Welt unter der Bedingung individueller Chancengleichheit befähigt. Das zweite Kriterium ist von dem ersten gewiß nicht unabhängig. Eine Gesellschaft, die eine bestimmte Lebensform als minderwertig ansieht oder ihr, unter Wahrung formaler Toleranz, keinen angemessenen Platz im öffentlichen Raum zubilligt, verwehrt den Angehörigen dieser Lebensform die Chance, sich als Gleiche in der Gesellschaft zu entfalten. Zumindest sind diese Menschen einem erhöhten Druck zur Konversion oder zur Verleugnung ihres Herkunftskontextes ausgesetzt.

Größere Schwierigkeiten wirft das zweite Kriterium auf, wenn wir es für sich betrachten. Offenbar hängt es nicht nur von einer Mehrheitsgesellschaft und ihrem politischen System ab, ob dem von einer Lebensform bereitgestellten Orientierungsrahmen etwas in der äußeren Welt „entgegenkommt". Eine besonders sektiererische oder unbewegliche Lebensform wird Menschen hervorbringen, die in einer dynamischen Gesellschaft auch ohne fremde Schuld auf der Strecke zu bleiben drohen. Allenfalls läge die „Schuld" bei den anonymen Verhältnissen, die Ausdruck und Resultat der gesellschaftlichen Dynamik wären. Inwiefern läßt sich selbst in einem solchen Fall von einem Recht der Menschen auf Neutralisierung ungünstiger Umstände sprechen?

Eine klare Antwort fällt hier besonders schwer, weil wir eine gesellschaftliche Dynamik sowohl auf die „strukturelle Gewalt" systemischer Imperative als auch auf eine Vielzahl legitimer individueller Entscheidungen (als Folgewirkungen) zurückführen können. Offenbar ist es zum Teil eine theoriepolitische Frage, welche Lesart jemand bevorzugt. Mit der folgenden Überlegung möchte ich andeuten, wie eine moralphilosophische Antwort ausfallen könnte; allerdings bin ich mir der Vorläufigkeit und der Vagheit des Gedankenganges bewußt.

Lebensformen zählen zu den allgemeinen Ressourcen, weil und sofern sie Menschen die eigenständige Orientierung in der Welt ermöglichen. Daher dürfen sie ihre Angehörigen von der Richtigkeit eines gemeinschaftlichen Gutes (oder des Gutes einer Gemeinschaft) zu *überzeugen* versuchen, doch sie dürfen sie nicht zur Gefolgschaft *zwingen*. Wenn sich einmal nicht mehr genügend Menschen finden, die sich an den Sinnangeboten einer Lebensform orientieren, so ist es zwecklos und mit der Freiheit von Personen unvereinbar, die Dauerhaftigkeit einer solchen Lebensform politisch garantieren zu wollen (Habermas 1993). Lebensformen können absterben, wenn sie den Menschen nicht mehr als wertvoll erscheinen.

Gemeinschaftliche Kontexte müssen folglich für die Entscheidungs- und Handlungsfreiheit der aus ihnen hervorgegangenen Personen empfänglich sein (Green 1995). Zumindest müssen sie diesen Personen ein effektives Austrittsrecht zubilligen (Raz 1995). Ob eine Person dieses Recht tatsächlich wahrnehmen kann, bemißt sich an ihrer Verfügung über allgemeine Ressourcen, von Tauschmitteln über Bildung und Informationen bis zu physischer Handlungsfähigkeit und Selbstachtung. Zwar ist die Zugehörigkeit zu einer extern akzeptierten und intern integrierten Lebensform selbst ein Bestandteil dieser Liste, doch unter dem Gesichtspunkt der Ermöglichung personaler Handlungs- und Entscheidungsfreiheit läßt sich keine Ressource gegen eine andere ausspielen.

Eine Lebensform, die einige ihrer Angehörigen an der freien Entfaltung als Personen hinderte, wäre für diese Menschen kein Kontext der Wahl, sondern ein Käfig (Finkielkraut 1989: 109ff.). Das bedeutet zum Beispiel, daß keine Lebensform das Recht hat, jungen Mädchen den Zugang zu grundlegender Bildung zu verbauen oder ihnen wesentliche Informationen über ihre Lage vorzuenthalten. Andernfalls ließe sich der Anspruch dieser Lebensform auf externe Anerkennung nicht mit ihrer Bedeutung als allgemeine Ressource rechtfertigen; der Begriff der Person erlaubt keine Abstufung zwischen männlichen und weiblichen Gemeinschaftsangehörigen hinsichtlich der Aussicht, ein selbstbestimmt gelingendes Leben zu führen.

Gleichwohl ist die Integrität einer Lebensform ein schutzwürdiges Gut, weil und sofern diese Lebensform einen Orientierungsrahmen für die Entscheidungsfreiheit von Personen bereitstellt. Daher ist sie in gewisser Weise den einzelnen Wahlakten vorgeordnet. Dieser zunächst nur genetische Gesichtspunkt wird moralisch relevant, sobald eine Entscheidung (oder eine Summe von Entscheidungen) einen gemeinschaftlichen Ermöglichungsrahmen von Entscheidungen zu beschädigen droht.

Stellen wir uns zur Verdeutlichung vor, daß ein Stück Land für eine Lebensform eine religiöse Bedeutung besitzt, von der das Selbstverständnis dieser Lebensform in entscheidendem Maße abhängt. Ihre Wahrnehmung des Landes verträgt sich nicht mit der Perspektive von Verkehrsplanern, Rohstoffjägern und Bodenspekulanten. In einem solchen Fall wäre es geboten, das Stück Land aus dem Fonds der für Käufer verfügbaren Güter herauszunehmen und der Lebensform ein gemeinschaftliches Recht auf die Kontrolle dieses Bodens zuzubilligen (Johnston 1995). Der Grund dafür ist, daß die Integrität einer Lebensform als *allgemeine* Ressource der Möglichkeit einer Aneignung *spezifischer* Ressourcen und Güter moralisch vorgeordnet ist.

Das Ergebnis dieses Gedankenganges lautet, daß interne Beschränkungen des Zugangs zu allgemeinen Ressourcen im Namen der Erhaltung einer kollektiven Wertordnung mit der Theorie erweiterter Chancengleichheit nicht vereinbar sind. Anders verhält es sich mit Schutzmaßnahmen gegen die Beschädigung oder Zerstörung einer Lebensform durch die Aneignung spezifischer Ressourcen oder Güter. In diesem Fall sticht die Bedeutung der Lebensform als Kontext der Wahl die Freiheit zu einzelnen Wahlakten aus. Der anomische Zerfall einer Ordnung, der einige Individuen ihre Orientierungsfähigkeit verdanken, wäre ein so schwerwiegender Verlust, daß seine Abwendung auch gewisse Einschränkungen spezifischer Freiheiten rechtfertigt.[7]

---

7 Meine Unterscheidung ist nicht deckungsgleich mit derjenigen, die Kymlicka zwischen externer Protektion und interner Restriktion als möglichen Zwecken von Gruppenrechten getroffen hat. Kymlicka zufolge können Liberale den ersten Zweck akzeptieren, den zweiten nicht (Kymlicka 1995). Doch Maßnahmen wie das Verbot des Landverkaufs in Reservaten lassen sich unter beiden Gesichtspunk-

Dieses Ergebnis ist allerdings zu glatt, um *so* wahr zu sein. Es wäre eine schlichte Beschönigung, wollten wir die Möglichkeit echter Verluste, auch unter der Bedingung erweiterter Chancengleichheit, ausschließen. Jedes leidlich erfolgreiche Bemühen um Gerechtigkeit kann auf den Niedergang von Lebensformen hinauslaufen, die ihren Angehörigen (und vielleicht nicht nur diesen) noch etwas Wertvolles mitzugeben hätten. Das liegt daran, daß keine soziale Regelung in ihren Auswirkungen auf die unterschiedlichen kulturellen Kontexte völlig neutral bleiben kann (Rawls 1994b: 382ff). Es gibt keine noch so gerechte soziale Welt, in der alle förderlichen Lebensformen einen Platz fänden.

IV. Ressourcengleichheit und primäre Umverteilung

Offensichtlich ist, daß sich meine Version der Ressourcengleichheit von der Dworkinschen, von der ich ausgegangen bin, im Ergebnis deutlich unterscheidet. In Dworkins fiktivem Ausgangszustand gibt es nur eine Sorte von Ressourcen, nämlich allgemeine Tauschmittel (Muscheln). Für diese Einschränkung spricht, daß sich Tauschmittel als teilbare Güter ohne Schwierigkeiten distribuieren lassen. Das unterscheidet sie von Ressourcen wie Lebensform, Selbstachtung oder physische Handlungsfähigkeit; in diesen Fällen kann eine gleiche Verteilung im Ausgangszustand höchstens *vorausgesetzt,* doch nicht intentional *vorgenommen* werden. Zudem ist der Maßstab der Gleichheit in diesen Fällen weniger eindeutig, da sie sich einer einfachen Quantifizierung entziehen.

Um diese Unterschiede zu verdeutlichen, spreche ich von gleich*wertiger* Verteilung der Ressourcenbündel sowie aller ihrer Bestandteile. Der Begriff der Gleichwertigkeit ist relativ vage. Er umfaßt sowohl quantitative Gleichheit als auch qualitative Ebenbürtigkeit. Gleichwohl glaube ich, daß wir damit eine hinreichende Annäherung an unsere wichtigsten Intuitionen über die Bedeutung erweiterter Chancengleichheit erzielen können.

Um in Dworkins Geschichte zu bleiben: Damit unter den Gestrandeten auf der Insel Ressourcengleichheit herrscht, ist mehr erforderlich als nur eine Gleichverteilung der allgemeinen Tauschmittel. Die Personen müssen bereits mit gleichwertigen Grundvermögen an Land gespült worden sein. Alle müssen über die gleichen basalen Bildungsgüter verfügen, keiner darf durch körperliche Behinderung oder umfassendes Leiden an einer selbstbestimmten Lebensführung gehindert sein, niemand darf einer elementaren Selbstachtung ermangeln und keinem dürfen aus seiner Herkunft aus einer bestimmten Sozialisationsgemeinschaft irgendwelche Nachteile unter den neuen Bedingungen erwachsen. Außerdem muß der Zugang zu relevanten Informationen im Ausgangszustand für alle gleich sein.

---

ten lesen: Sie richten sich nicht nur gegen potentielle Landkäufer von außen, sondern auch gegen solche von innen; auch Angehörige der Gemeinschaft haben kein Recht, sich am Boden ihrer Vorfahren zu bereichern. Deshalb läßt sich Kymlickas Unterscheidung nicht in allen Fällen durchhalten.

Diese Voraussetzungen sind auf vielfältige Weise miteinander verbunden. Zum Beispiel verhalten sich physische Handlungsfähigkeit und Selbstachtung komplementär zueinander: Jene umfaßt die leiblichen, diese die seelischen Grundlagen personaler Handlungsfähigkeit. Bildung und Informationen berühren und überschneiden sich mit Lebensformen. Zum einen stellen Lebensformen selber bestimmte Bildungsgüter und Informationen bereit, zum anderen liefern sie Kriterien für die Bewertung und Einordnung von Bestandteilen des Wissens. Selbst in Gesellschaften mit allgemeinem, die einzelnen kulturellen Kontexte übergreifendem Schulsystem erfahren die Heranwachsenden einen erheblichen Teil ihrer Ausbildung in den Gemeinschaften ihrer Herkunft. Andererseits können allgemeine Kenntnisse bestimmte Aspekte einer Herkunftsgemeinschaft in ein neues Licht rücken und zur Neubewertung von „Üblichkeiten" nötigen[8]. Doch auch Selbstachtung und Wissen verweisen aufeinander: Wer besser über seine Situation und seine Chancen Bescheid weiß, hat mehr Grund zu einer selbstbewußten Orientierung in der Welt; er kann seine Gelegenheiten im doppelten Sinne des Wortes besser „wahrnehmen". Daher gilt auch umgekehrt: Selbstachtung ist eine Voraussetzung für die interessierte Teilnahme an der Welt. Ohne Selbstachtung kein Wille zum Wissen.

Schließlich bedarf die Selbstachtung einer Verankerung in Lebensformen. Will Kymlicka zum Beispiel schlägt vor, kulturelle Zugehörigkeit in die Liste der Rawlsschen Grundgüter aufzunehmen, da sie zu den Ermöglichungsbedingungen von Selbstachtung gehöre (Kymlicka 1989). Dieser Gedanke läßt sich vor allem negatorisch nachvollziehen: Eine zerstörte oder herabgewürdigte Lebensform kann keine Quelle der Selbstachtung sein, da sich Personen nicht positiv mit einem solchen Kontext ihrer Sozialisation zu identifizieren vermögen. Der Psychoanalytiker Erik H. Erikson nahm sogar an, daß die Angehörigen einer diskriminierten Herkunftsgemeinschaft zur Verinnerlichung von abwertenden Fremdzuschreibungen und damit zur Ausbildung einer „negativen Identität" neigten (Erikson 1970: 21f.). Der gleiche Gedanke findet sich in Frantz Fanons antikolonialem Manifest „Die Verdammten dieser Erde" (Fanon 1966). Fanon ging so weit zu glauben, daß die Unterdrückten erst im Akt der Tötung ihrer Unterdrücker zu einem affirmativen Verständnis ihrer selbst als handlungsfähige Personen gelangen könnten (vgl. auch Sartre 1988).

---

8 Martha C. Nussbaum erwähnt eine Umfrage unter Witwern und Witwen in Indien, die um eine Einschätzung ihres jeweiligen Gesundheitszustandes gebeten wurden. Während die Witwer zunächst voller Klagen waren, schätzten die Witwen ihren Gesundheitszustand meist als „gut" ein. Eine medizinische Untersuchung ergab jedoch, daß die Witwen sehr viel häufiger als die männlichen Befragten an Krankheiten infolge von Mangelernährung litten. Nach einigen Jahren der „Bewußtseinsbildung" wurde die Umfrage wiederholt. Jetzt zeigten sich die Frauen sehr viel unzufriedener mit ihrem Gesundheitszustand, obwohl ihre objektive medizinische Situation gleich geblieben war. Nussbaum kommentiert diese Wandlung aus der Sicht eines aristotelischen Essentialismus: „Ihre (der Witwen; B.L.) Wünsche und Erwartungen stimmten nunmehr besser mit der Information darüber überein, wie ein gedeihliches Leben aussehen könnte. Sie wissen nun, welche Funktionen ihnen fehlen." (Nussbaum 1993: 348)

Aus diesen Andeutungen ergibt sich, daß die Selbstachtung unter den allgemeinen Ressourcen wohl die voraussetzungsvollste ist. Ihre „Verteilung" verweist auf eine sehr komplexe Hintergrundstruktur an Bedingungen. Es ist diese Struktur, von der Rawls spricht, wenn er die *sozialen Grundlagen* der Selbstachtung als Grundgut bezeichnet. Diese umfassen die Gesamtheit der gesellschaftlichen und politischen Faktoren, die Menschen ein Gefühl für ihre Grundvermögen und für den Wert ihrer Entfaltung vermitteln. Zu diesen Bedingungen gehören nicht die übrigen Ressourcen allein, doch spielen sie in jedem Fall eine „tragende" Rolle. Selbstachtung ist eine abhängige Ressource; sie könnte nicht für sich stehen, da sie der stützenden Nachbarschaft anderer Ressourcen bedarf. Für diese Überlegung spricht, daß Selbstachtung die affektive Komponente der Handlungs- und Entscheidungsfähigkeit von Personen darstellt, deren materialer (und kognitiver) Ermöglichung die übrigen Ressourcen dienen. Diese bilden daher einen Bestandteil des größeren Hintergrundkontextes, aus dem die Selbstachtung erwächst.

In diesen Hintergrundkontext fügen sich auch die allgemeinen Tauschmittel ein. Unter dem Gesichtspunkt der Handlungsermächtigung und der Entscheidungsfreiheit des Subjekts kommt ihnen eine herausragende Bedeutung zu, denn mit ihrem Besitz ist die Zugänglichkeit aller spezifischen Ressourcen und Güter verbunden, die einen Tauschwert haben. Wer rechtmäßig über allgemeine Tauschmittel verfügt, erfährt zugleich Anerkennung als vertragsfähige Person. Dieser Sachverhalt stützt unter normalen Umständen auch die Selbstachtung.

Heißt das aber, daß in der idealen Gesellschaft alles käuflich wäre? In diesem Fall handelte es sich um ein System der *„einfachen Gleichheit"*: Die Theorie distributiver Gerechtigkeit würde sich dann mit der Verteilung nur eines dominanten Gutes befassen.[9]

Doch die von mir vertretene Konzeption ist von Anbeginn gegen einfache Gleichheit gerichtet. In meinem Ausgangszustand gibt es kein dominantes Gut. Alle Ressourcen sind *gleichursprünglich* in dem doppelten Sinne, daß keiner ein normativer Vorrang vor irgendeiner anderen gebührt und keine durch irgendeine andere substituiert werden kann. Folglich ist die gleichwertige Verteilung der Ressourcenbündel eine Funktion der gleichwertigen Verteilung *aller einzelnen Bestandteile* dieser Bündel.

Es ist kein Einwand gegen meine Position, daß man sich sehr wohl vorstellen könnte, körperliche Benachteiligungen durch käufliche Güter zu kompensieren. Natürlich kann sich, wer über viel Geld verfügt, auch einen elektrischen Rollstuhl, eine besonders geschliffene Brille oder eine Lesehilfe leisten. Entscheidend ist, daß die Kompensation für körperliche Nachteile (oder andere ungünstige Umstände) die Gleichverteilung der

---

9 Walzer 1992: 41ff. Dieser Begriff hat eine kritische Bedeutung: Walzer selbst plädiert für ein System komplexer Gleichheit, in dem alle Kategorien von Gütern nach Maßgabe der ihnen innewohnenden (in sozialer Praxis beglaubigten) Bedeutungen verteilt würden. Gerechtigkeit ist demnach vor allem eine Kunst der Grenzziehung. Einfache Gleichheit fördere hingegen die Privilegierung bestimmter Gruppen, die in der Lage seien, das jeweils dominante Gut zu monopolisieren.

Geldmittel nicht tangieren darf. Auch nach erfolgter Kompensation müssen alle über die gleichen Geldmittel verfügen, damit erweiterte Chancengleichheit gewahrt bleibt.

Um diesen Gedanken zu verdeutlichen, können wir eine *primäre* von einer *sekundären Umverteilung* unterscheiden. Die primäre Umverteilung dient der Annäherung an die für den Ausgangszustand kontrafaktisch unterstellte Gleichwertigkeit aller Ressourcenbündel. Hingegen ist die sekundäre Umverteilung das aggregierte Ergebnis einer Vielzahl selbstverantworteter Einzelentscheidungen unter der Bedingung erweiterter Chancengleichheit. Während folglich die primäre Umverteilung auf ein Maximum an Gleichheit zielt, mag die sekundäre Umverteilung auf eine Zunahme an Ungleichheit hinauslaufen (was sie unter Marktbedingungen unweigerlich tun wird); diese allerdings widerspräche nicht der Norm erweiterter Chancengleichheit, denn sie wäre allein eine Funktion der unterschiedlichen Ambitionen und Einsätze freier und gleicher Personen.

Der Ausgangszustand dient folglich als kritischer Maßstab. Mit seiner Hilfe können wir erkennen, welche Ungleichheiten der Kompensation bedürfen. Diese Thematik ist durchaus aktuell: Ein großer Teil der politischen Auseinandersetzungen unserer Zeit dreht sich um Fragen des Umganges mit ungleichen Ausgangsbedingungen. Dabei spielen ungünstige Voraussetzungen zur Entwicklung von Selbstachtung, wie sie bei lange Zeit unterdrückten oder fremdbestimmten Gruppen vorliegen, eine zentrale Rolle (Held 1993).

So lassen sich Programme einer „umgekehrten Diskriminierung" als Versuche ansehen, Angehörigen von benachteiligten Gruppen einen bevorzugten Zugang zu Stellen und Positionen zu verschaffen, die in besonderem Maße mit Eigenverantwortung und gesellschaftlichem Ansehen verknüpft sind. Einige Autoren verweisen dazu auf die Bedeutung von Vorbildern aus der eigenen Herkunftsgemeinschaft oder aus der eigenen Geschlechtskategorie (Dworkin 1990c; Nagel 1993).

Quoten und andere Fördermaßnahmen für benachteiligte Gruppen lassen sich auf den egalitären Grundsatz der gleichen Achtung und Beachtung zurückführen (Dworkin 1990c). Das unterscheidet sie fundamental von einer differentiellen Behandlung der Personen nach rassistischen oder sexistischen Kriterien. Im zweiten Fall liegt die Ungleichheit nicht nur auf der Ebene der Mittel, sie ist auch in die zugrundeliegenden Prinzipien eingeschrieben. Diesen Unterschied ignorieren Kritiker von „affirmative action" wie Nathan Glazer (1975), die in der umgekehrten Diskriminierung nur eine Wiederkehr der Politik der Rassentrennung unter umgekehrten Vorzeichen erblicken.

Der fiktive Ausgangszustand kann uns helfen, den einen vom anderen Fall abzugrenzen, also „diskriminatorische" von „nichtdiskriminatorischer" Diskriminierung zu unterscheiden. Maßnahmen, die der Herstellung oder Wahrung von Ressourcengleichheit dienen, sind das genaue Gegenteil von Maßnahmen, deren Zweck die Fortschreibung von Ungleichheiten ist, ungeachtet aller oberflächlichen Analogien, die zwischen beiden bestehen mögen.[10]

---

10 Gleichwohl mag der Feststellung, daß Analogien vorliegen, eine indirekte normative Bedeutung zukommen. Sie könnten auf einen Zweck-Mittel-Konflikt hindeuten, der sich durch die Wahl anderer

Unter der ersten Zwecksetzung lassen sich auch rechtliche Ausnahmeregelungen zusammenfassen, wie sie in allen zeitgenössischen Rechtssystemen demokratischer Gesellschaften vorkommen dürften.[11] Weitere Ansprüche auf differenzielle Behandlung betreffen etwa die Neugestaltung des öffentlichen Raumes nach multikulturalistischen Kriterien (Raz 1995) oder die besondere Förderung minoritärer Sprachgemeinschaften. Alle diese Maßnahmen können erforderlich sein, um den gleichen Wert aller in einer Gesellschaft vertretenen Lebensformen sicherzustellen. Diese Anforderung wird verletzt, wenn einige Lebensformen einem besonderen Assimilationsdruck ausgesetzt sind oder wenn die Mehrheitsgesellschaft keine Rücksicht auf besondere „Verwundbarkeiten" ihrer Minderheiten nimmt (Kymlicka 1995).

Diese Beispiele zeigen, daß das Prinzip der gleichen Achtung und Berücksichtigung nicht differenzblind sein muß. Im Gegenteil, es bietet die beste normative Grundlage für eine „Politik der Differenz" (Taylor 1993; Young 1989; Demmerling 1995), die nicht den Teufel des abstrakten Universalismus mit dem Beelzebub des Partikularismus austreiben möchte. Differenz als solche ist kein moralischer Wert. Die Feststellung, daß sich Personen in ihren Voraussetzungen, Möglichkeiten und Erwartungen unterscheiden, ist moralisch relevant nur dann, wenn wir anerkennen, *daß alle Personen in ihrer Verschiedenheit als Gleiche zählen.*

Die Ansprüche eines Kranken auf kostenlose Gesundheitsversorgung, einer Behinderten auf die unentgeltliche Bereitstellung eines Rollstuhls, eines Einwandererkindes auf zweisprachigen Unterricht sind moralisch gerechtfertigt, weil alle diese Personen etwas gemeinsam haben: Sie alle sind prinzipiell zu einem selbstbestimmten Leben imstande, und sie alle wollen, daß ihr Leben auch für sie einen Wert habe. Damit der Wert der Selbstbestimmung tatsächlich für alle annähernd gleich sein kann, dürfen gerade nicht alle über einen Kamm geschoren werden. Ungleiche Behandlung kann erforderlich sein, um Gleichheit der Ressourcen herzustellen.

Das allerdings ist ein steiler Anspruch, dem keine denkbare Gesellschaft restlos genügen könnte. Manche Krankheiten lassen sich nicht heilen, und für andere gibt es nur unzureichende Kompensationen. Nicht anders verhält es sich mit körperlichen Behinderungen. Auch im Falle unseres Einwanderkindes müssen wir einräumen, daß sich bei noch so gutem Willen nicht alle Nachteile ausgleichen ließen. Zumindest die Anstrengung, eine neue Sprache zu lernen, können auch multikulturelle Gesellschaften ihren sprachlichen Minderheiten nicht ersparen, denn keine Gesellschaft könnte sämtlichen Sprachen den gleichen Stellenwert im öffentlichen Raum zubilligen, und von der Sprachkompetenz hängt wiederum die Verteilung der Chancen auf anderen Feldern ab.

Hinzu kommt, daß eine maximale Kompensation für alle erdenklichen Nachteile sehr teuer wäre. Im Extremfall liefe die primäre Umverteilung auf eine „Versklavung der Nichtbenachteiligten" hinaus: Diese müßten auf fast alles verzichten, was ihrer Selbst-

---

Vorgehensweisen vermeiden ließe. Der unmittelbare Status dieser Kritik jedoch wäre empirischer, nicht moralisch-prinzipieller Natur.

11 Vieldiskutierte Beispiele sind die Befreiung der Sikhs von der Motorradhelmpflicht (Parekh 1995) oder die Freistellung der Angehörigen pazifistischer Religionsgemeinschaften von der Wehrpflicht.

bestimmung auch für sie selbst einen Wert verliehe, da ihre Anstrengungen durch Redistribution vor allem den Benachteiligten zugute kämen. Und selbst dann könnten wir nicht unbedingt sagen, daß wir schlechterdings alle ungünstigen Umstände neutralisiert hätten (Kymlicka 1990: 77ff).

Dworkin konzediert daher, daß sich für die Benachteiligten bestenfalls „zweitbeste" Lösungen finden lassen (Dworkin 1981: 298). Um nun herauszufinden, welche Lösungen wenigstens als zweitbeste gelten dürfen, ergänzt er sein Auktionsmodell um ein fiktives *Versicherungssystem*: Die Auktionsteilnehmer sollen hinter einem Schleier des Nichtwissens darüber befinden, was ihnen die Absicherung gegen ungünstige Umstände wert ist. Der Schleier ist erforderlich, damit die Personen nicht wissen, wer von ihnen zu den Benachteiligten gehört.

Im Zuge einer sehr komplizierten Beweisführung kommt Dworkin zu dem Ergebnis, daß die Akteure für eine mittlere Beitragshöhe zu der Versicherung votieren würden. Die Summe der Einzahlungen soll ausreichen, um allen Personen im Falle von Benachteiligungen ein noch aussichtsreiches Leben zu ermöglichen. Alles, was darüber hinausginge, erschiene ihnen nach Maßgabe einer rationalen Risikoabwägung unter dem Gesetz des abnehmenden Grenznutzens als zu kostspielig. Würden die Personen hinter dem Schleier ein besonders teures Versicherungssystem bevorzugen, müßten gerade die an sich Erfolgreichen und Begabten unter ihnen einen unzumutbar hohen Preis zahlen, und wir gelangten wiederum zu einer Art „Versklavung der Nichtbenachteiligten".[12] Andererseits wollen alle Personen das Risiko vermeiden, sich durch unverdiente Nachteile um jede Aussicht auf ein gelingendes Leben zu bringen.

---

12 Dworkin nimmt an, daß die meisten Personen hinter dem Schleier des Nichtwissens kein Interesse an einer *maximalen* Entschädigung als mögliche Opfer ungünstiger Umstände hätten, weil sie sich dadurch jede Aussicht auf nennenswerte Gewinne im Falle ihrer Nichtbenachteiligung verbauen würden. Andernfalls müßten sie einen vergleichsweise großen Verlust (gemessen an ihrem prinzipiell erreichbaren Standard) zugunsten eines vergleichsweise kleinen Gewinnes (gemessen an einer niedrigeren aber noch vertretbaren Kompensation) in Kauf nehmen. Die Nichtbenachteiligten müßten den überwiegenden Teil ihrer Zeitressourcen einsetzen, um ihrer Versicherungspflicht nachzukommen, und kämen kaum noch dazu, für sich selbst und ihre Angehörigen zu sorgen: „So someone who buys this insurance faces an extremely high chance of gaining very little. Suppose he loses, however; suppose he is one of those who does have the maximum earning power. He is now in a much worse position than if he had never insured, because he must now work at close to his top earning capacity just to pay the high premium for his insurance on which he collected nothing - just, that is, to break even. He will be a slave of his maximum earning power." (Dworkin 1981: 320).

V. Talente und Löhne

Dworkin wendet das Versicherungsmodell zunächst auf körperliche Behinderungen und auf Unglücksfälle[13] an, um es dann in modifizierter Form auf *natürliche Talentunterschiede* zu übertragen. Talente zählen zu den Ressourcen, für deren ungleiche Verteilung die Personen nicht selbst verantwortlich gemacht werden können. Ob jemand von Natur aus mehr oder weniger begabt ist, darf folglich die Chancenverteilung unter den Personen ebensowenig beeinflussen wie etwa die Geschlechtszugehörigkeit oder die ethnische Herkunft. In diesem Sinne hat John Rawls sein Differenzprinzip vor allem damit begründet, daß die Talentierten ihre Vorteile nur nach Maßgabe des Nutzens für die am schlechtesten gestellten Gruppen einstreichen dürften (Rawls 1979: §17). Wer mehr Einkommen erhält, weil er von der Natur mit besonderen Gaben ausgestattet worden ist, muß sich daher zumindest eine progressive Besteuerung gefallen lassen. Er hat kein *Anrecht* auf die Früchte seiner unverdienten Vorzüge (Nagel 1994; zur Kritik: Nozick 1974).

Doch Talente sind Umstände besonderer Art. Sie lassen sich nicht einfach von den Ambitionen der Menschen trennen. Eine Person orientiert sich an Zielen und reguliert ihre Anstrengungen im Lichte ihrer (vermuteten) Talente. Anstrengungen wiederum wirken auf Talente zurück und verwandeln diese in Befähigungen, die sich zum Teil den Bemühungen der Person verdanken. Es ist ausgeschlossen, genau anzugeben, welcher Anteil einer Befähigung der Natur und welcher der Person geschuldet ist. Talente gehören zur Identität einer Person. Wer kein affirmatives Verhältnis zu seinen Talenten hat, hat auch kein affirmatives Verhältnis zum eigenen Leben.

Aus diesem Sachverhalt folgt, daß in jeden Lohn für die Bemühungen eines Menschen auch ein Anteil für den unverschuldeten Umstand seiner Talentiertheit einfließt. Wollen wir andererseits den Talentfaktor neutralisieren, so müssen wir dem Menschen auch einen Teil seines verdienten Lohnes vorenthalten. Der Wunsch nach Anerkennung aller Ambitionen und der Wunsch nach Neutralisierung aller unverschuldeten Umstände weisen in entgegengesetzte Richtungen.

Eine Möglichkeit, den Einfluß des Talentfaktors auf die Einkommens- und Vermögensentwicklung zu verringern, bestünde in einer Veränderung der Entlohnungskriterien. Viele Einkommen werden kollektiv festgelegt und sind vor allem Ausdruck von

---

13 Ein besonderes Problem besteht darin, schieres Pech von selbstverantwortetem Unglück abzugrenzen. Auch wenn in jedes Unglück ein unkalkulierbares Moment einfließt (andernfalls handelte es sich nicht um Un*glück*), gehen wir doch gemeinhin davon aus, daß Menschen für die Folgen freiwillig eingegangener Risiken selbst gerade zu stehen haben. Wie Dworkin zu Recht schreibt, verliert diese Unterscheidung durch ein Versicherungssystem einiges von ihrer Schärfe: Ein unversicherter Pechvogel hat sich die anschließende Notlage in gewisser Weise selbst zuschreiben - vorausgesetzt, er hätte sich unter den gleichen Bedingungen versichern können wie jeder andere (Dworkin 1981: 293f.). Eine weitere Möglichkeit, die Dworkin nicht erwähnt, besteht darin, die Preise für bestimmte Güter mit einem Risikoaufschlag zu versehen und die entsprechenden Einkünfte zweckgebunden in das Versicherungssystem einzubringen. Auf diese Weise ließe sich verhindern, daß einige Personen die Folgen ihrer riskanten Lebensweise auf die Allgemeinheit abwälzen.

Machtbeziehungen, Statushierarchien und ungleicher Organisationsfähigkeit. In patriarchalen Gesellschaften werden gewöhnlich die „typischen Frauentätigkeiten" (entweder gar nicht oder) geringer vergolten als die „typischen Männertätigkeiten". Kapitalistische Gesellschaften kennen außerdem eine durchschnittliche Privilegierung von voraussetzungsvollen gegenüber einfachen Arbeiten. In all diesen Fällen werden zumindest auch moralisch arbiträre Gesichtspunkte zur Festlegung und Rechtfertigung von Ungleichheiten herangezogen.

Moralisch gerechtfertigt erscheint mir hingegen die Erwartung Michael Walzers: „Eine ungefähre Gleichheit in puncto Mobilität, Information und Ausbildungschancen vorausgesetzt, müßte es so sein, daß die attraktivsten Arbeitsplätze die meisten Bewerber anlocken, mit dem Resultat, daß die Löhne auf diesen Posten sinken. Weniger attraktive Tätigkeiten werden gemieden, d.h. die für sie gezahlten Löhne steigen" (Walzer 1992: 179). Diese Überlegung spricht dafür, daß sich die bestehenden Lohnhierarchien unter der Bedingung erweiterter Chancengleichheit nicht halten ließen. Die Nachfragestruktur auf dem Arbeitsmarkt würde sich ändern, und das Privileg einer abwechslungsreichen und angesehenen Tätigkeit würde nicht auch noch mit einem höheren Einkommen vergolten.[14]

Ein Verteidiger der vorherrschenden Lohnhierarchien könnte darauf entgegnen, daß die bessere Bezahlung der qualifizierten Tätigkeiten die relative Knappheit der entsprechenden Qualifikationen widerspiegele. Während jeder eine Straße kehren könne, könnten nicht alle ein Flugzeug steuern oder einen Teilchenbeschleuniger entwerfen. Daher sei es gerechtfertigt, wenn besondere Fähigkeiten auch besonders honoriert werden. Daß dies so ist, spreche für und nicht gegen die Funktionsfähigkeit eines Arbeitsmarktes.

In dieser Argumentation fehlt jedoch eine wichtige Unterscheidung. Die Qualifizierung von Personen verdankt sich zum Teil den besonderen Bemühungen dieser Personen und zum Teil ihren natürlichen Voraussetzungen. Gewiß kann, wer eine längere Ausbildung gewählt und dabei noch auf ein in der gleichen Zeit prinzipiell erreichbares Einkommen verzichtet hat, mit einem gewissen Recht sagen, daß ihm die Früchte seiner erworbenen Fertigkeiten zustünden. Das gilt jedoch nicht für seine natürlichen Voraussetzungen. Daß jemand mathematisch besonders begabt ist und daß gerade diese Fertigkeit auf dem Arbeitsmarkt nachgefragt wird, ist nicht das Verdienst der betreffenden Person.

Und selbst das erstgenannte Argument ist weniger unstrittig als es scheint. Man könnte dagegenhalten, daß eine längere Ausbildung einen intrinsischen Wert besitze, da sie Personen einen weiteren Horizont erschließe. Es ist keineswegs zwingend, eine Ausbildung, selbst bei zeitweiligem Verzicht auf ein höheres Einkommen, allein oder hauptsächlich als Opfer aufzufassen, das eine Person in der Hoffnung auf zukünftige Vergeltung dargebracht habe (Pfannkuche 1994: 19). Hier scheint zumindest Ansicht gegen Ansicht zu stehen, und ich vermag nicht zu sehen, wie man auf dieser Grundlage

---

14 Anhänger des Leistungsprinzips können im folgenden von Grundlöhnen pro Arbeitsstunde ausgehen.

zu einer Einigung über die gerechte Entlohnung gelangen sollte. Das spricht dafür, das Ausbildungsargument aus dem Spiel zu lassen.

Was bleibt, ist die Behauptung, der Lohn für eine Tätigkeit sollte sich nach der Knappheit von Qualifikationen bemessen. Das allerdings scheint mir ein Klugheitsargument und keines der Verteilungsgerechtigkeit zu sein. Gerecht wäre hingegen die von Walzer angedeutete Regelung: Die Löhne sollten um so höher sein, je unattraktiver die Tätigkeiten sind (vgl. auch Tugendhat 1993: 384). Doch läßt sich die relative Attraktivität von Tätigkeiten überhaupt messen?

Die grundlegende Schwierigkeit besteht darin, daß sich die vergleichende Bewertung unterschiedlicher Tätigkeiten nicht ohne weiteres von der Verteilungsrelation der Begabungen und Vorlieben in einer Gesellschaft abkoppeln läßt. So wird, wer handwerklich begabt und intellektuell anspruchslos ist, wahrscheinlich solche Tätigkeiten besonders hoch bewerten, in denen vor allem handwerkliche Talente zum Tragen kämen. Auch die Definitionsmacht dominanter Gruppen und hegemonialer Öffentlichkeiten (Fraser 1994) hat Auswirkungen auf die Wahrnehmung der unterschiedlichen Arbeitsmöglichkeiten und der mit ihnen verbundenen Meriten. Viele Frauen etwa werden sich von vorneherein auf „typische Frauentätigkeiten" festlegen und die Arbeit mit Menschen für attraktiver halten als die Manipulation von Dingen.

Trotzdem haben wir wohl alle bestimmte Intuitionen über die relative Attraktivität von Tätigkeiten, und diese Intuitionen scheinen nicht vollständig durch unsere jeweiligen Fähigkeiten determiniert zu sein. Wir würden zum Beispiel sagen, daß manche Arbeiten langweilig, geistlos, eintönig und unpersönlich, mit einem Wort: *entfremdet* sind. Solche Arbeiten scheinen uns schlecht geeignet, sich mit ihnen und über sie zu identifizieren. Wir können uns kaum vorstellen, daß jemand sie auch um ihrer selbst willen (oder aus Freude am Tätigsein als solchem) tun könnte. Um solche Arbeiten verrichten zu können, muß eine Person, so nehmen wir an, eine ausgeprägte Fähigkeit zur Selbstdistanzierung aufweisen. Sie muß in der Lage sein, zugleich in der Arbeit und außerhalb ihrer zu stehen. Ein solches Urteil mag sich im Lichte zusätzlicher Informationen über eine Arbeit und die mit ihr befaßten Menschen ändern, doch dürfte das nicht in allen Fällen so sein.

John Rawls hat solche Intuitionen auf den Begriff des *„Aristotelischen Grundsatzes"* gebracht. Dieser Grundsatz lautet folgendermaßen: „Unter sonst gleichen Umständen möchten die Menschen gerne ihre (angeborenen oder erlernten) Fähigkeiten einsetzen, und ihre Befriedigung ist desto größer, je besser entwickelt oder je komplizierter die beanspruchte Fähigkeit ist" (Rawls 1979: 464). Wenden wir diese Annahme auf die verschiedenen gesellschaftlich notwendigen Arbeiten an, so erhalten wir einen ungefähren Maßstab für deren relative Attraktivität. Auch unabhängig von der je eigenen Stellung im Arbeitsleben können wir grundsätzlich beurteilen, ob eine Arbeit etwa Raum für persönlichen Stil und Ausdruck läßt, ob sie einen gewissen Abwechslungsreichtum bietet, ob in ihr einige anspruchsvolle Fertigkeiten zur Anwendung gelangen usw.

Arbeiten, auf die dies zutrifft, fördern in zweifacher Hinsicht das Selbstwertgefühl (und damit die Selbstachtung): zum einen, weil sie eine gewisse intrinsische Befriedigung versprechen und der Person ein affirmatives Verhältnis zu einigen ihrer wesentlichen Fähigkeiten verschaffen, zum anderen, weil sie in der Regel auch von anderen geschätzt werden. Wer eine anspruchsvolle Fähigkeit zu entfalten vermag, genießt gewöhnlich die Anerkennung derjenigen Mitmenschen, die an der Fähigkeit Gefallen finden. Daher liegt ein Teil des Lohnes für solche Tätigkeiten in diesen selbst sowie in einer Wertschätzung, die mit den Eigenschaften der Tätigkeiten intern verknüpft ist.[15]

Nehmen wir nun an, eine Person sei zu untalentiert für anspruchsvolle Tätigkeiten überhaupt. Das ist ein Umstand, den sie sich nicht ausgesucht hat, doch mit dem sie leben muß. Diese Person hat geringere Aussichten auf eine für sie befriedigende Tätigkeit und auf direkte, dem Gebrauch ihrer Fähigkeiten geltende Wertschätzung. In diesem Fall können wir einen höheren Lohn als zweifache Entschädigung ansehen: für eine entfremdete Arbeit und für die fehlende Wertschätzung. Es wäre ungerecht, der Person diesen doppelten Ausgleich zu versagen. Mit der höheren Entlohnung einer notwendigen, doch unattraktiven Arbeit honoriert eine Gesellschaft die Anstrengungen von Personen, die sich auf eine solche Arbeit eingelassen haben, ohne dafür mit direkter Wertschätzung rechnen zu können.

Würden Arbeiten um so besser entlohnt, je tiefer sie auf der Stufenleiter des Aristotelischen Grundsatzes stehen, so könnten die meisten Personen wählen, ob sie einem höheren Lohn oder einer befriedigenderen Arbeit den Vorzug geben wollen (Tugendhat 1994: 384). Einige andere (wenige, wie ich annehme) haben überhaupt keine Wahl; für sie kommen nur unattraktive Arbeiten in Frage. Um dieser Gruppe willen ist es geboten, den Lohn für entsagungsvolle Tätigkeiten besonders hoch anzusetzen.[16] Andernfalls würden einige Personen eine gravierende Benachteiligung erleiden, die aus ihrem Mangel an Talenten herrührte.

VI. Die Grenzen der reinen Gerechtigkeit

Zum Abschluß möchte ich einen Blick über den Tellerrand der reinen Gerechtigkeit riskieren. Das scheint mir erforderlich, damit nicht der Eindruck entsteht, ich verstünde die Theorie erweiterter Chancengleichheit als ein unmittelbar handlungsleitendes Programm. Schon einige flüchtige Überlegungen zeigen, daß der Konstruktion des Aus-

---

15 Zum Beispiel ist die Freude am Anblick eines schönen Mitmenschen intern mit dessen Schönheit verknüpft, ebenso die Freude einer Basketballanhängerin an einem guten Basketballspiel. In beiden Fällen bezieht sich der Akt der Wertschätzung direkt auf seinen Gegenstand. Hingegen stehen die 50 DM Eintrittsgeld, die jemand in der Erwartung eines Konzertereignisses in Kauf nimmt, zu diesem Ereignis selbst in einer äußerlichen Beziehung. Die interne Wertschätzung fände ihren Ausdruck in der Begeisterung oder Ergriffenheit der Konzertbesucher, und diese ist keine Funktion des zuvor gezahlten Geldes.

16 Wahrscheinlich ist es sinnvoll, zu den entsagungsvollen Tätigkeiten neben den entfremdeten auch die „schmutzigen" Arbeiten zu zählen - schmutzig in dem doppelten Sinne, daß sie mit besonders viel Dreck verbunden sind und daß der Status derjenigen, die sie verrichten, besonders niedrig ist. In vielen Fällen wird der Status gleichsam von dem mit der Arbeit verbundenen Schmutz infiziert.

gangszustandes keine Möglichkeiten in der wirklichen Welt entsprechen. Der Zweck dieser Konstruktion ist innertheoretischer, nicht operativer Natur: Sie soll uns zu einem möglichst kohärenten und umfassenden Verständnis der Bedeutung distributiver Gerechtigkeit verhelfen.

Gerechtigkeit ist ein Gesichtspunkt, der in den meisten politischen Auseinandersetzungen eine Rolle spielt. Doch viele Akteure verbinden damit nur vage und unstimmige Vorstellungen. An dieser Stelle kommt der Theorie der Gerechtigkeit eine klärende Funktion zu. Sie vermag den politischen Prozeß mit bestimmten Argumentationsmustern zu versorgen, kann ihn jedoch weder im Ganzen simulieren noch gar ersetzen. Über diesen Sachverhalt mag freilich der beträchtliche methodische Aufwand hinweg täuschen, mit dem amerikanische Gerechtigkeitstheoretiker wie Rawls und Dworkin ihre Entscheidungsmodelle rechtfertigen.[17]

Eine Gesellschaft, in der erweiterte Chancengleichheit herrschte, wäre egalitär im folgenden Sinne: In jedem Stadium eines jeden Produktions- und Austauschprozesses müßten alle unverschuldeten Umstände neutralisiert sein; die Verteilungsverhältnisse dürften daher nur nach Maßgabe der selbstverantworteten Entscheidungen freier und gleicher Personen von unserem fiktiven Ausgangszustand strikter Gleichverteilung abweichen.

Gegen die Realitätstauglichkeit dieses Szenarios lassen sich wenigstens zwei Arten von Einwänden vorbringen. Der erste verweist auf ein marktlogisches, der zweite auf ein 'kommunitaristisches' *constraint* (Lukes 1994: 464). Zum *ersten* Punkt erspare ich mir lange Erläuterungen: Wir haben Grund zu der Vermutung, daß sich das wirtschaftliche Subsystem nicht im erforderlichen Ausmaß steuern und begrenzen ließe. Entweder man nutzt die Allokationsfunktion des Marktes, dann muß man ein hohes Maß an Ungleichheit in Kauf nehmen, oder man versucht den Markt auszuschalten, dann dürften sich einige Personen subkutan bereichern. Aller Erfahrung nach würde das Wachstum der Schattenwirtschaft einen Großteil des Zugewinns an Gleichheit wieder zunichte machen. In der Schattenwirtschaft sind die Kleinkapitalisten Könige, und wer die Einflußkanäle kontrolliert (nicht selten sind dies mafiose Gruppen), vermag einen unverhältnismäßigen Reichtumsanteil für sich und die Seinen abzuzweigen.

Es ist alles andere als unvernünftig, daß nur wenige Menschen bereit sind, ihren noch so bescheidenen Wohlstand zugunsten einer gerechteren Gesellschaft aufs Spiel zu setzen, solange die Gewinnaussichten derart prekär sind. Gewiß, ein Teil der Einwände gegen eine egalitäre Gesellschaft ist utilitaristischer Natur. Doch wir müssen berücksichtigen, daß in jedes demokratische System mit Mehrheitsprinzip ein gewisser utilita-

---

17 Jürgen Habermas hat in seiner Auseinandersetzung mit Rawls behauptet, dieser traue dem „unverschleierten" demokratischen Prozeß zu wenig, seiner eigenen theoretischen Konstruktion mit dem Schleier des Nichtwissens hingegen zu viel zu. Die Begründung materialer Grundsätze der Gerechtigkeit sei eine Aufgabe freier und gleicher Bürgerinnen und Bürger; die Philosophie könne lediglich den moralischen Standpunkt und die Verfahrensregeln rationaler Diskurse rekonstruieren. (Habermas 1997). Doch mit dieser Selbstbescheidung unterbietet Habermas seinerseits die Möglichkeiten materialer Theorien der Gerechtigkeit.

ristischer *bias* eingebaut ist. Eine Politik, die der großen Mehrheit im Namen des größeren Wohlergehens einer Minderheit erhebliche Einschnitte abverlangte, stieße schnell an die Grenzen der Durchsetzbarkeit. Jeder Versuch wiederum, derartige Widerstände kurzfristig zu brechen, dürfte die öffentliche Infrastruktur der Freiheit verheeren. Das spricht zumindest in demokratischen Gesellschaften für ein reformistisches Vorgehen. Mit diesem jedoch wären erfahrungsgemäß eine Menge fauler Kompromisse verbunden.

Demokratische *Durchsetzbarkeit* und wirtschaftspolitische *Durchführbarkeit* sind moralisch relevante Gesichtspunkte in jeder Diskussion über distributive Gerechtigkeit. Sie bilden gleichsam die konsequentialistische Komponente im deontologischen Verfahren der gerechtigkeitstheoretischen Reflexion. Wer nur über die Richtigkeit von Normen nachdenkt, ohne auf die Voraussetzungen und Folgewirkungen ihrer Anwendung einzugehen, verhält sich moralisch verantwortungslos. Auch und gerade auf dem Gebiet der Gerechtigkeitstheorie ist es mit reiner Gesinnungsethik nicht getan (Apel 1988).

Die *zweite* Art von Einwänden ist unmittelbar moralischer Natur, denn sie betrifft die Grenzen der Zumutbarkeit des egalitaristischen Programms. Mit Thomas Nagel (1992; 1994) können wir auch sagen, daß sie den persönlichen gegen den unpersönlichen („*impersonal*") Standpunkt zur Geltung bringt. Unter dem Vorzeichen erweiterter Chancengleichheit müßten wir darauf verzichten, Familien zu bilden, in denen wir eine enge Verbindung zu unseren Kindern behielten. Familien nämlich sind Brutstätten der Ungleichheit und Keimzellen der Klassendifferenzierung. Allein die Tatsache, daß die meisten Kinder über viele Jahre unter bestimmten familialen Bedingungen aufwachsen, verbürgt eine gewisse Inegalität der Lebensaussichten in einer Gesellschaft.

Die Alternative wäre eine sehr weitgehende Vergesellschaftung der Sozialisation. Alle Kinder müßten frühzeitig von ihren Eltern getrennt und unter gleichen Bedingungen von öffentlich bestellten Pädagogen betreut werden. Daß dies keine akzeptable Lösung wäre, hat Charles Taylor eindrücklich gezeigt: „Warum schrecken wir davor zurück? Weil wir die Intuition haben, daß das Aufwachsen in einer Familie mit einem wichtigen Aspekt menschlicher Entfaltungsmöglichkeiten verknüpft ist oder, um die Sprache der Alten zu gebrauchen, daß die Entwicklung und das Leben in der Familie für den Menschen 'natürlich' ist" (Taylor 1988b: 154). In dem Maße jedoch, wie wir das Recht von Eltern achten, in engem Kontakt zu ihren Kindern zu stehen, nehmen wir vom Ideal der erweiterten Chancengleichheit Abstand. Dem „unpersönlichen" Gesichtspunkt der Gleichheit steht der „persönliche" Gesichtspunkt der Bindung gegenüber.

Die gerechtigkeitstheoretische Brisanz dieses Konfliktverhältnisses zeigt sich noch deutlicher in der Frage des *Erbrechts*. Unter dem Gesichtspunkt der Bindung scheint die Sache klar: Jeder, oder doch fast jeder Mensch denkt in gewisser Weise über den eigenen Tod hinaus; er will wissen, was aus seinem Lebenswerk werden, wer es fortsetzen, wer es wie beurteilen dürfte. Zu dieser Art von Transzendenzinteressen gehört häufig der Wunsch, das eigene Vermögen an Kinder, andere Verwandte oder Freunde zu vermachen. Doch unter dem Gesichtspunkt der distributiven Gerechtigkeit ist das Erbrecht eine zu verschließende Quelle der Ungleichheit. Daß einige Personen mehr von ihren

Eltern erben als andere und deshalb günstigere Lebensaussichten haben, ist schlicht und einfach ungerecht.

Es wäre vermessen, für einen solchen Konflikt zwischen Transzendenzinteressen und Gesichtspunkten der Gerechtigkeit nach einer allgemeingültigen Schlichtungsregel zu suchen. Doch wichtig ist die Feststellung, daß es sich hier um einen *echten Konflikt* handelt, der sich nicht einfach durch völlige Vernachlässigung der einen oder der anderen Seite auflösen läßt. Das Eigentumsverständnis in kapitalistischen Gesellschaften verleitet eindeutig zu einer Verabsolutierung des Erbrechts. Radikale Kritiker des Erbrechts wie der Anarchosozialist Michail Bakunin, aber auch der Philosoph Ernst Tugendhat (1993) vernachlässigen hingegen die Seite der Transzendenzinteressen.

Meines Erachtens läßt sich hier nur ein tentativer Lösungsweg vorzeichnen. Wer überhaupt an einer gerechten Lösung interessiert ist, muß einsehen, daß eine sehr hohe Erbschaftssteuer, die allerdings nicht den gesamten Gegenwert eines Erbes aufwiegen dürfte, grundsätzlich geboten ist. Andererseits gibt es Aspekte eines Erbes, die sich nicht in Geld ausdrücken lassen, zum Beispiel die Erinnerungen, die jemand mit dem Haus seiner Eltern verbindet. Es wäre grausam, in solch einem Fall auf einem Erbverzicht zu bestehen. Keinerlei Rechtfertigung finde ich hingegen für die Weitergabe großer, mit Herrschaft über Menschen verbundener Wirtschaftsimperien. In solchen Fällen wäre eine Weitergabe innerhalb einer Familie nichts anderes als Nepotismus.

Wiederum sind wir auf die Notwendigkeit des Kompromisses, der Abwägung und des Verzichts auf eindimensionale („erstbeste") Lösungen gestoßen. Wer immer sich ernsthaft auf gerechtigkeitstheoretische Überlegungen einläßt, dürfte um derart ernüchternde Resultate nicht herumkommen. Doch er weiß dann wenigstens, um welche Werte es geht. Wir haben keinen Grund, das Nachdenken über Gerechtigkeit einem vordergründigen und kurzsichtigen Pragmatismus zum Opfer zu bringen. Wann immer Menschen ihre politischen und sozialen Verhältnisse einer moralisch motivierten Kritik unterziehen, kommen Gesichtspunkte der Gerechtigkeit ins Spiel. Die politische Philosophie sollte daher auch weiterhin um ein möglichst umfassendes und kohärentes Verständnis dieser Gesichtspunkte bemüht sein. Doch unverantwortlich in einem moralischen Sinne des Wortes wäre es, die Gerechtigkeit zu verabsolutieren und sich um die Durchsetzbarkeit, die Durchführbarkeit und die Zumutbarkeit des von ihr vorgezeichneten Programmes nicht zu kümmern.

Zumal in unserer Zeit wäre es unredlich, die prinzipiellen Schwierigkeiten zu verschweigen, die einer Annäherung an die Norm erweiterter Chancengleichheit entgegenstehen. Ohne eine Wiedererlangung politischer Steuerungsmöglichkeiten auf internationaler Ebene bleibt jedes Bemühen um die Bewahrung noch so bescheidener „Minima" der Gerechtigkeit (Offe 1989) ein defensives und letztlich aussichtsloses Unterfangen. Der rasche Ausbau der Europäischen Union ist daher ebenso ein Gebot der an Gerechtigkeit interessierten Vernunft wie die Ausstattung dieser Union mit einer Charta sozialer Grundrechte, mit einer handlungsfähigen Gewerkschaftsbewegung und einer moralisch resonanzfähigen Öffentlichkeit. Auf diese Weise besäßen wir wenigstens ein *egalitäres Plateau*[18], von dem aus auch weiterreichende Forderungen wieder als das erscheinen dürften, was sie sind: Forderungen von dieser Welt und für diese Welt, in all ihrer Widersprüchlichkeit und hartnäckigen Unvollkommenheit.[19]

Literatur

Apel, Karl-Otto (1988): Diskurs und Verantwortung, Frankfurt/M.

Arneson, Richard J. (1994): Gleichheit und gleiche Chancen zur Erlangung von Wohlergehen (engl. 1983), in: A. Honneth (Hg.), Pathologien des Sozialen. Die Aufgaben der Sozialphilosophie, Frankfurt/M.

Bourdieu, Pierre (1985): Sozialer Raum und „Klassen“, in: ders., Sozialer Raum und „Klassen. Lecon sur la Lecon. Zwei Vorlesungen, Frankfurt/M.

Cohen, G. A. (1989): On the Currency of Egalitarian Justice, in: Ethics 99

Cooke, Maeve (1994): Postkonventionelle Selbstverwirklichung: Überlegungen zur praktischen Subjektivität, in: Deutsche Zeitschrift für Philosophie, Heft 1

Demmerling, Christoph (1995): Differenz und Gleichheit. Zur Anatomie eines Argumentes, in: Chr. Demmerling/Th. Rentsch (Hg.), Die Gegenwart der Gerechtigkeit. Diskurse zwischen Recht, praktischer Philosophie und Politik, Berlin

Dworkin, Ronald (1981a): What is Equality? Part 1: Equality of Welfare, in: Philosophy and Public Affairs 10

Dworkin, Ronald (1981): What is Equality? Part 2: Equality of Resources, in: Philosophy and Public Affairs 10

Dworkin, Ronald (1986): Liberalism, in: ders., A Matter of Principle, Oxford

Dworkin, Ronald (1990): Foundations of Liberal Equality. The Tanner Lectures on Human Values, XI, Salt Lake City

Dworkin, Ronald (1990a): Gerechtigkeit und Rechte (engl. 1977), in: ders., Bürgerrechte ernstgenommen, Frankfurt/M.

Dworkin, Ronald (1990b): Welche Rechte haben wir? (engl. 1977), in: ders., Bürgerrechte, a.a.O.

Dworkin, Ronald (1990c): Umgekehrte Diskriminierung (engl. 1977), in: ders., Bürgerrechte, a.a.O.

Erikson, Erik H. (1970): Jugend und Krise. Die Psychodynamik im sozialen Wandel, Stuttgart

Ewald, François (1983): Der Vorsorgestaat (frz. 1986), Frankfurt/M.

Fanon, Frantz (1966): Die Verdammten dieser Erde, Frankfurt/M.

Finkielkraut, Alain (1989): Die Niederlage des Denkens (frz. 1987), Reinbek bei Hamburg

Forst, Rainer (1993): Kommunitarismus und Liberalismus - Stationen einer Debatte, in: A. Honneth (Hg.), Kommunitarismus. Eine Debatte über die moralischen Grundlagen moderner Gesellschaften, Frankfurt/M.

---

18 Dworkin 1981; Lukes 1994

19 Für Hinweise und Einwände danke ich Stefan Gosepath, Marcus Llanque, Herta Nagl-Docekal, Hartmut Rosa, Thomas Schramme, David Strecker sowie den Teilnehmerinnen und Teilnehmern am autonomen Apfelwein-Colloquium.

Forst, Rainer (1994): Kontexte der Gerechtigkeit. Politische Philosophie jenseits von Liberalismus und Kommunitarismus, Frankfurt/M.

Fraser, Nancy (1994): Der Kampf um die Bedürfnisse: Entwurf für eine sozialistisch-feministische kritische Theorie der politischen Kultur im Spätkapitalismus (engl. 1989), in: dies., Widerspenstige Praktiken. Macht, Diskurs, Geschlecht. Gender Studies, Frankfurt/M.

Fullinwider, Robert K. (1993): Umgekehrte Diskriminierung und Chancengleichheit (engl. 1986), in: B. Rössler (Hg.), Quotierung und Gerechtigkeit. Eine moralphilosophische Kontroverse, Frankfurt/M. - New York

Glazer, Nathan (1975): Affirmative Discrimination: Ethnic Inequality and Public Policy, New York

Glazer, Nathan (1983): Ethnic Dilemmas: 1964-1982, Cambridge, Mass.

Gosepath, Stefan (1992): Aufgeklärtes Eigeninteresse. Eine Theorie theoretischer und praktischer Rationalität, Frankfurt/M.

Green, Leslie (1995): Internal Minorities and their Rights, in: W. Kymlicka (ed.), The Rights of Minority Cultures, Oxford

Habermas, Jürgen (1993): Anerkennungskämpfe im demokratischen Rechtsstaat, in: Charles Taylor, Multikulturalismus und die Politik der Anerkennung, hrsg. v. A. Gutmann, Frankfurt/M.

Habermas, Jürgen (1997): Versöhnung durch öffentlichen Vernunftgebrauch, in: Philosophische Gesellschaft Bad Homburg/W. Hinsch (Hg.), Zur Idee des politischen Liberalismus. John Rawls in der Diskussion, Frankfurt/M.

Heid, Helmut (1994): Funktion und Tauglichkeit herrschender Prinzipien zur Gewährleistung sozialer Verteilungsgerechtigkeit, in: L. Montada (Hg.), Arbeitslosigkeit und soziale Gerechtigkeit, Frankfurt/M. - New York

Heidegger, Martin (1927): Sein und Zeit, Tübingen 1986

Held, Virginia (1993): Vernünftiger Fortschritt und Selbstachtung (engl. 1973), in: B. Rössler (Hg.), Quotierung und Gerechtigkeit. Eine moralphilosophische Kontroverse, Frankfurt/M. - New York

Honneth, Axel (1986): Diskursethik und implizites Gerechtigkeitskonzept, in: W. Kuhlmann (Hg.), Moralität und Sittlichkeit. Das Problem Hegels und die Diskursethik, Frankfurt/M.

Johnston, Darlene M. (1995): Native Rights as Collective Rights: A Question of Group Self-Preservation, in: W. Kymlicka (ed.), The Rights of Minority Cultures, Oxford

Kymlicka, Will (1989): Liberalism, Community, and Culture, Oxford

Kymlicka, Will (1990): Contemporary Political Philosophy. An Introduction, Oxford

Kymlicka, Will (1995): Multicultural Citizenship. A Liberal Theory of Minority Rights, Oxford

Lukes, Stephen (1994): Fünf Fabeln über Menschenrechte (engl. 1993), in: PROKLA Heft 96

Mead, George Herbert (1934): Geist, Identität und Gesellschaft, Frankfurt/M. 1993

Mill, John Stuart (1859): On Liberty, hrsg. v. G. Himmelfarb, Harmondsworth 1974

Nagel, Thomas (1992): Der Blick von Nirgendwo (engl. 1986), Frankfurt/M.

Nagel, Thomas (1993): Bevorzugung gegen Benachteiligung? (engl. 1973), in: B. Rössler (Hg.), Quotierung und Gerechtigkeit. Eine moralphilosophische Kontroverse, Frankfurt/M. - New York

Nagel, Thomas (1994): Eine Abhandlung über Gleichheit und Parteilichkeit (engl. 1991), in: ders., Eine Abhandlung über Gleichheit und Parteilichkeit und andere Schriften zur politischen Philosophie, hrsg. v. M. Gebauer, Parderbom - München - Wien - Zürich

Nozick, Robert (1974): Anarchy, State, and Utopia, New York

Nussbaum, Martha C. (1993): Menschliches Tun und soziale Gerechtigkeit. Zur Verteidigung des aristotelischen Essentialismus, in: M. Brumlik/H. Brunkhorst (Hg.), Gemeinschaft und Gerechtigkeit, Frankfurt/M.

Offe Claus (1989): Fessel und Bremse. Moralische und institutionelle Aspekte „intelligenter Selbstbeschränkung", in: A. Honneth/Th. McCarthy/C. Offe/A. Wellmer (Hg.), Zwischenbetrachtungen im Prozeß der Aufklärung. Jürgen Habermas zum 60. Geburtstag, Frankfurt/M.

Offe, Claus (1993): A Non-Productivist Design for Social Policies, in: P. van Parijs (Ed.), Arguing for Basic Income. Ethical Foundations for a Radical Reform, London - New York

Offe, Claus (1996): „Homogenität" im demokratischen Verfassungsstaat - Sind politische Gruppenrechte eine adäquate Antwort auf Identitätskonflikte? In: Peripherie. Zeitschrift für Politik und Ökonomie in der Dritten Welt, Nr. 64

O'Neill, Onora (1993): Wie wissen wir, wann Chancen gleich sind? (engl. 1976), in: B. Rössler (Hg.), Quotierung und Gerechtigkeit. Eine moralphilosophische Kontroverse, Frankfurt/M. - New York

Parekh, Bhikhu (1995): The Rushdie Affair: Research Agenda for Political Philosophy, in: W. Kymlicka (ed.), The Rights of Minority Cultures, Oxford

Pfannkuche, Walter (1994): Wer verdient schon, was er verdient. Vier Gespräche über Gerechtigkeit, Hamburg

Phillips, Anne (1995): Geschlecht und Demokratie (engl. 1991), Hamburg

Rachels, James (1993): Was Menschen verdienen (engl. 1978), in: B. Rössler (Hg.), Quotierung und Gerechtigkeit. Eine moralphilosophische Kontroverse, Frankfurt/M. - New York

Rawls, John (1979): Eine Theorie der Gerechtigkeit (engl. 1971), Frankfurt/M.

Rawls, John (1994a): Kantischer Konstruktivismus in der Moraltheorie (engl. 1980), in: ders., Die Idee des politischen Liberalismus, Frankfurt/M.

Rawls, John (1994b): Der Vorrang des Rechten und die Idee des Guten (engl. 1988), in: ders., Die Idee, a.a.O.

Raz, Joseph (1986): The Morality of Freedom, Oxford

Raz, Joseph (1995): Multikulturalismus: Eine liberale Perspektive (engl. 1994), in: Deutsche Zeitschrift für Philosophie, Heft 2

Roemer, John (1996): Theories of Distributive Justice, Cambridge, Mass. - London

Rössler, Beate (Hg.) (1993): Quotierung und Gerechtigkeit. Eine moralphilosophische Kontroverse, Frankfurt/M. - New York

Sandel, Michael (1982): Liberalism and the Limits of Justice, Cambridge

Sartre, Jean-Paul (1988): „Die Verdammten dieser Erde" von Frantz Fanon, in. ders., Wir sind alle Mörder. Der Kolonialismus ist ein System, Reinbek

Seel, Martin (1995): Versuch über die Form des Glücks. Studien zur Ethik, Frankfurt/M.

Seel, Martin (1996): Wohlergehen. Über einen Grundbegriff der praktischen Philosophie, in: ders., Ethisch-ästhetische Studien, Frankfurt/M.

Sen, Amartya (1992): Inequality Reexamined, New York - Oxford

Taylor, Charles (1988a): Was ist menschliches Handeln? (engl. 1977), in: ders., Negative Freiheit? Zur Kritik des neuzeitlichen Individualismus, Frankfurt/M.

Taylor, Charles (1988b): Wesen und Reichweite distributiver Gerechtigkeit (engl. 1985), in: ders., Negative, a.a.O.

Taylor, Charles (1989): Sources of the Self. The Making of the Modern Identity, Cambridge

Taylor, Charles (1993): Die Politik der Anerkennung (engl. 1992), in: ders., Multikulturalismus und die Politik der Anerkennung, hrsg. v. A. Gutmann, Frankfurt/M.

Tugendhat, Ernst (1993): Vorlesungen über Ethik, Frankfurt/M.

Van Parijs, Philippe (1995): Real Freedom for All. What (if Anything) can Justify Capitalism?

Waldron, Jeremy (1995): Theoretische Grundlagen des Liberalismus (engl. 1987), in: B. van den Brink/W. van Reijen (Hg.), Bürgergesellschaft, Recht und Demokratie, Frankfurt/M.

Walzer, Michael (1992): Sphären der Gerechtigkeit. Ein Plädoyer für Pluralität und Gleichheit (engl. 1983), Frankfurt/M. - New York

Young, Iris Marion (1989): Justice and the Politics of Difference, Princeton

Hartmut Rosa

Die prozedurale Gesellschaft und die Idee starker politischer Wertungen

Zur moralischen Landkarte der Gerechtigkeit

I.

Die gegenwärtige Debatte um Verteilungsgerechtigkeit in der politischen Philosophie hat bisweilen etwas geradezu Gespenstisches. Wie Leuchttürme, die souverän aus dem Meer der gesellschaftlichen Realität herausragen, senden sich die Koryphäen der Gerechtigkeitstheorie (von Rawls bis Habermas und von Walzer bis Barry) diesseits und jenseits des Atlantiks unbeeindruckt ihre Signale, d.h. ihre immer weiter verfeinerten begründungstheoretischen Argumente für eine zustimmungsfähige Konzeption sozialer Gerechtigkeit zu, während unten die See des sozioökonomischen Wandels immer rauher wird und das unter dem Banner von Solidarität und Gerechtigkeit segelnde Schifflein des Sozialstaates vollkommen zu verschlingen droht. *Faktizität und Geltung*, um einen zentralen Titel dieser Debatte zu zitieren (Habermas 1997), klaffen im Hinblick auf den dominanten politiktheoretischen Gerechtigkeitsdiskurs in eben jenen Gesellschaften, auf deren Boden er ausgetragen wird, (ebenso wie auch in fast allen anderen Gegenden der Welt) immer stärker auseinander, ohne daß dies die Diskursteilnehmer sonderlich zu beunruhigen scheint. Der in den siebziger und achtziger Jahren anvisierten sozialliberalen Form des Sozialstaates, der von Habermas über Rawls, Dworkin und Barry bis hin zu Walzer und Richard Rorty die Sympathie der Theoretiker gilt, mangelt es derzeit gewiß nicht an eloquenten und ausgetüftelten theoretischen Rechtfertigungen, dafür aber umso eklatanter an Möglichkeiten für die praktische Umsetzung. Diese Tatsache kann meines Erachtens nicht bedeutungslos für die Bewertung oder Einordnung jener Theorien selbst sein. Sie argumentieren mit immer subtileren, trickreicheren und nuancierteren Strategien für eine 'universalistische'[1] und mehr oder weniger egalitär ausgerichtete, auf der sozioökonomischen Basis des sozialliberalen Wohlfahrtsstaates beruhende Konzeption der Gerechtigkeit (und verlieren sich dabei in Auseinandersetzungen um Details der Begründung), bleiben hierbei jedoch in jeder Variante auf gesellschaftliche Solidaritäts- und ökonomische Umverteilungsressourcen angewiesen, die im derzeitigen realen gesellschaftlichen Entwicklungsprozeß - von der Theoriediskussion völlig ignoriert - immer schneller und radikaler erodieren. Tatsächlich nämlich sind die liberalen Gesell-

---

1 Michael Walzers in *Spheres of Justice* vorgelegte Gerechtigkeitstheorie stellt hier insofern eine Ausnahme dar, als sie weit eher (und bewußt) kontextualistisch als universalistisch argumentiert. Walzer hat jedoch, wie etwa Rainer Forst zu zeigen versucht hat (Forst 1994, S.258ff), inzwischen seine Position modifiziert in Richtung auf einen 'formal-prozeduralen' Universalismus, in dem "universale Prinzipien einen formalen Rahmen bilden, der sich ... in jeweils verschiedener Form 'reiteriert'" (ebd., S.258; vgl. dazu Walzer 1996). Diese Interpretation scheint mir indessen Walzers nach wie vor aufrechterhaltene Vorbehalte gegen den 'Universalismus des allumfassenden Gesetzes' nicht genügend Rechnung zu tragen; vgl. dazu auch Rosa 1998, S.149ff. Für Rortys Position bleibt ebenfalls festzuhalten, daß sie keine *kulturübergreifende* Gültigkeit beansprucht.

schaften des Westens (und nicht nur diese; im Grunde handelt es sich zweifellos um ein weltweites Phänomen) im realpolitischen Prozeß dabei, sich von nahezu allen Standards distributiver Gerechtigkeit, die (sieht man einmal von der extremen Minderheit der Vertreter des Nozick- oder Hayek-Flügels ab) in der Theoriediskussion eine Rolle spielen, zu verabschieden. Sie werden daher, legt man jene Maßstäbe im Hinblick auf die Verteilung des gesellschaftlichen Wohlstandes zugrunde, immer schneller immer ungerechter. Sowohl das Gleichheitsprinzip - gleichgültig, ob es als auf Chancen-, Ressourcen- oder Ergebnisgleichheit zielend aufgefaßt wird und ob es im Hinblick auf Einkommensentwicklung, Bildungschancen oder kulturelle Entfaltungsmöglichkeiten in Anschlag gebracht wird - als auch das Bedarfsprinzip (etwa im Gesundheitssektor) befinden sich überall dort, wo es um reale Verteilungskämpfe geht, auf dem Rückzug. Und selbst das Leistungs- bzw. Verdienstprinzip (*desert*), das von kaum einem Theoretiker und nur von einer verschwindenden Minderheit in der Bevölkerung als alleine maßgebendes Gerechtigkeitsprinzip betrachtet wird, findet bei der Verteilung der gesellschaftlichen Ressourcen nur sehr bedingt Anwendung: Betrachtet man die derzeitige Entwicklungsdynamik im Hinblick auf Reichtum und Einkommen, so scheint eher 'Reichtum Reichtum zu produzieren' als *Leistung*; die großen Gewinne werden über Börsengeschäfte, Finanztransaktionen, Geld- und Immobilienanlagen erzielt und i.d.R. weitervererbt (wobei die Vererbung natürlich ein notorisches Problem für leistungsorientierte Gerechtigkeitstheorien darstellt), sie werden dagegen selten durch sozial oder wirtschaftlich produktive *Leistungen* erreicht. Es bedarf daher eines sehr einseitigen Leistungs- oder Verdienstbegriffs, um in ihm den derzeit gesellschaftlich wirksamen Verteilungsmaßstab zu sehen.[2]

Daß sich daher in zunehmendem Maße überall in den westlichen Gesellschaften auf breiter Front Entwicklungen beobachten lassen, die weder nach Maßgabe der genannten Theorien noch nach dem Gerechtigkeitsempfinden der Bürger als 'gerecht' bezeichnet werden können, bedarf kaum mehr der Erwähnung. So steht - um nur ein paar willkürlich ausgewählte Symptome zu benennen - einer stetig wachsenden Zahl von (arbeitenden und arbeitslosen) Menschen, die auf soziale Unterstützung angewiesen sind und unterhalb der Armutsgrenze leben müssen, nicht nur eine ebenfalls wachsende Zahl von Einkommensmillionären gegenüber, sondern zugleich auch eine steigende Zahl von Millionären, die keine Steuern zahlen (Vgl. hierzu Huster 1993); die 'Armutsdienstleistungen' vom Gepäckträger zum Rickschafahrer, Tüteneinpacker im Supermarkt und Schuhputzer - bisher fast nur aus der sogenannten *Dritten Welt* bekannt - sind auch in den reichen Industriestaaten wieder auf dem Vormarsch; Qualität im Bildungssektor droht in den Privatbereich abzuwandern und die Chancengleichheit durch privatwirtschaftliche Angebote (man denke etwa an den stetig wachsenden 'Nachhilfesektor' oder die Privatschulen) ausgehöhlt zu werden; im Gesundheitssektor zeichnet sich ein Wandel (von möglicherweise historischer Tragweite) vom Solidarprinzip hin zum versiche-

---

2 Vgl. Deutsch 1975 für den Versuch, die Vielfalt an Gerechtigkeitsvorstellungen vermittels der genannten drei zentralen Prinzipien (Gleichheit, Bedürfnis, Leistung/Verdienst) zu kategorisieren.

rungstechnischen Äquivalenzprinzip ab (darauf wird noch näher einzugehen sein); und selbst das städtebauliche Erscheinungsbild moderner westlicher Gesellschaften läßt Zweifel an der Hypothese aufkommen, die Verteilung gesellschaftlichen Reichtums werde über Gerechtigkeitserwägungen gesteuert: Überall schießen in den teuersten und bestgelegenen Stadtgegenden die Marmorpaläste der Großbanken in den Himmel, während in den benachbarten Schulen infolge von Mittel- und Lehrerknappheit der Unterricht ausfallen muß und die Krankenhäuser Mühe haben, auch nur die minimalen hygienischen Standards aufrechtzuerhalten. Während auf der einen Seite über einen gigantischen Werbeapparat vielfach bereits mehr Geld in die *Induktion* neuer Bedürfnisse gesteckt wird, als für deren Befriedigung aufzuwenden ist (etwa dort, wo die Hersteller von Markensportschuhen höhere Summen an NBA- und Formel 1-Stars überweisen, als sie insgesamt an die Frauen und Kinder in Südostasien bezahlen, welche die Schuhe herstellen), wächst auf der anderen Seite die Zahl unerfüllter Grundbedürfnisse permanent an - es fehlt für diejenigen, die es sich nicht (mehr) leisten können an Wohnungen, Kleidung, Gesundheitsfürsorge, Bildung, Umweltschutz etc. Dieses Mißverhältnis vergrößert sich im Hinblick auf das sogenannte Nord-Süd-Gefälle, aber auch innerhalb der reichen Industriestaaten selbst. Auf eine einfache, wohlbekannte Formel gebracht: Die Armen weden immer ärmer, die Reichen immer reicher - ohne sich um prodzeduraluniversalistische (oder, um fair zu sein, auch kommunitaristische, postmoderne oder sonstwie geartete) Gerechtigkeitskonzeptionen zu scheren.[3] Das eingangs angedeutete Phänomen ist also ein durchaus wechselseitiges: Nicht nur nimmt die Theorie offensichtlich die sich für die Chance ihrer Verwirklichung verheerend auswirkenden gesellschaftlichen Veränderungen nicht zur Kenntnis, sondern die zentralen entwicklungsdynamischen gesellschaftlichen Prozesse scheinen sich auch unter nahezu vollständiger Ignorierung theoretischer (und empirischer) Gerechtigkeitskonzeptionen zu vollziehen. Sofern man es als die vordringliche Aufgabe der politischen Theorie versteht, die der sozialen Wirklichkeit zugrundeliegenden Prinzipien zu erhellen, zu legitimieren oder zu kritisieren (Vgl. dazu ausführlich Rosa 1994a und 1995a), kommt man daher nicht umhin, der derzeit dominanten Gerechtigkeitstheorie ein schlechtes Zeugnis auszustellen.

Was diejenigen, die an der Idee einer Verteilung gesellschaftlicher Ressourcen nach Maßgabe gerechtigkeitskonzeptioneller Erwägungen festhalten wollen, also brauchen, sind schwerlich neue begründungstheoretische Strategien zur Rechtfertigung auch nur minimaler Standards von Verteilungsgerechtigkeit, sondern zunächst ein Verständnis davon, wieso theoretische und empirische Gerechtigkeitsüberzeugungen derzeit nicht oder kaum gesellschaftlich operativ oder wirkmächtig zu werden vermögen. Ein wesentlicher Grund dafür, so möchte ich im folgenden zeigen, ist in der Struktur der dominanten, vorwiegend deontologisch verfahrenden Gerechtigkeitstheorien selbst zu finden. Sie vermögen es nicht, gesellschaftliche Energien gegen die sogenannten 'systemischen' oder funktionalen Zwänge des kapitalistischen Wirtschaftssystems zu mobilisieren, wel-

---

3 Für einen Überblick über theoretische und empirische Gerechtigkeitskonzeptionen vgl. etwa Miller 1991a und b; für einen Versuch, diese beiden Dimensionen der Diskussion um Gerechtigkeit analytisch zu trennen und gerade dadurch füreinander fruchtbar zu machen vgl. Schmidt 1994.

ches seiner eigenen, von allen Gerechtigkeitsvorstellungen abgekoppelten Verteilungslogik folgt.[4] Will man sich nicht der - auf eigentümliche Weise mit den Ergebnissen der Luhmannschen Systemtheorie konvergierenden - fatalistischen 'Volksweisheit' anschließen, gegen 'das System' könne man 'sowieso nichts machen', muß die zentrale Frage lauten, wie Gerechtigkeitserwägungen überhaupt wieder in den gesellschaftlichen Entwicklungsprozeß eingeschleust und wirkmächtig werden können und wie sie auch auf der kollektiven Ebene eine handlungsleitende Funktion (zurück-) gewinnen können.[5]

Wie sehr funktionale Erwägungen die Anwendung genuiner Gerechtigkeitsprinzipien unterlaufen und geradezu vereiteln können, macht dabei auf eindringliche, wenngleich unfreiwillige Weise die ohne Zweifel bekannteste, einflußreichste und am weitesten diskutierte Gerechtigkeitstheorie des 20. Jahrhunderts, John Rawls' *A Theory of Justice* (Rawls 1971), deutlich. Der dort formulierte zentrale Gerechtigkeitsgrundsatz des *Differenzprinzips*, nach welchem sozioökonomische Ungleichheiten nur dann gerechtfertigt sind, wenn sie *den am schlechtesten Gestellten der Gesellschaft* (*am meisten*) *zugute kommen*, scheint auf den ersten Blick radikal egalitäre Konsequenzen zu haben, und in diesem Sinne wird er in der Literatur zumeist auch interpretiert (So etwa Taylor 1985a, S.303ff). Tatsächlich aber enthält das Differenzprinzip letztlich *zwei* Prinzipien, nämlich zum einen das der *Gleichheit* und zum anderen die Idee des 'Mehrhabens' bzw. des wachsenden Wohlstandes. Daß das erste Prinzip dem zweiten dann untergeordnet wird - Ungleichheit ist gerechtfertigt, wenn sie dazu führt, daß 'alle mehr haben' bzw. 'bessergestellt sind' - hat zur Konsequenz, daß uns Rawls' Theorie letztlich wehrlos läßt gegenüber den Argumenten der Neoliberalen, die ihrerseits nicht über Adam Smith hinausgelangt sind, der bereits die Überzeugung vertrat, die 'unsichtbare Hand des Marktes' sorge dafür, daß selbst der am schlechtesten gestellte Engländer noch besser lebe als der bestgestellte Indianerhäuptling - womit die Bedingung des Rawlsschen Differenzprinzips erfüllt wäre. Das Prinzip impliziert somit zumindest in dieser Hinsicht seine eigene Wirkungslosigkeit: Gerechtigkeit ist keine handlungsleitende und -motivierende Idee, kein intentional anzustrebendes und im Handlungsvollzug zu verwirklichendes Gut mehr, sondern eine glückliche Nebenfolge, die sich einstellt, wenn die Rahmenbedingungen richtig gesetzt sind. (Daß freilich keine Einigung darüber zu erzielen ist, wie die ökonomischen Randbedingungen genau beschaffen sein müssen, damit die im Differenzprinzip erhobene Forderung erfüllt wird, ist meines Erachtens ein grundsätzliches und inhärentes Problem dieser Theorie.) Eine solche Auffassung von Gerechtigkeit scheint mir jedoch nicht nur ihrem Gegenstand unangemessen zu sein, sondern auch auch bereits den Keim ihres Scheiterns in sich zu tragen: Sie impliziert und transportiert ein Menschen- und Gesellschaftsbild, vor dessen Hintergrund sich jene Gerechtigkeits-

---

4 Über die Art und Weise, wie bei 'Gerechtigkeitsurteilen' der Bürger genuine Gerechtigkeitsprinzipien und funktionalistischen Erwägungen verknüpft werden vgl. Rübner/Samol 1996.

5 Vgl. für eine umfassende analytische Trennung der unterschiedlichen sozialen Kontexte, in denen moralische Erwägungen mit je unterschiedlichen Wirkungsweisen, Voraussetzungen und Konsequenzen entfaltet werden (können) jetzt Giegel 1997.

vorstellungen nicht verwirklichen lassen, weil sie die dafür erforderlichen *motivationalen Ressourcen, Antriebe und gesellschaftlichen Energien* nicht zur Verfügung stellen kann. Dies gilt auch für die diskursethischen Varianten an prozeduralen Gerechtigkeitstheorien, die Gerechtigkeit zwar für eine moralische Forderung halten, die sich unmittelbar und stets von neuem auch dem einzelnen in seinen Handlungen stellt, sie aber dennoch nicht als 'Gut' auffassen, das es gemäß den je partikularen ethischen Konzeptionen der Individuen zu verwirklichen gilt und das deshalb unmittelbar handlungsantreibend wirkt, sondern in ihr eher eine begrenzende, von Erwägungen des je 'für mich' guten Lebens unabhängige *Verpflichtung* erblicken. Auch ihnen fehlt - wie noch genauer zu zeigen sein wird - die motivationale Basis dafür, für gerecht erachtete Zustände auch wirklich herbeizuführen.

An diesem Punkt erhebt sich nun mit Nachdruck die Frage, um was für ein 'Ding' es sich bei der Gerechtigkeit eigentlich handelt. Wovon reden wir, wenn wir erwägen wollen, wie eine gerechte Gesellschaftsordnung aussehen könnte oder wie sie zu verwirklichen wäre, und worauf beruhen unsere Gerechtigkeitsintuitionen und -urteile? Auf welche Weise läßt sich von Personen, Handlungen oder institutionellen Ordnungen aussagen, sie seien 'gerecht'? Selbst diejenigen, die an einer strikten Unterscheidung zwischen dem Guten und dem (Ge-) Rechten festhalten möchten, bestreiten in der Regel nicht, daß Gerechtigkeit als *Gut* zumindest in dessen weitestem, formalem Sinne verstanden werden kann. Die Ansichten gehen aber dann auseinander, wenn bestimmt werden soll, *was für eine Art von Gut* die Gerechtigkeit darstellt, wie sie in *substantieller* Hinsicht zu verstehen ist und wie sie im Verhältnis zu anderen (substantiellen) Gütern und Vorstellungen des Guten, des guten Lebens und der guten Gesellschaft zu verorten ist.

Ich möchte im folgenden zeigen, daß jeder Begriff von Gerechtigkeit unauflösbar und konstitutiv verknüpft ist mit einer je spezifischen Konzeption der Person und der Gemeinschaft sowie deren Verhältnis zueinander, des Guten, der Zeit etc., kurz, daß 'Gerechtigkeit' nur denkbar ist vor dem Hintergrund einer kompletten 'moralischen Landkarte', die nicht ausgeblendet werden darf, wenn Gerechtigkeitsvorstellungen gesellschaftlich wirksam werden sollen. Ich werde mich dabei in tragenden Teilen meiner Argumentation auf Überlegungen stützen, die *Charles Taylor* in unterschiedlichen Zusammenhängen entwickelt hat; nicht, um aus seinen Schriften eine weitere, abstrakte Gerechtigkeitstheorie zu destillieren,[6] sondern um aufzuzeigen, wie man mit Taylor zu einem veränderten Verständnis der Gerechtigkeitsproblematik und darüber zu einem neuen Zugriff auf gesellschaftliche Solidaritätsressourcen gelangt, welche die Inadäquatheit und Wirkungslosigkeit der vorherrschenden Konzeptionen zu überwinden

---

6 Aus Gründen, die im folgenden ersichtlich werden, entwickelt Taylor selbst keine explizite Theorie der Gerechtigkeit. Er diskutiert jedoch die aktuellen Vorstellungen von Verteilungsgerechtigkeit in *The Nature and Scope of Distributive Justice* (1985a), wo er sich darum bemüht, einerseits atomistische und ahistorische Ansätze zu widerlegen und andererseits die unaufhebbare Pluralität von Gerechtigkeitsprinzipien sowie deren Verankerung in konkreten Lebensformen herauszuarbeiten (vgl. ferner auch *Justice after Virtue* (Taylor 1994) und *Leading a Life* (Taylor 1995)).

vermögen. Hierbei möchte ich, an Taylors Begriff der *starken Wertung* anknüpfend, dann auch ausloten, welche konkreten politischen Konsequenzen und Möglichkeiten sich daraus ergeben.

II.

Für Charles Taylor stellt es eine grundlegende und unhintergehbare Einsicht dar, daß unsere Begriffe des *Selbst,* der *Gesellschaft* und des *Guten, Gerechten und Richtigen* sich als intern so miteinander verknüpft und verschränkt erweisen, daß sie sich getrennt nur dann sinnvoll erörtern lassen, wenn die korrespondierenden Komplementärbegriffe stillschweigend mitgedacht oder vorausgesetzt werden. Die de facto Preisgabe eines dieser Begriffe (etwa in der Behauptung, man setzte in einer Erörterung der Gerechtigkeit keinen spezifischen Selbst- oder Gemeinschaftsbegriff oder keine bestimmte Idee des Guten voraus) untergräbt daher unweigerlich auch die Plausibilität der anderen (verwendeten) Begriffe. "The claim I am making could be put in this way: that different principles of distributive justice are related to conceptions of the human good, and in particular to different notions of men's dependence on society to realize the good. Thus deep disagreements about justice can only be clarified if we formulate and confront the underlying notions of man and society. This is the nature of the argument, and it also underlies the actual disputes we witness in our society" (Taylor 1985a, S.291). Die Begründung dieser Behauptung führt Taylor (an anderer Stelle) in anthropologische bzw. phänomenologische und transzendentalphilosophische Bereiche (Vgl. dazu ausführlich Rosa 1998, Kapitel II). Danach sind Subjekte (individuell und kollektiv) nur dann in der Lage, eine stabile Identität zu entwickeln und zu bewahren und handlungsfähig zu werden, wenn und solange sie sich vor dem Hintergrund eines stabilen 'Horizonts der Bedeutsamkeit' (*horizon of significance*) definieren, der ihnen ein Bild davon vermittelt, *wer sie sind* und *worauf es im Leben ankommt*, d.h., welche *Bedeutungen* den sie umgebenden Dingen und Menschen zukommen. Ein menschliches Selbst muß sich daher nicht nur im physikalischen Raum zurechtfinden, sondern findet sich stets zugleich in einen 'moralischen Raum' oder *Bedeutungsraum* gestellt, in dem es für sein Leben und seine Handlungen grundsätzliche Orientierungen gewinnen muß (Vgl. Taylor 1988 und 1989, Kapitel 2). In diesem Bedeutungsraum findet es sich mit Hilfe einer kulturell konstituierten und teils sprachlich, teils implizit in sozialen Praktiken vermittelten 'moralischen Landkarte' zurecht, welche Definitionen des Wichtigen und Unwichtigen, Guten und Schlechten, Ehrenhaften und Feigen, Edlen und Gemeinen etc. enthält, aber auch Bestimmungen dessen, worin ein gutes Leben besteht, was die Natur des Einzelnen und der Gesellschaft sei, was eine gerechte Ordnung darstelle, was verläßliches Wissen garantiere usw. Solche kontrastiven Begriffspaare oder -netze - als starke qualitative Unterscheidungen bilden sie die Grundlage für die *starken Wertungen*[7] der Subjekte - er-

---

7 *Starke* und *schwache* Wertungen können danach unterschieden werden, daß letztere sich auf Dinge beziehen, die wir haben oder tun wollen, während erstere Objekte bezeichnen, von denen wir glauben, daß sie wertvoll sind unabhängig davon, ob wir tatsächlich (gerade) ein Verlangen nach ihnen spüren oder nicht. Schwache Wertungen beantworten daher die Frage: 'Was will ich (gerade)?', starke Wer-

öffnen immer auch korrespondierende Situationswahrnehmungen, Handlungsoptionen, Empfindungen und Selbstverständnisse, die natürlich sprach- und kulturabhängig sind. Universalität kann daher nur für den moralischen Raum als solchen in Anspruch genommen werden, nicht aber für dessen unmittelbare Struktur und die *konkreten* Fragen (etwa nach dem, was in einer Situation ehrenhaft oder feige ist) mit denen sich ein Subjekt auseinanderzusetzen hat. Da dieser Raum natürlich nicht nur bestimmte *moralische* Qualitäten enthält, sondern den gesamten 'Horizont des Bedeutsamen' für ein Subjekt umfaßt, müssen die entsprechenden 'moralischen Landkarten' als eng verknüpft mit umfassenderen *kognitiven Landkarten*, oder als ein Bestandteil derselben, verstanden werden.[8] Wenn im folgenden verkürzend weiterhin von moralischen Landkarten die Rede ist, so sind dabei ästhetische, ethische (und sogar epistemologische) Unterscheidungen stets mitgemeint. Wenn diese Unterscheidungen darüber hinaus qualitative Unterscheidungen im Sinne von 'gut' und 'schlecht' darstellen, so sind auch diese Begriffe dabei weder als ethische noch als moralische Termini im engeren Sinne zu verstehen, sondern ebenfalls als Begriffe, die die gesamte Sphäre des Werthaften umfassen: "'Good' is used here in a highly general sense, designating anything considered valuable, worthy, admirable, of whatever kind or category" (Taylor 1989, S.92 [dt. S.177]).

Vor diesem Hintergrund ist es nun einleuchtend, daß die Frage nach dem *Gerechten* nur sinnvoll zu beantworten ist im Kontext einer umfassenden moralischen Landkarte, auf der sie eine bestimmte *Hinsicht* darstellt bzw. einen spezifischen 'Höhenzug' bildet.

Verzeichnet sind auf dieser Landkarte die möglichen Handlungsoptionen, Lebensstile und Ideale, und sie werden, um in Taylors Raummetapher zu bleiben, 'topographisch' erfaßt vermittels der durch starke Wertungen bezeichneten qualitativen Kontraste, welche die positiv und negativ bewerteten 'Berge und Täler' bestimmen. Es sind dabei nach Taylors Konzeption immer die 'Berge', welche als grundlegende Markierungen der moralischen Landkarte dem menschlichen Leben Sinn, Richtung und Orientierung geben, weil sie die erstrebenswerten Güter oder 'das Gute' schlechthin bezeichnen. Die 'höchsten Berge' bzw. die architektonisch zentralen Güter bilden dabei die handlungsmotivierenden und inspirierenden Zentren, die Taylor auch als *moralische Quellen* bezeichnet.[9] Deshalb ist jeder Begriff des Selbst und jede Identität unauflösbar verschränkt mit einer Konzeption des Guten.

Auf dieser Grundlage ist nun auch ersichtlich, daß die - den eingangs erwähnten liberalen und prozeduralen Gerechtigkeitstheorien zugrundeliegende - Vorstellung, wir

---

tungen bezeichnen dagegen, 'was für eine Art von Person ich sein will' (vgl. vor allem Taylor 1977, dazu ausführlich: Rosa 1998, Kapitel II.2.d.).

8 Zu vermuten wäre dabei, daß jede kognitiv-moralische Landkarte jenseits ihrer spezifischen Struktur qualitativer Kontraste eine epistemologische, eine ästhetische und eine ethische Dimension enthält, d.h., in einem zumindest vagen Sinne die Fragen nach dem Wahren, nach dem Schönen und nach dem Guten (um es in der Sprache der platonischen Trias zu formulieren) definieren und einen entsprechenden Antwortenraum anbieten muß. Zur Theorie kognitiver Landkarten oder Schemata als den grundlegenden Bausteinen menschlicher Kognition vgl. etwa Axelrod 1976 oder Brewer/Nakamura 1984.

9 Daher gibt er seinem Hauptwerk den Titel *Quellen des Selbst*.

müßten uns auf gesellschaftlicher Ebene auf die gemeinsame und verbindliche Definition des 'Richtigen' bzw. Gerechten und die Herausarbeitung eines Katalogs individueller Rechte sowie die Festlegung bestimmter Verfahrensweisen beschränken, weil sich kein gemeinsamer Horizont des Guten bzw. des guten Lebens und damit keine kollektive moralische Landkarte mehr finden oder herstellen läßt, nicht nur unzulänglich, sondern in einem entscheidenden Punkt auch irrig ist. Die Bestimmung des 'Richtigen' oder die Festlegung unveräußerlicher Rechte kann sich nämlich immer erst aus einem *vorgängigen* ethischen Horizont, aus einem gesellschaftlichen Rahmen ergeben, der Vorannahmen evaluativer Art darüber enthält, was es heißt, ein Subjekt zu sein, wie dieses Subjekt in seine Umwelt eingebettet ist und worauf es bei Handlungen und Entscheidungsfindungen (und damit im Leben) ankommt. "[W]here [good] means whatever is marked out as higher by a qualitative distinction, ... we could say that... in a sense the good is always primary to the right... The good is what, in its articulation, gives the point of the rules which define the right" (Taylor 1989, S.89 [dt. S.171f].)

Um diese These aufrechterhalten zu können, muß Taylor liberalen bzw. verfahrensethischen Ansätzen nachweisen können, daß sie de facto immer schon vor dem Hintergrund eines bestimmten, impliziten Horizonts des Guten argumentieren. Ebendies postuliert Taylor denn auch in den *Quellen des Selbst*. Seine zentrale Annahme ist dabei, daß die fundamentalen Güter oder Hypergüter,[10] welche tatsächlich deontologischen Moraltheorien zugrundeliegen, die des desengagierten Naturalismus (z.B. Autonomie und desengagierte Rationalität) sind, welchen stets die Tendenz innewohnt, ihre eigene Wirkmächtigkeit zu verleugnen.

"Je mehr man die Motive dieser Theorien des pflichtgemäßen Handelns untersucht - also im Sinne Nietzsches 'Genealogie' treibt -, desto seltsamer wirken sie. Wie es scheint, werden sie durch die stärksten moralischen Ideale motiviert, wie z.B. Freiheit, Altruismus und Universalismus. Diese Ideale gehören zu den zentralen moralischen Bestrebungen der neuzeitlichen Kultur; sie sind die Hypergüter, welche diese Kultur auszeichnen. Und dennoch - das, wozu die Vertreter solcher Theorien durch diese Ideale getrieben werden, ist eine Leugnung aller derartigen Güter" (Taylor 1989, S.170).

Infolgedessen verfangen sich deontologische Theorien in einem performativen Widerspruch eben jener Art, die Diskursethiker (insbesondere Apel) umgekehrt jenen vorwerfen, welche die apriorische Richtigkeit des diskursethischen Prinzips nicht anerkennen wollen. "They are caught in a pragmatic contradiction, whereby the very goods which move them push them to deny or denature all such goods. They are constitutionally incapable of coming clean about the deeper sources of their own thinking. Their thought is inescapably cramped" (Taylor 1989, S.88 [vgl. dt. S.170]). Was dann in der Moderne auf solcher Grundlage in die Kategorien von Rechten und Gerechtigkeit gefaßt wird, ist letztlich nichts anderes als jene Werte oder Ansprüche, die aufgrund der Struktur des

---

10 Zur Unterscheidung von Lebensgütern, Hypergütern und konstitutiven Gütern siehe Taylor 1989, vgl. Rosa 1995b, S.510f.

neuzeitlichen moralischen Horizontes und ihrer Verköperung in den gesellschaftlichen Praktiken und Institutionen unstrittig und gewissermaßen 'überdeterminiert' sind, so daß sie in der Tat im Sinne Thomas Scanlons, jedoch nur *innerhalb* einer bestimmten (modernen) Traditions- oder Kulturgemeinschaft, "nicht vernünftigerweise zurückgewiesen werden können" (Scanlon 1982, S.110; vgl. Löw-Beer 1991, S.233).

Der entscheidende Punkt, an dem die Fundierung des Richtigen oder Gerechten in einer Konzeption des Guten sichtbar wird, liegt indessen nicht im Bereich der *Begründbarkeit* von Normen, sondern in der Frage der *Handlungsmotivation*. Diese bildet nämlich den notorisch schwachen Punkt aller deontologischen Theorien seit Kant. Wer, wie es diese Tradition tut, eine kategorische Scheidelinie zwischen Ethik und Moral zieht, also zwischen dem, was '*gut für mich'* ist und dem, was 'richtig' ist im Sinne einer verallgemeinerbaren abstrakten Norm, steht vor dem unlösbaren Problem, begründen zu müssen, was Menschen dazu bringt oder bringen könnte, im Sinne des 'Richtigen' zu handeln. Die grundsätzlichen, identitätskonstituierenden Fragen, vor der Subjekte im Hinblick auf ihre Handlungsentwürfe und ihr Leben stehen, sind: "Was soll ich tun? Wie soll ich leben?" Diese Fragen, soviel ist unstrittig, beantworten sie unter Rückgriff auf eine Konzeption des (für sie) Guten, welche ihren Zwecken, Wünschen und Projekten zugrundeliegt. Letztere bilden die motivationalen Antriebe für ihr Leben und Handeln. Nun hebt aber Kant, und mit ihm letztlich die gesamte deontologische Moralphilosophie (auch in ihrer Rawlsschen Variante),[11] ausdrücklich hervor, daß der Begriff der Moral und des Rechts unabhängig sein müsse von allen konkreten oder empirischen Wünschen oder Zwecken, da diese notwendig partikularer Natur sind und die Interessen oder Rechte anderer verletzen könnten. So geht der Rechtsbegriff für Kant "gänzlich aus dem Begriffe der Freiheit im äußeren Verhältnisse der Menschen zueinander hervor und hat gar nichts mit dem Zwecke, den alle Menschen natürlicher Weise haben (der Absicht auf Glückseligkeit), und der Vorschrift der Mittel dazu zu gelangen zu thun" (Kant 1793, S.289). Konsequenterweise ist die Motivation zum moralischen Handeln denn auch gänzlich verschieden und abgetrennt von aller übrigen menschlichen Motivation (Vgl. Williams 1984, S.12).

Während die durch unsere Vorstellungen vom Guten und Erstrebenswerten und durch unsere persönlichen Bindungen und Loyalitätsbeziehungen begründeten Handlungsimpulse unmittelbar in der allgemeinen menschlichen Motivationsstruktur verankert sind und sich aus den notwendigen Bedingungen personaler Identität ableiten lassen, erfordert moralisches Handeln im Sinne deontologischer Moraltheorien Universalität, Unparteilichkeit und Affektfreiheit. Stellt man nun jene 'partikulare' und parteiliche, individuelle Handlungsmotivierung unvermittelt gegen die Forderungen der deontologischen Moral, so läßt sich schlicht nicht mehr begründen, warum jemand sich

---

11 Eine Ausnahme bildet hier in gewissem Sinne Ernst Tugendhat, der sich mit unterschiedlichen Argumentationsstrategien immer wieder um eine Lösung des Motivationsdilemmas bemüht; vgl. etwa Tugendhat 1993 und 1984.

moralisch im Sinne einer abstrakten Universalmoral verhalten sollte.[12] Es mag ja sein, daß jener Zustand oder diese Handlung 'gerechter' wären, als diejenigen es sind, die ich gerade vollziehe oder durch mein Handeln herbeiführe, aber wieso sollte mich das beunruhigen, wenn das 'für mich Gute' dadurch nicht nur nicht gefährdet, sondern sogar befördert wird?[13] Es macht daher auch von diesem Blickwinkel aus gesehen wenig Sinn, eine strikte Trennlinie zwischen Moral und Ethik, zwischen dem Guten und dem Richtigen zu ziehen, wenn man die Aussicht darauf nicht preisgeben will, daß die Vorstellungen des Richtigen und Gerechten auch tatsächlich - individuell und kollektiv - handlungsleitend werden könnten.

Im Begriff der *starken Wertung* eröffnet nun Charles Taylors Philosophie einen Weg, diese beiden Bereiche zusammenzuführen. Danach haben wir nämlich genau dann Grund, uns in einer bestimmten Weise zu verhalten, wenn wir durch eine starke Wertung dazu motiviert werden. Moralisches Handeln wird demnach ebenso wie jede andere Art des Handelns angetrieben durch ein bestimmtes Gut oder eine bestimmte Güterkonstellation unserer moralischen Landkarte, die uns die entsprechenden Handlungsweisen als qualitativ ausgezeichnet erscheinen läßt. "Als Handelnder kann ich immer die Frage stellen, warum ich eigentlich nach einer bestimmten Norm... verfahren soll? Warum soll dies eine Norm sein, der ich mich nicht verweigern kann? Dies ist eine Frage, auf die man nicht anders als mit, wie ich sage, 'starken Wertungen' antworten kann" (Taylor 1986b, S.45). Starke Wertungen bilden dabei, wie ich zu zeigen versucht habe, einen Horizont 'des Guten', der uns als *ontologisch verankert* erscheint,[14] so daß die Differenz zwischen dem *für mich Guten* und *dem Guten schlechthin* zwar nicht aufgehoben, aber doch stark relativiert wird. Das (intersubjektiv) Gute und die Vision des guten Lebens, der ich folgen will, haben ihren Ursprung in einem gemeinsamen, quasi-ontologisch verankerten Wertehorizont, ohne den authentisches Leben und gelingende Identität nicht denkbar sind. Das dort bestimmte Gute und das *für mich Gute* gehen dabei allerdings schon deshalb nicht völlig ineinander auf, weil der gemeinsame Horizont nur die Makrostruktur der individuellen moralischen Landkarte bestimmt und weil ich im Zusammenhang meines individuellen Lebensvollzuges nicht allen Gütern gleich intensiv folgen kann, sondern mit Rücksicht auf meine Lebensgeschichte und meine je individuelle 'Verortung' auf dieser Landkarte in bestimmten Situationen dem einen oder anderen Gut den Vorzug geben muß.

---

12 Eben dieses Dilemma offenbart sich in seltener Klarheit in George P. Fletchers (gescheitertem) Versuch, die beiden so definierten Moralprinzipien miteinander zu versöhnen (Fletcher 1994, dazu Rosa 1994b).

13 Vgl. dazu Taylors Kommentar zur Diskursethik (1986b, S.46): "Wenn ich also meine eigenen Interessen allen Einwänden meiner Gesprächspartner zum Trotz durchzusetzen versuche, dann verletze ich mit Sicherheit die Logik des Diskurses. Aber warum soll ich das nicht tun? Warum soll ich nicht ein erwünschtes Ziel zu erreichen versuchen um den Preis einer kleinen Inkonsequenz?" Ähnlich auch Michael Walzer: "The detached... moralist goes on and on and we don't care" (zitiert nach Shapiro 1990, S.69).

14 Weil und insofern er uns nämlich Gegenstände als wertvoll erscheinen läßt unabhängig davon, ob wir sie de facto (gerade) begehren oder nicht.

Diese Reduktion moralischer Antriebe auf starke Wertungen und eine Konzeption des Guten hebt nun aber keineswegs die Differenz zwischen Wollen und Sollen auf. Diese läßt sich vielmehr weiterhin mit Hilfe von Taylors Unterscheidung zwischen Wünschen erster und zweiter Ordnung[15] bzw. zwischen schwachen und starken Wertungen begründen. So mag es beispielsweise sein, daß ich gerne ins Kino gehen *will*, aber für die morgige Prüfung lernen *soll*; daß ich lieber Fußballspielen *will*, aber in den Gottesdienst gehen *soll*; daß ich in den Urlaub fahren *will*, aber meine kranke Mutter pflegen *soll*; daß ich gerne mit dem Auto fahren *will*, aber aus Gründen des Naturschutzes den Zug nehmen *soll*; oder auch, daß ich aus dem Schlachtfeld wegrennen *will*, aber (falls die moralische Landkarte dies gebietet) für das Vaterland sterben *soll*. Diese Beispiele verdeutlichen noch einmal, daß jene Güter, die mich zu einer bestimmten Handlungsweise verpflichten können, als intrinsisch wertvoll erfahren werden müssen. Daher läßt sich auch das Phänomen *moralischer Empörung* problemlos innerhalb dieses Rahmens erklären: Wir empören uns immer dann, wenn gegen diese Güter bzw. die mit ihnen verbundenen starken Wertungen verstoßen wird. Der orthodoxe Christ empört sich, wenn jemand sonntags auf den Fußballplatz statt zum Gottesdienst geht, der Rassist und Chauvinist empört sich, wenn ein weißer Mann im Bus stehen muß, während eine Farbige sitzt, und der deontologische Moralphilosoph ist empört (oder sollte es sein), wenn gegen jemandens Rechte verstoßen wird.

Natürlich lassen sich dabei aus dem alle möglichen Bereiche menschlicher Werte umfassenden Gebiet starker Wertungen solche heraussondern, die sich auf das Verhalten anderer Menschen gegenüber beziehen. Nichts hindert uns dann daran, diese unter dem Sammelbegriff der 'Moral' oder der Gerechtigkeit zusammenzufassen. Aber die auf eine solche Moral bezogenen starken Wertungen sind in phänomenologischer Hinsicht durch nichts kategorisch oder qualitativ unterschieden von den übrigen starken Wertungen, wenngleich sich natürlich mit einiger Plausibilität behaupten läßt, daß die für den Bereich der Moral maßgebenden Güter (etwa Freiheit, Gerechtigkeit, Wohltätigkeit) im westlich-liberalen Kulturkreis mit zu den 'höchsten Erhebungen' der moralischen Landkarte zählen und zugleich am tiefsten in unseren Traditionen (einschließlich der epistemologischen) verwurzelt sind. Tugendhats Vorschlag an Taylor (Tugendhat 1991, bes. S.445f und 448ff), eine kategoriale Unterscheidung zwischen Fragen der Moral und der (personalen) *Identität* (!) einzuführen, ist daher aus Taylors Sicht geradezu absurd. Weder lassen sich nämlich meine moralischen Urteile von meinem 'ethisch-evaluativen Horizont' trennen, noch läßt sich die von Taylor für zentral gehaltene Frage, 'was wirklich wichtig ist' einfach darauf reduzieren, 'was ich (eigentlich) will', wie Tugendhat nahelegt. Denn beide Bereiche sind letztlich in meiner 'moralischen Landkarte', welche überhaupt erst meine Identität definiert, vereint. Wirft Tugendhat daher Taylor vor, die Trennung zwischen den immer auch ein voluntatives Moment enthaltenden Fragen nach dem, 'was ich will', und dem moralisch Richtigen zu übersehen, so läßt sich umgekehrt

---

15 Wünsche zweiter Ordnung sind dabei (für die hier relevanten Fälle an unseren starken Wertungen orientierte) Wünsche, die sich auf die Wünsche erster Ordnung beziehen und diese 'bewerten'.

behaupten, Tugendhat trage Taylors Prinzip der moralischen Landkarte oder des ethischen Rahmens, welches allein den *Zusammenhang* zwischen Identität und Moral (oder Gerechtigkeit) adäquat zu erklären und damit das (für Tugendhats eigene Arbeiten oftmals zentrale) Problem der moralischen Motivation zu lösen vermag, keine Rechnung.

III.

Just aus der Tatsache, daß liberale und prozedurale Gerechtigkeitstheorien diesen konstitutiven und internen Zusammenhang zwischen Identität und Moral, zwischen dem Guten und dem Richtigen nicht anerkennen, erklärt sich nun auch ihr Scheitern und ihre realpolitische Wirkungslosigkeit. Die in den westlich-liberalen Gesellschaften vorherrschenden politischen und politiktheoretischen Sprachen konzeptualisieren Moral und Gerechtigkeit als etwas Externes: Gerechtigkeitserwägungen begrenzen uns im Hinblick auf die Ausführung dessen, 'was wir eigentlich wollen', sie hindern uns daran, das für uns Gute bzw. für unsere Interessen Nützliche konsequent zu verfolgen. (So liefern sie etwa die legitimatorische Grundlage für den Zwang, Steuern zahlen zu müssen.) Sie definieren als ein von unserem Wollen abgetrenntes *Sollen* unsere Pflichten, die in keinen Zusammenhang mit den von uns individuell angestrebten Gütern gebracht werden. Als solche aber gehen sie der motivierenden Kraft der 'moralischen Quellen', als welche nur 'Güter' wirken können, die auf unserer Landkarte des Guten verzeichnet sind, verlustig - und dies, obwohl ihnen selbst ursprünglich konkrete Gütervorstellungen zugrundelagen, die als solche jedoch nicht mehr in den Blick kommen und nicht mehr artikuliert werden. Ganz deutlich wird dies etwa an Rawls Konzeption der Gerechtigkeit. Seine Theorie basiert auf der Idee eigeninteressierter rationaler Akteure - ihre Gerechtigkeitsorientierung resultiert nicht aus ihrem Horizont des Guten, aus ihrer 'moralischen Landkarte' (oder, in der Terminologie von Rawls, ihrer 'comprehensive doctrine of the good'), sondern besteht gerade darin, sich auf einen hypothetischen Urzustand einzulassen, in dem sie *nicht* wissen, welche Interessen sie haben und welche Güterkonzeptionen sie verfolgen werden. Gerechtigkeit wird so eindeutig zu einem 'externen' Prinzip, das sich in der institutionellen Grundordnung niederschlagen soll und danach nur noch als Handlungsrahmen, nicht aber als unmittelbares Handlungsmotiv wirksam wird.

Andere *Rational* oder *Public Choice*-Theorien - die über die Ideologie des Neo-Liberalismus durchaus nennenswerten politischen Einfluß gewonnen haben - gehen noch einen Schritt weiter, indem sie Gerechtigkeitserwägungen als geradezu dysfunktional erscheinen lassen. Paradigmatisch hierfür ist etwa die als 'Nash-Solution' diskutierte Lösung für eine Verhandlungssituation, in der eine Verteilungsmasse zwischen zwei Parteien aufgeteilt werden soll.[16] Sie läßt sich leicht an folgendem Beispiel illustrieren: Ein Vater hat zwei Söhne, denen er ein Erbe von insgesamt 100.000 DM hinterläßt. Sie erhalten die Summe jedoch nur unter der Bedingung, daß sie sich auf eine

---

16 Dieser Lösungsvorschlag ist nach einer Idee des Mathematikers John F. Nash benannt; vgl. dazu ausführlich Barry 1989, S.12ff.

bestimmte Aufteilung dieses Betrags *einigen* können, andernfalls fällt das Geld einer Wohltätigkeitsorganisation zu. Wie wird das Geld aufgeteilt? Eine Gleichverteilung, die intuitiv vielleicht als gerecht erscheinen mag, ist keineswegs die einzige und nicht einmal die naheliegendste 'rationale' Lösung. Nehmen wir an, einer der beiden Söhne sei sehr reich, vielleicht mehrfacher Millionär, dem es letztlich auf einhunderttausend Mark mehr oder weniger kaum ankomme. Der andere dagegen müsse gerade 20.000 DM Schulden zurückzahlen, die er ohne das Erbe nicht aufbringen könne. Vor diesem Hintergrund wird es klar, daß der Nutzen oder der 'Nutzwert' (*utility*) der gleichen Geldsumme - sagen wir 20.000 DM - für den armen Sohn viel höher ist als für den reichen. Der arme Sohn (als rationaler, nutzenmaximierender Akteur) wird sich weit eher mit dreissig- oder auch nur zwanzigtausend Mark zufriedengeben, als ein Scheitern der Verhandlung zu riskieren, während es dem reichen durchaus zuzutrauen ist, daß er das Geschäft auch bei 60:40 zu seinen Gunsten noch platzen läßt. Nach Nash ist es daher wahrscheinlich - wenn beide Söhne rational im Sinne dieser Theorien verhandeln -, daß sie sich auf jene Verteilung einigen, bei der das *Produkt aus den 'Nutzwerten'* (*utilities*) am höchsten ist, und das wird in einem solchen Fall bei einer deutlichen Ungleichverteilung (vielleicht bei Siebzigtausend zu Dreißigtausend zugunsten des Reichen) der Fall sein. Eine solche Lösung ist in der Terminologie dieser Theorie nicht nur 'rational', sondern sie wird sogar unter der Rubrik 'fair division' als Standardlösung geführt (Vgl. Barry 1989, S.12 u. 16). Entgegen aller rhetorischen Beteuerungen der Rational Choice-Theoretiker, normativ neutral zu sein, spricht diese Sprache deutlich genug für sich: Eine Gleichverteilung - oder gar ein Verzicht des Reichen zugunsten des Armen - wäre nicht nur 'irrational', sondern auch noch 'unfair' (wenn man davon ausgeht, daß irrational und unfair die Gegenbegriff zu rational und fair sind). Moralische oder normative Erwartungen in einen solchen Verhandlungskontext einzuführen, erscheint dann nicht nur als dysfunktional, sondern schwächt zudem noch die Verhandlungsposition dessen, der sie einbringt (Dazu Giegel 1997, S.11ff).

Die hierin verkörperte Logik, daß es nämlich für den einzelnen erstrebenswert und 'gut' sei, sich zu nehmen, was immer er kriegen könne - die moralische Landkarte des nutzenmaximierenden Individuums -, scheint sich bei realen Verteilungssituationen in jenen Bereichen, die ökonomischen Prämissen folgen (etwa Tarifverhandlungen) in der Tat durchgesetzt zu haben, und sie zeitigt auch durchaus die Ergebnisse, die man erwarten kann: Nehmen wir an, daß es sich bei der Verteilungssituation nicht um eine Verhandlung zwischen zwei Söhnen, sondern um eine zwischen Arbeitgebern und Arbeitnehmern handelt, die über die Aufteilung des erwirtschafteten Gewinns verhandeln. Nehmen wir ferner an, daß die Rahmenbedingungen jährlich stattfindender Tarifverhandlungen sich nicht ändern. Gehen wir nun davon aus, daß die Arbeitgeber aufgrund einer stärkeren Verhandlungsposition einen größeren Gewinn aus der in der ersten Runde verteilten Masse ziehen, so hat dies zur Folge, daß sich im nächsten Jahr bereits die Nutzwerte (*utilities*) für eine bestimmte Verhandlungsmasse zu ungunsten der Arbeitnehmer verschoben haben: Das Produkt der Utilities erreicht seinen Maximalwert nun bei einer noch deutlicheren Ungleichverteilung zugunsten der Arbeitgeber, und diese

Tendenz setzt sich fortan in jeder neuen Runde fort. Dieses Modell könnte damit problemlos erklären, wieso die Verteilung des Wohlstandes in den Industriegesellschaften (und nahezu überall sonst auch) spätestens seit dem Verschwinden der sozialistischen Systemkonkurrenz immer ungleicher wird (wie ein Blick auf die Entwicklung des Verhältnisses von Arbeitnehmer- und Lohnquoten deutlich bestätigt).[17].

Dennoch verhält es sich nicht so, daß die atomistische moralische Landkarte des nutzenmaximierenden *homo oeconomicus* diejenige wäre, nach der sich die Menschen in westlich-liberalen Gesellschaften ausschließlich oder auch nur überwiegend orientierten und definierten. Nicht nur vermag Taylor in seiner Kritik des Atomismus überzeugend aufzuzeigen, daß sie, wofern sie verabsolutiert wird, inkohärent wird und auf nachweisbaren Selbstmißverständnissen beruht (Taylor 1979 und 1985a), sondern empirische Untersuchungen belegen zum Leidwesen der Rational Choice-Theoretiker auch immer wieder aufs neue, daß Individuen sich nicht 'rational' oder nutzenmaximierend verhalten - es sei denn, man weitet den Nutzenbegriff so exzessiv aus, daß er tautologisch wird und alle Erklärungskraft einbüßt.[18] Auch in ihrer kognitiven Ausrichtung offenbaren die Individuen vielfach eine Orientierung an Gütern oder Prinzipien (etwa Gerechtigkeitsvorstellungen), die ihren ökonomisch definierten Interessen zuwiderlaufen. Hier zeigt sich jedoch ein grundlegendes Problem: Eine bestimmte Handlung oder einen bestimmten Zustand für *gerecht zu halten* muß in keinster Weise implizieren, daß das unmittelbare Handeln auch daran ausgerichtet wird. Ob Gerechtigkeitsvorstellungen handlungsrelevant werden, hängt vielmehr vom Kontext und von der Form des Optionenraumes ab, in dem Entscheidungen getroffen werden müssen. Soziale Institutionen und Verhaltensweisen entwickeln stets eine Eigenlogik; sie folgen gewissermaßen ihren eigenen 'moralischen Landkarten', insofern sie implizit ein je spezifisches Bild der Akteure und der Umwelt voraussetzen und zugleich befördern. In diesem Sinne ist für Taylor die 'moralische Landkarte der Gesellschaft' als eine Art 'objektiver Geist' in den sozialen Institutionen und Praktiken verkörpert (Vgl. Taylor 1978, S.139f). Bildet die Art und Weise der Trennung von abstrakten Gerechtigkeitserwägungen und persönlichen Interessen und Zielen in den gegenwärtig vorherrschenden Vorstellungen von Gerechtigkeit einen ersten Grund für die realsoziale Wirkungslosigkeit der letzteren, so stoßen wir hier auf eine zweite Ursache.

Nach Auffassung des 'Mainstreams' der liberalen Theorie, wie er etwa von Rawls, Ackerman oder Larmore vertreten wird, ist es eine zentrale Aufgabe des Staates und der Politik, die neutralen Rahmenbedingungen für die unterschiedlichsten, teilweise inkompatiblen, jedoch nebeneinander existierenden individuellen Entwürfe des Guten und des guten Lebens zu schaffen (sofern diese nicht mit den liberalen Grundprinzipien kollidieren), um so das Zusammenleben in pluralistischen Gesellschaften zu ermöglichen. Libe-

---

17 Vgl. etwa den Datenreport des Statistischen Bundesamtes 1994, S.258f. (Der angedeutete Trend wird vor allem dann eindrucksvoll bestätigt, wenn man von den Nettoeinkommen ausgeht, also den disproportionalen Anstieg der Belastung von Arbeitnehmern durch Sozialabgaben und Steuern beachtet).

18 Er besagt dann nur noch, daß Menschen in allem, was sie tun, (offenbar) einen Nutzen sehen - was gar nichts erklärt.

rale Politik bildet in diesem Sinne eine *Voraussetzung* des guten Lebens, über deren Grundsätze von einer ethisch neutralen, moralisch-unparteiischen Position aus entschieden werden sollte.[19] Diese Neutralitätsvorstellung und die Tendenz des vorherrschenden naturalistischen Paradigmas, die eigene Verankerung in vorgängigen Güterkonzeptionen zu verleugnen, hat zur Konsequenz, daß das für die politischen, rechtlichen und wirtschaftlichen Strukturen und Institutionen liberaler Gesellschaften maßgebende naturalistische Selbstbild, das atomistisch-instrumentalistische Verfahrensweisen begünstigt und die Vorherrschaft der instrumentellen Vernunft und des desengagierten Selbstverständnisses in weiten Gesellschaftsbereichen begründet, nicht mehr artikuliert, diskutiert und bewußt gemacht wird. Daher entäußert und verselbständigt es sich in vielerlei Hinsicht in den sozialen Strukturen des 'objektiven Geistes' und kehrt dann als 'Systemzwang' zu den Subjekten zurück. Solcherart 'geronnene' und verselbständigte, nichtartikulierte, aber gesellschaftlich wirkmächtige Selbstbilder sehen wir derzeit überall dort am Werk, wo unter Stichworten wie 'Globalisierung', 'Standortproblem' und 'Strukturkrise' Verfahrensweisen und Strategien verfolgt werden, denen sich Individuen in einer Weise ausgeliefert fühlen, die keinerlei Reflexion auf Gerechtigkeitsfragen oder andere ethische Prinzipien mehr zuläßt. Ganz grundsätzlich wird dabei die Autonomie und Effizienz der Bürger als *Staatsbürger*, die über die Lebensform, in der sie leben wollen, demokratisch selbst bestimmen, immer weiter zurückgedrängt zugunsten der (zumindest angestrebten) Effizienz der Bürger als *Produzenten*. Die gesellschaftliche Organisationsform und die menschlichen Lebensweisen in modernen Industriegesellschaften scheinen in wesentlich höherem - und wachsendem - Maße das Produkt der industriellen Revolutionen und der wirtschaftlich-technischen Notwendigkeiten als das Ergebnis politischer Deliberation und Willensbildung zu sein.[20] Insbesondere im Zeitalter der verstärkten Globalisierung des Kapital-, Arbeits- und Absatzmarktes scheint das Wirtschaftssystem nahezu keine 'externe' Prioritätensetzung mehr zu erlauben. Politische, soziale und ökologische Ziele lassen sich nur noch dort verwirklichen, wo sie nicht mit den Erfordernissen des wachstumsorientierten kapitalistischen Wirtschaftssystems in Konflikt geraten. Es ist deshalb unzweifelhaft, "daß die Einrichtungen und Strukturen der industriell und technisch ausgerichteten Gesellschaft unsere Wahlfreiheit stark einschränken und daß sie die Gesellschaften ebenso wie die Einzelpersonen dazu nötigen, der instrumentellen Vernunft ein Gewicht beizumessen, das wir ihr bei ernsten moralischen Beratungen [in serious moral deliberation] niemals zubilligen würden und das sich sogar überaus schädlich auswirken kann."[21] Nahezu alle politischen und sozialen Fragen -

---

19 Die Neutralitätsforderung ist dabei vor allem als Gebot zu verstehen, politische Maßnahmen nicht mit Berufung auf bestimmte ethische Konzeptionen, also auf partikulare Auffassungen des Guten, zu *rechtfertigen*; vgl. Forst 1994, S.78ff und Baynes 1995, S.433ff.

20 Vgl. etwa Taylor 1975, S.709, dessen Überlegungen zu den ungewollten Folgen der Verstädterung, Industrialisierung und Kommerzialisierung anschaulich verdeutlichen, in welchem Ausmaß moderne Gesellschaften als Ganzes gegenüber den individuellen Entwürfen des guten Lebens *nicht* neutral sind.

21 Taylor 1991, S.15; zur Verselbständigung der *ökonomischen Rationalität* und zu ihrem Vordringen in alle Lebensbereiche siehe auch Gorz 1994 und Bellah u.a. 1992.

von der Gentechnologie über das Sozialversicherungssystem und die Rüstungspolitik bis zu den Ladenschlußzeiten - werden vorwiegend oder ausschließlich unter dem Gesichtspunkt ihrer wirtschaftlichen Konsequenzen diskutiert und entschieden; externe Prioritäten - und zu ihnen zählen natürlich auch Gerechtigkeitsfragen - lassen sich kaum mehr zur Geltung bringen oder durchsetzen.

Zugleich verschärft sich dabei noch das bereits zur Sprache gekommene Problem, welches das legalozentrisch-naturalistische Paradigma aus dem Blick verliert, daß nämlich Rechte aus einem gemeinsamen Verständis des Guten resultieren, welches der Pflege und der stetigen Erneuerung bedarf, wenn die zur Durchsetzung der Rechte erforderlichen motivationalen Ressourcen nicht versiegen sollen. So hat die dominierende Ideologie des liberalen Wohlfahrtsstaates (wie eine inzwischen verbreitete Kritik lautet) seinen Mitgliedern zwar ein starkes Bewußtsein einer wachsenden Zahl von Rechten vermittelt, sich dabei aber als unfähig erwiesen, ein korrespondierendes Gefühl für die zur Garantierung der Rechte notwendigen Pflichten und Leistungen und die erforderliche Gemeinwohlorientierung zu erzeugen.[22] Dies vermag zu einem wesentlichen Teil das Auseinanderklaffen zwischen Anspruch und Wirklichkeit des Sozialstaates in den zeitgenössischen Industrienationen zu erklären. "So as we increase the need for public sector activity, we decrease our own readiness to assume the burden. This thoroughly irrational state of affairs leads to all kinds of tensions and eruptions, of which the international surge of an aggressive 'New Right'... is the most important consequence politically" (Taylor 1985c, S.84). Die unreflektierte und unkontrollierte Verselbständigung der den zentralen gesellschaftlichen Entwicklungsprozessen zugrundeliegenden impliziten und unartikulierten starken Wertungen und Güter, d.h. vor allem der Güter des Instrumentalismus und des Atomismus, bildet somit den zweiten Grund dafür, warum sich Gerechtigkeitserwägungen in den sozialen Subsystemen gegenüber den scheinbar neutralen oder geradezu 'naturgegebenen Sachzwängen' immer weniger in Anschlag bringen lassen.

Dieser Zustand ist nun aber nur um den Preis der Beendigung der fortschreitenden Entpolitisierung des Gemeinwesens und der *Repolitisierung* all jener Strukturen, welche die für die Individuen und ihre Konzeption des guten Lebens unhintergehbare soziale Wirklichkeit bilden, zu überwinden. *Repolitisierung* muß dabei in erster Linie heißen, die Güter und Wertvorstellungen, die implizit unseren sozialen Institutionen, Praktiken und Tätigkeiten zugrundeliegen, zu artikulieren und zu diskutieren. Gegenüber den sich immer stärker verselbständigenden politisch-administrativen, wirtschaftlichen, wissenschaftlichen und rechtlichen Institutionen und Verfahrensweisen, die nach vorgeblich autonomen und neutralen Sachzwängen funktionieren und kaum mehr politisch steuerbar sind, würde dies deutlich machen, daß allen gesellschaftlichen Handlungsweisen

---

22 Nachdrücklich vertritt dies etwa auch Herfried Münkler, der zu zeigen versucht, daß die (kontraktualistische) liberale Philosophie sowohl politisch als auch innertheoretisch gescheitert ist oder zu scheitern droht. Daher fordert er die Wiederaufnahme des (republikanischen bzw. bürgerhumanistischen) Tugenddiskurses, um die soziomoralischen Bestandsgarantien der Demokratie zu sichern (Münkler 1992, bes. S.41f).

bestimmte, für sie konstitutive Güter und Selbstbilder zugrundeliegen. Indem diese artikuliert und im Sinne Taylors 'rückgewonnen' werden, werden sie auch der Kritik und Diskussion wieder zugänglich und damit für die politische Öffentlichkeit in einer Weise wieder verfügbar gemacht, die es erst ermöglicht, ihnen gegenüber Gerechtigkeitserwägungen ins Spiel zu bringen. Wenn damit nicht mehr die 'unsichtbare Hand des Marktes' über die wesentlichen Lebensbedingungen der Bürger entscheidet, im Hinblick auf welche demokratische Wahlen kaum einen Unterschied zu machen scheinen, sondern die öffentliche politische Diskussion und die gemeinsame Deliberation, können die relevanten Institutionen auch wieder an den vorherrschenden Gerechtigkeitsüberzeugungen gemessen und entsprechend verändert werden.

Voraussetzung für eine wirkungsvolle demokratische Kontrolle der gemeinsamen sozialen Umwelt ist dabei allerdings, wie etwa auch Benjamin Barber immer wieder herausstellt, daß die Ausgangsfrage des *politischen* Handelns eines Individuums nicht mehr lautet: "Wie setzte ich meine Interessen am wirkungsvollsten durch?", sondern: "Wie soll unser Gemeinwesen beschaffen sein?"; d.h. die Einnahme einer Bürger- oder 'Wir-' Perspektive.[23] Umgekehrt wird aber ein solcher Paradigmenwechsel auch eine verläßlichere Grundlage etwa für die Bekämpfung der Armut und die Überwindung extremer Ungleichheiten, und damit für die Verwirklichung von grundlegenden Gerechtigkeitsvorstellungen, darstellen als das im Grunde längst gescheiterte Modell der Verquickung von endlosem ökonomischem Wachstum und individueller Nutzenmaximierung. Wie aber läßt sich ein solcher Perspektivenwechsel realistisch denken, wie läßt er sich politisch verwirklichen? An dieser Stelle scheint mir eine Übertragung des Taylorschen Begriffs der *starken Wertung* auf den Raum des Politischen einen fruchtbaren und gangbaren neuen Weg zu eröffnen.

IV.

Das entscheidende Argument, das sich aus Taylors Überlegungen herausziehen läßt, lautet folgendermaßen: Die vorgeblich neutralen und unpersönlichen, am Marktmodell orientierten Strukturen des politisch-ökonomisch-sozialen Raumes verleiten uns als Bürger aufgrund ihrer inhärenten Rationalitätslogik zu einem atomistisch-instrumentalistischen oder nutzenmaximierenden Verhalten, das unserer tatsächlichen moralischen Landkarte und unseren starken Wertungen, wie sie sich etwa in unseren Idealvorstellungen enthüllen, gar nicht entspricht.[24] Bei der Einrichtung und Gestaltung unseres Gemeinwesens folgen wir den Vorgaben und Argumentationsformen des atomistischen 'homo oeconomicus', der uns als neutrale Gestalt erscheint, obwohl er ein einseitiges Produkt des Naturalismus darstellt. Nur dadurch können wir es uns leisten, im öffent-

---

23 Barber 1994, 1995; ebenso Miller 1992a, S.96. Zur Vermittlung von Ich- und Wir-Perspektive oder, klassisch ausgedrückt, von Interessen- und Tugendparadigma, vgl. meinen Vorschlag im nächsten Abschnitt.

24 Taylor selbst formuliert diesen Gedanken allerdings nicht aus, er verbirgt sich jedoch andeutungsweise hinter seiner Bemerkung, daß die technisch-instrumentelle Gesellschaft uns dazu nötige, "der instrumentellen Vernunft ein Gewicht beizumessen, das wir ihr bei ernsten moralischen Beratungen niemals zubilligen würden" (1991, S.15).

lich-politischen Raum auf der explizit-theoretischen Ebene auf Konzeptionen des Guten zu verzichten. Würden wir uns dagegen erlauben, die Politik wieder als Teil des guten Lebens und als basierend auf einer konkreten 'moralischen Landkarte' zu betrachten, würden wir als (*auch* moralisch) deliberierende Citoyens in unserem politischen Handeln und Entscheiden starke politische Wertungen vertreten, die im Einklang mit unserer je eigenen moralischen Landkarte - und damit mit unseren Gerechtigkeitsvorstellungen - stünden, die wir als nutzenmaximierende Marktteilnehmer aber ignorieren (müssen).

Die Diskrepanz zwischen dem Ergebnis individuell-nutzenmaximierenden Handelns und dem Resultat gemeinsamer politischer Deliberation und (konsensueller) kollektiver Selbstbindung wurde inzwischen von mehreren Autoren herausgestellt.[25] Mit Nachdruck hat vor allem Cass R. Sunstein darauf hingewiesen, daß (wie zahlreiche empirische Untersuchungen belegen) individuelle Präferenzen je nach dem Kontext, in dem sie formuliert werden, stark variieren und daß sich signifikante Differenzen zwischen individuellen Konsumentscheidungen und politischen Bewertungen aufzeigen lassen. Gegebene 'Marktpräferenzen' daher als die unzweideutige Basis des politischen Handelns zu betrachten und die Möglichkeit kollektiver Selbstbindung (außer für prozedurale Rahmenbedingungen, wie sie etwa in der Verfassung niedergelegt sind) in Fragen des Guten systematisch auszuschließen, ist deshalb weder die 'neutralste' noch die demokratischste Weise, politische Entscheidungen zu treffen. "[T]he mere fact that preferences are what they are is at least sometimes and perhaps generally an insufficient justification for political action. Government decisions need not be and in some cases should not be justified by reference to preferences alone" (Sunstein 1993, S.206). In einem politischen System, das nur konvergierende (individuelle) Güter im politischen Prozeß kennt und dessen politische, wirtschaftliche und soziale Entscheidungen sich überwiegend aus der Aggregation individueller Präferenzen ergeben, lassen sich etwa unmittelbar oder auch mittelbar gemeinsame Güter[26] (z.B. Solidarität und bestimmte Gerechtigkeitsintuitionen) kaum formulieren und politisch nicht verwirklichen, obwohl einige von ihnen unter Umständen von allen Beteiligten höher bewertet werden als die tatsächlich verwirklichten individuellen Güter, die den Wünschen der Bürger *innerhalb des gegebenen politischen Kontextes* entsprechen. Aufgrund solcher Überlegungen schlägt Sunstein für die US-amerikanische Gesellschaft in zumindest einigen Fällen einen 'republikanischen' bzw. demokratisch-deliberativen Modus politischer Entscheidungsfindung vor, der den wirklichen (kollektiven) Aspirationen der Bürger gerecht zu werden vermag und daher den Grad ihrer Autonomie erhöht, obwohl er von ihren unmittelbar gegebenen individuellen Präferenzen Abstand nimmt.

---

25 Vgl. etwa Sandel 1982, Barber 1994 und vor allem Sullivan 1982 und Warren 1992; dazu auch Kymlicka 1992, S.173ff; diese Differenz klingt auch in Rawls' Unterscheidung von 'rational' und 'reasonable' (vgl. Rawls 1980, S.520ff; dazu Forst 1994, S.276ff) an, wird dort jedoch m.E. nicht konsequent genug zu Ende gedacht.

26 Zur Unterscheidung von konvergierenden, mittelbar und unmittelbar gemeinsamen Gütern vgl. Taylor 1993.

"Collective aspirations or considered judgments, produced by a process of deliberation on which competing perspectives are brought to bear, reflect a conception of political freedom having deep roots in the American constitutional tradition. On this view, political autonomy can be found in collective self-determination, as citizens decide, not what they 'want', but instead who they are, what their values are, and what those values require. What they 'want' must be supported by reasons" (Sunstein 1993, S.206, vgl. S.208).

Führt man nun Taylors Begriff der *starken Wertung* (der in Sunsteins Formulierungen bereits anzuklingen scheint) in diese politische Situation ein, so wird deutlich, daß die Instanz, die darüber befindet 'wer wir sind', natürlich nicht die Gemeinschaft als Kollektiv, sondern noch immer das Individuum ist, das aber im politischen Raum andere Entscheidungskriterien zugrundelegt als im individuellen Markthandeln. Auf der persönlichen Ebene lassen sich starke Wertungen so definieren, daß sie die Frage beantworten, "was für eine Art von Person wir sein wollen". Ich möchte nun analog dazu einen Begriff der starken *politischen* Wertungen vorschlagen, wonach diese Antworten auf die Frage liefern, "was für eine Art von Gemeinwesen wir bilden oder sein wollen" bzw. "in was für einer Art von Gemeinschaft wir leben wollen".[27] Es scheint offensichtlich zu sein, daß wir diese Frage auf eine Weise beantworten, die in mancherlei Hinsicht eine andere Form des gemeinschaftlichen Lebens nahelegt als diejenige, die wir durch unser (schwachen politischen Wertungen bzw. politischen Wünschen erster Ordnung folgendes)[28] individuelles und nutzenmaximierendes 'Markthandeln' in den neutralen Strukturen des liberalen Staates indirekt schaffen. So könnten wir etwa der festen politischen Überzeugung sein, nicht in einem Gemeinwesen leben zu wollen, das todbringende Waffen in alle Welt exportiert oder in dem Menschen unter der Armutsgrenze leben müssen, wohl aber in einem, das Opernhäuser unterstützt; gleichzeitig aber, indem wir nicht in die Oper, sondern ins Musical gehen, den Steuerberater konsultieren (oder für Steuersenkungen stimmen) und aus Angst vor Arbeitslosigkeit unseren Arbeitsplatz in der Rüstungszulieferungsindustrie nicht aufgeben wollen, just zur Etablierung des gegenteiligen Gesellschaftsmodells beitragen, ohne dabei offensichtlich irrational zu handeln. Das Opfer, das wir zu bringen hätten, wenn wir unmittelbar unseren politischen Überzeugungen gemäß handeln wollten, stünde in keinem Verhältnis zu

---

27 Eine andere, aber verwandte Art, schwache und starke politische Wertungen (oder einen politischen Willen erster und zweiter Ordnung) zu unterscheiden bestünde darin, sie auf die Trennung von einfachen (in der Regel mit einfachen Parlamentsmehrheiten zu verabschiedenden) Gesetzen und Verfassungsgrundsätzen, die gar nicht oder nur unter erheblich schärferen Bedingungen geändert werden können und von einer Verfassungsgerichtsbarkeit überwacht werden, zu übertragen. Auch hier könnte man sagen, daß das unmittelbare politische Wollen des Volkes (der 'taktische Volkswille') reflexiv überprüft und gemessen werde an den in der Verfassung niedergelegten 'starken politischen Wertungen' (dem 'strategischen Volkswillen'), welche Auskunft darüber geben, um "was für eine Art von Gemeinwesen" es sich handeln soll.

28 Schwache politische Wertungen sind dabei - analog zu Taylors allgemeinem Konzept schwacher Wertungen - solche, welche unsere unmittelbaren (nicht reflexiv am Bild der idealen Gemeinschaft gemessenen) politischen Wünsche reflektieren - das, was wir aus dem politischen System 'herausschlagen' möchten.

dem zu erwartenden Nutzen - individuelle und kollektive Rationalität fallen dramatisch auseinander.

Gerechtigkeitsvorstellungen nun, so lautet mein Kernargument, lassen sich überhaupt nur im Modus *starker Wertungen* zum Ausdruck bringen und politisch verfolgen. Sie beziehen sich ihrer Natur nach auf die Frage, was für ein Gemeinwesen die Mitglieder einer Gesellschaft bilden wollen, und können daher innerhalb politischer Institutionen, die nach dem an schwachen politischen Wertungen orientierten Modell der Aggregation individueller Interessen verfahren, nicht angemessen zum Ausdruck kommen oder wirksam werden. Sie finden sich in einem durch letztere konstituierten Optionsraum, in dem politische Akteure sich in ihrem Handeln an der Frage ausrichten, was für sie jeweils aus einer Situation 'herauszuschlagen' ist, überhaupt nicht repräsentiert.

Ein hervorragendes Anschauungsbeispiel liefert dafür die gegenwärtige bundesrepublikanische Diskussion um die Gestaltung des Gesundheitssektors. Dort scheint sich ein historisch beispielloser Entsolidarisierungsprozeß abzuzeichnen: Geht es nach dem Willen der neoliberalen Wortführer, dann dämmert das Ende der am Solidarprinzip orientierten Sozialversicherung herauf, die auf der (Gerechtigkeits-) Vorstellung beruhte, daß Gesundheit ein Gut ist, im Hinblick auf welches nach dem Gleichheits- bzw. Bedürfniskriterium verteilt werden sollte, was zur Folge hatte, daß die gesetzlichen Krankenversicherungen nicht nach dem versicherungstechnischen Äquivalenzprinzip organisiert sind, sondern auch massive soziale Umverteilungen vornehmen.[29] Wie Ullrich, Wemken und Walter (1994) zeigen, wird dabei in der vorwiegend gesundheitsökonomisch dominierten politischen Diskussion um die Reform des Gesundheitswesen gemeinhin unterstellt, die Versicherten seien mit der gegenwärtigen Form der Versicherung unzufrieden und verlangten nach einer stärker marktförmigen und wettbewerbsorientierten Einrichtung des Versicherungssystems. Zweifellos läßt sich dabei auch beobachten, daß Versicherungswechsel zu individuell günstigeren Kassen bzw., im Fall der Beamten, Selbständigen und Besserverdiener, zu privaten Krankenversicherungen vollzogen werden. Setzt sich diese Tendenz fort, so wird sich der Entsolidarisierungseffekt beschleunigen: Die Kosten für die in den gesetzlichen Kassen Zurückgebliebenen erhöhen sich, wenn ihnen die Gesunden und Zahlungskräftigen auf diese Weise verlorengehen; der Anreiz, auszusteigen wächst. Ein steigender faktischer Ausstieg aus der gesetzlichen Krankenversicherung kann jedoch, obwohl er de facto zu einer Entsolidarisierung führt, ganz eindeutig nicht als Indiz dafür genommen werden, daß die *Solidaritätsbereitschaft* unter den Versicherten (selbst unter den Netto-Zahlern und bereits Privatversicherten) abnimmt. Ganz im Gegenteil beweisen die vorliegenden Ergebnisse eindrucksvoll, daß auch die überwältigende Mehrheit derer, die einen Wechsel in Erwägung ziehen oder bereits vollzogen haben, das Solidarprinzip für die angemessene bzw. vorzuziehende Versicherungsform halten. "Für 'selbstverständlich' wird dabei vor allem

---

29 So verteilt die gesetzliche Krankenversicherung deutlich um von jungen zu alten Versicherten, von Singles zu Familien, Gesunden zu Kranken, Einkommensstarken zu Einkommensschwachen etc. Auch erkennbare Risikounterschiede werden nicht bei der Beitragsbemessung berücksichtigt. Vgl. hierzu ausführlich Ullrich 1996, S.171ff.

die Vorrangigkeit des Bedarfsprinzips gehalten" (Ullrich 1996, S.186). Sie befinden sich jedoch in einer dem *Prisoner's Dilemma* vergleichbaren Situation (Ebd., S.187), an der einmal mehr das Auseinanderfallen von individueller und kollektiver Rationalität ersichtlich wird: Der *individuelle* Verzicht auf einen Wechsel trägt nahezu nichts zur Rettung des Solidarprinzips bei, zeitigt also einen verschwindend geringen Nutzen, während die individuellen Kosten, die dadurch entstehen, sehr hoch sein können. Da die Versicherten "nicht verhindern können, daß andere Netto-Zahler zur PKV [Privaten Krankenversicherung, H.R.] wechseln, sehen sie sich ... auch dann 'gedrängt', selbst in eine günstigere (und 'unsolidarischere') Krankenkasse zu wechseln, wenn sie eine solidarische Finanzierung für grundsätzlich legitim und erstrebenswert halten" (ebd.). Ganz deutlich manifestiert sich hier das oben beschriebene Phänomen, daß durch das 'marktinduzierte', schwachen (politischen)[30] Wertungen folgende Verhalten eine soziale Wirklichkeit geschaffen wird, die den Wünschen und Überzeugungen der Akteure widerspricht, die ihnen aber durch die marktförmige Gestaltung des soziopolitischen Raumes aufgenötigt wird:[31] "Wechselwünsche und -entscheidungen können... nicht auf eine Ablehnung der solidarischen Finanzierungsform zurückgeführt werden. Im Ergebnis läuft ein Wechsel in eine individuell günstigere Krankenkasse oder in die PKV jedoch auf eine *faktische Entsolidarisierung* hinaus... Zusammenfassend kann hier daher festgehalten werden, daß es zwar aufgrund der Wechselbewegungen der Krankenversicherten zu einem Rückgang der faktischen Mitfinanzierung kommt, Anzeichen für eine Erosion der Mitfinanzierungs*bereitschaft* dagegen nicht zu erkennen sind" (Ullrich 1996, S.185).

Dies scheint ein fundamental wichtiges Argument dafür zu liefern, politisch sensible Bereiche des öffentlichen Lebens dem sich verselbständigenden Markt, unter Umständen aber auch der Sphäre des abstrakten Rechts und der rein individuellen Entscheidungsfreiheit (jedoch zum Schutz der auch individuellen Autonomie) wieder zu entziehen und sie zu *repolitisieren* und zu demokratisieren, indem sie partizipatorischen, deliberativen politischen Entscheidungsmechanismen unterworfen werden. Mit einem ganz ähnlichen Argument, das noch einmal das Auseinanderfallen starker und schwacher politischer Wertungen exemplifiziert, plädiert eben hierfür auch Sunstein:

"Some people may, for example, support nonentertainment broadcasting on television, even though their own consumption patterns favour situation comedies; they may seek stringent laws protecting the environment or endangered species, even though they do not use the public parks or derive material benefits from

---

30 Tatsächlich lassen sich Zweifel daran formulieren, ob es sich bei solchen schwachen politischen Wertungen überhaupt um *politische* Wertungen im eigentlichen Sinne handelt oder ob letztere nicht ihrer Natur nach 'stark' in dem oben bestimmten Verständnis sein müssen.

31 Daß sich eine analoge Situation auch in anderen gesellschaftlichen Bereichen einstellt, verdeutlicht etwa der Umstand, daß eine Person, die um eine individuelle Gehaltserhöhung kämpft, obwohl sie in ihrem Einkommen bereits über dem gesamtgesellschaftlichen Durchschnitt liegt und zugleich eine egalitärere Einkommensverteilung als 'gerechter' präferiert, nicht irrational handelt: Diese Präferenz kann in ihrem an die vorgegebenen Institutionen gebundenen Handeln nicht adäquat zum Tragen kommen.

protection of such species; they may approve of laws calling for social security and welfare even though they do not save or give to the poor; they may support antidiscrimination laws even though their own behaviour is hardly race- or gender-neutral. The choices people make as political participants are different from those they make as consumers. Democracy thus calls for an intrusion on markets" (Sunstein 1993, S.207).

Das liberal-naturalistische oder prozedurale Modell der Politik tendiert also, wie ich zu zeigen versucht habe, dazu, den politischen Prozeß auf der Grundlage schwacher politischer Wertungen zu konzeptualisieren, die aggregiert und zu Kompromissen geformt werden müssen, und Politik entsprechend zu gestalten. Der politische Prozeß wird dabei selbst zum 'Marktplatz' (dem idealen Forum für die Verfolgung schwacher Wertungen), auf dem die Parteien zu Unternehmern und die Wähler und Interessengruppen zu Kunden bzw. Konsumenten werden, wie ökonomische Theorien der Politik von Schumpeter bis zu *Rational* und *Public/Social Choice* verdeutlichen. Dadurch ergeben sich aber mindestens zwei schwerwiegende Probleme innerhalb dieses Theorierahmens selbst: Zum einen die von der *Social Choice Theorie* identifizierten Dilemmata kollektiven Handelns, die in der Essenz darin zusammenlaufen, daß das Ergebnis des Handelns den Wünschen der Handelnden widerspricht, obwohl sich alle Akteure 'rational' verhalten, und zum anderen das Phänomen 'endogener Präferenzen': Individuelle Präferenzen bilden nicht einfach die 'unmoved movers' (Elster 1991, S. 117) des politischen und sozialen Entscheidungsprozesses, sondern stehen mit diesem in einem interdependenten Verhältnis; sie sind auch das Ergebnis des vorgängigen soziopolitischen Kontextes. Die naturalistischen Ideale der Autonomie, Selbstbestimmung und Freiheit werden daher nicht notwendig dadurch gefördert, daß jene Präferenzen als unhinterfragbarer Ausgangspunkt des politischen Entscheidungsprozesses dienen. Der von zahlreichen Autoren beobachtete Gegensatz von Staatsbürger und Marktbürger läßt sich, wie aufgezeigt, auch als Gegensatz von starken und schwachen politischen Wertungen reformulieren. Sofern Taylors und Harry Frankfurts Überlegungen richtig sind, daß unsere starken Wertungen oftmals unsere authentischeren sind, oder unser 'wahreres', nicht-entfremdetes Selbst zum Ausdruck bringen,[32] ermöglicht der Markt keineswegs auf neutrale Weise individuelle Selbstverwirklichung, sondern zwingt geradezu paternalistisch - 'marktpaternalistisch' - zur Verfolgung schwacher Werte und damit weniger authentischer Ambitionen. Selbst wenn ein Versuch, gegebene Präferenzen ernsthaft zu hinterfragen, (nur schwer zu legitimierende) paternalistische Konsequenzen nicht vermeiden könnte, ließe er sich doch damit rechtfertigen, daß der apriorische Verzicht darauf nicht unmittelbar *Freiheit* und schon gar nicht Gerechtigkeit, sondern eher eine Art

---

32 Exemplifiziert wird dies zumeist am Beispiel eines Süchtigen, dessen intensives (und handlungsleitendes) Verlangen nach Suchtbefriedigung auf einer schwachen Wertung beruht, während er sich auf der Ebene starker Wertungen (und damit 'eigentlich') wünscht, von seiner Sucht frei zu sein. Vgl. Frankfurt 1976, bes. S.242ff und 250f und Taylor 1977; zur Kritik an dieser (zu einfachen) These vgl. Rosa 1998, S.92f.

'Marktpaternalismus' begünstigt.[33] Interessanterweise scheint ebendiese Überzeugung nach den bereits zitierten Untersuchungen zur gesetzlichen Krankenversicherung auch von den dort befragten Individuen geteilt zu werden, über die Carsten Ullrich schreibt:
"...vielen der befragten Versicherten [ist] die (kollektiv) dilemmatische Situation durchaus bewußt... So geht aus den Äußerungen vieler Versicherter hervor, daß sie eine durch eine allgemeine und gleiche Versicherungspflicht *'erzwungene Solidarität als Selbstbeschränkung'* für legitim und funktional angemessen halten... Die sich in den Äußerungen der Versicherten andeutende Akzeptanz eines Versicherungszwangs für alle potentiellen Versicherten... [ist] insofern bedeutsam, als sich hier für die Sozialpolitik Gestaltungsoptionen erkennen lassen, die im Ergebnis zu zwar paternalistischen, aber (weiterhin) solidarischen Arrangements führen könnten - solidarischeren jedenfalls als es angesichts der Fixierung der aktuellen gesundheitspolitischen Diskussion auf 'Marktlösungen' möglich erscheint" (Ullrich 1996, S.188).

Gegenüber der liberal-prozeduralen Konzeption von Politik hätte ein von starken politischen Wertungen ausgehendes 'republikanisches' Politikmodell den Vorteil, daß das Gemeinwesen von seinen Mitgliedern wieder als ein *gemeinsames Projekt* und, darüber hinaus, als Teil des 'guten Lebens' verstanden werden könnte, was jenem die nötige Stabilität und Gemeinwohlorientierung der Bürger verliehe und diesen die Entwicklung nicht-pathologischer und nicht-entfremdeter Identitäten ermöglichte. Der *Politik* könnte auf diese Weise wieder ein Spielraum dafür eröffnet werden, den sich verselbständigenden, insbesondere ökonomischen Zwängen externe Prioritäten, und darunter an prominenter Stelle Gerechtigkeitserwägungen, entgegenzusetzen. Politische Programme, die an starken politischen Wertungen orientiert wären, müßten sich nicht mehr darauf beschränken, niedrigere Steuern oder höhere Leistungen zu versprechen, sondern würden auf die Schaffung eines Gemeinwesens zielen, in dem die Mitglieder sich wiedererkennen könnten. Das gute Leben der Gesellschaft wäre nicht mehr darauf reduziert, stabile Wirtschaftswachstumsraten (die zum zentralen Wohlstandsparameter in allen Industriestaaten geworden sind) zu erzielen. Auf der Grundlage der Taylorschen Philosophie läßt sich daher ein starkes Plädoyer dafür gewinnen, auf die gegenwärtig beobachtbare Unfähigkeit liberaler Staaten, "effektiv auf die Gestaltung des sozialen und wirtschaftlichen Lebens Einfluß zu nehmen" (Buchstein/Schmalz-Bruns 1994, S.299), nicht in der heute üblich gewordenen Weise mit weiterer Deregulierung, Privatisierung, Ökonomisierung und Entpolitisierung, sondern mit *Repolitisierung* und *Demokratisierung* zu reagieren. Zugleich eröffnet sich im Begriff der starken politischen Wertung eine Möglichkeit, die Kluft zwischen 'Ich-' und 'Wir-Perspektive', oder, klassisch ausgedrückt, zwischen dem (liberalen) Interessenparadigma und dem (republikanischen) Tugendparadigma,[34] zu schließen, ohne zugleich nach Manier des klassischen Republika-

---

33 Zum Begriff des *Marktpaternalismus* siehe auch Rosa 1998, Kapitel VIII.3 und IX.5.
34 Zur Kontrastierung von Tugend- und Interessen- (bzw. Rechts-) Diskurs vgl. auch Münkler 1991. Münkler weist ebenfalls darauf hin, daß das Interessenparadigma, welches die Institutionen Markt und Verfassung leitet, nicht ohne *spezifische* soziomoralische Voraussetzungen und anthropologische An-

nismus das gute Leben des Individuums vollständig im guten Leben der Gemeinschaft aufgehen zu lassen. Starke politische Wertungen bilden nur einen Teilbereich der Gesamtheit meiner starken Wertungen, wiewohl sie wie alle starken Wertungen meiner (integrierten) moralischen Landkarte entspringen. Der Gegensatz zwischen dem, was *gut für mich* ist, und jenem, das *gut für die Gemeinschaft* ist oder das diese von mir fordern kann, wird daher in der Frage, für welche Art von Gemeinwesen ich mich (gemäß den jener moralischen Landkarte entstammenden starken politischen Wertungen) einsetzen will, aufgehoben oder zumindest abgeschwächt, wenngleich natürlich, wie bereits angedeutet, jede moralische Landkarte auch widersprüchliche Aspirationen und Güter enthalten kann.

Die zentrale Schwierigkeit eines solchen Ansatzes besteht aber natürlich in dem liberalen Kernargument, daß die Angehörigen der pluralistischen liberalen Gesellschaften der Moderne eine Vielzahl von unterschiedlichen und teilweise inkompatiblen starken Wertungen vertreten, die keine Einigung über ein gutes Leben zulassen. Die Öffnung des politischen Raumes für ethische Konzeptionen birgt daher die große Gefahr, daß Minderheiten ihre starken Wertungen nicht berücksichtigt finden und von der 'moral majority' ausgeschlossen oder unterdrückt werden. Dagegen ist von den Befürwortern eines republikanisch-partizipatorischen Politikmodells immer wieder die Möglichkeit der dialogischen *Herstellung* gemeinsamer Präferenzen bzw. starker Wertungen und kollektiver Zwecke - oder eines 'kreativen Konsenses' (Barber) - im politischen Prozeß betont worden. Die Idee eines *gemeinsamen politischen Projekts* (eines inklusiven 'Wir', das alle gesellschaftlichen Gruppen umfaßt) verbietet es dabei, abweichende Minderheiten bei politischen Regelungen einfach auszuschließen. Während eine 'naturalistische' liberale Politik, welche Interessen oder Präferenzen einfach als gegeben annimmt und sie dann aggregiert und daraus Kompromisse zu schmieden versucht, auf die Abwesenheit geteilter starker Wertungen nur mit dem Verzicht auf eine politische Regelung der zur Disposition stehenden Materie oder mit einer de facto Mehrheitsentscheidung reagieren kann, setzt das hier entwickelte Modell auf die Möglichkeit der *Transformation* von Präferenzen und Wertungen im Verlauf partizipatorisch-deliberativer politischer Auseinandersetzung.[35] Moralische Landkarten sind nicht geschlossen oder ein- für allemal feststehend, sondern fortwährend diskursiv veränderbar. Annäherung und Veränderung sind jedoch nur möglich, wenn eine andauernde, dialogische Artikulation und kritische Auseinandersetzung bezüglich der entsprechenden Güterkonzeptionen und Selbstbilder tatsächlich stattfindet, d.h. wenn letztere nicht länger in scheinneutralen

---

nahmen - d.h. nicht ohne eine spezifische moralische Landkarte und entsprechende starke Wertungen - auskommt, daß diese Voraussetzungen in liberaldemokratischen Gesellschaften jedoch leicht 'vergessen' werden: "Die Verpflichtung aufs wohlverstandene Eigeninteresse dürfte in der Regel für den Einzelnen nicht weniger einschränkend und kontrollierend sein als die aufs Gemeinwohl, aber ihr kommt unterm Aspekt liberaler Freiheitsrechte zugute, daß das Einschränkende und Limitierende an ihr weniger klar und deutlich wahrgenommen und erfahren wird als im Falle des Tugenddiskurses" (ebd., S.615f).

35 Vgl. dazu auch Michelman 1994, Barber 1994 und 1995, Sunstein 1993 und Sullivan 1982 sowie insbesondere Warren 1992.

Strukturen erstickt und unartikulierbar gemacht werden. Wenn das Gemeinwesen nicht länger auf einer schweigend und unreflektiert vorausgesetzten, 'geronnenen' moralischen Landkarte, sondern auf einer deliberativ-demokratisch hergestellten kollektiven Selbstinterpretation basieren soll, muß die politische Auseinandersetzung in einer Sprache geführt werden, die nicht ethische Neutralität und den Ausschluß moralisch kontroverser Fragen von der politischen Diskussion verlangt,[36] sondern die Artikulation starker Wertungen erlaubt und eine Basis für die Formulierung *qualitativer* moralischer Differenzen schafft. Eine solche Sprache stellt eine unabdingbare Voraussetzung für die kreative Überwindung solcher Differenzen und damit für eine potentielle Einigung im Hinblick auf konkrete, politisch relevante moralische und ethische Fragen und insbesondere Gerechtigkeitsfragen dar.[37] Vor allem aber eröffnet erst sie wieder einen gesellschaftspolitischen 'Korridor' dafür, Gerechtigkeitsintuitionen im sozialen und politischen Handeln in angemessener Weise wirksam werden zu lassen.

V.

Es hat sich im Verlauf dieser Untersuchung gezeigt, daß wir es nicht mit einem, sondern mit zwei miteinander verknüpften, aber analytisch trennbaren Problemen oder Gründen dafür zu tun haben, daß unsere Gesellschaften nach ihren eigenen Gerechtigkeitskriterien immer 'ungerechter' werden: 1.) Auf der 'äußeren' Ebene der beobachtbaren Handlungen und ihren Verknüpfungen hat es sich erwiesen, daß die Strukturen des öffentlichen Raumes (Politik, Recht, Wirtschaft) dergestalt sind, daß sich Gerechtigkeitserwägungen in ihnen nicht in Anschlag bringen lassen; sie haben sich gegenüber unseren Vorstellungen darüber, was gut oder gerecht wäre, dadurch verselbständigt, daß die ihnen zugrundeliegende moralische Landkarte aufgrund der vorgeblichen Neutralität dieser Strukturen nicht artikuliert und daher auch nicht kontrolliert und kritisiert werden kann. 2.) Auf der 'inneren' Ebene der kognitiven Handlungsorientierung und Handlungsmotivierung bleiben Gerechtigkeitserwägungen deshalb weitgehend kraft- und wirkungslos, weil sie eingebettet werden in Gerechtigkeitstheorien, die sie als 'externe Verpflichtungen' konzeptualisieren, welche uns in der Verfolgung unserer ('eigentlichen') Ziele und Interessen nur limitieren. Auf diese Weise können sie nur wenig Motivationsenergie entfalten. Was wir also brauchen ist erstens eine Restrukturierung des politischen Raumes, welche die Politisierung und Ethisierung sozialer Fragen zuläßt,

---

36 Die Forderung nach Ausschluß kontroverser Fragen erheben etwa Bruce Ackerman (1995) oder auch Charles Larmore (1987); mit Einschränkungen auch John Rawls. Dagegen argumentiert u.a. Michael Sandel (1994, S.1794): "A politics that brackets morality and religion too completely soon generates its own disenchantment. Where political discourse lacks moral resonance, the yearning for a public life of larger meanings finds undesirable expressions. Groups like the Moral Majority seek to clothe the naked public square with narrow, intolerant moralisms. Fundamentalists rush in where liberals fear to tread... Absent a political agenda that addresses the moral dimension of public questions, public attention becomes riveted on the private vices of public officials. Public discourse becomes increasingly preoccupied with the scandalous, the sensational, and the confessional as purveyed by tabloids, talk shows, and eventually the mainstream media as well" (vgl. auch Baynes 1995).

37 Zum Problem der möglichen Inkommensurabilität radikal verschiedener moralischer Landkarten und ihrer potentiellen diskursiven Überwindung vgl. Rosa 1998, Kapitel VIII.4 und IX sowie 1996b.

und zweitens die theoretische Überwindung der kategorialen Trennung zwischen dem (motivierenden) Guten und dem (limitierenden) Gerechten. Diese beiden Problembereiche erweisen sich als insofern miteinander verknüpft, als sie zum einen dieselbe Ursache haben (die Dominanz naturalistischer Konzeptionen sowohl in den Strukturen des öffentlichen Raumes als auch in den vorherrschenden Gerechtigkeitsdiskursen) und zum anderen eine Lösung für das erste Problem - die Tatsache, daß etwa die Verteilung des gesellschaftlichen Wohlstandes nach Regeln erfolgt, die sich gegenüber Gerechtigkeitserwägungen nahezu vollständig immunisiert haben - nur über eine Lösung des zweiten, das heißt über eine Neufassung von Gerechtigkeitstheorien in der Sprache unmittelbar handlungsantreibender Güter, denkbar ist. Den Weg zu beidem, so habe ich zu zeigen versucht, kann die Reformulierung politischer Fragen in der Terminologie starker politischer Wertungen eröffnen. Dort, wo der Modus politischer Entscheidungen sich an der Frage orientiert, 'was für einer Art von Gemeinwesen wir (verstanden als 'inklusives Wir') bilden wollen', lassen sich Gerechtigkeitserwägungen nicht nur in Rechnung stellen, sondern sie rücken geradezu natürlicherweise an eine zentrale Stelle des Deliberationsprozesses auf, während sie in einem Marktmodell sozialer Entscheidungen keinen Ansatzpunkt haben und sich oftmals als geradezu dysfunktional erweisen. Zugleich hören die Gerechtigkeitsprinzipien in der Konzeption starker politischer Wertungen auf, uns als etwas Externes, als bloße Pflicht, gegenüber zu stehen - sie werden Ausdruck unseres Willens und erhalten so den Status eines handlungsleitenden und motivierenden Gutes zurück.

Literatur

Ackerman, Bruce 1995: Warum Dialog? in: Bürgergesellschaft, Recht und Demokratie, hg. von Bert van den Brink und Willem van Reijen, Frankfurt/M.; S.385-410.

Axelrod, Robert 1976: The Analysis of Cognitive Maps, in: Structure of Decision - The Cognitive Maps of Political Elites, hg. von Robert Axelrod, Princeton, N.J.; S.55-73.

Barber, Benjamin 1994: Starke Demokratie. Über die Teilhabe am Politischen [Strong Democracy. Participatory Politics for a New Age, Berkeley 1984], Übs. Christiane Goldman und Christel Erbacher-von Grumbkow, Hamburg.

Barber, Benjamin 1995: Die liberale Demokratie und der Preis des Einverständnisses, in: Bürgergesellschaft, Recht und Demokratie, hg. von Bert van den Brink und Willem van Reijen, Frankfurt/M.; S.360-384.

Barry, Brian 1989: Theories of Justice, Brighton.

Baynes, Kenneth 1995: Liberale Neutralität, Pluralismus und deliberative Politik; in: Bürgergesellschaft, Recht und Demokratie, hg. von Bert van den Brink und Willem van Reijen, Frankfurt/M.; S.432-465.

Bellah, Robert u.a. 1992: Gegen die Tyrannei des Marktes, in: Kommunitarismus in der Diskussion, hg. von Christel Zahlmann, Hamburg; S.57-73.

Brewer, W.F / Nakamura, G.V. 1984: The Nature and Functions of Schemas, in: Handbook of Social Cognition, Bd.1, hg. von R.S. Wyer Jr. und T.K. Srull, Hillsdale, N.J/London; S.119-160.

Buchstein, Hubertus und Schmalz-Bruns, Rainer 1994: Republikanische Demokratie; Nachwort zu: Benjamin Barber, Starke Demokratie, Hamburg; S.297-323.

Deutsch, Morton 1975: Equity, Equality, and Need: What Determines Which Value Will Be Used as the Basis of Distributive Justice?; in: *Journal of Social Issues*, Jg.31, Heft 3, S.137-149.

Elster, Jon 1991: The Possibility of Rational Politics, in: Political Theory Today, hg. von David Held, Stanford; S.115-142.

Fletcher, George P. 1994: Loyalität. Über die Moral von Beziehungen, Frankfurt/M.

Forst, Rainer 1994: Kontexte der Gerechtigkeit. Politische Philosophie jenseits von Liberalismus und Kommunitarismus, Frankfurt/M.

Frankfurt, Harry 1976: Identification and Externality, in: The Identities of Persons, hg. von Amélie O. Rorty, Berkeley u.a.; S.239-251.

Giegel, Hans-Joachim 1997: Moralische Orientierungen im politischen Prozeß - ein Ankerplatz für die normative Analyse der Demokratie? Ms., Jena.

Gorz, André 1994: Ökonomische Rationalität und Lebenswelt, in: Pathologien des Sozialen. Die Aufgaben der Sozialphilosophie, hg. von Axel Honneth, Frankfurt/M.; S.235-259.

Habermas, Jürgen 1981: Theorie des kommunikativen Handelns, 2 Bde., Frankfurt/M.

Habermas, Jürgen 1991b: Erläuterungen zur Diskursethik; in: Ders., Erläuterungen zur Diskursethik, Frankfurt/M.; S.119-226.

Habermas, Jürgen 1997: Faktizität und Geltung. Beiträge zur Diskurstheorie des Rechts und des demokratischen Rechtsstaats, 5. Aufl., Frankfurt

Hegel, Georg Wilhelm Friedrich 1955: Die Vernunft in der Geschichte, hg. von Johannes Hoffmeister, 5. Aufl., Hamburg.

Huster, Ernst-Ulrich 1993:Reichtum in Deutschland, Frankfurt.

Kant, Immanuel 1793: Über den Gemeinspruch: Das mag in der Theorie richtig sein, taugt aber nicht für die Praxis, in: Gesammelte Schriften, Band 8, Berlin und Leipzig 1923; S.273-313.

Kymlicka, Will 1992: Liberal Individualism and Liberal Neutrality, in: Communitarianism and Individualism, hg. von Shlomo Avineri und Avner de-Shalit, Oxford; S.165-185.

Larmore, Charles 1987: Patterns of Moral Complexity, Cambridge.

Löw-Beer, Martin 1991: Living a Life and the Problem of Existential Impossibility, in: *Inquiry* 34, S.217-236.

Michelman, Frank I. 1994: Kollektiv, Gemeinschaft und das liberale Denken in Verfassungen, in: Auf der Suche nach der gerechten Gesellschaft, hg. von Günter Frankenberg, Frankfurt/M.; S.55-73.

Miller, David 1991a: Recent Theories of Social Justice, in: *British Journal of Political Science*, Jg.21, S.371-391 Miller, David 1991b: Distributive Justice: What the People Think, in: *Ethics*, Jg. 102, S.555-593.

Miller, David 1992: Community and Citizenship, in: Communitarianism and Individualism, hg. von Shlomo Avineri und Avner de-Shalit, Oxford; S.85-100.

Münkler, Herfried 1991: Wieviel Tugend braucht die Demokratie? Voraussetzungen der Zivilgesellschaft, in: *Die Neue Gesellschaft / Frankfurter Hefte* 38, S.612-617.

Münkler, Herfried 1992: Politische Tugend. Bedarf die Demokratie einer sozio-moralischen Grundlegung? in: Die Chancen der Freiheit. Grundprobleme der Demokratie, hg. von Herfried Münkler, München/Zürich; S.25-46.

Rawls, John 1971: A Theory of Justice, Cambridge/MA.

Rawls, John 1980: Kantian Constructivism in Moral Theory. The Dewey-Lectures, in: *The Journal of Philosophy* 77, S.515-572.

Rosa, Hartmut 1994a: Ideengeschichte und Gesellschaftstheorie: Der Beitrag der 'Cambridge School' zur Metatheorie, in: *Politische Vierteljahresschrift* 35, S.197-223.

Rosa, Hartmut 1994b: Neigung verpflichtet. Das schwierige Verhältnis von Treue, Verrat und Gerechtigkeit, in: *Deutsche Zeitschrift für Philosophie* 42, S.1107-1114.

Rosa, Hartmut 1995a: Paradigma und Wertbeziehung. Zu Sinn und Grenzen des Paradigmenkonzeptes in den Sozialwissenschaften, in: *LOGOS*, Neue Folge 2, S.59-94.

Rosa, Hartmut 1995b: Hypergüter der Moderne. Die konfliktreiche moralische Landkarte der Gegenwart; in: Politische Vierteljahresschrift, Jg.36, S.505-522.

Rosa, Hartmut 1998: Individuelle Identität und Kulturelle Praxis. Politische Philosophie nach Charles Taylor Frankfurt/M./New York.

Rosa, Hartmut 1996b: Cultural Relativism and Social Criticism from a Taylorian Perspective, in: *Constellations. An International Journal of Critical and Democratic Theory*, 3. Jg., S.39-60.

Rübner, Matthias und Samol, Peter 1996: Zwischen Gleichheits- und Leistungsprinzip. Gerechtigkeitsorientierungen ostdeutscher Studierenden, Ms., Jena.

Sandel, Michael 1982: Liberalism and the Limits of Justice, Cambridge.

Sandel, Michael 1993: Die verfahrensrechtliche Republik und das ungebundene Selbst, in: Kommunitarismus. Eine Debatte über die moralischen Grundlagen moderner Gesellschaften, hg. von Axel Honneth, Frankfurt/M.; S.18-35.

Sandel, Michael 1994: Political Liberalism, in: *Harvard Law Review* 107, S.1765-1794.

Scanlon, Thomas M. 1982: Contractualism and Utilitarianism, in: Utilitarianism and Beyond, hg. von Amartya Sen und Bernard Williams, Cambridge.

Schmidt, Volker H. 1994: Bounded Justice, in: *Social Science Information* 33/2, S.305-333.

Shapiro, Ian 1990: Political Criticism, Berkeley u.a.

Statistisches Bundesamt (Hg.) 1995: Datenreport 1994. Zahlen und Fakten über die Bundesrepublik Deutschland, Bonn.

Sullivan, William M. 1982: Reconstructing Public Philosophy, Berkeley u.a.

Sunstein, Cass R. 1993: Democracy and Shifting Preferences, in: The Idea of Democracy, hg. von D. Copp, J. Hampton und J.E. Roemer, Cambridge; S.196-230.

Taylor, Charles 1975: Hegel, Cambridge; deutsch: Hegel, Übs. Gerhard Fehn, 2. Aufl., Frankfurt/M. 1993.

Taylor, Charles 1977:What is Human Agency? in: Philosophical Papers Bd.1, Cambridge 1985, S.15-44.

Taylor, Charles 1978: Hegel's *Sittlichkeit* and the Crisis of Representative Institutions, in: Philosophy of   History and Action, hg. von Yirmiahu Yovel, Dordrecht u.a.; S.133-154.

Taylor, Charles 1979: Atomism, in: Taylor 1985b, S.187-210.

Taylor, Charles 1985a: *The Nature and Scope of Distributive Justice,* in: Philosophical Papers, Bd.1, Cambridge; S.289-317

Taylor, Charles 1985b: Philosophy and the Human Sciences (Philosophical Papers Bd. 2), Cambridge.

Taylor, Charles 1985c: Alternative Futures: Legitimacy, Identity, and Alienation in Late-Twentieth-Century Canada, in: Ders., Reconciling the Solitudes. Essays on Canadian Federalism and Nationalism, hg. und eingeleitet von Guy Laforest, Montreal 1993, S.59-119.

Taylor, Charles 1986a: Die Motive einer Verfahrensethik, in: Moralität und Sittlichkeit. Das Problem Hegels und die Diskursethik, hg. von Wolfgang Kuhlmann, Frankfurt/M.; S.101-135.

Taylor, Charles 1986b: Sprache und Gesellschaft, in: Kommunikatives Handeln. Beiträge zu Jürgen Habermas' 'Theorie des kommunikativen Handelns', hg. von Axel Honneth und Hans Joas, Frankfurt/M.; S.35-52.

Taylor, Charles1988: The Moral Topography of the Self, in: Hermeneutics and Psychological Theory, hg. von Stanley Messer, Louis Sass und Robert Woolfolk, New Brunswick; S.298-320.

Taylor, Charles 1989: Sources of the Self. The Making of the Modern Identity, Cambridge/Mass.; deutsch: Quellen des Selbst. Die Entstehung der neuzeitlichen Identität, Übs. Joachim Schulte, Frankfurt/M. 1994.

Taylor, Charles1991: The Ethics of Authenticity [The Malaise of Modernity, Toronto 1991], Cambridge/Mass. und London; deutsch: Das Unbehagen an der Moderne, Übs. Joachim Schulte, Frankfurt/M. 1995

Taylor, Charles 1993: Aneinander vorbei: Die Debatte zwischen Libealismus und Kommunitarismus, in: Kommunitarismus. Eine Debatte über die moralischen Grundlagen moderner Gesellschaften,   hg. von Axel Honneth, Frankfurt/M. 1993; S.103-130.

Taylor, Charles 1994: Justice after Virtue; in: John Horton und Susan Mendus (Hg.) After MacIntyre. Critical Perspectives on the Work of Alasdair MacIntyre, Oxford; S.16-43.

Taylor, Charles 1995: Leading a Life [Manuskript, im Erscheinen].

Tugendhat, Ernst 1984: Probleme der Ethik, Stuttgart.

Tugendhat, Ernst 1991: Koreferat zu Charles Taylor: 'What is Humans Agency?' [Taylor 1977a], in: Ders., Philosophische Aufsätze, Frankfurt/M.; S.441-452.

Tugendhat, Ernst 1993: Vorlesungen über Ethik, Frankfurt/M.

Ullrich, Carsten G. 1996: Solidarität und Sicherheit. Zur sozialen Akzeptanz der Gesetzlichen Krankenversicherung, in: Zeitschrift für Soziologie, Jg.25, Heft 3, S.171-189.

Ullrich, Carsten, Wemken, Ingrid, Walter, Heike 1994: Leistungen und Beiträge als Determinanten der Zufriedenheit mit der Gesetzlichen Krankenversicherung. Ergebnisse einer empirischen Untersuchung zur Akzeptanz des Krankenversicherungssystems bei den gesetzlich Versicherten, in: Zeitschrift für Sozialreform, Jg. 40, S.349-375.

Walzer, Michael 1983: Spheres of Justice, New York.

Walzer, Michael 1996: Zwei Arten von Universalismus, in: Ders., Lokale Kritik - globale Standards. Zwei Formen moralischer Auseinandersetzung, Hamburg; S.139-168.

Warren, Mark 1992: Democratic Theory and Self-Transformation, in: American Political Science Review, Jg.86, Nr.1, S.8-23

Williams, Bernard 1984: Personen, Charakter und Moralität, in: Ders., Moralischer Zufall. Philosophische Aufsätze 1973-1980, Königstein/Ts., S.11-29.

Autorenverzeichnis

Bluhm, Harald, geb. 1957, Dr. phil., Studium, Promotion und Assistenz an der Humboldt-Universität Berlin, Arbeitsfelder: politische Ideengeschichte und politische Kultur. Veröffentlichungen: Philosophie, jüdische Identität und Intellektuellenkritik bei Franz Rosenzweig und Leo Strauss, in: W. Bialas/G. Iggers, Hrsg., Intellektuelle in der Weimarer Republik; Militarisierter Sozialismus, Berliner Debatte Initial 6/97.

Bohlender, Matthias, geb. 1964, Studium der Politischen Wissenschaften, Philosophie und Germanistik; wissenschaftlicher Mitarbeiter an der Humboldt-Universität zu Berlin; Veröffentlichungen: „Die Rhetorik des Politischen - zur Kritik der politischen Theorie", Berlin 1995; „Government, Commerce und Civil Society. Zur Genealogie der schottischen politischen Ökonomie", in: Kaelble, H./Schriewer, J. (Hg.): Gesellschaften Vergleichen. Forschungen aus Sozial- und Geschichtswissenschaften. Frankfurt/M.

Demandt, Alexander, geb. 1937 in Marburg, studierte Geschichte, Latein und Philosophie in Tübingen, München und Marburg, promov. 1963, habil. 1970, seit 1974 o. Prof. Freie Universität Berlin, 1985-1995 Vorsitzender der Historischen Gesellschaft zu Berlin; wichtigste Publikationen: „Zeitkritik und Geschichtsbild im Werk Ammians", diss. 1965; „Magister militum", in: RE Suppl. XII, S. 553ff., Habil.; „Metaphern für Geschichte - Sprachbilder und Gleichnisse im historisch-politischen Denken", 1978; „Endzeit? Die Zukunft der Geschichte, 1993; „Der Idealstaat - die politischen Theorien der Antike", 1994; „Antike Staatsformen - eine vergleichende Verfassungsgeschichte der Alten Welt", 1995

Euchner, Walter, geb. 1933, Studium der Rechtswissenschaft, Geschichte und Politikwissenschaft, 1963-1971 Assistent von Iring Fetscher in Frankfurt/M.; Prof. für Politikwissenschaft in Göttingen; wichtigste Publikationen: „Naturrecht und Politik bei John Locke", 1969, 1979²; „Egoismus und Gemeinwohl", 1973; Übersetzung von Thomas Hobbes, Leviathan; Hg. Bernard Mandeville, Die Bienenfabel 1968; „Politische Opposition in Deutschland und im internationalen Vergleich", 1993

Giaro, Tomasz, geb. 1951 in Breslau, Studium der Rechtswissenschaft in Warschau, promov. 1978, habil. 1988, seit 1990 Mitarbeiter am Max-Planck-Institut für Europäische Rechtsgeschichte in Frankfurt/M.; wichtigste Publikationen: „'Excusatio necessitatis' nel diritto romano", Warschau 1982; „Dogmatische Wahrheit und Zeitlosigkeit in der römischen Jurisprudenz", Rom 1987; „Max Kaser", in: Rechtshistorisches Journal 16 (1997) 231-357

Grünberger, Hans, geb. 1944; dr. phil.; 1989-1992 wissenschaftlicher Mitarbeiter im Forschungsprojekt „Die Idee der Nation in der Frühen Neuzeit"; 1994-1995 wissenschaftlicher Mitarbeiter im Forschungsprojekt „Vom Tugenddiskurs zum Sittenspiegel"; 1997-1999 wissenschaftlicher Mitarbeiter im Forschungsprojekt „Fremde und Barbaren im Diskurs der deutschen Humanisten des 15. und 16. Jahrhunderts"; Veröffentlichungen: „Die Perfektion des Mitglieds", Berlin 1981; „Die Kippfigur des Partisanen - zur politischen Anthropologie von Rolf Schroers", in: Herfried Münkler, Hrsg., Der Partisan, Wiesbaden 1990; „Institutionalisierung des protestantischen Sittendiskurses", in: Zeitschrift für historische Forschung 24 (1997) 251ff.; „Nationale Identität im Diskurs der Deutschen Humanisten" (zs. mit Herfried Münkler), in: Helmut Berding, Hrsg., Nationales Bewußtsein und kollektive Identität - Studien zur Entwicklung des kollektiven Bewußtseins der Neuzeit Band 2, Frankfurt/M. 1994, 211f.

Grunwald, Sabine, geb. 1957 in Berlin, Studium der Philosophie, promov. 1986, wissenschaftliche Mitarbeiterin an der Akademie der Wissenschaften der DDR, dann an der Humboldt-Universität; wichtigste Publikationen: „Widerspruch und Widerstreit - Einheit und Vielfalt in kontroverser Diskussion", in: Das Denken des Widerspruchs als Wurzel der Philosophie, Berlin 1992; „Demokratie als Herrschaftsinstrument", in: Deutschlandarchiv 7 (1993).

Hegmann, Horst, geb. 1961, Studium der Sozialwissenschaften, Zeitgeschichte und Volkswirtschaftslehre in Duisburg, Paris und Fairfax/ Virginia; prom. Freiburg/ Schweiz; wissenschaftlicher Assistent am Institut für Finanzwissenschaft an der Universität Hamburg; arbeitet an einer Habilitation zum Thema „Die Verfassung der multikulturellen Gesellschaft"; Veröffentlichungen: „Politischer Individualismus - zur Rekonstruktion einer Sozialtheorie unter Bezugnahme auf Machiavelli, Bodin und Hobbes", Berlin 1994; „Differing World Views and Collective Action - the Case of Research", in: Constitutional Political Economy 8/ 3 (1997) S. 179-194

Krause, Skadi, geb. 1970, Studium der Philosophie, Germanistik, Islamwissenschaft und Politikwissenschaft in Berlin und Paris; arbeitet gegenwärtig an einer Dissertation zum Thema der ontologischen Grundlegung des Politischen bei Martin Heidegger, Carl Schmitt und Walter Bejamin; Veröffentlichungen: Michael Walzer zur Einführung, Hamburg 1998 (zusammen mit Karsten Malowitz)

Ladwig, Bernd, geb. 1966 in Köln; Diplompolitologe, von 1995 bis Anfang 1998 wissenschaftlicher Mitarbeiter an der Berlin-Brandenburgischen Akademie der Wissenschaften. Promoviert derzeit zum Thema „Gerechtigkeit und Verantwortung. Eine Studie zur politischen Philosophie des ethischen Liberalismus". Veröffentlichungen: „Sittlichkeit statt Sozialismus. Neue deutschsprachige Beiträge zum „Kommunitarismus" - ein kritischer Literaturbericht", in: Leviathan Heft 3, 1994; „Politische Selbstverständigung im Schatten der nationalsozialistischen Vergangenheit", in: G. Schaal/A. Wöll (Hg.), Vergangenheitsbewältigung. Modelle der politischen und sozialen Integration in der bundesdeutschen Nachkriegsgeschichte, Baden-Baden (Nomos) 1997

Llanque, Marcus, geb. 1964, dr. des. rer. soc., Studium der Politikwissenschaft, Geschichte, Philosophie und Rechtswissenschaften in Tübingen und Frankfurt, zuletzt wissenschaftlicher Mitarbeiter an der Humboldt-Universität zu Berlin; ausgewählte Veröffentlichungen: Die Theorie politischer Einheitsbildung in Weimar und die Logik von Einheit und Vielheit (Rudolf Smend, Carl Schmitt, Hermann Heller), in: Andreas

Göbel/ Dirk van Laak/ Ingeborg Villinger, Hrsg., Metamorphosen des Politischen - Grundfragen politischer Einheitsbildung seit den 20er Jahren, Berlin 1996, 157-176

Malowitz, Karsten, geb. 1971, studiert Philosophie, Politikwissenschaft und Soziologie an der Humboldt-Universität zu Berlin; Veröffentlichungen: Michael Walzer zur Einführung, Hamburg 1998 (zusammen mit Skadi Krause)

Mühleisen, Hans-Otto, geb. 1941 in Freiburg i.Br., prom. 1970, habil. 1978; seit 1981 Ordinarius für Politikwissenschaft an der Universität Augsburg, Veröffentlichungen: „Die Französische Revolution und der deutsche Südwesten", Münster/ Zürich 1989; „Politische Tugendlehre und Regierungskunst - Fürstenspiegel der Frühen Neuzeit" (zs. mit Theo Stammen), Tübingen 1990; „Fürstenspiegel der Frühen Neuzeit" (zs. mit Theo Stammen), Frankfurt/M, Leipzig

Münkler, Herfried, geb. 1951, dr. phil., Professor für Theorie der Politik an der Humboldt-Universität zu Berlin; ausgewählte Veröffentlichungen: Machiavelli - die Begründung des politischen Denkens der Neuzeit aus der Krise der Republik Florenz, Frankfurt/M. , 3. Aufl. 1990; Politische Bilder, Politik der Metaphern, Frankfurt/M. 1994; Reich, Nation, Europa - Modelle der politischen Ordnung, Weinheim 1996

Ottow, Raimund, Studium der Volkswirtschaftslehre an der Hamburger Hochschule für Wirtschaft und Politik, prom. dr. phil 1995 an der Universität Hamburg; wissenschaftlicher Mitarbeiter am Institut für Politische Wissenschaft der Universität Hamburg; wissenschaftlicher Mitarbeiter im Projekt „Verfassung als institutionelle Ordnung des Politischen" an der TU Dresden; Veröffentlichungen: „Markt-Republik-Tugend. Probleme gesellschaftlicher Modernisierung im britischen politischen Denken 1670-1790, Berlin 1996

Reese-Schäfer, Walter, geb. 1951; Privatdozent und Hochschulassistent am Lehrstuhl für Politische Theorie und Ideengeschichte der Universität Halle-Wittenberg; Veröffentlichungen: „Weltbürgerliche Konzeptionen und universalistische Ethik", in: Christoph Hubig/ Hans Poser, Hrsgg., Cognitio humana - Dynamik des Wissens und der Werte, XVII. Deutscher Kongreß für Philosophie, Leipzig 1996, S. 1576-1583; „Grenzgötter der Moral - der neuere europäisch-amerikanische Diskurs zur politischen Ethik", Frankfurt/M. 1997; „Transnationale und supranationale Identität - zwei Modelle kultureller Integration in Europa", in: Politische Vierteljahresschrift 38 (1997) 318-329; „Antike politische Philosophie zur Einführung", Hamburg 1998

Rosa, Hartmut, geb. 1965 in Lörrach; Studium der Germanistik und Politikwissenschaft in Freiburg und London; prom. 1997; seit 1997 wissenschaftlicher Mitarbeiter in Jena; Veröffentlichungen: „Individuelle Identität und kulturelle Praxis - Politische Philosophie nach Charles Taylor", Frankfurt/M., New York 1998 (im Erscheinen)

Rössler, Beate, geb. 1958; prom. 1988 an der Freien Universität Berlin; wissenschaftliche Mitarbeiterin am Institut für Philosophie an der Freien Universität Berlin; Hochschulassistentin im Fachbereich Politikwissenschaft an der Universität Bremen; seit 1997 Associate Professor of Philosophy an der Universität von Amsterdam; Veröffentlichungen: „Die Theorie des Verstehens in Sprachanalyse und Hermeneutik", Berlin 1990; Hrsg., „Quottierung und Gerechtigkeit", Frankfurt/M. 1993

Shimada, Shingo, geb. 1957 in Osaka/ Japan, Studium der Soziologie, Philosophie und Linguistik in Münster und Erlangen, prom. 1991, habil. 1997; derzeit Vertreter einer Professur für Soziologie/ Ostasienwissenschaften an der Universität-GH Duisburg; Veröffentlichungen: „Grenzgänge - Fremdgänge. Japan und Europa im Kulturvergleich", 1994;

Thumfart, Alexander, geb. 1959, Dr., wissenschaftlicher Mitarbeiter am Lehrstuhl für Philosophie der Universität Augsburg; wissenschaftlicher Mitarbeiter am Lehrstuhl für Politische Wissenschaft an der Universität Augsburg im Rahmen des DFG-Schwerpunktprogrammes zur „Theorie politischer Institutionen"; seit 1994 wissenschaftlicher Assistent am Lehrstuhl für politische Theorie und Ideengeschichte der PH Erfurt; Veröffentlichungen: „Die Perspektive und die Zeichen - hermetische Verschlüsselungen bei Giovanni Pico della Mirandola", München 1996; „Staatsdiskurse und Selbstbewußtsein - sprachlich-rhetorische Formen ihrer Institutionalisierung", Amsterdam 1996; „Zirkulation - Versuch, die philosophische 'Krise der Repräsentation' in den politischen Diskurs einzuführen", in: Zeitschrift für Politik 1997

Weber-Schäfer, Peter, geb. 1935, Dr. phil., Professor für Politikwissenschaft an der Ruhr-Universität Bochum. Wichtigste Veröffentlichungen: Oikumene und Polis, München 1968; Hrsg., Das politische Denken der Griechen, München 1969; Einführung in die antike politische Theorie, 2 Bände, Darmstadt 1992²

Herfried Münkler (Hrsg.)

Bürgerreligion und Bürgertugend

Debatten über die vorpolitischen Grundlagen politischer Ordnung

Die aufgenommenen Aufsätze untersuchen erstmalig jene vor- und außerkonstitutionellen Bedingungen politischer Ordnung, die nicht genuin politisch sind, aber als vorpolitische Grundlagen doch konstitutiv für die politische Ordnung gedacht werden. Vor dem Hintergrund der Dilemmata und Paradoxien moderner ausdifferenzierter Gesellschaften und deren Einheit verbürgenden Institutionen läßt sich zunehmend ein allgemeiner Rekurs auf vorpolitische Überzeugungen und Normen konstatieren, die von dem modernen institutionellen »Mechanismus« selbst jedoch weder erzeugt noch gar von ihm zerstört werden können.
Die einzelnen Beiträge thematisieren solche politischen Reflexionen, die diesen Differenzierungsprozeß weniger forcierten, sondern sich vielmehr bemühten, die vor- und außerpolitischen Grundlagen dieses Prozesses als Ermöglichungsrahmen politischer Ordnung zu benennen und zu erhalten.
Für an politischer Theorie und politischer Ideengeschichte Interessierte ist dieses Buch besonders lesenswert, zumal hier aus ideengeschichtlicher Perspektive eine – gemeinhin ausgeblendete – Fragestellung systematisch aufgearbeitet wird.

1996, 356 S., brosch., 89,– DM, 650,– öS, 81,– sFr, ISBN 3-7890-4254-4

 NOMOS Verlagsgesellschaft
76520 Baden-Baden

Jürgen Gebhardt/Herfried Münkler (Hrsg.)

Bürgerschaft und Herrschaft

Zum Verhältnis von Macht und Demokratie im antiken und neuzeitlichen politischen Denken

Bürgerschaft und Herrschaft bezeichnen die beiden prinzipiell verschiedenen Formen, in denen das Verhältnis von Macht und Demokratie entworfen werden kann. Von Thukydides und Platon über die frühneuzeitlichen Debatten bei Machiavelli und Harrington bis zu den jüngeren Arbeiten von Neumann, Kirchheimer, Friedrich und Aron werden verschiedene Konzeptionen des Eindenkens der Macht in die Demokratie untersucht. Die insgesamt fünfzehn Beiträge des Sammelbandes, der aus zwei Tagungen der Theoriesektion der DVPW entstanden ist, gelten Theoretikern wie Kritikern der Demokratie, die sich speziell mit dem Problem der Macht beschäftigt haben.

Der Band wendet sich an Politikwissenschaftler, Historiker und Philosophen sowie an alle, die sich mit Fragen der politischen Philosophie und der Demokratietheorie beschäftigen.

1993, 340 S., brosch., 86,– DM, 628,– öS, 78,– sFr, ISBN 3-7890-2981-5

 **NOMOS Verlagsgesellschaft**
76520 Baden-Baden